westermann

Heinrich Mann

Der Untertan

Herausgegeben
und kommentiert von
Hans-Georg Schede

Heinrich Mann (1871–1950) mit einem Exemplar seines Romans »Die Göttinnen«.
1903 entstandene Aufnahme, Fotograf unbekannt. Papierabzug, 79 x 57 mm

Heinrich Mann

Der Untertan

Roman

I

Diederich Heßling war ein weiches Kind, das am liebsten träumte, sich vor allem fürchtete und viel an den Ohren litt. Ungern verließ er im Winter die warme Stube, im Sommer den engen Garten, der nach den Lumpen der Papierfabrik roch und über dessen Goldregen- und Fliederbäumen das hölzerne Fachwerk der alten Häuser stand. Wenn Diederich vom Märchenbuch, dem geliebten Märchenbuch, aufsah, erschrak er manchmal sehr. Neben ihm auf der Bank hatte ganz deutlich eine Kröte gesessen, halb so groß wie er selbst! Oder an der Mauer dort drüben stak bis zum Bauch in der Erde ein Gnom und schielte her!

Fürchterlicher als Gnom und Kröte war der Vater, und obendrein sollte man ihn lieben. Diederich liebte ihn. Wenn er genascht oder gelogen hatte, drückte er sich so lange schmatzend und scheu wedelnd am Schreibpult umher, bis Herr Heßling etwas merkte und den Stock von der Wand nahm. Jede nicht herausgekommene Untat mischte in Diederichs Ergebenheit und Vertrauen einen Zweifel. Als der Vater einmal mit seinem invaliden Bein die Treppe herunterfiel, klatschte der Sohn wie toll in die Hände – worauf er weglief.

Kam er nach einer Abstrafung mit gedunsenem Gesicht und unter Geheul an der Werkstätte vorbei, dann lachten die Arbeiter. Sofort aber streckte Diederich nach ihnen die Zunge aus und stampfte. Er war sich bewusst: ›Ich habe Prügel bekommen, aber von meinem Papa. Ihr wäret froh, wenn ihr auch Prügel von ihm bekommen könntet. Aber dafür seid ihr viel zu wenig.‹

Er bewegte sich zwischen ihnen wie ein launenhafter Pascha; drohte ihnen bald, es dem Vater zu melden, dass sie sich Bier holten, und bald ließ er kokett aus sich die Stunde

Diederich Heßling → Seite 485

viel an den Ohren litt oft Ohrenschmerzen hatte; auch Kaiser Wilhelm II. (Diederich Heßlings späteres Idol) litt als Kind unter Ohrenentzündungen.

Goldregen giftige Baumart

stak steckte

Gnom Kobold, Zwerg

scheu wedelnd bildhaft für: wie ein Hund

invaliden (aufgrund einer Kriegsverletzung oder eines Unfalls) dauerhaft beschädigten

stampfte ... ungehalten mit dem Fuß auf

zu wenig zu geringe Leute, zu unbedeutend

Pascha befehlsgewohnter, selbstgefälliger Mensch

bald ... bald mal ... bei anderen Gelegenheiten

herausschmeicheln, zu der Herr Heßling zurückkehren sollte. Sie waren auf der Hut vor dem Prinzipal: Er kannte sie, er hatte selbst gearbeitet. Er war Büttenschöpfer gewesen in den alten Mühlen, wo jeder Bogen mit der Hand geformt ward; hatte dazwischen alle Kriege mitgemacht und nach dem letzten, als jeder Geld fand, eine Papiermaschine kaufen können. Ein Holländer und eine Schneidemaschine vervollständigten die Einrichtung. Er selbst zählte die Bogen nach. Die von den Lumpen abgetrennten Knöpfe durften ihm nicht entgehen. Sein kleiner Sohn ließ sich oft von den Frauen welche zustecken, dafür, dass er die nicht angab, die einige mitnahmen. Eines Tages hatte er so viele beisammen, dass ihm der Gedanke kam, sie beim Krämer gegen Bonbons umzutauschen. Es gelang – aber am Abend kniete Diederich, indes er den letzten Malzzucker zerlutschte, sich ins Bett und betete, angstgeschüttelt, zu dem schrecklichen lieben Gott, er möge das Verbrechen unentdeckt lassen. Er brachte es dennoch an den Tag. Dem Vater, der immer nur methodisch, Ehrenfestigkeit und Pflicht auf dem verwitterten Unteroffiziersgesicht, den Stock geführt hatte, zuckte diesmal die Hand, und in die eine Bürste seines silberigen Kaiserbartes lief, über die Runzeln hüpfend, eine Träne. »Mein Sohn hat gestohlen«, sagte er außer Atem, mit dumpfer Stimme, und sah sich das Kind an wie einen verdächtigen Eindringling. »Du betrügst und stiehlst. Du brauchst nur noch einen Menschen totzuschlagen.«

Frau Heßling wollte Diederich nötigen, vor dem Vater hinzufallen und ihn um Verzeihung zu bitten, weil der Vater seinetwegen geweint habe! Aber Diederichs Instinkt sagte ihm, dass dies den Vater nur noch mehr erbost haben würde. Mit der gefühlsseligen Art seiner Frau war Heßling durchaus nicht einverstanden. Sie verdarb das Kind fürs Leben. Übrigens ertappte er sie geradeso auf Lügen wie den Diedel. Kein

Prinzipal Chef, Geschäftsinhaber

Büttenschöpfer → Seite 485

ward wurde (heute veraltete Form)

alle Kriege mitgemacht → Seite 485

nach dem letzten, als jeder Geld fand → Seite 485

Holländer → Seite 485

die Bogen die fertigen Papierbogen

Frauen Arbeiterinnen

angab verpetzte

Krämer Besitzer eines kleinen Lebensmittelgeschäfts

indes während

brachte es … an den Tag deckte es … auf

den Stock geführt Prügel erteilt

Bürste seines silberigen Kaiserbartes → Seite 485

Wunder, da sie Romane las! Am Sonnabendabend war nicht immer die Wochenarbeit getan, die ihr aufgegeben war. Sie klatschte, anstatt sich zu rühren, mit dem Mädchen ... Und Heßling wusste noch nicht einmal, dass seine Frau auch naschte, gerade wie das Kind. Bei Tisch wagte sie sich nicht satt zu essen und schlich nachträglich an den Schrank. Hätte sie sich in die Werkstätte getraut, würde sie auch Knöpfe gestohlen haben.

Sie betete mit dem Kind »aus dem Herzen«, nicht nach Formeln, und bekam dabei gerötete Wangenknochen. Sie schlug es auch, aber Hals über Kopf und verzerrt von Rachsucht. Oft war sie dabei im Unrecht. Dann drohte Diederich, sie beim Vater zu verklagen; tat so, als ginge er ins Kontor, und freute sich irgendwo hinter einer Mauer, dass sie nun Angst hatte. Ihre zärtlichen Stunden nützte er aus; aber er fühlte gar keine Achtung vor seiner Mutter. Ihre Ähnlichkeit mit ihm selbst verbot es ihm. Denn er achtete sich selbst nicht, dafür ging er mit einem zu schlechten Gewissen durch sein Leben, das vor den Augen des Herrn nicht hätte bestehen können.

Dennoch hatten die beiden von Gemüt überfließende Dämmerstunden. Aus den Festen pressten sie gemeinsam, vermittelst Gesang, Klavierspiel und Märchenerzählen, den letzten Tropfen Stimmung heraus. Als Diederich am Christkind zu zweifeln anfing, ließ er sich von der Mutter bewegen, noch ein Weilchen zu glauben, und er fühlte sich dadurch erleichtert, treu und gut. Auch an ein Gespenst, droben auf der Burg, glaubte er hartnäckig, und der Vater, der davon nichts hören wollte, schien ihm zu stolz, beinahe strafwürdig. Die Mutter nährte ihn mit Märchen. Sie teilte ihm ihre Angst mit vor den neuen, belebten Straßen und der Pferdebahn, die hindurchfuhr, und führte ihn über den Wall nach der Burg. Dort genossen sie das wohlige Grausen.

aufgegeben aufgetragen worden

Mädchen Hausmädchen

Kontor Firmenbüro

von Gemüt überfließende Dämmerstunden regelmäßige Stunden des Zusammenseins am Abend, in denen sie sich schwärmerischen Empfindungen hingaben

Pferdebahn auf Schienen laufende, von Pferden gezogene Wagen, Vorläufer der elektrischen Straßenbahn

Wall Erdaufschüttung, die eine Burg zu deren Schutz umgibt

nach der zur

hinwieder wiederum, hingegen

Ecke der Meisestraße hinwieder musste man an einem Polizisten vorüber, der, wen er wollte, ins Gefängnis abführen konnte! Diederichs Herz klopfte beweglich; wie gern hätte er einen weiten Bogen gemacht! Aber dann würde der Polizist sein schlechtes Gewissen erkannt und ihn aufgegriffen haben. Es war vielmehr geboten, zu beweisen, dass man sich rein und ohne Schuld fühlte – und mit zitternder Stimme fragte Diederich den Schutzmann nach der Uhr.

Uhr Uhrzeit

Nach so vielen furchtbaren Gewalten, denen man unterworfen war, nach den Märchenkröten, dem Vater, dem lieben Gott, dem Burggespenst und der Polizei, nach dem Schornsteinfeger, der einen durch den ganzen Schlot schleifen konnte, bis man auch ein schwarzer Mann war, und dem Doktor, der einen im Hals pinseln durfte und schütteln, wenn man schrie – nach allen diesen Gewalten geriet nun Diederich unter eine noch furchtbarere, den Menschen auf einmal ganz verschlingende: die Schule. Diederich betrat sie heulend, und auch die Antworten, die er wusste, konnte er nicht geben, weil er heulen musste. Allmählich lernte er den Drang zum Weinen gerade dann auszunützen, wenn er nicht gelernt hatte – denn alle Angst machte ihn nicht fleißiger oder weniger träumerisch –, und vermied so, bis die Lehrer sein System durchschaut hatten, manche üblen Folgen. Dem Ersten, der es durchschaute, schenkte er seine ganze Achtung; er war plötzlich still und sah ihn, über den gekrümmten und vors Gesicht gehaltenen Arm hinweg, voll scheuer Hingabe an. Immer blieb er den scharfen Lehrern ergeben und willfährig. Den gutmütigen spielte er kleine, schwer nachweisbare Streiche, deren er sich nicht rühmte. Mit viel größerer Genugtuung sprach er von einer Verheerung in den Zeugnissen, von einem riesigen Strafgericht. Bei Tisch berichtete er: »Heute hat Herr Behneke wieder

im Hals pinseln den Hals pinseln, ein flüssiges Medikament mit einem Pinsel verabreichen

die Schule Die Schule als prägender Ort und Spiegelbild des wilhelminischen Deutschland steht im Mittelpunkt von Heinrich Manns »Professor Unrat« (1905), dem zweitpopulärsten seiner Romane.

drei durchgehauen.« Und wenn gefragt ward, wen: »Einer war ich.«

Denn Diederich war so beschaffen, dass die Zugehörigkeit zu einem unpersönlichen Ganzen, zu diesem unerbittlichen, menschenverachtenden, maschinellen Organismus, der das Gymnasium war, ihn beglückte, dass die Macht, die kalte Macht, an der er selbst, wenn auch nur leidend, teilhatte, sein Stolz war. Am Geburtstag des Ordinarius bekränzte man Katheder und Tafel. Diederich umwand sogar den Rohrstock.

Im Lauf der Jahre berührten zwei über Machthaber hereingebrochene Katastrophen ihn mit heiligem und süßem Schauder. Ein Hilfslehrer ward vor der Klasse vom Direktor heruntergemacht und entlassen. Ein Oberlehrer ward wahnsinnig. Noch höhere Gewalten, der Direktor und das Irrenhaus, waren hier grässlich mit denen abgefahren, die bis eben so hohe Gewalt hatten. Von unten, klein, aber unversehrt, durfte man die Leichen betrachten und aus ihnen eine die eigene Lage mildernde Lehre ziehen.

Die Macht, die ihn in ihrem Räderwerk hatte, vor seinen jüngeren Schwestern vertrat Diederich sie. Sie mussten nach seinem Diktat schreiben und künstlich noch mehr Fehler machen, als ihnen von selbst gelangen, damit er mit roter Tinte wüten und Strafen austeilen konnte. Sie waren grausam. Die Kleinen schrien – und dann war es an Diederich, sich zu demütigen, um nicht verraten zu werden.

Er hatte, den Machthabern nachzuahmen, keinen Menschen nötig; ihm genügten Tiere, sogar Dinge. Er stand am Rande des Holländers und sah die Trommel die Lumpen ausschlagen. »Den hast du weg! Untersteht euch noch mal! Infame Bande!«, murmelte Diederich, und in seinen blassen Augen glomm es. Plötzlich duckte er sich; fast fiel er in das Chlorbad. Der Schritt eines Arbeiters hatte ihn aufgestört aus seinem lästerlichen Genuss.

Ordinarius (lat.) verkürzte Form von Professor ordinarius: ordentlicher Professor; damals gab es noch den Amtstitel des Gymnasialprofessors.

Katheder Lehrerpult, Podium vor der Tafel

abgefahren verfahren

künstlich absichtlich

den Machthabern nachzuahmen um die Machthaber nachzuahmen

Chlorbad Zum Bleichen des Papiers wurde Chlor verwendet.

lästerlichen lasterhaften

Denn recht geheuer und seiner Sache gewiss fühlte er sich nur, wenn er selbst die Prügel bekam. Kaum je widerstand er dem Übel. Höchstens bat er den Kameraden: »Nicht auf den Rücken, das ist ungesund.«

Nicht, dass es ihm am Sinn für sein Recht und an Liebe zum eigenen Vorteil fehlte. Aber Diederich hielt dafür, dass Prügel, die er bekam, dem Schlagenden keinen praktischen Gewinn, ihm selbst keinen realen Verlust zufügten. Ernster als diese bloß idealen Werte nahm er die Schaumrolle, die der Oberkellner vom Netziger Hof ihm schon längst versprochen hatte, und mit der er nie herausrückte. Diederich machte unzählige Male ernsten Schrittes den Geschäftsweg die Meisestraße hinauf und zum Markt, um seinen befrackten Freund zu mahnen. Als der aber eines Tages von seiner Verpflichtung überhaupt nichts mehr wissen wollte, erklärte Diederich und stampfte ehrlich entrüstet auf: »Jetzt wird mir's doch zu bunt! Wenn Sie nun nicht gleich herausrücken, sag ich's Ihrem Herrn!« Darauf lachte Schorsch und brachte die Schaumrolle.

Das war ein greifbarer Erfolg. Leider konnte Diederich ihn nur hastig und in Sorge genießen, denn es war zu fürchten, dass Wolfgang Buck, der draußen wartete, darüber zukam und den Anteil verlangte, der ihm versprochen war. Indes fand er Zeit, sich sauber den Mund zu wischen, und vor der Tür brach er in heftige Schimpfreden auf Schorsch aus, der ein Schwindler sei und gar keine Schaumrolle habe. Diederichs Gerechtigkeitsgefühl, das sich zu seinen Gunsten noch eben so kräftig geäußert hatte, schwieg vor den Ansprüchen des anderen – die man freilich nicht einfach außer Acht lassen durfte, dafür war Wolfgangs Vater eine viel zu achtunggebietende Persönlichkeit. Der alte Herr Buck trug keinen steifen Kragen, sondern eine weißseidene Halsbinde und darüber einen großen weißen Knebelbart. Wie langsam und

widerstand er dem Übel setzte er sich zur Wehr

hielt dafür fand; war der Auffassung

bloß idealen nicht materiellen, nicht handfesten

Schaumrolle mit Schlagsahne gefülltes Gebäck

den Geschäftsweg (ironische Bezeichnung, die Diederichs Selbstgefühl charakterisiert)

Schorsch Mundartform des Vornamens Georg

darüber zukam (zur Unzeit) erschien, während sich Diederich noch dem Genuss hingab

steifen Kragen … weißseidene Halsbinde → Seite 485

Knebelbart gedrehter Kinnbart (oft in Kombination mit einem gezwirbelten Schnurrbart)

majestätisch er seinen oben goldenen Stock aufs Pflaster setzte! Und er hatte einen Zylinder auf, und unter seinem Überzieher sahen häufig Frackschöße hervor, mitten am Tage! Denn er ging in Versammlungen, er bekümmerte sich um die ganze Stadt. Von der Badeanstalt, vom Gefängnis, von allem, was öffentlich war, dachte Diederich: ›Das gehört dem Herrn Buck.‹ Er musste ungeheuer reich und mächtig sein. Alle, auch Herr Heßling, entblößten vor ihm lange den Kopf. Seinem Sohn mit Gewalt etwas abzunehmen, wäre eine Tat voll unabsehbarer Gefahren gewesen. Um von den großen Mächten, die er so sehr verehrte, nicht ganz erdrückt zu werden, musste Diederich leise und listig zu Werk gehen.

Einmal nur, in Untertertia, geschah es, dass Diederich jede Rücksicht vergaß, sich blindlings betätigte und zum siegestrunkenen Unterdrücker ward. Er hatte, wie es üblich und geboten war, den einzigen Juden seiner Klasse gehänselt, nun aber schritt er zu einer ungewöhnlichen Kundgebung. Aus Klötzen, die zum Zeichnen dienten, erbaute er auf dem Katheder ein Kreuz und drückte den Juden davor in die Knie. Er hielt ihn fest, trotz allem Widerstand; er war stark! Was Diederich stark machte, war der Beifall ringsum, die Menge, aus der heraus Arme ihm halfen, die überwältigende Mehrheit drinnen und draußen. Denn durch ihn handelte die Christenheit von Netzig. Wie wohl man sich fühlte bei geteilter Verantwortlichkeit und einem Selbstbewusstsein, das kollektiv war!

Nach dem Verrauchen des Rausches stellte wohl leichtes Bangen sich ein, aber das erste Lehrergesicht, dem Diederich begegnete, gab ihm allen Mut zurück; es war voll verlegenen Wohlwollens. Andere bewiesen ihm offen ihre Zustimmung. Diederich lächelte mit demütigem Einverständnis zu ihnen auf. Er bekam es leichter seitdem. Die Klasse konnte die Ehrung dem nicht versagen, der die Gunst des neuen Ordinarius besaß. Unter ihm brachte Diederich es zum Primus und

Überzieher (leichter) Herrenmantel

Frackschöße an der Taille angesetzte, zweigliedrige untere Rückfront eines Fracks

entblößten vor ihm den Kopf zogen vor ihm ehrerbietig den Hut

Untertertia seinerzeit gängige Bezeichnung für die vierte Klasse des (humanistischen, auf lateinischer Bildung fußenden) Gymnasiums

den einzigen Juden seiner Klasse → Seite 486

schritt er zu einer ungewöhnlichen Kundgebung bewusst pompöse Formulierung für: unterzog er den Mitschüler einer besonderen Demütigung

Netzig → Seite 486

bekam es leichter seitdem wurde von da an besser behandelt

zum Primus zum Klassenbesten

die zweite dieser Ehrenstellen behauptete er auch später ironisch für: Klassenbester blieb er nicht lange, aber als Spitzel übertraf er alle.

nun er sie wiederholte als er sie nun wiederholte

zum geheimen Aufseher. Wenigstens die zweite dieser Ehrenstellen behauptete er auch später. Er war gut Freund mit allen, lachte, wenn sie ihre Streiche ausplauderten, ein ungeübtes, aber herzliches Lachen, als ernster junger Mensch, der Nachsicht hat mit dem Leichtsinn – und dann in der Pause, wenn er dem Professor das Klassenbuch vorlegte, berichtete er. Auch hinterbrachte er die Spitznamen der Lehrer und die aufrührerischen Reden, die gegen sie geführt worden waren. In seiner Stimme bebte, nun er sie wiederholte, noch etwas von dem wollüstigen Erschrecken, womit er sie, hinter gesenkten Lidern, angehört hatte. Denn er spürte, ward irgendwie an den Herrschenden gerüttelt, eine gewisse lasterhafte Befriedigung, etwas ganz unten sich Bewegendes, fast wie ein Hass, der zu seiner Sättigung rasch und verstohlen ein paar Bissen nahm. Durch die Anzeige der anderen sühnte er die eigene sündhafte Regung.

Primaner Schüler eine der beiden letzten (Unter- und Oberprima genannten) Klassen des damaligen neunjährigen Gymnasiums

der Turnspiele Sporttag (den heutigen Bundesjugendspielen vergleichbar)

die von Gemüt schleppten voller Rührseligkeit

Andererseits empfand er gegen die Mitschüler, deren Fortkommen seine Tätigkeit in Frage stellte, zumeist keine persönliche Abneigung. Er benahm sich als pflichtmäßiger Vollstrecker einer harten Notwendigkeit. Nachher konnte er zu dem Getroffenen hintreten und ihn, fast ganz aufrichtig, beklagen. Einst ward mit seiner Hilfe einer gefasst, der schon längst verdächtig war, alles abzuschreiben. Diederich überließ ihm, mit Wissen des Lehrers, eine mathematische Aufgabe, die in der Mitte absichtlich gefälscht und deren Endergebnis dennoch richtig war. Am Abend nach dem Zusammenbruch des Betrügers saßen einige Primaner vor dem Tor in einer Gartenwirtschaft, was zum Schluss der Turnspiele erlaubt war, und sangen. Diederich hatte den Platz neben seinem Opfer gesucht. Einmal, als ausgetrunken war, ließ er die Rechte vom Krug herab auf die des anderen gleiten, sah ihm treu in die Augen und stimmte in Basstönen, die von Gemüt schleppten, ganz allein an:

»Ich hatt einen Kameraden,
Einen bessern findst du nit …«

Übrigens genügte er bei zunehmender Schulpraxis in allen Fächern, ohne in einem das Maß des Geforderten zu überschreiten oder auf der Welt irgendetwas zu wissen, was nicht im Pensum vorkam. Der deutsche Aufsatz war ihm das Fremdeste, und wer sich darin auszeichnete, gab ihm ein unerklärtes Misstrauen ein.

Seit seiner Versetzung nach Prima galt seine Gymnasialkarriere für gesichert, und bei Lehrern und Vater drang der Gedanke durch, er solle studieren. Der alte Heßling, der sechsundsechzig und einundsiebzig durch das Brandenburger Tor eingezogen war, schickte Diederich nach Berlin.

Weil er sich aus der Nähe der Friedrichstraße nicht fortgetraute, mietete er sein Zimmer droben in der Tieckstraße. Jetzt hatte er nur in gerader Linie hinunterzugehen und konnte die Universität nicht verfehlen. Er besuchte sie, da er nichts anderes vorhatte, täglich zweimal, und in der Zwischenzeit weinte er oft vor Heimweh. Er schrieb einen Brief an Vater und Mutter und dankte ihnen für seine glückliche Kindheit. Ohne Not ging er nur selten aus. Kaum, dass er zu essen wagte; er fürchtete, sein Geld vor dem Ende des Monats auszugeben. Und immerfort musste er nach der Tasche fassen, ob es noch da sei.

So verlassen ihm um das Herz war, ging er doch noch immer nicht mit dem Brief des Vaters in die Blücherstraße zu Herrn Göppel, dem Zellulosefabrikanten, der aus Netzig war und auch an Heßling lieferte. Am vierten Sonntag besiegte er seine Scheu – und kaum watschelte der gedrungene, gerötete Mann, den er schon so oft beim Vater im Kontor gesehen hatte, auf ihn zu, da wunderte Diederich sich schon, dass er

Ich hatt einen Kameraden → Seite 487

genügte er erreichte er … zufriedenstellende Ergebnisse

galt … für gesichert war am Erfolg seiner … nicht mehr zu zweifeln

der sechsundsechzig … eingezogen war → Seite 487

Friedrichstraße wohl nach dem preußischen König Friedrich II. (dem Großen) benannte Straße

Tieckstraße nach dem Schriftsteller Ludwig Tieck (1773–1853), dem »König der Romantik«, benannte Straße

Blücherstaße nach dem preußischen Generalfeldmarschall Gebhard Leberecht von Blücher (1742–1819) benannte Straße

Zellulosefabrikanten → Seite 487

gewisse Leute, … Blut und Eisen kurieren wollten → Seite 487

achtundvierzig bei der Märzrevolution

Kürassierstiefeln → Seite 487

bekannte sich als bezeichnete sich freimütig und stolz als

freisinnigen Gegner Bismarcks → Seite 487

den Kanzler → Seite 488

jungen Kaiser → Seite 488

gleich furchtbar gleichermaßen furchteinflößend

Agnes (griech.) ›die Keusche, die Reine‹

Gehrock meist zweireihig geknöpfte lange (Herren)jacke

Kandidat Student in höherem Semester, Anwärter auf einen akademischen Grad

rosig überzogen vor Verlegenheit errötet

stud. ing. angehender Ingenieur

nicht früher gekommen sei. Herr Göppel fragte gleich nach ganz Netzig und vor allem nach dem alten Buck. Denn obwohl sein Kinnbart nun auch ergraut war, hatte er doch, wie Diederich, nur, wie es schien, aus anderen Gründen, schon als Knabe den alten Buck verehrt. Das war ein Mann: Hut ab! Einer von denen, die das deutsche Volk hochhalten sollte, höher als gewisse Leute, die immer alles mit Blut und Eisen kurieren wollten und dafür der Nation riesige Rechnungen schrieben. Der alte Buck war schon achtundvierzig dabei gewesen, er war sogar zum Tode verurteilt worden. »Ja, dass wir hier als freie Männer sitzen können«, sagte Herr Göppel, »das verdanken wir solchen Leuten wie dem alten Buck.« Und er öffnete noch eine Flasche Bier. »Heute sollen wir uns mit Kürassierstiefeln treten lassen …«

Herr Göppel bekannte sich als freisinnigen Gegner Bismarcks. Diederich bestätigte alles, was Göppel wollte; er hatte über den Kanzler, die Freiheit, den jungen Kaiser keinerlei Meinung. Da aber ward er peinlich berührt, denn ein junges Mädchen war eingetreten, das ihm auf den ersten Blick durch Schönheit und Eleganz gleich furchtbar erschien.

»Meine Tochter Agnes«, sagte Herr Göppel.

Diederich stand da, in seinem faltenreichen Gehrock, als magerer Kandidat, und war rosig überzogen. Das junge Mädchen gab ihm die Hand. Sie wollte wohl nett sein, aber was war mit ihr anzufangen. Diederich antwortete ja, als sie fragte, ob Berlin ihm gefalle; und als sie fragte, ob er schon im Theater gewesen sei, antwortete er nein. Er fühlte sich feucht vor Ungemütlichkeit und war fest überzeugt, sein Aufbruch sei das Einzige, womit er das junge Mädchen interessieren könne. Aber wie war von hier fortzukommen? Zum Glück stellte ein anderer sich ein, ein breiter Mensch namens Mahlmann, der mit ungeheurer Stimme Mecklenburgisch sprach, stud. ing. zu sein schien und bei Göppels

Zimmerherr sein sollte. Er erinnerte Fräulein Agnes an einen Spaziergang, den sie verabredet hätten. Diederich ward aufgefordert, mitzukommen. Entsetzt schützte er einen Bekannten vor, der draußen auf ihn warte, und machte sich sofort davon. ›Gott sei Dank‹, dachte er, während es ihm einen Stich gab, ›sie hat schon einen.‹

Zimmerherr Untermieter

Herr Göppel öffnete ihm im Dunkeln die Flurtür und fragte, ob sein Freund auch Berlin kenne. Diederich log, der Freund sei Berliner. »Denn wenn Sie es beide nicht kennen, kommen Sie noch in den falschen Omnibus. Sie haben sich gewiss schon mal verirrt in Berlin.« Und als Diederich es zugab, zeigte Herr Göppel sich befriedigt. »Das ist nicht wie in Netzig. Hier laufen Sie gleich halbe Tage. Was glauben Sie wohl, wenn Sie von Ihrer Tieckstraße bis hierher zum Halleschen Tor gehen, dann sind Sie ja schon dreimal durch ganz Netzig gestiegen ... Na, nächsten Sonntag kommen Sie nun aber zum Mittagessen!«

Omnibus Gemeint ist ein Wagen der Pferdebahn.

Halleschen Tor (ehemaliges) Stadttor im Süden Berlins, heute U-Bahnhof in Kreuzberg

Diederich versprach es. Als es soweit war, hätte er lieber abgesagt; nur aus Furcht vor seinem Vater ging er hin. Diesmal galt es sogar, ein Alleinsein mit dem Fräulein zu bestehen. Diederich tat geschäftig und als sei er nicht aufgelegt, sich mit ihr zu befassen. Sie wollte wieder vom Theater anfangen, aber er schnitt mit rauer Stimme ab: Er habe für so etwas keine Zeit. Ach ja, ihr Papa habe ihr gesagt, Herr Heßling studiere Chemie?

zu bestehen in guter Haltung zu überstehen

schnitt … ab schnitt ihr … das Wort ab

»Ja. Das ist überhaupt die einzige Wissenschaft, die Berechtigung hat«, behauptete Diederich, ohne zu wissen, wie er dazu kam.

Fräulein Göppel ließ ihren Beutel fallen; er bückte sich so nachlässig, dass sie ihn wiederhatte, bevor er zur Stelle war. Trotzdem sagte sie danke, ganz weich, fast beschämt – was Diederich ärgerte. ›Kokette Weiber sind etwas Grässliches‹, dachte er. Sie suchte in ihrem Beutel.

ihren Beutel ihr Handtäschchen

englisches Pflaster → Seite 488

»Jetzt hab ich es doch verloren. Mein englisches Pflaster nämlich. Es blutet wieder.«

Sie wickelte ihren Finger aus dem Taschentuch. Er hatte so sehr die Weiße des Schnees, dass Diederich der Gedanke kam, das Blut, das darauf lag, müsse hineinsickern.

»Ich habe welches«, sagte er, mit einem Ruck.

Er ergriff ihren Finger, und bevor sie das Blut wegwischen konnte, hatte er es abgeleckt.

»Was machen Sie denn?«

gefalteten zusammengezogenen

Er war selbst erschrocken. Er sagte mit streng gefalteten Brauen: »Oh, ich als Chemiker probiere noch ganz andere Sachen.«

Sie lächelte. »Ach ja, Sie sind ja eine Art Doktor ... Wie gut Sie das können«, bemerkte sie und sah ihm beim Aufkleben des Pflasters zu.

versuchte sie machte sie einen neuen Versuch, ein Gespräch in Gang zu bringen

Vetternschaft eine entfernte Verwandtschaft

»So«, machte er, ablehnend, und trat zurück. Ihm war es schwül geworden, er dachte: ›Wenn man nur nicht immer ihre Haut anfassen müsste! Sie ist widerlich weich.‹ Agnes sah an ihm vorbei. Nach einer Pause versuchte sie: »Haben wir nicht eigentlich in Netzig gemeinschaftliche Verwandte?« Und sie nötigte ihn, mit ihr ein paar Familien durchzugehen. Es stellte sich Vetternschaft heraus.

Ich werde wohl auch nicht lange leben. → Seite 488

»Sie haben auch noch Ihre Mutter, nicht? Dann können Sie sich freuen. Meine ist längst tot. Ich werde wohl auch nicht lange leben. Man hat so Ahnungen« – und sie lächelte wehmütig und entschuldigend.

mit Autorität selbstsicher

Diederich beschloss schweigend, diese Sentimentalität albern zu finden. Noch eine Pause – und wie sie beide eilig zum Sprechen ansetzten, kam der Mecklenburger dazwischen. Die Hand Diederichs drückte er so kraftvoll, dass Diederichs Gesicht sich verzerrte, und zugleich lächelte er ihm sieghaft in die Augen. Ohne Weiteres zog er einen Stuhl bis vor Agnes' Knie und fragte heiter und mit Autorität nach allem

Möglichen, was nur sie beide anging. Diederich war sich selbst überlassen und entdeckte, dass Agnes, so in Ruhe betrachtet, viel von ihren Schrecken verlor. Eigentlich war sie nicht hübsch. Sie hatte eine zu kleine, nach innen gebogene Nase, auf deren freilich sehr schmalem Rücken Sommersprossen saßen. Ihre gelbbraunen Augen lagen zu nahe beieinander und zuckten, wenn sie einen ansah. Die Lippen waren zu schmal, das ganze Gesicht war zu schmal. ›Wenn sie nicht so viel braunrotes Haar über der Stirn hätte und dazu den weißen Teint ... ‹ Auch bereitete es ihm Genugtuung, dass der Nagel des Fingers, den er beleckt hatte, nicht ganz sauber gewesen war.

Herr Göppel kam mit seinen drei Schwestern. Eine von ihnen hatte Mann und Kinder mit. Der Vater und die Tanten umarmten und küssten Agnes. Sie taten es mit dringlicher Innigkeit und hatten dabei behutsame Mienen. Das junge Mädchen war schlanker und größer als sie alle und blickte ein wenig zerstreut auf die hinab, die eben an ihren schmächtigen Schultern hing. Nur ihrem Vater erwiderte sie langsam und ernst seinen Kuss. Diederich sah dem zu und sah in der Sonne die hellblauen Adern, überzogen von roten Haaren, ihre Schläfe kreuzen.

Er musste eine der Tanten ins Esszimmer führen. Der Mecklenburger hatte Agnes' Arm in den seinen gehängt. Um den langen Familientisch raschelten die seidenen Sonntagskleider. Die Gehröcke wurden über den Knien zusammengelegt. Man räusperte sich, die Herren rieben die Hände. Dann kam die Suppe.

Diederich saß von Agnes weit weg und konnte sie nicht sehen, wenn er sich nicht vorbeugte – was er sorgfältig vermied. Da seine Nachbarin ihn in Ruhe ließ, aß er große Mengen Kalbsbraten und Blumenkohl. Er hörte ausführlich das Essen besprechen und musste bestätigen, dass es schön

behutsame Mienen sorgenvolle Gesichter

die hellblauen Adern ... ihre Schläfe kreuzen Die durchscheinende Haut deutet auf Feinheit, aber auch auf Kränklichkeit. Im Frühwerk von Thomas Mann, dem jüngeren Bruder Heinrich Manns, bezeichnen die blauen Schläfenadern in fast stereotyper Leitmotivik einen solchen verfeinerten, aber nicht widerstandsfähigen Frauentyp.

schmeckte. Agnes ward vor dem Salat gewarnt, ihr ward zu Rotwein geraten, und sie sollte Auskunft geben, ob sie heute morgen Gummischuhe angehabt habe. Herr Göppel erzählte, Diederich zugewendet, dass er und seine Schwestern vorhin in der Friedrichstraße, weiß Gott, auseinandergekommen seien und sich erst im Omnibus wiedergefunden hätten. »So was kann Ihnen in Netzig auch nicht passieren«, rief er voll Stolz über den Tisch. Mahlmann und Agnes sprachen von einem Konzert. Sie wollte bestimmt hin, ihr Papa werde es schon erlauben. Herr Göppel machte zärtliche Einwände, und der Chor der Tanten begleitete sie. Agnes müsse früh schlafen gehen und bald in gute Luft hinaus; sie habe sich im Winter überanstrengt. Sie bestritt es. »Ihr lasst mich niemals aus dem Hause. Ihr seid schrecklich.«

bestimmt unbedingt

sie (Gemeint sind die Einwände.)

Diederich nahm innerlich Partei für sie. Er hatte eine Wallung von Heldentum: Er hätte machen wollen, dass sie alles dürfte, dass sie glücklich war und es ihm dankte ... Da fragte Herr Göppel ihn, ob er in das Konzert wolle. »Ich weiß nicht«, sagte er verächtlich und sah Agnes an, die sich vorbeugte. »Was ist das für eins? Ich gehe nur in Konzerte, wo ich Bier trinken kann.«

machen dafür Sorge tragen, es zu seiner Sache machen

»Sehr vernünftig«, sagte der Schwager des Herrn Göppel. Agnes hatte sich zurückgezogen, und Diederich bereute seinen Ausspruch.

zurückgezogen innerlich zurückgezogen

Aber die Creme, auf die alle gespannt waren, blieb aus. Herr Göppel riet seiner Tochter, einmal nachzusehen. Bevor sie ihren Kompottteller hingesetzt hatte, war Diederich aufgesprungen – sein Stuhl flog an die Wand – und festen Schritts zur Tür geeilt. »Marie! Der Krehm!«, rief er hinaus. Rot und ohne jemand anzusehen, ging er wieder an seinen Platz. Aber er merkte ganz gut, sie blinzelten sich zu. Mahlmann stieß sogar höhnisch den Atem aus. Der Schwager äußerte mit künstlicher Harmlosigkeit: »Immer galant! So soll

Creme dickflüssige oder schaumige, lockere Süßspeise

Kompottteller Extrateller für gekochtes Obst, das als Nachtisch oder Beilage serviert wird

es sein.« Herr Göppel lächelte zärtlich zu Agnes hin, die nicht von ihrem Kompott aufsah. Diederich stemmte das Knie gegen die Tischplatte, dass sie anfing sich zu heben. Er dachte: ›Gott, o Gott, hätte ich nur das nicht getan!‹

Beim Mahlzeitsagen gab er allen die Hand, nur um Agnes drückte er sich herum. Im Berliner Zimmer beim Kaffee wählte er seinen Sitz mit Sorgfalt dort, wo Mahlmanns breiter Rücken sie ihm verdeckte. Eine der Tanten wollte sich seiner annehmen.

Beim Mahlzeitsagen Als sich alle »Guten Appetit!« wünschten

Berliner Zimmer → Seite 488

»Was studieren Sie denn, junger Mann?«, fragte sie.

»Chemie.«

»Ach so, Physik?«

»Nein, Chemie.«

»Ach so.«

Und so imposant sie angefangen hatte, hierüber kam sie nicht hinweg. Diederich nannte sie im Stillen eine dumme Gans. Die ganze Gesellschaft passte ihm nicht. Von feindseliger Schwermut erfüllt, sah er darein, bis die letzten Verwandten aufgebrochen waren. Agnes und ihr Vater hatten sie hinausbegleitet. Herr Göppel kehrte zurück, erstaunt, den jungen Mann allein noch im Zimmer zu finden. Er schwieg forschend, einmal fasste er in die Tasche. Als Diederich unvermittelt, ohne um Geld gebeten zu haben, Abschied nahm, bekundete Göppel große Herzlichkeit. »Meine Tochter werd ich von Ihnen grüßen«, sagte er sogar, und an der Tür, nachdem er ein wenig überlegt hatte: »Kommen Sie doch nächsten Sonntag wieder!«

sah er darein starrte er vor sich hin

Diederich war fest entschlossen, das Haus nicht mehr zu betreten. Dennoch ließ er tags darauf alles stehen und liegen, um sich durch die Stadt bis zu einem Geschäft zu fragen, wo er für Agnes das Konzertbillett kaufen konnte. Vorher musste er auf den Zetteln, die dort hingen, den Namen des Virtuosen herausfinden, den Agnes erwähnt hatte. War es der?

des Virtuosen des sein Instrument mit großer Meisterschaft beherrschenden Künstlers

Hatte er so geklungen? Diederich entschloss sich. Als er dann erfuhr, es koste vier Mark fünfzig, riss er vor Schrecken die Augen weit auf. So viel Geld, um einen zu sehen, der Musik machte! Wenn man nur einfach wieder fortgekonnt hätte! Als er bezahlt hatte und draußen war, entrüstete er sich zunächst über den Schwindel. Dann bedachte er, dass es für Agnes geschehen sei, und ward von sich selbst erschüttert. Immer weicher und glücklicher ging er durch das Gewühl. Es war das erste Geld, das er für einen anderen Menschen ausgegeben hatte.

Er legte das Billett in einen Umschlag, in den er nichts weiter legte, und schrieb die Adresse, um sich nicht zu verraten, mit Schönschrift. Wie er dann am Briefkasten stand, kam Mahlmann daher und lachte höhnisch. Diederich fühlte sich durchschaut; er besah die Hand, die er aus dem Kasten zurückgezogen hatte. Aber Mahlmann bekundete nur die Absicht, sich Diederichs Bude anzusehen. Er fand, es sähe drinnen aus wie bei einer älteren Dame. Sogar die Kaffeekanne hatte Diederich von zu Hause mitgebracht! Diederich schämte sich heiß. Als Mahlmann die Chemiebücher verächtlich auf- und zuklappte, schämte Diederich sich seines Faches. Der Mecklenburger wälzte sich ins Sofa und fragte: »Wie gefällt Ihnen denn die Göppel? Netter Käfer, was? Nun wird er wieder rot! Poussieren Sie doch! Ich trete zurück, wenn Sie Wert darauf legen. Ich habe Aussicht bei fünfzehn Verschiedenen.« Da Diederich nachlässig abwehrte: »Sie, da ist nämlich was zu machen. Ich müsste gar nichts von Weibern verstehen. Die roten Haare! – und haben Sie nicht gemerkt, wie sie einen ansieht, wenn sie meint, man weiß es nicht?«

»Mich nicht«, sagte Diederich noch geringschätziger. »Ich pfeife auch darauf.«

»Ihr Schade!« Mahlmann lachte tobend – worauf er vorschlug, einen Bummel zu machen. Daraus ward eine Bierrei-

Gewühl … der Passanten

am Briefkasten am häuslichen Briefkasten der Familie Göppel

Bude Studentenwohnung

Poussieren Sie doch! Machen Sie ihr doch den Hof! Umwerben Sie sie doch!

Die roten Haare! Nach volkstümlicher Vorstellung sind Rothaarige besonders leidenschaftlich.

Ihr Schade! Ihr Pech!

tobend unmäßig

Bierreise Kneipentour

se. Die ersten Gaslichter sahen sie beide betrunken. Etwas später, in der Leipziger Straße, bekam Diederich ohne Anlass von Mahlmann eine mächtige Ohrfeige. Er sagte: »Au! Das ist aber doch eine – « Vor dem Wort »Frechheit« schrak er zurück. Der Mecklenburger klopfte ihm auf die Schulter. »Recht freundlich, Kleiner! Alles bloß Freundschaft!« – und überdies nahm er Diederich die letzten zehn Mark ab … Vier Tage später fand er ihn schwach vor Hunger und teilte ihm von dem, was er inzwischen anderswo gepumpt hatte, großmütig drei Mark mit. Am Sonntag bei Göppels – mit weniger leerem Magen wäre Diederich vielleicht nicht hingegangen – erzählte Mahlmann, dass Heßling all sein Geld verlumpt habe und sich heute mal satt essen müsse. Herr Göppel und sein Schwager lachten verständnisvoll, aber Diederich hätte lieber nie geboren sein wollen, als von Agnes so traurig prüfend angesehen werden. Sie verachtete ihn! Verzweifelt tröstete er sich: ›Es ist alles eins, sie hat es schon immer getan!‹ Da fragte sie, ob das Konzertbillett vielleicht von ihm gewesen sei. Alle wandten sich ihm zu.

»Unsinn! Wie sollte ich dazu wohl kommen«, entgegnete er so unliebenswürdig, dass sie ihm glaubten. Agnes zögerte ein wenig, bevor sie wegsah. Mahlmann bot den Damen Pralinés an und stellte die übrigen vor Agnes hin. Diederich kümmerte sich nicht um sie. Er aß noch mehr als das vorige Mal. Da doch alle meinten, er sei nur deswegen da! Als es hieß, der Kaffee solle im Grunewald getrunken werden, erfand Diederich sofort eine Verabredung. Er setzte sogar hinzu: »Mit jemand, den ich unmöglich warten lassen kann.« Herr Göppel legte ihm seine gedrungene Hand auf die Schulter, blinzelte ihn aus gesenktem Kopf an und sagte halblaut: »Keine Angst, Sie sind natürlich eingeladen!« Aber Diederich beteuerte entrüstet, dass es nicht daran liege. »Na, wenigstens kommen Sie wieder, sobald Sie Lust haben«,

Die ersten Gaslichter sahen sie Als die ersten Straßenlaternen angingen (als es dämmerte), waren sie

fand er ihn fand er ihn bei sich zu Hause … vor

teilte ihm … mit gab ihm … ab

angesehen werden angesehen zu werden

alles eins ohnehin egal

Grunewald Stadtwald im Berliner Westen, der sich im letzten Drittel des 19. Jahrhunderts (nach Fertigstellung einer Bahnverbindung) zu einem beliebten Berliner Naherholungsgebiet mit Ausflugslokalen entwickelte

schloss Göppel, und Agnes nickte dazu. Sie schien sogar etwas sagen zu wollen, aber Diederich wartete es nicht ab. Er ging den Rest des Tages in selbstzufriedener Trauer umher, wie nach Vollziehung eines großen Opfers. Am Abend in einem überfüllten Bierlokal saß er, den Kopf aufgestützt, und nickte von Zeit zu Zeit auf sein einsames Glas hinab, als verstehe er jetzt das Schicksal.

Was war zu machen gegen die gewalttätige Art, in der Mahlmann seine Anleihen aufnahm? Am Sonntag hatte dann der Mecklenburger einen Blumenstrauß für Agnes, und Diederich, der mit leeren Händen kam, hätte sagen können: Der ist eigentlich von mir, Fräulein. Indessen schwieg er, mit noch mehr Groll gegen Agnes als gegen Mahlmann. Denn Mahlmann forderte zur Bewunderung heraus, wenn er des Nachts einem Unbekannten nachlief, um ihm den Zylinder einzuschlagen – obwohl Diederich keineswegs die Warnung verkannte, die solch ein Vorgang für ihn selbst enthielt.

seine Anleihen aufnahm sich Geld borgte

Ende des Monats, zu seinem Geburtstag, bekam er eine unvorhergesehene Summe, die seine Mutter ihm erspart hatte, und erschien bei Göppels mit einem Bouquet, keinem zu großen, um sich nicht bloßzustellen und auch um Mahlmann nicht herauszufordern. Das junge Mädchen hatte, wie sie es nahm, ein ergriffenes Gesicht, und Diederich lächelte herablassend und verlegen zugleich. Dieser Sonntag deuchte ihm unerhört festlich; er war nicht überrascht, als man in den Zoologischen Garten gehen wollte.

Bouquet gebundenen Blumenstrauß

deuchte erschien

Die Gesellschaft rückte aus, nachdem Mahlmann sie abgezählt hatte: elf Personen. Alle Frauen unterwegs waren, wie Göppels Schwestern, vollständig anders angezogen als in der Woche: als seien sie heute von einer höheren Klasse oder hätten geerbt. Die Männer trugen Gehröcke: nur wenige in Verbindung mit schwarzen Hosen, wie Diederich, aber viele

in der Woche unter der Woche (an normalen Werktagen)

mit Strohhüten. Kam man durch eine Seitenstraße, war sie breit, gleichförmig und leer, ohne einen Menschen, ohne einen Pferdeapfel. Einmal doch tanzte ein Kreis kleiner Mädchen in weißen Kleidern, schwarzen Strümpfen und ganz behangen mit Schleifen, schrill singend, einen Ringelreihn. Gleich darauf, in der Verkehrsader, stürmten schwitzende Matronen einen Omnibus; und die Gesichter der Kommis, die unnachsichtlich mit ihnen um die Plätze rangen, sahen neben ihren heftig roten zum Umfallen blass aus. Alles drängte vorwärts, alles stürzte einem Ziel zu, wo endlich das Vergnügen anfangen sollte. Alle Mienen sagten hart: Nu los, gearbeitet haben wir genug!

Diederich kehrte vor den Damen den Berliner heraus. In der Stadtbahn eroberte er ihnen mehrere Sitze. Einen Herrn, der im Begriff stand, einen wegzunehmen, hinderte er daran, indem er ihn heftig auf den Fuß trat. Der Herr schrie: »Flegel!« Diederich anwortete ihm im selben Sinn. Da zeigte es sich, dass Herr Göppel ihn kannte – und kaum einander vorgestellt, bekundeten Diederich und der andere die ritterlichsten Sitten. Keiner wollte sitzen, um den anderen nicht stehen zu lassen.

Am Tisch im Zoologischen Garten geriet Diederich neben Agnes – warum ging heute alles glücklich? –, und als sie gleich nach dem Kaffee zu den Tieren wollte, unterstützte er sie stürmisch. Er war voll Unternehmungslust. Vor dem engen Gang zwischen den Raubtierkäfigen kehrten die Damen um. Diederich trug Agnes seine Begleitung an. »Da nehmen Sie doch lieber mich mit hinein«, sagte Mahlmann. »Wenn wirklich eine Stange losgehen sollte –«

»Dann machen Sie sie auch nicht wieder fest«, entgegnete Agnes und trat ein, während Mahlmann sein Gelächter aufschlug. Diederich blieb hinter ihr. Ihm war bange: vor den Bestien, die von rechts und links auf ihn zustürzten, ohne

in der Verkehrsader auf einer der großen Straßen

Matronen ältere, füllige Frauen

Kommis Handlungsgehilfen, Laufburschen kleinerer Geschäfte (›Kommis‹ ist gleichermaßen Singular und Plural)

unnachsichtlich ohne Nachsicht, rücksichtslos

rangen kämpften

roten geröteten

bekundeten … die ritterlichsten Sitten behandelten einander … mit ausgesuchter Höflichkeit

sein Gelächter aufschlug in sein gewohntes lautes Lachen ausbrach

anderen Laut als den des Atems, den sie über ihn hinstießen – und vor dem jungen Mädchen, dessen Blumenduft ihm voranzog. Ganz hinten wandte sie sich um und sagte: »Ich mag das Renommieren nicht!«

das Renommieren die Angeberei

»Wirklich?«, fragte Diederich, vor Freude gerührt.

»Heute sind Sie mal nett«, sagte Agnes; und er: »Ich möchte es eigentlich immer sein.«

»Wirklich?« – Und jetzt war es an ihrer Stimme, ein wenig zu schwanken. Sie sahen einander an, jeder mit einer Miene, als verdiente er das alles nicht. Das junge Mädchen sagte klagend: »Die Tiere riechen aber furchtbar.«

Und sie gingen zurück.

Mahlmann empfing sie. »Ich wollte nur sehen, ob Sie nicht ausreißen würden.« Dann nahm er Diederich beiseite. »Na? Was macht die Kleine? Geht es bei Ihnen auch? Ich hab es gleich gesagt, dass es keine Kunst ist.« Da Diederich stumm blieb: »Sie sind wohl scharf ins Zeug gegangen? Wissen Sie was, ich bin nur noch ein Semester in Berlin: Dann können Sie mich beerben. Aber so lange warten Sie gefälligst –« Auf seinem ungeheuren Rumpf ward sein kleiner Kopf plötzlich tückisch anzusehen. » – Freundchen!«

scharf ins Zeug gegangen ungestüm zu Werke gegangen

Und Diederich war entlassen. Er hatte einen heftigen Schrecken bekommen und wagte sich gar nicht mehr in Agnes' Nähe. Sie hörte nicht sehr aufmerksam auf Mahlmann, sie rief rückwärts: »Papa! Heute ist es schön, heute geht es mir aber wirklich gut.«

war entlassen durfte sich verdrücken; konnte sehen, wo er blieb

Herr Göppel nahm ihren Arm zwischen seine beiden Hände und tat, als wollte er fest zudrücken, aber er berührte sie kaum. Seine blanken Augen lachten und waren feucht. Als die Familie Abschied genommen hatte, versammelte er seine Tochter und die beiden jungen Leute um sich und erklärte ihnen, der Tag müsse gefeiert werden; sie wollten die Linden entlanggehen und nachher irgendwo essen.

die Linden die Prachtstraße Unter den Linden in Berlin Mitte

»Papa wird leichtsinnig!«, rief Agnes und sah sich nach Diederich um. Aber er hielt die Augen gesenkt. In der Stadtbahn benahm er sich so ungeschickt, dass er weit von den anderen getrennt ward; und im Gedränge der Friedrichstadt blieb er mit Herrn Göppel allein zurück. Plötzlich hielt Göppel an, tastete verstört auf seinem Magen umher und fragte: »Wo ist meine Uhr?«

Sie war fort mitsamt der Kette. Mahlmann sagte: »Wie lange sind Sie schon in Berlin, Herr Göppel?«

»Jawohl!« – und Göppel wendete sich an Diederich. »Dreißig Jahre bin ich hier, aber das ist mir denn doch noch nicht passiert.« Und stolz trotz allem: »Sehen Sie, das gibt's in Netzig überhaupt nicht!«

Nun musste man, statt zu essen, auf das Polizeirevier und ein Verhör bestehen. Und Agnes hustete. Göppel zuckte zusammen. »Wir wären jetzt doch zu müde«, murmelte er. Mit künstlicher Jovialität verabschiedete er Diederich, der Agnes' Hand übersah und linkisch den Hut zog. Auf einmal, mit überraschender Geschicklichkeit und ehe Mahlmann begriff, was vorging, schwang er sich auf einen vorbeifahrenden Omnibus. Er war entkommen! Und jetzt fingen die Ferien an! Er war alles los! Zu Hause freilich warf er die schwersten seiner Chemiebände mit Krachen auf den Boden. Er hielt sogar schon die Kaffeekanne in der Hand. Aber bei dem Geräusch einer Tür begann er sofort, alles wieder aufzulesen. Dann setzte er sich still in die Sofaecke, stützte den Kopf und weinte. Wäre es nicht vorher so schön gewesen! Er war ihr auf den Leim gegangen. So machten es die Mädchen: dass sie manchmal mit einem so taten, und dabei wollten sie einen nur mit einem Kerl auslachen. Diederich war sich tief bewusst, dass er es mit so einem Kerl nicht aufnehmen könne. Er sah sich neben Mahlmann und würde es nicht begriffen haben, hätte eine sich für ihn entschieden. ›Was hab ich mir

Stadtbahn erste Eisenbahnstrecke durch Berlin, die zwischen 1875 und 1882 entstand und die Berliner Fernbahnhöfe miteinander verband, wofür bis dahin nur Pferdedroschken bereitgestanden hatten

Friedrichstadt ehemaliger Stadtteil im Zentrum Berlins (heute Teile von Berlin Mitte und Kreuzberg)

Uhr Taschenuhr

Jovialität freundlich-entgegenkommende, etwas distanzlose Haltung im Umgang mit anderen

nur eingebildet‹, dachte er. ›Eine, die sich in mich verliebt, muss wirklich dumm sein.‹ Er litt große Angst, der Mecklenburger könne kommen und ihn noch ärger bedrohen. ›Ich will sie gar nicht mehr. Wäre ich nur schon fort!‹ Die nächsten Tage saß er in tödlicher Spannung bei verschlossener Tür. Kaum war sein Geld da, reiste er.

Seine Mutter fragte, befremdet und eifersüchtig, was er habe. Nach so kurzer Zeit sei er kein Junge mehr. »Ja, das Berliner Pflaster!«

Diederich griff zu, als sie verlangte, er solle an eine kleine Universität, nicht wieder nach Berlin. Der Vater fand, dass es ein Für und Wider gäbe. Diederich musste ihm viel von Göppels berichten. Ob er die Fabrik gesehen habe. Und war er bei den anderen Geschäftsfreunden gewesen? Herr Heßling wünschte, dass Diederich die Ferien benutzte, um in der väterlichen Werkstätte den Gang der Papierverfertigung kennenzulernen. »Ich bin nicht mehr der Jüngste, und mein Granatsplitter hat mich auch schon lange nicht so gekitzelt.«

Diederich entwischte, sobald er konnte, um im Wald von Gäbbelchen oder längs des Nuggebaches bei Gohse spazieren zu gehen und sich mit der Natur eins zu fühlen. Denn das konnte er jetzt. Zum ersten Mal fiel es ihm auf, dass die Hügel dahinten traurig oder wie eine große Sehnsucht aussahen, und was als Sonne oder Regen vom Himmel fiel, waren Diederichs heiße Liebe und seine Tränen. Denn er weinte viel. Er versuchte sogar zu dichten.

Als er einmal die Löwenapotheke betrat, stand hinter dem Ladentisch sein Schulkamerad Gottlieb Hornung. »Ja, ich spiel hier den Sommer über 'n bisschen Apotheker«, erklärte er. Er hatte sich sogar schon aus Versehen vergiftet und sich dabei nach hinten zusammengerollt wie ein Aal. Die ganze Stadt hatte davon gesprochen! Aber zum Herbst ging

Granatsplitter Kriegsverwundung; Splitter explodierter Granaten drangen oft tief in den Körper ein und konnten nicht operativ entfernt werden; sie ›wanderten‹ dann im Körper und verursachten unterschiedliche Beschwerden.

Wald von Gäbbelchen … Nuggebaches bei Gohse fiktive Orte und Namen

er nun nach Berlin, um die Sache wissenschaftlich anzufassen. Ob denn in Berlin was los sei. Hocherfreut über den Besitz seiner Überlegenheit, fing Diederich an, mit seinen Berliner Erlebnissen zu prahlen. Der Apotheker verhieß: »Wir beide zusammen stellen Berlin auf den Kopf.«

Und Diederich war schwach genug, zuzusagen. Die kleine Universität ward verworfen. Am Ende des Sommers – Hornung hatte noch einige Tage zu praktizieren – kehrte Diederich nach Berlin zurück. Er mied das Zimmer in der Tieckstraße. Vor Mahlmann und den Göppels flüchtete er bis nach Gesundbrunnen hinaus. Dort wartete er auf Hornung. Aber Hornung, der seine Abreise gemeldet hatte, blieb aus; und als er endlich kam, trug er eine grün-gelb-rote Mütze. Er war sofort von einem Kollegen für eine Verbindung gekeilt worden. Auch Diederich sollte ihr beitreten; es waren die Neuteutonen, eine hochfeine Korporation, sagte Hornung; allein sechs Pharmazeuten waren dabei. Diederich verbarg seinen Schrecken unter der Maske der Geringschätzung, aber es half nichts. Er solle Hornung nicht blamieren, der von ihm gesprochen habe; einen Besuch wenigstens müsse er machen.

»Aber nur einen«, sagte er fest.

Der eine dauerte, bis Diederich unter dem Tisch lag und sie ihn fortschafften. Als er ausgeschlafen hatte, holten sie ihn zum Frühschoppen; Diederich war Konkneipant geworden.

Und für diesen Posten fühlte er sich bestimmt. Er sah sich in einen großen Kreis von Menschen versetzt, deren keiner ihm etwas tat oder etwas anderes von ihm verlangte, als dass er trinke. Voll Dankbarkeit und Wohlwollen erhob er gegen jeden, der ihn dazu anregte, sein Glas. Das Trinken und Nichttrinken, das Sitzen, Stehen, Sprechen oder Singen hing meistens nicht von ihm selbst ab. Alles ward laut kommandiert, und wenn man es richtig befolgte, lebte man mit sich

zu praktizieren in der Apotheke zu arbeiten

Gesundbrunnen Ortsteil im Bezirk Berlin Mitte, dessen Name auf eine mineralhaltige Quelle zurückgeht, die anfangs als Heilquelle genutzt wurde

grün-gelb-rote Mütze Mütze mit den Farben der Studentenverbindung »Neuteutonia« (vgl. Z. 15 f.)

gekeilt angeworben (studentischer Jargon, aus der Gaunersprache übernommen)

Neuteutonen → Seite 489

Korporation Studentenverbindung

Pharmazeuten Studenten der Pharmazie, der Arzneikunde

Frühschoppen vormittags abgehaltenen Stammtisch

Konkneipant → Seite 489

und der Welt im Frieden. Als Diederich beim Salamander zum ersten Male nicht nachklappte, lächelte er in die Runde, beinahe beschämt durch die eigene Vollkommenheit!

beim Salamander … nicht nachklappte Trinkzeremonie, bei der die Gläser auf der Tischplatte gerieben, dann ausgetrunken und schließlich alle zugleich auf einen Schlag abgestellt wurden

Und das war noch nichts gegen seine Sicherheit im Gesang! Diederich hatte in der Schule zu den besten Sängern gehört und schon in seinem ersten Liederheft die Seitenzahlen auswendig gewusst, wo jedes Lied zu finden war. Jetzt brauchte er in das Kommersbuch, das auf großen Nägeln in der Lache von Bier lag, nur den Finger zu schieben und traf vor allen anderen die Nummer, die gesungen werden sollte. Oft hing er den ganzen Abend mit Ehrerbietung am Munde des Präses: ob vielleicht sein Lieblingsstück darankäme. Dann dröhnte er tapfer: »Sie wissen den Teufel, was Freiheit heißt«, hörte neben sich den dicken Delitzsch brummen und fühlte sich wohlig geborgen in dem Halbdunkel des niedrigen altdeutschen Lokals, mit den Mützen an der Wand, angesichts des Kranzes geöffneter Münder, die alle dasselbe tranken und sangen, bei dem Geruch des Bieres und der Körper, die es in der Wärme wieder ausschwitzten. Ihm war, wenn es spät ward, als schwitze er mit ihnen allen aus demselben Körper. Er war untergegangen in der Korporation, die für ihn dachte und wollte. Und er war ein Mann, durfte sich selbst hochachten und hatte eine Ehre, weil er dazugehörte! Ihn herausreißen, ihm einzeln etwas anhaben, das konnte keiner! Mahlmann hätte sich einmal herwagen und es versuchen sollen: Zwanzig Mann wären statt Diederichs gegen ihn aufgestanden! Diederich wünschte ihn geradezu herbei, so furchtlos war er. Womöglich sollte er mit Göppel kommen, dann mochten sie sehen, was aus Diederich geworden war, dann war er gerächt!

Kommersbuch → Seite 490

Präses (lat. ›praeses‹: ›vor etwas sitzend‹) Vorsitzender eines Kommerses

Sie wissen den Teufel, was Freiheit heißt → Seite 490

untergegangen aufgegangen (im Kollektiv)

Womöglich Am besten

Gleichwohl gab ihm die meiste Sympathie der Harmloseste von allen ein, sein Nachbar, der dicke Delitzsch. Etwas tief Beruhigendes, Vertrauengestattendes wohnte in dieser glat-

gab ihm … ein weckte in ihm

ten, weißen und humorvollen Speckmasse, die unten breit über die Stuhlränder quoll, in mehreren Wülsten die Tischhöhe erreichte und dort, als sei nun das Äußerste getan, aufgestützt blieb, ohne eine andere Bewegung als das Heben und Hinstellen des Bierglases. Delitzsch war, wie niemand sonst, an seinem Platz; wer ihn dasitzen sah, vergaß, dass er ihn je auf den Beinen erblickt hatte. Er war ausschließlich zum Sitzen am Biertisch eingerichtet. Sein Hosenboden, der in jedem anderen Zustand tief und melancholisch herabhing, fand nun seine wahre Gestalt und blähte sich machtvoll. Erst mit Delitzschs hinterem Gesicht blühte auch sein vorderes auf. Lebensfreude überglänzte es, und er ward witzig.

Ein Drama entstand, wenn ein junger Fuchs sich den Scherz machte, ihm das Bierglas wegzunehmen. Delitzsch rührte kein Glied, aber seine Miene, die dem geraubten Glase überallhin folgte, enthielt plötzlich den ganzen, stürmisch bewegten Ernst des Daseins, und er rief in sächsischem Schreitenor: »Junge, dass de mir nischt verschüttest! Was entziehst de mir überhaupt mein' Läbensunterhalt! Das ist 'ne ganz gemeine, böswilliche Existenzschädichung, und ich kann dich glatt verklaachen!«

Dauerte der Spaß zu lange, senkten sich Delitzschs weiße Fettwangen, und er bat, er machte sich klein. Sobald er aber das Bier zurückhatte: welche allumfassende Aussöhnung in seinem Lächeln, welche Verklärung! Er sagte: »De bist doch ä gutes Luder, de sollst läm, prost!« – trank aus und klopfte mit dem Deckel nach dem Korpsdiener: »Herr Oberkörper!«

Nach einigen Stunden geschah es wohl, dass sein Stuhl sich mit ihm umdrehte und Delitzsch den Kopf über das Becken der Wasserleitung hielt. Das Wasser plätscherte, Delitzsch gurgelte erstickt, und ein paar andere stürzten, durch seine Laute angeregt, in die Toilette. Noch ein wenig

ein junger Fuchs → Seite 490

Schreitenor hohe männliche Stimmlage, mehr schreiend als singend

verklaachen verklagen

Luder eigentlich: liederliche weibliche Person; hier: Kerl

läm leben

Herr Oberkörper! Berlinerischer Slang für: Herr Oberkellner!

sauer von Gesicht, aber schon mit frischer Schelmerei, rückte Delitzsch an den Tisch zurück.

»Na, nu geht's ja wieder«, sagte er; und: »Wovon habt 'r denn geredt, während ich anderweitig beschäftigt war? Wisst ihr denn egal nischt wie Weibergeschichten? Was koof ich mir für die Weiber?« Immer lauter: »Nich mal ä sauern Schoppen kann 'ch mir dafür koofen. Sie, Herr Oberkörper!«

egal nischt wie überhaupt nichts anderes als

Diederich gab ihm recht. Er hatte die Weiber kennengelernt, er war mit ihnen fertig. Unvergleichlich idealere Werte enthielt das Bier.

Das Bier! Der Alkohol! Da saß man und konnte immer noch mehr davon haben, das Bier war nicht wie kokette Weiber, sondern treu und gemütlich. Beim Bier brauchte man nicht zu handeln, nichts zu wollen und zu erreichen, wie bei den Weibern. Alles kam von selbst. Man schluckte: und da hatte man es schon zu etwas gebracht, fühlte sich auf die Höhen des Lebens befördert und war ein freier Mann, innerlich frei. Das Lokal hätte von Polizisten umstellt sein dürfen: Das Bier, das man schluckte, verwandelte sich in innere Freiheit. Und man hatte sein Examen so gut wie bestanden. Man war »fertig«, war Doktor! Man füllte im bürgerlichen Leben eine Stellung aus, war reich und von Wichtigkeit: Chef einer mächtigen Fabrik von Ansichtskarten oder Toilettenpapier. Was man mit seiner Lebensarbeit schuf, war in tausend Händen. Man breitete sich, vom Biertisch her, in die Welt aus, ahnte große Zusammenhänge, ward eins mit dem Weltgeist. Ja, das Bier erhob einen so sehr über das Selbst, dass man Gott fand!

Fabrik von Ansichtskarten oder Toilettenpapier → Seite 490

Gern hätte er es jahrelang so weitergetrieben. Aber die Neuteutonen ließen ihn nicht. Fast vom ersten Tage an hatten sie ihm den moralischen und materiellen Wert einer völligen Zugehörigkeit zur Verbindung geschildert; allmählich aber gingen sie immer unverblümter darauf aus, ihn zu keilen. Vergebens berief sich Diederich auf seine anerkannte Stellung als Konkneipant, in die er sich eingelebt habe und die ihn befriedige. Sie entgegneten, dass der Zweck des studentischen Zusammenschlusses, nämlich die Erziehung zur Mannhaftigkeit und zum Idealismus, durch das Kneipen allein, so viel es auch beitrage, noch nicht ganz erfüllt werde. Diederich zitterte; nur zu gut erkannte er, worauf dieses hinauslief. Er sollte pauken! Schon immer hatte es ihn unheimlich angeweht, wenn sie mit ihren Stöcken in der Luft ihm die Schläge vorgeführt hatten, die sie einander beigebracht haben wollten; oder wenn einer von ihnen eine schwarze Mütze um den Kopf hatte und nach Jodoform roch. Jetzt dachte er gepresst: ›Warum bin ich dabeigeblieben und Konkneipant geworden! Nun muss ich ran.‹

Er musste. Aber gleich die ersten Erfahrungen beruhigten ihn. Er war so sorgsam eingewickelt, behelmt und bebrillt worden, dass ihm unmöglich viel geschehen konnte. Da er keinen Grund hatte, den Kommandos nicht gerade so willig und gelehrig nachzukommen wie in der Kneipe, lernte er fechten, schneller als andere. Beim ersten Durchzieher ward ihm schwach: Über die Wange fühlte er es rinnen. Als er dann genäht war, hätte er am liebsten getanzt vor Glück. Er warf es sich vor, dass er diesen gutmütigen Menschen gefährliche Absichten zugetraut hatte. Gerade der, den er am meisten gefürchtet hatte, nahm ihn unter seinen Schutz und ward ihm ein wohlgesinnter Erzieher.

Wiebel war Jurist, was ihm allein schon Diederichs Unterordnung gesichert hätte. Nicht ohne Selbstzerknirschung sah er die englischen Stoffe an, in die Wiebel sich kleidete, und die farbigen Hemden, von denen er immer mehrere abwechselnd trug, bis sie alle in die Wäsche mussten. Das Beklemmendste aber waren Wiebels Manieren. Wenn er mit

zu keilen
(siehe Seite 27)

pauken
→ Seite 490

beigebracht
zugefügt

Jodoform
»früher verwendetes Mittel zur Wunddesinfektion« (Duden)

Durchzieher
»durchgezogener Fechthieb bei der Mensur« (Duden)

englischen Stoffe
Englische Tuchwaren galten als besonders hochwertig.

leichter, eleganter Verbeugung Diederich zutrank, klappte Diederich, und seine Miene war leidend vor Anstrengung, tief zusammen, verschüttete die eine Hälfte und verschluckte sich mit der andern. Wiebel sprach mit leiser, arroganter Feudalstimme.

»Man kann sagen, was man will«, bemerkte er gern, »Formen sind kein leerer Wahn.«

Für das F in »Formen« machte er seinen Mund zu einem kleinen schwarzen Mausloch und stieß es langsam geschwellt heraus. Diederich unterlag jedes Mal wieder dem Schauer von so viel Vornehmheit. Alles an Wiebel dünkte ihm erlesen: dass die rötlichen Barthaare ganz oben auf der Lippe wuchsen, und seine langen, gekrümmten Nägel – nach unten gekrümmt, nicht, wie bei Diederich, nach oben; der starke männliche Duft, der von Wiebel ausging, auch seine abstehenden Ohren, die die Wirkung des durchgezogenen Scheitels erhöhten, und die katerhaft in Schläfenwulste gebetteten Augen. Diederich hatte das alles immer nur im unbedingten Gefühl des eigenen Unwertes mit angesehen. Seit aber Wiebel ihn anredete und sich sogar zu seinem Gönner machte, war es Diederich, als sei ihm erst jetzt das Recht aufs Dasein bestätigt. Er hatte Lust, dankbar zu wedeln. Sein Herz weitete sich vor glücklicher Bewunderung. Wenn seine Wünsche sich so hoch hinausgewagt hätten, auch er hätte gern solchen roten Hals gehabt und immer geschwitzt. Welch ein Traum, säuseln zu können wie Wiebel!

Und nun durfte Diederich ihm dienen, er war sein Leibfuchs! Stets wohnte er Wiebels Erwachen bei, suchte ihm seine Sachen zusammen – und da Wiebel infolge unregelmäßiger Bezahlung mit der Wirtin schlecht stand, besorgte Diederich ihm den Kaffee und reinigte ihm die Schuhe. Dafür durfte er mitgehn auf allen Wegen. Wenn Wiebel ein Bedürfnis verrichtete, hielt Diederich draußen Wache, und er wünsch-

mit leiser, arroganter Feudalstimme mit einer von Mitgliedern der Aristokratie abgeschauten leisen Stimme und wegwerfenden Intonation

»Formen sind kein leerer Wahn.« → Seite 492

katerhaft → Seite 492

Recht aufs Dasein sozialdarwinistischer Slogan, mit dem im Kaiserreich unter anderem die eigenen – im Vergleich zu anderen europäischen Nationen verspäteten – imperialistischen Gelüste (das ›deutsche Recht auf Kolonien‹) gerechtfertigt wurden

sein Leibfuchs! (siehe Seite 490: ein junger Fuchs)

wohnte er Wiebels Erwachen bei → Seite 492

Wirtin Hauswirtin, Vermieterin

te sich nur, seinen Schläger dazuhaben, um ihn schultern zu können.

Wiebel hätte es verdient. Die Ehre der Korporation, in der auch Diederichs Ehre und sein ganzes Selbstbewusstsein wurzelten, am glänzendsten vertrat Wiebel sie. Er schlug sich, mit wem man wollte, für die Neuteutonia. Er hatte das Ansehen der Verbindung erhöht, denn er sollte einst einen Vindoborussen koramiert haben! Auch hatte er einen Verwandten beim Zweiten Garde-Grenadierregiment Kaiser Franz Joseph; und sooft Wiebel seinen Vetter von Klappke erwähnte, machte die ganze Neuteutonia eine geschmeichelte Verbeugung. Diederich suchte sich einen Wiebel in der Uniform eines Gardeoffiziers vorzustellen; aber so viel Vornehmheit war nicht auszudenken. Eines Tages dann, wie er mit Gottlieb Hornung, weithin duftend, vom täglichen Frisieren kam, stand an der Straßenecke Wiebel mit einem Zahlmeister. Kein Irrtum: es war ein Zahlmeister – und als Wiebel ihr Kommen bemerkte, drehte er ihnen den Rücken. Auch sie wendeten und machten sich stumm und stramm davon, ohne einander anzusehen und ohne eine Bemerkung. Jeder vermutete, dass auch der andere die Ähnlichkeit des Zahlmeisters mit Wiebel festgestellt habe. Und vielleicht kannten die Übrigen schon längst den wahren Sachverhalt? Aber allen stand die Ehre der Neuteutonia hoch genug, um zu schweigen, ja, um das Erblickte zu vergessen. Als Wiebel das nächste Mal »mein Vetter von Klappke« sagte, verbeugten Diederich und Hornung sich mit den anderen, geschmeichelt wie je.

Schon hatte Diederich Selbstbeherrschung gelernt, Beobachtung der Formen, Korpsgeist, Eifer für das Höhere. Nur mit Mitleid und Widerwillen dachte er an das elende Dasein des schweifenden Wilden, das früher das Seine gewesen war. Jetzt war Ordnung und Pflicht in sein Leben gebracht. Zu

Schläger Mensurdegen (s. Seite 490: pauken)

ihn schultern zu können ... wie ein Wachsoldat sein Gewehr

Vindoborussen erfundener Name für eine besonders vornehme Studentenverbindung

koramiert Studentenjargon: öffentlich zur Rede gestellt, getadelt

Zweiten Garde-Grenadierregiment Kaiser Franz Joseph → Seite 492

seinen Vetter von Klappke → Seite 492

täglichen Frisieren täglichen Besuch beim Barbier, zum Rasieren, Richten und Nachbessern der Frisur

ein Zahlmeister lediglich ein mittlerer Beamter der Heeresverwaltung

Beobachtung der Formen, Korpsgeist → Seite 493

genau eingehaltenen Stunden erschien er auf Wiebels Bude, im Fechtsaal, beim Friseur und zum Frühschoppen. Der Nachmittagsbummel leitete zur Kneipe über; und jeder Schritt geschah in Korporation, unter Aufsicht und mit Wahrung peinlicher Formen und gegenseitiger Ehrerbietung, die gemütvolle Derbheit nicht ausschloss. Ein Kommilitone, mit dem Diederich bisher nur offiziellen Verkehr unterhalten hatte, stieß einst mit ihm vor der Toilette zusammen, und obwohl sie beide kaum noch gerade stehen konnten, wollte keiner den Vortritt annehmen. Lange komplimentierten sie sich – bis sie plötzlich, im gleichen Augenblick vom Drang überwältigt, wie zwei zusammenprallende Eber durch die Tür brachen, dass ihnen die Schulterknochen knackten. Das war der Beginn einer Freundschaft. In menschlicher Lage einander nähergekommen, rückten sie nachher auch am offiziellen Kneiptisch zusammen, tranken Schmollis und nannten sich »Schweinehund« und »Nilpferd«.

Nicht immer zeigte das Verbindungsleben seine heitere Seite. Es forderte Opfer; es übte im männlichen Ertragen des Schmerzes. Delitzsch selbst, der Quell so mancher Heiterkeit, verbreitete Trauer in der Neuteutonia. Eines Vormittags, wie Wiebel und Diederich ihn abzuholen kamen: er stand am Waschtisch und sagte noch: »Na da. Habt ’r heit aach so ä Durscht?« – plötzlich, ehe sie zugreifen konnten, fiel er hin, mitsamt dem Waschgeschirr. Wiebel befühlte ihn: Delitzsch regte sich nicht mehr.

»Herzklaps«, sagte Wiebel kurz. Er ging stramm zur Klingel. Diederich hob die Scherben auf und trocknete den Boden. Dann trugen sie Delitzsch auf das Bett. Dem formlosen Gejammer der Wirtin gegenüber verharrten beide in streng kommentmäßiger Haltung. Unterwegs zur Erledigung des Weiteren – sie marschierten im Takt nebeneinander – sagte Wiebel mit straffer Todesverachtung: »So was. Kann jedem

Ein Kommilitone Ein Mitstudent, hier in engerem Sinn: ein anderes Mitglied der Verbindung

offiziellen Verkehr unterhalten hatte oberflächlich bekannt war

komplimentierten sie sich forderten sie einander mit höflichen Gesten auf, als Erster hineinzugehen

In menschlicher Lage → Seite 493

offiziellen Kneiptisch Tisch, an dem man sich zum Trinken versammelt

tranken Schmollis Studentenjargon: tranken Brüderschaft

Waschtisch → Seite 493

Waschgeschirr → Seite 493

Herzklapps schnodderig-ungerührt für: Herzinfarkt

in streng kommentmäßiger Haltung → Seite 493

von uns passieren. Kneipen ist kein Spaß. Das kann sich jeder gesagt sein lassen.«

Und mit allen anderen fühlte Diederich sich gehoben durch Delitzschs treue Pflichterfüllung, durch seinen Tod auf dem Felde der Ehre. Mit Stolz folgten sie dem Sarge; »Neuteutonia sei 's Panier« stand in jeder Miene. Auf dem Friedhof, die umflorten Schläger gesenkt, hatten alle das in sich vertiefte Gesicht des Kriegers, den die nächste Schlacht dahinraffen kann, wie die vorige den Kameraden; und was der Erste Chargierte von dem Geschiedenen rühmte: er habe in der Schule der Mannhaftigkeit und des Idealismus den höchsten Preis errungen, das erschütterte jeden, als gelte es ihm selbst.

Hiermit ging Diederichs Lehrzeit zu Ende, denn Wiebel trat aus, um sich auf den Referendar vorzubereiten; und fortan hatte Diederich die von ihm übernommenen Grundsätze selbstständig zu vertreten und sie den Jüngeren einzupflanzen. Er tat es im Gefühl hoher Verantwortlichkeit und mit Strenge. Wehe dem Fuchs, der es verdient hatte, in die Kanne zu steigen. Keine fünf Minuten vergingen, und er musste sich an den Wänden hinaustasten. Das Schreckliche geschah, dass einer vor Diederich aus der Tür ging. Seine Buße waren acht Tage Bierverschiss. Nicht Stolz oder Eigenliebe leiteten Diederich: einzig sein hoher Begriff von der Ehre der Korporation. Er selbst war nur ein Mensch, also nichts; jedes Recht, sein ganzes Ansehen und Gewicht kamen ihm von ihr. Auch körperlich verdankte er ihr alles: die Breite seines weißen Gesichts, seinen Bauch, der ihn den Füchsen ehrwürdig machte, und das Privileg, bei festlichen Anlässen in hohen Stiefeln, mit Band und Mütze aufzutreten, den Genuss der Uniform! Wohl hatte er noch immer einem Leutnant Platz zu machen, denn die Körperschaft, der der Leutnant angehörte, war offenbar die höhere; aber wenigstens

Tod auf dem Felde der Ehre eigentlich glorifizierende Umschreibung für: Soldatentod auf dem Schlachtfeld

Panier Banner, Fahne, Feldzeichen; Wahlspruch, Parole

umflorten Schläger mit einem schwarzen Trauerflor umwobenen Mensurdegen

Erste Chargierte → Seite 494

Geschiedenen Verstorbenen

auf den Referendar vorzubereiten Ein Referendar ist ein Anwärter auf den höheren Beamtendienst; der praktischen Erprobungszeit des Referendariats geht ein Examen voraus.

in die Kanne zu steigen auf Kommando seinen Bierkrug zu leeren

Bierverschiss Bierverbot als Strafe für ein Fehlverhalten

offenbar offenkundig, fraglos

mit einem Trambahnschaffner konnte er furchtlos verkehren, ohne Gefahr, von ihm angeschnauzt zu werden. Seine Männlichkeit stand ihm mit Schmissen, die das Kinn spalteten, rissig durch die Wangen fuhren und in den kurz geschorenen Schädel hackten, drohend auf dem Gesicht geschrieben – und welche Genugtuung, sie täglich und nach Belieben einem jeden beweisen zu können! Einmal bot sich eine unerwartet glänzende Gelegenheit. Zu dritt, mit Gottlieb Hornung und dem Dienstmädchen ihrer Wirtin, waren sie beim Tanz in Halensee. Seit einigen Monaten teilten die Freunde sich eine Wohnung, mit der ein ziemlich hübsches Dienstmädchen verbunden war, machten ihr beide kleine Geschenke und gingen des Sonntags gemeinsam mit ihr aus. Ob Hornung es so weit bei ihr gebracht hatte wie er selbst, darüber hatte Diederich seine privaten Vermutungen. Offiziell und von Verbindungs wegen war es ihm unbekannt.

Rosa war nicht übel angezogen, auf dem Ball fand sie Bewerber. Damit Diederich noch eine Polka bekam, war er genötigt, sie daran zu erinnern, dass er ihr die Handschuhe gekauft habe. Schon machte er zur Einleitung des Tanzes seine korrekte Verbeugung, da drängte sich unversehens ein anderer dazwischen und polkte mit Rosa von dannen. Betreten sah Diederich ihnen nach, im dunklen Gefühl, dass er hier werde einschreiten müssen. Bevor er sich aber regte, war ein Mädchen durch die tanzenden Paare gestürzt, hatte Rosa geohrfeigt und sie in unzarter Weise von ihrem Partner getrennt. Dies sehen und auf Rosas Räuber losmarschieren, war für Diederich eins.

»Mein Herr«, sagte er und sah ihm fest in die Augen, »Ihr Benehmen ist unqualifizierbar.«

Der andere erwiderte: »Wenn schon.«

Überrascht von dieser ungewöhnlichen Wendung eines offiziellen Gesprächs, stammelte Diederich: »Knote.«

Trambahnschaffner Straßenbahnschaffner (siehe Seite 25: Stadtbahn)

Schmissen (siehe Seite 490: pauken)

Halensee damals ein beliebtes ländliches Ausflugsziel im Westen Berlins (siehe die Abbildung auf Seite 494)

von Verbindungs wegen in Bezug auf die moralischen Anforderungen, die die Verbindung an ihre Mitglieder stellte

Polka »Rundtanz im lebhaften bis raschen Zweivierteltakt mit Achtelrhythmus, wobei jeweils auf drei Schritte ein Hopser folgt« (Duden)

unqualifizierbar unmöglich, nicht in Worte zu fassen

Knote grober Kerl

Der andere erwiderte prompt: »Schote« – und lachte dabei. Durch so viel Formlosigkeit vollends aus der Fassung gebracht, wollte Diederich sich schon verbeugen und abtreten; aber der andere stieß ihn plötzlich vor den Bauch – und gleich darauf wälzten sie sich zusammen am Boden. Umringt von Gekreisch und anfeuernden Zurufen, kämpften sie, bis man sie trennte. Gottlieb Hornung, der Diederichs Klemmer suchen half, rief: »Da reißt er aus« – und war schon hinterher. Diederich folgte. Sie sahen den anderen mit einem Begleiter gerade noch in eine Droschke steigen und nahmen die nächste. Hornung behauptete, die Verbindung dürfe das nicht auf sich sitzen lassen. »So was kneift und bekümmert sich nicht mal mehr um die Dame.«

Diederich erklärte: »Was Rosa betrifft, die ist für mich erledigt.«

»Für mich auch.«

Die Fahrt war aufregend. »Ob wir nachkommen? Wir haben einen lahmen Gaul.« – »Wenn der Prolet nun nicht satisfaktionsfähig ist?« Man entschied: »Dann hat die Sache offiziell nicht stattgefunden.«

Der erste Wagen hielt im Westen vor einem anständigen Haus. Diederich und Hornung trafen ein, wie das Tor zugeschlagen ward. Entschlossen postierten sie sich davor. Es ward kühl, sie marschierten hin und her vor dem Hause, zwanzig Schritte nach links, zwanzig Schritte nach rechts, behielten immer die Tür im Auge und wiederholten immer wieder dieselben ernsten und weittragenden Reden. Nur Pistolen kamen hier in Frage! Diesmal war die Ehre der Neuteutonia teuer zu bezahlen! Wenn es nur kein Prolet war!

Endlich kam der Portier zum Vorschein, und sie nahmen ihn ins Verhör. Sie suchten ihm die Herren zu beschreiben, fanden aber, dass die beiden keine besonderen Kennzeichen hatten. Hornung, noch leidenschaftlicher als Diederich, blieb

Schote Dummkopf, Einfaltspinsel

Klemmer auch: Kneifer oder Zwicker; seinerzeit verbreitete bügellose Brille mit biegsamem Steg, die auf die Nase geklemmt wurde

Droschke ein- oder zweispänniges Fuhrwerk; Pferdekutsche

So was kneift … um die Dame. Solche Typen nehmen Reißaus und lassen dabei auch noch ihre Dame im Stich.

Ob wir nachkommen? Werden sie uns nicht abhängen?

Prolet Mensch aus einfachsten Verhältnissen; ungehobelter Kerl

satisfaktionsfähig → Seite 494

Nur Pistolen kamen hier in Frage! → Seite 494

nahmen ihn ins Verhör fragten ihn (energisch und von oben herab) aus

dabei, dass man warten müsse, und noch zwei Stunden lang marschierten sie hin und her, dann bogen aus dem Hause zwei Offiziere. Diederich und Hornung rissen die Augen auf, ungewiss, ob hier nicht ein Irrtum vorlag. Die Offiziere stutzten. Einer schien sogar zu erbleichen. Da entschloss Diederich sich. Er trat vor den Erbleichten hin. »Mein Herr – «

Die Stimme versagte ihm. Der Leutnant sagte, verlegen: »Sie irren sich wohl.«

Diederich brachte hervor: »Durchaus nicht. Ich muss Genugtuung fordern. Sie haben sich – «

Karte Visitenkarte

»Ich kenne Sie ja gar nicht«, stammelte der Leutnant. Aber sein Kamerad flüsterte ihm etwas zu. »So geht das nicht« – er ließ sich von dem anderen die Karte geben, legte seine eigene dazu und überreichte sie Diederich. Diederich gab die seine her; dann las er: »Albrecht Graf Tauern-Bärenheim«. Da nahm er sich nicht mehr die Zeit, auch die andere zu lesen, sondern begann kleine, eifrige Verbeugungen zu vollführen. Der zweite Offizier wandte sich inzwischen an Gottlieb Hornung.

»Mein Freund hat den Scherz natürlich ganz harmlos gemeint. Er wäre selbstverständlich zu jeder Genugtuung bereit; ich will nur feststellen, dass eine beleidigende Absicht nicht vorliegt.«

Der andere, den er dabei ansah, hob die Schultern. Diederich stammelte: »O danke sehr.«

»Damit ist die Sache wohl erledigt«, sagte der Freund; und die beiden Herren entfernten sich.

Diederich stand noch da, die Stirne feucht und mit befangenen Sinnen. Plötzlich seufzte er tief auf und lächelte langsam.

Nachher auf der Kneipe war die Rede nur von diesem Vorfall. Diederich rühmte den Kommilitonen das wahrhaft ritterliche Verhalten des Grafen.

»Ein wirklicher Edelmann verleugnet sich doch nie.«

auf der Kneipe (siehe Seite 490: Kommersbuch)

rühmte den Kommilitonen pries gegenüber seinen Verbindungsbrüdern

verleugnet sich doch nie ist doch in jeder Lebenslage durch sein tadelloses Verhalten erkennbar

Er machte den Mund klein wie ein Mausloch und stieß, in langsamer Schwellung, die Worte hervor: »F-Formen sind doch kein leerer Wahn.«

Immer wieder rief er Gottlieb Hornung als Zeugen seines großen Augenblickes auf.

»So gar nichts Steifes, wie? Oh! Auf einen doch immerhin gewagten Scherz kommt es solchem Herrn nicht an. Eine Haltung dabei: t-hadellos, kann ich euch sagen. Die Erklärungen Seiner Erlaucht waren so durchaus befriedigend, dass ich meinerseits unmöglich –: Ihr begreift, man ist kein Rauhbein.«

Alle begriffen es und bestätigten Diederich, dass die Neuteutonia in dieser Sache durchaus anständig abgeschnitten habe. Die Karten der beiden Edelleute wurden bei den Füchsen umhergereicht und zwischen den gekreuzten Schlägern am Kaiserbild befestigt. Kein Neuteutone, der sich heute nicht betrank.

Damit endete das Semester; aber Diederich und Hornung hatten für die Heimreise kein Geld. Das Geld fehlte ihnen schon längst für fast alles. Mit Rücksicht auf die Pflichten des Verbindungslebens war Diederichs Wechsel auf zweihundertfünfzig Mark erhöht worden; und doch übermannten ihn die Schulden. Alle Quellen schienen ausgepumpt, nur dürres Land sah man, verschmachtend, sich dahindehnen – und endlich musste man wohl, so wenig dies Rittern angestanden hätte, über die Zurückforderung dessen beraten, was sie selbst im Lauf der Zeiten an Kommilitonen verliehen hatten. Gewiss war mancher Alte Herr inzwischen zu großen Geldern gelangt. Hornung fand keinen; Diederich verfiel auf Mahlmann.

»Bei dem geht es«, erklärte er. »Der war bei gar keiner Verbindung: ein ganz gemeiner Ruppsack. Dem werd ich mal auf die Bude steigen.«

Seiner Erlaucht Titel von und Anrede für Angehörige(n) reichsgräflicher Adelsfamilien

Wechsel schuldrechtliches Wertpapier; hier: monatliche elterliche Geldzuwendung

Alte Herr → Seite 494

gemeiner Ruppsack gewöhnlicher Kerl ohne Manieren; ruppiger Kerl

Dem werd ich mal auf die Bude steigen. Den werde ich mal aufsuchen und ein bisschen in die Mangel nehmen.

Aber als Mahlmann ihn erblickte, brach er ohne Weiteres in sein riesenhaftes Lachen aus, das Diederich fast vergessen hatte und das ihn sofort unwiderstehlich herabstimmte. Mahlmann war taktlos! Er hätte doch fühlen sollen, dass hier in seinem Patentbüro mit Diederich die ganze Neuteutonia moralisch zugegen war, und hätte Diederich um ihretwillen Achtung erweisen sollen. Diederich hatte den Eindruck, als sei er aus der kraftspendenden Gesamtheit jäh herausgerissen und stehe hier als einzelner Mensch vor einem anderen. Eine nicht vorgesehene, unliebsame Lage! Umso unbefangener trug er seine Sache vor. Oh! Er wolle kein Geld zurück, das würde er einem Kameraden niemals zugemutet haben! Mahlmann möge nur so gefällig sein, ihm für einen Wechsel zu bürgen. Mahlmann lehnte sich in seinen Schreibsessel zurück und sagte breit und selbstverständlich: »Nein.«

Diederich, betroffen: »Wieso nein?«

»Bürgen ist gegen meine Prinzipien«, erklärte Mahlmann.

Diederich rötete sich vor Entrüstung. »Aber ich habe doch auch für Sie gebürgt, und dann ist der Wechsel an mich gekommen, und ich musste für Sie die hundert Mark blechen. Sie haben sich gehütet!«

»Sehen Sie wohl? Und wenn ich jetzt für Sie bürgen wollte, würden Sie auch nicht bezahlen.«

Diederich riss nur noch die Augen auf.

»Nein, Freundchen«, schloss Mahlmann; »wenn ich Selbstmord begehen will, brauch ich Sie nicht dazu.«

Diederich fasste sich, er sagte herausfordernd: »Sie haben wohl keinen Komment, mein Herr.«

»Nein«, wiederholte Mahlmann und lachte ungeheuerlich. Mit äußerstem Nachdruck stellte Diederich fest: »Dann scheinen Sie überhaupt ein Schwindler zu sein. Es soll ja gewisse Patentschwindler geben.«

Mahlmann lachte nicht mehr; die Augen in seinem klei-

Patentbüro Firma, die Dienstleistungen zu allen patentrechtlichen Fragen und Abläufen anbietet

Umso unbefangener Desto mehr betont forsch und beiläufig

ihm für einen Wechsel zu bürgen die Garantie für die Rückzahlung eines Betrags zu übernehmen, den sich Diederich von einem Geldverleiher borgen wollte

rötete sich errötete

keinen Komment (siehe Seite 493: in streng kommentmäßiger Haltung)

nen Kopf waren tückisch geworden, und er stand auf. »Nun müssen Sie rausgehen«, sagte er, ohne Erregung. »Unter uns wäre es wohl Wurst, aber nebenan sitzen meine Angestellten, die dürfen so was nicht hören.«

Er packte Diederich an den Schultern, drehte ihn herum und schob ihn vor sich her. Für jeden Versuch, sich loszumachen, bekam Diederich einen mächtigen Knuff.

Knuff Stoß

»Ich fordere Genugtuung«, schrie er. »Sie müssen sich mit mir schlagen!«

»Ich bin schon dabei. Merken Sie es nicht? Dann will ich noch einen rufen.« Er öffnete die Tür. »Friedrich!« Und Diederich ward einem Packer überliefert, der ihn die Treppe hinabbeförderte. Mahlmann rief ihm nach: »Nichts für ungut, Freundchen. Wenn Sie ein andermal was auf dem Herzen haben, kommen Sie ruhig wieder!«

Diederich … hinabbeförderte einer der für die Verpackung und Fertigmachung zum Versand von Waren zuständigen Arbeiter wurde angewiesen, Diederich hinauszuwerfen

Diederich brachte sich in Ordnung und verließ das Haus in guter Haltung. Umso schlimmer für Mahlmann, wenn er sich so aufführte! Diederich hatte sich nichts vorzuwerfen; vor einem Ehrengericht wäre er glänzend dagestanden. Etwas höchst Anstößiges blieb es, dass ein Einzelner sich so viel erlauben konnte; Diederich war gekränkt im Namen sämtlicher Korporationen. Andererseits war es nicht zu leugnen, dass Mahlmann Diederichs alte Hochachtung wieder beträchtlich aufgefrischt hatte. ›Ein ganz gemeiner Hund‹, dachte Diederich. ›Aber so muss man sein …‹

sich (Z. 16) seine Kleidung

Zu Hause lag ein eingeschriebener Brief.

»Nun können wir fortmachen«, sagte Hornung.

»Wieso wir? Ich brauch mein Geld selbst.«

»Du machst wohl Spaß. Ich kann hier doch nicht allein sitzen bleiben.«

eingeschriebener Brief Einschreiben, also eine Sendung, »deren Ein- und Auslieferung durch die Post dokumentiert wird« (Duden)

»Dann such dir Gesellschaft!«

Diederich schlug ein solches Gelächter auf, dass Hornung ihn für verrückt hielt. Darauf reiste er wirklich.

fortmachen abreisen, uns auf den Weg machen

Unterwegs sah er erst, dass der Brief von seiner Mutter adressiert war. Das war ungewöhnlich … Seit ihrer letzten Karte, sagte sie, sei es mit seinem Vater noch viel schlimmer geworden. Warum Diederich nicht gekommen sei.

»Wir müssen uns auf das Entsetzlichste gefasst machen. Wenn du unsern innigst geliebten Papa noch einmal sehen willst, o dann säume nicht länger, mein Sohn.«

säume nicht länger zögere nicht länger, warte nicht länger ab

Bei dieser Ausdrucksweise ward es Diederich ungemütlich. Er entschloss sich, seiner Mutter einfach nicht zu glauben. ›Weibern glaub ich überhaupt nichts, und mit Mama ist es nun mal nicht richtig.‹

mit Mama ist es nun mal nicht richtig Mama ist nun einmal nicht immer ganz bei Verstand

Trotzdem tat Herr Heßling bei Diederichs Ankunft gerade die letzten Atemzüge.

Von dem Anblick überwältigt, brach Diederich gleich auf der Schwelle in ein ganz formloses Geheul aus. Er stolperte zum Bett, sein Gesicht war im Augenblick nass wie beim Waschen; und mit den Armen tat er lauter kurze Flügelschläge und ließ sie, machtlos, gegen die Hüften klappen. Plötzlich erkannte er auf der Decke des Vaters rechte Hand, kniete hin und küsste sie. Frau Heßling, ganz still und klein selbst noch bei den letzten Atemzügen ihres Herrn, tat drüben dasselbe mit der linken. Diederich dachte daran, wie dieser verkümmerte schwarze Fingernagel auf seine Wange zugeflogen war, wenn der Vater ihn ohrfeigte; und er weinte laut. Die Prügel gar, als er von den Lumpen die Knöpfe gestohlen hatte! Diese Hand war schrecklich gewesen; Diederichs Herz krampfte sich, nun er sie verlieren sollte. Er fühlte, dass seine Mutter das Gleiche im Sinn hatte, und sie ahnte seine Gedanken. Auf einmal sanken sie einander, über das Bett hinweg, in die Arme.

im Augenblick augenblicklich, von einem Moment auf den anderen

nun er sie nun, da der Moment kam, in dem er sie

Bei den Kondolenzbesuchen hatte Diederich sich zurück. Er vertrat vor ganz Netzig, stramm und formensicher, die

Bei den Kondolenzbesuchen hatte Diederich sich zurück. Als die Bekannten der Familie kamen, um ihr Beileid auszudrücken, empfing Diederich sie in vollkommen gefasster Haltung.

Neuteutonia, sah sich angestaunt und vergaß darüber fast, dass er trauerte. Dem alten Herrn Buck ging er bis zur äußeren Tür entgegen. Die Beleibtheit des großen Mannes von Netzig ward majestätisch in seinem glänzenden Gehrock. Würdevoll trug er den umgewendeten Zylinderhut vor sich her; und die andere, vom schwarzen Handschuh entblößte Hand, die er Diederich reichte, fühlte sich überraschend zartfleischig an. Seine blauen Augen drangen warm in Diederich ein, und er sagte: »Ihr Vater war ein guter Bürger. Junger Mann, werden Sie auch einer! Haben Sie immer Achtung vor den Rechten Ihrer Mitmenschen! Das gebietet Ihnen Ihre eigene Menschenwürde. Ich hoffe, wir werden hier in unserer Stadt noch zusammen für das Gemeinwohl arbeiten. Sie werden jetzt wohl fertig studieren?«

Diederich konnte kaum das Ja herausbringen, so sehr verstörte ihn die Ehrfurcht. Der alte Herr Buck fragte in leichterem Ton: »Hat mein Jüngster Sie in Berlin schon aufgesucht? Nein? Oh, das soll er tun. Er studiert jetzt auch dort. Wird aber wohl bald sein Jahr abdienen. Haben Sie das schon hinter sich?«

»Nein« – und Diederich ward sehr rot. Er stammelte Entschuldigungen. Es sei ihm bisher ganz unmöglich gewesen, das Studium zu unterbrechen. Aber der alte Buck zuckte die Achseln, als sei der Gegenstand unerheblich.

Durch das Testament des Vaters war Diederich neben dem alten Buchhalter Sötbier zum Vormund seiner beiden Schwestern bestimmt. Sötbier belehrte ihn, dass ein Kapital von siebzigtausend Mark da sei, das als Mitgift der Mädchen dienen solle. Nicht einmal die Zinsen durften angegriffen werden. Der Reingewinn aus der Fabrik hatte in den letzten Jahren durchschnittlich neuntausend Mark betragen. »Mehr nicht?«, fragte Diederich. Sötbier sah ihn an, zuerst entsetzt, dann vorwurfsvoll. Wenn der junge Herr sich vorstellen

umgewendeten nach unten gekehrten

sein Jahr abdienen → Seite 494

Buchhalter Angestellter eines Unternehmens, der die Geschäfts- und Rechnungsbücher führt, also die Ein- und Ausgaben dokumentiert und die (auch steuerrechtlich) korrekte Behandlung der Zahlungsvorgänge sicherzustellen hat

Vormund jemand, der (von Amts wegen oder durch testamentarische Verfügung dazu bestellt) die rechtliche Vertretung einer selbst nicht geschäftsfähigen Person (minderjährige Menschen, aber seinerzeit auch Frauen) ausübt und beispielsweise auch über das Vermögen seines Mündels wacht

belehrte informierte

könnte, wie sein seliger Vater und Sötbier das Geschäft heraufgearbeitet hätten! Gewiss war es ja noch ausdehnungsfähig …

»Na, is jut«, sagte Diederich. Er sah, dass hier vieles geändert werden müsse. Von einem Viertel von neuntausend Mark sollte er leben? Diese Zumutung des Verstorbenen empörte ihn. Als seine Mutter behauptete, der Selige habe auf dem Sterbebette die Zuversicht geäußert, in seinem Sohn Diederich werde er fortleben und Diederich werde sich niemals verheiraten, um immer für die Seinen zu sorgen, da brach Diederich aus: »Vater war nicht so krankhaft sentimental wie du«, schrie er, »und er log auch nicht.« Frau Heßling glaubte den Seligen zu hören und duckte sich. Dies benutzte Diederich, um seinen Monatswechsel um fünfzig Mark erhöhen zu lassen.

seinen Monatswechsel den ihm monatlich zustehenden Geldbetrag

»Zunächst«, sagte er rau, »hab ich mein Jahr abzudienen. Das kostet, was es kostet. Mit euren kleinlichen Geldgeschichten könnt ihr mir später kommen.«

Er bestand sogar darauf, in Berlin einzutreten. Der Tod des Vaters hatte ihm wilde Freiheitsgefühle gegeben. Nachts freilich träumte er, der alte Herr trete aus dem Kontor, mit dem ergrauten Gesicht, das er als Leiche gehabt hatte – und schwitzend erwachte Diederich.

einzutreten seinen Militärdienst anzutreten

Er reiste, versehen mit dem Segen der Mutter. Gottlieb Hornung und ihre gemeinsame Rosa konnte er fortan nicht brauchen und zog um. Den Neuteutonen zeigte er in angemessener Form seine veränderten Lebensumstände an. Die Burschenherrlichkeit war vorüber. Der Abschiedskommers! Trauersalamander wurden gerieben, die für Diederichs alten Herrn bestimmt waren, aber die auch ihm und seiner schönsten Blütezeit gelten konnten. Vor lauter Hingabe gelangte er unter den Tisch, wie am Abend seiner Aufnahme als Konkneipant; und war nun Alter Herr.

Burschenherrlichkeit schöne Zeit als aktives Mitglied der Burschenschaft

Der Abschiedskommers! Trauersalamander wurden gerieben (siehe Seite 490: Kommersbuch; sowie Seite 28: beim Salamander … nicht nachklappte)

Alter Herr (siehe Seite 494)

Arg verkatert stand er tags darauf, inmitten anderer junger Leute, die alle, wie er selbst, ganz nackt ausgezogen waren, vor dem Stabsarzt. Dieser Herr sah angewidert über all das männliche Fleisch hin, das ihm unterbreitet war; an Diederichs Bauch aber ward sein Blick höhnisch. Sofort grinsten alle ringsum, und Diederich blieb nichts übrig, als auch seinerseits die Augen auf seinen Bauch zu senken, der errötet war ... Der Stabsarzt hatte seinen vollen Ernst zurück. Einem, der nicht so scharf hörte, wie es Vorschrift war, erging es schlecht, denn man kannte die Simulanten! Ein anderer, der noch dazu Levysohn hieß, bekam die Lehre: »Wenn Sie mich wieder mal hier belästigen, dann waschen Sie sich wenigstens!« Bei Diederich hieß es: »Ihnen wollen wir das Fett schon wegkurieren. Vier Wochen Dienst, und ich garantiere Ihnen, dass Sie aussehen wie ein Christenmensch.«

vor dem Stabsarzt → Seite 495

unterbreitet war dargeboten wurde

der noch dazu Levysohn hieß (also offenkundig ein Jude ist, weswegen er vom Stabsarzt besonders hart angegangen und beleidigt wird)

Damit war er genommen. Die Ausgemusterten fuhren so schnell in ihre Kleider, als brennte die Kaserne. Die für tauglich Befundenen sahen einander prüfend von der Seite an und entfernten sich zaudernd, als erwarteten sie, dass eine schwere Hand sich ihnen auf die Schulter lege. Einer, ein Schauspieler mit einem Gesicht, als sei ihm alles eins, kehrte um, stellte sich nochmals vor den Stabsarzt hin und sagte laut, mit sorgfältiger Aussprache: »Ich möchte noch hinzufügen, dass ich homosexuell bin.«

Der Stabsarzt wich zurück, er war ganz rot. Stimmlos sagte er: »Solche Schweine können wir allerdings nicht brauchen.«

Diederich drückte den künftigen Kameraden seine Entrüstung aus über ein so schamloses Verfahren. Dann sprach er noch den Unteroffizier an, der vorher an der Wand seine Körperlänge gemessen hatte, und beteuerte ihm, dass er froh sei. Trotzdem schrieb er nach Netzig an den praktischen

Arzt Doktor Heuteufel, der ihn als Jungen im Hals gepinselt hatte: ob der Doktor ihm nicht bescheinigen wolle, dass er skrofulos und rachitisch sei. Er könne sich doch nicht ruinieren lassen mit der Schinderei. Aber die Antwort lautete, er solle nur nicht kneifen, das Dienen werde ihm trefflich bekommen. So gab Diederich denn sein Zimmer wieder auf und fuhr mit seinem Handkoffer in die Kaserne. Wenn man schon vierzehn Tage dort wohnen musste, konnte man so lange die Miete sparen.

Sofort ging es mit Reckturnen, Springen und anderen atemraubenden Dingen an. Kompanieweise ward man in den Korridoren, die »Rayons« hießen, »abgerichtet«. Leutnant von Kullerow trug eine unbeteiligte Hochnäsigkeit zur Schau, die Einjährigen betrachtete er nie anders als mit einem zugekniffenen Auge. Plötzlich schrie er: »Abrichter!«, und gab den Unteroffizieren eine Instruktion, worauf er sich verachtungsvoll abwandte. Beim Exerzieren im Kasernenhof, beim Gliederbilden, Sichzerstreuen und Platzwechseln ward weiter nichts beabsichtigt, als die »Kerls« umherzuhetzen. Ja, Diederich fühlte wohl, dass alles hier, die Behandlung, die geläufigen Ausdrücke, die ganze militärische Tätigkeit vor allem darauf hinzielte, die persönliche Würde auf ein Mindestmaß herabzusetzen. Und das imponierte ihm; es gab ihm, so elend er sich befand, und gerade dann, eine tiefe Achtung ein und etwas wie selbstmörderische Begeisterung. Prinzip und Ideal war ersichtlich das Gleiche wie bei den Neuteutonen, nur ward es grausamer durchgeführt. Die Pausen der Gemütlichkeit, in denen man sich seines Menschentums erinnern durfte, fielen fort. Jäh und unabänderlich sank man zur Laus herab, zum Bestandteil, zum Rohstoff, an dem ein unermesslicher Wille knetete. Wahnsinn und Verderben wäre es gewesen, auch nur im geheimsten Herzen sich aufzulehnen. Höchstens konnte man, gegen die

praktischen Arzt Allgemeinmediziner, Hausarzt

skrofulos … rachitisch → Seite 495

trefflich vortrefflich, ausgezeichnet

vierzehn Tage dort wohnen → Seite 495

ging … an ging … los

Kompanieweise → Seite 495

die »Rayons« hießen Im militärischen Fachjargon ist ein Rayon ein Verteidigungsabschnitt, meist eine Zone im Bereich um eine Festungsanlage.

die Einjährigen (siehe Seite 494: sein Jahr abdienen)

Instruktion Anweisung

beim Gliederbilden → Seite 495

die geläufigen Ausdrücke die militärische Fachsprache, der Militärjargon

eigene Überzeugung, sich manchmal drücken. Diederich war beim Laufen gefallen, der Fuß tat ihm weh. Nicht, dass er gerade hätte hinken müssen, aber er hinkte und durfte, wie die Kompanie »ins Gelände« marschierte, zurückbleiben. Um dies zu erreichen, war er zunächst an den Hauptmann selbst herangetreten. »Herr Hauptmann, bitte –« Welche Katastrophe! Er hatte, in seiner Ahnungslosigkeit, vorwitzig das Wort an eine Macht gerichtet, von der man stumm auf den Knien des Geistes Befehle entgegenzunehmen hatte! Der man sich nur »vorführen« lassen konnte! Der Hauptmann donnerte, dass die Unteroffiziere zusammenliefen, mit Mienen, in denen das Entsetzen vor einer Lästerung stand. Die Folge war, dass Diederich stärker hinkte und einen Tag länger vom Dienst befreit werden musste.

Lästerung Gotteslästerung

Unteroffizier Vanselow, der für die Untat seines Einjährigen verantwortlich war, sagte zu Diederich nur: »Das will ein gebildeter Mensch sein!« Er war es gewohnt, dass alles Unheil von den Einjährigen kam. Vanselow schlief in ihrem Mannschaftszimmer hinter einem Verschlag. Nach dem Lichtlöschen zoteten sie, bis der Unteroffizier empört dazwischenschrie: »Das wollen gebildete Leute sein!« Trotz seiner langen Erfahrung erwartete er immer noch von den Einjährigen mehr Geist und gute Haltung als von den andern Leuten und war immer neu enttäuscht. In Diederich sah er keineswegs den Schlimmsten. Das Bier, das einer zahlte, entschied nicht allein über Vanselows Meinung. Noch mehr sah Vanselow auf den soldatischen Geist freudiger Unterwerfung, und den hatte Diederich. In der Instruktionsstunde konnte man ihn den andern als Muster vorhalten. Diederich zeigte sich ganz erfüllt von den militärischen Idealen der Tapferkeit und der Ehrliebe. Was die Abzeichen und die Rangordnung betraf, so schien der Sinn dafür ihm angeboren. Vanselow sagte: »Jetzt bin ich der Herr Kommandierende General«,

zoteten sie rissen sie Zoten, machten sie unanständige Witze

In der Instruktionsstunde Im militärischen Theorieunterricht

und auf der Stelle benahm Diederich sich, als glaubte er es. Wenn es aber hieß: »Jetzt bin ich ein Mitglied der Königlichen Familie«, dann war Diederichs Verhalten so, dass es dem Unteroffizier ein Lächeln des Größenwahns abnötigte.

Im Privatgespräch in der Kantine eröffnete Diederich seinem Vorgesetzten, dass er vom Soldatenleben begeistert sei. »Das Aufgehen im großen Ganzen!«, sagte er. Er wünsche sich nichts auf der Welt, als ganz dabeizubleiben. Und er war aufrichtig – was aber nicht hinderte, dass er am Nachmittag, bei den Übungen »im Gelände«, keinen anderen Wunsch mehr kannte, als sich in den Graben zu legen und nicht mehr vorhanden zu sein. Die Uniform, die ohnedies, aus Rücksichten der Strammheit, zu eng geschnitten war, ward nach dem Essen zum Marterwerkzeug. Was half es, dass der Hauptmann, bei seinen Kommandos, sich unsäglich kühn und kriegerisch auf dem Pferd herumsetzte, wenn man selbst, rennend und schnaufend, die Suppe unverdaut im Magen schlenkern fühlte. Die sachliche Begeisterung, zu der Diederich völlig bereit war, musste zurücktreten hinter der persönlichen Not. Der Fuß schmerzte wieder; und Diederich lauschte auf den Schmerz, in der angstvollen, mit Selbstverachtung verbundenen Hoffnung, es möchte schlimmer werden, so schlimm, dass er nicht wieder »ins Gelände« hinausmusste, dass er vielleicht nicht einmal mehr im Kasernenhof üben konnte und dass man genötigt war, ihn zu entlassen!

Es kam dahin, dass er am Sonntag den alten Herrn eines Korpsbruders aufsuchte, der Geheimer Sanitätsrat war. Er müsse ihn um seinen Beistand bitten, sagte Diederich, rot vor Scham. Er sei begeistert für die Armee, für das große Ganze, und wäre am liebsten ganz dabeigeblieben. Man sei da in einem großartigen Betrieb, ein Teil der Macht sozusagen, und wisse immer, was man zu tun habe: Das sei ein herrliches Gefühl. Aber der Fuß tue nun einmal weh. »Man darf

»Das Aufgehen im großen Ganzen!« In Reden von Wilhelm II. finden sich wiederholt ähnlich lautende Appelle, wie die Heinrich-Mann-Forschung nachgewiesen hat.

möchte möge

den alten Herrn eines Korpsbruders hier: den Vater eines Neuteutonen

Geheimer Sanitätsrat in Preußen ein staatlich verliehener hoher Ehrentitel für verdiente und bereits langjährig praktizierende Ärzte; Geheimräte waren ursprünglich die Mitglieder des engsten Beraterkreises eines Fürsten.

es doch nicht so weit kommen lassen, dass er unbrauchbar wird. Schließlich habe ich Mutter und Geschwister zu ernähren.« Der Geheimrat untersuchte ihn. »Neuteutonia sei 's Panier«, sagte er. »Ich kenne zufällig Ihren Oberstabsarzt.« Hiervon war Diederich durch seinen Korpsbruder unterrichtet. Er empfahl sich, voll banger Hoffnung.

»Neuteutonia sei 's Panier« (siehe Seite 35)

Die Hoffnung bewirkte, dass er am nächsten Morgen kaum noch auftreten konnte. Er meldete sich krank. »Wer sind Sie, was belästigen Sie mich« – und der Stabsarzt maß ihn. »Sie sehen aus wie das Leben, Ihr Bauch ist auch schon kleiner.« Aber Diederich stand stramm und blieb krank; der Vorgesetzte musste sich zu einer Untersuchung herbeilassen. Als er den Fuß zu Gesicht bekam, erklärte er, wenn er sich nicht eine Zigarre anzünde, werde ihm unwohl werden. Trotzdem war nichts zu finden an dem Fuß. Der Stabsarzt stieß ihn entrüstet vom Stuhl. »Macht Dienst, Schluss, abtreten« – und Diederich war erledigt. Mitten im Exerzieren aber schrie er plötzlich »Au« und fiel um. Er ward ins »Revier« gebracht, den Aufenthalt der Leichterkrankten, wo es nach Volk roch und nichts zu essen gab. Denn die Selbstbeköstigung, die dem Einjährigen zustand, war hier nur schwer zu bewerkstelligen, und von den Rationen der anderen bekam er nichts. Vor Hunger meldete er sich gesund. Abgeschnitten von menschlichem Schutz, von allen sittlichen Rechten der bürgerlichen Welt, trug er sein düsteres Geschick – eines Morgens aber, als alle Hoffnung schon dahin war, holte man ihn vom Exerzieren weg auf das Zimmer des Oberstabsarztes. Dieser hohe Vorgesetzte wünschte ihn zu untersuchen. Er hatte einen verlegen menschlichen Ton und schlug dann wieder in militärische Schroffheit um, die gleichfalls nicht unbefangen wirkte. Auch er schien nichts Rechtes zu finden, das Ergebnis seines Eingreifens aber klang trotzdem anders. Diederich sollte nur »vorläufig« wei-

sehen aus wie das Leben sehen vollkommen gesund aus (gesund »wie das blühende Leben«)

Selbstbeköstigung (siehe Seite 494: sein Jahr abdienen)

ter Dienst machen, das Weitere werde sich schon ergeben. »Bei *dem* Fuß …«

Einige Tage später trat ein »Revier«-Gehilfe an Diederich heran und fertigte auf geschwärztem Papier einen Abdruck des verhängnisvollen Fußes. Diederich ward genötigt, im Revierzimmer zu warten. Der Stabsarzt ging eben umher und nahm Gelegenheit, ihm seine volle Verachtung auszudrücken. »Nicht mal Plattfuß! Stinkt vor Faulheit!« Da aber ward die Tür aufgestoßen, und der Oberstabsarzt, die Mütze auf dem Kopf, hielt seinen Einzug. Sein Schritt war fester und zielbewusster als sonst, er sah nicht rechts noch links, wortlos stellte er sich vor seinem Untergebenen auf, den Blick finster und streng auf dessen Mütze. Der Stabsarzt stutzte, er musste sich in eine Lage finden, die ersichtlich die gewohnte Kollegialität nicht mehr zuließ. Nun hatte er sie erfasst, nahm die Mütze herunter und stand stramm. Darauf zeigte der Vorgesetzte ihm das Papier mit dem Fuß, sprach leise und mit einer Betonung, die ihm befahl, etwas zu sehen, was nicht da war. Der Stabsarzt blinzelte abwechselnd den Vorgesetzten, Diederich und das Papier an. Dann zog er die Absätze zusammen: Er hatte das Befohlene gesehen.

die Mütze auf dem Kopf Als ranghoher Offizier behält der Oberstabsarzt beim Eintritt seine Mütze auf und erwartet von allen Militärangehörigen niedrigeren Ranges, dass sie vorschriftsgemäß die Mütze abnehmen, wenn sie ihn grüßen.

Als der Oberstabsarzt fort war, näherte der Stabsarzt sich Diederich. Höflich, mit einem leisen Lächeln des Einverständnisses, sagte er: »Der Fall war natürlich von Anfang an klar. Man musste nur der Leute wegen – Sie verstehen, die Disziplin –«

Diederich bekundete durch Strammstehen, dass er alles verstehe.

»Aber«, wiederholte der Stabsarzt, »ich habe natürlich gewusst, wie Ihr Fall lag.«

Diederich dachte: ›Wenn du es nicht gewusst hast, jetzt weißt du es.‹ Laut sagte er: »Gestatte mir gehorsamst zu fragen, Herr Stabsarzt: Ich werde doch weiterdienen dürfen?«

»Dafür kann ich Ihnen nicht garantieren«, sagte der Stabsarzt und machte kehrt.

Vom schweren Dienst war Diederich fortan befreit, das »Gelände« sah ihn nicht mehr. Umso williger und freudiger war sein Verhalten in der Kaserne. Wenn des Abends beim Appell der Hauptmann, die Zigarre im Mund und leicht angetrunken, aus dem Casino kam, um für Stiefel, die nicht geschmiert, sondern gewichst waren, Mittelarrest zu verhängen: An Diederich fand er nichts auszusetzen. Umso unerbittlicher übte er seine gerechte Strenge an einem Einjährigen, der nun schon im dritten Monat strafweise im Mannschaftszimmer schlafen musste, weil er einst, während der ersten vierzehn Tage, nicht dort, sondern zu Hause geschlafen hatte. Er hatte damals vierzig Grad Fieber gehabt und wäre, wenn er seine Pflicht getan hätte, vielleicht gestorben. Dann wäre er eben gestorben! Der Hauptmann hatte, sooft er diesen Einjährigen ansah, ein Gesicht voll stolzer Genugtuung. Diederich dahinten, klein und unversehrt, dachte: ›Siehst du wohl? Die Neuteutonia und ein Geheimer Sanitätsrat sind mehr wert als vierzig Grad Fieber ...‹ Was Diederich betraf, so waren die amtlichen Formalitäten eines Tages glücklich erfüllt, und der Unteroffizier Vanselow verkündete ihm seine Entlassung. Diederich hatte sofort die Augen voller Tränen; er drückte Vanselow warm die Hand.

»Grade muss mir das passieren, und ich hatte doch« – er schluchzte – »so viel Freudigkeit.«

Und dann war er »draußen«.

Vier Wochen lang blieb er zu Hause und büffelte. Wenn er zum Essen ging, sah er sich um, ob ein Bekannter ihn bemerkte. Endlich musste er sich den Neuteutonen wohl zeigen. Er trat herausfordernd auf.

Dafür Das

fortan von nun an

Casino Offizierscasino, Speiseraum der Offiziere

geschmiert ordnungsgemäß eingefettet

gewichst nur mit Schuhwichse eingerieben und poliert

Mittelarrest mittelschwere Disziplinarstrafe beim Militär (oft: drei Tage in einer Arrestzelle bei Wasser und Brot)

Dogcart »offener, zweirädriger Einspänner (für die Jagd)« (Duden)

»Wer von euch noch nicht dabei war, hat keine Ahnung. Ich sage euch, da sieht man die Welt von einem andern Standpunkt. Ich wäre überhaupt dabeigeblieben, meine Vorgesetzten rieten es mir, ich sei hervorragend qualifiziert. Na und da – «

Er starrte schmerzlich vor sich hin.

gab mir anheim, für jede Eventualität meine Angehörigen zu benachrichtigen hochtrabende Formulierung für: stellte mir frei, für alle Fälle (damit sie sich auf das Schlimmste vorbereiten können) meine Angehörigen zu verständigen

»Das Unglück mit dem Gaul. Das kommt davon, wenn man ein zu guter Soldat ist. Der Hauptmann lässt einen in seinem Dogcart fahren, damit der Gaul mal bewegt wird, und da ist das Unglück passiert. Natürlich habe ich den Fuß nicht geschont und zu früh wieder Dienst gemacht. Die Sache verschlimmerte sich erheblich, der Stabsarzt gab mir anheim, für jede Eventualität meine Angehörigen zu benachrichtigen.«

Dies sagte er knapp und männlich.

»Da hättet ihr nun den Hauptmann sehen sollen. Täglich kam er selbst, nach den größten Märschen, mit bestaubter Uniform, wie er war. So was gibt es auch nur beim Militär. Wir sind in den bösen Tagen wahre Kameraden geworden. Hier die Zigarre ist noch von ihm. Und als er mir dann eingestehen musste, der Stabsarzt wolle mich fortschicken, ich kann euch versichern, das war einer der Augenblicke im Leben, die man nicht vergisst. Der Hauptmann und ich, wir kriegten beide gleichzeitig feuchte Augen.«

Alle waren erschüttert. Diederich sah tapfer um sich.

»Na, jetzt soll man sich also wieder in das bürgerliche Leben hineinfinden. Prost.«

Assessor »Amtsbezeichnung eines Juristen, der die zweite juristische Staatsprüfung bestanden und die Befähigung zum Richteramt erworben hat« (Duden)

»subversiven Tendenzen« → Seite 495

»Vaterlandsfeinden« damals verbreiteter, auch vom Kaiser verwendeter Begriff zur Diffamierung Oppositioneller

»christlich-sozialen Gedanken« → Seite 495

Er büffelte weiter; und am Sonnabend kneipte er mit den Neuteutonen. Auch Wiebel erschien wieder. Er war Assessor, auf dem Wege zum Staatsanwalt und sprach nur noch von »subversiven Tendenzen«, »Vaterlandsfeinden« und auch vom »christlich-sozialen Gedanken«. Er erklärte den Füchsen, es sei an der Zeit, sich mit Politik zu beschäftigen.

Er wisse wohl, dass es nicht für vornehm gelte, aber die Gegner zwängen einen dazu. Hochfeudale Herren, wie sein Freund, der Assessor von Barnim, seien in der Bewegung. Herr von Barnim werde demnächst den Neuteutonen die Ehre geben.

Er kam, und er gewann alle Herzen, denn er benahm sich wie Gleich zu Gleich. Er hatte dunkles, glatt gescheiteltes Haar, das Wesen eines pflichteifrigen Beamten, sprach sachlich – aber am Schluss seines Vortrages bekam er Schwärmeraugen und verabschiedete sich rasch, mit warmen Händedrücken. Die Neuteutonen stimmten nach seinem Besuch alle darin überein, dass der jüdische Liberalismus die Vorfrucht der Sozialdemokratie sei und dass die christlichen Deutschen sich um den Hofprediger Stöcker zu scharen hätten. Diederich verband, wie die anderen, mit dem Wort »Vorfrucht« keinen deutlichen Sinn und verstand unter »Sozialdemokratie« nur eine allgemeine Teilerei. Das genügte ihm auch. Aber Herr von Barnim hatte jeden, der nähere Aufklärung wünschte, zu sich eingeladen, und Diederich würde es sich nicht verziehen haben, wenn er eine so schmeichelhafte Gelegenheit versäumt hätte.

In seiner kalten, altmodischen Junggesellenwohnung hielt Herr von Barnim ihm ein Privatissimum. Sein politisches Ziel war eine ständische Volksvertretung, wie im glücklichen Mittelalter: Ritter, Geistliche, Gewerbetreibende, Handwerker. Das Handwerk musste, der Kaiser hatte es mit Recht gefordert, wieder auf die Höhe kommen wie vor dem Dreißigjährigen Krieg. Die Innungen hatten Gottesfurcht und Sittlichkeit zu pflegen. Diederich äußerte sein wärmstes Einverständnis. Es entsprach seinen Trieben, als eingetragenes Mitglied eines Standes, einer Berufsklasse, nicht persönlich, sondern korporativ im Leben Fuß zu fassen. Er sah sich schon als Abgeordneten der Papierbranche. Die jüdischen

Hochfeudale Herren Der Hocharistokratie angehörende Herrschaften

in der Bewegung Gemeint ist eine der damals verbreiteten reaktionären (rückwärtsgewandten) politischen Sammlungsbewegungen.

der jüdische Liberalismus die Vorfrucht der Sozialdemokratie → Seite 496

Hofprediger Stöcker → Seite 496

Privatissimum Vorlesung in privatem Rahmen vor einem ausgewählten Kreis von Zuhörern

Das Handwerk … wie vor dem Dreißigjährigen Krieg vgl. die Kaiserrede vom 28. Februar 1889

Innungen lokale Berufsverbände selbstständiger Handwerker

korporativ im Rahmen einer übergeordneten Körperschaft; gemeinschaftlich

Mitbürger freilich schloss Herr von Barnim von seiner Ordnung der Dinge aus; waren sie doch das Prinzip der Unordnung und Auflösung, des Durcheinanderwerfens, der Respektlosigkeit: das Prinzip des Bösen selbst. Sein frommes Gesicht zog sich zusammen vom Hass, und Diederich fühlte ihn mit.

»Schließlich«, meinte er, »haben wir doch die Gewalt und können sie hinauswerfen. Das deutsche Heer – «

»Das ist es eben«, stieß Herr von Barnim aus, der durch das Zimmer lief. »Haben wir darum den ruhmreichen Krieg geführt, dass mein väterliches Gut an einen Herrn Frankfurter verkauft wird?«

Während Diederich noch erschüttert schwieg, klingelte es, und Herr von Barnim sagte: »Es ist mein Barbier, den will ich mir auch mal vornehmen.«

Er bemerkte Diederichs Enttäuschung und setzte hinzu: »Natürlich rede ich mit solch einem Mann anders. Aber jeder von uns muss an seinem Teil der Sozialdemokratie Abbruch tun und die kleinen Leute in das Lager unseres christlichen Kaisers hinüberziehen. Tun auch Sie das Ihre!«

Damit war Diederich entlassen. Er hörte den Barbier noch sagen: »Schon wieder ein alter Kunde, Herr Assessor, der zu Liebling hinübergeht, bloß weil Liebling jetzt Marmor hat.«

Wiebel sagte, als Diederich ihm berichtete: »Das ist alles schön und gut, und ich habe eine ganz bedeutende Verehrung für die ideale Gesinnung meines Freundes von Barnim, aber auf die Dauer kommen wir damit nicht mehr weiter. Sehen Sie mal, auch Stöcker hat im Eispalast seine verdammten Erfahrungen gemacht mit der Demokratie, ob sie sich nun christlich nennt oder unchristlich. Die Dinge sind zu weit gediehen. Heute heißt es bloß noch: losschlagen, solange wir die Macht haben.«

Die jüdischen Mitbürger Erst in den 1860er-Jahren waren den Juden die gleichen staatsbürgerlichen Rechte wie allen anderen deutschen Bürgern (männlichen Geschlechts) zugestanden worden. Im sich zum Ausgang des Jahrhunderts verschärfenden antisemitischen Klima wurde massiv Stimmung gegen die Gleichstellung der Juden gemacht.

Gut Rittergut, meist mit landwirtschaftlichen Großbetrieb

Barbier Herrenfriseur

Stöcker … im Eispalast Im Berliner »Eiskeller« war Adolf Stoecker am 3. Januar 1878 mit dem Versuch gescheitert, in einer großen Versammlung eine »Christlich-soziale Partei« als Alternative zur Sozialdemokratie ins Leben zu rufen. Die Partei wurde zwei Tage später in kleinem Kreis gegründet.

Und Diederich stimmte erleichtert bei. Herumgehen und Christen werben war ihm gleich ein wenig peinlich erschienen.

»Die Sozialdemokratie nehme ich auf mich, hat der Kaiser gesagt.« Wiebels Augen drohten katerhaft. »Nun, was wollen Sie mehr? Das Militär ist darüber instruiert, es könne vorkommen, dass es auf die lieben Verwandten schießen muss. Also? Ich kann Ihnen mitteilen, mein Lieber, wir stehen am Vorabend großer Ereignisse.« Da Diederich erregte Neugier zeigte: »Was ich durch meinen Vetter von Klappke – «

Wiebel machte eine Pause. Diederich zog die Absätze zusammen.

» – in Erfahrung gebracht habe, ist noch nicht für die Öffentlichkeit reif. Ich will nur bemerken, dass der gestrige Ausspruch Seiner Majestät, die Nörgler möchten gefälligst den deutschen Staub von ihren Pantoffeln schütteln, eine verteufelt ernst zu nehmende Warnung war.«

»Tatsächlich? Sie glauben?«, sagte Diederich. »Dann ist mein Pech wirklich skandalös, dass ich gerade jetzt aus dem Dienst Seiner Majestät scheiden musste. Ich darf sagen, dass ich gegen den inneren Feind meine volle Pflicht getan haben würde. Auf die Armee, so viel weiß ich, kann der Kaiser sich verlassen.«

Er war in diesen nasskalten Februartagen des Jahres 1892 viel auf der Straße, in der Erwartung großer Ereignisse. Unter den Linden hatte sich etwas verändert, man sah noch nicht, was. Berittene Schutzleute hielten an den Mündungen der Straßen und warteten auch. Die Passanten zeigten einander das Aufgebot der Macht. »Die Arbeitslosen!« Man blieb stehen, um sie ankommen zu sehen. Sie kamen vom Norden her, in kleinen Abteilungen und im langsamen Marschschritt. Unter den Linden zögerten sie, wie verirrt, berieten sich mit den Blicken und lenkten nach dem Schloss

Die Sozialdemokratie nehme ich auf mich Im Kontext der sozialreformerischen Erlasse von 1890 soll Wilhelm II. diese Ankündigung gemacht haben.

Das Militär … schießen muss. → Seite 496

die Nörgler … Staub von ihren Pantoffeln schütteln → Seite 496

gegen den inneren Feind → Seite 496

Auf die Armee … kann der Kaiser sich verlassen. → Seite 496

Februartagen des Jahres 1892 → Seite 497

Unter den Linden (siehe Seite 24 unten)

lenkten nach dem Schloss ein zogen in Richtung Schloss weiter

Überzieher (siehe Seite 11)

Burgstraße 180 Meter lange Straße im Zentrum Berlins (früher Alt-Berlin, heute Berlin Mitte)

unbotmäßige aufsässige, die Obrigkeit nicht respektierende

Lassen Sie's gut sein hier: Regen Sie sich nicht auf! Bleiben Sie nur gelassen!

ein. Dort standen sie, stumm, die Hände in den Taschen, ließen sich von den Rädern der Wagen mit Schlamm bespritzen und zogen die Schultern hoch unter dem Regen, der auf ihre entfärbten Überzieher fiel. Manche von ihnen wandten die Köpfe nach vorübergehenden Offizieren, nach den Damen in ihren Wagen, nach den langen Pelzen der Herren, die von der Burgstraße herschlenderten; und ihre Mienen waren ohne Ausdruck, nicht drohend und nicht einmal neugierig, nicht als wollten sie sehen, sondern als zeigten sie sich. Andere aber ließen kein Auge von den Fenstern des Schlosses. Das Wasser lief über ihre hinaufgewendeten Gesichter. Ein Pferd mit einem schreienden Schutzmann trieb sie weiter, hinüber oder bis zur nächsten Ecke – aber schon standen sie wieder, und die Welt schien versunken zwischen diesen breiten, hohlen Gesichtern, die fahler Abend beschien, und der starren Mauer dort hinten, auf der es dunkelte.

»Ich begreife nicht«, sagte Diederich, »dass die Polizei nicht energischer vorgeht. Das ist doch eine unbotmäßige Bande.«

»Lassen Sie's gut sein«, erwiderte Wiebel. »Die Schutzleute sind genau instruiert. Die Herren da oben haben ihre wohlüberlegten Absichten, das können Sie mir glauben. Es ist nämlich gar nicht immer zu wünschen, dass derartige Fäulniserscheinungen am Staatskörper gleich anfangs unterdrückt werden. Man lässt sie ausreifen, dann macht man ganze Arbeit!«

Die Reife, die Wiebel meinte, kam täglich näher, am Sechsundzwanzigsten schien sie da. Die Demonstrationen der Arbeitslosen sahen zielbewusster aus. In eine der nördlichen Straßen zurückgetrieben, quollen sie aus der nächsten, bevor man ihnen den Weg abschneiden konnte, verstärkt wieder hervor. Unter den Linden vereinigten sich ihre Züge, rannen, sooft sie getrennt wurden, wieder zusammen, erreichten das

Schloss, wichen zurück und erreichten es noch einmal, stumm und unaufhaltsam wie übergetretenes Wasser. Der Wagenverkehr stockte, die Fußgänger stauten sich, mit hineingezogen in die langsame Überschwemmung, worin der Platz ertrank, in dies trübe und missfarbene Meer der Armen, das zäh dahinrollte, dumpfe Laute heraufwälzte und wie Maste untergegangener Schiffe die Stangen mit den Bannern hinaufreckte: »Brot! Arbeit!« Ein deutlicheres Grollen, ausbrechend aus der Tiefe, jetzt drüben, jetzt hier: »Brot! Arbeit!« Anschwellend, über die Menge hinrollend, wie aus einer Gewitterwolke: »Brot! Arbeit!« Eine Attacke der Berittenen, ein Aufschäumen, Zurückfließen, und Weiberstimmen im Lärm, schrill, gleich Signalen: »Brot! Arbeit!«

worin in der

Stangen mit den Bannern Fahnenstangen

Man wird überrannt, vom Friedrichdenkmal fegt es die Neugierigen herunter. Auch sie haben aufgerissene Münder; aus kleinen Beamten, denen der Weg ins Amt versperrt ist, fliegt Staub auf, als würden sie geklopft. Ein verzerrtes Gesicht, das Diederich nicht erkennt, schreit ihm zu: »Es kommt anders! Jetzt geht es gegen die Juden!« – und ist untergegangen, bevor ihm einfällt, es war Herr von Barnim. Er will ihm nach, wird in einem großen Schub weit hinübergeworfen, bis vor das Fenster eines Cafés, hört das Klirren der eingedrückten Scheibe, einen Arbeiter, der schreit: »Da haben se mich neulich rausgesetzt for meine dreißig Fennje, weil ich keinen Zylinderhut hatte« – und dringt mit ein durch das Fenster, zwischen die umgeworfenen Tische, auf den Boden, wo man über Scherben fällt, einander die Bäuche einstößt und laut zetert. »Niemand mehr rein! Wir kriegen keine Luft!« Aber immer mehr steigen ein. »Die Polizei drängelt!« Und die Mitte der Straße sieht man frei liegen, gesäubert, wie für einen Triumphzug. Da sagt jemand: »Das ist doch Wilhelm!«

Friedrichdenkmal → Seite 497

Fennje Pfennige (›Pfennig‹: jahrhundertelang die Münze mit dem geringsten Wert; 2002, mit Einführung des Euro, ersetzt durch ›Cent‹)

Und Diederich war wieder draußen. Niemand wusste, wie es kam, dass man auf einmal marschieren konnte, in gedrängter Masse, auf der ganzen Breite der Straße und zu beiden Seiten bis an die Flanken des Pferdes, worauf der Kaiser saß: er selbst. Man sah ihn an und ging mit. Knäuel von Schreienden wurden aufgelöst und mitgerissen. Alle sahen ihn an. Dunkles Geschiebe, ohne Form, planlos, grenzenlos, und hell darüber der junge Herr im Helm, der Kaiser. Sie sahen: Sie hatten ihn heruntergeholt aus dem Schloss. Sie hatten »Brot! Arbeit!« geschrien, bis er gekommen war. Nichts hatte sich geändert, als dass er da war – und schon marschierten sie, als gehe es auf das Tempelhofer Feld.

Seitwärts, wo die Reihen dünner waren, sagten bürgerlich Gekleidete zueinander: »Na Gott sei Dank, er weiß, was er will!«

»Was will er denn?«

»Der Bande zeigen, wer die Macht hat! Im Guten hat er es mit ihnen versucht. Er ist sogar zu weit gegangen in den Erlassen vor zwei Jahren. Sie sind frech geworden!«

»Angst kennt er nicht, das muss man sagen. Kinder, dies ist ein historischer Moment!«

Diederich hörte es und erschauderte. Der alte Herr, der gesprochen hatte, wandte sich auch an ihn. Er hatte weiße Bartkotelettes und das Eiserne Kreuz.

»Junger Mann«, sagte er, »was unser herrlicher junger Kaiser da macht, das werden die Kinder mal aus den Schulbüchern lernen. Passen Sie auf!«

Viele hatten gehobene Brüste und feierliche Mienen. Die Herren, die dem Kaiser folgten, blickten mit äußerster Entschlossenheit darein, ihre Pferde aber lenkten sie durch das Volk, als seien alle die Leute zum Statieren bei einer Allerhöchsten Aufführung befohlen; und manchmal schielten sie seitwärts, nach dem Eindruck im Publikum. Er selbst, der

Tempelhofer Feld zwischen Schöneberg und Tempelhof gelegenes Feld, das seit 1722 von der preußischen Armee als Exerzier- und Paradeplatz sowie als Manövergelände verwendet wurde

in den Erlassen vor zwei Jahren → Seite 497

weiße Bartkotelettes einen weißen Backenbart

Eiserne Kreuz preußische Kriegsauszeichnung, eingeführt von Friedrich Wilhelm III. (1770–1840) im März 1813, also während der Befreiungskriege

zum Statieren bei einer Allerhöchsten Aufführung befohlen herbefohlen worden, um als Statisten (stumme Zeugen) den Hintergrund zu einer Inszenierung des kaiserlichen Glanzes zu bilden

Kaiser, sah nur sich und seine Leistung. Tiefer Ernst versteinte seine Züge, sein Auge blitzte hin über die Tausende der von ihm Gebannten. Er maß sich mit ihnen, der von Gott gesetzte Herr mit den empörerischen Knechten! Allein und ungeschützt hatte er sich mitten unter sie gewagt, stark nur durch seine Sendung. Sie konnten sich an ihm vergreifen, wenn es im Plan des Höchsten lag; er brachte seiner heiligen Sache sich selbst zum Opfer. War Gott mit ihm, dann sollten sie es sehen! Dann bewahrten sie für immer das Gepräge seiner Tat und die Erinnerung an ihre Ohnmacht!

Ein junger Mensch mit einem Künstlerhut ging neben Diederich, er sagte: »Kennen wir. Napoleon in Moskau, sich solo unter die Bevölkerung mischend.«

»Das ist doch großartig!«, behauptete Diederich, und die Stimme versagte ihm. Der andere zuckte die Achseln.

»Theater, und nicht mal gut.«

Diederich sah ihn an, er versuchte zu blitzen wie der Kaiser.

»Sie sind wohl auch so einer.«

Er hätte nicht sagen können, was für einer. Er fühlte nur, dass er hier, zum ersten Mal im Leben, die gute Sache zu vertreten habe gegen feindliche Bemängelungen. Trotz seiner Aufregung sah er sich noch die Schultern des Menschen an: Sie waren nicht breit. Auch äußerte sich die Umgebung missbilligend. Da ging Diederich vor. Mit seinem Bauch drängte er den Feind gegen die Mauer und schlug auf den Künstlerhut ein. Andere knufften mit. Der Hut lag schon am Boden und bald auch der Mensch. Im Weitergehen bemerkte Diederich zu seinen Mitkämpfern: »Der hat sicher nicht gedient! Schmisse hat er auch keine!«

Der alte Herr mit Bartkotelettes und Eisernem Kreuz war auch wieder da, er drückte Diederich die Hand.

»Brav, junger Mann, brav!«

versteinte seine Züge, sein Auge blitzte
→ Seite 497

der von Gott gesetzte Herr
→ Seite 498

im Plan des Höchsten lag Gottes Wille war

War Gott mit ihm »Gott war mit uns, und ihm sei die Ehre!« (Kaiserrede vom 8. September 1906)

bewahrten sie für immer das Gepräge seiner Tat würde seine heldenhafte Haltung sich ihnen unauslöschlich einprägen

Napoleon in Moskau Am 14. September 1812 rückte die »Grande Armée« Napoleons in Moskau ein.

solo ohne Geleitschutz

»Soll man da nicht wütend werden?«, erklärte Diederich, noch keuchend. »Wenn der Mensch uns den historischen Moment verekeln will?«

»Sie haben gedient?«, fragte der alte Herr.

»Ich wäre am liebsten ganz dabeigeblieben«, sagte Diederich.

»Na ja, Sedan ist nicht alle Tage« – der alte Herr betupfte sein Eisernes Kreuz. »Das waren *wir!*«

Sedan Stadt im Nordosten Frankreichs und Name der Schlacht am 1. und 2. September 1870, die den Deutsch-Französischen Krieg von 1870/71 zugunsten Deutschlands entschied; der »Sedantag« wurde im Kaiserreich jedes Jahr festlich begangen.

Diederich reckte sich, er zeigte auf das bezwungene Volk und den Kaiser.

»Das ist doch geradeso gut wie Sedan!«

»Na ja«, sagte der alte Herr.

»Gestatten Sie mal, sehr geehrter Herr«, rief jemand und schwenkte sein Notizbuch. »Wir müssen das bringen. Stimmungsbild, verstehnse? Sie haben wohl einen Genossen verwalkt?«

einen Genossen einen Sozialdemokraten (›Genosse‹ ist die traditionelle Anrede unter Parteifreunden in linksgerichteten Parteien.)

»Kleinigkeit« – Diederich keuchte noch immer. »Meinetwegen könnt es jetzt gleich losgehen gegen den inneren Feind. Unsern Kaiser haben wir mit.«

»Fein«, sagte der Reporter und schrieb mit: »In der wildbewegten Menge hört man Leute aller Stände der treuesten Anhänglichkeit und dem unerschütterlichen Vertrauen zu der Allerhöchsten Person Ausdruck geben.«

»Hurra!« Viele Reden des Kaisers schlossen mit einem dreifachen »Hurra!«; auf diese Weise entstand auch das Schlagwort vom »Hurrapatriotismus«.

»Hurra!«, schrie Diederich, denn alle schrien es; und inmitten eines mächtigen Stoßes von Menschen, der schrie, gelangte er jäh bis unter das Brandenburger Tor. Zwei Schritte von ihm ritt der Kaiser hindurch. Diederich konnte ihm ins Gesicht sehen, in den steinernen Ernst und das Blitzen; aber ihm verschwamm es vor den Augen, so sehr schrie er. Ein Rausch, höher und herrlicher als der, den das Bier vermittelt, hob ihn auf die Fußspitzen, trug ihn durch die Luft. Er schwenkte den Hut hoch über allen Köpfen, in einer Sphäre der begeisterten Raserei, durch einen Himmel, wo unsere äußersten Gefühle kreisen. Auf dem Pferd dort, unter dem Tor der siegreichen Einmärsche und mit Zügen, steinern und blitzend, ritt die Macht! Die Macht, die über uns hingeht und deren Hufe wir küssen! Die über Hunger, Trotz und Hohn hingeht! Gegen die wir nichts können, weil wir alle sie lieben! Die wir im Blut haben, weil wir die Unterwerfung darin haben! Ein Atom sind wir von ihr, ein verschwindendes Molekül von etwas, das sie ausgespuckt hat! Jeder Einzelne ein Nichts, steigen wir in gegliederten Massen, als Neuteutonen, als Militär, Beamtentum, Kirche und Wissenschaft, als Wirtschaftsorganisationen und Machtverbände kegelförmig hinan, bis dort oben, wo sie selbst steht, steinern und blitzend! Leben in ihr, haben teil an ihr, unerbittlich gegen die, die ihr ferner sind, und triumphierend, noch wenn sie uns zerschmettert: denn so rechtfertigt sie unsere Liebe! ... Einer der Schutzleute, deren Kette das Tor absperrte, stieß Diederich vor die Brust, dass ihm der Atem ausblieb; er aber hatte die Augen so voll Siegestaumel, als reite er selbst über alle diese Elenden hinweg, die gebändigt ihren Hunger verschluckten. Ihm nach! Dem Kaiser nach! Alle fühlten wie Diederich. Eine Schutzmannskette war zu schwach gegen so viel Gefühl; man durchbrach sie. Drüben stand eine zweite. Man musste abbiegen, auf Umwegen den Tiergarten erreichen, einen Durchschlupf finden. Wenige fanden ihn; Diederich war allein, als er auf den Reitweg hinausstürzte, dem Kaiser entgegen, der auch allein war. Ein Mensch im gefährlichsten Zustand des Fanatismus, beschmutzt, zerrissen, mit Augen wie ein Wilder: Der Kaiser, vom Pferd herunter, blitzte ihn an, er durchbohrte ihn. Diederich riss den Hut ab, sein Mund stand weit offen, aber der Schrei kam nicht. Da er zu plötzlich anhielt, glitt er aus und setzte sich mit Wucht in einen Tümpel, die Beine in der Luft, umspritzt von Schmutzwasser. Da lachte der Kaiser. Der

Zügen Gesichtszügen

hinan gehobene, auch poetische Sprechweise für: hinauf

Mensch war ein Monarchist, ein treuer Untertan! Der Kaiser wandte sich nach seinen Begleitern um, schlug sich auf den Schenkel und lachte. Diederich aus seinem Tümpel sah ihm nach, den Mund noch offen.

II

Er reinigte sich notdürftig und kehrte um. Auf einer Bank saß eine Dame; Diederich ging ungern vorüber. Noch dazu starrte sie ihm entgegen. ›Gans‹, dachte er zornig. Da sah er, dass sie ein tief erschrockenes Gesicht hatte, und dann erkannte er Agnes Göppel.

»Eben bin ich dem Kaiser begegnet«, sagte er sofort.

»Dem Kaiser?«, fragte sie, wie aus einer anderen Welt. Er begann unter großen, ungewohnten Gesten herauszujagen, was ihn erstickte. Unser herrlicher junger Kaiser, ganz allein unter rasenden Aufrührern! Ein Café hatten sie demoliert. Diederich selbst war drin gewesen! Unter den Linden hatte er blutige Kämpfe bestanden für seinen Kaiser! Kanonen sollte man auffahren!

auffahren in Stellung bringen

»Die Leute hungern wohl«, sagte Agnes schüchtern. »Es sind ja auch Menschen.«

»Menschen?« Diederich rollte die Augen. »Der innere Feind sind sie!«

Da er Agnes wieder erschrecken sah, beruhigte er sich etwas.

»Wenn es Ihnen Vergnügen macht, dass wegen des Packs alle Straßen abgesperrt werden müssen.«

Nein, das kam Agnes sehr ungelegen. Sie hatte in der Stadt Besorgungen gehabt, und wie sie zurück nach der Blücherstraße wollte, ging kein Omnibus mehr, und nirgends kam man durch. Sie war zurückgedrängt worden bis hierher. Es war kalt und nass, ihr Vater würde sich ängstigen; was sollte sie tun. Diederich verhieß ihr, er werde es schon machen. Sie gingen zusammen weiter. Er wusste auf einmal nichts mehr zu sagen und wendete den Kopf umher, als suchte er den Weg. Sie waren allein zwischen kahlen Bäumen und nassem alten Laub. Wo waren die männlichen Hochgefühle von vorhin? Diederich empfand Beklommenheit, wie auf seinem letzten Spaziergang mit Agnes, als er, von Mahlmann gewarnt, auf einen Omnibus sprang, ausriss und verschwand. Grade sagte Agnes: »Sie haben sich aber sehr, sehr lange nicht bei uns sehen lassen. Papa hat Ihnen doch geschrieben?«

Sein eigener Vater sei gestorben, sagte Diederich, betreten. Jetzt musste Agnes zuerst ihr Beileid ausdrücken, dann fragte sie weiter: warum er damals plötzlich fortgeblieben sei, vor drei Jahren.

»Nicht wahr? Es sind schon fast drei Jahre.«

Diederich bekam Festigkeit. Das Verbindungsleben habe ihn völlig in Anspruch genommen. Dort herrsche nämlich eine verdammt strenge Zucht. »Und dann habe ich meiner Wehrpflicht genügt.«

»Oh!« – Agnes sah ihn an, »was aus Ihnen alles geworden ist! Und jetzt sind Sie wohl schon Doktor?«

»Das soll jetzt kommen.«

»Sie haben sich fast gar nicht verändert.«

Er sah unzufrieden geradeaus. Seine Schmisse, seine stattliche Breite, alle seine wohlerworbene Männlichkeit: für sie war das nichts? Sie bemerkte es gar nicht?

»Aber Sie«, sagte er plump. In ihr blasses, so schmales Gesicht stieg eine ganz dünne Röte, bis auf den Sattel der kleinen eingedrückten Nase, mit den Sommersprossen.

»Ja. Mir geht es manchmal nicht gut, aber es wird schon wieder besser werden.«

Diederich bereute.

»Ich meinte doch natürlich, dass Sie noch hübscher geworden sind« – und er betrachtete ihr rotes Haar, das unter dem Hut hervorquoll, noch dicker als früher, weil ihr Gesicht so klein geworden war. Dabei erinnerte er sich seiner Demütigungen von damals und wie anders die Dinge jetzt lagen. Herausfordernd sagte er: »Wie geht es denn Herrn Mahlmann?«

Agnes bekam eine wegwerfende Miene.

»Denken Sie an den noch? Wenn ich den mal wiedersähe, wär's mir gleich.«

»So? Aber er hat ein Patentbüro und könnte ganz gut heiraten.«

»Wenn schon.«

»Früher interessierten Sie sich doch für ihn.«

»Woraus schließen Sie das?«

»Er schenkte Ihnen immer etwas.«

»Ich hätte es lieber nicht angenommen; aber dann –«, sie sah auf den Weg, auf das nasse Laub vom Vorjahr, »dann hätte ich auch Ihre Geschenke nicht annehmen dürfen.«

Darauf schwieg sie erschrocken. Diederich fühlte, dass etwas Schweres geschehen war, und schwieg auch.

»Das war doch nicht der Rede wert«, stieß er endlich hervor, »ein paar Blumen.« Und mit wiedergekehrter Entrüstung: »Mahlmann hat Ihnen sogar ein Armband geschenkt.«

»Ich trage es niemals«, sagte Agnes. Er hatte auf einmal Herzklopfen, er brachte hervor: »Und wenn es von mir gewesen wäre?«

Stille; er hielt den Atem an. Ganz leise kam es von ihr her: »Dann ja.«

Darauf gingen sie plötzlich rascher und ohne mehr zu sprechen. Sie kamen vor das Brandenburger Tor, sahen die Linden bedrohlich von Polizei erfüllt, eilten vorbei und bogen in die Dorotheenstraße. Hier war es wenig belebt, Diederich verlangsamte den Schritt, er fing an zu lachen.

»Das ist eigentlich hochkomisch. Was Mahlmann nämlich Ihnen schenkte, war mit meinem Geld bezahlt. Er nahm mir ja alles ab, ich war noch ein ganz grüner Junge.«

Dorotheenstraße nach der Kurfürstin Dorothea von Brandenburg (1636–1689) benannte Straße in Berlin Mitte, die parallel zur Prachtstraße Unter den Linden verläuft

ein ganz grüner Junge ganz grün hinter den Ohren, vollkommen naiv

Sie blieben stehen. »Oh!« – und sie sah ihn an, ihre goldbraunen Augen zitterten. »Das ist schrecklich. Können Sie mir das verzeihen?«

Er lächelte überlegen. Das seien alte Geschichten, Jugendtorheiten.

»Nein, nein«, sagte sie verstört.

Die Hauptsache, meinte er, sei jetzt, wie sie nach Hause komme. Hier ging es schon wieder nicht weiter. Omnibusse waren auch nicht zu sehen. »Es tut mir leid, aber Sie werden sich meine Gesellschaft noch länger gefallen lassen müssen. Übrigens wohne ich gleich hier. Sie könnten mit hinaufkommen, da wären Sie wenigstens im Trockenen. Aber natürlich, eine junge Dame darf das nicht.«

Sie hatte noch immer diesen flehenden Blick.

»Sie sind so gut«, sagte sie, stärker atmend. »Sie sind so edel.« Und da sie schon das Haus betraten: »Zu Ihnen kann ich doch Vertrauen haben?«

»Ich weiß, was ich der Ehre meiner Korporation schulde«, erklärte Diederich.

Sie mussten an der Küche vorbei, aber es war niemand darin. »Legen Sie doch solange ab«, sagte Diederich gnädig. Er stand da, ohne Agnes anzusehen, und trat, während sie den Hut abnahm, von einem Fuß auf den andern.

Wirtin (siehe Seite 32 unten)

»Ich muss die Wirtin suchen, damit sie Tee macht.« Er wandte sich schon nach der Tür, zuckte aber zurück: Agnes hatte seine Hand ergriffen und küsste sie! »Aber Fräulein Agnes«, murmelte er, furchtbar erschrocken, und legte ihr, wie tröstend, den Arm um die Schulter; da sank sie gegen die seine. Er drückte seinen Mund in ihr Haar, ziemlich tief, weil er sich dazu verpflichtet fühlte. Unter seinem Druck bebte und flog ihr Körper, als würde er geschlagen. Er fühlte sich in der dünnen Bluse lau und feucht an. Diederich ward es heiß, er küsste Agnes auf den Hals. Und plötzlich kam ihr

lau mäßig warm

Gesicht auf ihn zu: mit offenem Mund, halb geschlossenen Augen und mit einem Ausdruck, den er nie gesehen hatte und der ihm schwindlig machte. »Agnes! Agnes, ich liebe dich«, sagte er wie aus tiefer Not. Sie antwortete nicht, aus ihrem offenen Mund kamen kleine warme Atemstöße, und er fühlte sie fallen, er trug sie, die zu zerfließen schien.

Dann saß sie auf dem Diwan und weinte. »Sei mir nicht bös, Agnes«, bat Diederich. Sie sah ihn an, mit ihren nassen Augen.

Diwan niedrigen Liegesofa

»Ich weine doch vor Glück«, sagte sie. »Ich hab so lange auf dich gewartet.«

»Warum?«, fragte sie, da er ihre Bluse schließen wollte. »Warum deckst du es schon zu? Findest du es schon nicht mehr schön?«

da als (seinerzeit war es viel üblicher als heute, ›da‹ auch als zeitliche Angabe zu verwenden)

Er verwahrte sich. »Ich bin mir der übernommenen Verantwortung vollkommen bewusst.«

»Verantwortung?«, sagte Agnes. »Wer hat die? Ich habe dich drei Jahre lang geliebt. Du wusstest es ja nicht. Es war wohl das Schicksal!«

Diederich, die Hände in den Taschen, bedachte, dass dies das Schicksal der leichtsinnigen Mädchen sei. Andrerseits empfand er das Bedürfnis, sich ihre Versicherungen wiederholen zu lassen. »Also wirklich mich, nur mich hast du geliebt?«

leichtsinnigen Mädchen Mädchen, die sich vorschnell mit Männern einlassen, ohne an ihre ›weibliche Ehre‹ und ihren ›guten Ruf‹ zu denken

»Ich sah, dass du mir nicht glaubtest. Es war schrecklich, als ich merkte, du kamst nicht mehr, und es war aus. Es war ganz schrecklich. Ich wollte dir schreiben, ich wollte zu dir gehen. Jedes Mal verlor ich den Mut, weil du mich doch nicht mehr mochtest. Ich kam so herunter, dass Papa eine Reise mit mir machen musste.«

kam so herunter geriet in einen so elenden Zustand

»Wohin denn?«, fragte Diederich. Aber Agnes antwortete nicht, sie zog ihn wieder an sich.

»Sei lieb mit mir! Ich hab nur dich!«

Diederich dachte verlegen: ›Dann hast du nicht viel.‹ Agnes schien ihm verkleinert und sehr im Wert gesunken, seit er den Beweis hatte, dass sie ihn liebte. Auch sagte er sich, einem Mädchen, das so etwas tat, dürfe man nicht alles glauben.

»Und Mahlmann?«, fragte er höhnisch. »Ein bisschen war doch wohl los mit ihm. – Na lass nur«, sagte er, da sie sich mit starrem Entsetzen aufrichtete. Er suchte gutzumachen. Er sei doch auch noch ganz benommen von seinem Glück.

suchte gutzumachen versuchte, seine verletzende Bemerkung wiedergutzumachen

Sehr langsam zog sie sich an. »Dein Vater wird aber gar nicht wissen, was los ist«, meinte Diederich. Sie hob nur die Schultern. Als sie fertig war und er schon die Tür geöffnet hatte, blieb sie noch stehen und sah in das Zimmer zurück, mit einem langen, angstvollen Blick.

»Vielleicht«, sagte sie, wie zu sich selbst, »komme ich nie wieder. Mir ist, als sollte ich heute Nacht sterben.«

»Wieso denn«, sagte Diederich, peinlich berührt. Statt einer Antwort ließ sie sich noch einmal an ihn hinsinken, den Mund auf seinem, die Brust auf seiner und von den Hüften zu den Füßen wie mit ihm verwachsen. Diederich wartete geduldig. Dann löste sie sich, öffnete die Augen und sagte: »Du musst nicht denken, dass ich etwas von dir verlange. Ich hab dich geliebt, nun ist alles gleich.«

bot ihr einen Wagen an bot an, eine Pferdedroschke herbeizurufen, die sie nach Hause bringen würde

Er bot ihr einen Wagen an, aber sie wollte gehen. Unterwegs fragte er nach ihrer Familie und nach anderen Bekannten. Erst am Belle-Alliance-Platz ward er unruhig, und etwas heiser brachte er hervor: »Natürlich denke ich nicht daran, mich meinen Verpflichtungen dir gegenüber zu entziehen. Nur vorläufig: du verstehst, ich verdiene noch nichts, ich muss erst fertig sein und zu Hause mich in den Betrieb einleben …«

Belle-Alliance-Platz Platz in Berlin Kreuzberg (heute Mehringplatz). In Preußen wurde die Schlacht bei Waterloo (18. Juni 1815) als Schlacht bei Belle-Alliance bezeichnet (nach dem Namen des Gasthauses, das Napoleon während der Schlacht als Hauptquartier diente).

Agnes erwiderte dankbar und ruhig, als habe man ihr ein Kompliment gemacht: »Es wäre schön, wenn ich später einmal deine Frau werden könnte.«

Da sie in die Blücherstraße einbogen, blieb er stehen. Unsicher meinte er, es sei jetzt wohl besser, wenn er umkehre. Sie sagte: »Weil uns jemand sehen könnte? Das würde gar nichts machen, denn ich muss zu Hause doch erzählen, dass ich dir begegnet bin und dass wir im Café zusammen gewartet haben, bis die Straßen wieder frei waren.«

›Na, die kann lügen‹, dachte Diederich. Sie setzte hinzu: »Für Sonntag bist du zu Mittag geladen, du musst bestimmt kommen.«

Diesmal war es ihm zu viel, er fuhr auf: »Ich soll –? Bei euch soll ich –?«

Sie lächelte sanft und schlau. »Es geht doch nicht anders. Wenn man uns einmal sähe –: willst du denn nicht, dass ich wiederkomme?«

O ja, das wollte er. Trotzdem musste sie ihm zureden, bis er sein Erscheinen versprach. Vor ihrem Hause verabschiedete er sich mit einer formvollen Verbeugung, kehrte rasch um und dachte: ›So ein Weib ist scheußlich raffiniert. Lange tu ich da nicht mit.‹ Indes bemerkte er mit Unlust, dass es Zeit sei, auf die Kneipe zu gehen. Es verlangte ihn nach Hause, er wusste nicht, warum. Als er dann die Tür seines Zimmers hinter sich zugezogen hatte, blieb er davor stehen und starrte in die Dunkelheit. Plötzlich reckte er die Arme in die Höhe, wandte das Gesicht nach oben und sagte in einem langen Aufatmen: »Agnes!«

Er fühlte sich verwandelt, leicht, wie vom Boden gehoben. ›Ich bin ganz furchtbar glücklich‹, dachte er, und: ›So schön kommt es im ganzen Leben nicht wieder!‹ Er hatte die Gewissheit, dass er bis jetzt, bis zu dieser Minute, alle Dinge falsch angesehen, falsch bewertet hatte. Dort hinten kneipten sie nun und machten sich wichtig. Juden oder Arbeitslose, was gingen einen die an, warum sollte man sie hassen? Diederich fühlte sich bereit, sie zu lieben! Hatte er denn wirklich, er selbst, den Tag in einem Gewühl von Menschen verbracht, die er für Feinde gehalten hatte? Sie waren Menschen: Agnes hatte recht! War er selbst es, der jemand um einiger Worte willen geschlagen hatte, geprahlt, gelogen, sich töricht abgearbeitet und endlich, zerrissen und sinnlos, sich in den Schmutz geworfen hatte vor einem Herrn zu Pferd, dem Kaiser, der ihn auslachte? Er erkannte, dass er, bis Agnes kam, ein hilfloses, bedeutungsloses und armes Leben geführt habe. Bestrebungen wie die eines Fremden, Gefühle, die ihn beschämten, und niemand, den er liebte – bis Agnes kam! ›Agnes! Süße Agnes, du weißt ja gar nicht, wie ich dich lieb habe!‹ Aber sie sollte es wissen. Er fühlte, dass er es nie wieder so werde sagen können wie in dieser Stunde, und er schrieb einen Brief. Er schrieb, dass auch er diese drei Jahre immer auf sie gewartet habe und dass er keine Hoffnung gehabt habe, weil sie zu schön für ihn sei, zu fein und zu gut; dass er sich das mit Mahlmann nur eingeredet habe aus Feigheit und aus Trotz; dass sie eine Heilige sei, und nun sie zu ihm herabgestiegen, liege er zu ihren Füßen. »Hebe mich auf, Agnes, ich kann stark sein, ich fühle es, und ich will dir mein ganzes Leben weihen!« – Er weinte, drückte das Gesicht in das Diwankissen, worin er ihren Duft noch spürte, und unter Schluchzen, wie als Kind, schlief er ein.

nun sie nun, da sie … sei

Am Morgen freilich war er erstaunt und befremdet, sich nicht im Bett zu finden. Sein großes Erlebnis fiel ihm ein, ein süßer Stoß ging durch sein Blut, bis zum Herzen. Aber auch der Verdacht kam ihm, dass er sich peinliche Übertreibungen habe zuschulden kommen lassen. Er las den Brief wieder durch: Das war alles recht schön, und es konnte einen auch wirklich aus der Fassung bringen, wenn man auf einmal mit so einem großartigen Mädel ein Verhältnis hatte. Wäre sie jetzt nur da gewesen, er hätte zärtlich sein wollen! Aber den Brief schickte man doch besser nicht ab. Es war unvorsichtig in jeder Beziehung. Am Ende fing Vater Göppel ihn ab … Diederich verschloss den Brief im Schreibtisch. ›An das Essen hab ich gestern überhaupt nicht gedacht!‹ Er ließ sich ein ausgiebiges Frühstück bringen. ›Und rauchen wollte ich nicht, damit ihr Geruch nicht verginge. Das ist doch Blödsinn. So darf man nicht sein.‹ Er zündete eine Zigarre an und ging ins Laboratorium. Was er auf dem Herzen hatte, beschloss er statt in Worte – denn so hohe Worte waren unmännlich und unbequem – lieber in Musik auszuströmen. Er mietete ein Klavier und versuchte sich, plötzlich mit viel mehr Glück als in der Klavierstunde, an Schubert und Beethoven.

Am Sonntag, wie er bei Göppels klingelte, machte Agnes selbst ihm auf. »Das Mädchen kann nicht vom Herd fort«, sagte sie; aber den wahren Grund sagte ihr Blick. Aus Ratlosigkeit senkte Diederich die Augen auf das silberne Armband, womit sie klapperte, als sollte er hinsehen.

wie als

Das Mädchen Das Hausmädchen (siehe Seite 7)

»Kennst du es nicht?«, flüsterte Agnes. Er ward rot.

»Das von Mahlmann?«

»Das von dir! Ich trage es zum ersten Mal.«

Rasch und heiß drückte sie ihm die Hand, dann ging die Tür zum Berliner Zimmer auf. Herr Göppel wandte sich um. »Na, da ist wohl unser Ausreißer?« Aber kaum erblickte er Diederich, änderte sich seine Miene, er bereute seine Vertraulichkeit.

Berliner Zimmer (siehe Seite 488)

»Ich hätte Sie weiß Gott nicht wiedererkannt, Herr Heßling!«

Diederich sah zu Agnes hinüber, wie um ihr zu sagen: Siehst du? Der merkt es, dass ich kein dummer Junge mehr bin.

»Bei Ihnen ist ja alles unverändert«, stellte Diederich fest und begrüßte Herrn Göppels Schwestern und Schwager. In Wahrheit aber fand er alle beträchtlich gealtert, besonders

Herrn Göppel, der sich weniger munter benahm und dem ein kummervolles Fett von den Wangen hing. Die Kinder waren nun größer, und irgendwo im Zimmer schien eine Person zu fehlen.

»Ja, ja«, so schloss Herr Göppel die einleitende Unterhaltung, »die Zeit vergeht, aber gute Freunde finden sich immer wieder.«

›Wenn du wüsstest, wie‹, dachte Diederich verlegen und mit Geringschätzung, indes man zu Tisch ging. Beim Kalbsbraten fiel ihm endlich ein, wer damals ihm gegenüber gesessen hatte. Es war die Tante, die ihn so hochtrabend gefragt hatte, was er denn studiere, und die nicht gewusst hatte, dass Chemie etwas anderes war als Physik. Agnes, die er zu seiner Rechten hatte, erklärte ihm, dass diese Tante schon seit zwei Jahren tot sei. Diederich murmelte sein Beileid, im Stillen aber sagte er sich: ›Die quatscht also auch nicht mehr.‹ Ihm kam es vor, als ob hier alle bestraft und niedergedrückt seien, ihn selbst nur hatte das Schicksal, seinem Wert entsprechend, erhöht. Und er streifte Agnes, von oben herab, mit dem Blick des Besitzers.

Die süße Speise ließ auf sich warten, gerade wie damals. Agnes wandte unruhig den Kopf nach der Tür, Diederich sah ihre schönen blonden Augen verdunkelt, als sei etwas Ernstes geschehen. Er hatte plötzlich tiefes Mitgefühl mit ihr, eine große Zärtlichkeit. Er stand auf und rief aus der Tür: »Marie! Der Krehm!«

trank Herr Göppel ihm zu hob Herr Göppel sein Glas beglückwünschend in Diederichs Richtung

Wie er zurückkam, trank Herr Göppel ihm zu. »Das haben Sie früher auch schon gemacht. Sie sind doch hier wie 's Kind im Hause. Nicht, Agnes?« Agnes dankte Diederich mit einem Blick, der sein ganzes Herz aufrührte. Er musste sich zusammennehmen, um nicht feuchte Augen zu bekommen. Wie wohlwollend die Verwandten ihm zulächelten! Der Schwager stieß mit ihm an. Was für gute Menschen! Und

Agnes, die süße Agnes, liebte ihn! Er verdiente so viel nicht! Das Gewissen schlug ihm laut, er nahm sich dunkel vor, nachher mit Herrn Göppel zu sprechen.

Leider fing Herr Göppel nach dem Essen wieder von den Krawallen an. Wenn wir endlich den Druck der Bismarck'schen Kürassierstiefel los waren, brauchte man die Arbeiter nun nicht mit Dicktun in Reden zu reizen. Der junge Mann (so nannte Herr Göppel den Kaiser!) redet uns noch die Revolution an den Hals ... Diederich sah sich veranlasst, im Namen der Jugend, die fest und treu zu ihrem herrlichen jungen Kaiser stehe, solche Nörgeleien auf das Schärfste zurückzuweisen. Seine Majestät hatten es selbst gesagt: »Diejenigen, welche mir behilflich sein wollen, herzlich willkommen. Die sich mir entgegenstellen, zerschmettere ich.« Dabei versuchte Diederich zu blitzen. Herr Göppel erklärte, er warte es ab.

Kürassierstiefel (siehe Seite 487)

Dicktun im Reden allzu forschen Tönen, Aufschneiderei

Diejenigen ... zerschmettere ich. → Seite 498

»In dieser harten Zeit«, fügte Diederich hinzu, »muss jeder seinen Mann stehen.« Und er setzte sich in Positur vor Agnes, die ihn bewunderte.

»Wieso, harte Zeit?«, sagte Herr Göppel. »Sie ist doch nur hart, wenn wir uns gegenseitig das Leben schwer machen. Ich hab mich mit meinen Arbeitern noch immer vertragen.«

Diederich zeigte sich entschlossen, daheim in seinem Betrieb eine ganz andere Zucht einzuführen. Sozialdemokraten wurden nicht mehr geduldet, und sonntags gingen die Leute zur Kirche! – Das auch noch?, meinte Herr Göppel. Das könne er von seinen Leuten nicht verlangen, wenn er selbst doch bloß am Karfreitag gehe. »Soll ich sie beschwindeln? Christentum ist gut; aber was der Pastor alles redet, glaubt doch kein Mensch mehr.« Da sah man Diederichs Miene hochüberlegen werden.

»Mein lieber Herr Göppel, ich kann Ihnen nur sagen: Was die Herren da oben und besonders mein verehrter Freund, der Assessor von Barnim, zu glauben für richtig halten, das glaub ich auch – unbesehen. Das kann ich Ihnen nur sagen.«

Der Schwager, der Beamter war, schlug sich plötzlich auf Diederichs Seite. Herr Göppel hatte schon einen roten Kopf, Agnes trat mit dem Kaffee dazwischen. »Na, schmecken Ihnen meine Zigarren?« Herr Göppel klopfte Diederich aufs Knie. »Sehen Sie wohl, im Menschlichen sind wir einig.«

Diederich dachte: ›Da ich sozusagen zur Familie gehöre.‹

Er ließ von seiner strammen Haltung einiges nach, es ward noch sehr gemütlich. Herr Göppel wollte wissen, wann Diederich »fertig« werde und Doktor sei, er begriff nicht, dass eine chemische Arbeit zwei Jahre und länger brauche. Diederich verbreitete sich, in Ausdrücken, die niemand verstand, über die Schwierigkeiten, zu einer Lösung zu gelangen. Er hatte die Empfindung, Herr Göppel warte zu einem bestimmten Zweck auf seine Promovierung. Auch Agnes schien es zu fühlen, denn sie griff ein und lenkte das Gespräch ab. Als Diederich sich verabschiedet hatte, ging sie mit hinaus und flüsterte ihm zu: »Morgen um drei bei dir.«

seine Promovierung den Tag, an dem er seinen Doktortitel verliehen bekam

Vor jäher Freude griff er nach ihr und küsste sie, zwischen den Türen, während gleich daneben das Mädchen mit dem Geschirr rasselte. Sie fragte traurig: »Denkst du denn gar nicht daran, was mir passiert, wenn jetzt jemand kommt?« Er war betroffen und verlangte als Zeichen ihrer Verzeihung noch einen Kuss. Sie gab ihn.

Um drei Uhr pflegte Diederich aus dem Café ins Laboratorium zurückzukehren. Stattdessen war er schon um zwei Uhr wieder in seinem Zimmer. Richtig kam sie noch vor drei. »Wir haben es beide nicht erwarten können! Wie wir uns lieb haben!« Es war schöner als das erste Mal, viel schöner. Keine Träne mehr, keine Furcht; und die Sonne schien herein. Diederich breitete Agnes' Haar in der Sonne aus und badete sein Gesicht darin.

Richtig Und wahrhaftig; und wie abzusehen gewesen war

Sie blieb, bis es fast schon zu spät war, die Einkäufe zu machen, die sie zu Hause vorgeschützt hatte. Sie musste laufen. Diederich, der mitlief, war sehr besorgt, dass es ihr schaden könne. Aber sie lachte, sah rosig aus und nannte ihn ihren Bären. Immer endeten nun so die Tage, an denen sie kam. Immer waren sie glücklich. Herr Göppel stellte fest, dass es Agnes besser gehe als je, und das verjüngte ihn selbst. Daher wurden auch die Sonntage jedes Mal heiterer. Es dauerte bis abends, dann ward Punsch gemacht. Diederich musste Schubert spielen, oder er und der Schwager sangen Burschenlieder, und Agnes begleitete sie. Manchmal sahen sie sich nacheinander um, beiden war zumut, als werde ihr Glück gefeiert.

Es kam vor, dass im Laboratorium der Diener zu Diederich eintrat und ihm meldete, draußen sei eine Dame. Er stand sofort auf, stolz errötend unter den verständnisvollen Blicken der Kollegen. Und dann bummelten sie, gingen ins Café, ins Panoptikum; und da Agnes gern Bilder sah, erfuhr Diederich auch, dass es Kunstausstellungen gab. Agnes liebte es, vor einem Bild, das ihr gefiel, einer sanften, festtägigen Landschaft aus schöneren Ländern, lange stehen zu bleiben, mit halbgeschlossenen Augen, und Träume auszutauschen mit Diederich.

»Sieh nur recht hin, dann merkst du, das ist kein Rahmen, es ist ein Tor mit goldenen Stufen, die gehen wir hinunter und über den Weg und biegen die Weißdornbüsche weg und steigen in den Kahn. Fühlst du wohl, wie er schaukelt? Das kommt, weil wir die Hand durch das Wasser schleifen, es ist so warm. Drüben am Berg, der weiße Punkt, du weißt schon, es ist unser Haus, dahin fahren wir. Siehst du, siehst du?«

»Ja, ja«, sagte Diederich voll Eifer. Er kniff die Lider ein und sah alles, was Agnes wollte. Er geriet so sehr in Feuer, dass er ihre Hand nahm, um sie zu trocknen. Dann setzten sie sich in einen Winkel und sprachen von den Reisen, die

Punsch »[heißes] alkoholisches Getränk aus Rum oder Arrak, Zucker, Zitrone, Wasser, Tee oder Rotwein und Gewürzen« (Duden)

Panoptikum Castans Panoptikum, das Berliner Wachsfigurenkabinett (1869–1922) der Brüder Louis und Gustave Castan, das seit 1873 in der Friedrichstraße (Berlin Mitte) in der neu eröffneten Kaisergalerie (einer 130 Meter langen Einkaufspassage) untergebracht war

Weißdornbüsche weiß blühende Kernobstgewächse

sie machen wollten, dem sorgenlosen Glück in sonniger Ferne, von Liebe ohne Ende. Diederich glaubte, was er sagte. Im Grunde wusste er wohl, dass er bestimmt sei, zu arbeiten und ein praktisches Leben zu führen, ohne viel Muße für Überschwänglichkeiten. Aber was er hier sagte, war von einer höheren Wahrheit als alles, was er wusste. Der eigentliche Diederich, der, der er hätte sein sollen, sprach wahr. – Aber Agnes: wie sie nun aufstanden und gingen, war sie blass und schien müde. Ihre schönen blonden Augen hatten einen Glanz, der Diederich beklommen machte, und sie fragte leise und zitternd: »Wenn unser Kahn nun umgeschlagen wäre?«

»Dann hätte ich dich gerettet!«, sagte Diederich, entschlossen.

»Aber es ist weit vom Ufer, und das Wasser ist schrecklich tief.« Da er ratlos war: »Wir hätten ertrinken müssen. Sag, wärst du gern mit mir gestorben?«

Diederich sah sie an; dann schloss er die Augen.

»Ja«, sagte er mit einem Seufzer.

Droschke (siehe Seite 37)

machten Ungelegenheiten brachten einen in unangenehme Situationen

Sein Professor Sein Doktorvater

Nachher aber bereute er ein solches Gespräch. Er hatte wohl gemerkt, warum Agnes plötzlich in eine Droschke steigen und heimfahren musste. Sie hatte krampfhafte Röte bis in die Stirn gehabt, und er sollte nicht sehen, wie sie hustete. Den ganzen Nachmittag bereute Diederich nun. Solche Sachen waren ungesund, führten zu nichts und machten Ungelegenheiten. Sein Professor hatte schon von den Besuchen der Dame erfahren. Es ging nicht länger, dass sie ihn wegen jeder Laune von seiner Arbeit wegholte. Er setzte es ihr schonend auseinander. »Du hast wohl recht«, sagte sie darauf. »Ordentliche Menschen brauchen feste Stunden. Aber wenn ich nun um halb sechs zu dir kommen soll, und am meisten geliebt hab ich dich schon um vier?«

Er fühlte Spott heraus, vielleicht sogar Geringschätzung, und ward grob. Eine Geliebte, die ihn an seiner Karriere hindern wolle, könne er überhaupt nicht brauchen. So habe er sich die Sache nicht vorgestellt. Da bat Agnes um Verzeihung. Sie wollte ganz bescheiden werden und in seinem Zimmer auf ihn warten. Wenn er noch zu tun hatte, oh! er brauchte keine Rücksicht zu nehmen. Das beschämte Diederich, er ward bleich und überließ sich, zusammen mit Agnes, den Klagen über eine Welt, in der es nicht nur Liebe gab. »Muss es denn sein?«, fragte Agnes. »Du hast ein wenig Geld, ich auch. Warum Karriere machen und dich abhetzen? Wir könnten es so gut haben.« Diederich sah es ein – nachträglich aber nahm er es ihr übel. Nun ließ er sie warten, halb mit Absicht. Sogar den Besuch politischer Versammlungen erklärte er für eine Pflicht, die der Zusammenkunft mit Agnes vorangehe. Eines Abends im Mai, wie er verspätet heimkam, traf er vor der Tür einen jungen Mann in Einjährigenuniform, der ihn zögernd ansah. »Herr Diederich Heßling?« – »Ach ja«, stammelte Diederich, »Sie – du – Sie sind wohl Herr Wolfgang Buck?«

Sie wollte ganz bescheiden werden Sie versicherte, sie wolle ganz bescheiden sein

wie als

Der jüngste Sohn des großen Mannes von Netzig hatte sich endlich entschlossen, dem Befehl seines Vaters zu folgen und Diederich aufzusuchen. Diederich nahm ihn mit hinauf, er fand so schnell keinen Vorwand, um ihn zu entfernen, und drinnen saß Agnes! Im Flur sprach er laut, damit sie es höre und sich verstecke. Mit Bangen öffnete er. Im Zimmer war niemand; auch ihr Hut lag nicht auf dem Bett; aber Diederich wusste wohl: Sie war noch soeben da gewesen. Er sah es dem Stuhl an, der nicht ganz am Fleck stand, er fühlte es in der Luft, die noch leise zu schwingen schien vom Hindurchstreifen ihres Kleides. Sie musste in dem fensterlosen kleinen Gelass sein, wo sein Waschtisch stand. Er schob einen Sessel davor und murrte, unwirsch vor Verlegenheit, über die Wirtin, die nicht aufräume. Wolfgang Buck meinte, er komme wohl ungelegen. »O nein!«, versicherte Diede-

Gelass hier: Zimmerchen

unwirsch grob, mürrisch-knapp

Kognak Weinbrand (aus Wein destillierter Branntwein)

Offiziersmesse Speise- und Aufenthaltsraum der Offiziere (eigentlich: auf Schiffen)

Lagern gesellschaftlichen Lagern, Sphären, Milieus

Auf welche Seite ich schließlich fallen Welchem Lager ich mich am Ende anschließen

Reichstag das Parlament des Deutschen Kaiserreiches seit dessen Gründung im Jahre 1871

eine heimliche Liebe für die Sozialdemokratie ironische Anspielung auf den Versuch des jungen Kaisers zu Beginn seiner Herrschaft, die Arbeiterschaft für sich zu gewinnen

Erinnern Sie sich nicht … Schutz entziehen? → Seite 498

rich. Er lud den Gast zum Sitzen ein und brachte Kognak. Buck entschuldigte sich wegen der ungewöhnlichen Stunde; der Dienst lasse ihm keine Wahl. »Das kennen wir«, sagte Diederich; und um Fragen zuvorzukommen, berichtete er sofort, dass sein Jahr schon hinter ihm liege. Er sei begeistert vom Militär, es sei das Wahre. Wer ganz dabeibleiben könnte! Leider riefen ihn Familienpflichten. Buck lächelte, ein weiches, skeptisches Lächeln, das Diederich missfiel. »Nun ja, die Offiziere: man ist wenigstens unter Leuten mit guten Manieren.«

»Sie verkehren mit ihnen?«, fragte Diederich, und er meinte es höhnisch. Aber Buck erklärte einfach, dass er zuweilen in die Offiziersmesse geladen werde. Er zuckte die Achseln. »Ich gehe hin, weil ich es für nützlich halte, mich in allen Lagern umzusehen. Andererseits verkehre ich viel mit Sozialisten.« Er lächelte wieder. »Manchmal möchte ich nämlich General werden und manchmal Arbeiterführer. Auf welche Seite ich schließlich fallen werde, darauf bin ich selbst neugierig.« Und er trank das zweite Glas Kognak aus. ›Ein ekelhafter Mensch‹, dachte Diederich. ›Und Agnes in der Dunkelkammer!‹ Er sagte: »Mit Ihren Mitteln steht es Ihnen ja frei, sich in den Reichstag wählen zu lassen oder was Ihnen sonst Spaß macht. Ich bin auf praktische Arbeit angewiesen. Die Sozialdemokratie betrachte ich übrigens als meinen Feind, denn sie ist der Feind des Kaisers.«

»Wissen Sie das so genau?«, fragte darauf Buck. »Ich traue eher dem Kaiser eine heimliche Liebe für die Sozialdemokratie zu. Er wäre gern selbst der erste Arbeiterführer geworden. Sie haben nur nicht gewollt.«

Diederich empörte sich. Das sei beleidigend für Seine Majestät. Aber Buck ließ sich nicht stören. »Erinnern Sie sich nicht, wie er Bismarck gegenüber gedroht hat, er wolle den reichen Leuten seinen militärischen Schutz entziehen? Er hat, wenigstens anfangs, gradesolche Rankküne gegen die Reichen gehabt wie die Arbeiter – wenn auch natürlich aus abweichenden Gründen, weil er sich nämlich schwer damit abfindet, dass auch andere Macht haben.«

Den Ausrufen, die in Diederichs Mienen standen, kam Buck zuvor. »Glauben Sie bitte nicht«, sagte er lebhafter, »dass Antipathie aus mir spricht. Es ist im Gegenteil Zärtlichkeit: eine Art feindlicher Zärtlichkeit, wenn Sie wollen.«

»Verstehe ich nicht«, sagte Diederich.

»Nun ja: wie man sie für jemand hat, bei dem man seine eigenen Fehler wiederfindet, oder nennen Sie es Tugenden. Jedenfalls sind wir jungen Leute jetzt alle so wie unser Kaiser, dass wir nämlich unsere Persönlichkeit ausleben möchten und doch ganz gut fühlen, Zukunft hat nur die Masse. Einen Bismarck wird es nicht mehr geben und auch keinen Lassalle mehr. Vielleicht sind es die Begabteren unter uns, die sich das heute noch ableugnen möchten. Er jedenfalls möchte es sich ableugnen. Und wenn einem solche Unmenge Macht in den Schoß gefallen ist, wäre es auch wirklich Selbstmord, sich nicht zu überschätzen. Aber in tiefster Seele hat er sicher seine Zweifel an der Rolle, die er sich zumutet.«

»Rolle?«, fragte Diederich. Buck merkte es gar nicht.

»Denn die kann ihn weit führen, da sie in der Welt, wie sie heute nun einmal ist, verdammt paradox wirken muss. Diese Welt erwartet von keinem Einzelnen irgend mehr als von seinem Nachbarn. Auf Niveau kommt es an, nicht auf Auszeichnung, und am allerwenigsten auf große Männer.«

»Erlauben Sie!« Diederich warf sich in die Brust. »Und das Deutsche Reich, hätten wir das ohne große Männer? Hohenzollern sind immer große Männer.« – Buck verzog schon wieder den Mund, wehmütig und skeptisch. »Dann müssen sie sich in Acht nehmen. Und wir andern auch. Der Kaiser steht, auf seine Verhältnisse übertragen, vor dersel-

Rankküne heimliche Feindschaft, tief sitzenden Groll

die Masse vgl. das epochemachende Werk »Psychologie des foules« (»Psychologie der Massen«) des französischen Arztes und Soziologen Gustave Le Bon (1841–1931)

Lassalle → Seite 498

noch ableugnen möchten noch nicht recht eingestehen wollen

»Erlauben Sie!« »Nun hören Sie mal!«, »Das können Sie doch nicht sagen!«

warf sich in die Brust baute sich selbstgefällig vor ihm auf

Hohenzollern → Seite 498

einrichten ausrichten

Romantik führt … zum Bankerott Anspielung auf die Neigung der Romantik zum Fantastischen, Nächtlichen, Abseitigen, Pathologischen – und damit in den Augen des ›Philisters‹ zum Wahnsinn

Buck einen Krach zu machen nun heftig Streit mit Buck zu suchen

unerklärtes nicht recht in Worte zu fassendes

Schöngeist ein Liebhaber der Literatur und allgemein der schönen Künste; in abwertender Weise: ein idealistisch verstiegener, weltfremder Mensch

gekniffenen zusammengekniffenen

die sannen die nachdenklich blickten

Semester Studienhalbjahr an einer Hochschule

ben Frage wie ich. Soll ich General werden und mein ganzes Leben auf einen Krieg einrichten, der voraussichtlich nie mehr geführt werden wird? Oder ein womöglich genialer Volksführer, während das Volk doch schon so weit ist, dass es auf die Genies verzichten kann? Beides wäre Romantik, und Romantik führt bekanntlich zum Bankerott.« Buck trank zwei Kognaks nacheinander.

»Was soll ich also werden?«

›Ein Alkoholiker‹, dachte Diederich. Er fragte sich, ob es nicht seine Pflicht sei, Buck einen Krach zu machen. Aber Buck trug Uniform! Auch würde der Lärm vielleicht Agnes hervorgescheucht haben, und was konnte dann alles entstehen. Immerhin beschloss er, sich Bucks Äußerungen genau zu merken. Dachte der Mensch mit solchen Gesinnungen Karriere zu machen? Diederich erinnerte sich, dass auf der Schule Bucks deutsche Aufsätze, die zu geistreich waren, ihm ein unerklärtes, aber tiefes Misstrauen eingegeben hatten. ›Stimmt‹, dachte er, ›so ist er geblieben. Ein Schöngeist. Die ganze Familie ist so.‹ Die Frau des alten Buck war eine Jüdin gewesen, die Theater gespielt hatte. Und Diederich fühlte sich nachträglich gedemütigt durch das herablassende Wohlwollen des alten Buck, beim Begräbnis seines Vaters. Auch der junge demütigte ihn, fortwährend und mit allem: mit seinen überlegenen Redensarten, seinen Manieren, seinem Verkehr bei den Offizieren. War er ein Herr von Barnim? Er war auch nur aus Netzig. ›Ich hasse die ganze Familie!‹ Und Diederich betrachtete aus gekniffenen Lidern dies fleischige Gesicht mit der weich gebogenen Nase und den feucht glänzenden Augen, die sannen. Buck stand auf. »Nun, wir sehen uns zu Hause wieder. Nächstes oder übernächstes Semester mache ich mein Examen, und was bleibt dann weiter übrig, als Rechtsanwalt spielen in Netzig … Und Sie?«, fragte er. Diederich erklärte streng, dass er seine Zeit nicht zu verlieren und noch im Sommer seine Doktorarbeit abzuschließen denke. Damit führte er Buck hinaus. ›Ein dummer Kerl bist du doch nur‹, dachte er. ›Merkst gar nicht, dass ich ein Mädchen bei mir habe.‹ Er kehrte zurück, froh seiner Überlegenheit über Buck und auch über Agnes, die im Dunkeln gewartet und nicht gemuckt hatte.

Wie er aber die Tür öffnete, hing sie über einem Stuhl, ihre Brust ging heftig, und mit dem Taschentuch unterdrückte sie das Keuchen. Sie sah ihm entgegen, aus geröteten Augen. Er sah: Sie war da drinnen fast erstickt, und sie hatte geweint – indes er hier draußen getrunken und unnützes Zeug geredet hatte. Seine erste Regung war maßlose Reue. Sie liebte ihn! Da saß sie und liebte ihn so sehr, dass sie alles ertrug! Er war im Begriff, die Arme zu erheben, vor sie hinzustürzen und sie weinend um Verzeihung zu bitten. Rechtzeitig hielt er sich zurück, aus Furcht vor der Szene und der sentimentalen Stimmung nachher, die ihn wieder mehrere Arbeitstage kostete und ihr die Oberhand gab. Er tat ihr nicht den Willen! Denn natürlich übertrieb sie absichtlich. So küsste er sie flüchtig auf die Stirn und sagte: »Du bist schon da? Ich hab dich gar nicht kommen gesehen.« Sie zuckte auf, wie um etwas zu erwidern, aber sie schwieg. Darauf erklärte er, es sei gerade jemand fortgegangen. »So ein Judenbengel, der sich aufspielt! Einfach ekelhaft!« Diederich lief im Zimmer umher. Um Agnes nicht ansehen zu müssen, lief er immer schneller und redete immer heftiger. »Das sind unsere schlimmsten Feinde! Die mit ihrer sogenannten feinen Bildung, die alles antasten, was uns Deutschen heilig ist! Solch ein Judenbengel kann froh sein, dass wir ihn dulden. Soll er seine Pandekten büffeln und die Schnauze halten. Auf seine schöngeistigen Schmöker huste ich!«, schrie er noch lauter, mit der Absicht, auch Agnes zu kränken. Da sie nicht antwortete, nahm er einen neuen Anlauf. »Das kommt aber alles, weil jeder

nicht gemuckt keinen Mucks (Laut) von sich gegeben; aber auch (im Nebensinn): nicht aufbegehrt, nicht aufgemuckt

Judenbengel seinerzeit verbreitetes gehässiges Schimpfwort

Pandekten (Pluralwort) »Sammlung altrömischer Rechtssprüche (als Grundlage der Rechtswissenschaft)« (Duden)

schöngeistigen Schmöker hochliterarischen Wälzer (dicken Bücher)

mich jetzt zu Hause findet. Immer muss ich deinetwegen auf der Bude hocken!«

Agnes sagte schüchtern: »Wir haben uns schon sechs Tage nicht gesehen. Sonntag bist du wieder nicht gekommen. Ich fürchte, du hast mich nicht mehr lieb.« Er blieb vor ihr stehen. Von oben herab: »Mein liebes Kind, dass ich dich liebhabe, brauch ich dir wohl wirklich nicht mehr zu versichern. Aber eine andere Frage ist es, ob ich darum auch Lust habe, jeden Sonntag deinen Tanten beim Häkeln zuzusehen und mit deinem Vater über Politik zu reden, wovon er nichts versteht.« Agnes senkte den Kopf. »Früher war es so schön. Du standest dich schon so gut mit Papa.« Diederich drehte ihr den Rücken zu und sah aus dem Fenster. Das war es eben: Er fürchtete zu gut zu stehen mit Herrn Göppel. Durch seinen Buchhalter, den alten Sötbier, wusste er, dass Göppels Geschäft bergab ging. Seine Zellulose taugte nichts mehr, Sötbier bezog sie nicht mehr von ihm. Da wäre ein Schwiegersohn wie Diederich ihm freilich gelegen gekommen. Diederich fühlte sich umgarnt von diesen Leuten. Auch von Agnes! Er hatte sie im Verdacht, mit dem Alten zusammenzustecken. Entrüstet wandte er sich ihr wieder zu. »Und dann, liebes Kind, ehrlich gestanden: was wir beide tun, nicht wahr, das ist unsere Sache, aber deinen Vater lassen wir lieber aus dem Spiel. Beziehungen wie die unseren soll man mit Familienfreundschaft nicht verquicken. Mein sittliches Gefühl verlangt da reinliche Scheidung.«

Zellulose (siehe Seite 487)

Ein Augenblick verging, dann stand Agnes auf, als habe sie jetzt begriffen. Sie war tief errötet. Sie ging zur Tür. Diederich holte sie ein. »Aber Agnes, so hab ich es doch nicht gemeint. Es war doch nur, weil ich dich viel zu sehr achte – Und ich kann ja auch wiederkommen Sonntag.« Sie ließ ihn reden, mit unbewegter Miene. »Nun sei doch wieder gemütlich«, bat er. »Du hast noch nicht mal deinen Hut abgenommen.« Sie tat es. Er verlangte, sie solle sich auf den Diwan setzen, und sie setzte sich. Sie küsste ihn auch, wie er es wollte. Aber indes ihre Lippen lächelten und küssten, blieben ihre Augen starr und unbeteiligt. Plötzlich riss sie ihn in ihre Arme: Er erschrak, er wusste nicht, ob es Hass war. Aber dann fühlte er sich heißer geliebt als je.

»Heute war es aber wirklich schön. Was, meine kleine süße Agnes?«, sagte Diederich, zufrieden und gutmütig.

»Adieu«, sagte sie, hastend nach Schirm und Beutel, während er sich erst ankleidete.

Beutel Handtasche (siehe Seite 15)

»Du hast es aber eilig.« – »Weiter kann ich wohl nichts für dich tun.« Sie war schon bei der Tür – plötzlich fiel sie mit der Schulter gegen den Pfosten und rührte sich nicht mehr. »Was ist denn los?« Wie Diederich näher kam, sah er sie schluchzen. Er berührte sie. »Ja, was hast du denn?« Da ward ihr Weinen laut und krampfhaft. Es hörte nicht auf. »Aber Agnes«, sagte Diederich von Zeit zu Zeit, »was ist auf einmal geschehen, wir waren doch so vergnügt.« Und ganz ratlos: »Hab ich dir was getan?« Zwischen den Krisen und halb erstickt, brachte sie hervor: »Ich kann nicht. Entschuldige.« Er trug sie auf den Diwan. Als es endlich vorbei war, schämte Agnes sich. »Verzeih! Ich kann nicht dafür.« – »Kann denn ich dafür?« – »Nein, nein. Es sind die Nerven. Verzeih!«

Zwischen den Krisen Zwischen den Weinkrämpfen; als sie sich vorübergehend etwas beruhigt hatte

Mitleidig und geduldig brachte er sie bis zu einem Wagen. Nachträglich aber erschien ihm auch der Anfall als halbe Komödie und als eins der Mittel, die ihn endgültig einfangen sollten. Das Gefühl verließ ihn nicht mehr, dass Ränke gesponnen wurden gegen seine Freiheit und seine Zukunft. Er wehrte sich dagegen vermittelst schroffen Auftretens, Betonung seiner männlichen Selbstständigkeit und durch Kälte, sobald die Stimmung weich ward. Sonntags bei Göppels war er auf seiner Hut, wie in Feindesland: korrekt und unzu-

Ränke gesponnen hinterlistige Pläne geschmiedet

vermittelst schroffen Auftretens durch schroffes Auftreten

gänglich. Wann seine Arbeit denn nun fertig werde, fragten sie. Er könnte die Lösung morgen finden oder erst in zwei Jahren, das wisse er selbst nicht. Er betonte, dass er auch künftig finanziell abhängig von seiner Mutter bleibe. Er werde noch lange für nichts Zeit haben als einzig für das Geschäft. Und da Herr Göppel die idealen Werte des Lebens zu bedenken gab, lehnte Diederich barsch ab. »Noch gestern hab ich meinen Schiller verkauft. Denn ich habe keinen Sparren und lass mir nichts vormachen.« Wenn er nach solchen Worten Agnes' stummen und betrübten Blick auf sich fühlte, hatte er wohl einen Augenblick die Empfindung, als habe nicht er selbst gesprochen, als gehe er im Nebel, rede falsch und handle wider Willen. Aber das verging.

Agnes kam, sooft er sie bestellte, und ging fort, wenn es Zeit für ihn war, zu arbeiten oder zu kneipen. Sie verführte ihn nicht mehr zu Träumereien vor Bildern, seit er einmal an einem Wurstgeschäft angehalten und ihr erklärt hatte, das sei für ihn der schönste Kunstgenuss. Ihm selbst fiel es endlich auf das Herz, wie selten sie sich nur noch sahen. Er warf ihr vor, dass sie nicht darauf dringe, öfter zu kommen. »Früher warst du ganz anders.« – »Ich muss warten«, sagte sie. – »Worauf?« – »Dass auch du wieder so wirst. Oh! Ich weiß ganz sicher, es wird kommen.«

Er schwieg, aus Furcht vor Auseinandersetzungen. Dennoch kam es, wie sie gesagt hatte. Seine Arbeit war endlich beendet und gutgeheißen, er hatte nur noch eine belanglose mündliche Prüfung zu bestehen und war in der gehobenen Stimmung einer Lebenswende. Wie Agnes ihm ihren Glückwunsch brachte und Rosen dazu, brach er in Tränen aus und sagte, dass er sie immer, immer liebhaben werde. Sie berichtete, dass Herr Göppel soeben eine mehrtägige Geschäftsreise antrete. »Und nun ist das Wetter so wunderschön ...« Diederich fiel sofort ein: »Das müssen wir benutzen! Solche

da Herr Göppel die idealen Werte des Lebens zu bedenken gab als Herr Göppel darauf hinwies, dass es im Leben auch höhere Gesichtspunkte gebe als materielle Interessen

meinen Schiller verkauft Diederich will offenbar zu verstehen geben, dass ihm der hohe Idealismus Schillers, seine Intellektualität und sein Freiheitspathos verhasst sind.

habe keinen Sparren habe keinen Dachschaden (Dachsparren), bin nicht verrückt

sooft er sie bestellte sooft er sie zu sich bestellte, kommen ließ

Ihm selbst fiel es endlich auf das Herz Ihm beschwerte es am Ende selbst das Herz; ihn bekümmerte es schließlich selbst

Gelegenheit haben wir noch nie gehabt!« Sie beschlossen, aufs Land hinauszufahren. Agnes wusste von einem Ort namens Mittenwalde; es musste einsam dort sein und romantisch wie der Name. »Den ganzen Tag werden wir beisammen sein!« – »Und die Nacht auch«, setzte Diederich hinzu.

Schon der Bahnhof, von dem man abfuhr, war entlegen und der Zug ganz klein und altmodisch. Sie blieben allein in ihrem Wagen; es dunkelte langsam, der Schaffner zündete ihnen eine trübe Lampe an, und sie sahen, eng umschlungen, stumm und mit großen Augen hinaus in das flache, eintönige Ackerland. Da hinausgehen, zu Fuß, weit fort, und sich verlieren in der guten Dunkelheit! Bei einem Dorf mit einer Handvoll Häuser wären sie fast ausgestiegen. Der Schaffner holte sie jovial zurück; ob sie denn auf Stroh übernachten wollten. Und dann langten sie an. Das Wirtshaus hatte einen großen Hof, ein weites Gastzimmer mit Petroleumlampen unter der Balkendecke und einen biederen Wirt, der Agnes »gnädige Frau« nannte und schlaue slawische Augen dazu machte. Sie waren voll heimlichen Einverständnisses und befangen. Nach dem Essen wären sie gern gleich hinaufgegangen, wagten es aber nicht und blätterten gehorsam in den Zeitschriften, die der Wirt ihnen hinlegte. Wie er den Rücken wandte, warfen sie einander einen Blick zu, und, husch, waren sie auf der Treppe. Noch war kein Licht im Zimmer, die Tür stand noch offen, und schon lagen sie einander in den Armen.

Ganz früh am Morgen schien die Sonne herein. Im Hof drunten pickten Hühner und flatterten auf den Tisch vor der Laube. »Dort wollen wir frühstücken!« Sie gingen hinab. Wie herrlich warm! Aus der Scheuer duftete es köstlich nach Heu. Kaffee und Brot schmeckten ihnen frischer als sonst. So frei war einem um das Herz, das ganze Leben stand offen. Stundenweit gehen wollten sie; der Wirt musste die Straßen

Mittenwalde Ort im Landkreis Dahme-Spreewald, gut 30 Kilometer südlich vom Stadtzentrum Berlins; Mittenwalde bestand um 1900 aus etwa 350 Häusern.

Petroleumlampen Lampen von meist laternenartiger Form, deren Licht durch die Verbrennung von Erdölgasen erzeugt wird

biederen rechtschaffenen und wohlmeinenden, aber auch etwas beschränkten

schlaue slawische Augen dazu machte Mit Misstrauen vermischte Geringschätzung gegenüber Osteuropäern war damals weitverbreitet. Offenbar argwöhnt Diederich, der Wirt verwende die ehrerbietige Anrede in der Hoffnung auf großzügige Trinkgelder.

Scheuer Scheune

und Dörfer nennen. Sie lobten freudig sein Haus und seine Betten. Sie seien wohl auf der Hochzeitsreise? »Stimmt« – und sie lachten herzhaft.

Die Pflastersteine der Hauptstraße streckten ihre Spitzen nach oben, und die Julisonne färbte sie bunt. Die Häuser waren höckrig, schief und so klein, dass die Straße zwischen ihnen sich ausnahm wie ein Feld mit Steinen. Die Glocke des Krämers klapperte lange hinter den Fremden her. Wenige Leute, halb städtisch gekleidet, schlichen durch den Schatten und wandten sich um nach Agnes und Diederich, die stolze Gesichter machten, denn sie waren die Elegantesten hier. Agnes entdeckte das Modengeschäft mit den Hüten der feinen Damen. »Nicht zu glauben! Das hat man in Berlin vor drei Jahren getragen!« Dann traten sie durch ein Tor, das wacklig aussah, in das Land hinaus. Die Felder wurden gemäht. Der Himmel war blau und schwer, die Schwalben schwammen darin wie in trägem Wasser. Die Bauernhäuser dort drüben waren eingetaucht in heißes Flimmern, und ein Wald stand schwarz, mit blauen Wegen. Agnes und Diederich fassten sich bei den Händen, und ohne Verabredung fingen sie zu singen an: ein Lied für wandernde Kinder, das sie noch aus der Schule kannten. Diederich machte seine Stimme tief, damit Agnes ihn bewundere. Als sie nicht weiter wussten, wandten sie einander die Gesichter zu und küssten sich, im Gehen.

Glocke des Krämers Türglocke des kleinen Lebensmittelladens

»Jetzt seh ich erst recht, wie hübsch du bist«, sagte Diederich und sah zärtlich in ihr rosiges Gesicht mit den blonden Wimpern um diese blonden, goldgestirnten Augen. »Der Sommer steht mir gut« – und Agnes atmete frei auf, dass ihre Hemdbluse geschwellt ward. Schlank ging sie dahin, mit schmalen Hüften und dem blauen Schleier, der ihr nachwehte. Diederich hatte es zu warm, er zog den Rock aus, dann auch die Weste, und endlich gestand er, dass er sich

Rock (siehe Seite 14: Gehrock)

Schatten wünsche. Sie fanden welchen, am Rand eines Feldes, worauf noch das Korn stand, und unter einem Akazienbusch, der noch duftete. Agnes setzte sich und legte Diederichs Kopf in ihren Schoß. Sie spielten noch miteinander und scherzten: Plötzlich merkte sie, dass er einschlief.

worauf auf dem

Er wachte auf, sah um sich, und als er Agnes' Gesicht fand, erglänzte er selig. »Lieber«, sagte sie, »was du für ein gutes, dummes Gesicht machst.« – »Erlaube mal! Ich habe doch höchstens fünf Minuten – nein, wahrhaftig, eine Stunde hab ich geschlafen. Hast du dich gelangweilt?« Aber sie war erstaunter als er, dass so viel Zeit vergangen war. Seinen Kopf zog er unter der Hand hervor, die sie ihm auf das Haar gelegt hatte, als er einschlief.

Zwischen den Feldern gingen sie zurück. In einem lag eine dunkle Masse; und als sie durch die Halme spähten, war es ein alter Mann mit einer Pelzkappe, rostroter Jacke und Samthosen, die auch schon rötlich waren. Seinen Bart hatte er sich, zusammengekrümmt, um die Knie gewickelt. Sie bückten sich tiefer, um ihn zu erkennen. Da merkten sie, dass er sie schon längst aus schwarzen Funkelaugen ansah. Unwillkürlich schritten sie schneller aus, und in den Blicken, die sie einander zuwandten, stand Märchengrauen. Sie blickten umher: Sie waren in einem weiten, fremden Land, die kleine Stadt dort hinten schlief fremdartig in der Sonne, und selbst der Himmel sah ihnen aus, als seien sie Tag und Nacht gereist.

zu erkennen näher zu betrachten

ihnen für sie

Wie abenteuerlich das Mittagessen in der Laube des Wirtshauses, mit der Sonne, den Hühnern, dem offenen Küchenfenster, aus dem Agnes sich die Teller reichen ließ. Wo war die bürgerliche Ordnung der Blücherstraße, wo Diederichs angestammter Kneiptisch? »Ich gehe nicht wieder fort von hier«, erklärte Diederich. »Dich lass ich auch nicht fort.« Und Agnes: »Warum denn auch? Ich schreibe meinem Papa

Laube überdachter Sitzplatz im Garten

Küstrin 80 Kilometer östlich von Berlin und damit heute in Polen gelegene kleinere Stadt, ehemalige Hauptstadt der brandenburgischen Neumark, seit 1857 an die Strecke der Königlich Preußischen Ostbahn (die Berlin und Königsberg verband) angeschlossen

und lass es ihm durch meine Freundin schicken, die in Küstrin verheiratet ist. Dann glaubt er, ich bin dort.«

Später gingen sie nochmals aus, nach einer anderen Seite, wo Wasser floss und der Horizont von den Flügeln dreier Windmühlen umsegelt ward. Im Kanal lag ein Boot; sie mieteten es und schwammen dahin. Ein Schwan kam ihnen entgegen. Der Schwan und ihr Boot glitten lautlos aneinander vorbei. Unter herniederhängenden Büschen legte es von selbst an – und Agnes fragte unvermittelt nach Diederichs Mutter und seinen Schwestern. Er sagte, dass sie immer gut zu ihm gewesen seien und dass er sie liebhabe. Er wollte sich die Bilder der Schwestern schicken lassen, sie waren hübsch geworden; oder vielleicht nicht hübsch, aber so anständig und sanft. Die eine, Emmi, las Gedichte, wie Agnes. Diederich wollte für beide sorgen und sie verheiraten. Seine Mutter aber, die behielt er bei sich, denn ihr hatte er alles Gute im Leben verdankt, bis Agnes gekommen war. Und er erzählte von den Dämmerstunden, den Märchen unter den Weihnachtsbäumen seiner Kinderzeit und sogar von dem Gebet »aus dem Herzen«. Agnes hörte zu, ganz versunken. Endlich seufzte sie auf. »Deine Mutter möchte ich kennenlernen. Meine hab ich nicht gekannt.« Er küsste sie, mitleidig, achtungsvoll und mit einer dunklen Empfindung von schlechtem Gewissen. Er fühlte: Jetzt hatte er ein Wort zu sprechen, das sie ganz und für immer trösten musste. Aber er schob es hinaus, er konnte nicht. Agnes sah ihn tief an. »Ich weiß«, sagte sie langsam, »dass du im Herzen ein guter Mensch bist. Du musst nur manchmal anders tun.« Darüber erschrak er. Dann sagte sie, als entschuldigte sie sich: »Heute habe ich gar keine Furcht vor dir.«

die behielt er bei sich die würde er bei sich wohnen lassen

»Hast du denn sonst Furcht?«, fragte er reumütig. Sie sagte: »Ich habe mich immer gefürchtet, wenn die Leute recht hochgemut und lustig waren. Bei meinen Freundin-

recht hochgemut hochgestimmt, munter und laut, unternehmungslustig

nen früher war es mir oft, als könnte ich mit ihnen nicht Schritt halten, und sie müssten es merken und mich verachten. Sie merkten es aber nicht. Schon als Kind: ich hatte eine Puppe mit großen blauen Glasaugen, und als meine Mutter gestorben war, musste ich nebenan bei der Puppe sitzen. Sie sah mich immer starr an mit ihren aufgerissenen harten Augen, die sagten mir: Deine Mutter ist tot, jetzt werden dich alle so ansehen wie ich. Gerne hätte ich sie auf den Rücken gelegt, damit sie die Augen schloss. Aber ich wagte es nicht. Hätte ich denn auch die Menschen auf den Rücken legen können? Alle haben solche Augen, und manchmal –«, sie verbarg ihr Gesicht an seiner Schulter, »manchmal sogar du.«

Der Hals war ihm zugeschnürt, er tastete über ihren Nacken, und seine Stimme schwankte. »Agnes! Süße Agnes, du weißt gar nicht, wie ich dich liebhabe … Ich hab Furcht vor dir gehabt, ja, ich! Drei Jahre lang hab ich mich nach dir gesehnt, aber du warst zu schön für mich, zu fein, zu gut … « Sein ganzes Herz schmolz; er sagte alles, was er ihr nach ihrem ersten Besuch geschrieben hatte, in dem Brief, der noch in seinem Schreibtisch lag. Sie hatte sich aufgerichtet und hörte ihm zu, entzückt, die Lippen geöffnet. Sie jubelte leise: »Ich wusste es, so bist du, du bist wie ich!«

»Wir gehören zusammen!«, sagte Diederich und presste sie an sich; aber er war erschrocken über seinen Ausruf. ›Jetzt wartet sie‹, dachte er, ›jetzt soll ich sprechen.‹ Er wollte es, aber er fühlte sich gelähmt. Der Druck seiner Arme auf ihrem Rücken ward immer kraftloser … Sie bewegte sich: Er wusste, nun wartete sie nicht mehr. Und sie lösten sich voneinander, ohne sich anzusehen. Diederich schlug plötzlich die Hände vor das Gesicht und schluchzte. Sie fragte nicht, weshalb; sie strich ihm tröstend über das Haar. Das währte lange.

Über ihn hinweg, ins Leere, sagte Agnes: »Hab ich denn geglaubt, dass es dauern würde? Es musste schlimm enden, weil es so schön war.«

Er fuhr auf, verzweifelt. »Es ist doch nicht aus!« Sie fragte: »Glaubst du an das Glück?«

»Wenn ich dich verlieren soll, nicht mehr!«

Sie murmelte: »Du wirst fortgehen, hinaus in das Leben, und mich vergessen.«

»Lieber sterben!« – und er zog sie an sich. Sie flüsterte an seiner Wange: »Sieh, wie breit hier das Wasser ist, ein See. Unser Boot hat sich von selbst losgemacht und uns hinausgeführt. Weißt du noch, jenes Bild? Und der See, auf dem wir schon einmal im Traum fuhren? Wohin wohl?« Und noch leiser: »Wohin mit uns?«

Er antwortete nicht mehr. Ganz umschlungen und die Lippen aufeinander, senkten sie sich rückwärts immer tiefer über das Wasser. Drängte sie ihn? Zog er sie? Niemals waren sie so sehr eins gewesen. Diederich fühlte: Nun war es gut. Er war, mit Agnes zu leben, nicht edel genug gewesen, nicht gläubig, nicht tapfer genug. Jetzt hatte er sie eingeholt, nun war es gut.

Drängte sie ihn? Zog er sie? Anklang an die zweite Hälfte der Schlussstrophe von Goethes Ballade »Der Fischer« (um 1778), in der ein Angler von einer Meerfrau verführt und schließlich in die Tiefe hinabgezogen wird: »Sie sprach zu ihm, sie sang zu ihm; / Da war's um ihn geschehn: / Halb zog sie ihn, halb sank er hin, / Und ward nicht mehr gesehn.« (Johann Wolfgang Goethe: Gedichte 1756–1799. Herausgegeben von Karl Eibl. Frankfurt am Main: Deutscher Klassiker Verlag 1987, S. 303)

Plötzlich, ein Stoß: sie schnellten in die Höhe. Diederich hatte so viel Kraft gebraucht, dass Agnes von ihm fort und zu Boden fiel. Er strich sich über die Stirn. »Was haben wir denn da – « Noch kalt vom Schrecken und als sei er beleidigt, sah er weg von ihr. »So unvorsichtig darf man nicht sein beim Bootfahren.« Er ließ sie allein aufstehen, griff sogleich nach den Rudern und arbeitete sich rasch zurück. Agnes hielt das Gesicht nach dem Ufer gewendet. Einmal wollte sie zu ihm hinsehen; aber sein Blick traf sie so misstrauisch und hart, dass sie zusammenfuhr.

In der sinkenden Dämmerung gingen sie, immer schneller, die Landstraße zurück. Zuletzt liefen sie fast. Und erst als es dunkel genug war, dass sie ihre Gesichter nicht mehr deutlich erkannten, sprachen sie. Morgen früh kam Herr Göppel vielleicht heim. Agnes musste heim ... Wie sie beim Wirtshaus ankamen, pfiff in der Ferne schon der Zug. »Nicht mal mehr essen kann man!«, sagte Diederich mit künstlicher Unzufriedenheit. Hals über Kopf die Sachen holen, zahlen und fort. Der Zug fuhr ab, kaum dass sie drin waren. Ein Glück, dass sie Atem zu schöpfen und die eiligen Geschäfte der letzten Viertelstunde zu besprechen hatten. Das letzte Wort darüber war gefallen, und nun saß jeder da, allein bei trüber Lampe und betäubt wie nach einem großen Misserfolg. Das dunkle Land da draußen, hatte es einmal gelockt und Gutes versprochen? Das sollte erst gestern gewesen sein? Man fand nicht zurück. Kamen nicht endlich die Lichter der Stadt und befreiten einen?

Bei der Ankunft waren sie darüber einig, dass es sich nicht verlohne, in denselben Wagen zu steigen. Diederich nahm die Trambahn. Hände und Augen streiften sich nur.

verlohne lohne

Trambahn (siehe Seite 25: Stadtbahn)

»Uff!«, machte Diederich, als er allein war. »Das wäre erledigt.« Er sagte sich: ›Es hätte ebenso gut schiefgehen können.‹ Und mit Empörung: ›So eine hysterische Person!‹ Sich selbst würde sie sicher am Boot festgehalten haben. Er hätte das Bad allein nehmen müssen. Auf den ganzen Trick war sie doch nur verfallen, weil sie durchaus geheiratet werden wollte! ›Die Weiber sind zu gerissen, und sie haben keine Hemmungen, da kommt unsereiner nun mal nicht mit. Diesmal hat sie mich, weiß Gott, noch ärger an der Nase herumgeführt als damals mit Mahlmann. Na, mir soll es eine Lehre für das Leben sein. Nun aber Schluss!‹ Und festen Schrittes ging er zu den Neuteutonen. Fortan verbrachte er jeden Abend dort, und am Tage büffelte er für das mündliche Examen, aber zur Vorsicht nicht zu Hause, sondern im Laboratorium. Wenn er dann heimkam, ward ihm das Steigen der Stockwerke schwer, er musste sich gestehen, dass er Herzklopfen habe. Zögernd öffnete er die Zimmertür: – nichts; und nachdem ihm anfangs leichter geworden war, kam es schließlich doch jedes Mal dazu, dass er die Wirtin fragte, ob jemand da gewesen sei. Niemand war da gewesen.

hie und da ältere Nebenvariante von: hier und da

Nach vierzehn Tagen aber kam ein Brief. Er hatte ihn geöffnet, bevor er es bedachte. Dann wollte er ihn ungelesen in den Schreibtisch werfen – zog ihn aber wieder hervor und hielt ihn weit fort vom Gesicht. Hastig, mit misstrauischen Augen, griff er hie und da eine Zeile heraus. »Ich bin so unglücklich ...« – »Kennen wir!«, antwortete Diederich. »Ich wage mich nicht zu dir ...« – »Dein Glück!« – »Es ist schrecklich, dass wir uns fremd geworden sind ...« – »Wenigstens siehst du es ein.« – »Verzeih mir, was geschehen ist, oder ist nichts geschehen? ...« – »Grade genug!« – »Ich kann nicht weiterleben ...« – »Fängst du schon wieder an?« Und er schleuderte das Blatt endgültig in die Lade, zu jenem anderen, das er in einer zuchtlosen Nacht mit Überschwänglichkeiten bedeckt und zum Glück nicht abgeschickt hatte.

wie als

Eine Woche später aber, wie er in der Nacht heimkam, hörte er hinter sich Schritte, die besonders klangen. Er fuhr herum: Eine Gestalt blieb stehen, die Hände ein wenig erhoben und leer vor sich hingehalten. Noch während er das Haustor aufschloss und eintrat, sah er sie im Halbdunkel dastehen. Im Zimmer machte er kein Licht. Er schämte sich, indes sie aus dem Dunkel hinaufspähte, das Zimmer zu beleuchten, das ihr gehört hatte. Es regnete. Wie viele Stunden hatte sie gewartet? Gewiss stand sie noch immer dort, mit ihrer letzten Hoffnung. Das war nicht auszuhalten! Er wollte das Fenster aufreißen – und wich zurück. Einmal fand er sich plötzlich auf der Treppe, mit dem Hausschlüssel in der Hand. Grade gelang es ihm noch, umzukehren. Darauf schloss er ab und zog sich aus. ›Mehr Haltung, mein Lieber!‹ Denn diesmal wäre man aus der Sache nicht mehr leicht herausgekommen. Das Mädel war zweifellos zu bedauern, aber schließlich hatte sie es gewollt. ›Vor allem habe ich Pflichten gegen mich selbst.‹ – Am Morgen, schlecht ausgeschlafen, nahm er es ihr sogar sehr übel, dass sie noch einmal versucht hatte, ihn aus seiner Bahn zu reißen. Jetzt, da sie wusste, dass die Prüfung bevorstand! Solche Gewissenlosigkeit sah ihr ähnlich. Und durch die nächtliche Szene, diese Bettlerrolle im Regen, hatte ihre Gestalt nachträglich etwas Verdächtiges und Unheimliches bekommen. Er betrachtete sie als endgültig gesunken. ›Auf keinen Fall mehr das Geringste!‹, beteuerte er sich, und er beschloss, noch für den kurzen Rest seines Aufenthaltes die Wohnung zu wechseln: ›Selbst wenn es mit einem Geldopfer verbunden sein sollte.‹ Glücklicherweise suchte ein Kollege grade ein Zimmer; Diederich verlor nichts und zog sofort um, weit hinauf nach dem Norden. Kurz darauf bestand er sein Examen. Die Neuteutonia feierte ihn mit einem Frühschoppen, der bis gegen Abend dauerte. Zu Hause ward ihm gesagt, dass in seinem Zimmer ein Herr auf ihn warte. ›Es wird Wiebel sein‹, dachte Diederich, ›er muss mir doch Glück wünschen.‹ Und von Hoffnung geschwellt: ›Vielleicht ist es der Assessor von Barnim?« Er öffnete, und er prallte zurück. Denn da stand Herr Göppel.

Auch er fand nicht gleich Worte. »Nanu, im Frack?«, sagte er dann, und zögernd: »Waren Sie vielleicht bei mir?«

»Nein«, sagte Diederich und erschrak aufs Neue. »Ich habe nur meine Doktorprüfung gemacht.«

Göppel erwiderte: »Ach so, ich gratuliere.« Dann brachte Diederich hervor: »Wie haben Sie denn meine neue Adresse gefunden?« Und Göppel antwortete: »Ihrer früheren Wirtin haben Sie sie allerdings nicht gesagt. Aber es gibt ja auch sonst noch Mittel.« Darauf sahen sie einander an. Göppels

Stimme war ruhig gewesen, aber Diederich fühlte schreckliche Drohungen darin. Er hatte den Gedanken an die Katastrophe immer hinausgeschoben, und jetzt war sie da. Er musste sich setzen.

»Nämlich«, begann Göppel, »ich komme, weil es Agnes gar nicht gut geht.«

»Oh!«, machte Diederich mit verzweifelter Heuchelei. »Was fehlt ihr denn?« Herr Göppel wiegte bekümmert den Kopf. »Das Herz will nicht; aber es sind natürlich nur die Nerven ... Natürlich«, wiederholte er, nachdem er vergeblich gewartet hatte, dass Diederich es wiederhole. »Und nun wird sie mir melancholisch vor Langeweile, und ich möchte sie aufheitern. Ausgehen darf sie nicht. Aber kommen Sie doch mal wieder zu uns, morgen ist Sonntag.«

melancholisch trübsinnig, depressiv

›Gerettet!‹, fühlte Diederich. ›Er weiß nichts.‹ Vor Freude ward er zum Diplomaten, er kratzte sich den Kopf. »Ich hatte es mir schon fest vorgenommen. Aber jetzt muss ich dringend nach Haus, unser alter Geschäftsführer ist krank. Nicht mal meinen Professoren kann ich Abschiedsbesuche machen, morgen früh reise ich gleich ab.«

Göppel legte ihm die Hand auf das Knie. »Sie sollten es sich überlegen, Herr Heßling. Seinen Freunden schuldet man manchmal auch was.«

Er sprach langsam und hatte einen so eindringlichen Blick, dass Diederich wegsehen musste. »Wenn ich nur könnte«, stammelte er. Göppel sagte: »Sie können. Überhaupt können Sie alles, was hier in Frage kommt.«

»Wieso?« Diederich erstarrte im Innern. »Sie wissen wohl, wieso«, sagte der Vater; und nachdem er seinen Stuhl ein Stück zurückgeschoben hatte: »Sie denken doch hoffentlich nicht, dass Agnes mich hergeschickt hat? Im Gegenteil, ich hab ihr versprechen müssen, dass ich gar nichts tue und Sie ganz in Ruhe lasse. Aber dann hab ich mir überlegt, dass es doch eigentlich zu dumm wäre, wenn wir beide noch lange umeinander herumgehen wollten, so wie wir uns kennen und wie ich Ihren seligen Vater gekannt habe, und bei unserer Geschäftsverbindung und so weiter.«

Diederich dachte: ›Die Geschäftsverbindung ist gelöst, mein Bester.‹ Er wappnete sich.

»Ich gehe gar nicht um Sie herum, Herr Göppel.«

»Na also. Dann ist ja alles in Ordnung. Ich verstehe wohl: Der Sprung in die Ehe, den tut kein junger Mann, besonders heute, ohne erst mal zu scheuen. Aber wenn die Geschichte so glattliegt wie hier, nicht wahr? Unsere Branchen greifen ineinander, und wenn Sie Ihr väterliches Geschäft ausdehnen wollen, kommt Ihnen Agnes' Mitgift sehr gelegen.« Und in einem Atem weiter, indes seine Augen abirrten: »Momentan kann ich zwar nur zwölftausend Mark flüssig machen, aber Zellulose kriegen Sie, so viel Sie wollen.«

Mitgift »Geld und Gut, das einer Frau bei der Heirat von den Eltern mitgegeben wird« (Duden)

›Siehst du wohl?‹, dachte Diederich. ›Und die zwölftausend müsstest du dir auch pumpen – wenn du sie noch kriegst.‹ – »Sie haben mich missverstanden, Herr Göppel«, erklärte er. »Ich denke nicht ans Heiraten. Dazu wären zu große Geldmittel nötig.«

Herr Göppel sagte mit angstvollen Augen und lachte dabei: »Ich kann noch ein Übriges tun ...«

»Lassen Sie nur«, sagte Diederich, vornehm abwehrend.

Göppel ward immer ratloser.

»Ja, was wollen Sie dann überhaupt?«

»Ich? Gar nichts. Ich dachte, Sie wollten was, weil Sie mich besuchen.«

Göppel gab sich einen Ruck. »Das geht nicht, lieber Heßling. Nach dem, was nun mal vorgefallen ist. Und besonders, da es schon so lange dauert.«

Diederich maß den Vater, er zog die Mundwinkel herab. »Sie wussten es also?«

»Nicht sicher«, murmelte Göppel. Und Diederich, von oben: »Das hätte ich auch merkwürdig gefunden.«

»Ich habe eben Vertrauen gehabt zu meiner Tochter.«

»So irrt man sich«, sagte Diederich, zu allem entschlossen, womit er sich wehren konnte. Göppels Stirn fing an, sich zu röten. »Zu Ihnen hab ich nämlich auch Vertrauen gehabt.«

»Das heißt: Sie hielten mich für naiv.« Diederich schob die Hände in die Hosentaschen und lehnte sich zurück.

»Nein!« Göppel sprang auf. »Aber ich hielt Sie nicht für den Schubiack, der Sie sind!«

Schubiack niederträchtiger Mensch, Lump

Satisfaktion Genugtuung (Wiederherstellung der durch eine Beleidigung verletzten Ehre durch ein Duell) (siehe Seite 494)

Diederich erhob sich mit formvoller Ruhe. »Geben Sie Satisfaktion?«, fragte er. Göppel schrie: »Das möchten Sie wohl! Die Tochter verführen und den Vater abschießen! Dann ist Ihre Ehre komplett!«

»Davon verstehen Sie nichts!« Auch Diederich fing an, sich aufzuregen. »Ich habe Ihre Tochter nicht verführt. Ich habe getan, was sie wollte, und dann war sie nicht mehr loszuwerden. Das hat sie von Ihnen.« Mit Entrüstung: »Wer sagt mir, dass Sie sich nicht von Anfang an mit ihr verabredet haben. Dies ist eine Falle!«

Göppel hatte ein Gesicht, als wollte er noch lauter schreien. Plötzlich erschrak er, und mit seiner gewöhnlichen Stimme, nur dass sie zitterte, sagte er: »Wir geraten zu sehr in Feuer, dafür ist die Sache zu wichtig. Ich habe Agnes versprochen, dass ich ruhig bleiben will.«

Diederich lachte höhnisch auf. »Sehen Sie, dass Sie schwindeln? Vorhin sagten Sie, Agnes weiß gar nicht, dass Sie hier sind.«

Der Vater lächelte entschuldigend. »Im Guten einigt man sich schließlich immer. Nicht wahr, mein lieber Heßling?«

Aber Diederich fand es gefährlich, wieder gut zu werden.

»Der Teufel ist Ihr lieber Heßling!«, schrie er. »Für Sie heiß ich Herr Doktor!«

»Ach so«, machte Göppel, ganz starr. »Es ist wohl das erste Mal, dass jemand Herr Doktor zu Ihnen sagen muss? Na, auf die Gelegenheit können Sie stolz sein.«

»Wollen Sie vielleicht auch noch meine Standesehre antasten?« Göppel wehrte ab.

»Gar nichts will ich antasten. Ich frage mich nur, was wir Ihnen getan haben, meine Tochter und ich. Müssen Sie denn wirklich so viel Geld mithaben?«

mithaben bekommen, um meine Tochter zu nehmen (der Ehemann verfügte über das Vermögen, das seine Frau in die Ehe einbrachte)

Diederich fühlte sich erröten. Umso entschlossener ging er vor.

»Wenn Sie es durchaus hören wollen: Mein moralisches Empfinden verbietet mir, ein Mädchen zu heiraten, das mir ihre Reinheit nicht mit in die Ehe bringt.«

ihre Reinheit ihre Jungfräulichkeit, ihren einwandfreien Ruf als keusche junge Frau

Sichtlich wollte Göppel sich nochmals empören; aber er konnte nicht mehr, er konnte nur noch das Schluchzen unterdrücken.

»Wenn Sie heute Nachmittag den Jammer gesehen hätten! Sie hat es mir gestanden, weil sie es nicht mehr aushielt. Ich glaube, nicht mal mich liebt sie mehr: nur Sie. Was wollen Sie denn, Sie sind doch der Erste.«

»Weiß ich das? Vor mir verkehrte bei Ihnen ein Herr namens Mahlmann.« Und da Göppel zurückwich, als sei er vor die Brust gestoßen: »Nun ja, kann man das wissen? Wer einmal lügt, dem glaubt man nicht.«

Er sagte noch: »Kein Mensch kann von mir verlangen, dass ich so eine zur Mutter meiner Kinder mache. Dafür hab ich zu viel soziales Gewissen.« Damit drehte er sich um. Er hockte nieder und legte Sachen in den Koffer, der geöffnet dastand.

Hinter sich hörte er den Vater nun wirklich schluchzen – und Diederich konnte nicht hindern, dass er selbst gerührt ward: durch die edel männliche Gesinnung, die er ausgesprochen hatte, durch Agnes' und ihres Vaters Unglück, das zu heilen ihm die Pflicht verbot, durch die schmerzliche Erinnerung an seine Liebe und all diese Tragik des Schicksals ... Er hörte, gespannten Herzens, wie Herr Göppel die Tür öffnete und schloss, hörte ihn über den Korridor schleichen und das Geräusch der Flurtür. Nun war es aus – und da ließ Diederich sich vornüberfallen und weinte heftig in seinen halbgepackten Koffer hinein. Am Abend spielte er Schubert.

war dem Gemüt Genüge getan hatte er sich in ausreichendem Maße vor sich und anderen als sensibler, gefühlvoller Mensch erwiesen

Knote ohne Komment (siehe Seite 36 unten und Seite 493 unten)

Damit war dem Gemüt Genüge getan, man musste stark sein. Diederich hielt sich vor, ob etwa Wiebel jemals so sentimental geworden wäre. Sogar ein Knote ohne Komment, wie Mahlmann, hatte Diederich eine Lektion in rücksichtsloser Energie erteilt. Dass auch die anderen in ihrem Innern vielleicht doch weiche Stellen haben könnten, erschien ihm im höchsten Grade unwahrscheinlich. Nur er war, von seiner Mutter her, damit behaftet; und ein Mädel wie Agnes, die gerade so verrückt war wie seine Mutter, würde ihn ganz untauglich gemacht haben für diese harte Zeit. Diese harte Zeit: bei dem Wort sah Diederich immer die Linden, mit dem Gewimmel von Arbeitslosen, Frauen, Kindern, von Not, Angst, Aufruhr – und das alles gebändigt, bis zum Hurraschreien gebändigt, durch die Macht, die allumfassende, unmenschliche Macht, die mitten darin ihre Hufe wie auf Köpfe setzte, steinern und blitzend.

großjährig volljährig

›Nichts zu machen‹, sagte er sich, in begeisterter Unterwerfung. ›So muss man sein!‹ Umso schlimmer für die, die nicht so waren: Sie kamen eben unter die Hufe. Hatten Göppels, Vater und Tochter, irgendeine Forderung an ihn? Agnes war großjährig, und ein Kind hatte er ihr nicht gemacht. Also? ›Ich wäre ein Narr, wenn ich zu meinem Schaden etwas täte, wozu ich nicht gezwungen werden kann. Mir schenkt auch keiner was.‹ Diederich empfand stolze Freude, wie gut er nun schon erzogen war. Die Korporation, der Waffendienst und die Luft des Imperialismus hatten ihn erzogen und tauglich gemacht. Er versprach sich, zu Haus in Netzig seine wohlerworbenen Grundsätze zur Geltung zu bringen und ein Bahnbrecher zu sein für den Geist der Zeit. Um diesen Vorsatz auch äußerlich an seiner Person kenntlich zu machen, begab er sich am Morgen darauf in die Mittelstraße zum Hoffriseur Haby und nahm eine Veränderung mit sich vor, die er an Offizieren und Herren von Rang jetzt immer häufiger beobachtete: Sie war ihm bislang nur zu vornehm erschienen, um nachgeahmt zu werden. Er ließ vermittelst einer Bartbinde seinen Schnurrbart in zwei rechten Winkeln hinaufführen. Als es geschehen war, kannte er sich im Spiegel kaum wieder. Der von Haaren entblößte Mund hatte, besonders wenn man die Lippen herabzog, etwas katerhaft Drohendes, und die Spitzen des Bartes starrten bis in die Augen, die Diederich selbst Furcht erregten, als blitzten sie aus dem Gesicht der Macht.

die Luft des Imperialismus der im Kaiserreich immer stärker um sich greifende Wunsch nach Kolonien, nach einer Weltmachtstellung Deutschlands

Mittelstraße Straße am Neustädtischen Kirchplatz in Berlin Mitte

Hoffriseur Haby → Seite 498

kannte erkannte

III

Um weiteren Belästigungen durch die Familie Göppel aus dem Wege zu gehen, reiste er sogleich ab. Die Hitze machte das Coupé zu einem peinlichen Aufenthalt. Diederich, der allein war, zog nacheinander den Rock, die Weste und die Schuhe aus. Einige Stationen vor Netzig stieg noch jemand ein: zwei fremd aussehende Damen, die durch den Anblick von Diederichs Flanellhemd beleidigt schienen. Er seinerseits fand sie widerwärtig elegant. Sie unternahmen es, in einer unverständlichen Sprache eine Beschwerde an ihn zu richten, worauf er die Achseln zuckte und die Füße in den Socken auf die Bank legte. Sie hielten sich die Nase zu und stießen Hilferufe aus. Der Schaffner erschien, der Zugführer selbst, aber Diederich hielt ihnen sein Billett zweiter Klasse hin und verteidigte sein Recht. Er gab dem Beamten sogar zu verstehen, er möge sich nur nicht die Zunge verbrennen, man könne nie wissen, mit wem man es zu tun habe. Als er dann den Sieg erstritten hatte und die Damen abgezogen waren, kam statt ihrer eine andere. Diederich sah ihr entschlossen entgegen, aber sie zog einfach aus ihrem Beutel eine Wurst und aß sie aus der Hand, wobei sie ihm zulächelte. Da rüstete er ab, erwiderte, breit glänzend, ihre Sympathie und sprach sie an. Es stellte sich heraus, dass sie aus Netzig war. Er nannte seinen Namen, worauf sie frohlockte, sie seien alte Bekannte! »Nun?« Diederich betrachtete sie forschend: das dicke, rosige Gesicht mit dem fleischigen Mund und der kleinen, frech eingedrückten Nase; das weißliche Haar, nett glatt und ordentlich, den Hals, der jung und fett war, und in den Halbhandschuhen die Finger, die die Wurst hielten und selbst rosigen Würstchen glichen. »Nein«, entschied er, »kennen tu ich Sie nicht, aber kolossal appetitlich sind Sie. Wie ein frischgewasche-

Coupé Eisenbahnabteil

peinlichen schwer erträglichen

Billett Fahrschein

zweiter Klasse Da es seit 1852 in Preußen und danach im Kaiserreich vier Wagenklassen gab (zuvor drei), gehörte ein Billett zweiter Klasse zu den teureren Fahrkarten, für die ein gehobener Komfort geboten wurde.

Halbhandschuhe Fingerhandschuhe mit offenen Fingerenden, wie sie im Laufe des 19. Jahrhunderts aufgekommen waren

nes Schweinchen.« Und er griff ihr um die Taille. Im selben Augenblick hatte er eine Ohrfeige. »Die sitzt«, sagte er und rieb sich. »Haben Sie mehr solche zu vergeben?« – »Es langt für alle Frechmöpse.« Sie lachte aus der Kehle und zwinkerte ihn mit ihren kleinen Augen unzüchtig an. »Ein Stück Wurst können Sie haben, aber sonst nichts.« Ohne zu wollen, verglich er ihre Art, sich zu wehren, mit Agnes' Hilflosigkeit, und er sagte sich: ›So eine könnte man getrost heiraten.‹ Schließlich nannte sie selbst ihren Vornamen, und als er noch immer nicht weiterfand, fragte sie nach seinen Schwestern. Plötzlich rief er: »Guste Daimchen!« Und beide schüttelten sich vor Freude. »Sie haben mir doch immer Knöpfe geschenkt, von den Lumpen in Ihrer Papierfabrik. Das vergess ich Ihnen nie, Herr Doktor! Wissen Sie, was ich mit den Knöpfen gemacht hab? Die hab ich gesammelt, und wenn meine Mutter mir mal Geld für Knöpfe gab, hab ich mir Bonbons gekauft.«

»Praktisch sind Sie auch!« Diederich war entzückt. »Und dann sind Sie immer zu uns über die Gartenmauer geklettert, Sie kleine Göre. Hosen hatten Sie meistenteils keine an, und wenn der Rock raufrutschte, kriegte man hinten was zu sehen.«

Sie kreischte; ein feiner Mann habe für so was kein Gedächtnis. »Jetzt muss es aber noch schöner geworden sein«, setzte Diederich noch hinzu. Sie ward plötzlich ernst.

»Jetzt bin ich verlobt.«

Mit dem Wolfgang Buck war sie verlobt! Diederich verstummte, mit enttäuschter Miene. Dann erklärte er zurückhaltend, er kenne Buck. Sie sagte vorsichtig: »Sie meinen wohl, er ist ein bisschen überspannt? Aber die Bucks sind auch eine sehr feine Familie. Na ja, in anderen Familien ist wieder mehr Geld«, setzte sie hinzu. Hierdurch betroffen, sah Diederich sie an. Sie zwinkerte. Er wollte ein Frage stellen; aber er hatte den Mut verloren.

Göre norddeutsch umgangssprachlich, vor allem aber Berlinerisch für wildes, respektloses Mädchen (»eine echte Berliner Göre«)

Hosen ›Hose‹ wurde damals meist als Pluralwort verwendet (auch: ›Beinkleider‹, oder, schamhaft-geziert: ›die Unaussprechlichen‹)

meistenteils meistens, in aller Regel

wieder (Z. 31) wiederum

Kurz vor Netzig fragte Fräulein Daimchen: »Und Ihr Herz, Herr Doktor, ist noch frei?«

»Um die Verlobung bin ich noch herumgekommen.« Er nickte gewichtig. »Ach! Das müssen Sie mir erzählen«, rief sie. Aber sie fuhren schon ein. »Wir sehen uns hoffentlich bald wieder«, schloss Diederich. »Ich kann Ihnen nur sagen, ein junger Mann kommt manchmal in verdammt brenzliche Sachen hinein. Für ein Ja oder Nein ist das Leben verpfuscht.«

schon ein schon in den Bahnhof ein

Seine beiden Schwestern standen am Bahnhof. Wie sie Guste Daimchen erblickten, verzogen sie zuerst das Gesicht, dann aber stürzten sie herbei und halfen das Gepäck tragen. Sie erklärten ihren Eifer, kaum dass sie mit Diederich allein waren. Guste hatte nämlich geerbt, sie war Millionärin! Darum also! Er war erschrocken vor Hochachtung.

Die Schwestern erzählten das Nähere. Ein alter Verwandter in Magdeburg hatte Guste all das Geld vermacht, dafür, dass sie ihn gepflegt hatte. »Und sie hat es sich verdient«, bemerkte Emmi, »er soll zuletzt furchtbar unappetitlich gewesen sein.« Magda setzte hinzu: »Und sonst kann man sich natürlich auch noch allerlei denken, denn Guste war doch ein ganzes Jahr mit ihm allein.«

Sofort bekam Diederich einen roten Kopf. »So was sagt ein junges Mädchen nicht!«, schrie er entrüstet; und als Magda beteuerte, das sagten auch Inge Tietz, Meta Harnisch und überhaupt alle: »Dann fordere ich euch energisch auf, dem Gerede entgegenzutreten.« Es entstand eine Pause; darauf sagte Emmi: »Guste ist nämlich schon verlobt.« – »Das weiß ich«, knurrte Diederich.

Bekannte kamen ihnen entgegen. Diederich hörte sich »Herr Doktor« nennen, erglänzte stolz dabei und ging weiter zwischen Emmi und Magda, die von der Seite seine neue Barttracht bewunderten. Zu Hause empfing Frau Heßling den Sohn mit ausgebreiteten Armen und einem Aufschrei, wie von einer Verschmachtenden, die grade noch gerettet wird. Und was Diederich nicht vorausgesehen hatte: auch er weinte. Auf einmal empfand er die feierliche Schicksalsstunde, in der er das erste Mal als wirkliches Haupt der Familie ins Zimmer trat, »fertig«, mit dem Doktortitel ausgezeichnet und bestimmt, Fabrik und Familie nach seiner überlegenen Einsicht zu lenken. Er gab Mutter und Schwestern die Hände, allen zugleich, und sagte mit ernster Stimme: »Ich werde mir immer bewusst bleiben, dass ich meinem Gott für euch Rechenschaft schulde.«

Haupt Oberhaupt

Aber Frau Heßling war in Unruhe. »Bist du bereit, mein Sohn?«, fragte sie. »Unsere Leute erwarten dich.« Diederich trank sein Bier aus und ging, an der Spitze der Seinen, hinunter. Der Hof war sauber gescheuert, den Eingang der Fabrik umrahmten Kränze und beschrieben eine Schleife um die Inschrift »Willkommen!« Davor stand der alte Buchhalter Sötbier und sagte: »Na guten Tag, Herr Doktor. Ich bin nicht raufgekommen, weil ich noch was zu tun hatte.«

beschrieben bildeten, formten sich zu

»Heute hätten Sie das auch lassen können«, erwiderte Diederich und ging an Sötbier vorbei. Drinnen im Lumpensaal fand er die Leute. Alle standen sie in einem Haufen zusammen: die zwölf Arbeiter, die die Papiermaschine, den Holländer und die Schneidemaschine bedienten, und die drei Kontoristen, samt den Frauen, deren Tätigkeit das Sortieren der Lumpen war. Die Männer räusperten sich, man fühlte eine Pause, bis mehrere Frauen ein kleines Mädchen hinausschoben, das einen Blumenstrauß vor sich hinhielt und mit einer Klarinettenstimme dem Herrn Doktor Glück und Willkommen wünschte. Diederich nahm mit gnädiger Miene den Strauß; nun war es an ihm, sich zu räuspern. Er wandte sich nach den Seinen um, dann sah er den Leuten scharf in die Augen, allen nacheinander, auch dem schwarz-

Holländer (siehe Seite 485)

Kontoristen kaufmännischen Angestellten ohne große Eigenverantwortung (vgl. Seite 7: Kontor)

hinausschoben … aus ihrer Mitte, dem Chef entgegen

Maschinenmeister → Seite 499

forsch entschlossen, energisch, resolut

sich auf die Bärenhaut legen faulenzen

seligen → Seite 499

schneidig soldatisch-draufgängerisch, fordernd-selbstbewusst

Mein Kurs ist der richtige → Seite 500

Einer ist hier der Herr … Rechenschaft. → Seite 500

mein väterliches Wohlwollen → Seite 500

Umsturzgelüste … unbeugsamen Willen. → Seite 500

Sollte sich … Tischtuch. → Seite 500

Denn für mich ist jeder Sozialdemokrat … Vaterlandsfeind → Seite 500

So, nun geht wieder → Seite 500

bärtigen Maschinenmeister, obwohl der Blick des Mannes ihm peinlich war – und begann:

»Leute! Da ihr meine Untergebenen seid, will ich euch nur sagen, dass hier künftig forsch gearbeitet wird. Ich bin gewillt, mal Zug in den Betrieb zu bringen. In der letzten Zeit, wo hier der Herr gefehlt hat, da hat mancher von euch sich vielleicht gedacht, er kann sich auf die Bärenhaut legen. Das ist aber ein gewaltiger Irrtum, ich sage das besonders für die alten Leute, die noch von meinem seligen Vater her dabei sind.«

Mit erhobener Stimme, noch schneidiger und abgehackter, und dabei sah er den alten Sötbier an: »Jetzt habe ich das Steuer selbst in die Hand genommen. Mein Kurs ist der richtige, ich führe euch herrlichen Tagen entgegen. Diejenigen, welche mir dabei behilflich sein wollen, sind mir von Herzen willkommen; diejenigen jedoch, welche sich mir bei dieser Arbeit entgegenstellen, zerschmettere ich.«

Er versuchte, seine Augen blitzen zu lassen, sein Schnurrbart sträubte sich noch höher.

»Einer ist hier der Herr, und das bin ich. Gott und meinem Gewissen allein schulde ich Rechenschaft. Ich werde euch stets mein väterliches Wohlwollen entgegenbringen, Umsturzgelüste aber scheitern an meinem unbeugsamen Willen. Sollte sich ein Zusammenhang irgendeines von euch – «

Er fasste den schwarzbärtigen Maschinenmeister ins Auge, der ein verdächtiges Gesicht machte.

» – mit sozialdemokratischen Kreisen herausstellen, so zerschneide ich zwischen ihm und mir das Tischtuch. Denn für mich ist jeder Sozialdemokrat gleichbedeutend mit Feind meines Betriebes und Vaterlandsfeind … So, nun geht wieder an eure Arbeit und überlegt euch, was ich euch gesagt habe.«

Er machte schroff kehrt und ging schnaufend davon. In dem Schwindelgefühl, das seine starken Worte ihm erregt hatten, erkannte er kein einziges Gesicht mehr. Die Seinen folgten ihm, bestürzt und ehrfurchtsvoll, indes die Arbeiter einander noch lange stumm ansahen, bevor sie nach den Bierflaschen griffen, die zur Feier des Tages bereitstanden.

Droben legte Diederich vor Mutter und Schwestern seine Pläne dar. Die Fabrik war zu vergrößern, das hintere Nachbarhaus anzukaufen. Man musste konkurrenzfähig werden. Der Platz an der Sonne! Der alte Klüsing, draußen in der Papierfabrik Gausenfeld, bildete sich wohl ein, er werde ewig das ganze Geschäft machen? ... Endlich tat Magda die Frage, woher er denn das Geld nehmen wolle; aber Frau Heßling schnitt ihr das vorlaute Wort ab. »Dein Bruder weiß das besser als wir.« Vorsichtig setzte sie hinzu: »Manches Mädchen wäre glücklich, wenn sie sein Herz gewinnen könnte« – und sie hielt, seines Zornes gewärtig, die Hand vor den Mund. Aber Diederich errötete nur. Da wagte sie, ihn zu umarmen. »Es wäre mir ja ein so entsetzlicher Schmerz«, schluchzte sie, »wenn mein Sohn, mein lieber Sohn, aus dem Hause ginge. Für eine Witwe ist es doppelt schwer. Die Frau Oberinspektor Daimchen kriegt es nun auch zu fühlen, denn ihre Guste heiratet ja den Wolfgang Buck.«

»Oder auch nicht«, sagte Emmi, die Ältere. »Denn der Wolfgang soll doch was mit einer Schauspielerin haben.« Frau Heßling vergaß ganz, die Tochter zu berufen. »Aber wo doch so viel Geld da ist! Eine Million, sagen die Leute!«

Diederich stieß verachtungsvoll hervor, den Buck kenne er, der sei nicht normal. »Es liegt wohl in der Familie. Der Alte hat doch auch schon eine Schauspielerin geheiratet.«

»Man sieht die Folgen«, sagte Emmi. »Denn von seiner Tochter, der Frau Lauer, hat man sich allerlei erzählt.«

»Kinder!«, bat Frau Heßling ängstlich. Aber Diederich beruhigte sie.

indes während (siehe Seite 6)

Der Platz an der Sonne! → Seite 500

seines Zornes gewärtig in Erwartung seines Zornausbruchs

Frau Oberinspektor Daimchen Noch bis ins 20. Jahrhundert hinein wurden Frauen, deren gesellschaftliche Rolle ihnen kaum eigene Karrieremöglichkeiten zugestand, mit den Amtstiteln ihrer Männer angesprochen.

zu berufen zurechtzuweisen

der Katze die Schelle umhängt Redensart mit der Bedeutung: dem Feind mutig entgegentritt, um ihn unschädlich zu machen

Volksküche auch Suppenküche; öffentliche Essensausgabe für bedürftige Menschen

In der Verehrung des alten Buck sind wir aufgezogen worden. In unserer Kindheit hat man uns beharrlich eingeimpft, der alte Buck sei ein höheres Wesen.

Im Jahre achtundvierzig zum Tode verurteilt! (siehe Seite 14)

das Regiment führten die Herrschaft ausübten, alles unter ihrer Kontrolle hatten

waren nachgerade die Schmach von Netzig wurden mehr und mehr zur Schande für die ganze Stadt

Landgerichtsrat Amtstitel eines Richters am Landgericht

»Lass nur, Mutter, es wird Zeit, dass man der Katze die Schelle umhängt. Ich stehe auf dem Standpunkt, dass die Bucks ihre Stellung hier in der Stadt schon längst nicht mehr verdienen. Sie sind eine verrottete Familie.«

»Die Frau von Moritz, dem Ältesten«, sagte Magda, »ist einfach eine Bäuerin. Neulich waren sie mal in der Stadt, er ist auch schon ganz verbauert.« Emmi empörte sich.

»Na, und der Bruder des alten Herrn Buck? Immer elegant, und die fünf unverheirateten Töchter! Sie lassen sich Suppe aus der Volksküche holen, ich weiß es positiv.«

»Die Volksküche hat ja der Herr Buck gegründet«, erklärte Diederich. »Und die Fürsorge für die entlassenen Sträflinge auch, und was sonst noch. Ich möchte wissen, wann er eigentlich Zeit hat, an seine eigenen Geschäfte zu denken.«

»Es würde mich nicht wundern«, sagte Frau Heßling, »wenn nicht mehr viel da wäre. Obwohl ich vor dem Herrn Buck natürlich die größte Hochachtung habe, er ist doch so angesehen.«

Diederich lachte bitter. »Warum eigentlich? In der Verehrung des alten Buck sind wir aufgezogen worden. Der große Mann von Netzig! Im Jahre achtundvierzig zum Tode verurteilt!«

»Das ist aber auch ein historisches Verdienst, sagte dein Vater immer.«

»Verdienst?«, schrie Diederich. »Wenn ich nur weiß, einer ist gegen die Regierung, ist er für mich schon erledigt. Und Hochverrat soll ein Verdienst sein?«

Und er stürzte sich, vor den erstaunten Frauen, in die Politik. Diese alten Demokraten, die noch immer das Regiment führten, waren nachgerade die Schmach von Netzig! Schlapp, unpatriotisch, mit der Regierung zerfallen! Ein Hohn für den Zeitgeist! Weil im Reichstag der alte Landgerichtsrat Kühlemann saß, ein Freund des berüchtigten Eugen Richter, darum stockte hier das Geschäft, und niemand kriegte Geld. Natürlich, für so ein freisinniges Nest gab es weder Bahnanschlüsse noch Militär. Kein Zuzug, kein Betrieb! Die Herren im Magistrat, immer dieselben paar Familien, das kannte man, die schoben sich untereinander die Aufträge zu, und für andere Leute war nichts da. Die Papierfabrik Gausenfeld hatte sämtliche Lieferungen an die Stadt, denn auch ihr Besitzer Klüsing gehörte zu der Bande des alten Buck!

Magda wusste noch etwas. »Neulich ist die Liebhabervorstellung im Bürgerkränzchen abgesagt worden, weil dem Herrn Buck seine Tochter, Frau Lauer, krank war. Das ist doch Popismus.«

»Nepotismus heißt es«, sagte Diederich streng. Er rollte die Augen. »Und dabei ist der Herr Lauer ein Sozialist. Aber der Herr Buck mag sich hüten! Wir werden ihm auf die Finger sehen!«

Frau Heßling hob flehend die Hände. »Mein lieber Sohn, wenn du jetzt in der Stadt deine Besuche machst, versprich mir, dass du auch zum Herrn Buck gehst. Er ist nun mal so einflussreich.«

Aber Diederich versprach nichts. »Andere wollen auch ran!«, rief er.

Trotzdem schlief er in dieser Nacht unruhig. Schon um sieben ging er in die Fabrik hinunter und schlug sofort Lärm, weil noch die Bierflaschen von gestern umherlagen. »Hier wird nicht gesoffen, hier ist keine Kneipe. Herr Sötbier, das steht doch wohl im Reglement.« – »Reglement?«, sagte der alte Buchhalter. »Wir haben gar keins.« Diederich war sprachlos; er schloss sich mit Sötbier ins Kontor ein. »Kein Reglement? Dann wundert mich allerdings gar nichts mehr. Was sind das für lächerliche Bestellungen, mit denen Sie sich da abgeben« – und er warf die Briefe auf dem Pult um-

Eugen Richter → Seite 500

noch Militär noch eine Garnison, also ein Truppenstandort, der damals wegen des hohen gesellschaftlichen Stellenwerts des Militärs als besondere Auszeichnung galt und natürlich auch das lokale Wirtschaftsleben hob

Magistrat Stadtrat

Liebhabervorstellung im Bürgerkränzchen Aufführung eines Theaterstücks durch Laienschauspieler im Versammlungshaus eines der damals verbreiteten Bürgervereine

Nepotismus Vetternwirtschaft

im Reglement in der Betriebsverordnung (der Gesamtheit der im Betrieb geltenden Vorschriften)

her. »Es scheint höchste Zeit gewesen zu sein, dass ich eingreife. Das Geschäft versumpft in Ihren Händen.«

»Versumpfen, junger Herr?«

»Ich bin für Sie der Herr Doktor!« Und er verlangte, dass man einfach alle anderen Fabriken unterbieten solle.

»Das halten wir nicht aus«, sagte Sötbier. »Überhaupt wären wir gar nicht imstande, so große Aufträge auszuführen wie Gausenfeld.«

»Und Sie wollen ein Geschäftsmann sein? Dann stellen wir eben mehr Maschinen ein.«

»Das kostet Geld«, sagte Sötbier.

»Dann nehmen wir welches auf! Ich werde hier Schneid hineinbringen. Sie sollen sich wundern. Wenn Sie mich nicht unterstützen wollen, mache ich es allein.«

Sötbier wiegte den Kopf. »Mit Ihrem Vater, junger Herr, war ich immer einig. Wir haben zusammen das Geschäft in die Höhe gebracht.«

»Jetzt ist eine andere Zeit, merken Sie sich das. Ich bin mein eigener Geschäftsführer.«

Sötbier seufzte: »Das ist die stürmische Jugend« – indes Diederich schon die Tür zuwarf. Er durchmaß den Raum, worin die mechanische Trommel, laut schlagend, die Lumpen in Chlor wusch, und wollte das Zimmer des großen Kochholländers betreten. Im Eingang kam ihm unvermutet der schwarzbärtige Maschinenmeister entgegen. Diederich zuckte zusammen, fast hätte er dem Arbeiter Platz gemacht. Dafür rannte er ihn mit der Schulter beiseite, bevor der Mann ausweichen konnte. Schnaufend sah er der Arbeit des Holländers zu, dem Drehen der Walze, dem Schneiden der Messer, das den Stoff in Fasern zerteilte. Grinsten ihn die Leute, die die Maschine bedienten, nicht etwa von der Seite an, weil er vor dem schwarzen Kerl erschrocken war? ›Der Kerl ist ein frecher Hund! Er muss raus!‹ Ein animali-

stellen wir eben mehr Maschinen ein schaffen wir eben mehr Maschinen an

nehmen wir welches auf! leihen wir uns welches, verschulden wir uns eben!

Ich bin mein eigener Geschäftsführer. In der Heinrich-Mann-Forschung wird zuweilen darauf hingewiesen, dass das Verhältnis zwischen Heßling und Sötbier dasjenige zwischen Wilhelm II. und Bismarck spiegele. Wie der junge Kaiser wolle auch Heßling nicht nur nominell an der Spitze stehen, sondern das Unternehmen selbst steuern.

Kochholländers (siehe Seite 485)

scher Hass stieg in Diederich herauf, der Hass seines blonden Fleisches gegen den mageren Schwarzen, den Menschen von einer anderen Rasse, die er gern für niedriger gehalten hätte und die ihm unheimlich schien. Diederich fuhr auf.

»Die Walze ist falsch gestellt, die Messer arbeiten schlecht!« Da die Leute ihn nur ansahen, schrie er: »Maschinenmeister!« Und als der Schwarzbärtige eintrat: »Sehen Sie sich die Schweinerei mal an! Die Walze ist viel zu tief auf die Messer gesenkt, sie zerschneiden mir das ganze Zeug. Ich mache Sie verantwortlich für den Schaden!«

gestellt eingestellt

Der Mann beugte sich über die Maschine, »Schaden ist keiner da«, sagte er ruhig, aber Diederich wusste schon wieder nicht, ob er unter seinem schwarzen Bart nicht feixte. Der Blick des Maschinenmeisters hatte etwas düster Höhnisches, Diederich ertrug ihn nicht, er gab es auf zu blitzen und warf nur die Arme. »Ich mache Sie verantwortlich!«

feixte schadenfroh grinste

warf nur die Arme … in die Höhe

»Was ist denn los?«, fragte Sötbier, der den Lärm gehört hatte. Dann erklärte er dem Herrn, dass der Stoff durchaus nicht zu kleinfaserig geschnitten werde und dass es immer so gemacht worden sei. Die Arbeiter nickten mit den Köpfen, der Maschinenmeister stand gelassen dabei. Diederich fühlte sich einem Kompetenzstreit nicht gewachsen, er schrie noch: »Dann wird es künftig gefälligst anders gemacht!«, und kehrte plötzlich um.

Er gelangte in den Lumpensaal, und er gab sich Haltung, indem er sachkundig die Frauen überwachte, die auf den Siebplatten der langen Tische die Lumpen sortierten. Als eine kleine Dunkeläugige es unternahm, ihn aus ihrem bunten Kopftuch heraus ein wenig anzulächeln, prallte sie gegen eine so harte Miene, dass sie erschrak und sich duckte. Farbige Fetzen quollen aus den Säcken, das Getuschel der Frauen verstummte unter dem Blick des Herrn, und in der warmen,

es unternahm es wagte, es sich übermütig herausnahm

dumpfigen Luft war nichts mehr zu vernehmen als das leise Rattern der Sensen, die, in die Tische gerammt, die Knöpfe abschnitten. Aber Diederich, der die Heizungsrohre untersuchte, hörte etwas Verdächtiges. Er beugte sich hinter einen Haufen Säcke – und fuhr zurück, errötet und mit zitterndem Schnurrbart. »Nun hört alles auf!«, schrie er. »Rauskommen!« Ein junger Arbeiter kroch hervor. »Das Frauenzimmer auch!«, schrie Diederich. »Wird's bald?« Und als endlich das Mädchen sich zeigte, stemmte er die Fäuste in die Hüften. Hier ging es ja heiter zu! Seine Fabrik war nicht nur eine Kneipe, sondern noch ganz was anderes! Er zeterte, dass alles zusammenlief. »Na, Herr Sötbier, dies ist wohl auch immer so gemacht worden? Ich gratuliere Ihnen zu Ihren Erfolgen. Also die Leute sind gewohnt, die Arbeitszeit zu benutzen, um sich hinter den Säcken zu amüsieren. Wie kommt der Mann hier herein?« Es sei seine Braut, sagte der junge Mensch. »Braut? Hier gibt es keine Braut, hier gibt es nur Arbeiter. Ihr beide stehlt mir die Arbeitszeit, die ich euch bezahle. Ihr seid Schweine und außerdem Diebe. Ich schmeiß euch raus, und ich zeig euch an, wegen öffentlicher Unzucht!«

Das Frauenzimmer hier: Die liederliche Weibsperson

Er sah herausfordernd umher.

»Deutsche Zucht und Sitte verlang ich hier. Verstanden?« Da traf er den Maschinenmeister. »Und ich werde sie durchführen, auch wenn Sie da ein Gesicht schneiden!«, schrie er.

»Ich habe kein Gesicht geschnitten«, sagte der Mann ruhig. Aber Diederich war nicht länger zu halten. Endlich konnte er ihm etwas nachweisen!

»Ihr Benehmen ist mir schon längst verdächtig! Sie tun Ihren Dienst nicht, sonst hätte ich die beiden Leute nicht abgefasst.«

abgefasst ertappt

»Ich bin kein Aufpasser«, warf der Mann dazwischen.

»Sie sind ein widersetzlicher Bursche, der die ihm unterstellten Leute an Zuchtlosigkeit gewöhnt. Sie arbeiten für den Umsturz! Wie heißen Sie überhaupt?«

»Napoleon Fischer«, sagte der Mann. Diederich stockte.

»Nap – Auch das noch! Sie sind Sozialdemokrat?«

»Jawohl.«

»Dachte ich mir. Sie sind entlassen.«

Er wandte sich nach den Leuten um: »Merkt euch das!« – und verließ schroff den Raum. Auf dem Hof lief Sötbier ihm nach. »Junger Herr!« Er war in großer Aufregung und wollte nichts sagen, bevor sie nicht die Tür des Privatkontors hinter sich geschlossen hatten. »Junger Herr«, sagte der Buchhalter, »das geht nicht, der Mann ist ein Organisierter.« – »Deswegen soll er raus«, erwiderte Diederich. Sötbier setzte auseinander, dass das nicht gehe, weil dann alle die Arbeit niederlegen würden. Diederich wollte es nicht begreifen. Waren denn alle organisiert? Nein. Nun also. Aber, erklärte Sötbier, sie hatten Furcht vor den Roten, sogar auf die alten Leute war kein Verlass mehr.

»Ich schmeiß sie raus!«, rief Diederich. »Samt und sonders, mit Kind und Kegel!«

»Wenn wir dann nur andere kriegten«, sagte Sötbier und sah unter seinem grünen Augenschirm mit einem dünnen Lächeln dem jungen Herrn zu, der vor Zorn gegen die Möbel anrannte. Er schrie: »Bin ich in meiner Fabrik der Herr oder nicht? Dann will ich doch sehen –«

Sötbier ließ ihn austoben, dann sagte er: »Herr Doktor brauchen dem Fischer gar nichts zu sagen, er geht uns nicht fort, er weiß ja, dass wir davon zu viele Scherereien hätten.«

Diederich bäumte sich nochmals auf.

»So. Ich brauch ihn also nicht zu bitten, dass er die Gnade hat und bleibt? Der Herr Napoleon! Ich brauch ihn nicht für Sonntag zum Mittagessen einzuladen? Es wäre auch zu viel Ehre für mich!«

Napoleon Fischer → Seite 501

ein Organisierter ein Parteimitglied der Sozialdemokratie (und wohl auch ein Mitglied der Gewerkschaft)

hatten Furcht vor den Roten standen unter dem Einfluss der Sozialdemokraten

Kind und Kegel Ursprünglich meinte ›Kegel‹: ›uneheliches Kind‹; wie es zu dieser (mit der Zeit immer stärker verblassten) Bedeutung kam, ist unklar.

grünen Augenschirm zum Schutz vor grellem Licht bei Büroarbeit

austoben sich austoben

Herr Doktor brauchen Die Pluralform des Verbs war als eine besondere Respektbekundung (abgeleitet vom ›Pluralis Majestatis‹) bei der höflichen Anrede verbreitet.

Der Kopf war ihm rot angeschwollen, er fand das Zimmer zu eng und riss die Tür auf. Der Maschinenmeister ging eben vorbei. Diederich sah ihm nach, der Hass gab ihm deutlichere Sinneseindrücke als sonst, er bemerkte gleichzeitig die krummen, mageren Beine des Menschen, seine knochigen Schultern mit den Armen, die vornüberhingen – und nun der Maschinenmeister zu den Leuten sprach, sah er seine starken Kiefer arbeiten unter dem dünnen schwarzen Bart. Wie Diederich dies Mundwerk hasste, und diese knotigen Hände! Der schwarze Kerl war längst vorüber, und seine Ausdünstung roch Diederich noch immer.

und nun der … sprach und als … nun … sprach

diese knotigen Hände diese mageren Hände mit den knotigen Verdickungen auf den Handrücken

»Sehn Sie mal, Sötbier, die Vorderflossen hängen ihm bis an den Boden. Gleich wird er auf allen vieren laufen und Nüsse fressen. Dem Affen werden wir ein Bein stellen, verlassen Sie sich darauf! Napoleon! So ein Name ist allein schon eine Provokation. Aber er soll sich zusammennehmen, denn so viel weiß ich, dass einer von uns beiden –«, Diederich rollte die Augen, » – auf dem Platz bleiben wird.«

einer von uns beiden … auf dem Platz bleiben wird hochtrabende Wendung, die normalerweise den tödlichen Ausgang eines Duells bezeichnete

Erhobenen Hauptes verließ er die Fabrik. Im schwarzen Rock machte er sich auf, um den wichtigsten Herren der Stadt die Aufmerksamkeit seines Besuches zu erweisen. Von der Meisestraße konnte er, um zum Bürgermeister Doktor Scheffelweis in die Schweinichenstraße zu gelangen, einfach der Wuchererstraße folgen, die jetzt Kaiser-Wilhelm-Straße hieß. Er wollte es auch; im entscheidenden Augenblick aber, wie auf eine Verabredung, die er vor sich selbst geheim gehalten hätte, bog er dennoch in die Fleischhauergrube ein. Die zwei Stufen vor dem Hause des alten Herrn Buck waren abgewetzt von den Füßen der ganzen Stadt und von den Vorgängern dieser Füße. Der Klingelzug an der gelben Glastür bewirkte drinnen ein langes Rasseln im Leeren. Dann ging dort hinten eine Tür auf, und die alte Magd schlich über die

Im schwarzen Rock Förmlich-sonntäglich gekleidet

Wuchererstraße … jetzt Kaiser-Wilhelm-Straße → Seite 501

Diele. Aber sie war noch längst nicht angelangt, da trat vorn der Hausherr aus seinem Büro und öffnete selbst. Er zog Diederich, der sich eifrig verbeugte, bei der Hand herein. »Mein lieber Heßling! Ich habe Sie erwartet, man hatte mir Ihre Ankunft berichtet. Willkommen denn in Netzig, mein Herr Doktor.«

Diele Vorraum, geräumiger Flur

Sofort hatte Diederich Tränen in den Augen und stammelte: »Sie sind zu gütig, Herr Buck. Natürlich habe ich zuerst und vor allem Ihnen, Herr Buck, meine Aufwartung machen wollen und Ihnen versichern, dass ich immer ganz – dass ich immer ganz – zu Ihren Diensten stehe«, schloss er, freudig wie ein guter Schüler. Der alte Herr Buck hielt ihn noch fest, mit seiner Hand, die warm und dennoch leicht und weich war.

Stadtverordneten Stadtrat, Mitglied des Magistrats

»Dienste –«, er schob Diederich selbst den Sessel zurecht, »die wollen Sie doch natürlich nicht mir leisten, sondern Ihren Mitbürgern – die es Ihnen danken werden. Zum Stadtverordneten werden Ihre Mitbürger Sie in Kurzem wählen, das glaube ich Ihnen versprechen zu können, denn damit belohnen sie eine verdiente Familie. Und dann« – der alte Buck beschrieb eine Gebärde feierlicher Freigebigkeit – »verlasse ich mich auf Sie, dass Sie es uns recht bald ermöglichen werden, Sie im Magistrat zu begrüßen.«

beschrieb eine Gebärde vollführte eine Handbewegung

Knebelbart … seidene Halsbinde (siehe Seite 10)

Diederich verbeugte sich, beglückt lächelnd, als werde er schon begrüßt. »Die Gesinnung unserer Stadt«, fuhr Herr Buck fort, »ich sage nicht, dass sie in allen Teilen gut ist –« Er versenkte seinen weißen Knebelbart in die seidene Halsbinde. »Aber noch ist Raum« – der Bart tauchte wieder auf –, »und will's Gott, noch lange, für wahrhaft liberale Männer.«

Diederich beteuerte: »Ich bin selbstverständlich durchaus liberal.«

Ich bin selbstverständlich durchaus liberal. In der Konzeptionsphase zu seinem Roman vermerkte Heinrich Mann in seinem Notizbuch von 1906/07 als zeittypische Phrase die Worte: »Ich als durchaus liberaler Mann« (zitiert nach: Fredrick Betz [vgl. S. 485], S. 28).

Darauf strich der alte Buck über die Papiere auf seinem Schreibtisch. »Ihr seliger Vater hat mir hier oft gegenübergesessen, und besonders häufig damals, als er die Papiermühle errichtete. Dabei konnte ich ihm zu meiner großen Freude förderlich sein. Es handelte sich um den Bach, der jetzt durch Ihren Hof fließt.«

Papiermühle Papierfabrik

Diederich sagte mit tiefer Stimme: »Wie oft, Herr Buck, hat mein Vater mir erzählt, dass er den Bach, ohne den wir gar nicht existieren könnten, nur Ihnen verdankt.«

»Nur mir, dürfen Sie nicht sagen, sondern den gerechten Zuständen unseres Gemeinwesens, an denen aber –«, der alte Buck erhob seinen weißen Zeigefinger, er sah Diederich tief an, »gewisse Leute und eine gewisse Partei manches ändern würden, sobald sie könnten.« Stärker und mit Pathos: »Der Feind steht vor dem Tore, es heißt zusammenhalten.«

unseres Gemeinwesens unserer städtischen Gemeinschaft

Er ließ eine Pause verstreichen und sagte in leichterem Ton, sogar mit einem kleinen Schmunzeln: »Sind Sie nicht, mein werter Herr Doktor, in einer ähnlichen Lage wie damals Ihr Vater? Sie wollen sich vergrößern? Sie haben Pläne?«

»Allerdings.« Und Diederich setzte eifrig auseinander, was alles geschehen müsse. Der Alte hörte ihm aufmerksam zu, er nickte, nahm eine Prise … Endlich sagte er: »Ich sehe so viel, dass der Umbau Ihnen nicht nur große Kosten, sondern unter Umständen auch Schwierigkeiten mit der städtischen Baupolizei verursachen wird – mit der ich übrigens im Magistrat zu tun habe. Nun überzeugen Sie sich, mein lieber Heßling, was hier auf meinem Schreibtisch liegt.« Da erkannte Diederich einen genauen Aufriss seines Grundstückes, samt dem dahinter gelegenen. Sein verblüfftes Gesicht bewirkte bei dem alten Buck ein Lächeln der Genugtuung. »Ich kann wohl dafür sorgen«, sagte er, »dass keine erschwerenden Umstände eintreten.« Und auf Diederichs Danksagungen: »Wir dienen dem großen Ganzen, wenn wir jedem unserer Freunde vorwärtshelfen. Denn die Freunde einer Volkspartei sind alle, außer den Tyrannen.«

nahm eine Prise schüttete sich eine kleine Menge Schnupftabak auf den Handrücken und zog sie durch Nase

Ich sehe so viel Soweit ich die Sache überblicke, verhält es sich so

Nun überzeugen Sie sich Nun sehen Sie einmal

Nach diesen Worten lehnte der alte Buck sich tiefer in den Sessel und faltete die Hände. Seine Miene hatte sich entspannt, er wiegte den Kopf wie ein Großvater. »Als Kind hatten Sie so schöne blonde Locken«, sagte er.

Diederich begriff, dass der offizielle Teil des Gespräches beendet sei. »Ich weiß noch«, erlaubte er sich zu sagen, »wie ich als kleiner Junge hier ins Haus kam, wenn ich mit Ihrem Herrn Sohn Wolfgang Soldaten spielte.«

»Ja, ja. Und jetzt spielt er wieder Soldat.«

»Oh! Er ist sehr beliebt bei den Offizieren. Er hat es mir selbst gesagt.«

»Ich wünschte, mein lieber Heßling, er hätte mehr von Ihrer praktischen Veranlagung ... Nun, er wird ruhiger werden, wenn ich ihn erst verheiratet habe.«

»Ich glaube«, sagte Diederich, »dass Ihr Herr Sohn etwas Geniales hat. Daher ist er mit nichts zufrieden, er weiß nicht, ob er General werden soll oder sonst ein großer Mann.«

»Inzwischen macht er leider dumme Streiche.« Der Alte sah aus dem Fenster. Diederich wagte seine Neugier nicht zu zeigen.

Inzwischen Bis es so weit ist,

»Dumme Streiche? Das kann ich gar nicht glauben, denn mir hat er immer imponiert, grade durch seine Intelligenz. Schon früher, seine Aufsätze. Und was er mir neulich über unsern Kaiser gesagt hat, dass er eigentlich gern der erste Arbeiterführer wäre ...«

»Davor behüte Gott die Arbeiter.«

»Wieso?« Diederich war tief erstaunt.

»Weil es ihnen schlecht bekommen würde. Uns anderen ist es auch nicht gut bekommen.«

»Aber wir haben doch, dank den Hohenzollern, das einige Deutsche Reich.«

einige geeinte

»Wir haben es nicht«, sagte der alte Buck und stand ungewöhnlich rasch vom Stuhl auf. »Denn wir müssten, um unsere Einigkeit zu beweisen, einem eigenen Willen folgen können; und können wir's? Ihr wähnt euch einig, weil die Pest der Knechtschaft sich verallgemeinert! Das hat Herwegh, ein Überlebender wie ich, im Frühjahr einundsiebzig den Siegestrunkenen zugerufen. Was würde er heute sagen!«

Diederich konnte, vor dieser Stimme aus dem Jenseits, nur stammeln: »Ach ja, Sie sind ein Achtundvierziger!«

»Mein lieber junger Freund, Sie wollen sagen, ein Narr und ein Besiegter. Ja! Wir sind besiegt worden, weil wir närrisch genug waren, an dieses Volk zu glauben. Wir glaubten, es würde alles das selbst vollbringen, was es jetzt für den Preis der Unfreiheit von seinen Herren entgegennimmt. Wir dachten es mächtig, reich, voll Einsicht in seine eigenen Angelegenheiten und der Zukunft ergeben. Wir sahen nicht, dass es, ohne politische Bildung, deren es weniger hat als alle anderen, bestimmt sei, nach seinem Aufschwung den Mächten der Vergangenheit anheimzufallen. Schon zu unserer Zeit gab es allzu viele, die, unbekümmert um das Ganze, ihren Privatinteressen nachjagten und zufrieden waren, wenn sie, in irgendeiner Gnadensonne sich wärmend, den unedlen Bedürfnissen eines anspruchsvollen Genusslebens genügen konnten. Seitdem sind sie Legion geworden, denn die Sorge um das öffentliche Wohl ist ihnen abgenommen. Zur Großmacht haben eure Herren euch schon gemacht, und indes ihr Geld verdient, wie ihr könnt, und es ausgebt, wie ihr mögt, werden sie euch – oder vielmehr sich – auch noch die Flotte bauen, die wir damals uns selbst gebaut haben würden. Unser Dichter damals wusste, was ihr erst jetzt lernen sollt: Und in den Furchen, die Kolumb gezogen, geht Deutschlands Zukunft auf.«

»Bismarck hat eben wirklich etwas getan«, sagte Diederich, leise triumphierend.

»Das ist es gerade, dass er es hat tun dürfen! Und dabei hat er alles nur faktisch getan, formell aber im Namen seines

Ihr wähnt euch einig … verallgemeinert! → Seite 501

ein Achtundvierziger ein Mitkämpfer der Märzrevolution von 1848

Wir dachten es Wir glaubten, es sei

der Zukunft ergeben der Zukunft zugewandt

in irgendeiner Gnadensonne sich wärmend indem sie die Protektion eines Mächtigen genossen; indem sie sich der Obrigkeit kritiklos unterwarfen

genügen sich hingeben

sind sie Legion geworden ist ihre Zahl ins Unermessliche gestiegen

werden sie … die Flotte bauen → Seite 501

Und in den Furchen … Zukunft auf! → Seite 501

Kolumb Christopher Kolumbus (1451–1506)

Herrn. Da waren wir Bürger von achtundvierzig ehrlicher, das darf ich sagen, denn ich habe damals selbst bezahlt, was ich gewagt hatte.«

»Ich weiß wohl, Sie sind zum Tode verurteilt worden«, sagte Diederich, wieder eingeschüchtert.

»Ich bin verurteilt worden, weil ich die Souveränität der Nationalversammlung gegen eine Partikularmacht verteidigte und das Volk, das sich in Notwehr befand, zum Aufstand führte. So war in unsern Herzen die deutsche Einheit: Sie war eine Gewissenspflicht, die eigene Schuld jedes Einzelnen, für die er einstand. Nein! Wir huldigten keinem sogenannten Schöpfer der deutschen Einheit. Als ich damals, besiegt und verraten, hier oben im Hause mit meinen letzten Freunden die Soldaten des Königs erwartete, da war ich, groß oder gering, ein Mensch, der selbst am Ideal schuf: einer aus vielen, aber ein Mensch. Wo sind sie heute?«

Der Alte hielt an und machte ein Gesicht, als lauschte er. Diederich war es schwül. Er fühlte, dass er zu dem allen nicht länger schweigen dürfe. Er sagte: »Das deutsche Volk ist eben, Gott sei Dank, nicht mehr das Volk der Denker und Dichter, es strebt modernen und praktischen Zielen zu.« Der Alte kehrte aus seinen Gedanken zurück, er deutete nach der Zimmerecke. »Damals war die ganze Stadt bei mir zu Hause. Jetzt ist es so einsam wie nie, zuletzt ging noch Wolfgang fort. Ich würde alles dahingeben, aber, junger Mann, wir sollen Respekt haben vor unserer Vergangenheit – auch wenn wir besiegt worden sind.«

»Zweifellos«, sagte Diederich. »Und dann sind Sie immer noch der mächtigste Mann in der Stadt. Die Stadt, sagt man immer, gehört dem Herrn Buck.«

»Das will ich aber gar nicht, ich will, dass sie sich selbst gehört.« Er atmete tief auf. »Das ist eine weitläufige Sache, Sie werden sie allmählich kennenlernen, wenn Sie Einblick

Souveränität der Nationalversammlung die höchste Entscheidungsfreiheit, das Selbstbestimmungsrecht der Deutschen im Frankfurter Paulskirchenparlament (Mai 1848 bis Mai 1849)

Partikularmacht Einzelmacht, Sondermacht (gemeint ist wohl: Preußen)

Schuld Schuldigkeit

war es schwül fühlte sich unbehaglich (ihm wurde es heiß)

Volk der Denker und Dichter → Seite 501

eine weitläufige Sache ein großes, unausschöpfliches Thema

in unsere Verwaltung bekommen. Wir werden nämlich jeden Tag heftiger bedrängt von der Regierung und ihren junkerlichen Auftraggebern. Heute will man uns zwingen, den Gutsbesitzern, die uns keine Steuern zahlen, unser Licht zu geben, morgen werden wir ihnen Straßen bauen müssen. Zuletzt geht es um unsere Selbstverwaltung. Sie werden sehen, wir leben in einer belagerten Stadt.«

Diederich lächelte überlegen. »So schlimm kann es wohl nicht sein, denn unser Kaiser ist doch eine so moderne Persönlichkeit.«

»Nun ja«, sagte der alte Buck. Er erhob sich, wiegte den Kopf – und dann zog er es vor, zu schweigen. Er reichte Diederich die Hand.

»Mein lieber Doktor, Ihre Freundschaft wird mir geradeso wertvoll sein, als die Ihres Vaters mir war. Nach unserer Unterredung habe ich die Hoffnung, dass wir in allem einig gehen werden.«

Unter dem warmen blauen Blick des Alten schlug Diederich sich auf die Brust. »Ich bin ein durchaus liberaler Mann!«

»Vor allem warne ich Sie vor dem Regierungspräsidenten von Wulckow. Er ist der Feind, der uns hier in die Stadt gesetzt worden ist. Der Magistrat unterhält nur die unumgänglichen Beziehungen zum Präsidenten. Ich selbst habe die Ehre, von dem Herrn nicht gegrüßt zu werden.«

»Oh!«, machte Diederich, ehrlich erschüttert.

Der alte Buck öffnete ihm schon die Tür, schien aber noch etwas zu überlegen. »Warten Sie!« Er trat eilig zu seiner Bibliothek, bückte sich und tauchte aus einer staubigen Tiefe mit einem kleinen, fast quadratischen Buch auf. Er steckte es Diederich rasch zu, verstohlenen Glanz in seinem Gesicht, das errötet war. »Da, nehmen Sie! Es sind meine ›Sturmglocken‹! Man war auch Dichter – damals.« Und er schob Diederich sanft hinaus.

ihren junkerlichen Auftraggebern → Seite 502

als (Z. 15) wie es

einig gehen gemeinsame Positionen finden, Seite an Seite kämpfen

Regierungspräsidenten Im Zuge der nach der vernichtenden Niederlage gegen Napoleon (1806/07) eingeleiteten »Preußischen Reformen« (ab 1808) wurden als übergeordnete Verwaltungseinheiten Provinzen geschaffen, die in zwei oder mehr Regierungsbezirke unterteilt waren. Der Regierungspräsident stand dem Regierungspräsidium vor, der obersten Behörde eines Regierungsbezirks.

zu seiner Bibliothek an sein Bücherregal

meine ›Sturmglocken‹ → Seite 502

Die Fleischhauergrube stieg beträchtlich an, aber Diederich schnaufte nicht nur deshalb. Nachdem er zuerst nur eine gewisse Betäubung empfunden hatte, stellte sich allmählich das Gefühl heraus, dass er sich habe verblüffen lassen. ›So ein alter Schwätzer ist doch bloß noch eine Vogelscheuche, und mir imponiert er!‹ Unbestimmt gedachte er der Kinderzeit, als ihm der alte Herr Buck, der zum Tode verurteilt worden war, ebenso viel Hochachtung und ein ähnliches Grausen einflößte wie der Polizist an der Ecke oder das Burggespenst. ›Werd ich denn ewig so weich bleiben? Ein anderer hätte sich nicht so behandeln lassen!‹ Auch konnte es peinliche Folgen haben, dass er zu so vielen kompromittierenden Reden geschwiegen oder nur matt widersprochen hatte. Er legte sich energische Antworten zurecht, für das nächste Mal. ›Das Ganze war eine Falle! Er hat mich einfangen und unschädlich machen wollen ... Aber er soll sehen!‹ Diederich ballte die Faust in der Tasche, indes er stramm durch die Kaiser-Wilhelm-Straße ging. ›Vorläufig muss man sich noch mit ihm verhalten, aber wehe, wenn ich der Stärkere bin!‹

Das Haus des Bürgermeisters war mit Ölfarbe neu gestrichen, und die Spiegelscheiben glänzten wie je. Ein nettes Stubenmädchen empfing ihn. Über eine Treppe mit einem freundlichen Knaben aus Biskuit, der eine Lampe trug, und durch ein Vorzimmer, worin fast vor jedem Möbel ein kleiner Teppich lag, ward Diederich in das Esszimmer geführt. Es war aus hellem Holz mit appetitlichen Bildern, zwischen denen der Bürgermeister und noch ein Herr beim zweiten Frühstück saßen. Doktor Scheffelweis reichte Diederich seine weißliche Hand hin und musterte ihn dabei über den Klemmer weg. Trotzdem wusste man nie genau, ob er einen ansah, so unbestimmt war der Blick seiner Augen, die farblos schienen wie das Gesicht und die seitwärts fliehenden, dünnen Bartkotelettes. Der Bürgermeister setzte mehrmals

heraus (Z. 4) ein

verblüffen beeindrucken, manipulieren

kompromittierenden Reden politisch bedenklichen Äußerungen

sich ... mit ihm verhalten mit ihm gute Beziehungen aufrechterhalten

Stubenmädchen Hausmädchen, zuständig für das Sauberhalten der Wohnräume

Biskuit Biskuitporzellan, gelblichem, unglasiertem Porzellan

appetitlichen Bildern → Seite 502

zweiten Frühstück → Seite 503

Klemmer (siehe Seite 37)

die seitwärts fliehenden, dünnen Bartkotelettes der dünne, wehende Backenbart

Assessor (siehe Seite 52)

Porter dunkles englisches Bier

Lachsschinken »mit Speck umwickeltes und mit Schnur zusammengeschnürtes, leicht gepökeltes und geräuchertes Kotelettstück vom Schwein« (Duden)

Büfett Geschirrschrank, Anrichte

zum Sprechen an, bis er endlich etwas fand, das man auf alle Fälle sagen konnte: »Schöne Schmisse«, sagte er; und zu dem andern Herrn: »Finden Sie nicht?«

Der andere Herr legte Diederich zunächst große Zurückhaltung auf, denn er sah stark jüdisch aus. Aber der Bürgermeister stellte vor: »Herr Assessor Jadassohn, von der Staatsanwaltschaft« – was dann allerdings eine vollwertige Begrüßung nötig machte.

»Setzen Sie sich nur gleich«, sagte der Bürgermeister, »wir fangen gerade an.« Er schenkte Diederich Porter ein und legte ihm Lachsschinken vor. »Meine Frau und meine Schwiegermutter sind ausgegangen, die Kinder in der Schule, dies ist die Stunde des Junggesellen, prost!«

Der jüdische Herr von der Staatsanwaltschaft hatte vorläufig nur für das Stubenmädchen Augen. Während sie neben ihm am Tisch zu tun hatte, war seine Hand verschwunden. Dann ging sie, und er wollte von öffentlichen Angelegenheiten beginnen, aber der Bürgermeister ließ sich nicht unterbrechen. »Die beiden Damen kommen vor dem Mittagessen nicht zurück, denn meine Schwiegermutter ist beim Zahnarzt. Ich kenne das, es kostet Mühe mit ihr, und inzwischen gehört uns das Haus.« Er holte einen Likör aus dem Büfett, rühmte ihn, ließ sich seine Güte von den Gästen bestätigen und fuhr fort, eintönig und vom Kauen unterbrochen, das Idyll seiner Vormittage zu preisen. Allmählich ward, in allem Glück, seine Miene immer besorgter, er fühlte wohl, das Gespräch könne so nicht weitergehen; und nachdem eine Minute lang alle geschwiegen hatten, entschloss er sich.

»Ich darf annehmen, Herr Doktor Heßling –: mein Haus liegt ja nicht in nächster Nachbarschaft des Ihren, und so würde ich es durchaus begreiflich finden, wenn Sie vor mir einige andere Herren aufgesucht hätten.«

Diederich errötete schon für die Lüge, die er noch nicht ausgesprochen hatte. ›Es würde herauskommen‹, dachte er noch rechtzeitig, und er sagte: »Tatsächlich habe ich mir erlaubt – Das heißt, natürlich war mein erster Weg zu Ihnen, Herr Bürgermeister. Nur im Andenken an meinen Vater, der eine so große Verehrung für den alten Herrn Buck hatte – «

»Begreiflich, durchaus begreiflich.« Der Bürgermeister nickte mit Nachdruck. »Herr Buck ist der älteste unter unsern verdienten Bürgern und übt daher einen zweifellos legitimen Einfluss aus.«

legitimen berechtigten

»Vorläufig noch!«, sagte mit unerwartet scharfer Stimme der jüdische Herr von der Staatsanwaltschaft und sah Diederich herausfordernd an. Der Bürgermeister hatte sich über seinen Käse gebeugt, Diederich fand sich schutzlos, er blinzelte. Da der Blick des Herrn durchaus ein Bekenntnis verlangte, brachte er etwas hervor von »eingefleischtem Respekt« und führte sogar Kindheitserinnerungen an, die es entschuldigen sollten, dass er zuerst bei Herrn Buck gewesen war. Dabei betrachtete er schreckerfüllt die ungeheuren, roten und weit abstehenden Ohren des Herrn von der Staatsanwaltschaft. Dieser ließ Diederich fertig stammeln, wie einen Angeklagten, der sich verfing; endlich versetzte er schneidend: »Der Respekt ist in gewissen Fällen dazu da, dass man sich ihn abgewöhnt.«

Diederich stutzte; dann entschloss er sich zu einem verständnisvollen Gelächter. Der Bürgermeister sagte mit blassem Lächeln und einer versöhnlichen Geste: »Herr Assessor Doktor Jadassohn ist nun einmal gern geistreich – was ich persönlich ganz besonders an ihm schätze. In meiner Stellung freilich bin ich genötigt, die Dinge objektiv und voraussetzungslos zu betrachten. Und da muss ich denn sagen: einerseits – «

voraussetzungslos ohne Eigeninteressen

»Kommen wir gleich zum Andererseits!«, verlangte Assessor Jadassohn. »Für mich als Vertreter einer staatlichen Behörde wie als überzeugten Anhänger der bestehenden Ordnung sind dieser Herr Buck und sein Genosse, der Reichstagsabgeordnete Kühlemann, nach ihrer Vergangenheit und Gesinnung einfach Umstürzler, und damit fertig. Ich mache aus meinem Herzen keine Mördergrube, ich halte das nicht für deutsch. Volksküchen gründen, meinetwegen; aber das beste Futter für das Volk ist eine gute Gesinnung. Eine Idiotenanstalt mag auch ganz nützlich sein.«

nach ihrer Vergangenheit und Gesinnung ... zu urteilen

Ich mache aus meinem Herzen keine Mördergrube Redewendung: Ich spreche frei heraus

Idiotenanstalt Irrenanstalt

»Aber nur eine kaisertreue«, ergänzte Diederich. Der Bürgermeister machte beschwichtigende Zeichen. »Meine Herren!«, flehte er. »Meine Herren! Wenn wir uns denn aussprechen sollen, so ist es gewiss richtig, dass bei aller bürgerlichen Hochschätzung der genannten Herren andererseits doch –«

aussprechen sollen offen austauschen wollen

»Andererseits!«, wiederholte Jadassohn streng.

»– das tiefste Bedauern zurückbleibt über unsere leider so ungünstigen Beziehungen zu den Vertretern der Staatsregierung – wenn ich auch zu bedenken bitte, dass die ungewöhnliche Schärfe des Herrn Regierungspräsidenten von Wulckow gegenüber den städtischen Behörden –«

»Gegenüber schlechtgesinnten Körperschaften!«, warf Jadassohn ein. Diederich erlaubte sich: »Ich bin ein durchaus liberaler Mann, aber das muss ich sagen –«

Körperschaft »(als juristische Person geltender) einem bestimmten Zweck dienender Zusammenschluss von Personen« (Duden); eine städtische Gemeinde ist eine Körperschaft des öffentlichen Rechts

»Eine Stadt«, erklärte der Assessor, »die sich den berechtigten Wünschen der Regierung verschließt, darf allerdings nicht darüber erstaunen, dass ihr die kalte Schulter gezeigt wird.«

»Von Berlin nach Netzig«, versicherte Diederich, »könnte man in der halben Zeit fahren, wenn wir besser mit den Herren oben ständen.«

Der Bürgermeister ließ sie ihr Duett beenden, er war bleich und hielt hinter dem Klemmer die Lider gesenkt. Plötzlich sah er sie an mit einem dünnen Lächeln.

ihr Duett ironisch: ihren Zwiegesang

»Meine Herren, bemühen Sie sich nicht, ich weiß, dass es eine zeitgemäßere Gesinnung gibt als die von den städtischen Behörden bekundete. Glauben Sie, bitte, dass es nicht mein Verschulden war, wenn an Seine Majestät gelegentlich ihrer letzten Anwesenheit in der Provinz, während der vorjährigen Manöver, kein Huldigungstelegramm geschickt worden ist ...«

»Die Weigerung des Magistrats war durchaus undeutsch«, stellte Jadassohn fest.

»Das nationale Banner muss hochgehalten werden«, verlangte Diederich. Der Bürgermeister erhob die Arme.

»Meine Herren, das weiß ich. Aber ich bin nur der Vorsitzende des Magistrats und muss leider seine Beschlüsse ausführen. Ändern Sie die Verhältnisse! Herr Doktor Jadassohn erinnert sich noch an unsern Streit mit der Regierung wegen des sozialdemokratischen Lehrers Rettich. Ich konnte den Mann nicht maßregeln. Herrn von Wulckow ist bekannt« – der Bürgermeister kniff ein Auge zu –, »dass ich es sonst getan haben würde.«

Man schwieg eine Weile und betrachtete einander. Jadassohn blies durch die Nase, als genügte ihm das Gehörte. Aber Diederich konnte nicht länger an sich halten. »Die Vorfrucht der Sozialdemokratie ist der Liberalismus!«, rief er. »Solche Leute wie Buck, Kühlemann und Eugen Richter machen unsere Arbeiter frech. Mein Betrieb legt mir die schwersten Opfer an Arbeit und Verantwortung auf, und dann hab ich noch Konflikte mit meinen Leuten. Und warum? Weil wir nicht einig sind gegen die rote Gefahr und es gewisse Arbeitgeber gibt, die im sozialistischen Fahrwasser schwimmen, wie zum Beispiel der Schwiegersohn des Herrn Buck. Was seine Fabrik einbringt, daran beteiligt der Herr Lauer seine Arbeiter. Das ist unmoralisch!« Hier blitzte Diederich. »Denn es untergräbt die Ordnung, und ich stehe auf

gelegentlich während, bei

Manöver großen militärischen Übungen in freiem Gelände (siehe die Abbildung auf Seite 544)

Vorfrucht der Sozialdemokratie (siehe Seite 496)

die rote Gefahr die sozialistischen Umtriebe

dem Standpunkt, in dieser harten Zeit haben wir Ordnung nötiger als je, und darum brauchen wir ein festes Regiment, wie unser herrlicher junger Kaiser es führt. Ich erkläre, dass ich in allem fest zu Seiner Majestät stehe ...« Hier machten die beiden anderen Herren eine Verbeugung, die Diederich entgegennahm, indes er weiterblitzte. Im Gegensatz zu dem demokratischen Mischmasch, an den die absterbende Generation noch glaube, sei der Kaiser, der Vertreter der Jugend, die persönlichste Persönlichkeit, von erfreulicher Impulsivität und ein höchst origineller Denker. »Einer soll Herr sein! Auf allen Gebieten!« Diederich legte das vollständige Bekenntnis einer scharfen und schneidigen Gesinnung ab und erklärte, dass mit dem alten freisinnigen Schlendrian auch in Netzig von Grund aus aufgeräumt werden müsse.

»Jetzt kommt eine neue Zeit!«

Jadassohn und der Bürgermeister hörten still zu, bis er alles herausgesagt hatte; Jadassohns Ohren wurden dabei noch größer. Dann krähte er: »Auch in Netzig gibt es kaisertreue Deutsche!« Und Diederich noch lauter: »Die aber, die es nicht sind, werden wir uns einmal näher ansehen. Es wird sich zeigen, ob gewissen Familien die Stellung, die sie einnehmen, noch zukommt. Vom alten Buck zu schweigen: wer sind denn seine Leute? Die Söhne verbauert oder verbummelt, ein Schwiegersohn, der Sozialist ist, und die Tochter soll ja – «

Man sah einander an. Der Bürgermeister kicherte und rötete sich blass. Vor Vergnügen platzte er aus: »Und die Herren wissen noch gar nicht, dass der Bruder des Herrn Buck pleite ist!«

Man äußerte lärmende Genugtuung. Der mit den fünf eleganten Töchtern! Der Vorsitzende der »Harmonie«! Aber zu essen, das wusste Diederich, bekamen sie aus der Volksküche. Daraufhin schenkte der Bürgermeister nochmals Schnäpse

- *ein festes Regiment* → Seite 503
- *die persönlichste Persönlichkeit* → Seite 503
- *Impulsivität* Neigung, spontanen Eingebungen zu folgen und dabei emotional zu agieren
- *ein höchst origineller Denker* Bismarcks (öffentlich bekanntes) Urteil über den jungen Kaiser lautete hingegen, dass er leicht die Auffassungen anderer übernehme und sich dann einbilde, es handle sich um seine eigenen.
- *freisinnigen* liberalen (siehe Seite 487 und Seite 107, dort Zeile 3)
- *platzte er aus* platzte er heraus
- *»Harmonie«* (typischer) Name eines Geselligkeit und kulturelle Aktivitäten anbietenden Bürgervereins

ein und reichte Zigarren. Er zweifelte plötzlich nicht mehr, dass ein Umschwung bevorstehe. »In anderthalb Jahren sind die Neuwahlen zum Reichstag. Bis dahin werden die Herren arbeiten müssen.«

Diederich schlug vor: »Betrachten wir drei uns schon jetzt als das engere Wahlkomitee!«

Jadassohn erklärte es für die erste Notwendigkeit, Fühlung zu nehmen mit dem Herrn Regierungspräsidenten von Wulckow. »Streng vertraulich«, setzte der Bürgermeister hinzu und zwinkerte. Diederich bedauerte, dass die »Netziger Zeitung«, das größte Organ der Stadt, sich im freisinnigen Fahrwasser bewege. »So ein Judenblatt!«, sagte Jadassohn. Wohingegen das regierungstreue Kreisblatt in der Stadt fast ohne Einfluss sei. Aber der alte Klüsing in Gausenfeld lieferte das Papier für beide Blätter. Es schien Diederich nicht unmöglich, durch ihn, der in der »Netziger Zeitung« Geld hatte, ihre Haltung zu beeinflussen. Er musste Angst bekommen, sonst das Kreisblatt zu verlieren. »Denn es gibt ja noch eine Papierfabrik in Netzig«, sagte der Bürgermeister und schmunzelte. Da trat das Zimmermädchen ein und verkündete, sie müsse nun den Tisch zum Mittagessen decken; die gnädige Frau werde gleich zurück sein – »und auch die Frau Hauptmann«, setzte sie hinzu. Bei der Nennung dieses Titels erhob der Bürgermeister sich sofort. Wie er seine Gäste hinausgeleitete, hielt er den Kopf gesenkt und war, trotz der genossenen Schnäpse, ganz milchfarben. Auf der Treppe zog er Diederich am Ärmel. Jadassohn war zurückgeblieben, und man hörte das Mädchen leise kreischen. An der Haustür läutete es schon.

»Mein lieber Herr Doktor«, wisperte der Bürgermeister, »Sie haben mich doch nicht missverstanden. Bei alledem habe ich natürlich einzig das Interesse der Stadt im Auge. Mir liegt es selbstverständlich ganz fern, irgendetwas zu unter-

das engere Wahlkomitee den leitenden Ausschuss, der sich mit Blick auf die kommenden Wahlen um die Nominierung des Kandidaten kümmert und die Wahlkampftaktik festlegt

das größte Organ (publizistische Organ) die größte Tageszeitung

Kreisblatt Zeitung für die (im ländlichen Raum lebende und damit traditionell regierungsfreundlichere) Leserschaft des gesamten Landkreises

der in der »Netziger Zeitung« Geld hatte der Anteilseigner (Mitbesitzer) der »Netziger Zeitung« war

zu verlieren als Kunde zu verlieren

nehmen, worin ich mich nicht einig weiß mit den Körperschaften, an deren Spitze zu stehen ich die Ehre habe.«

Er blinzelte eindringlich. Bevor Diederich sich besonnen hatte, betraten die Damen das Haus, und der Bürgermeister ließ Diederichs Ärmel los, um ihnen entgegenzueilen. Seine Frau, verhutzelt und mit Sorgenfalten, hatte kaum Zeit, die Herren zu begrüßen; sie musste die Kinder trennen, die einander prügelten. Ihre Mutter aber, einen Kopf höher und noch jugendlich, musterte streng die geröteten Gesichter der Frühstücksgäste. Dann schritt sie junonisch auf den Bürgermeister zu, den man kleiner werden sah ... Assessor Doktor Jadassohn hatte sich schon von dannen gemacht, Diederich vollführte formvolle Verbeugungen, die unerwidert blieben, und eilte hinterdrein. Ihm war aber beklommen, er sah unruhig auf der Straße umher, hörte nicht, was Jadassohn sagte, und plötzlich kehrte er um. Er musste mehrmals und heftig läuten, denn drinnen war großer Lärm. Die Herrschaften standen noch am Fuße der Treppe, auf der die Kinder sich schreiend umherstießen, und sie debattierten. Die Frau Bürgermeister wünschte, dass ihr Gatte beim Schuldirektor etwas gegen einen Oberlehrer unternehme, der ihren Sohn schlecht behandelte. Dagegen forderte die Frau Hauptmann von ihrem Schwiegersohn, er solle den Oberlehrer zum Professor ernennen, denn seine Frau habe den größten Einfluss im Vorstand der Bethlehemstiftung für gefährdete Mädchen. Der Bürgermeister beschwor sie abwechselnd mit den Händen. Endlich konnte er ein Wort anbringen.

»Einerseits – «, sagte er.

Aber da hatte Diederich ihn am Ärmel ergriffen. Nach vielen Entschuldigungen in der Richtung der Damen zog er ihn beiseite, und er flüsterte bebend: »Verehrter Herr Bürgermeister, es liegt mir daran, Missverständnissen vorzubeugen.

verhutzelt altersbedingt zusammengeschrumpft, ›eingetrocknet‹ und voller Falten

junonisch im Bewusstsein ihrer majestätischen Erscheinung (wie Juno, die Gemahlin des Jupiter; eine »junonische Schönheit« ist das Gegenteil einer »zierlichen Schönheit«)

Betlehemstiftung für gefährdete Mädchen kirchlich betriebenes Heim für in Not geratene (oder in die Prostitution ›abgerutschte‹) junge Frauen

Ich darf daher wiederholen, dass ich ein durchaus liberaler Mann bin.«

Doktor Scheffelweis versicherte flüchtig, dass er hiervon gradeso überzeugt sei wie von seiner eigenen, gut liberalen Gesinnung. Schon ward er abgerufen, und Diederich verließ, ein wenig erleichtert, das Haus. Jadassohn erwartete ihn grinsend.

»Sie haben wohl Angst gehabt? Lassen Sie nur! Mit unserem Stadtoberhaupt kompromittiert sich niemand, er ist immer, wie der liebe Gott, mit den stärksten Bataillonen. Heute wollte ich nur feststellen, wie weit er sich schon mit Herrn von Wulckow eingelassen hat. Es steht nicht übel, wir können uns ein Stück vorwagen.«

»Vergessen Sie, bitte, nicht«, sagte Diederich, mit Zurückhaltung, »dass ich in der Netziger Bürgerschaft zu Hause und natürlich auch liberal bin.«

Jadassohn sah ihn von der Seite an. »Neuteutonia?«, fragte er. Und als Diederich sich erstaunt umwandte: »Wie geht es denn meinem alten Freund Wiebel?«

»Sie kennen ihn? Er war mein Leibbursch!«

»Kennen! Ich habe mit ihm gehangen.«

Diederich ergriff die Hand, die Jadassohn hinhielt, sie schüttelten einander kraftvoll. »Na dann!« – »Na also!« Und Arm in Arm gingen sie in den Ratskeller, mittagessen.

Dort war es einsam und dämmerig, hinten ward für sie das Gas angezündet, und bis die Suppe kam, machten sie alte Kommilitonen ausfindig. Der dicke Delitzsch! Diederich berichtete mit der Genauigkeit eines Augenzeugen über seinen tragischen Tod. Das erste Glas Rauenthaler weihten sie still seinem Andenken. Es zeigte sich, dass auch Jadassohn die Februarkrawalle mitgemacht und damals die Macht verehren gelernt hatte, wie Diederich. »Seine Majestät hat einen

ward er abgerufen wurde seine Anwesenheit von anderer Seite verlangt

kompromittiert sich niemand ist man immer auf der sicheren Seite

er ist immer, wie der liebe Gott, mit den stärksten Bataillonen → Seite 503

mein Leibbursch (siehe Seite 490: ein junger Fuchs)

habe mit ihm gehangen Die Bedeutung dieser Phrase ist unklar; möglicherweise: bin mit ihm durch dick und dünn gegangen

Ratskeller Gaststätte im Untergeschoss des Ratshauses

Rauenthaler Wein aus dem Weinbauort Rauenthal im Rheingau-Taunus-Kreis

mitgemacht miterlebt

Mut bewiesen«, sagte der Assessor, »dass einem schwindlig werden konnte. Mehrmals habe ich, weiß Gott, geglaubt – « Er stockte, sie sahen schaudernd einander in die Augen. Um über die entsetzliche Vorstellung hinwegzukommen, erhoben sie die Gläser. »Gestatte mir«, sagte Jadassohn. »Ziehe gleich mit«, erwiderte Diederich. Und Jadassohn: »Werte Lieben mit eingeschlossen.« Und Diederich: »Werde zu Hause davon zu rühmen wissen.«

Dann ließ sich Jadassohn, obwohl sein Essen kalt ward, auf eine ausführliche Würdigung des kaiserlichen Charakters ein. Die Philister, Nörgler und Juden mochten an ihm aussetzen, was sie wollten, alles in allem war unser herrlicher junger Kaiser die persönlichste Persönlichkeit, von erfreulicher Impulsivität und ein höchst origineller Denker. Diederich glaubte dies auch schon festgestellt zu haben und nickte befriedigt. Er sagte sich, dass das Äußere eines Menschen zuweilen trüge, und dass die deutsche Gesinnung nicht notwendig von der Größe der Ohren abhänge. Sie leerten ihre Gläser auf den glücklichen Ausgang des Kampfes für Thron und Altar, gegen den Umsturz in jeder Form und Verkleidung.

Philister Spießbürger

Thron und Altar → Seite 503

So gelangten sie wieder zu den Zuständen in Netzig. Sie waren sich einig darin, dass der neue nationale Geist, für den es die Stadt zu erobern galt, kein anderes Programm brauche als den Namen Seiner Majestät. Die politischen Parteien waren alter Trödel, wie Seine Majestät selbst gesagt hatte. »Ich kenne nur zwei Parteien, die für mich und die wider mich«, hatte er gesagt, und so war es. In Netzig überwog leider noch die Partei, die gegen ihn war, aber das sollte sich ändern, und zwar – dies war Diederich klar – vermittelst des Kriegervereins. Jadassohn, der ihm nicht angehörte, übernahm es gleichwohl, Diederich mit den leitenden Persönlichkeiten bekannt zu machen. Da war vor allem Pastor

waren alter Trödel hatten sich überlebt, gehörten auf den Müllplatz der Geschichte

Ich kenne nur zwei Parteien, die für mich und die wider mich → Seite 503

vermittelst mithilfe

Kriegervereins → Seite 504

Zillich, ein Korpsbruder von Jadassohn, ein echt deutscher Mann! Gleich nachher wollten sie ihn besuchen. Sie tranken auf sein Wohl. Auch auf seinen Hauptmann trank Diederich, den Hauptmann, der aus einem strengen Vorgesetzten sein bester Freund geworden war. »Das Dienstjahr ist doch das Jahr, das ich aus meinem Leben am wenigsten missen möchte.« Unvermittelt und schon ziemlich gerötet, rief er aus: »Und solche erhebenden Erinnerungen möchten diese Demokraten uns verekeln!«

Der alte Buck! Diederich konnte sich plötzlich nicht fassen vor Wut, er stammelte: »Am Dienen will solch ein Mensch uns hindern, er sagt, wir sind Knechte! Weil er mal Revolution gemacht hat – «

»Das ist ja schon nicht mehr wahr«, sagte Jadassohn.

»Darum sollen wir uns wohl alle zum Tode verurteilen lassen? Hätten sie ihn wenigstens geköpft! ... Die Hohenzollern sollen uns schlecht bekommen sein!«

»Ihm sicher«, sagte Jadassohn und tat einen großen Zug.

»Aber ich stelle fest« – Diederich rollte die Augen –, »dass ich all seinen lästerlichen Unfug nur angehört habe, um mich darüber zu unterrichten, wes Geistes Kind er ist. Ich nehme Sie zum Zeugen, Herr Assessor! Wenn der alte Intrigant jemals behaupten sollte, dass ich sein Freund bin und seine infamen Majestätsbeleidigungen gebilligt habe, dann nehme ich Sie zum Zeugen, dass ich gleich heute protestiert habe!«

Der Schweiß brach ihm aus, denn er dachte an die Sache mit der Baukommission und an den Schutz, den er bei ihr genießen sollte ... Unvermittelt warf er ein Buch auf den Tisch, ein kleines, fast quadratisches Buch, und stieß ein Hohngelächter dabei aus.

»Dichten tut er auch!«

Jadassohn blätterte. »Turnerlieder. Aus der Gefangenschaft. Ein Hoch der Republik! und Am Weiher lag ein Jüng-

schon nicht mehr wahr so lange her, dass es keine Rolle mehr spielt (und dass sich daraus schon gar keine Ansprüche mehr ableiten lassen)

stelle fest möchte betonen, möchte klarstellen

mich darüber zu unterrichten, wes Geistes Kind er ist mir ein Urteil über sein wahres Wesen zu bilden

Turnerlieder → Seite 504

ling, trübselig anzuschauen ... Stimmt, so waren die. Sträflinge versorgen und an den Grundlagen rütteln. Sentimentaler Umsturz, Gesinnung verdächtig und Haltung schlapp. Da stehen wir, Gott sei Dank, anders da.«

»Das wollen wir hoffen«, sagte Diederich. »In der Verbindung haben wir Mannhaftigkeit und Idealismus gelernt, das genügt, da erübrigt sich das Dichten.«

deklamierte Jadassohn trug Jadassohn mit höhnischem Pathos vor

»Fort mit euren Altarkerzen!«, deklamierte Jadassohn. »Das ist etwas für meinen Freund Zillich. Jetzt hat er sein Schläfchen hinter sich, wir können losgehen.«

Sie fanden den Pastor beim Kaffee. Er wollte Frau und Tochter sogleich hinausschicken. Jadassohn hielt die Hausfrau galant zurück und versuchte auch dem Fräulein die Hand zu küssen, aber sie wandte ihm den Rücken. Diederich, sehr aufgeheitert, bat die Damen dringend, zu bleiben, und ihm gelang es. Er erklärte ihnen, dass Netzig nach Berlin beträchtlich still wirke. »Die Damenwelt ist auch noch zurück. Mein Ehrenwort, gnädiges Fräulein, Sie sind hier die Erste, die ruhig Unter den Linden spazieren gehen könnte, und kein Mensch würde merken, dass Sie aus Netzig sind.« Darauf erfuhr er, dass sie wirklich einmal in Berlin gewesen war, und sogar bei Ronacher. Diederich zog hieraus Vorteil, er erinnerte sie an ein dort gehörtes Couplet, das er ihr aber nur ins Ohr sagen könne: »Unsre lieben süßen Dam'n zeigen alles, was sie ham'n ...« Da sie einen dreisten Seitenblick warf, streifte er mit dem Bart ihren Hals. Sie sah ihn flehend an, worauf er ihr erst recht versicherte, dass sie ein »reizender Käfer« sei. Sie flüchtete mit geschlossenen Augen zu ihrer Mutter, die alles überwacht hatte. Der Pastor war mit Jadassohn in ernstem Gespräch. Er klagte, dass der Kirchenbesuch in Netzig unerhört vernachlässigt werde.

noch zurück noch recht rückständig

Ronacher → Seite 504

Couplet »scherzhaft-satirisches Strophengedicht mit Kehrreim« und oft »pikantem Inhalt« (Duden)

Sonntag Jubilate dritter Sonntag nach Ostern, dessen Gottesdienst dem Lob des Schöpfergottes gewidmet ist

»Am Sonntag Jubilate: verstehen Sie wohl, am Sonntag Jubilate habe ich vor dem Küster und drei alten Damen aus

Küster Kirchendiener

dem Jungfrauenstift predigen müssen. Die anderen hatten Influenza.«

Jadassohn sagte: »Bei der lauen, um nicht zu sagen feindseligen Haltung, die die herrschende Partei den kirchlichen und religiösen Dingen gegenüber einnimmt, muss man sich über die drei alten Damen wundern. Warum besuchen sie nicht lieber die freigeistigen Vorträge des Doktors Heuteufel?«

Da schnellte der Pastor vom Stuhl. Sein Bart schien aufzuschäumen, so sehr schnob er, und sein Gehrock warf wilde Falten. »Herr Assessor!«, brachte er hervor. »Dieser Mensch ist mein Schwager, und Die Rache ist mein! spricht der Herr. Aber obwohl dieser Mensch mein Schwager und meiner leiblichen Schwester Mann ist, kann ich den Herrn nur anflehen, ja, mit gerungenen Händen anflehen, dass er von seinem Rachestrahl Gebrauch mache. Denn sonst würde er eines Tages genötigt sein, Pech und Schwefel auf ganz Netzig regnen zu lassen. Kaffee, verstehen Sie, Kaffee gibt Heuteufel den Leuten umsonst, damit sie kommen und ihre Seele von ihm fangen lassen. Und dann erzählt er ihnen, die Ehe sei kein Sakrament, sondern ein Vertrag – als ob ich mir einen Anzug bestelle.« – Der Pastor lachte vor Erbitterung.

»Pfui«, sagte Diederich mit tiefer Stimme. Und indes Jadassohn den Pastor seines positiven Christentums versicherte, begann Diederich schon wieder, im Schutz eines Sessels, sich Käthchen handgreiflich zu nähern. »Fräulein Käthchen«, sagte er dabei, »ich kann Ihnen auf das Bestimmteste erklären, dass für mich die Ehe tatsächlich ein Sakrament ist.« Käthchen erwiderte: »Schämen Sie sich, Herr Doktor.«

Ihm ward heiß. »Machen Sie nicht solche Augen!«

Käthchen seufzte. »Sie sind schrecklich raffiniert. Wahrscheinlich sind Sie auch nicht besser als der Herr Assessor Jadassohn. Ihre Schwestern haben mir schon erzählt, was

Jungfrauenstift gängige Bezeichnung für ein Nonnenkloster

Influenza Grippe

Gehrock → Seite 504

Die Rache ist mein! → Seite 504

positiven Christentums in der Religionsphilosophie der Aufklärung aufgekommene Bezeichnung für den Charakter des Christentums als Offenbarungsreligion (empfangene göttliche Botschaft) sowie als eine von der Institution der Kirche getragene Religion

Sakrament im kirchlichen Verständnis: sichtbares Zeichen für die unsichtbare Gegenwart Gottes

Sie in Berlin alles angestellt haben. Es sind doch meine besten Freundinnen.«

Dann werde man sich doch bald wiedersehen? – Ja, in der »Harmonie«. »Aber Sie brauchen nicht zu denken, dass ich Ihnen irgendwas glaube. Sie sind ja mit Guste Daimchen zusammen am Bahnhof angekommen.«

Was das beweise, fragte Diederich. Er protestierte gegen alle Folgerungen, die man aus dieser rein zufälligen Tatsache etwa ziehen wolle. Fräulein Daimchen sei übrigens verlobt. »Ach die!«, machte Käthchen. »Die geniert das nicht, sie ist so grässlich kokett.«

Auch die Frau Pastor bestätigte es. Noch heute habe sie Guste in Lackschuhen und lila Strümpfen gesehen. Das verspreche nichts Gutes. Käthchen verzog den Mund.

»Na, und die Erbschaft – «

Dieser Zweifel machte, dass Diederich bestürzt verstummte. Der Pastor hatte dem Assessor soeben die Notwendigkeit zugegeben, die Lage der christlichen Kirche in Netzig einmal näher mit den Herren zu erörtern, und verlangte von seiner Frau den Mantel und den Hut. Auf der Treppe war es schon dunkel. Da die beiden anderen vorangingen, konnte Diederich noch einmal Käthchens Hals überfallen. Sie sagte ersterbend: »So mit dem Bart kitzeln tut keiner in Netzig« – was ihm zuerst schmeichelte, gleich darauf aber gab es ihm peinliche Vermutungen ein. So ließ er Käthchen einfach los und verschwand. Jadassohn erwartete ihn unten, er sagte leise: »Nur Mut! Der Alte hat nichts gemerkt, und die Mutter tut so.« Er zwinkerte aufdringlich.

und die Mutter tut so …, als bekomme sie nichts mit

Marienkirche In Halle (siehe Seite 501: Wuchererstraße) gibt es eine Marienkirche, aber natürlich nicht nur dort.

An der Marienkirche vorüber wollten die drei Herren den Markt erreichen, der Pastor blieb aber stehen, mit einer Kopfbewegung deutete er hinter sich. »Die Herren wissen wohl, wie die Gasse heißt, links von der Kirche unter dem

Bogen? Dies schwarze Loch von einer Gasse oder vielmehr das gewisse Haus darin.«

»Klein-Berlin«, sagte Jadassohn, denn der Pastor ging nicht weiter.

»Klein-Berlin«, wiederholte er, schmerzlich lächelnd, und noch einmal, mit der Gebärde heiligen Zornes, sodass mehrere Leute sich umsahen: »Klein-Berlin ... Im Schatten meiner Kirche! Solch ein Haus! Und der Magistrat will mich nicht hören, er spottet meiner. Aber er spottet noch eines anderen« – damit setzte sich der Pastor wieder in Bewegung –, »und der lässet seiner nicht spotten.«

Auch Jadassohn war der Meinung, dass er seiner nicht spotten lasse. Diederich aber sah, indes seine Begleiter sich ereiferten, vom Rathaus her Guste Daimchen nahen. Er neigte formvoll den Hut vor ihr, und sie lächelte schnippisch. Ihm fiel auf, dass Käthchen Zillich geradeso weißblond war und auch diese kleine, frech eingedrückte Nase hatte. Eigentlich war es gleich, ob die oder die. Guste freilich zeichnete sich durch eine handliche Breite aus. ›Und die lässt sich nichts gefallen. Gleich hat man eine Ohrfeige.‹ Er wandte sich um nach Guste: Von hinten war sie außerordentlich rund und wackelte. In diesem Augenblick war es für Diederich entschieden: die oder keine!

Die beiden anderen hatten sie nachträglich auch bemerkt. »War das nicht das Töchterlein der Frau Oberinspektor Daimchen?«, fragte der Pastor; und er setzte hinzu: »Unsere Bethlehemsstiftung für gefährdete Jungfrauen wartet noch immer auf die Zuwendungen der Guten. Ob Fräulein Daimchen zu den Guten gehört? Die Leute sagen, sie habe eine Million geerbt.«

Jadassohn beeilte sich, dies für weit übertrieben zu erklären. Diederich widersprach; er kenne die Verhältnisse, der verstorbene Onkel habe mit Zichorie noch viel mehr ver-

Zichorie Die Wurzelzichorie wurde ab dem 18. Jahrhundert als Kaffeezusatzstoff oder auch als Basisstoff für Ersatzkaffee verwendet und entsprechend in großem Stil angebaut. In Braunschweig und Berlin entstanden Zichorienfabriken. Im 19. Jahrhundert nahm die Produktion von Zichorie noch weiter zu. Heute findet sich die Wurzelzichorie nur noch im Caro-Kaffee (löslichem Ersatzkaffee aus Getreide).

dient, als man glaube. Er behauptete es so lange, bis der Assessor ihm verhieß, er werde durch das Gericht in Magdeburg die Wahrheit in Erfahrung bringen. Darauf schwieg Diederich, zufriedengestellt.

»Übrigens«, sagte Jadassohn, »fällt das Geld doch nur an die Bucks, will sagen an den Umsturz.« Aber Diederich wollte auch hierüber besser unterrichtet sein. »Fräulein Daimchen und ich sind nämlich zusammen hier angekommen«, sagte er versuchsweise. – »Ach so«, machte Jadassohn. »Darf man etwa gratulieren?« Diederich hob die Achseln, wie bei einer Taktlosigkeit. Jadassohn entschuldigte sich; er habe nur geglaubt, der junge Buck –

hob die Achseln zog die Schultern hoch

»Wolfgang?«, fragte Diederich. »Mit dem war ich in Berlin täglich zusammen. Er lebt dort mit einer Schauspielerin.«

Der Pastor räusperte sich missbilligend. Da man eben auf den Theaterplatz gelangte, sah er streng hinüber. Er versetzte: »Klein-Berlin liegt wohl bei meiner Kirche, aber doch wenigstens in einem dunklen Winkel. Dieser Tempel der Sittenlosigkeit brüstet sich auf offenem Platz, und unsere Söhne und Töchter« – er zeigte nach dem Bühneneingang, wo einige Mitglieder des Theaters standen – »streifen mit dem Ärmel an Buhldirnen!«

Buhldirnen Prostituierte (›Buhle‹ ist eine altertümliche Bezeichnung für eine Geliebte, für die Mätresse eines hohen Herrn)

Diederich erklärte dies, mit bekümmerter Miene, für tief bedauerlich – während Jadassohn sich über die »Netziger Zeitung« entrüstete, die frohlockt hatte, weil in den Stücken der letzten Saison vier uneheliche Kinder vorgekommen seien, und die das für einen Fortschritt hielt!

Inzwischen bogen sie in die Kaiser-Wilhelm-Straße und hatten verschiedene Herren zu grüßen, die eben das Haus der Loge betraten. Als sie die tief gezogenen Hüte wieder aufgesetzt hatten und vorüber waren, sagte Jadassohn: »Man wird sich die Herrschaften merken müssen, die den freimaureri-

Haus der Loge … freimaurerischen Unfug → Seite 505

schen Unfug noch mitmachen. Seine Majestät missbilligt ihn entschieden.«

»Von meinem Schwager Heuteufel wundert mich selbst das gefährlichste Sektenwesen nicht«, erklärte der Pastor.

»Nun, und der Herr Lauer?«, meinte Diederich. »Ein Mensch, der sich nicht entblödet, seine Arbeiter am Gewinn zu beteiligen? Dem ist alles zuzutrauen!«

»Das Unerhörteste«, behauptete Jadassohn, »ist doch, dass Herr Landgerichtsrat Fritzsche sich in dieser Judengesellschaft zeigt: ein Königlicher Landgerichtsrat Arm in Arm mit dem Wucherer Cohn. Wie haißt Cohn«, machte Jadassohn und steckte den Daumen unter die Achsel.

Diederich sagte: »Da er ja mit der Frau Lauer – « Er brach ab und erklärte, dann begreife er allerdings, dass diese Leute vor Gericht immer Recht bekämen. »Sie halten zusammen und schmieden Ränke.« Pastor Zillich murmelte sogar etwas von Orgien, die sie in dem Haus dort feiern sollten und bei denen schon unaussprechliche Dinge vorgekommen waren. Aber Jadassohn lächelte bedeutsam: »Nun, glücklicherweise sieht ihnen Herr von Wulckow gerade in die Fenster hinein.« Und Diederich nickte beifällig zu dem Gebäude der Regierung hinüber. Gleich daneben, vor dem Bezirkskommando, ging ein Wachtposten auf und ab. »Da lacht einem doch das Herz, wenn man das Gewehr so eines braven Burschen blinken sieht!«, rief Diederich aus. »Damit halten wir die Bande in Schach.«

Das Gewehr blinkte freilich nicht, denn es ward dunkel. Schon schoben sich Abteilungen heimkehrender Arbeiter durch das abendliche Gedränge. Jadassohn schlug einen Dämmerschoppen bei Klappsch vor, gleich um die Ecke. Dort war es gemütlich, zu dieser Stunde kam niemand hin. Auch war Klappsch ein Gutgesinnter, der dem Pastor, indes seine Tochter das Bier brachte, seinen heißen Dank aus-

sich nicht entblödet sich nicht scheut, etwas so Dämliches zu tun wie

Wucherer Geldverleiher (der einen unverhältnismäßigen Profit einstreicht, der die Notlage seiner Kunden ausnutzt) → Seite 505

Wie haißt Cohn (Jadassohn äfft hier auf gehässige Weise die oft jiddisch eingefärbte Sprechweise deutscher Juden nach – vor allem, wenn sie aus Osteuropa stammten, wo das Jiddische beheimatet war.)

steckte den Daumen unter die Achsel (wohl: zur Verstärkung der Wirkung durch eine affektierte Pose)

Bezirkskommando → Seite 505

Dämmerschoppen »geselliger Umtrunk am späten Nachmittag oder frühen Abend« (Duden)

christlichen Arbeitervereins → Seite 505

von der Affenverwandtschaft predigen (Heuteufel ist ein Anhänger der Evolutionstheorie von Charles Darwin, die von der Kirche abgelehnt und bekämpft wurde.)

Sorgen Sie dafür … dass in Berlin Kirchen gebaut werden Zitat aus einer Rede des frisch gekrönten Kaisers vom 27. Juni 1888 vor den städtischen Behörden Berlins

sprach für die segensreiche Arbeit, die er in der Bibelstunde an seinen Jungen vollbringe. Der Älteste hatte zwar doch wieder Zucker gestohlen, dafür aber hatte er nachts nicht schlafen können, sondern seine Sünde Gott so laut gebeichtet, dass Klappsch es hörte und ihn durchprügeln konnte. Von da kam das Gespräch auf die Beamten der Regierung, die Klappsch mit Frühstück versorgte und von denen er berichten konnte, wie sie am Sonntag die Kirchzeit verbrachten. Jadassohn machte sich Notizen, und gleichzeitig verschwand seine Hand hinter Fräulein Klappsch. Diederich besprach mit Pastor Zillich die Gründung eines christlichen Arbeitervereins. Er verhieß: »Wer von meinen Leuten nicht rein will, fliegt!« Diese Aussichten heiterten den Pastor auf; nachdem Fräulein Klappsch mehrmals Bier und Kognak gebracht hatte, befand er sich in demselben Zustand hoffnungsvoller Entschlossenheit, den seine beiden Gefährten im Laufe des Tages erreicht hatten.

»Mein Schwager Heuteufel«, rief er und schlug auf den Tisch, »soll so viel von der Affenverwandtschaft predigen, wie er will, ich krieg meine Kirche doch wieder voll!«

»Nicht nur Ihre«, beteuerte Diederich.

»Na, es gibt nun mal zu viele Kirchen in Netzig«, gestand der Pastor. Da sagte Jadassohn schneidend: »Zu wenige, Mann Gottes, zu wenige!« Und er nahm Diederich zum Zeugen, wie in Berlin die Dinge sich entwickelt hatten. Auch dort standen die Kirchen leer, bis Seine Majestät selbst eingegriffen hatte. »Sorgen Sie dafür«, hatte er einer Abordnung der städtischen Behörden gesagt, »dass in Berlin Kirchen gebaut werden.« Nun wurden sie gebaut, die Religion war wieder aktuell, es kam Betrieb hinein. Und alle, der Pastor, der Kneipwirt, Jadassohn und Diederich begeisterten sich für die tiefe Frömmigkeit des Monarchen. Da fiel ein Schuss.

»Es hat geknallt!« Jadassohn sprang zuerst auf, alle sahen erbleicht einander an. Vor Diederichs innerem Auge erschien blitzschnell das knochige Gesicht Napoleon Fischers, seines Maschinenmeisters, mit dem schwarzen Bart, durch den man die graue Haut sah, und er stammelte: »Der Umsturz! Es geht los!« Draußen war Getrappel von Laufenden: Auf einmal griffen alle nach ihren Hüten und rannten hinaus.

Die Leute, die sich schon angesammelt hatten, hielten in einem scheuen Bogen von der Ecke des Bezirkskommandos bis an die Treppe der Freimaurerloge. Drüben, wo der Kreis offen stand, lag jemand, das Gesicht nach unten, mitten auf der Straße. Und der Soldat, der vorhin so munter auf und ab gegangen war, stand jetzt unbeweglich vor seinem Schilderhaus. Der Helm hatte sich ihm verschoben, man sah, dass er bleich war, den Mund offen hatte und auf den Gefallenen hinstierte – indes er sein Gewehr beim Lauf hielt und es am Boden schleppen ließ. Im Publikum, zumeist Arbeitern und Frauen aus dem Volk, ward dumpf gemurrt. Plötzlich sagte eine Männerstimme sehr laut: »Oho!« – und darauf trat tiefe Stille ein. Diederich und Jadassohn verständigten sich durch einen blassen Blick über das Kritische des Augenblicks.

den Gefallenen den Toten

am Boden schleppen über den Boden schleifen, über den Boden scheppern

Die Straße herunter lief ein Schutzmann und ihm voraus ein Mädchen, dessen Rock wehte und das schon von Weitem rief: »Da liegt er! Der Soldat hat geschossen!«

Die Straße herunter lief ein Schutzmann Am Ende der Straße tauchte ein Polizist auf und lief herbei

Sie war angelangt, sie warf sich auf die Knie, sie rüttelte den Mann. »Auf! Steh doch auf!«

Sie wartete. In seinen Füßen schien es zu zucken; aber er blieb liegen, Arme und Beine über das Pflaster gestreckt. Da schrie sie los: »Karl!« Es gellte, dass alle auffuhren. Frauen schrien mit, mehrere Männer stürzten vor, die Fäuste geballt. Die Ansammlung war dichter geworden; zwischen den Wagen, die halten mussten, quoll Nachschub hervor; und in dem drohenden Gedränge arbeitete das Mädchen sich ab, unter ihren aufgelösten Haaren, die flatterten, und mit verzerrtem, nassem Gesicht, woraus wohl Geschrei kam, aber man hörte es nicht, der Lärm verschlang es.

einzige Schutzmann weiterhin einzige anwesende Polizist

trat wäre … getreten

Der einzige Schutzmann drängte mit ausgebreiteten Armen die Menge zurück, sie trat sonst auf den Liegenden. Er schrie vergebens gegen sie an, tanzte ihr auf den Füßen und sah sich, den Kopf verlierend, in der Luft nach Hilfe um.

Und sie kam. Im Regierungsgebäude ging ein Fenster auf, ein großer Bart erschien, und eine Stimme drang heraus, eine furchtbare Basstimme, die jeder, auch wenn er sie noch nicht verstand, durch allen Aufruhr dröhnen hörte wie fernen Kanonendonner.

»Wulckow«, sagte Jadassohn. »Na endlich.«

»Ich verbitte mir das!«, tönte es herunter. »Wer erlaubt sich hier vor meinem Hause Lärm zu machen!« Und da es schon ruhiger ward: »Wo ist der Posten?«

Schilderhaus Wachstube, »Holzhäuschen zum Unterstellen für die Schildwache« (Duden)

Jetzt sahen die meisten erst, dass der Soldat sich in sein Schilderhaus zurückgezogen hatte: so tief wie möglich, und nur der Gewehrlauf stand hervor.

»Komm raus, mein Sohn!«, befahl der Bass von oben. »Du hast deine Pflicht getan. Er hat dich gereizt. Für deine Tapferkeit wird Seine Majestät dich belohnen. Verstanden?«

Alle hatten ihn verstanden und waren verstummt, sogar das Mädchen. Um so ungeheurer dröhnte er: »Zerstreut euch sofort, sonst lass ich schießen!«

Eine Minute Eine Minute verging

Im Eingang der Regierung Im Eingang des Regierungsgebäudes, des Regierungssitzes

Eine Minute, und einige liefen schon. Gruppen von Arbeitern lösten sich auf, zögerten – und gingen wieder ein Stück weiter, mit gesenkten Köpfen. Der Regierungspräsident rief noch hinunter: »Paschke, holen Sie mal 'n Doktor!«

Dann klappte er das Fenster wieder zu. Im Eingang der Regierung aber ward es lebendig. Plötzlich waren Herren da, die kommandierten, eine Menge Schutzleute liefen von allen Seiten zusammen, knufften auf das Publikum ein, das noch übrig war, und schrien ganz allein. Diederich und seine Begleiter, die sich hinter ihre Ecke zurückgezogen hatten, sahen drüben auf der Treppe der Loge einige Herren stehen. Jetzt machte Doktor Heuteufel sich zwischen ihnen Platz. »Ich bin Arzt«, sagte er laut, ging rasch über die Straße und beugte sich zu dem Verwundeten. Er wendete ihn um, öffnete ihm die Weste und legte das Ohr an seine Brust. In diesem Augenblick waren alle still, sogar die Schutzleute schrien nicht mehr; das Mädchen aber stand da, vorwärtsgeneigt, die Schultern hinaufgezogen wie unter einem drohenden Schlag und die Faust am Herzen geballt, als sei es dies Herz, das nun stillstehen sollte.

beugte sich zu beugte sich zu … herab

Doktor Heuteufel erhob sich. »Der Mann ist tot«, sagte er. Gleichzeitig bemerkte er das Mädchen, das schwankte. Er griff nach ihr. Aber sie stand schon wieder, sie sah auf das Gesicht des Toten nieder und sagte nur: »Karl.« Noch leiser: »Karl.« Doktor Heuteufel sah umher und fragte: »Was soll mit dem Mädchen geschehen?«

Da trat Jadassohn vor. »Assessor Jadassohn von der Staatsanwaltschaft«, sagte er. »Das Mädchen ist abzuführen. Da ihr Geliebter den Posten gereizt hat, liegt Verdacht vor, dass sie sich an der strafbaren Handlung beteiligt hat. Wir werden die Untersuchung einleiten.«

Zwei Schutzleute, denen er winkte, fassten das Mädchen schon an. Doktor Heuteufel erhob die Stimme: »Herr Assessor, ich erkläre als Arzt, dass der Zustand des Mädchens seine Verhaftung nicht zulässt.« Jemand sagte: »Führen Sie doch auch den Toten ab!« Aber Jadassohn krähte: »Herr Fabrikbesitzer Lauer, ich verbitte mir jede Kritik meiner amtlichen Maßnahmen!«

winkte ein Zeichen gab

Diederich inzwischen hatte Zeichen hoher Erregung von

sich gegeben. »Oh! ... Ah! ... Aber das ist –« Er war ganz bleich; er setzte sich: »Meine Herren ... Meine Herren, ich bin in der Lage – Ich kenne diese Leute: jawohl, den Mann und das Mädchen. Doktor Heßling mein Name. Beide waren bis heute in meiner Fabrik beschäftigt. Ich musste sie entlassen, wegen öffentlich begangener unsittlicher Handlungen.«

»Aha!«, machte Jadassohn. Pastor Zillich rührte sich. »Das ist fürwahr der Finger Gottes«, sagte er. Der Fabrikant Lauer hatte sich in seinem grauen Spitzbart heftig gerötet, seine gedrungene Gestalt ward geschüttelt vom Zorn.

Das ist fürwahr der Finger Gottes biblische Wendung (vgl. 5. Mose 9, 10, und Lk. 11, 29), die in abgewandelter Form (»Finger der Vorsehung«) auch in Reden Wilhelms II. auftaucht

»Über den Finger Gottes lässt sich streiten. Sicher scheint nur, Herr Doktor Heßling, dass der Mann sich zu Ausschreitungen hat hinreißen lassen, weil die Entlassung ihm zu Herzen gegangen ist. Er hatte eine Frau, vielleicht auch Kinder.«

»Sie waren gar nicht verheiratet«, sagte Diederich, seinerseits entrüstet. »Ich weiß es von ihm selbst.«

»Was ändert das?«, fragte Lauer. Da erhob der Pastor die Arme. »Sind wir denn schon so weit«, rief er, »dass es nichts ändert, ob das sittliche Gesetz Gottes befolgt wird oder nicht?«

Lauer erklärte es für unangebracht, auf der Straße und im Augenblick, wo jemand mit behördlicher Billigung totgeschossen worden sei, über sittliche Gesetze zu debattieren; und er wandte sich an das Mädchen, um ihm Arbeit in seiner Werkstatt anzubieten. Inzwischen war ein Sanitätswagen angelangt; der Tote ward vom Boden aufgenommen. Wie man ihn aber hineinschob, fuhr das Mädchen aus seiner Starrheit empor, stürzte sich über die Bahre, entriss sie, ehe man es sich versah, den Männern, dass sie niederfiel – und zusammen mit dem Toten, in ihn verkrampft und unter gellendem Geschrei, rollte sie auf das Pflaster. Mit großer Mühe ward sie von dem Leichnam gelöst und in eine Droschke gehoben. Der Assistenzarzt, der den Krankenwagen begleitet hatte, fuhr mit ihr fort.

Auf den Fabrikanten Lauer, der mit Heuteufel und den anderen Logenbrüdern weitergehen wollte, trat Jadassohn zu, in drohender Haltung. »Einen Augenblick, bitte. Sie äußerten da vorhin, dass hier mit behördlicher Billigung – ich nehme die Herren zu Zeugen, dass dies Ihr Ausdruck war –, also mit behördlicher Billigung jemand totgeschossen sei. Ich möchte fragen, ob das von Ihrer Seite vielleicht eine Missbilligung der Behörde bedeuten sollte?«

»Ach so«, machte Lauer und sah ihn an. »Mich möchten Sie wohl auch abführen lassen?«

»Zugleich«, fuhr Jadassohn mit hoher, schneidiger Stimme fort, »mache ich Sie darauf aufmerksam, dass das Verhalten eines Postens, der ein ihn belästigendes Individuum niederschießt, vor wenigen Monaten, nämlich im Fall Lück, von maßgebender Stelle als korrekt und tapfer bezeichnet und durch Auszeichnungen und Gnadenbeweise belohnt worden ist. Hüten Sie sich vor einer Kritik der Allerhöchsten Handlungen!«

»Ich habe keine ausgesprochen«, sagte Lauer. »Ausgesprochen habe ich bis jetzt nur meine Missbilligung des Herrn dort, mit dem gefährlichen Schnurrbart.«

»Wie?«, fragte Diederich, der noch immer die Pflastersteine ansah, wo der Erschossene gefallen war und wo ein wenig Blut lag. Er begriff endlich, dass er herausgefordert war.

»Der Schnurrbart wird von Seiner Majestät getragen!«, sagte er fest. »Es ist die deutsche Barttracht. Im Übrigen lehne ich jede Diskussion mit einem Arbeitgeber ab, der den Umsturz fördert.«

Lauer öffnete schon wütend den Mund, obwohl der Bruder des alten Buck, Heuteufel, Cohn und Landgerichtsrat Fritzsche ihn fortziehen wollten; und neben Diederich reck-

Fall Lück In der Nacht vom 1. auf den 2. April 1892 erschoss der Grenadier (Infanteriesoldat) Lück einen Arbeiter, der ihn in angetrunkenem Zustand verspottet und bedroht hatte. Der Schütze wurde daraufhin von Wilhelm II. zum Gefreiten befördert und mit einem eigenhändig unterschriebenen Kaiserbildnis beschenkt. → Seite 506

Er begriff endlich Erst nach einem Moment begriff er, aus seiner Abwesenheit erwachend,

ten sich kampfbereit Jadassohn und Pastor Zillich: – da erschien im Eilschritt eine Abteilung Infanterie, sperrte die Straße ab, die ganz geleert war, und der Leutnant, der die Führung hatte, forderte die Herren zum Weitergehen auf. Alle gehorchten schleunigst; sie sahen noch, wie der Leutnant vor den Wachtposten hintrat und ihm die Hand schüttelte.

eine Abteilung Infanterie ein Trupp Fußsoldaten

»Bravo!«, sagte Jadassohn. Und Doktor Heuteufel: »Morgen kommen nun Hauptmann, Major und Oberst dran, müssen belobigen und dem Kerl Geldgeschenke machen.«

»Sehr richtig!«, sagte Jadassohn.

»Aber – « Heuteufel blieb stehen. »Meine Herren, verständigen wir uns doch. Hat denn das alles einen Sinn? Nur weil dieser Bauerntölpel keinen Spaß verstanden hat? Ein Witz, ein gutmütiges Lachen nur, und er entwaffnet den Arbeiter, der ihn herausfordern möchte, seinen Kameraden, einen armen Teufel wie er selbst. Stattdessen befiehlt man ihm zu schießen. Und nachher kommen die großen Worte.«

und er entwaffnet den Arbeiter und er bringt den Arbeiter ohne alle Gewaltanwendung zum Schweigen

Landgerichtsrat Fritzsche stimmte bei und riet zur Mäßigung. Da sagte Diederich, noch bleich und mit einer Stimme, die erschauerte: »Das Volk muss die Macht fühlen! Das Gefühl der kaiserlichen Macht ist mit einem Menschenleben nicht zu teuer bezahlt!«

Das Gefühl Das Bewusstsein, das Erlebnis

mit einem Menschenleben nicht zu teuer bezahlt Abwandlung eines berühmten Zitats aus Schillers Drama »Don Karlos« (1787): »Ein Augenblick, gelebt im Paradiese, / Wird nicht zu teuer mit dem Tod gebüßt.« (I, 5)

»Wenn es nur nicht Ihres ist«, sagte Heuteufel. Und Diederich, die Hand auf der Brust: »Wenn es auch meins wäre!«

Heuteufel zuckte die Achseln. Während man weiterging, versuchte Diederich dem Pastor Zillich, mit dem er ein Stück zurückblieb, seine Empfindungen zu erklären. »Für mich«, sagte er, schnaufend vor innerer Bewegung, »hat der Vorgang etwas direkt Großartiges, sozusagen Majestätisches. Dass da einer, der frech wird, einfach abgeschossen werden kann, ohne Urteil, auf offener Straße! Bedenken Sie: Mitten in unserm bürgerlichen Stumpfsinn kommt so was – Heroisches vor! Da sieht man doch, was Macht heißt!«

»Wenn sie von Gottes Gnaden ist«, ergänzte der Pastor.

»Natürlich. Das ist es eben. Drum hab ich geradezu eine religiöse Erhebung von der Sache. Man merkt doch manchmal, dass es höhere Dinge gibt. Gewalten, denen wir alle unterworfen sind. Denn zum Beispiel bei dem Berliner Krawall, vorigen Februar, als Seine Majestät sich mit so phänomenaler Kaltblütigkeit in den tobenden Aufruhr hinauswagten: na, ich sage nur –« Da die Übrigen vor dem Ratskeller stehen geblieben waren, erhob Diederich die Stimme: »Wenn damals der Kaiser die ganzen Linden hätte vom Militär absperren und in uns alle hätte reinschießen lassen, immer feste rein, sag ich ...«

»Sie hätten hurra geschrien«, schloss Doktor Heuteufel.

»Sie vielleicht nicht?«, fragte Diederich und versuchte zu blitzen. »Ich hoffe doch, wir empfinden alle national!«

Der Fabrikant Lauer wollte schon wieder unvorsichtig entgegnen, ward aber zurückgehalten. Statt seiner sagte Cohn: »Nun, national bin ich auch. Aber bezahlen wir unsere Armee für solche Witze?«

Diederich maß ihn.

»Ihre Armee, sagen Sie? Herr Warenhausbesitzer Cohn hat eine Armee! Haben die Herren gehört?« Er lachte erhaben. »Ich kannte bisher nur die Armee Seiner Majestät des Kaisers!«

Doktor Heuteufel brachte etwas von Volksrechten vor, aber Diederich betonte mit abgehackter Kommandostimme, dass er keinen Schattenkaiser wünsche. Ein Volk, das die straffe Zucht verliere, sei der Verlotterung geweiht ... Inzwischen war man im Keller angelangt, Lauer und seine Freunde saßen schon. »Na, setzen Sie sich nicht zu uns?«, ward Diederich von Doktor Heuteufel gefragt. »Schließlich sind

dass er keinen Schattenkaiser wünsche Reichskanzler Bernhard von Bülow trat am 20. Januar 1903 im Reichstag mit folgenden Worten der Kritik an Äußerungen des Kaisers entgegen, die als politische Entgleisungen empfunden worden waren: »Das deutsche Volk will gar keinen Schattenkaiser, das deutsche Volk will einen Kaiser von Fleisch und Blut« (zitiert nach: Fredrick Betz [vgl. S. 485], S. 33).

wir wohl alle liberale Männer.« Da stellte Diederich fest: »Liberal selbstverständlich. Aber ich gehe in den großen nationalen Fragen aufs Ganze. Für mich gibt es da nur zwei Parteien, die Seine Majestät selbst gekennzeichnet haben: die für ihn und die gegen ihn. Und da scheint es mir allerdings, dass an dem Tisch der Herren für mich kein Platz ist.«

Er vollführte eine korrekte Verbeugung und ging hinüber zu dem leeren Tisch. Jadassohn und Pastor Zillich folgten ihm. Gäste, die in der Nähe saßen, sahen sich um; eine allgemeine Stille entstand. Mit dem Rausch des Erlebten stieg in Diederich der Plan empor, Sekt zu bestellen. Drüben ward geflüstert, dann rückte jemand seinen Stuhl, es war Landgerichtsrat Fritzsche. Er verabschiedete sich, kam an Diederichs Tisch, um ihm, Jadassohn und Zillich die Hände zu schütteln, und ging hinaus.

»Das wollte ich ihm auch geraten haben«, bemerkte Jadassohn. »Er hat die Unhaltbarkeit seiner Lage noch rechtzeitig erkannt.« Diederich sagte: »Eine reinliche Scheidung war vorzuziehen. Wer in nationaler Beziehung ein gutes Gewissen hat, braucht diese Leute wahrhaftig nicht zu fürchten.« Aber Pastor Zillich schien betreten. »Der Gerechte muss viel leiden«, sagte er. »Sie wissen noch nicht, wie Heuteufel intrigant ist. Morgen erzählt er Gott weiß welche Gräuel über uns.« Da zuckte Diederich zusammen. Doktor Heuteufel war eingeweiht in jenen immerhin dunklen Punkt seines Lebens, als er vom Militär loszukommen wünschte! Er hatte ihm, in einem höhnischen Brief, das Krankheitsattest verweigert! Er hielt ihn in der Hand, er konnte ihn vernichten! In seinem jähen Schrecken befürchtete Diederich sogar Enthüllungen aus seiner Schulzeit, als Doktor Heuteufel ihn im Hals gepinselt und ihm dabei Feigheit vorgeworfen hatte. Der Schweiß brach ihm aus. Umso lauter bestellte er Hummer und Sekt.

wie Heuteufel intrigant ist wie intrigant Heuteufel ist

hielt hatte

Drüben bei den Logenbrüdern hatte man sich aufs Neue über den gewaltsamen Tod des jungen Arbeiters erregt. Was das Militär und die Junker, die es befehligten, sich denn einbildeten! Sie benahmen sich ja wie in einem eroberten Land! Und als die Köpfe rot genug waren, verstiegen sich die Herren dazu, für das Bürgertum, das tatsächlich alle Leistungen liefere, auch die Führung im Staat zu verlangen. Herr Lauer wünschte zu wissen, was die herrschende Kaste vor anderen Leuten eigentlich noch voraushabe. »Nicht einmal die Rasse«, behauptete er. »Denn sie sind ja alle verjudet, die Fürstenhäuser einbegriffen.« Und er setzte hinzu: »Womit ich meinen Freund Cohn nicht kränken will.«

Es war Zeit, einzuschreiten: Diederich fühlte es. Schnell stürzte er noch ein Glas hinunter, dann stand er auf, trat wuchtig bis in die Mitte unter den gotischen Kronleuchter und sagte scharf: »Herr Fabrikbesitzer Lauer, ich gestatte mir die Frage, ob Sie unter den Fürstenhäusern, die nach Ihrer persönlichen Meinung verjudet sind, auch deutsche Fürstenhäuser verstehen.«

Lauer erwiderte ruhig, beinahe freundlich: »Gewiss doch.«

»So«, machte Diederich, und er schöpfte tief Atem, um zu seinem großen Schlag auszuholen. Unter der Aufmerksamkeit des ganzen Lokals fragte er: »Und den verjudeten deutschen Fürstenhäusern rechnen Sie auch das eine zu, das ich nicht erst zu nennen brauche?« Triumphierend sagte Diederich dies, vollkommen sicher, dass nun sein Gegner sich verwirren, stammeln und unter den Tisch kriechen werde. Aber er stieß auf einen nicht vorauszusehenden Zynismus.

»Na ja doch«, sagte Lauer.

Jetzt war es an Diederich, die Haltung zu verlieren vor Entsetzen. Er sah umher: ob er denn recht gehört habe. Die Gesichter bestätigten es ihm. Da brachte er hervor, es werde sich zeigen, welche Folgen diese Äußerung für den Herrn

alle verjudet, die Fürstenhäuser einbegriffen gehässige Anspielung auf Eheschließungen zwischen Angehörigen von Fürstenhäusern und Mitgliedern reicher bürgerlicher, teils auch jüdischer Familien

gotischen Kronleuchter von der Decke hängender, großer und mehrarmiger Leuchter von mittelalterlicher Anmutung, der die ›altdeutsche Atmosphäre‹ des Ratskellers betont (siehe auch die Abbildung auf Seite 533)

Fabrikbesitzer haben werde, und zog sich in leidlicher Ordnung in das befreundete Lager zurück. Gleichzeitig tauchte Jadassohn wieder auf, der verschwunden gewesen war, man wusste nicht, wohin.

»Ich habe dem soeben Vorgefallenen nicht beigewohnt«, sagte er sofort. »Ich stelle dies ausdrücklich fest, da es für die weitere Entwicklung von Bedeutung sein könnte.« Und dann ließ er sich genau berichten. Diederich tat es mit Feuer; er nahm es als sein Verdienst in Anspruch, dem Feind den Weg abgeschnitten zu haben. »Jetzt haben wir ihn in der Hand!«

»Allerdings«, bestätigte Jadassohn, der sich Notizen gemacht hatte.

Vom Eingang her nahte auf steifen Beinen ein älterer Herr mit grimmiger Miene. Er grüßte nach beiden Seiten und schickte sich an, zu den Vertretern des Umsturzes zu stoßen. Aber Jadassohn holte ihn noch ein. »Herr Major Kunze! Nur ein Wort!« Er redete halblaut auf ihn ein und deutete dabei mit den Augen nach links und rechts. Der Major schien im Zweifel. »Sie geben mir Ihr Ehrenwort, Herr Assessor«, sagte er, »dass das tatsächlich behauptet wurde?« Während Jadassohn es ihm gab, trat der Bruder des Herrn Buck herbei, lang und elegant, lächelte unbedeutend und bot dem Herrn Major für alles eine befriedigende Erklärung an. Aber der Major bedauerte; für eine solche Äußerung gebe es einfach keine Erklärung; und seine Miene ward von erschreckender Düsterkeit. Trotzdem sah er noch mit Bedauern nach seinem alten Stammtisch hinüber. Da, im entscheidenden Moment, hob Diederich die Sektflasche aus dem Kübel. Der Major bemerkte es und folgte seinem Pflichtgefühl. Jadassohn stellte vor: »Herr Fabrikbesitzer Doktor Heßling.«

bieder rechtschaffen, mit gutherzigem Ausdruck

Diederichs Rechte und die des Majors drückten einander mit Aufbietung aller Kraft. Fest und bieder blickten die Herren sich ins Auge. »Herr Doktor«, sagte der Major, »Sie haben sich als deutscher Mann bewährt.« Man scharrte mit den Füßen, rückte die Stühle zurecht, präsentierte voreinander die Gläser, und dann durfte man trinken. Diederich bestellte sofort eine neue Flasche. Der Major leerte sein Glas, sooft es ihm vollgeschenkt wurde, und zwischen den Zügen versicherte er, auch er stehe, was deutsche Treue betreffe, seinen Mann. »Wenn mein König mich nun auch schon aus seinem aktiven Dienst entlassen hat – «

»Der Herr Major«, erklärte Jadassohn, »war zuletzt beim hiesigen Bezirkskommando.«

» – ich habe noch das alte Soldatenherz« – er klopfte mit den Fingern darauf –, »und unpatriotische Tendenzen werde ich stets bekämpfen. Mit Feuer und Schwert!«, schrie er und ließ die Faust auf den Tisch fallen. Im selben Augenblick zog hinter seinem Rücken der Warenhausbesitzer Cohn tief den Hut und entfernte sich eilig. Der Bruder des Herrn Buck suchte zuerst noch die Toilette auf, damit sein Verschwinden einen weniger fluchtartigen Charakter trage. »Aha!«, sagte Jadassohn umso lauter. »Herr Major, der Feind ist aufgerieben.« Pastor Zillich war noch immer beunruhigt.

Bezirkskommando (siehe Seite 505)

aufgerieben restlos vernichtet

»Heuteufel ist dageblieben. Ich traue ihm nicht.«

Aber Diederich, der die dritte Flasche bestellte, sah sich höhnisch nach Lauer und Doktor Heuteufel um, die vereinsamt dasaßen und beschämt ihre Biergläser anstarrten.

»Wir haben die Macht«, sagte er, »und die Herren dort drüben sind sich dessen bewusst. Sie revoltieren schon gar nicht mehr, weil der Posten geschossen hat. Sie machen Gesichter, als hätten sie Angst, dass sie nun selbst bald drankommen. Und sie kommen auch dran!« Diederich erklärte, dass er wegen der vorhin gefallenen Äußerungen eine Anzeige gegen den Herrn Lauer bei der Staatsanwaltschaft erstatten werde. »Und ich werde dafür sorgen«, versicherte

Jadassohn, »dass Anklage erhoben wird. Ich persönlich werde sie in der Hauptverhandlung vertreten. Die Herren wissen, dass ich als Zeuge nicht in Betracht komme, da ich den Vorgängen selbst nicht beigewohnt habe.«

»Wir werden hier den Sumpf mal trockenlegen«, sagte Diederich, und er fing von dem Kriegerverein an, auf den die treudeutsch und kaiserlich gesinnten Männer sich vor allem stützen müssten. Der Major nahm eine Amtsmiene an. Jawohl, er war im Vorstand des Kriegervereins. Man diente seinem König immer noch, so gut man konnte. Er war auch bereit, Diederich zur Aufnahme vorzuschlagen, damit die nationalen Elemente eine Kräftigung erführen. Denn bis jetzt, das durfte man sich nicht verhehlen, überwogen auch dort die leidigen Demokraten. Man nahm, nach der Meinung des Majors, behördlicherseits zu viel Rücksicht auf die in Netzig gegebenen Verhältnisse. Er selbst würde, wenn er zum Bezirkskommandanten ernannt worden wäre, den Herren Reserveoffizieren bei den Wahlen auf die Finger gesehen haben, dafür garantierte er. »Aber da mein König mir die Möglichkeit leider genommen hat – « Diederich schenkte, um ihn zu trösten, frisch ein. Während der Major trank, beugte Jadassohn sich zu Diederich und raunte: »Glauben Sie ihm kein Wort! Er ist ein schlapper Hund und kriecht vor dem alten Buck. Wir müssen ihm imponieren.«

durfte man sich nicht verhehlen musste man wahrheitshalber eingestehen

würde … den Herren Reserveoffizieren bei den Wahlen auf die Finger gesehen haben würde das Wahlverhalten der Reserveoffiziere (der ausgebildeten, aber in Friedenszeiten nicht aktiven Offiziere der Armee) genau kontrolliert und keine abweichende Haltung geduldet haben

Diederich tat dies sofort. »Ich habe nämlich mit dem Herrn Regierungspräsidenten von Wulckow bereits formelle Verabredungen getroffen.« Und da der Major die Augen aufriss: »Nächstes Jahr, Herr Major, sind die Reichstagswahlen. Da werden wir Gutgesinnten schwere Arbeit haben. Der Kampf beginnt schon.«

»Los!«, sagte der Major ingrimmig. »Prost!«

»Prost!«, sagte Diederich. »Aber, meine Herren, mögen die

subversiven Tendenzen im Lande noch so stark sein, wir sind stärker, denn wir haben einen Agitator, den die Gegner nicht haben, und das ist Seine Majestät.«

»Bravo!«

»Seine Majestät hat für alle Teile seines Staates, also auch für Netzig, die Forderung aufgestellt, dass die Bürger endlich aus dem Schlummer erwachen mögen! Und das wollen wir auch!«

Jadassohn, der Major und Pastor Zillich bekundeten ihre Wachheit, indem sie auf den Tisch schlugen, Beifall riefen und einander zutranken. Der Major schrie: »Zu uns Offizieren hat Seine Majestät gesagt: Dies sind die Herren, auf die ich mich verlassen kann!«

»Und zu uns«, schrie Pastor Zillich, »hat er gesagt: Wenn die Kirche der Fürsten bedürfen wird –«

Man durfte allen Zwang ablegen, denn der Keller hatte sich längst geleert, Lauer und Heuteufel waren ungesehen entkommen, und in den hinteren Bogengewölben brannte schon kein Gas mehr.

»Er hat auch gesagt –«, Diederich blies die Backen feuerrot auf, der Schnurrbart stieß ihm in die Augen, aber dennoch blitzte er fürchterlich, »wir stehen im Zeichen des Verkehrs! Und so ist es auch! Unter seiner erhabenen Führung sind wir fest entschlossen, Geschäfte zu machen!«

»Und Karriere!«, krähte Jadassohn. »Seine Majestät hat gesagt, jeder, der ihm behilflich sein will, ist ihm willkommen. Will das jemand vielleicht auf mich nicht mit beziehen?«, fragte Jadassohn herausfordernd, mit blutig leuchtenden Ohren. Der Major brüllte wieder: »Und mein König kann sich todsicher auf mich verlassen. Er hat mich zu früh weggeschickt, als ehrlicher deutscher Mann sage ich es ihm laut ins Gesicht. Er wird mich noch mal bitter nötig haben, wenn es losgeht. Ich denke nicht daran, den Rest meines Le-

subversiven umstürzlerischen, die politische Ordnung unterwandernden

Agitator Propagandisten, Volksredner → Seite 506

dass die Bürger … erwachen mögen Anspielung auf die Rede des Kaisers vom 13. September 1890

Wenn die Kirche der Fürsten bedürfen wird → Seite 506

Bogengewölben Hinweis auf die für die Innenarchitektur eines ›klassischen altdeutschen Ratskellers‹ typischen ›gotischen‹ Deckengewölbe (siehe auch die Abbildung auf Seite 533)

kein Gas kein Licht, keine Lampe

wir stehen im Zeichen des Verkehrs → Seite 506

bens bloß noch mit Knallbonbons zu schießen auf Vereinsbällen. Ich war bei Sedan!«

»Herrjemersch, und ich doch ooch!«, ertönte es von dünner Schreistimme aus unsichtbaren Tiefen, und den Schatten der Gewölbe entstieg ein kleiner Greis mit flatternden weißen Haaren. Er schwankte herbei, seine Brillengläser funkelten, seine Backen glühten, und er schrie: »Der Herr Major Kunze! Nu da! Alter Kriegskamerad, bei Ihnen geht's ja zu wie dunnemals in Frankreich. Ich sag es aber immer: Gut gelebt und lieber ä paar Jahre länger!« Der Major stellte ihn vor: »Herr Gymnasialprofessor Kühnchen.« Wie es kam, dass er dort hinten im Dunkeln vergessen worden sei, darüber äußerte der kleine Greis die lebhaftesten Vermutungen. Früher hatte er sich in einer Gesellschaft befunden. »Nu muss ich wohl ä bisschen eingeschlummert sein, und da sein die verdammten Lumichs mir ausgerückt.« Der Schlaf hatte ihm vom Feuer der genossenen Getränke noch nichts genommen, er erinnerte, prahlerisch kreischend, den Major an ihre gemeinsamen Taten im Eisernen Jahr. »Die Franktiröhrs!«, schrie er, und aus seinem faltigen, zahnlosen Munde rann Feuchtigkeit. »Das war Sie eene Bande! Wie die Herren mich da sähn, hab ich doch noch immer een steifen Finger, da hat mich ä Franktiröhr draufgebissen. Bloß weil ich ihm mit meim Säbel ä kleenes bisschen die Kehle abschneiden wollte. So eene Gemeinheit von dem Kerl!« Er zeigte den Finger am Tisch umher und erregte Ausrufe der Bewunderung. Diederichs begeisterte Gefühle freilich mischten sich mit Schrecken, er musste sich in die Lage des Franktireurs denken: Der kleine leidenschaftliche Greis kniete auf seiner Brust und setzte ihm die Klinge an den Hals. Er war genötigt, einen Augenblick hinauszugehen.

Wie er zurückkehrte, gaben der Major und Professor Kühnchen, einander überschreiend, den Bericht eines wil-

Herrjemersch Variante von Herrjemine, einem Ausruf des Erstaunens

dunnemals umgangssprachlich und veraltet für: damals

Gymnasialprofessor (siehe Seite 9: Ordinarius)

Früher Früher am Abend

und da sein die verdammten Lumichs mir ausgerückt und da haben sich die verdammten Lümmel aus dem Staub gemacht (›Lumich‹ ist ein im Erzgebirge beheimatetes Dialektwort.)

im Eisernen Jahr im Jahr der glorreichen Kämpfe gegen Frankreich (1870/71)

Franktiröhrs Franktireurs, französische Freischärler (Partisanen, Guerillakämpfer) im Deutsch-Französischen Krieg

den Kampfes. Man verstand keinen. Aber Kühnchen schrillte immer schärfer durch das Gebrüll des anderen, bis er es zum Schweigen gebracht hatte und ungestört aufschneiden konnte. »Nee, alter Freund, Sie sein ä anschlägscher Kopf. Wenn Sie die Treppe runterfallen, verfehlen Sie keene Stufe. Aber das Feuer damals an dem Haus, wo die Franktiröhrs drinne saßen, das hat Kühnchen angelegt, da gibt's nischt. Ich hab doch eene Kriegslist gebraucht und hab mich tot gestellt, da ham die dummen Luder nischt gemerkt. Und wie's erscht gebrannt hat, nu, versteht sich, da hamse an der Verteidchung des Vaterlandes keen Geschmack mehr gefunden, und bloß noch raus, bloß noch Soofgipöh! Da hatten Se nu aber uns Deutsche sehen sollen. Von der Mauer hammer sie weggeschossen, wie sie runterkrabbeln wollten! Luftsprünge hamse gemacht wie die Garniggel!«

Kühnchen musste seine Erfindung unterbrechen, er kicherte durchdringend, indes die Tafelrunde dröhnend lachte.

Kühnchen erholte sich. »Die falschen Luder hatten uns aber auch tückisch gemacht! Und die Weiber! Nee, meine Herren, so was Beesartches wie die franzeeschen Weiber, das gibt's Sie nu überhaupt nicht mehr. Heeßes Wasser hatten se uns auf die Köppe geschiddet. Nu frag ich Sie, tut das eene Dame? Wie's brannte, warfen sie die Kinder ausm Fenster und wollten ooch noch von uns, dass wir se auffangen sollten. Hibsch nich, aber dumm! Mit unseren Bajonetten hammer die kleenen Luder uffgefangen. Und dann die Damen!« Kühnchen hielt die gichtischen Finger gekrümmt wie um einen Gewehrkolben und sah dabei nach oben, als gäbe es noch jemand aufzuspießen. Seine Brillengläser funkelten, er log weiter. »Zuletzt kam eene ganz Dicke ran, die konnte von vorn nicht durchs Fenster, drum versuchte se mal, ob's nicht von hinten ginge. Da haste nun aber nicht mit Kühnchen gerechnet, mei Schibbchen. Ich nich faul,

Sie sein ä anschlägscher Kopf Sie sind ein anschlägiger (schlauer) Kopf

da gibt's nischt da kenne ich gar nichts, da gibt's kein Erbarmen

Soofgipöh »Sauve qui peut« (»Rette sich, wer kann«) in der zweifelhaften französischen Aussprache des Gymnasialprofessors

Bajonett auf das Ende des Gewehrlaufs aufsetzbare Stichwaffe mit Stahlklinge

gichtischen von Gicht (chronischen Gelenkentzündungen) gezeichneten (gekrümmten und versteiften)

mei Schibbchen möglicherweise: mein kleines Schmollmündchen

steiche uf die Schultern von zwei Kameraden drauf un kitzle sie mit meim Bachonedde in ihren dicken franzeeschen – «

meim Bachonedde meinem Bajonett

Mehr hörte man nicht, der Beifall war zu laut. Der Professor sagte noch: »Jeden Sedang erzähl ich die Geschichte in ädlen Worten meiner Klasse. Die Jungen solln wissen, was sie für Heldenväter gehabt haben.«

Jeden Sedang Jedes Jahr am Sedantag (2. September) (siehe Seite 60)

Man war sich einig, dass dies die nationale Gesinnung des jungen Geschlechts nur befördern könne, und man stieß an mit Kühnchen. Vor lauter Begeisterung hatte noch keiner bemerkt, dass ein neuer Gast an den Tisch getreten war. Jadassohn sah plötzlich den bescheiden grauen Mann im Hohenzollernmantel und winkte ihm gönnerhaft. »Na, man immer ran, Herr Nothgroschen!« Diederich herrschte ihn an, aus seinen Hochgefühlen heraus: »Wer sind Sie?«

des jungen Geschlechts der jungen Generation

im Hohenzollernmantel wohl: Mantel mit zusätzlichem capeartigen, den Oberkörper bedeckenden Umhang

Der Fremde dienerte.

dienerte verbeugte sich beflissen

»Nothgroschen, Redakteur der ›Netziger Zeitung‹.«

»Also Hungerkandidat«, sagte Diederich und blitzte. »Verkommene Gymnasiasten, Abiturientenproletariat, Gefahr für uns!«

Hungerkandidat … Gefahr für uns! → Seite 507

Alle lachten; der Redakteur lächelte demütig mit.

»Seine Majestät hat Sie gekennzeichnet«, sagte Diederich. »Na, setzen Sie sich!«

gekennzeichnet treffend charakterisiert

Er schenkte ihm sogar Sekt ein, und Nothgroschen trank in dankbarer Haltung. Nüchtern und befangen sah er in der Gesellschaft umher, deren Selbstbewusstsein durch die vielen leer am Boden stehenden Flaschen so sehr gesteigert worden war. Man vergaß ihn sogleich wieder. Er wartete geduldig, bis jemand ihn fragte, wieso er denn mitten in der Nacht noch hier hereinschneie. »Ich musste das Blatt doch fertigmachen«, erklärte er darauf, wichtig wie ein kleiner Beamter. »Die Herren wollen morgen früh in der Zeitung lesen, wie das war, mit dem erschossenen Arbeiter!«

»Das wissen wir besser als Sie«, schrie Diederich. »Sie saugen sich das ja doch nur aus Ihren Hungerpfoten!«

Der Redakteur lächelte entschuldigend, und er hörte ergeben zu, wie alle durcheinander ihm die Vorgänge darstellten. Als der Lärm sich legte, setzte er an. »Da der Herr dort – «

»Doktor Heßling«, sagte Diederich scharf.

»Nothgroschen«, murmelte der Redakteur. »Da Sie vorhin den Namen des Kaisers erwähnten, wird es die Herren interessieren, dass wieder eine Kundgebung vorliegt.«

»Ich verbitte mir jede Nörgelei!«, heischte Diederich. Der Redakteur duckte sich und legte die Hand auf die Brust. »Es handelt sich um einen Brief des Kaisers.«

»Der ist Ihnen wohl wieder mal durch einen infamen Vertrauensbruch auf den Schreibtisch geflogen?«, fragte Diederich. Nothgroschen stellte beteuernd die Hand vor sich hin. »Er ist vom Kaiser selbst zur Veröffentlichung bestimmt. Morgen früh werden Sie ihn in der Zeitung lesen. Hier ist die Druckfahne!«

»Legen Sie los, Doktor«, befahl der Major. Diederich rief: »Wieso, Doktor! Sind Sie Doktor!« Aber man interessierte sich nur noch für den Brief, man entriss dem Redakteur den Zettel. »Bravo!«, rief Jadassohn, der noch ziemlich mühelos las. »Seine Majestät bekennt sich zum positiven Christentum.« Pastor Zillich frohlockte so heftig, dass sich Schluckauf einstellte. »Das ist was für Heuteufel! Endlich kriegt so ein frecher Wissenschaftler, huck, was ihm gehört. An die Offenbarungsfrage machen sie sich heran. Die versteh ja ich kaum, huck, und ich hab Theologie studiert!« Professor Kühnchen schwenkte die Blätter hoch in der Luft. »Meine Härn! Wenn 'ch den Brief nicht in der Klasse lesen lasse und als Aufsatzthema gebe, will 'ch nicht mehr Kühnchen heeßen!«

Diederich war tiefernst. »Jawohl war Hammurabi ein Werkzeug Gottes! Ich möchte mal sehen, wer das leugnet!«

heischte forderte

Brief des Kaisers → Seite 507

infamen niederträchtigen, schändlichen

die Druckfahne der Korrekturabzug (des gesetzten, aber noch nicht gedruckten Beitrags)

Seine Majestät bekennt sich zum positiven Christentum! (siehe Seite 131)

An die Offenbarungsfrage → Seite 507

Hammurabi → Seite 507

Kaiser Wilhelm der Große (siehe die Anmerkung zu Hammurabi). Wilhelm II. versuchte diesen Beinamen für seinen Großvater – den er erstmals in einer Rede am 21. Juni 1895 verwendete – durchzusetzen (siehe auch die Abbildung auf Seite 542), hatte damit aber letztlich keinen Erfolg.

Von dem bitte ich es mir ganz energisch aus! Bei dem möchte ich ganz besonders darauf bestehen!

Werkzeug Gottes In dem Brief des Kaisers an Hollmann heißt es: »Wie oft hat mein Großvater dieses nicht ausdrücklich betont, er sei ein Instrument nur in des Herren Hand« (zitiert nach: Fredrick Betz [vgl. S. 485], S. 36).

der Depesche des Telegramms

Und er blitzte umher. Nothgroschen krümmte die Schultern. »Na, und Kaiser Wilhelm der Große!«, fuhr Diederich fort. »Von dem bitte ich es mir ganz energisch aus! Wenn der kein Werkzeug Gottes war, dann weiß Gott überhaupt nicht, was 'n Werkzeug ist!«

»Ganz meine Meinung«, versicherte der Major. Glücklicherweise widersprach auch sonst niemand, denn Diederich war zum Äußersten entschlossen. An den Tisch geklammert, stemmte er sich von seinem Stuhl empor. »Aber unser herrlicher junger Kaiser?«, fragte er drohend. Von allen Seiten antwortete es: »Persönlichkeit ... Impulsiv ... Vielseitig ... Origineller Denker.« Diederich war nicht befriedigt.

»Ich beantrage, dass er auch ein Werkzeug ist!«

Es ward angenommen.

»Und ich beantrage ferner, dass wir Seine Majestät von unserm Beschluss telegrafisch in Kenntnis setzen.«

»Ich befürworte den Antrag!«, brüllte der Major. Diederich stellte fest: »Einmütige begeisterte Annahme!« und fiel auf seinen Sitz zurück. Kühnchen und Jadassohn machten sich gemeinsam an die Abfassung der Depesche. Sie lasen vor, sobald sie etwas gefunden hatten.

»Eine im Ratskeller zu Netzig versammelte Gesellschaft –«

»Tagende Versammlung«, forderte Diederich. Sie fuhren fort: »Versammlung national gesinnter Männer –«

»National, huck und christlich«, ergänzte Pastor Zillich.

»Aber wollen die Herren denn wirklich?«, fragte Nothgroschen, leise flehend. »Ich dachte, es sei ein Scherz.«

Da ward Diederich zornig.

»Wir scherzen nicht mit den heiligsten Gütern! Ich soll Ihnen das wohl handgreiflich klarmachen, Sie verkrachter Abiturient?«

Da Nothgroschens Hände den vollkommensten Verzicht beteuerten, war Diederich sofort wieder ruhig und sagte:

»Prost!« Dagegen schrie der Major, als sollte er platzen: »Wir sind die Herren, auf die Seine Majestät sich verlassen kann!« Jadassohn bat um Ruhe, und er las:

»Die im Ratskeller zu Netzig tagende Versammlung national und christlich gesinnter Männer entbietet Eurer Majestät ihre einmütige begeisterte Huldigung angesichts von Eurer Majestät erhebendem Bekenntnis einer geoffenbarten Religion. Wir beteuern unsern tiefsten Abscheu vor dem Umsturz in jeder Gestalt und sehen in der heute bei uns in Netzig erfolgten mutigen Tat eines Postens die erfreuliche Bestätigung, dass Eure Majestät nicht weniger als Hammurabi und Kaiser Wilhelm der Große das Werkzeug Gottes ist.« Man klatschte, und Jadassohn lächelte geschmeichelt.

entbietet bringt … dar

»Unterschreiben!«, rief der Major. »Oder hat einer der Herren noch etwas zu bemerken?« Nothgroschen räusperte sich. »Nur ein einziges Wort, mit aller gebührenden Bescheidenheit.«

zu bemerken anzumerken, auszusetzen

»Das möchte ich mir ausbitten«, sagte Diederich. Der Redakteur hatte sich Mut getrunken, er schwankte auf seinem Sitz und kicherte ohne Grund.

hatte sich Mut getrunken hatte sich Mut angetrunken

»Ich will ja gar nichts gegen den Posten sagen, meine Herren. Ich hab mir sogar schon immer gedacht, Soldaten sind zum Schießen da.«

»Na also.«

»Ja, aber wissen wir, ob auch der Kaiser so denkt?«

»Selbstverständlich! Fall Lück!«

»Präzedenzfälle – hihi – sind ganz schön, aber wir wissen doch alle, dass der Kaiser ein origineller Denker und – hihi – impulsiv ist. Er lässt sich nicht gern vorgreifen. Wenn ich in der Zeitung schreiben wollte, dass Sie, Herr Doktor Heßling, Minister werden sollen, dann – hihi – werden Sie es gerade nicht.«

Präzedenzfall »Fall, der für zukünftige, ähnlich gelagerte Situationen richtungweisend ist, als Muster dient« (Duden)

»Jüdische Verdrehungen!«, rief Jadassohn. Der Redakteur entrüstete sich. »Ich schreibe anderthalb Spalten Stimmung an jedem hohen Kirchenfest. Der Posten aber, der kann auch wegen Mord angeklagt werden. Dann sind wir reingefallen.«

Eine Stille folgte. Der Major legte nachdenklich den Bleistift aus der Hand. Diederich ergriff ihn. »Sind wir nationale Männer?« Und er unterschrieb wuchtig. Da brach Begeisterung aus. Nothgroschen wollte gleich als Zweiter drankommen.

»Aufs Telegrafenamt!«

Diederich gab Auftrag, dass die Rechnung ihm morgen zugestellt werde, und man brach auf. Nothgroschen war auf einmal voll ausschweifender Hoffnungen. »Wenn ich die kaiserliche Antwort bringen kann, komme ich zu Scherl!«

Der Major brüllte: »Wir wollen doch mal sehen, ob ich noch lange Wohltätigkeitsfeste arrangiere!«

Pastor Zillich sah die Leute sich in seiner Kirche erdrücken und Heuteufel von der Menge gesteinigt. Kühnchen schwärmte von Blutbädern in den Straßen von Netzig. Jadassohn krähte: »Erlaubt sich vielleicht jemand einen Zweifel an meiner Kaisertreue?« Und Diederich: »Der alte Buck soll sich hüten! Klüsing in Gausenfeld auch! Wir erwachen aus dem Schlummer!«

Die Herren hielten sich alle sehr gerade, und manchmal schoss einer unvermutet ein Stück vorwärts. Mit ihren Stöcken strichen sie tosend über die herabgelassenen Rollläden, und im Takt voneinander unabhängig sangen sie die Wacht am Rhein. An der Ecke des Landgerichts stand ein Schutzmann, aber zu seinem Glück rührte er sich nicht. »Wollen Sie vielleicht etwas, Männeken?«, rief Nothgroschen, der aus Rand und Band war. »Wir telegrafieren an den Kaiser!« Vor dem Postgebäude ward Pastor Zillich, der den schwächsten Magen hatte, von einem Unglück betroffen. Indes die andern

komme ich zu Scherl! bietet mir Scherl eine Redakteursstelle an! Der gebürtige Düsseldorfer August Scherl (1849–1921) baute gegen Ende des 19. Jahrhunderts ein Zeitungs- und Zeitschriftenimperium auf; er war unter anderem der Eigentümer des von ihm Ende 1883 gegründeten »Berliner Lokal-Anzeigers«.

die Wacht am Rhein patriotisches Lied von Max Schneckenburger (1819–1849), das seit dem Deutsch-Französischen Krieg unter Soldaten und Nationalisten Kultstatus hatte. → Seite 507

Männeken Männchen (umgangssprachlich und von oben herab)

aus (Z. 30) außer

ward … von einem Unglück betroffen musste sich übergeben

ihm seine Lage zu erleichtern suchten, klingelte Diederich den Beamten heraus und gab das Telegramm auf. Als der Beamte es gelesen hatte, betrachtete er Diederich zögernd – aber Diederich blitzte ihn so furchtbar an, dass er zurückschrak und seine Pflicht tat. Diederich inzwischen fuhr ohne Zweck fort, zu blitzen und steinern dazustehen: in der Haltung des Kaisers, wenn nun ein Flügeladjutant ihm die Heldentat des Postens meldete und der Chef des Zivilkabinetts ihm die Huldigungsdepesche überbrachte. Diederich fühlte den Helm auf seinem Kopf, er schlug gegen den Säbel an seiner Seite und sagte: »Ich bin sehr stark!« Der Telegrafist hielt es für eine Reklamation und zählte ihm das kleine Geld nochmals vor. Diederich nahm es, trat an einen Tisch und warf einige Zeilen auf ein Papier. Dann steckte er es zu sich und kehrte zu den Herren zurück.

Sie hatten für den Pastor eine Droschke beschafft, er fuhr soeben fort und winkte weinend aus dem Fenster, als sei es für ewig. Jadassohn bog beim Theater um eine Ecke, obwohl der Major ihm nachbrüllte, seine Wohnung sei doch ganz woanders. Plötzlich war dann auch der Major fort, und Diederich gelangte mit Nothgroschen allein in die Lutherstraße. Vor dem Walhalla-Theater war der Redakteur nicht mehr weiterzubringen, mitten in der Nacht wollte er das »elektrische Wunder« sehen, eine Dame, die dort Feuer sprühen sollte. Diederich musste ihm ernstlich vorhalten, dass dies nicht die Stunde für solche Frivolitäten sei. Übrigens vergaß Nothgroschen das »elektrische Wunder«, sobald er das Haus der »Netziger Zeitung« erblickte. »Aufhalten!«, schrie er. »Die Maschine aufhalten! Das Telegramm der nationalen Männer muss noch hinein! ... Sie wollen es doch morgen früh in der Zeitung lesen«, sagte er zu einem vorübergehenden Nachtwächter. Da packte Diederich ihn fest am Arm.

inzwischen fuhr ohne Zweck fort, zu blitzen fuhr in der Zwischenzeit fort, sinnlos zu blitzen

Flügeladjutant Adjutant (eigentlich: Helfer eines Truppenkommandeurs) im militärischen Gefolge des Kaisers, der ihm persönlich zu Diensten ist

Chef des Zivilkabinetts → Seite 508

Ich bin sehr stark! → Seite 508

das kleine Geld das Rückgeld

Walhalla-Theater → Seite 508

das »elektrische Wunder«, ... Feuer sprühen sollte Beispiel für die Attraktionen, mit denen Walhalla-Theater ihr Publikum anlockten

Frivolitäten leichtfertigen und unangemessen freizügigen Darbietungen

muss noch hinein ... in die nächste Ausgabe

»Nicht nur dieses Telegramm«, sagte er, kurz und leise. »Ich habe noch ein anderes.« Er zog ein Papier aus der Tasche. »Der Nachttelegrafist ist ein alter Bekannter von mir, er hat es mir anvertraut. Über diese Herkunft werden Sie mir strenge Diskretion versprechen, der Mann wäre sonst in seiner Stellung bedroht.«

Diskretion Verschwiegenheit, Geheimhaltung

seiner Stellung seiner beruflichen Stellung

Da Nothgroschen sofort alles versprach, sagte Diederich, ohne das Papier dabei anzusehen: »Es ist an das Regimentskommando gerichtet und vom Obersten selbst dem Posten mitzuteilen, der heute den Arbeiter erschossen hat. Es lautet: ›Für Deinen auf dem Felde der Ehre vor dem inneren Feind bewiesenen Mut spreche Ich Dir Meine kaiserliche Anerkennung aus und ernenne Dich zum Gefreiten‹ ... Überzeugen Sie sich« – und Diederich reichte dem Redakteur das Papier hin. Aber Nothgroschen sah es nicht an, er starrte nur, wie entgeistert, auf Diederich, auf seine steinerne Haltung, den Schnurrbart, der ihm in die Augen stach, und die Augen, die blitzten.

›Für Deinen ... zum Gefreiten‹ Paraphrase der vom »Berliner Tageblatt« wiedergegebenen kaiserlichen Worte, mit denen Wilhelm II. den Grenadier Lück belobigt und zum Gefreiten befördert hatte

»Jetzt glaubte ich fast –«, stammelte Nothgroschen. »Sie haben so viel Ähnlichkeit mit – mit –«

IV

Diederich würde, wie in der besten Neuteutonenzeit, das Mittagessen verschlafen haben, aber die Rechnung vom Ratskeller kam, und sie war bedeutend genug, dass er aufstehen und ins Kontor gehen musste. Ihm war sehr schlecht, und man machte ihm auch noch Unannehmlichkeiten, sogar die Familie. Die Schwestern verlangten ihr monatliches Toilettegeld, und als er erklärte, dass er es jetzt nicht habe, hielten sie ihm den alten Sötbier vor, der es immer gehabt habe. Diesem Versuch einer Auflehnung begegnete Diederich energisch. Mit rauer Katerstimme setzte er den Mädchen auseinander, sie würden sich noch an ganz andere Dinge gewöhnen müssen. Sötbier freilich, der habe immer nur hergegeben und die Fabrik heruntergewirtschaftet. »Wenn ich euch heute euren Anteil auszahlen sollte, würdet ihr euch verflucht wundern, wie wenig es wäre.« Während er dies sagte, empfand er es als durchaus unberechtigt, dass er irgendeinmal sollte gezwungen werden können, die beiden am Geschäft zu beteiligen. ›Man müsste das verhindern können‹, dachte er. Sie dagegen wurden auch noch herausfordernd. »Also wir können die Modistin nicht bezahlen, aber der Herr Doktor trinkt Sekt für hundertfünfzig Mark.« Da ward Diederich furchtbar anzusehen. Seine Briefe erbrach man! Er wurde ausspioniert! Er war nicht der Herr im Hause, sondern ein Kommis, ein Neger, der für die Damen schuftete, damit sie den ganzen Tag faulenzen konnten! Er schrie und stampfte, dass die Gläser klirrten. Frau Heßling flehte wimmernd, die Schwestern widersprachen nur noch aus Angst, aber Diederich war im Zuge. »Was erlaubt ihr euch? Gänse wie ihr? Was wisst ihr, ob die hundertfünfzig Mark nicht eine glänzende Kapitalsanlage sind. Jawohl, Kapitalsanlage! Meint ihr, ich saufe mit den

Toilettegeld Aufwand für Kleidung und Kosmetik

Anteil Erbteil

Modistin Modewarenhändlerin, »Putzmacherin«

erbrach öffnete

Kommis (siehe Seite 23)

Kapitalsanlage Investition, Geldanlage

Idioten Sekt, wenn ich nichts von ihnen will? Davon wisst ihr hier in Netzig noch nichts, das ist der neue Kurs, es ist – « Er hatte das Wort. »Großzügig ist es! Großzügig!«

Und er warf die Tür hinter sich zu. Frau Heßling ging ihm vorsichtig nach, und als er im Wohnzimmer ins Sofa gesunken war, nahm sie seine Hand und sagte: »Mein lieber Sohn, ich bin mit dir.« Dabei sah sie ihn an, als wollte sie »aus dem Herzen beten«. Diederich verlangte einen sauren Hering; und dann beklagte er sich zornig, wie schwer es sei, in Netzig den neuen Geist einzuführen. Wenigtens hier im Hause sollte man seine Kraft nicht untergraben! »Ich habe Großes mit euch vor, aber das überlasst gefälligst meiner besseren Einsicht. Einer muss Herr sein. Unternehmungsgeist und Großzügigkeit gehören freilich dazu. Sötbier ist dabei nicht zu gebrauchen. Eine Weile lasse ich den Alten noch verschnaufen, dann wird er ausgeschifft.«

Eine Weile lasse ich den Alten … ausgeschifft. → Seite 508

Frau Heßling versicherte sanft, ihr lieber Sohn werde schon um seiner Mutter willen immer genau wissen, was er tun müsse – und dann begab Diederich sich ins Kontor und schrieb einen Brief an die Maschinenfabrik Büschli & Cie. in Eschweiler, um bei ihr einen neuen Patent-Doppel-Holländer System Maier zu bestellen. Er ließ den Brief offen daliegen und ging hinaus. Wie er zurückkam, stand Sötbier vor seinem Pult, und es war kein Zweifel, unter seinem grünen Augenschirm weinte er: Es tropfte auf den Brief. »Sie müssen ihn noch mal abschreiben lassen«, sagte Diederich kühl. Da begann Sötbier: »Junger Herr, unser alter Holländer ist kein Patent-Holländer, aber er stammt noch aus der ersten Zeit des alten Herrn; mit ihm hat er angefangen, und mit ihm ist er groß geworden …«

Büschli & Cie. ›& Cie.‹ ist eine schweizerische Variante für ›& Co.‹ (›und Kompanie‹: ›Handelsgesellschaft‹); auch der Name Büschli deutet auf ein Unternehmen schweizerischen Ursprungs.

Eschweiler Stadt in der Nähe von Aachen

»Na und ich hege meinerseits den Wunsch, mit meinem eigenen Holländer groß zu werden«, sagte Diederich schneidend. Sötbier jammerte.

Wunsch … groß zu werden Manche Interpreten wollen in dieser Episode eine Anspielung auf das Flottenbauprogramm des Kaisers erkennen.

»Unser alter hat uns noch immer genügt.«

»Mir nicht.«

Sötbier schwur, er sei so leistungsfähig wie die allerneuesten, die nur durch schwindelhafte Reklame emporgetragen würden. Als Diederich hart blieb, öffnete der Alte die Tür und rief hinaus: »Fischer! Kommen Sie mal her!« Diederich ward unruhig. »Was wollen Sie von dem Menschen. Ich verbitte mir, dass er sich einmischt!« Aber Sötbier berief sich auf das Zeugnis des Maschinenmeisters, der in den größten Betrieben gearbeitet habe. »Nun, Fischer, sagen Sie mal dem Herrn Doktor, wie leistungsfähig unser Holländer ist!« Diederich wollte nicht hören, er lief hin und her, überzeugt, der Mensch werde die Gelegenheit ergreifen, ihn zu ärgern. Stattdessen begann Napoleon Fischer mit einer uneingeschränkten Anerkennung von Diederichs Sachverständigkeit, und dann sagte er über den alten Holländer alles Ungünstige, das sich irgend über ihn denken ließ. Wenn man Napoleon Fischer hörte, war er schon nahe daran gewesen, zu kündigen, nur weil ihm der alte Holländer nicht gefiel. Diederich schnaubte: Er habe wahrhaftig Glück, dass ihm die wertvolle Kraft des Herrn Fischer nun doch erhalten bleibe; aber der Maschinenmeister erklärte ihm, ohne sich auf seine Ironie einzulassen, nach der Abbildung im Prospekt alle Vorzüge des neuen Patent-Holländers, vor allem seine höchst bequeme Bedienung. »Wenn ich Ihnen nur Arbeit erspare!«, schnaubte Diederich. »Sonst wünsch ich mir nichts. Danke, Sie können gehen.«

das Zeugnis die Auskunft, das fachkundige Urteil

Als der Maschinenmeister hinaus war, beschäftigten Sötbier und Diederich sich eine lange Weile jeder für sich. Plötzlich fragte Sötbier: »Und womit sollen wir ihn bezahlen?« Diederich war sofort feuerrot; auch er hatte die ganze Zeit an nichts weiter gedacht. »Ach was!«, schrie er. »Bezahlen! Erstens mache ich eine lange Lieferungsfrist aus, und dann:

Wenn ich mir einen so teuren Holländer bestelle, meinen Sie vielleicht, ich weiß nicht wozu? Nein, mein Lieber, dann muss ich wohl bestimmte Aussichten auf baldige Ausdehnung des Geschäftes haben – über die ich mich heute noch nicht äußern will.«

Damit verließ er das Kontor, in strammer Haltung, trotz inneren Zweifeln. Dieser Napoleon Fischer hatte sich beim Hinausgehen nochmals umgesehen, mit einem gewissen Blick, als habe er den Chef gehörig hineingelegt. ›Umdroht von Feinden‹, dachte Diederich und reckte sich noch straffer, ›da sind wir erst recht stark. Ich werde sie schon zerschmettern.‹ Sie sollten erfahren, mit wem sie es zu tun hatten; daher führte er einen Gedanken aus, der ihm schon beim Erwachen gekommen war: Er ging zum Doktor Heuteufel. Dieser hielt eben seine Sprechstunde ab und ließ ihn warten. Dann empfing er ihn in seinem Operationszimmer, wo alles, Geruch und Gegenstände, Diederich an frühere, peinliche Besuche erinnerte. Doktor Heuteufel nahm die Zeitung vom Tisch, lachte kurz und sagte: »Nun, Sie kommen wohl her, um zu triumphieren. Gleich zwei Erfolge! Ihre Sekthuldigung ist drin – na und die Depesche des Kaisers an den Posten lässt von Ihrem Standpunkt aus wohl nichts zu wünschen.«

›Umdroht von Feinden … zerschmettern.‹ Paraphrase einer Stelle aus der Rede des Kaisers vom 5. März 1890

zu wünschen zu wünschen übrig

»Welche Depesche?«, fragte Diederich. Doktor Heuteufel zeigte sie ihm; Diederich las: ›Für Deinen auf dem Felde der Ehre vor dem inneren Feind bewiesenen Mut spreche Ich Dir Meine kaiserliche Anerkennung aus und ernenne Dich zum Gefreiten.‹ Wie es hier gedruckt stand, machte es ihm den Eindruck vollkommener Echtheit. Er war sofort ergriffen; mit männlicher Zurückhaltung sagte er: »Das ist jedem national Gesinnten aus dem Herzen gesprochen.« Da Heuteufel nur die Achseln zuckte, holte Diederich Atem. »Nicht deswegen bin ich hergekommen, sondern um unsere beiderseitigen Beziehungen festzulegen.« Die seien wohl schon festgelegt, erwiderte Heuteufel. »Nein, durchaus noch nicht.« Diederich versicherte, dass er einen ehrenvollen Frieden wünsche. Er sei bereit, im Sinne eines wohlverstandenen Liberalismus zu wirken, falls man dagegen seine streng nationale und kaisertreue Überzeugung achte. Doktor Heuteufel erklärte dies einfach für Phrasen: Da verlor Diederich die Fassung. Dieser Mensch hielt ihn in der Hand; er konnte ihn, mithilfe eines Dokumentes, als Feigling hinstellen! Das höhnische Lächeln in seinem gelben Chinesengesicht, diese überlegene Haltung waren eine fortwährende Anspielung. Aber er sprach nicht, er ließ das Schwert weiterschweben über Diederichs Haupt. Der Zustand musste aufhören! »Ich fordere Sie auf«, sagte Diederich, heiser vor Erregung, »mir meinen Brief zurückzugeben.« Heuteufel tat erstaunt. »Welchen Brief?« – »Den ich Ihnen wegen des Militärs geschrieben habe, als ich dienen sollte.« Darauf dachte der Arzt nach.

»Ach so: weil Sie sich drücken wollten!«

»Ich dachte mir schon, Sie würden meine unvorsichtigen Äußerungen in einem für mich beleidigenden Sinne auslegen. Ich fordere Sie nochmals zur Rückgabe des Briefes auf.« Und Diederich trat drohend vor. Heuteufel wich nicht.

»Lassen Sie mich in Ruh. Ihren Brief hab ich nicht mehr.«

»Ich verlange Ihr Ehrenwort.«

»Das gebe ich nicht auf Befehl.«

»Dann mache ich Sie auf die Folgen Ihrer illoyalen Handlungsweise aufmerksam. Sollten Sie mir mit dem Brief bei irgendeiner Gelegenheit Unannehmlichkeiten verursachen wollen, so liegt Bruch des Amtsgeheimnisses vor. Dann denunziere ich Sie der Ärztekammer, stelle Strafantrag gegen Sie und biete allen meinen Einfluss auf, um Sie unmöglich zu machen!« In höchster Erregung, fast stimmlos: »Sie sehen

in seinem gelben Chinesengesicht Anspielung auf das im ausgehenden 19. Jahrhundert aufkommende Schlagwort von der »gelben Gefahr«, die in der Zukunft die europäische Vorherrschaft in der Welt zu gefährden drohe; Wilhelm II. griff das Schlagwort in seinen Reden oft auf und behauptete sogar (jedoch zu Unrecht), es als Erster in Umlauf gebracht zu haben.

denunziere ich Sie der hier in neutralem Sinn: zeige ich Sie bei … an

Ärztekammer Berufs- und Standesvertretung der Ärzte

um Sie unmöglich zu machen! um Ihr berufliches und persönliches Ansehen zu ruinieren!

mich zum Äußersten entschlossen! Zwischen uns gibt es nur noch einen Kampf bis aufs Messer!«

Doktor Heuteufel sah ihn neugierig an, er schüttelte den Kopf, sein Chinesenschnurrbart schaukelte, und er sagte: »Sie sind heiser.«

Diederich fuhr zurück, er stammelte: »Was geht Sie das an.«

»Gar nichts«, sagte Heuteufel. »Es interessiert mich nur von früher her, weil ich Ihnen so was ja immer vorausgesagt habe.«

»Was denn. Wollen Sie sich gefälligst äußern.« Aber das lehnte Heuteufel ab. Diederich blitzte ihn an. »Ich muss Sie energisch auffordern, Ihre ärztliche Pflicht zu tun!«

Er sei nicht sein Arzt, erwiderte Heuteufel. Darauf sank Diederichs herrische Miene zusammen, und er forschte klagend. »Manchmal hab ich ja Schmerzen im Hals. Glauben Sie denn, dass es schlimmer wird? Hab ich was zu befürchten?«

»Ich rate Ihnen, einen Spezialisten zu konsultieren.«

»Sie sind hier doch der Einzige! Um Gottes willen, Herr Doktor, Sie versündigen sich, ich habe eine Familie zu erhalten.«

»Dann sollten Sie weniger rauchen, auch weniger trinken. Gestern Abend war es zu viel.«

»Ach so.« Diederich richtete sich auf. »Sie gönnen mir den Sekt nicht. Und dann wegen der Huldigungsadresse.«

»Wenn Sie unlautere Motive bei mir vermuten, brauchen Sie mich nicht zu fragen.«

Aber Diederich flehte schon wieder. »Sagen Sie mir wenigstens, ob ich Krebs kriegen kann.«

Heuteufel blieb streng. »Nun, Sie waren schon immer skrofulos und rachitisch. Sie hätten dienen sollen, dann wären Sie nicht so aufgeschwemmt.«

Sie sind heiser (Z. 4 f.) … ob ich Krebs kriegen kann. (Z. 30) Wiederum wird Heßling in Parallele zu Wilhelm II. gesetzt: Dieser erkrankte im Sommer 1903 an einer Kehlkopfentzündung und lebte monatelang in der Angst, dasselbe Schicksal zu erleiden wie sein Vater Friedrich III., der 1888 im Alter von 56 Jahren an Kehlkopfkrebs gestorben war. Die Entzündung Wilhelms stellte sich aber letztlich als harmlos heraus.

Spezialisten zu konsultieren Facharzt aufzusuchen

unlautere Motive hinterlistige Beweggründe

skrofulos und rachitisch (siehe Seite 495)

aufgeschwemmt durch Ansammlung von Flüssigkeit im Gewebe dick geworden

Schließlich ließ er sich zu einer Untersuchung herbei und nahm eine Pinselung des Kehlkopfes vor. Diederich erstickte, rollte angstvoll die Augen und umklammerte den Arm des Arztes. Heuteufel zog den Pinsel heraus. »So komm ich natürlich nicht hin.« Er feixte durch die Nase. »Sie sind noch wie früher.«

Sobald Diederich wieder zu Luft gekommen war, machte er sich fort aus dieser Schreckenskammer. Vor dem Hause, noch mit Tränen in den Augen, stieß er auf den Assessor Jadassohn. »Nanu?«, sagte Jadassohn. »Ist Ihnen die Kneiperei nicht bekommen? Und ausgerechnet zu Heuteufel gehen Sie?«

Diederich versicherte, sein Befinden sei glänzend. »Aber aufgeregt hab ich mich über den Menschen! Ich gehe hin, weil ich es als meine Pflicht betrachte, eine befriedigende Erklärung zu verlangen für die gestrigen Äußerungen dieses Herrn Lauer. Mit Lauer selbst zu verhandeln, hat für einen Mann von meiner korrekten Gesinnung natürlich nichts Verlockendes.«

Jadassohn schlug vor, in Klappschs Bierstube einzutreten.

»Ich gehe also hin«, fuhr Diederich drinnen fort, »in der Absicht, die ganze Geschichte mit der Besoffenheit des betreffenden Herrn zu entschuldigen, schlimmstenfalls mit seiner zeitweiligen Geistesumnachtung. Was meinen Sie stattdessen? Frech wird der Heuteufel. Markiert Überlegenheit. Übt zynische Kritik an unserer Huldigungsadresse und, Sie werden es nicht glauben, sogar an dem Telegramm Seiner Majestät!«

»Nun, und?«, fragte Jadassohn, dessen Hand sich mit Fräulein Klappsch beschäftigte.

»Für mich gibt es kein Und mehr! Ich bin mit dem Herrn fertig fürs Leben!«, rief Diederich, trotz dem schmerzlichen Bewusstsein, dass er am Mittwoch wieder zum Pinseln muss-

Pinselung des Kehlkopfes seinerzeit verbreitete Behandlungsmethode, die in der medizinischen Fachliteratur der Zeit um 1900 beschrieben wird

erstickte bekam keine Luft

feixte durch die Nase hier: schnaubte amüsiert

te. Jadassohn versetzte schneidend: »Aber ich nicht.« Und da Diederich ihn ansah: »Es gibt nämlich eine Behörde, die sich die Königliche Staatsanwaltschaft nennt, und die für Leute wie diese Herren Lauer und Heuteufel ein nicht zu unterschätzendes Interesse hegt.« Damit ließ er Fräulein Klappsch los und bedeutete ihr, sie möge verschwinden.

bedeutete ihr gab ihr zu verstehen

»Wie meinen Sie das?«, fragte Diederich, unheimlich berührt.

»Ich denke Anklage wegen Majestätsbeleidigung zu erheben.«

Anklage wegen Majestätsbeleidigung Das öffentliche Auftreten des Kaisers rief immer wieder Spötter auf den Plan, worauf wiederum der Kaiser höchst empfindlich reagierte, sodass es während seiner Regierungszeit jedes Jahr zu Hunderten von Prozessen wegen Majestätsbeleidigung kam.

»Sie?«

»Jawohl, ich. Staatsanwalt Feifer hat Krankheitsurlaub, ich bin dran. Und, wie ich unmittelbar nach dem gestrigen Vorfall vor Zeugen festgestellt habe, war ich bei der Verübung des Delikts nicht anwesend, bin also keineswegs verhindert, in dem Prozess die Anklagebehörde zu vertreten.«

bin dran bin seine Vertretung, vertrete ihn, springe ein

»Aber wenn niemand die Sache anzeigt!«

Jadassohn lächelte grausam. »Das haben wir, Gott sei Dank, nicht nötig ... Übrigens erinnere ich Sie daran, dass Sie selbst gestern Abend sich uns als Zeugen anboten.«

»Davon weiß ich nichts«, sagte Diederich schnell.

Jadassohn klopfte ihm auf die Schulter. »Sie werden sich an alles wieder erinnern, hoffe ich, wenn Sie unter Ihrem Eid stehen.« Da entrüstete Diederich sich. Er ward so laut, dass Klappsch diskret in das Zimmer spähte.

unter Ihrem Eid stehen unter Eid aussagen müssen

»Herr Assessor, ich muss mich sehr wundern, dass Sie private Äußerungen meinerseits – Sie haben offenbar die Absicht, mithilfe eines politischen Prozesses schneller Staatsanwalt zu werden. Aber ich möchte wissen, was mich Ihre Karriere angeht.«

»Na, und mich die Ihre?«, fragte Jadassohn.

»So. Dann sind wir Gegner?«

»Ich hoffe, es wird sich vermeiden lassen.« Und Jadassohn

setzte ihm auseinander, dass er keinen Grund habe, den Prozess zu fürchten. Sämtliche Zeugen der Vorgänge im Ratskeller würden dasselbe aussagen müssen wie er selbst: auch Lauers Freunde. Diederich werde sich keineswegs zu weit vorwagen ... Das habe er leider schon getan, erwiderte Diederich, denn schließlich sei er es, der mit Lauer den Krach gehabt habe. Aber Jadassohn beruhigte ihn. »Wer fragt danach. Es handelt sich darum, ob die inkriminierten Worte vonseiten des Herrn Lauer gefallen sind. Sie machen, wie die anderen Herren, einfach Ihre Aussage, wenn Sie wollen, mit Vorsicht.«

inkriminierten öffentlich beanstandeten, zum Gegenstand einer Strafanzeige gewordenen

wenn Sie wollen, mit Vorsicht und meinetwegen so vorsichtig, wie es Ihnen ratsam erscheint

»Mit großer Vorsicht!«, versicherte Diederich. Und angesichts von Jadassohns teuflischer Miene: »Wie komme ich dazu, einen anständigen Menschen wie Lauer ins Gefängnis zu bringen? Jawohl, einen anständigen Menschen! Denn eine politische Gesinnung ist in meinen Augen keine Schande!«

»Besonders nicht bei dem Schwiegersohn des alten Buck, den Sie vorläufig noch brauchen«, schloss Jadassohn – und Diederich ließ den Kopf sinken. Dieser jüdische Streber beutete ihn schamlos aus, und er konnte nichts machen! Da sollte man noch an Freundschaft glauben. Er sagte sich wieder einmal, dass alle gerissener und brutaler im Leben vorgingen als er selbst. Die große Aufgabe war: Wie ward man energisch. Er setzte sich stramm hin und blitzte. Mehr unternahm er lieber nicht; bei einem Herrn von der Staatsanwaltschaft konnte man nie wissen ... Übrigens lenkte Jadassohn zu etwas anderem über.

»Wissen Sie schon, dass in der Regierung und bei uns im Gericht ganz sonderbare Gerüchte umgehen – über das Telegramm Seiner Majestät an den Regimentskommandeur? Der Oberst soll nämlich behaupten, er habe gar kein Telegramm bekommen.«

Diederich behielt, trotz innerem Erbeben, eine feste Stimme. »Aber es hat doch in der Zeitung gestanden!« Jadassohn grinste zweideutig. »Da steht gar zu viel.« Er ließ sich von Klappsch, der seine Glatze wieder in die Tür schob, die »Netziger Zeitung« bringen. »Sehen Sie, in der Nummer hier steht überhaupt nichts, was nicht auf Seine Majestät Bezug hat. Der Leitartikel beschäftigt sich mit dem Allerhöchsten Bekenntnis zum geoffenbarten Glauben. Dann kommt das Telegramm an den Obersten, dann das Lokale, mit der Heldentat des Postens, und das Vermischte, mit drei Anekdoten über die kaiserliche Familie.«

Nummer Ausgabe

das Vermischte der Teil mit den vermischten Nachrichten

»Es sind recht rührende Geschichten«, bemerkte Klappsch und verdrehte die Augen.

»Zweifellos!«, beteuerte Jadassohn, und Diederich: »Sogar so ein freisinniges Hetzblatt muss die Bedeutung Seiner Majestät anerkennen!«

»Aber bei dem löblichen Eifer wäre es schließlich möglich, dass die Redaktion die Allerhöchste Depesche eine Nummer zu früh gebracht hat – noch vor ihrer Absendung.« – »Ausgeschlossen!«, entschied Diederich. »Der Stil Seiner Majestät ist unverkennbar.« Auch Klappsch wollte ihn erkennen. Jadassohn gab zu: »Nun ja ... Weil man nie wissen kann, darum dementieren wir auch nicht. Wenn der Oberst nichts bekommen hat, die ›Netziger Zeitung‹ könnte es ja direkt aus Berlin haben. Wulckow hat sich den Redakteur Nothgroschen kommen lassen, aber der Kerl verweigert die Aussage. Der Präsident hat gespuckt, er ist selbst zu uns gekommen wegen des Zeugniszwangsverfahrens gegen Nothgroschen. Schließlich haben wir davon abgesehen und warten lieber das Dementi aus Berlin ab – weil man eben nicht wissen kann.«

Der Stil Seiner Majestät ist unverkennbar. → Seite 509

dementieren wir auch nicht werden wir auch nicht öffentlich erklären, es handle sich um eine Falschmeldung

hat gespuckt hat Gift und Galle gespuckt

Zeugniszwangsverfahrens gerichtliches Verfahren, das das Zeugnisverweigerungsrecht eines wichtigen Zeugen aufhebt und ihn zu einer Aussage zwingt

Da Klappsch in die Küche gerufen ward, setzte Jadassohn noch hinzu: »Komisch, wie? Allen kommt die Geschichte verdächtig vor, aber niemand will vorgehen, weil in diesem

Fall – in diesem ganz besonderen Fall –«, sagte Jadassohn mit perfider Betonung, und seine ganze Miene, sogar die Ohren sahen perfid aus, »grade das Unwahrscheinliche am meisten Aussicht hat, Ereignis zu werden.«

Diederich war starr: Nie hätte ihm so schwarzer Verrat geträumt. Jadassohn bemerkte sein Entsetzen und verwirrte sich, er fing an zu zappeln. »Nu, der Mann hat seine Schwächen – Ihnen gesagt.«

Diederich versetzte, fremd und drohend: »Gestern Abend schienen Sie davon noch nichts zu wissen.« Jadassohn entschuldigte sich: Der Sekt mache natürlich unkritisch. Ob Herr Doktor Heßling denn die Begeisterung der übrigen Herren so ernst genommen habe. Einen größeren Nörgler als den Major Kunze gebe es überhaupt nicht ... Diederich zog sich mit seinem Stuhl zurück, ihm ward kalt, als finde er sich plötzlich in einer Verbrecherhöhle. Mit äußerster Energie sagte er: »Auf die nationale Gesinnung der übrigen Herren hoffe ich mich ebenso verlassen zu können wie auf meine eigene, an der zu zweifeln ich mir auf das Allerbestimmteste verbitten müsste.«

Jadassohn hatte seine schneidige Stimme zurück. »Soll das etwa einen Zweifel in Bezug auf meine Person involvieren, so weise ich ihn mit gebührender Entrüstung zurück.« Krähend, sodass Klappsch in die Tür spähte: »Ich bin der Königliche Assessor Doktor Jadassohn und stehe auf Wunsch zur Verfügung.«

Darauf musste Diederich wohl murmeln, dass er es so nicht gemeint habe. Dann aber zahlte er. Die Verabschiedung war kühl.

Auf dem Heimwege schnaufte Diederich. Hätte er sich nicht entgegenkommender verhalten sollen mit Jadassohn? Für den Fall, dass Nothgroschen redete? Jadassohn hatte ihn freilich nötig, in dem Prozess gegen Lauer! Auf alle Fälle war

perfider hinterhältiger, niederträchtiger

hätte ihm ... geträumt hätte er sich ... ausmalen können

Ihnen gesagt Ihnen im Vertrauen gesagt, unter uns gesagt

involvieren einschließen, zum Ausdruck bringen

stehe auf Wunsch zur Verfügung bin jederzeit bereit, meine Ehre mit der Waffe in der Hand (im Duell) zu verteidigen

es gut, dass Diederich jetzt Bescheid wusste über den wahren Charakter dieses Herrn! ›Seine Ohren sind mir gleich verdächtig vorgekommen! Wirklich national empfinden kann man eben doch nicht mit solchen Ohren.‹

»Berliner Lokal-Anzeiger« (siehe Seite 156: komme ich zu Scherl!)

Zu Hause nahm er sogleich den »Berliner Lokal-Anzeiger« vor. Da waren schon die Kaiseranekdoten für die »Netziger Zeitung« von morgen. Vielleicht kamen sie auch erst übermorgen, für alle war dort nicht Platz. Aber er suchte weiter; seine Hände zitterten ... Da! Er musste sich setzen. »Ist dir was, mein Sohn?«, fragte Frau Heßling. Diederich starrte die Buchstaben an, wie ein Märchen, das Wahrheit ward. Da stand es, unter anderen unbezweifelten Dingen, in dem einzigen Blatt, das Seine Majestät selbst las? Innerlich, in so tiefer Seele, dass er es selbst kaum hörte, murmelte Diederich: »Mein Telegramm.« Das bange Glück sprengte ihn fast. Konnte es sein? Hatte er richtig vorausempfunden, was der Kaiser sagen würde? Sein Ohr reichte in diese Ferne? Sein Gehirn arbeitete gemeinsam mit –? Die unerhörtesten mystischen Beziehungen überwältigten ihn ... Aber das Dementi konnte noch kommen, er konnte zurückgeschleudert werden in sein Nichts! Diederich verbrachte eine angstvolle Nacht, und am Morgen stürzte er sich auf den »Lokal-Anzeiger«. Die Anekdoten. Die Denkmalsenthüllung. Die Rede. »Aus Netzig«. Da stand von den Ehrungen, die dem Gefreiten Emil Pacholke zuteil geworden waren für seinen vor dem inneren Feind bewiesenen Mut. Alle Offiziere, der Oberst an der Spitze, hatten ihm die Hand gedrückt. Er hatte Geldgeschenke bekommen. »Bekanntlich hat der Kaiser den braven Soldaten schon gestern telegrafisch zum Gefreiten befördert.« Da stand es! Kein Dementi: eine Bestätigung! Er machte Diederichs Worte zu den seinen, und er führte die Handlung aus, die Diederich ihm untergelegt hatte! ... Diederich breitete das Zeitungsblatt weit aus; er sah

Die unerhörtesten mystischen Beziehungen Der schier unglaubliche, unergründliche Gleichklang der Seelen (zwischen dem Kaiser und ihm)

vor dem inneren Feind vor den oppositionell Gesinnten im eigenen Land (siehe Seite 55, Zeile 21, Seite 60, Zeilen 18 f., und Seite 496)

sich darin wie in einem Spiegel, und um seine Schultern lag Hermelin.

Hermelin → Seite 509

Diesen Sieg und Diederichs schwindelnde Erhöhung, leider durfte kein Wort sie verraten, aber sein Wesen genügte, die Straffheit in Haltung und Sprache, das Herrscherauge. Familie und Werkstatt verstummten um ihn her. Sötbier selbst musste zugeben, dass ein forscherer Zug in den Betrieb gekommen sei. Und Napoleon Fischer schlich, je aufrechter und heller Diederich dastand, desto affenähnlicher vorbei, die Arme nach vorn hängend, mit schiefem Blick und den fletschenden Zähnen in seinem dünnen schwarzen Bart: als der Geist des gebändigten Umsturzes ... Dies war der Moment, gegen Guste Daimchen vorzugehen. Diederich machte Besuch.

Frau Oberinspektor Daimchen empfing ihn zuerst allein, auf ihrem alten Plüschsofa, aber in einem braunen Seidenkleid mit lauter Schleifen, und die Hände breitete sie, rot und gequollen wie die einer Waschfrau, vor sich hin auf ihren Bauch, sodass der Gast die neuen Ringe immer vor Augen hatte. Aus Verlegenheit gestand er seine Bewunderung, worauf Frau Daimchen sich bereitwillig darüber ausließ, dass sie und ihre Guste es nun Gott sei Dank zu allem hätten. Sie wüssten nur noch nicht, ob sie sich altdeutsch oder Louis käs einrichten sollten. Diederich riet lebhaft zu altdeutsch; er habe es in Berlin in den feinsten Häusern gesehen. Aber Frau Daimchen war misstrauisch. »Wer weiß, ob Sie so feine Leute wie uns schon besucht haben. Lassen Sie man, ich kenne das, wenn man so tun muss, als ob man was hat, und hat nichts.« Hierauf schwieg Diederich ratlos, und Frau Daimchen trommelte sich mit Genugtuung auf den Bauch. Zum Glück trat Guste ein, heftig rauschend. Diederich schwang sich elastisch aus seinem Fauteuil, sagte schnarrend: »Gnädigstes Fräu-

gegen Guste Daimchen vorzugehen bei Guste Daimchen in die Offensive zu gehen

Waschfrau Frau, die gegen Bezahlung die Kleidung anderer Menschen wäscht, was vor der Erfindung der Waschmaschine eine körperlich schwere, die Hände angreifende Arbeit war.

es ... zu allem hätten jeglicher Geldsorgen enthoben seien

altdeutsch oder Louis käs → Seite 509

heftig rauschend ... mit ihrem Kleid; also offenbar ›in großer Toilette‹, neureich festlich gekleidet

lein!« und unternahm einen Handkuss. Guste lachte. »Reißen Sie sich nur kein Bein aus!« Aber sie tröstete ihn gleich wieder. »Man sieht sofort, was ein feiner Mann ist. Der Herr Leutnant von Brietzen macht es auch so.«

»Ja, ja«, sagte Frau Daimchen, »bei uns verkehren alle Herren Offiziere. Gestern sag ich noch zu Guste: Guste, sag ich, auf jede Sitzgelegenheit können wir eine Freiherrnkrone sticken lassen, denn überall hat sich schon einer draufgesetzt.«

Guste verzog den Mund. »Aber was die Familien betrifft und sonst überhaupt, ist Netzig doch reichlich spießig. Ich glaube, wir ziehen nach Berlin.« Damit war Frau Daimchen nicht einverstanden. »Man soll den Leuten den Gefallen nicht tun«, meinte sie. »Die alte Harnisch ist erst heute, wo sie mein Seidenkleid gesehen hat, fast zerplatzt.«

»So ist Mutter nun mal«, sagte Guste. »Wenn sie renommieren kann, ist alles gut. Aber ich denke doch auch an meinen Verlobten. Wissen Sie, dass Wolfgang sein Staatsexamen gemacht hat? Was soll er hier in Netzig. In Berlin kann er mit unserem vielen Geld was werden.« Diederich bestätigte: »Er wollte ja schon immer Minister oder so was werden.« Leis höhnisch setzte er hinzu: »Das soll ja ganz leicht sein.«

Guste nahm sofort eine feindliche Haltung ein. »Der Sohn vom alten Herrn Buck ist eben nicht jeder«, sagte sie spitz. Aber Diederich setzte, weltmännisch überlegen, auseinander, dass es heute auf Dinge ankomme, die der Einfluss des alten Buck nicht verleihen könne: Persönlichkeit, großzügigen Unternehmungsgeist und vor allem eine stramm nationale Gesinnung. Das junge Mädchen unterbrach ihn nicht mehr, sie sah sogar mit Respekt auf seine kühnen Schnurrbartspitzen. Aber das Bewusstsein, Eindruck zu machen, riss ihn zu weit fort. »Von alledem habe ich bei Herrn Wolfgang Buck noch nichts bemerkt«, sagte er. »Der philosophiert

Freiherrnkrone »Rangkrone der Freiherren mit sieben in je einer Perle endenden Zacken« (Duden); ein Freiherr war ein im Heiligen Römischen Reich Deutscher Nation beheimateter Adelstitel, der bis 1919 fortbestand. Er bezeichnete den untersten Rang des titulierten Adels (höhere Ränge waren etwa Graf oder Herzog), im Gegensatz zum untitulierten Adel (mit »von« im Namen).

renommieren angeben, prunken (siehe Seite 24)

und nörgelt, und im Übrigen soll er sich ziemlich viel amüsieren ... Na«, schloss er, »seine Mutter war ja auch eine Schauspielerin.« Und er sah fort, obwohl er fühlte, dass Gustes drohender Blick ihn suchte.

»Was wollen Sie damit sagen?«, fragte sie.

Er tat überrascht. »Ich, gar nichts. Ich meinte, wie reiche junge Leute in Berlin nun mal leben. Bucks sind doch eine vornehme Familie.«

»Das wollen wir hoffen«, sagte Guste schroff. Frau Daimchen, die gegähnt hatte, erinnerte an die Schneiderin, Guste sah Diederich erwartungsvoll an, ihm blieb nichts übrig, als aufzustehen und eine Verbeugung zu machen. Den Handkuss unternahm er nicht mehr, mit Rücksicht auf die gespannte Stimmung. Aber im Vorzimmer holte Guste ihn ein. »Wollen Sie es mir jetzt vielleicht sagen«, fragte sie, »was Sie gemeint haben mit der Schauspielerin?«

mit Rücksicht auf die gespannte wegen der angespannten

Er öffnete den Mund, schnappte und schloss ihn wieder, stark errötet. Um ein Haar hätte er verraten, was seine Schwestern ihm über Wolfgang Buck erzählt hatten. Er sagte mit mitleidiger Stimme: »Fräulein Guste, weil wir doch so alte Bekannte sind – Ich wollte nur sagen, der Buck ist nichts für Sie. Er ist sozusagen erblich belastet von seiner Mutter her. Der Alte war doch auch zum Tode verurteilt. Und was ist denn sonst an den Bucks noch dran? Glauben Sie mir, man soll in keine Familie heiraten, mit der es bergab geht. Das ist Sünde gegen sich selbst«, setzte er noch hinzu. Aber Guste hatte die Hände in die Hüften gestemmt.

»Bergab? Und mit Ihnen geht es wohl bergauf? Weil Sie sich im Ratskeller betrinken und dann mit Leuten Krach machen? Die ganze Stadt spricht von Ihnen, und Sie möchten einer hochfeinen Familie was anhängen. Bergab! Wer mein Geld kriegt, mit dem geht es überhaupt nicht bergab. Sie sind bloß neidisch, meinen Sie, ich weiß das nicht?« – und sie sah ihn an, die Augen voll Tränen der Wut. Ihm war sehr beklommen; er hätte Lust gehabt, sich auf die Knie zu werfen, ihr die dicken kleinen Finger zu küssen und dann die Tränen aus den Augen – aber ging denn das? Inzwischen zog sie alle rosigen Fettpolster ihres Gesichtes herunter zu einem Ausdruck der Verachtung, machte kehrt und schlug die Tür zu. Diederich stand mit angstklopfendem Herzen noch eine Weile da, dann trollte er sich, im Gefühl seiner Kleinheit.

Er bedachte, dass für ihn hier nichts zu machen gewesen sei; die Sache gehe ihn nichts an, Guste sei mit all ihrem Geld doch immer nur eine fette Gans – und das beruhigte ihn. Wie dann eines Abends Jadassohn ihm mitteilte, was er in Magdeburg beim Gericht erfahren habe, da triumphierte Diederich. Fünfzigtausend Mark, das war alles! Und deswegen ein Auftreten wie die Gräfinnen? Ein Mädchen von dermaßen schwindelhaftem Gebaren passte freilich besser zu den verkommenen Bucks als zu einem kernigen und treugesinnten Mann wie Diederich! Da war Käthchen Zillich vorzuziehen. Äußerlich Guste ähnlich und mit fast ebenso starken Reizen geschmückt, empfahl sie sich außerdem durch Gemüt und ein entgegenkommendes Wesen. Er kam öfter zum Kaffee und machte ihr eifrig den Hof. Sie warnte ihn vor Jadassohn, was Diederich als nur zu berechtigt anerkennen musste. Auch sprach sie mit äußerster Missbilligung von Frau Lauer, die mit Landgerichtsrat Fritzsche – Was Lauers Prozess betraf, war Käthchen Zillich die Einzige, die ganz auf Diederichs Seite stand.

schwindelhaftem Gebaren unehrlicher Art, Neigung zur Hochstapelei

Denn diese Sache nahm für Diederich ein drohendes Gesicht an. Jadassohn hatte erreicht, dass die Staatsanwaltschaft durch einen Ermittelungsrichter die Zeugen jenes nächtlichen Vorfalls vernehmen ließ; und so zurückhaltend Diederich sich vor dem Richter geäußert hatte, die andern machten ihn verantwortlich für ihre Verlegenheiten. Die

Herren Cohn und Fritzsche wichen ihm aus; der Bruder des Herrn Buck, ein so höflicher Mann, vermied seinen Gruß; Heuteufel pinselte ihn grausam, lehnte aber jedes Privatgespräch ab. An dem Tage, da es bekannt ward, dass das Gericht dem Fabrikbesitzer Lauer die Anklageschrift zugestellt habe, fand Diederich seinen Tisch im Ratskeller leer. Professor Kühnchen zog sich eben den Mantel an, Diederich konnte ihn noch am Kragen packen. Aber Kühnchen hatte es eilig, er musste im freisinnigen Wählerverein gegen die neue Militärvorlage reden. Er entwischte; und Diederich dachte enttäuscht jener sieghaften Nacht, als draußen das Blut des inneren Feindes, hier aber Sekt geflossen war und als unter den Nationalgesinnten Kühnchen der Kriegslustigste gewesen war. Jetzt sprach er gegen die Vermehrung unseres ruhmreichen Heeres! ... Diederich sah, einsam und verlassen, in seinen Dämmerschoppen; da erschien Major Kunze.

»Nanu, Herr Major«, sagte Diederich mit erzwungener Munterkeit, »von Ihnen hört man gar nichts mehr.«

»Von Ihnen umso mehr.« Der Major knurrte, blieb in Hut und Mantel stehen und sah sich um, wie in einer Schneewüste. »Kein Mensch da!«

»Wenn ich Sie zu einem Glas Wein einladen darf – «, wagte Diederich zu sagen, aber er kam übel an. »Danke, Ihr Sekt liegt mir noch im Magen.« Der Major bestellte Bier und saß da, stumm und mit einem Gesicht zum Fürchten. Um nur das schreckliche Schweigen zu beenden, sagte Diederich drauflos: »Nun, und der Kriegerverein, Herr Major? Ich habe immer geglaubt, ich würde einmal etwas hören über meine Aufnahme.«

Der Major sah ihn lange nur an, als wollte er ihn fressen. »Ach so. Sie haben geglaubt. Sie haben wohl auch geglaubt, es würde mir eine Ehre sein, wenn Sie mich in Ihre Skandalaffäre hineinziehen?«

vermied seinen Gruß achtete darauf, dass es zwischen ihnen zu keinen Begegnungen kam

die neue Militärvorlage In der im November 1892 von der Regierung im Reichstag eingebrachten Militärvorlage ging es um die Vergrößerung der Armee auch zu Friedenszeiten um 84 000 Soldaten und 2000 Offiziere. Im Gegenzug bot die Regierung an, der alten Forderung der Liberalen nach einer Reduzierung der Dienstpflicht von Infanteriesoldaten auf zwei Jahre zuzustimmen.

dachte ... jener sieghaften Nacht erinnerte sich ... an jene triumphale Nacht

sprach er (Z. 14) wandte er sich in öffentlichen Auftritten

sah ... in seinen Dämmerschoppen hier: in sein Glas (siehe auch Seite 135)

»Meine?«, stotterte Diederich. Der Major donnerte. »Jawohl, Herr! Ihre! Dem Herrn Fabrikbesitzer Lauer ist mal ein Wort zu viel ausgerutscht, das kann vorkommen, sogar bei alten Soldaten, die sich für ihren König haben zu Krüppeln schießen lassen. Sie aber haben den Herrn Lauer raffinierterweise zu seinen unbedachten Äußerungen verleitet. Das bin ich bereit, vor dem Untersuchungsrichter zu bekunden. Den Lauer kenne ich: Der war in Frankreich mit und ist in unserm Kriegerverein. Sie, Herr, wer sind Sie? Weiß ich, ob Sie überhaupt gedient haben? Her mit Ihren Papieren!«

ausgerutscht herausgerutscht

Diederich griff in die Brusttasche. Er würde strammgestanden haben, wenn der Major es befohlen hätte. Der Major hielt sich den Militärpass weit von den Augen fort. Plötzlich warf er ihn hin, er feixte grimmig. »Na also. Landsturm mit der Waffe. Hab ich es nicht gesagt? Plattfüße wahrscheinlich.« Diederich war bleich, bebte bei jedem Wort des Majors und hielt beschwörend die Hand vor sich hin. »Herr Major, ich gebe Ihnen mein Ehrenwort, dass ich gedient habe. Infolge eines Unglücksfalles, der mir nur zur Ehre gereicht, musste ich nach drei Monaten austreten ...«

Landsturm Der Landsturm bestand im Deutschen Reich aus allen Wehrpflichtigen im Alter von 18 bis 42 Jahren. Er bildete gleichsam die letzte Reserve, mit der in Kriegszeiten die Armeen aufgefüllt werden konnten.

»Solche Unglücksfälle kennen wir ... Zahlen!«

»Sonst wäre ich ganz dabeigeblieben«, sagte Diederich noch, mit fliegender Stimme. »Ich war mit Leib und Seele Soldat, fragen Sie meine Vorgesetzten.«

mit fliegender Stimme im verzweifelten Bemühen um Rechtfertigung

»Nabend.« Der Major hatte schon den Mantel an. »Ich will Ihnen bloß noch sagen, Herr: Wer nicht gedient hat, den gehen die Majestätsbeleidigungen andrer Leute den Teufel an. Majestät legt keinen Wert auf nicht gediente Herrschaften ... Grützmacher«, sagte er zum Wirt, »Sie sollten sich Ihr Publikum genauer ansehen. Wegen eines Gastes, der mal zu viel da ist, ist nun der Herr Lauer beinahe verhaftet worden, und ich muss mit meinem steifen Bein zu Gericht als Belastungszeuge und es mit allen Leuten verderben. Der Harmo-

Nabend kurzangebunden für: Guten Abend!

Ihr Publikum Ihre Kundschaft

nieball ist schon abgesagt, ich bin beschäftigungslos, und wenn ich hier zu Ihnen komme« – er warf wieder einen Blick wie über Schneewüsten –, »ist kein Mensch da. Außer, natürlich, der Denunziant!«, schrie er noch auf der Treppe.

Der Harmonieball (siehe Seite 124 unten)

»Mein Ehrenwort, Herr Major – «, Diederich lief hinterher, »ich habe keine Anzeige erstattet, das Ganze ist ein Missverständnis.« Der Major war schon draußen. Diederich rief ihm nach: »Wenigstens bitte ich um Ihre Diskretion!«

Er trocknete die Stirn. »Herr Grützmacher, Sie müssen doch einsehen – «, sagte er, mit Tränen in der Stimme. Da er Wein bestellte, sah der Wirt alles ein.

Diederich trank und schüttelte wehmütig den Kopf. Diese Fehlschläge begriff er nicht. Seine Absichten waren rein gewesen, nur die Tücke seiner Feinde verdunkelte sie … Da erschien der Landgerichtsrat Doktor Fritzsche, sah sich zögernd um – und als er Diederich wirklich ganz allein fand, kam er zu ihm. »Herr Doktor Heßling«, sagte er und gab ihm die Hand, »Sie sehen ja aus, als ob Ihnen die Ernte verhagelt ist.« In einem großen Betrieb, murmelte Diederich, gebe es freilich immer Arger. Aber da er die mitfühlende Miene des andern sah, erweichte er sich vollends. »Ihnen kann ich es sagen, Herr Landgerichtsrat, die Sache mit dem Herrn Lauer ist mir verdammt unangenehm.«

»Ihm noch mehr«, sagte Fritzsche, nicht ohne Strenge. »Wenn bei ihm nicht jeder Fluchtverdacht ausgeschlossen wäre, hätten wir ihn gleich heute verhaften lassen müssen.« Er sah Diederich erbleichen und fügte hinzu: »Was sogar uns Richtern peinlich gewesen wäre. Schließlich ist man Mensch und lebt unter Menschen. Aber natürlich – « Er befestigte seinen Klemmer und machte sein trockenes Gesicht. »Das Gesetz muss befolgt werden. Wenn Lauer an dem betreffenden Abend – ich selbst hatte das Lokal ja schon verlassen – tatsächlich die unerhörten Majestätsbeleidigungen geäußert hat, die von der Anklage behauptet werden und für die Sie als Hauptzeuge aufgestellt sind –«

»Ich?« Diederich fuhr verzweifelt auf. »Ich habe nichts gehört! Kein Wort!«

»Dagegen spricht Ihre Aussage vor dem Ermittelungsrichter.«

Diederich verwirrte sich. »Im ersten Moment weiß man doch nicht, was man sagen soll. Aber wenn ich mir den fraglichen Vorgang jetzt rekonstruiere, dann scheint es mir doch, dass wir alle ziemlich stark angeheitert waren. Ich besonders.«

rekonstruiere im Ganzen (sowie in seinen Einzelheiten) in Erinnerung rufe

»Sie besonders«, wiederholte Fritzsche.

»Ja, und da habe ich wohl anzügliche Fragen an Herrn Lauer gestellt. Was er mir darauf geantwortet hat, das könnte ich jetzt nicht mehr beschwören. Das Ganze war doch überhaupt nur ein Scherz.«

»Ach so: ein Scherz.« Fritzsche atmete auf. »Ja, aber was hindert Sie denn, das einfach dem Richter zu sagen?« Er erhob den Finger. »Ohne dass ich natürlich im Geringsten Ihre Aussage beeinflussen möchte.«

Diederich erhob die Stimme. »Dem Jadassohn vergess ich den Streich nicht!« Und er berichtete die Machenschaften dieses Herrn, der sich während der Szene vorsätzlich entfernt habe, um nicht als Zeuge in Betracht zu kommen; der dann sofort Material für die Anklage gesammelt, den halb unzurechnungsfähigen Zustand der Anwesenden missbraucht und sie von vornherein festgelegt habe mit ihren Aussagen. »Herr Lauer und ich, wir halten einander für Ehrenmänner. Wie untersteht sich so ein Jude, uns zu verhetzen!«

zu verhetzen gegeneinander aufzubringen

Fritzsche erklärte ernst, dass hier nicht Jadassohns Persönlichkeit in Betracht komme, sondern nur das Vorgehen der Staatsanwaltschaft. Freilich war zuzugeben, dass Jadassohn vielleicht zum Übereifer neigte. Mit gedämpfter Stimme setzte er hinzu: »Sehen Sie, das ist eben der Grund, weshalb wir mit den jüdischen Herren nicht gern zusammenarbeiten. Solch ein Herr legt sich nicht die Frage vor, welchen Eindruck es auf das Volk machen muss, wenn ein gebildeter Mann, ein Arbeitgeber, wegen Majestätsbeleidigung verurteilt wird. Sachliche Bedenken verschmäht sein Radikalismus.«

»Sein jüdischer Radikalismus«, ergänzte Diederich.

»Er stellt unbedenklich sich selbst in den Vordergrund – womit ich keineswegs leugnen will, dass er auch ein amtliches und nationales Interesse wahrzunehmen glaubt.«

»Wieso denn?«, rief Diederich. »Ein gemeiner Streber, der mit unsern heiligsten Gütern spekuliert!«

»Wenn man sich scharf ausdrücken will – « Fritzsche lächelte befriedigt. Er rückte näher. »Nehmen wir einmal an, ich wäre Untersuchungsrichter: Es gibt Fälle, in denen man gewissermaßen Grund hätte, sein Amt niederzulegen.«

»Sie sind mit dem Lauer'schen Hause eng befreundet«, sagte Diederich und nickte bedeutsam. Fritzsche machte sein weltmännisches Gesicht. »Aber Sie begreifen, damit würde ich gewisse Gerüchte ausdrücklich bestätigen.«

»Das geht nicht«, sagte Diederich. »Es wäre gegen den Komment.«

»Mir bleibt nichts übrig, als meine Pflicht zu tun, ruhig und sachlich.«

»Sachlich sein heißt deutsch sein«, sagte Diederich.

»Besonders, da ich annehmen darf, dass die Herren Zeugen mir meine Aufgabe nicht unnötig erschweren werden.«

Diederich legte die Hand auf die Brust. »Herr Landgerichtsrat, man kann sich hinreißen lassen, wo es um eine große Sache geht. Ich bin eine impulsive Natur. Aber ich bleibe mir bewusst, dass ich für alles meinem Gott Rechenschaft schulde.« Er schlug die Augen nieder. Mit männlicher

dass er auch ein amtliches und nationales Interesse wahrzunehmen glaubt dass er aber auch davon überzeugt ist, im Interesse des Staates und der Allgemeinheit zu handeln

Ein gemeiner Streber, der mit unsern heiligsten Gütern spekuliert! Ein ganz gewöhnlicher Ehrgeizling, der die höchsten Werte unseres Gemeinwesens in den Dienst seiner persönlichen Interessen stellt!

Komment (siehe Seite 493)

Sachlich sein heißt deutsch sein Variante der Richard Wagner zugeschriebenen Sentenz »Deutsch sein heißt eine Sache um ihrer selbst willen tun« (zitiert nach: Fredrick Betz [vgl. S. 485], S. 39).

bin eine impulsive Natur bin ein impulsiver Mensch

Stimme: »Auch ich bin der Reue zugänglich.« Dies schien Fritzsche zu genügen, denn er zahlte. Die Herren schüttelten einander ernst und verständnisvoll die Hände.

Schon am Tage darauf ward Diederich vor den Untersuchungsrichter geladen und stand vor Fritzsche. ›Gott sei Dank‹, dachte er und machte mit treuherziger Sachlichkeit seine Aussagen. Auch Fritzsches einzige Sorge schien die Wahrheit zu sein. Die öffentliche Meinung freilich blieb bei ihrer Parteilichkeit für den Angeklagten. Von der sozialdemokratischen »Volksstimme« nicht zu reden; sie verstieg sich bis zu höhnischen Auslassungen über Diederichs Privatleben, hinter denen wohl sicher Napoleon Fischer zu suchen war. Aber auch die sonst so ruhige »Netziger Zeitung« gab gerade jetzt eine Ansprache des Herrn Lauer an seine Arbeiter wieder, worin der Fabrikbesitzer darlegte, dass er den Gewinn seines Unternehmens redlich mit allen denen teile, die daran mitgearbeitet hatten, ein Viertel den Beamten, ein Viertel den Arbeitern. In acht Jahren hatten sie außer ihren Löhnen und Gehältern die Summe von hundertdreißigtausend Mark unter sich zu verteilen gehabt. Dies machte auf weite Kreise den günstigsten Eindruck. Diederich begegnete missbilligenden Gesichtern. Sogar der Redakteur Nothgroschen, den er zur Rede stellte, erlaubte sich ein anzügliches Lächeln und sagte etwas von sozialen Fortschritten, die man mit nationalen Phrasen nicht aufhalte. Besonders peinlich waren die geschäftlichen Folgen. Bestellungen, auf die Diederich rechnen durfte, blieben aus. Der Warenhausbesitzer Cohn teilte ihm ausdrücklich mit, dass er für seine Weihnachtskataloge die Papierfabrik Gausenfeld bevorzuge, weil er mit Rücksicht auf seine Kunden sich politische Zurückhaltung auferlegen müsse. Diederich erschien jetzt ganz früh im Büro, um solche Briefe abzufangen, aber Sötbier war immer noch früher da, und das vorwurfsvolle Schweigen des

den Beamten Mit Beamten sind hier die Angestellten gemeint, eine Berufsgruppe, die sich um 1900 stark vermehrte; Angestellte waren, im Gegensatz zu den Arbeitern, die ›Schreibtischarbeiter‹ eines Unternehmens; sie bezogen Gehälter, die Arbeiter Löhne (vgl. Z. 19). Angestellte in der freien Wirtschaft waren nach Qualifikation und Tätigkeit den beim Staat beschäftigten Beamten vergleichbar, ohne deren Sicherheit und Status zu genießen.

alten Prokuristen erhöhte seine Wut. »Ich schmeiß den ganzen Krempel hin!«, schrie er. »Sie und die Leute sollen dann sehen, wo sie bleiben. Ich mit meinem Doktor hab morgen einen Direktorposten von vierzigtausend Mark! – Ich opfere mich für euch!«, schrie er die Arbeiter an, wenn sie gegen das Reglement Bier tranken. »Ich zahle drauf, nur um keinen zu entlassen.«

Gegen Weihnacht musste er dennoch einem Drittel der Leute aufsagen; Sötbier rechnete ihm vor, dass die Zahlungsfristen zu Beginn des Jahres sonst nicht eingehalten werden könnten, »da wir nun mal zweitausend Mark als Anzahlung für den neuen Holländer aufnehmen mussten«; und er blieb dabei, obwohl Diederich nach dem Tintenfass griff. In den Mienen der Übriggebliebenen las er Misstrauen und Geringschätzung. Sooft mehrere zusammenstanden, glaubte er das Wort »Denunziant« zu hören. Napoleon Fischers knotige, schwarz behaarte Hände hingen weniger tief über dem Boden, und es sah aus, als bekäme er sogar Farbe.

Am letzten Adventsonntag – das Landgericht hatte soeben die Eröffnung des Hauptverfahrens beschlossen – predigte in der Marienkirche Pastor Zillich über den Text: »Liebet eure Feinde«. Diederich erschrak beim ersten Wort. Bald fühlte er, wie auch die Gemeinde unruhig ward. »Die Rache ist mein, spricht der Herr«; Pastor Zillich rief es sichtlich nach dem Heßling'schen Stuhl hinüber. Emmi und Magda versanken ganz darin, Frau Heßling schluchzte. Diederich beantwortete drohend die Blicke, die ihn suchten. »Wer aber spricht Rache, der ist des Gerichts!« Da wandte sich alles um, und Diederich knickte zusammen.

Zu Hause machten die Schwestern ihm eine Szene. Man behandelte sie schlecht in den Gesellschaften. Nie mehr ward der junge Oberlehrer Helferich neben Emmi gesetzt, er kümmerte sich nur noch um Meta Harnisch, und sie wusste wohl,

Prokurist → Seite 510

Doktor Doktortitel

aufsagen kündigen

Zahlungsfristen … nicht eingehalten offenen Rechnungen nicht bezahlt beziehungsweise laufenden Kredite nicht bedient

nach dem Tintenfass griff …, als wolle er es nach ihm werfen

Liebet eure Feinde vgl. Mt. 5,44

Die Rache … Herr vgl. 5. Mose 32,35 und Römerbrief des Apostels Paulus 12,19

dem Heßling'schen Stuhl → Seite 510

Wer … Gerichts! vgl. Mt. 7,1 und 2

knickte zusammen sackte in sich zusammen

Oberlehrer seinerzeit der Amtstitel eines Lehrers nach der ersten Beförderung

warum. »Weil du ihm zu alt bist«, sagte Diederich. »Nein, sondern weil du uns unbeliebt machst!« – »Die fünf Töchter vom Bruder des Herrn Buck grüßen uns schon nicht mehr!«, rief Magda. Und Diederich: »Ich werd ihnen fünf Ohrfeigen herunterhauen!« – »Das lass gefälligst! An dem einen Prozess haben wir genug.« Da verlor er die Geduld. »Ihr? Was gehn euch meine politischen Kämpfe an?«

Alte Jungfern geringschätzige Bezeichnung für unverheiratet gebliebene Frauen

»Alte Jungfern werden wir noch, wegen deiner politischen Kämpfe!«

»Das braucht ihr nicht erst zu werden. Ihr liegt mir hier unnütz im Hause umher, ich rackere mich ab für euch, und ihr wollt auch noch nörgeln und mir meine heiligsten Aufgaben verekeln? Dann schüttelt gefälligst den Staub von euren Pantoffeln! Meinetwegen könnt ihr Kindermädchen werden!« Und er schlug die Tür zu, trotz Frau Heßlings gerungenen Händen.

Diedel (Kosename der Mutter für Diederich)

unbotmäßige Gesellschaft aufsässigen Leute

So kamen denn traurige Weihnachten heran. Die Geschwister sprachen nicht miteinander; Frau Heßling verließ das verschlossene Zimmer, wo sie den Baum schmückte, nie anders als mit verweinten Augen. Und am Heiligen Abend, wie sie ihre Kinder hineinführte, sang sie ganz allein mit zitternder Stimme »Stille Nacht«. »Dies schenkt Diedel seinen lieben Schwestern!«, sagte sie und machte ein bittendes Gesicht, damit er sie nicht Lügen strafe. Emmi und Magda dankten ihm verlegen, er besah ebenso verlegen die Gaben, die angeblich von ihnen kamen. Es tat ihm leid, dass er die gewohnte Christbaumfeier der Arbeiter, trotz Sötbiers dringendem Rat, abgelehnt hatte, um die unbotmäßige Gesellschaft zu strafen. Sonst hätte er jetzt mit den Leuten zusammensitzen können. Hier in der Familie war es eine künstliche Sache, eine Aufwärmung alter, verbrauchter Stimmung. Echt wäre sie erst geworden durch eine, die nicht dabei war: Guste ... Der Kriegerverein war ihm verschlossen, und im Ratskeller würde er niemand gefunden haben, wenigstens keinen Freund. Diederich erschien sich vernachlässigt, unverstanden und verfolgt. Wie fern lagen die harmlosen Zeiten der Neuteutonia, als man in langen, von Wohlwollen beseelten Reihen sang und Bier trank. Heute, im rauen Leben, brachten keine wackeren Kommilitonen mehr einander ehrliche Schmisse bei, sondern lauter verräterische Konkurrenten wollten sich gegenseitig an den Hals. ›Ich passe nicht in diese harte Zeit‹, dachte Diederich, aß Marzipan von seinem Teller und träumte in die Lichter des Weihnachtsbaumes. ›Ich bin doch gewiss ein guter Mensch. Warum ziehen sie mich in so hässliche Dinge hinein wie dieser Prozess, und schaden mir dadurch auch geschäftlich, sodass ich, ach lieber Gott!, den Holländer, den ich bestellt habe, nicht werde bezahlen können.‹ Dabei schnitt es ihm kalt durch den Leib, Tränen traten ihm in die Augen, und damit die Mutter, die immer ängstlich nach seiner sorgenvollen Miene schielte, sie nicht sähe, stahl er sich in das dunkle Nebenzimmer. Er stützte die Arme auf das Klavier und schluchzte in die Hände. Draußen stritten Emmi und Magda um ein Paar Handschuhe, und die Mutter wagte nicht zu entscheiden, wem sie beschert worden waren. Diederich schluchzte. Alles war fehlgeschlagen, in Politik, Geschäft und Liebe. ›Was hab ich denn noch?‹ Er öffnete das Klavier. Ihn fröstelte, er war so unheimlich allein, dass er Angst hatte, ein Geräusch zu machen. Die Töne kamen von selbst, seine Hände wussten es kaum. Aus Volksliedern, Beethoven und dem Kommersbuch klang es durcheinander in der Dämmerung, die sich traulich davon erwärmte, sodass einem wohlig dumpf im Kopf ward. Einmal meinte er, dass eine Hand ihm über den Scheitel streifte. War es nur ein Traum? Nein, denn auf dem Klavier stand plötzlich ein volles Bierglas. Die gute Mutter! Schubert, weiche Biederkeit, Gemüt der Heimat … Es ward still,

träumte in die Lichter blickte träumerisch auf die brennenden Kerzen

Kommersbuch (siehe Seite 490)

Biederkeit gutmütiges Wesen (siehe Seite 85)

und er wusste es nicht – bis die Wanduhr schlug: Eine Stunde war vergangen! »Das war meine Weihnacht«, sagte Diederich und ging hinaus zu den andern. Er fühlte sich getröstet und gekräftigt. Da die Schwestern noch immer wegen der Handschuhe maulten, erklärte er sie für gemütlos und steckte die Handschuhe ein, um sie für sich umzutauschen.

gemütlos gefühlsarm, unsensibel

Die ganze Festzeit ward verdüstert durch die Sorge wegen des Holländers. Sechstausend Mark für einen neuen Patent-Doppel-Holländer System Maier! Das Geld war nicht da und, wie die Dinge lagen, nicht zu beschaffen. Es war ein unbegreifliches Verhängnis, ein schäbiger Widerstand von Menschen und Dingen, der Diederich erbitterte. Wenn sein alter Buchhalter Sötbier nicht dabei war, schlug er mit dem Pultdeckel und schleuderte Briefordner in die Ecken. Für den neuen Herrn, der die Zügel des Betriebes in seine feste Hand genommen hatte, mussten doch ohne Weiteres neue Unternehmungen eintreten, die Erfolge warteten auf ihn, die Ereignisse hatten sich seiner Persönlichkeit anzupassen! … Nach dem Zorn kam der Kleinmut, Diederich traf Vorkehrungen für den Fall einer Katastrophe. Er war sanft mit Sötbier: Vielleicht konnte der Alte noch einmal helfen. Auch demütigte er sich vor Pastor Zillich und bat ihn, den Leuten zu sagen, dass er mit der Predigt, von der alle sprachen, nicht auf ihn gezielt habe. Der Pastor versprach es auch, mit sichtlicher Reue, unter dem strafenden Blick seiner Gattin, die sein Versprechen bekräftigte. Dann ließen die Eltern Käthchen mit Diederich allein, und er war ihnen in seiner Niedergeschlagenheit so dankbar, dass er sich fast erklärt hätte. Käthchens Jawort, das auf ihren lieben, dicken Lippen wartete, wäre doch ein Erfolg gewesen, es hätte ihm Bundesgenossen gebracht gegen die feindliche Welt. Aber der unbezahlbare Holländer! Er würde ein Viertel der Mitgift verschlungen ha-

Patent-Doppel-Holländer System Maier! pompös-marktschreierischer Produktname, vielleicht als Parodie auf eine für den allgemeinen Geist des Kaiserreichs kennzeichnende und besonders von Wilhelm II. verkörperte auftrumpfende Selbstgewissheit (hier: die Überzeugung von der ›weltweit einzigartigen‹ deutschen Ingenieurskunst)

dass er sich fast erklärt dass er ihr beinahe einen Heiratsantrag gemacht

ben ... Diederich seufzte, er müsse nun wieder ins Geschäft; und Käthchen kniff die Lippen zusammen, ohne dass das Jawort zur Verwendung gelangt war.

Ein Entschluss musste gefasst werden, denn die Ankunft des Holländers stand bevor. Diederich sagte zu Sötbier: »Ich rate den Leuten nur, ihn auf Tag und Stunde zu liefern, sonst geb ich ihn ohne Gnade zurück.« Aber Sötbier erinnerte an das Gewohnheitsrecht, das den Fabriken einige Tage Spielraum lasse. Trotz Diederichs Heftigkeit blieb er dabei. Übrigens traf die Maschine pünktlich ein. Sie war noch nicht ausgepackt, und schon wetterte Diederich. »Er ist zu groß! Die Leute haben mir garantiert, dass er kleiner sein soll als das alte System. Wozu kaufe ich ihn denn, wenn ich nicht mal Raum sparen soll!« Und er ging, sobald der Holländer aufgestellt war, mit dem Metermaß um ihn herum. »Er ist zu groß! Ich lass mich nicht beschwindeln! Bezeugen Sie mir, Sötbier, dass er zu groß ist!« Aber Sötbier klärte mit unbeirrbarer Rechtlichkeit den Fehler in Diederichs Messungen auf. Schnaufend zog Diederich sich zurück, um einen neuen Angriffsplan zu ersinnen. Er rief Napoleon Fischer herbei. »Wo ist denn der Monteur? Haben uns die Leute keinen Monteur mitgeschickt?« Und dann entrüstete er sich. »Ich habe ihn doch bestellt!«, log er. »Die Leute scheinen ihr Geschäft zu verstehen. Ich werde mich nicht wundern, wenn ich für den Kerl täglich zwölf Mark bezahlen muss, und er glänzt durch Abwesenheit. Wer stellt mir das Unglücksding da nun auf?«

scheinen ihr Geschäft zu verstehen ironisch: sind wirklich geschäftstüchtig (sparen Kosten, wo es nur geht)

Der Maschinenmeister behauptete, er verstehe sich darauf. Diederich bewies ihm plötzlich großes Wohlwollen. »Sie können sich denken: Ihnen zahl ich lieber die Überstunden, als dass ich mein Geld für den fremden Menschen hinauswerfe. Schließlich sind Sie ein alter Mitarbeiter.« Napoleon Fischer zog die Brauen hinauf, sagte aber nichts. Diederich berührte seine Schulter. »Sehen Sie mal, lieber Freund«, sagte er halblaut, »ich bin von dem Holländer nämlich enttäuscht. Auf den Bildern im Prospekt sah er anders aus. Die Messerwalze sollte doch viel breiter sein, wo bleibt da die größere Leistungsfähigkeit, die die Leute uns versprochen haben. Was meinen Sie? Halten Sie den Zug für gut? Ich fürchte, der Stoff bleibt liegen.« Napoleon Fischer sah Diederich an, prüfend, aber schon mit Verständnis. Man müsse es ausprobieren, meinte er zögernd. Diederich vermied seinen Blick, er tat, als untersuchte er die Maschine. Dabei sagte er aufmunternd: »Also schön. Sie stellen das Ding auf, ich zahle Ihnen die Überstunden mit fünfundzwanzig Prozent Aufschlag, und dann tragen Sie in Gottes Namen gleich Stoff ein. Wir werden die Bescherung ja sehen.«

»Es wird wohl 'ne nette Bescherung sein«, sagte der Maschinenmeister mit sichtlichem Entgegenkommen. Diederich griff, ehe er selbst wusste, nach seinem Arm, Napoleon Fischer war ein Freund, ein Retter! »Kommen Sie mal mit, mein Lieber« – seine Stimme war bewegt. Er führte Napoleon Fischer in das Wohnhaus, Frau Heßling musste ihm ein Glas Wein einschenken, und Diederich drückte ihm, ohne hinzusehen, fünfzig Mark in die Hand. »Ich verlass mich auf Sie, Fischer«, sagte er. »Wenn ich Sie nicht hätte, würde die Fabrik mich womöglich hineinlegen. Zweitausend Mark hab ich den Leuten schon in den Rachen geworfen.«

ehe er selbst wusste bevor er sich dessen bewusst wurde

»Die müssen sie wieder hergeben«, sagte der Maschinenmeister gefällig. Diederich fragte dringend: »Das meinen Sie doch auch?«

Und schon tags darauf, nach der Mittagspause, die er zu Versuchen mit dem Holländer benutzt hatte, teilte Napoleon Fischer seinem Arbeitgeber mit, dass die neue Erwerbung nichts tauge. Der Stoff blieb liegen, man musste mit dem Rührscheit nachhelfen, wie bei jedem Holländer ältester Konstruktion. »Also der offenbare Schwindel!«, rief Diede-

Rührscheit Stecken; starker Stock zum Umrühren des Bottichinhalts

der offenbare Schwindel offenkundiger Betrug

rich. Auch brauchte der Holländer mehr als zwanzig Pferdestärken. »Das ist vertragswidrig! Müssen wir uns das gefallen lassen, Fischer?«

»Das müssen wir uns nicht gefallen lassen«, entschied der Maschinenmeister und strich mit seiner knotigen Hand über sein schwarzbehaartes Kinn. Diederich sah ihn zum ersten Mal fest an.

»Dann können Sie mir also bezeugen, dass der Holländer die bei Bestellung vereinbarten Bedingungen nicht erfüllt?«

In Napoleon Fischers schütterem Bart erschien ein dünnes Lächeln. »Kann ich«, sagte er. Diederich sah das Lächeln. Umso strammer machte er kehrt. »Na, dann sollen die Leute mich kennenlernen!« Sogleich schrieb er einen energisch gehaltenen Brief an Büschli & Cie. in Eschweiler. Die Antwort kam umgehend. Man begreife seine Beanstandungen nicht, der neue Patent-Holländer System Maier sei schon von mehreren Papierfabriken, deren Verzeichnis beiliege, aufgestellt und erprobt worden. Von einer Zurücknahme und gar von einer Rückerstattung der angezahlten zweitausend Mark könne daher nicht die Rede sein, vielmehr sei der Rest der vertragsmäßigen Kaufsumme sofort zu erlegen. Diederich schrieb darauf noch entschiedener als das erste Mal und drohte mit einer Klage. Büschli & Cie. versuchte nun, ihn zu beschwichtigen, sie empfahlen eine nochmalige Probe. »Sie haben Angst«, sagte Napoleon Fischer, dem Diederich das Schreiben zeigte, und er fletschte die Zähne. »Eine Klage können sie nicht brauchen, denn ihr Holländer ist noch nicht genügend eingeführt.«

»Stimmt«, sagte Diederich. »Wir haben die Kerls in der Hand!« Und mit erbitterter Siegesgewissheit lehnte er jeden Vergleich und die angebotene Preisermäßigung schroff ab. Als dann mehrere Tage lang nichts weiter erfolgte, ward er freilich unruhig. Vielleicht warteten sie nun doch seine Kla-

brauchte der Holländer mehr als zwanzig Pferdestärken verbrauchte das neue Gerät mehr Antriebskraft als angegeben

erlegen bezahlen, begleichen

eingeführt als erfolgreiches Produkt am Markt etabliert

Vergleich außergerichtliche Einigung in einer Streitsache

ge ab? Vielleicht strengten sie selbst eine an! Unsicher suchte sein Blick, oftmals am Tage, Napoleon Fischer, der ihn von unten erwiderte. Sie sprachen nicht mehr miteinander. Wie aber Diederich eines Vormittags um elf Uhr beim zweiten Frühstück saß, brachte das Mädchen eine Karte: »Friedrich Kienast, Prokurist der Firma Büschli & Cie., Eschweiler«; und indes Diederich sie noch hin und her wendete, trat der Besucher schon ein. An der Tür blieb er stehen. »Pardon«, sagte er, »es muss ein Irrtum sein. Man hat mich hier ins Haus gewiesen, aber ich komme nämlich geschäftlich.«

beim zweiten Frühstück (siehe Seite 503)

Prokurist (siehe Seite 510)

Diederich hatte sich besonnen. »Ich kann es mir denken, aber das macht nichts, bitte, treten Sie doch näher. Doktor Heßling mein Name. Hier ist meine Mutter und meine Schwestern Emmi und Magda.«

Der Herr trat näher und verbeugte sich vor den Damen. »Friedrich Kienast«, murmelte er. Er war groß, blondbärtig und trug einen braunen wolligen Jackettanzug. Alle drei Damen lächelten hingebend. »Darf ich für den Herrn ein Gedeck auflegen?«, fragte Frau Heßling. Und Diederich: »Natürlich. Herr Kienast frühstückt doch mit uns?«

»Ich sage nicht nein«, erklärte der Vertreter von Büschli & Cie., und er rieb sich die Hände. Magda legte ihm Bücklinge vor, die er schon lobte, während er den ersten Bissen noch auf der Gabel hatte.

Bücklinge geräucherte Heringe

Diederich fragte ihn harmlos lachend: »Nüchtern machen Sie wohl auch nicht gern Geschäfte?« Herr Kienast lachte auch. »Bei den Geschäften bin ich immer nüchtern.« Diederich schmunzelte. »Na, dann werden wir uns wohl einigen.« – »Kommt darauf an, wie« – und Kienasts schelmisch herausfordernde Worte begleitete ein Blick an Magda. Sie errötete.

Nüchtern Auf leeren Magen

an Magda zu Magda hin

Diederich schenkte dem Gast Bier ein. »Sie haben wohl sonst noch was vor in Netzig?« Worauf Kienast zurückhaltend: »Man kann nie wissen.«

Versuchsweise sagte Diederich: »Bei Klüsing in Gausenfeld werden Sie nichts machen, er hat 'ne flaue Zeit.« Und da der andere schwieg, dachte Diederich: ›Sie haben ihn bloß wegen des Holländers hergeschickt, sie können keinen Prozess brauchen!‹ Da bemerkte er, dass Magda und der Vertreter von Büschli & Cie. gleichzeitig tranken und über die Gläser hinweg einander in die Augen sahen. Emmi und Frau Heßling saßen starr dabei. Diederich beugte sich schnaufend über seinen Teller – plötzlich aber fing er an, das Familienleben zu preisen. »Sie haben Glück, mein lieber Herr Kienast, denn das zweite Frühstück ist ausgerechnet unsere schönste Stunde am Tage. Wenn man so mitten aus der Arbeit hier heraufkommt, dann merkt man doch wieder mal, dass man sozusagen auch Mensch ist. Na, und das braucht man.«

werden Sie nichts machen werden Sie nichts erreichen, kein Geschäft abschließen können

Kienast bestätigte, dass man es brauche. Frau Heßlings Frage, ob er schon verheiratet sei, verneinte er und sah dabei auf Magdas Scheitel, denn sie hatte den Kopf gesenkt.

Diederich stand auf und schlug die Hacken zusammen. »Herr Kienast«, sagte er schnarrend, »ich stehe zu Ihrer Verfügung.«

schlug die Hacken zusammen schlug militärisch die Hacken zusammen

»Eine Zigarre nimmt Herr Kienast noch«, bat Magda. Kienast ließ sie sich von ihr anzünden und hoffte, die Damen nochmals begrüßen zu können – wobei er Magda verheißungsvoll anlächelte. Aber im Hof änderte auch er vollständig den Ton. »Na ja, das sind auch noch alte, enge Lokalitäten«, bemerkte er kalt und wegwerfend. »Sie sollten mal unsere Anlagen sehen.«

nochmals begrüßen zu können vor seiner Abreise noch einmal zu sehen

auch noch alte, enge Lokalitäten ja doch reichlich in die Jahre gekommene Anlagen (denen die Weitläufigkeit und »Großzügigkeit« eines modernen Industrieunternehmens vollkommen abgeht)

»In einem Nest wie Eschweiler«, erwiderte Diederich genauso verächtlich, »da ist es kein Kunststück. Reißen Sie mal hier den Häuserblock nieder!« Und dann rief er im schärfsten Befehlston nach dem Maschinenmeister, damit er den neuen Holländer in Betrieb setze. Da Napoleon Fischer nicht sofort kam, stürmte Diederich hin. »Sie sitzen wohl auf Ihren Ohren, Herr?« Aber sobald er ihm gegenüberstand, verstummte sein Geschrei; mit leiser, fliegender Stimme, die Augen angestrengt aufgerissen, sagte er: »Fischer, ich hab es mir überlegt, ich bin mit Ihnen zufrieden, vom Ersten ab erhöhe ich Ihr Gehalt auf hundertachtzig Mark.« Darauf nickte Napoleon Fischer kurz und verständnisvoll, und sie trennten sich. Sogleich begann Diederich wieder zu schreien. Die Leute hatten geraucht. Sie behaupteten, es sei nur seine eigene Zigarre, die er rieche. Zu dem Vertreter von Büschli & Cie. sagte er: »Übrigens bin ich versichert, aber Zucht muss sein. Tadelloser Betrieb, wie?«

Aggregat »Satz von zusammenwirkenden einzelnen Maschinen« (Duden)

»Veraltetes Aggregat«, entgegnete Herr Kienast, mit einem lieblosen Blick auf die Maschinen. Diederich versetzte höhnisch: »Weiß ich, mein Bester. Aber so gut wie Ihr Holländer allemal.« Trotz Kienasts Protest fuhr er fort, die Leistungsfähigkeit der einheimischen Industrie herabzusetzen. Mit seiner neuen Einrichtung warte er bis zu seiner Reise nach England. Er gehe großzügig vor. Seit er selbst an der Spitze des Betriebes stehe, sei das Geschäft mächtig im Aufschwung. »Und es ist immer noch ausdehnungsfähig.« Er erfand. »Jetzt hab ich Verträge mit zwanzig Kreisblättern. Die Berliner Warenhäuser machen mich überhaupt wahnsinnig ...« Kienast unterbrach schneidend: »Dann haben Sie wohl grade alles abgeliefert, denn ich sehe nirgends fertige Ware.«

Mit seiner neuen Einrichtung Mit der geplanten durchgreifenden Modernisierung seiner Produktionsanlagen

Diederich empörte sich. »Herr! Soll ich Ihnen was sagen? Erst gestern hab ich an sämtliche kleinen Kunden ein Rundschreiben geschickt: Bis zur Vollendung meines Neubaus könne ich nichts mehr liefern.«

Der Maschinenmeister holte die Herren. Der neue Patent-Holländer war halb gefüllt, aber die Stoffbewegung blieb noch sehr schwach, der Arbeiter half mit dem Rührscheit nach. Diederich hielt die Uhr in der Hand. »Na also. Sie behaupten, in Ihrem Holländer braucht der Stoff für einen Umgang zwanzig bis dreißig Sekunden: Ich zähle schon fünfzig … Maschinenmeister, den Stoff ablassen … Was ist denn los, das dauert ja ewig!«

Kienast hatte sich über die Schale gebeugt. Er richtete sich auf, er lächelte gewitzigt. »Ja, wenn die Ventile verstopft sind …« Und mit einem scharfen Blick in die Augen Diederichs, die nicht standhielten: »Was sonst noch mit dem Holländer angestellt ist, kann ich in der Eile nicht sehen.« Diederich fuhr empor, plötzlich sehr rot. »Wollen Sie mir vielleicht insinuieren, dass ich mit meinem Maschinenmeister – ?«

angestellt ist angestellt worden ist

insinuieren unterstellen

»Ich habe nichts gesagt«, stellte Kienast fest.

»Das müsste ich mir auch energisch verbitten.« Diederich blitzte. Auf Kienast schien es keinen Eindruck zu machen, er behielt seine kalten Augen und das abgefeimte Grinsen in seinem am Kinn auseinandergebürsteten Bart. Wenn er sich rasiert und den Schnurrbart bis zu den Augenwinkeln hinaufgebunden haben würde, er hätte Ähnlichkeit mit Diederich bekommen! Er war eine Macht! Umso drohender trat Diederich auf. »Mein Maschinenmeister ist Sozialdemokrat: Dass er mir einen Gefallen tun soll, ist lachhaft. Übrigens mache ich, als Reserveoffizier, Sie auf die Folgen Ihrer Äußerung aufmerksam!«

abgefeimte durchtrieben schlaue

sich rasiert sich die Wangen und das Kinn rasiert

Kienast trat in den Hof hinaus. »Lassen Sie das nur, Herr Doktor«, sagte er kühl. »In Geschäften bin ich nüchtern, das hab ich Ihnen schon beim Frühstück gesagt. Jetzt brauch ich Ihnen nur noch zu wiederholen, dass wir den Holländer in tadellosem Zustand geliefert haben und an Rücknahme nicht denken.« – Das werde man sehen, erklärte Diederich. Einen Prozess hielten Büschli & Cie. wohl für besonders wirksam, zur Einführung ihres neuen Artikels? »Ich werde Ihnen in den Fachblättern noch eine besondere Empfehlung mitgeben!« Darauf Kienast: Auf Erpressungsversuche gehe er nicht ein. Und Diederich: Einen satisfaktionsunfähigen Knoten werfe man einfach hinaus. – Da erschien drüben im Haustor Magda.

Knoten (siehe Seite 36 unten)

Sie hatte ihr Pelzjackett von Weihnacht an, und sie lächelte rosig. »Die Herren sind noch immer nicht fertig?«, fragte sie schalkhaft. »Das Wetter ist doch so schön, man muss ein bisschen hinaus vor dem Mittagessen. Apropos«, sagte sie geläufig, »Mama lässt fragen, ob Herr Kienast zum Abendessen kommt.« Da Kienast erklärte, er müsse leider danken, lächelte sie dringlicher. »Und mir würden Sie es auch abschlagen?« Kienast lachte bitter. »Ich würde nicht nein sagen, Fräulein. Aber weiß ich denn, ob Ihr Herr Bruder –?« Diederich schnaufte, Magda sah ihn flehend an. »Herr Kienast«, brachte er hervor. »Es wird mich freuen. Vielleicht, dass wir uns auch noch verständigen.« Er hoffe es, sagte Kienast, worauf er sich weltmännisch erbot, das Fräulein ein Stück zu begleiten. »Wenn mein Bruder nichts dagegen hat«, sagte sie züchtig und ironisch. Diederich erlaubte auch dies noch – und dann sah er ihr erstaunt nach, wie sie mit dem Prokuristen von Büschli & Cie. abzog. Was die auf einmal alles konnte!

ihr Pelzjackett von Weihnacht ihre Pelzjacke, die sie zu Weihnachten erhalten hatte

Apropos Übrigens, Nebenbei bemerkt

geläufig mit souveräner Leichtigkeit

danken dankend ablehnen

Wie er zum Mittagessen kam, hörte er drinnen im Wohnzimmer die Schwestern mit scharfen Stimmen sprechen. Emmi warf Magda vor, sie benehme sich schamlos. »So macht man es denn doch nicht.« – »Nein!«, rief Magda. »Ich werde dich um Erlaubnis bitten.« – »Das würde gar nichts schaden. Überhaupt bin ich an der Reihe!« – »Hast du sonst noch Sorgen?« – Und Magda schlug ein Hohngelächter an. Da Diederich eintrat, verstummte sie sofort. Diederich rollte unzufrieden die Augen; aber Frau Heßling hätte nicht nötig gehabt, hinter ihren Töchtern die Hände zu ringen: In den Weiberstreit einzugreifen war unter seiner Würde.

Beim Essen ward von dem Gast gesprochen. Frau Heßling rühmte den soliden Eindruck, den er mache. Emmi erklärte: wenn so ein Kommis nicht einmal solide sein sollte. Mit einer Dame reden könne er überhaupt nicht. Magda behauptete entrüstet das Gegenteil. Und da alle auf Diederichs Entscheidung warteten, entschloss er sich. Komment scheine der Herr freilich nicht viel zu haben. Akademische Bildung sei eben nicht zu ersetzen. »Aber als tüchtigen Geschäftsmann hab ich ihn kennengelernt.« Emmi hielt sich nicht mehr.

»Wenn Magda den Menschen heiraten will, ich erkläre, dass ich nicht mit euch verkehre. Das Kompott hat er mit dem Messer gegessen!«

»Sie lügt!« Magda brach in Schluchzen aus. Diederich empfand Mitleid; er herrschte Emmi an: »Heirate du bitte einen regierenden Herzog, und dann lass uns in Ruh.«

Da legte Emmi Messer und Gabel hin und ging hinaus. Am Abend vor Geschäftsschluss erschien Herr Kienast im Büro. Er trug einen Gehrock, und sein Wesen war eher gesellschaftlich als geschäftlich. Beide hielten, in stillem Einverständnis, das Gespräch hin, bis der alte Sötbier seine Sachen zusammenpackte. Als er sich, mit einem misstrauischen Blick, zurückgezogen hatte, sagte Diederich: »Den Alten habe ich auf den Aussterbeetat gesetzt. Die wichtigeren Sachen mache ich allein.«

»Na, und haben Sie sich die unsere überlegt?«, fragte Kienast.

»Und Sie?«, erwiderte Diederich. Kienast zwinkerte vertraulich.

»Meine Vollmacht reicht eigentlich nicht so weit, aber ich nehme es auf meine Kappe. Geben Sie den Holländer in Gottes Namen zurück. Ein Defekt wird sich doch wohl finden.«

Diederich begriff. Er versprach: »Sie werden ihn finden.«

soliden vertrauenerweckenden, nicht zu Extravaganzen neigenden

Kommis (siehe Seite 23)

entschloss er sich …, sein Urteil kundzutun

hielt sich nicht mehr … zurück

Gehrock lang geschnittenen Anzug für besondere Anlässe (siehe Seite 14)

Den Alten habe ich auf den Aussterbeetat gesetzt umgangssprachlich für: Dem Alten werde ich Schritt für Schritt Kompetenzen entziehen und ihn schließlich ganz entlassen (er erhält nur noch eine Weile lang sein Gnadenbrot).

Kienast sagte sachlich: »Für unser Entgegenkommen verpflichten Sie sich, alle Ihre Maschinen vorkommendenfalls nur bei uns zu bestellen. Einen Moment!«, bat er, da Diederich auffuhr. »Und außerdem ersetzen Sie unsere Unkosten und meine Reise mit fünfhundert Mark, die wir von Ihrer Anzahlung abziehen.«

vorkommendenfalls falls Sie neue benötigen

»Aber hören Sie mal, das ist Wucher!« Diederichs Gerechtigkeitssinn empörte sich laut. Auch Kienast erhob schon wieder die Stimme: »Herr Doktor! …« Diederich fasste sich gewaltsam, er legte dem Prokuristen die Hand auf die Schulter. »Gehen wir jetzt nur hinauf, die Damen warten.« – »Wir haben uns soweit ganz gut verstanden«, meinte Kienast besänftigt. »Die kleine Differenz wird sich auch noch aufklären«, verhieß Diederich.

Wucher! völlig unverhältnismäßig! die reinste Erpressung!

Droben roch es festlich. Frau Heßling glänzte mit ihrem schwarzen Atlaskleid. Durch Magdas Spitzenbluse schimmerte mehr hindurch, als sie sonst im Familienkreis zum Besten gab. Nur Emmis Anzug und Miene waren grau und alltäglich. Magda wies dem Gast seinen Platz an und ließ sich zu seiner Rechten nieder; und als man eben erst saß und sich noch räusperte, sagte sie schon, mit fieberhaft belebten Augen: »Jetzt sind die Herren aber mit den dummen Geschäften fertig.« Diederich bestätigte, sie seien glänzend miteinander fertig geworden. Büschli & Cie. seien kulante Leute.

Atlaskleid Satinkleid, Kleid aus schwerem glänzenden Gewebe

Spitzenbluse mit Spitzen besetzte Bluse, die viel Haut durchscheinen lässt

kulante Leute entgegenkommende Leute; Leute, die mit sich reden lassen

»Bei unserem Riesenbetrieb«, erklärte der Prokurist. »Zwölfhundert Arbeiter und Beamte, eine ganze Stadt mit einem eigenen Hotel für die Kunden.« Er lud Diederich ein. »Kommen Sie nur, bei uns leben Sie vornehm und umsonst.« Und da Magda neben ihm an seinen Lippen hing, rühmte er seine Stellung, seine Machtbefugnisse, die Villa, die er zur Hälfte bewohnte. »Wenn ich mich verheirate, kriege ich auch die andere Hälfte.«

Beamte (siehe Seite 180)

Diederich lachte dröhnend. »Dann wäre es wohl das Einfachste, Sie heiraten. Na prost!«

Magda schlug die Augen nieder, und Herr Kienast ging zu etwas anderem über. Ob Diederich auch wisse, warum er ihm so leicht entgegengekommen sei? »Ihnen, Herr Doktor, hab ich nämlich gleich angesehen, dass mit Ihnen später noch große Sachen zu machen sein werden – wenn es hier jetzt auch noch etwas kleine Verhältnisse sind«, setzte er nachsichtig hinzu. Diederich wollte seine Großzügigkeit und die Ausdehnungsfähigkeit seines Unternehmens beteuern, aber Kienast ließ sich seinen Gedankengang nicht abschneiden. Menschenkenntnis sei nämlich seine Spezialität. Einen Geschäftsfreund müsse man vor allem auch in seinem Heim aufsuchen. »Wenn da alles so wohl bestellt ist wie hier –«

so leicht so schnell, so bereitwillig

Grade ward die duftende Gans aufgetragen, nach der Frau Heßling schon mehrmals heimlich ausgeblickt hatte. Schnell gab sie sich eine Miene, als sei die Gans eine höchst gewöhnliche Erscheinung. Herr Kienast machte trotzdem eine anerkennende Pause. Frau Heßling fragte sich, ob sein Blick wirklich auf der Gans oder, hinter ihrem süßen Qualm, auf Magdas durchbrochener Bluse ruhe. Jetzt riss er sich los und ergriff sein Glas. »Und darum: Auf die Familie Heßling, auf die verehrte mütterliche Hausfrau und ihre blühenden Töchter!« Magda wölbte die Brust, um das Blühen anschaulicher zu machen, und umso flacher sah Emmi aus. Auch stieß Herr Kienast zuerst mit Magda an.

aufgetragen gebracht, serviert

Diederich erwiderte seinen Toast. »Wir sind eine deutsche Familie. Wen wir in unser Haus aufgenommen haben, den nehmen wir auch in unsere Herzen auf.« Er hatte Tränen in den Augen, indes Magda wieder einmal errötete. »Und wenn es auch nur ein bescheidenes Haus ist, die Herzen sind treu.« Er ließ den Gast hochleben, der seinerseits versicherte, er sei

Toast Trinkspruch

immer für Bescheidenheit gewesen, »besonders in Familien, wo junge Mädchen sind«.

Frau Heßling griff ein. »Nicht wahr? Woher soll denn sonst ein junger Mann den Mut nehmen –? Meine Töchter schneidern alles selbst.« Dies war für Herrn Kienast das Stichwort, sich über Magdas Bluse zu beugen behufs eingehender Würdigung.

behufs zum Zwecke

Zum Nachtisch schälte sie ihm eine Apfelsine und nippte ihm zu Ehren vom Tokaier. Wie man dann ins Wohnzimmer ging, blieb Diederich, die Arme um seine beiden Schwestern geschlungen, in der Tür stehen. »Ja, ja, Herr Kienast«, sagte er mit tiefer Stimme. »Das ist der Familienfriede, den sehen Sie sich nur an, Herr Kienast!« Magda schmiegte sich, ganz Hingebung, an seine Schulter. Da Emmi von ihm fortstrebte, bekam sie rückwärts einen Stoß. »So geht es immer bei uns zu«, fuhr Diederich fort. »Ich arbeite den ganzen Tag für die Meinen, und der Abend vereint uns dann hier beim Lampenschimmer. Um die Leute da draußen und den Klüngel unserer sogenannten Gesellschaft kümmern wir uns so wenig wie möglich, wir haben an uns selbst genug.«

Tokaier süßen ungarischen Dessertwein

Klüngel »Gruppe von Personen, die sich gegenseitig Vorteile verschaffen« (Duden)

Hier gelang es Emmi, sich loszumachen; man hörte sie draußen eine Tür zuschlagen. Ein umso zärtlicheres Bild boten Diederich und Magda, wie sie sich am mild beglänzten Tisch niederließen. Herr Kienast sah nachdenklich den Punsch kommen, den Frau Heßling in mächtiger Bowle still lächelnd hereintrug. Indes Magda dem Gast das Glas füllte, setzte Diederich auseinander, dass er dank dieser Beschränkung auf die stille Häuslichkeit imstande sein werde, seine Schwestern einmal gut zu verheiraten. »Denn der Aufschwung des Geschäftes kommt den Mädchen zugut, die Fabrik gehört ihnen mit, ganz abgesehen von der baren Mitgift; na, und wenn dann einer meiner künftigen Schwäger auch noch sein Kapital in den Betrieb stecken will –«

Bowle Bowlenschüssel

sein Kapital in den Betrieb stecken will sein eigenes Geld in das Unternehmen investieren will

Aber Magda, die Herrn Kienasts Miene besorgt werden sah, lenkte ab. Sie fragte ihn nach seiner eigenen Familie und ob er denn ganz allein sei. Da bekam er gerührte Augen und rückte näher. Diederich saß dabei, trank und drehte die Daumen. Mehrmals versuchte er noch teilzunehmen an dem Gespräch der beiden, die sich ganz allein zu fühlen schienen. »Na, dann haben Sie also glücklich Ihren Einjährigen gemacht«, sagte er gönnerhaft und wunderte sich dabei über die Zeichen, die Frau Heßling hinter dem Rücken der andern ihm gab. Erst als sie sich aus der Tür schlich, begriff er, nahm sein Punschglas und ging in das dunkle Nebenzimmer zum Klavier. Er tastete ein wenig darauf umher, geriet unversehens in die Burschenlieder und sang dröhnend mit: »Sie wissen den Teufel, was Freiheit heißt.« Als er fertig war, horchte er hinüber; es war drinnen aber so still, als sei man eingeschlafen; und obwohl er sich gern wieder etwas aus der Bowle geschöpft hätte, stimmte er doch aus Pflichtgefühl von Neuem an: »Im tiefen Keller sitz ich hier.«

Da, mitten im Vers, fiel ein Stuhl um, und ein lauter Schall folgte, dessen Herkunft nicht zu verkennen war. Mit einem Sprung war Diederich im Wohnzimmer. »Nanu«, sagte er, kräftig und bieder, »Sie scheinen ja ernste Absichten zu haben.« Das Paar löste sich voneinander. »Ich sage nicht nein«, erklärte Herr Kienast. Diederich war plötzlich heftig bewegt. Aug in Auge schüttelte er Kienast die Hand, und mit der andern zog er Magda herbei. »Das ist aber eine Überraschung! Herr Kienast, machen Sie mein Schwesterchen glücklich. An mir sollt ihr allzeit einen guten Bruder haben, so wie ich es bisher gewesen bin, das darf ich wohl sagen.«

Und die Augen wischend, rief er hinaus: »Mutter! Es ist was passiert.« Frau Heßling stand gleich hinter der Tür, nur konnte sie, vor übergroßer Bewegung, nicht sofort ihre Beine gebrauchen. Auf Diederich gestützt, wankte sie herein,

Ihren Einjährigen gemacht (siehe Seite 494: sein Jahr abdienen)

»Sie wissen den Teufel, was Freiheit heißt.« (siehe Seite 490)

»Im tiefen Keller sitz ich hier.« Titel und erste Zeile eines bekannten, vor 1802 entstandenen Trinklieds von Karl Friedrich Müchler (1763–1857), vertont von dem Opernsänger Ludwig Fischer (1745–1825). Die erste von drei Stophen des Liedes lautet: »Im tiefen Keller sitz ich hier / bei einem Fass voll Reben / bin frohen Muts und lasse mir / vom allerbesten geben. / Der Küfer zieht den Heber vor / gehorsam meinem Winke / reicht mir das Glas, ich halt's empor / und trinke, trinke, trinke.«

bieder treuherzig, harmlos (siehe Seite 85)

Bewegung Ergriffenheit

bedeutete er ihr gab er ihr zu verstehen

Matinee eigentlich: künstlerische Veranstaltung am Vormittag; seltener: eleganter Morgenrock für Damen

dem Glücklichen schlägt keine Stunde geflügeltes Wort, das auf ein Zitat aus dem zweiten Teil von Schillers Dramentrilogie »Wallenstein« zurückgeht: »Die Uhr schlägt keinem Glücklichen« (»Die Piccolomini«, 1799, Szene III, 3)

Bruderschaft zu trinken meist: Brüderschaft; bei einem Glas Alkohol zu besiegeln, dass man einander künftig duzen wird

die Belege waren jeden Augenblick zu sehen in die Geschäftsbücher könne er jederzeit Einblick nehmen, um sich davon zu überzeugen, dass alles seine Richtigkeit habe

fiel Herrn Kienast um den Hals und löste sich dort in Tränen auf. Diederich klopfte inzwischen an Emmis Zimmer, das verschlossen war. »Emmi, komm heraus, es ist was los!« Sie riss endlich die Tür auf, zornrot im Gesicht. »Wozu störst du mich im Schlaf. Ich kann mir schon denken, was los ist. Macht eure Unanständigkeiten allein!« Und sie würde wieder zugeschlagen haben, hätte nicht Diederich den Fuß in den Spalt gesetzt. Streng bedeutete er ihr, für ihr gemütloses Verhalten verdiene sie, dass sie selbst nie mehr einen Mann bekomme. Er erlaubte ihr nicht einmal, sich anzuziehen, sondern zerrte sie mit, wie sie war, in ihrer Matinee, mit aufgelösten Haaren. Im Flur entwand sie sich ihm. »Du machst uns lächerlich«, zischte sie – und noch vor ihm erschien sie bei den Verlobten, den Kopf sehr hoch, mit spöttisch musterndem Blick. »Musste das so spät in der Nacht sein?«, fragte sie. »Nun, dem Glücklichen schlägt keine Stunde.« Kienast sah sie an: Sie war größer als Magda, ihr Gesicht, das jetzt Farbe hatte, sah voller aus in dem offenen Haar, das lang und stark war. Kienast behielt ihre Hand länger als nötig; sie entzog sie ihm, da wandte er sich von ihr zu Magda, mit sichtlichem Zweifel. Emmi ließ auf ihre Schwester ein Lächeln des Triumphes fallen, machte kehrt und verschwand, hoch aufgerichtet – indes Magda angstvoll nach Kienasts Arm griff. Aber Diederich kam, in der Hand ein gefülltes Punschglas, und verlangte, mit seinem neuen Schwager Bruderschaft zu trinken.

Am Morgen holte er ihn aus dem Hotel zum Frühschoppen ab. »Bis Mittag bezähme gefälligst deine Sehnsucht nach dem Weiblichen. Jetzt müssen wir mal ein Wort unter Männern reden.« In Klappschs Bierstube setzte er ihm die Lage auseinander: Fünfunddreißigtausend bar am Tage der Hochzeit – die Belege waren jeden Augenblick zu sehen – und, gemeinsam mit Emmi, ein Viertel der Fabrik. – »Also nur ein Achtel«, stellte Kienast fest; worauf Diederich: »Soll ich mich vielleicht umsonst für euch abrackern?« Ein unzufriedenes Schweigen entstand.

Diederich stellte die Stimmung wieder her. »Prost Friedrich!« – »Prost Diederich«, sagte Kienast. Dann schien Diederich etwas einzufallen. »Du hast es ja in der Hand, deinen Anteil am Geschäft zu erhöhen, wenn du Geld einlegst. Wie sieht es denn mit deinen Ersparnissen aus? Bei deinem großartigen Gehalt!« Kienast erklärte, im Prinzip sage er nicht nein. Aber noch laufe sein Vertrag mit Büschli & Cie. Auch habe er in diesem Jahr eine beträchtliche Gehaltserhöhung zu erwarten, da wäre es ein Verbrechen gegen sich selbst, jetzt zu kündigen. »Und wenn ich euch mein Geld gebe, muss ich selbst ins Geschäft eintreten. Bei allem Vertrauen, das ich dir entgegenbringe, lieber Diederich –«

Geld einlegst das Betriebskapital aus eigenen finanziellen Mitteln erhöhst

selbst ins Geschäft eintreten in die Geschäftsleitung eintreten, mich aktiv an der Leitung der Fabrik beteiligen

Diederich sah es ein. Kienast schlug seinerseits etwas vor. »Wenn du einfach die Mitgift auf fünfzigtausend festsetztest! Magda würde dann auf ihren Anteil am Geschäft verzichten.« Dies stieß wieder auf Diederichs unbedingten Widerspruch. »Es wäre gegen den letzten Willen meines seligen Vaters, der ist mir heilig. Und so großzügig, wie ich arbeite, kann in einigen Jahren Magdas Anteil das Zehnfache betragen von dem, was du jetzt verlangst. Nie werde ich mich dazu hergeben, meine arme Schwester zu schädigen.« Hierauf feixte der Schwager ein wenig. Diederichs Familiensinn ehre ihn, aber mit Großzügigkeit allein sei es nicht getan. Und Diederich, merklich gereizt: er sei gottlob für seine Geschäftsführung außer Gott nur sich selbst verantwortlich. »Fünfunddreißigtausend bar und ein Achtel des Reingewinnes, mehr ist nicht zu holen.« Kienast trommelte auf den Tisch. »Ich weiß noch nicht, ob ich deine Schwester dafür übernehmen kann«, erklärte er. »Mein letztes Wort behalte

feixte … ein wenig grinste … unverschämt

des Reingewinnes des Nettogewinns nach Abzug der Steuern und Abgaben

ich mir noch vor.« Diederich zuckte die Achseln, und sie tranken ihr Bier aus. Kienast kam mit zum Essen; Diederich hatte schon gefürchtet, er werde sich drücken. Glücklicherweise war Magda noch verführerischer hergerichtet als gestern –, ›wie wenn sie gewusst hätte, es geht ums Ganze‹, dachte Diederich, der sie bewunderte. Bei der Mehlspeise hatte sie Kienast wieder so sehr erwärmt, dass er die Hochzeit in vier Wochen wünschte. »Dein letztes Wort?«, fragte Diederich neckisch. Als Antwort zog Kienast die Ringe aus der Tasche.

Nach Tisch ging Frau Heßling auf den Fußspitzen aus dem Zimmer, wo die Verlobten saßen, und auch Diederich wollte sich zurückziehen, aber sie holten ihn zum Spazierengehen. »Wohin geht es denn, und wo sind Mutter und Emmi?« Emmi hatte sich geweigert, mitzukommen, und darum blieb auch Frau Heßling zu Hause. »Weil es sonst schlecht aussehen würde, weißt du«, sagte Magda. Diederich stimmte ihrer Einsicht zu. Er wischte ihr sogar den Staub fort, der beim Eintritt in die Fabrik an ihrem Pelzjackett hängengeblieben war. Er behandelte Magda mit Achtung, denn sie hatte Erfolg gehabt.

gegen das … zu in Richtung

Man ging gegen das Rathaus zu. Es schadete nichts, nicht wahr, wenn die Leute einen sahen. Der Erste freilich, dem man gleich in der Meisestraße begegnete, war nur Napoleon Fischer. Er fletschte die Zähne vor dem Brautpaar und nickte Diederich zu, mit einem Blick, der sagte, er wisse Bescheid. Diederich war dunkelrot; er würde den Menschen angehalten und ihm auf offener Straße einen Krach gemacht haben; aber konnte er? ›Es war ein schwerer Fehler, dass ich mich mit dem hinterhältigen Proleten auf Vertraulichkeiten eingelassen habe! Es wäre auch ohne ihn gegangen! Jetzt schleicht er um das Haus, damit ich daran denke, dass er mich in der Hand hat. Ich werde noch Erpressungen erleben.‹ Aber zwi-

Proleten (siehe Seite 37)

schen ihm und dem Maschinenmeister war gottlob alles unter vier Augen vor sich gegangen. Was Napoleon Fischer über ihn behaupten konnte, war Verleumdung. Diederich ließ ihn dann einfach einsperren. Dennoch hasste er ihn für seine Mitwisserschaft, dass ihm bei zwanzig Grad Kälte heiß und feucht ward. Er sah sich um. Fiel denn kein Ziegelstein auf Napoleon Fischer?

In der Gerichtsstraße fand Magda, dass der Gang sich lohne, denn bei Landgerichtsrat Harnisch standen hinter einer Scheibe Meta Harnisch und Inge Tietz, und Magda wusste bestimmt, dass sie bei Kienasts Anblick sehr beunruhigte Gesichter gemacht hatten. Auf der Kaiser-Wilhelm-Straße war heute leider wenig los; höchstens, dass Major Kunze und Doktor Heuteufel, die in die »Harmonie« gingen, von ferne neugierige Gesichter machten. An der Ecke der Schweinichenstraße aber trat etwas ein, das Diederich nicht vorausgesehen hatte: Gleich vor ihnen ging Frau Daimchen mit Guste. Magda beschleunigte sofort den Schritt und plauderte lebhafter. Richtig drehte Guste sich um, und Magda konnte sagen: »Frau Oberinspektor, hier stelle ich Ihnen meinen Bräutigam, Herrn Kienast, vor.« Der Bräutigam ward gemustert und schien zu entsprechen, denn Guste, mit der Diederich zwei Schritte zurückblieb, fragte nicht ohne Achtung: »Wo haben Sie ihn denn hergenommen?« Diederich scherzte: »Ja, so nah wie Sie findet nicht jede den ihren. Aber dafür solider.« – »Fangen Sie schon wieder an?«, rief Guste, aber ohne Feindlichkeit. Sie streifte sogar Diederichs Blick und seufzte dabei leicht. »Meiner ist ja immer Gott weiß wo. Man kommt sich vor wie die reine Witwe.« Gedankenvoll sah sie Magda nach, die an Kienasts Arm hin. Diederich gab zu bedenken: »Wer tot ist, kann es auch bleiben. Es gibt noch genug Lebendige.« Dabei drängte er Guste bis an die Häuserwand und sah ihr werbend ins Gesicht;

Richtig drehte Guste sich um Der Erfolg ließ nicht auf sich warten, denn Guste drehte sich um

zu entsprechen durchaus Eindruck zu machen

ward … gewährend nahm … einen nachgiebigen Ausdruck an

und wirklich, ihr liebes, dickes Gesicht ward einen Augenblick lang gewährend.

auf dem Arm … ruhte sich auf den Arm … stützte

Leider war Schweinichenstraße 77 schon erreicht, und man nahm Abschied. Da hinter dem Sachsentor alles aus war, kehrten die Geschwister mit Herrn Kienast wieder um. Magda, die auf dem Arm ihres Verlobten ruhte, sagte ermunternd zu Diederich: »Nun, was meinst du?« – worauf er rot ward und schnaufte. »Was ist da zu meinen«, brachte er hervor, und Magda lachte.

stellt sich tut so

In der leeren, stark dämmernden Straße kam ihnen jemand entgegen. »Ist das nicht –?«, fragte Diederich, ohne Überzeugung. Aber die Figur näherte sich: dick, offenbar noch jung, mit einem großen, weichen Hut, sonst elegant, und die Füße setzte er einwärts. »Wahrhaftig, Wolfgang Buck!« Er dachte enttäuscht: ›Und Guste stellt sich, als wäre er am Ende der Welt. Das Lügen muss ich ihr austreiben!‹

phlegmatisch träge, leidenschaftslos, gleichgültig

»Da sind Sie ja« – der junge Buck schüttelte Diederich die Hand. »Das freut mich.« – »Mich auch«, erwiderte Diederich, trotz der Enttäuschung mit Guste, und er machte seinen Schwager mit seinem Schulfreund bekannt. Buck stattete seine Glückwünsche ab, dann trat er mit Diederich hinter die beiden andern. »Sie wollen gewiss zu Ihrer Braut?«, bemerkte Diederich. »Sie ist zu Hause, wir haben sie hinbegleitet.« – »So?«, machte Buck und zuckte die Achseln. »Nun, ich finde sie immer noch«, sagte er phlegmatisch. »Vorläufig bin ich froh, dass ich Ihnen mal wieder begegnet bin. Unser Gespräch in Berlin, unser einziges, nicht wahr – es war so anregend.«

Auch Diederich fand dies jetzt – obwohl es ihn damals nur geärgert hatte. Er war ganz belebt durch das Wiedersehen. »Ja, meinen Gegenbesuch bin ich Ihnen schuldig geblieben. Sie wissen wohl, wie viel einem in Berlin immer dazwischenkommt. Hier freilich hat man Zeit. Öde, wie? Zu denken, dass man hier sein Leben verbringen soll« – und Diederich zeigte die kahle Häuserreihe hinauf. Wolfgang Buck schnupperte mit seiner weich gebogenen Nase in die Luft, auf seinen fleischigen Lippen schien er sie zu kosten, und er machte tiefsinnende Augen. »Ein Leben in Netzig«, sagte er ganz langsam. »Nun ja, es kommt darauf hinaus. Unsereiner ist nicht in der Lage, bloß für seine Sensationen zu leben. Übrigens gibt es auch hier welche.« Er lächelte verdächtig. »Der Wachtposten hat bis sehr hoch hinauf Sensation gemacht.«

»Ach so – « Diederich streckte den Bauch vor. »Sie wollen schon wieder nörgeln. Ich stelle fest, dass ich in der Sache durchaus aufseiten Seiner Majestät stehe.«

Buck winkte ab. »Lassen Sie nur. Ich kenne ihn.«

»Ich noch besser«, behauptete Diederich. »Wer ihm, wie ich, ganz allein und Aug in Auge gegenübergestanden hat, im Tiergarten vorigen Februar, nach dem großen Krawall, und dies Auge blitzen gesehen hat, dies Fritzenauge, sag ich Ihnen: der vertraut auf unsere Zukunft.«

»Auf unsere Zukunft – weil ein Auge geblitzt hat.« Bucks Mund und Wangen sanken schwer melancholisch herab. Diederich stieß Luft durch die Nase. »Ich weiß schon, Sie glauben in unserer Zeit an keine Persönlichkeit. Sonst wären Sie ja Lassalle oder Bismarck geworden.«

»Schließlich könnte ich es mir leisten. Gewiss. Geradeso gut wie – er. Wenn auch weniger begünstigt von den äußeren Umständen.«

Sein Ton ward lebhafter und überzeugter. »Worauf es für jeden persönlich ankommt, ist nicht, dass wir in der Welt wirklich viel verändern, sondern dass wir uns ein Lebensgefühl schaffen, als täten wir es. Dazu ist nur Talent nötig, und das hat er.«

Diederich war beunruhigt, er sah sich um. »Wir sind hier

kommt läuft

bloß für seine Sensationen zu leben eine rein ästhetische Existenz zu führen, immerfort nur seinen eigenen Stimmungen nachzuspüren (›Sensationen‹ war damals unter Künstlern und Kunstempfänglichen ein Modewort, das ›Nervenreize‹, ›Seelenstimmungen‹ bedeutete)

auch hier welche nämlich Sensationen; ironischerweise verwendet Buck den Begriff nun in der gängigen, äußerlichen Bedeutung, also im Sinne von: ›aufsehenerregende, skandalträchtige Vorfälle‹

Fritzenauge Anspielung auf die volkstümliche Bezeichnung »der alte Fritz« für den Preußenkönig Friedrich den Großen, den bedeutendsten Vorgänger Wilhelms II.

Lassalle (siehe Seite 498)

zwar unter uns, die Herrschaften dort vor uns haben Wichtigeres zu besprechen, aber ich weiß doch nicht – «

»Dass Sie immer glauben, ich habe was gegen ihn. Er ist mir wahrhaftig nicht unsympathischer, als ich mir selbst bin. Ich hätte an seiner Stelle den Gefreiten Lück und unseren Netziger Wachtposten genauso ernst genommen. Wäre das noch eine Macht, die nicht bedroht wäre? Erst wenn es einen Umsturz gibt, fühlt man sich. Was würde aus ihm, wenn er sich sagen müsste, dass die Sozialdemokratie gar nicht ihn meint, sondern höchstens eine etwas praktischere Verteilung dessen, was verdient wird.«

den Gefreiten Lück (siehe Seite 141 und Seite 506)

»Oho!«, machte Diederich.

»Nicht wahr? Das würde Sie empören. Und ihn auch. Neben den Ereignissen hergehen, die Entwicklung nicht beherrschen, sondern in ihr mit einbegriffen sein: ist das zu ertragen? ... Im Innern unbeschränkt! – und dabei außerstande, auch nur Hass zu erregen anders als durch Worte und Gesten. Denn woran halten sich die Nörgler? Was ist Ernstliches geschehen? Auch der Fall Lück ist nur wieder eine Geste. Sinkt die Hand, ist alles wie zuvor: Aber Darsteller und Publikum haben eine Sensation gehabt. Und nur darauf, mein lieber Heßling, kommt es uns allen heute an. Er selbst, den wir meinen, wäre am erstauntesten, glauben Sie es mir, wenn der Krieg, den er immerfort an die Wand malt, oder die Revolution, die er sich hundertmal vorgespielt hat, einmal wirklich ausbräche.«

wenn der Krieg ... einmal wirklich ausbräche Anspielung auf die ungeschickte und provozierende Außenpolitik des Kaiserreichs unter Wilhelm II., aufgrund derer es bereits vor dem Ersten Weltkrieg mehrfach zu internationalen »Krieg in Sicht«-Krisen kam

»Darauf werden Sie nicht lange zu warten brauchen!«, rief Diederich. »Und dann sollen Sie sehen, dass alle national Gesinnten treu und fest zu ihrem Kaiser stehen!«

»Gewiss.« Buck zuckte immer häufiger die Achseln. »Das ist die übliche Wendung, wie er selbst sie vorgeschrieben hat. Worte lasst ihr euch von ihm vorschreiben, und die Gesinnung war nie so gut geregelt, wie sie es jetzt wird. Aber

Taten? Unsere Zeit, bester Zeitgenosse, ist nicht tatbereit. Um seine Erlebensfähigkeit zu üben, muss man vor allem leben, und die Tat ist so lebensgefährlich.«

Diederich richtete sich auf. »Wollen Sie den Vorwurf der Feigheit vielleicht in Verbindung bringen mit – ?«

»Ich habe kein moralisches Urteil ausgesprochen. Ich habe eine Tatsache der inneren Zeitgeschichte erwähnt, die uns alle angeht. Übrigens sind wir zu entschuldigen. Für den auf der Bühne Agierenden ist alle Aktion erledigt, denn er hat sie durchgefühlt. Was will die Wirklichkeit noch von ihm? Sie wissen wohl nicht, wen die Geschichte als den repräsentativen Typus dieser Zeit nennen wird?«

erledigt schon innerlich abgetan

»Den Kaiser!«, sagte Diederich.

»Nein«, sagte Buck. »Den Schauspieler.«

Da schlug Diederich ein Gelächter an, dass dort vorn das Brautpaar auseinanderfuhr und sich umwandte. Aber man war auf dem Theaterplatz, es wehte eisig hinüber; sie gingen weiter.

»Na ja«, brachte Diederich hervor, »ich hätte mir gleich sagen können, wie Sie auf das verrückte Zeug gekommen sind. Sie haben doch mit dem Theater zu tun.« Er klopfte Buck auf die Schulter. »Sind Sie am Ende schon selbst dabei?«

Buck bekam unruhige Augen; der Hand, die ihn klopfte, entzog er sich mit einer Wendung, die Diederich unkameradschaftlich fand. »Ich? Ach nein«, sagte Buck; und nachdem beide bis zur Gerichtsstraße unzufrieden geschwiegen hatten: »Ach so. Sie wissen noch nicht, warum ich in Netzig bin.«

»Wahrscheinlich Ihrer Braut wegen.«

»Das wohl auch. Vor allem aber habe ich die Verteidigung meines Schwagers Lauer übernommen.«

»Sie sind – ? Im Prozess Lauer – ?« Es nahm Diederich den Atem, er blieb stehen.

»Nun ja«, sagte Buck und zuckte die Achseln. »Wundert Sie das? Seit Kurzem bin ich beim Landgericht Netzig als Rechtsanwalt zugelassen. Hat mein Vater Ihnen nicht davon gesprochen?«

»Ich sehe Ihren Vater nur selten ... Ich gehe wenig aus. Meine Berufspflichten ... Diese Verlobung ...« Diederich verlor sich in Gestammel. »Dann müssen Sie ja schon oft – Wohnen Sie vielleicht schon ganz hier?«

»Nur vorläufig – glaube ich.«

Diederich raffte sich zusammen. »Ich muss sagen: Ich habe Sie schon öfter nicht ganz verstanden – aber so wenig doch noch nie wie jetzt, wo Sie mit mir durch halb Netzig gehen.«

Buck blinzelte ihn an. »Obwohl ich in der Verhandlung morgen Verteidiger bin und Sie der Hauptbelastungszeuge? Das ist doch nur Zufall. Die Rollen könnten auch umgekehrt verteilt sein.«

»Bitte sehr!« Diederich entrüstete sich. »Jeder steht auf seinem Platz. Wenn Sie vor Ihrem Beruf keine Achtung haben –«

»Achtung? Was heißt das? Ich freue mich auf die Verteidigung, das leugne ich nicht. Ich werde loslegen, man soll etwas erleben. Ihnen, Herr Doktor, werde ich unangenehme Dinge zu sagen haben; Sie werden mir hoffentlich nichts übel nehmen, es gehört zu meiner Wirkung.«

Diederich bekam Furcht. »Erlauben Sie, Herr Rechtsanwalt, kennen Sie denn meine Aussage? Sie ist für Lauer durchaus nicht ungünstig.«

»Das lassen Sie meine Sorge sein.« Bucks Miene ward beängstigend ironisch.

Und damit war man in der Meisestraße. ›Der Prozess!‹, dachte Diederich schnaufend. In den Aufregungen der letzten Tage hatte er ihn vergessen, jetzt war es, als sollte man sich von heute auf morgen beide Beine abschneiden lassen. Guste, die falsche Kanaille, hatte ihm also absichtlich nichts gesagt von ihrem Verlobten; im letzten Augenblick sollte er den Schrecken bekommen! ... Diederich verabschiedete sich von Buck, bevor sie beim Haus waren. Dass nur Kienast nichts merkte! Buck schlug vor, noch irgendwohin zu gehen. »Es zieht Sie wohl nicht besonders zu Ihrer Braut?«, fragte Diederich. – »Augenblicklich hab ich mehr Lust auf einen Kognak.« – Diederich lachte höhnisch. »Darauf scheinen Sie immer Lust zu haben.« Damit nur Kienast nichts erfahre, kehrte er nochmals mit Buck um. »Sehen Sie«, begann Buck unvermutet, »meine Braut: die gehört auch zu meinen Fragen an das Schicksal.« Und da Diederich »Wieso?« fragte: »Wenn ich nämlich wirklich ein Netziger Rechtsanwalt bin, dann ist Guste Daimchen bei mir vollkommen an ihrem Platz. Aber weiß ich das? Für andere Fälle, die in meiner Existenz eintreten könnten, habe ich nun drüben in Berlin noch eine zweite Verbindung ...«

Kanaille Schurkin

»Ich habe gehört: eine Schauspielerin.« Diederich errötete für Buck, der das so zynisch eingestand. »Das heißt«, stammelte er, »ich will nichts gesagt haben.«

»Also Sie wissen«, schloss Buck. »Jetzt ist die Sache die, dass ich vorläufig dort hänge und mich um Guste nicht so viel bekümmern kann, wie ich müsste. Möchten Sie sich da nicht des guten Mädchens ein wenig annehmen?«, fragte er harmlos und gelassen.

bekümmern kümmern

»Ich soll –«

»Sozusagen den Kochtopf hier und da ein bisschen umrühren, worin ich Wurst und Kohl am Feuer zu stehen habe – indes ich selbst noch draußen beschäftigt bin. Wir haben doch Sympathie füreinander.«

»Danke«, sagte Diederich kühl. »So weit reicht meine Sympathie allerdings nicht. Beauftragen Sie sonst jemand.

Ich denke denn doch etwas ernster über das Leben.« Und er ließ Buck stehen.

Außer der Unmoral des Menschen empörte ihn seine würdelose Vertraulichkeit, nachdem sie noch soeben in Anschauung und Praxis sich wieder einmal als Gegner erwiesen hatten. Unleidlich, so einer, aus dem man nicht klug ward! ›Was hat er morgen gegen mich vor?‹

Daheim machte er sich Luft. »Ein Mensch wie eine Qualle! Und von einem geistigen Dünkel! Gott behüte unser Haus vor solcher alles zerfressenden Überzeugungslosigkeit; sie ist in einer Familie das sichere Zeichen des Niedergangs!« Er vergewisserte sich, dass Kienast wirklich noch am Abend reisen musste. »Etwas Aufregendes wird Magda dir nicht zu schreiben haben«, sagte er unvermittelt und lachte. »Meinetwegen mag in der Stadt Mord und Brand sein, ich bleibe in meinem Kontor und bei meiner Familie.«

von einem geistigen Dünkel! von einer intellektuellen Überheblichkeit!

Kaum aber war Kienast fort, stellte er sich vor Frau Heßling hin. »Nun? Wo ist die Vorladung, die für mich gekommen ist auf morgen zu Gericht?« Sie musste zugeben, dass sie den bedrohlichen Brief unterschlagen habe. »Er sollte dir die Feststimmung nicht verderben, mein lieber Sohn.« Aber Diederich ließ keine Beschönigung gelten. »Ach was: lieber Sohn. Aus Liebe zu mir wird wohl das Essen immer schlechter, außer wenn fremde Leute da sind; und das Haushaltungsgeld geht für euren Firlefanz drauf. Meint ihr, ich fall euch auf den Schwindel rein, dass Magda ihre Spitzenbluse selbst gemacht haben soll? Das könnt ihr dem Esel erzählen!« Magda erhob Einspruch gegen die Beleidigung ihres Verlobten, aber es half ihr nicht. »Schweig lieber still! Dein Pelzjackett ist auch halb gestohlen. Ihr steckt mit dem Dienstmädchen zusammen. Wenn ich sie nach Rotwein schicke, bringt sie billigeren, und den Rest behaltet ihr ...«

Haushaltungsgeld Haushaltsgeld

euren Firlefanz eure überflüssigen Anschaffungen; das wertlose Zeug, auf das ihr nicht zu verzichten können glaubt

nach Rotwein schicke losschicke, um Rotwein zu besorgen

Die drei Frauen entsetzten sich, worauf Diederich immer lauter schrie. Emmi behauptete, er sei bloß darum so wild, weil er sich morgen vor der ganzen Stadt blamieren solle. Da konnte Diederich nur noch einen Teller auf den Boden schleudern. Magda stand auf, ging zur Tür und rief zurück: »Ich brauche dich gottlob nicht mehr!« Sofort war Diederich hinterdrein. »Gib bitte Acht, was du redest! Wenn du endlich einen Mann kriegst, verdankst du es allein mir und den Opfern, die ich bringe. Dein Bräutigam hat um deine Mitgift geschachert, dass es schon nicht mehr schön war. Du bist überhaupt bloß Zugabe!«

Hier fühlte er eine heftige Ohrfeige, und bevor er zu Atem kam, war Magda in ihrem Zimmer und hatte abgesperrt. Diederich rieb sich, jäh verstummt, die Wange. Dann entrüstete er sich wohl noch; aber eine Art von Genugtuung überwog. Die Krisis war vorüber.

In der Nacht hatte er sich fest vorgenommen, mit einiger Verspätung bei Gericht einzutreffen und durch sein ganzes Auftreten zu zeigen, wie wenig die Geschichte ihn angehe. Aber es hielt ihn nicht; als er das Verhandlungszimmer, das ihm bezeichnet war, betrat, war man dort noch bei einer ganz andern Sache. Jadassohn, der in seiner schwarzen Robe einen ungemein drohenden Anblick bot, war eben damit beschäftigt, für einen kaum erwachsenen Menschen aus dem Volk zwei Jahre Arbeitshaus zu verlangen. Das Gericht gewährte ihm freilich nur eins, aber der jugendliche Verurteilte brach in ein solches Geheul aus, dass es Diederich, angstvoll, wie er selbst gestimmt war, vor Mitleid übel ward. Er begab sich hinaus und betrat eine Toilette, obwohl an der Tür stand: »Nur für den Herrn Vorsitzenden!« Gleich nach ihm erschien auch Jadassohn. Wie er Diederich sah, wollte er sich wieder zurückziehen, aber Diederich fragte sofort,

entsetzten sich verwahrten sich mit zur Schau gestelltem Entsetzen gegen diese Unterstellung

bezeichnet schriftlich mitgeteilt worden

aus dem Volk aus den unteren Schichten

Arbeitshaus Zwei Jahre Arbeitshaus (Inhaftierung mit Zwang zur Arbeit) waren die gesetzlich vorgesehene Höchststrafe für ›Vergehen‹ wie Landstreicherei und Bettelei, die im Kaiserreich kriminalisiert wurden, um so gegen »Asoziale« und »Arbeitsscheue« vorgehen zu können.

den Herrn Vorsitzenden den Herrn Vorsitzenden Richter (in einem Kollegialgericht mit mehreren gemeinsam entscheidenden Richtern) was das denn sei, ein Arbeitshaus, und was so ein Zuhälter dort tue. Jadassohn erklärte: »Wenn wir uns darum auch noch kümmern müssten!« und war schon draußen. Diederichs Inneres zog sich noch mehr zusammen unter dem Gefühl eines schaudererregenden Abgrundes, wie er sich auftat zwischen Jadassohn, der hier die Macht vertrat, und ihm selbst, der sich zu nahe ihrem Räderwerk gewagt hatte. Es war aus frommer Absicht geschehen, in übergroßer Verehrung der Macht: gleichviel, jetzt hieß es sich besonnen verhalten, damit sie einen nicht ergriff und zermalmte; sich ducken und ganz klein machen, bis man ihr vielleicht doch noch entrann. Wer erst wieder dem Privatleben gehörte! Diederich versprach sich, fortan ganz seinem geringen, aber wohlverstandenen Vorteil zu leben.

gleichviel wie auch immer, wie dem auch sei

Wer erst wieder dem Privatleben gehörte! Glücklich konnte sich schätzen, wer aus dem grellen Licht der Öffentlichkeit in das schützende Dämmerlicht der Privatexistenz zurücktreten durfte, wo man in Ruhe gelassen wurde!

fortan ganz seinem geringen, aber wohlverstandenen Vorteil zu leben sich in Zukunft nur noch um seine eigenen Angelegenheiten zu kümmern

Draußen im Korridor standen jetzt Leute: ein minder gutes Publikum und auch das beste. Die fünf Töchter Buck, herausgeputzt, als sei der Prozess ihres Schwagers Lauer die größte Ehre für die Familie, schnatterten in einer Gruppe mit Käthchen Zillich, ihrer Mutter und der Frau Bürgermeister Scheffelweis. Die Schwiegermutter dagegen ließ den Bürgermeister nicht los, und aus den Blicken, die sie nach dem Bruder des Herrn Buck und seinen Freunden Cohn und Heuteufel schleuderte, war zu ersehen, dass sie ihn gegen die Sache der Bucks einnahm. Der Major Kunze, in Uniform, stand mit finsterer Miene dabei und enthielt sich jeder Äußerung. Gerade erschien auch Pastor Zillich mit Professor Kühnchen; aber beim Anblick der zahlreichen Gesellschaft blieben sie hinter einem Pfeiler. Der Redakteur Nothgroschen seinerseits ging grau und unbeachtet von den einen zu den andern. Vergebens suchte Diederich jemand, an den er sich hätte halten können. Jetzt bereute er, dass er es den Seinen verboten hatte, herzukommen. Er blieb im Dunkeln, hinter der Biegung des Korridors, und streckte nun vorsichtig den Kopf

ein minder gutes Publikum und auch das beste allgemeines Volk, aber auch die Spitzen der Gesellschaft

heraus. Plötzlich zog er ihn zurück: Guste Daimchen mit ihrer Mutter! Sie ward sofort von den Töchtern Buck umringt, als eine kostbare Verstärkung ihrer Partei. Gleichzeitig ging dahinten eine Tür, und Wolfgang Buck trat auf, in Barett und Robe, und darunter Lackschuhe, die er sehr einwärts setzte. Er lächelte festlich, wie bei einem Empfang, gab allen die Hand, und seiner Braut küsste er sie. Es werde sehr schön werden, verhieß er; der Staatsanwalt sei gut disponiert, er selbst auch. Dann begab er sich zu den von ihm geladenen Zeugen, um mit ihnen zu flüstern. In diesem Augenblick verstummte man, denn in der Mündung der Treppe erschien der Angeklagte, Herr Lauer, und neben ihm seine Frau. Die Bürgermeisterin fiel ihr um den Hals: Wie sie tapfer sei! »Was ist dabei?«, erwiderte sie, mit tiefer, klangreicher Stimme. »Wir haben uns nichts vorzuwerfen, wie, Karl?« Lauer sagte: »Gewiss nicht, Judith.« Gerade jetzt aber ging der Landgerichtsrat Fritzsche vorbei. Ein Schweigen entstand; wie er und die Tochter des alten Buck sich begrüßten, blinzelte man einander zu, und die Schwiegermutter des Bürgermeisters machte eine Bemerkung, halblaut, aber sie war ihr von den Augen zu lesen.

Diederich auf seinem schattigen Posten war von Wolfgang Buck entdeckt worden. Buck zog ihn hervor und führte ihn zu seiner Schwester. »Liebe Judith, ich weiß nicht, ob du schon unseren werten Feind kennst, den Herrn Doktor Heßling. Heute wird er uns vernichten.« Aber Frau Lauer lachte nicht, sie erwiderte auch Diederichs Gruß nicht, sie sah ihn nur an mit rücksichtsloser Neugier. Es war schwer, diesen dunklen Blick auszuhalten, und ward noch schwerer, weil sie so schön war. Diederich fühlte, wie das Blut ihm ins Gesicht trat, seine Augen irrten ab, er stammelte: »Der Herr Rechtsanwalt scherzt wohl. In der Sache muss ein Irrtum vorliegen …« Da zogen in dem weißen Gesicht die Brauen sich

in Barett und Robe in der von der Tradition vorgeschriebenen festlichen Anwaltstracht, mit flacher Mütze und talarartigem Gewand

verhieß prophezeite, versprach

gut disponiert gut aufgelegt, in guter Form

wie als

nicht eben freigebig nicht sonderlich weit

Da entließ der Vorsitzende die Zeugen aus dem Sitzungssaal. Da forderte der Vorsitzende Richter die Zeugen auf, den Sitzungssaal bis zu ihrer jeweiligen Vernehmung vorläufig wieder zu verlassen.

zusammen, die Mundwinkel sanken ausdrucksvoll herab, und Judith Lauer wandte Diederich den Rücken.

Ein Gerichtsdiener zeigte sich; Wolfgang Buck ging, seinen Schwager Lauer zur Seite, in das Verhandlungszimmer; und da die Tür nicht eben freigebig geöffnet ward, stießen alle einander in Hast hindurch, das minder gute Publikum ward von dem besten überwältigt. Die Unterröcke der fünf Schwestern Buck rauschten heftig bei dem Kampf. Diederich gelangte als Letzter hinein und musste sich auf der Zeugenbank neben den Major Kunze setzen, der sofort ein Stück wegrückte. Landgerichtsdirektor Sprezius, anzusehen wie ein alter wurmiger Geier, erklärte von dort oben die Sitzung für eröffnet und rief die Zeugen auf, um ihnen den Ernst des Eides in Erinnerung zu bringen – wobei Diederich sofort ein Gesicht bekam wie ehemals in der Religionsstunde. Landgerichtsrat Harnisch ordnete Akten und sah sich im Publikum nach seiner Tochter um. Mehr beachtet ward der alte Landgerichtsrat Kühlemann, der das Krankenzimmer verlassen und seinen Platz zur Linken des Vorsitzenden eingenommen hatte. Man fand ihn schlecht aussehen, die Schwiegermutter des Bürgermeisters wollte wissen, er werde sein Reichstagsmandat niederlegen – und wohin ging das viele Geld, wenn er starb? Bei den Zeugen drückte Pastor Zillich die Hoffnung aus, der Alte werde seine Millionen für einen Kirchenbau bestimmen; aber Professor Kühnchen bezweifelte es, mit durchdringender Flüsterstimme. »Der gibt auch nach 'm Tode nischt her, der hat immer gedacht, man muss das Seine zusammennähm und womöglich den andern ihrs auch …« Da entließ der Vorsitzende die Zeugen aus dem Sitzungssaal.

Sie fanden sich, da kein Zeugenzimmer vorhanden war, im Korridor wieder zusammen. Die Herren Heuteufel, Cohn und Buck junior nahmen eine Fensternische ein; Diederich, unter dem wütenden Blick des Majors, dachte peinvoll: ›Jetzt wird der Angeklagte vernommen. Wüsste ich, was er sagt. Ich möchte ihn ebenso gern entlasten wie ihr!‹ Vergebens versuchte er gegenüber Pastor Zillich seine milde Gesinnung zu beteuern: er habe immer gesagt, die Sache sei aufgebauscht worden. Zillich wandte sich verlegen weg, und Kühnchen pfiff, davonlaufend, durch die Zähne: »Na warte nur, mein Schibbchen, dir wer'n mer das Handwerk legen.« Stumm lastete die allgemeine Missbilligung auf Diederich. Endlich erschien der Gerichtsdiener. »Herr Doktor Heßling!«

Diederich riss sich zusammen, um nur in kommentmäßiger Haltung an den Zuschauern vorbeizukommen. Er sah krampfhaft geradeaus; der Blick der Frau Lauer lag jetzt auf ihm! Er schnaufte, und er schwankte ein wenig. Links neben dem Beisitzer, der seine Nägel betrachtete, stand drohend aufgerichtet Jadassohn. Das Licht des Fensters hinter ihm schien durch seine abstehenden Ohren, die blutig leuchteten, und seine Miene heischte von Diederich eine so leichenhafte Gefügigkeit, dass Diederichs Blick die Flucht ergriff. Rechts, vor dem Angeklagten und etwas tiefer, fand er Wolfgang Buck sitzen, nachlässig, mit den Fäusten auf den fetten Schenkeln, von denen die Robe zurückfiel, und so gescheit und aufmunternd anzusehen, als vertrete er den Geist des Lichts. Landgerichtsdirektor Sprezius sprach Diederich die Eidesformel vor, immer nur zwei Worte zur Zeit und mit Herablassung. Diederich schwor folgsam; dann sollte er den Hergang der Dinge an jenem Abend im Ratskeller berichten. Er begann: »Wir waren eine angeregte Gesellschaft, drüben am Tisch saßen auch Herren ...«

Da er schon steckenblieb, ward im Publikum gelacht. Sprezius fuhr auf, er hackte mit dem Geierschnabel zu und drohte, er werde den Saal räumen lassen. »Sonst wissen Sie nichts?«, fragte er unwirsch. Diederich gab zu bedenken, infolge ge-

mein Schibbchen (siehe Seite 151 unten)

Beisitzer beisitzenden Richter (im Gegensatz zum Vorsitzenden)

seine Nägel seine Fingernägel

heischte forderte (siehe Seite 153)

den Geist des Lichts vielleicht: den Geist der Vernunft (als Anspielung auf die Aufklärung, das »Zeitalter der Vernunft« mit ihrer Zentralmetapher des Lichts)

zur Zeit auf einmal

schäftlicher und anderer Aufregungen hätten sich ihm die Vorgänge inzwischen etwas verwirrt. »Dann werde ich Ihnen zur Auffrischung des Gedächtnisses Ihre Aussage vor dem Untersuchungsrichter vorlesen« – und der Vorsitzende ließ sich das Protokoll reichen. Daraus erfuhr Diederich zu seiner peinlichen Verwunderung, er habe vor dem Untersuchungsrichter Landgerichtsrat Fritzsche die bestimmte Angabe gemacht, dass vonseiten des Angeklagten eine schwere Beleidigung Seiner Majestät des Kaisers gefallen sei. Was er darüber zu äußern habe. »Es kann wohl sein«, stammelte er; »aber es waren viele Herren da. Ob es nun gerade der Angeklagte war, der das gesagt hat …« Sprezius beugte sich über den Richtertisch. »Denken Sie nach, Sie stehen hier unter Ihrem Eid. Andere Zeugen werden bekunden, dass Sie ganz allein auf den Angeklagten zugetreten sind und das betreffende Gespräch mit ihm geführt haben.« – »War ich das?«, fragte Diederich, rot übergossen. Da lachte unaufhaltsam der ganze Saal; Jadassohn sogar verzog das Gesicht zu einem verachtungsvollen Feixen. Sprezius hatte schon den Mund geöffnet, um loszufahren: Aber Wolfgang Buck stand auf. Sein weiches Gesicht ward mit einem sichtbaren Ruck energisch, und er fragte Diederich: »Sie waren an dem Abend wohl stark angetrunken?« Sofort fielen Staatsanwalt und Vorsitzender über ihn her. »Ich beantrage, die Frage nicht zuzulassen!«, rief Jadassohn schrill. »Herr Verteidiger«, krächzte Sprezius, »Sie haben nur mir die Frage vorzulegen; ob ich sie dann an den Zeugen richte, ist meine Sache!« Aber die beiden, Diederich sah es staunend, hatten einen entschlossenen Gegner gefunden. Wolfgang Buck stand da, mit klangvoller Rednerstimme beanstandete er das Verhalten des Vorsitzenden, das die Rechte der Verteidigung verletze, und beantragte Gerichtsbeschluss darüber, ob ihm gemäß der Strafprozessordnung das direkte Fragerecht an den Zeu-

verzog das Gesicht zu einem verachtungsvollen Feixen grimassierte schadenfroh und verachtungsvoll

um loszufahren um dazwischenzufahren

gen zustehe. Sprezius hackte vergeblich zu, es blieb ihm nichts übrig, als mit den vier Richtern rückwärts im Beratungszimmer zu verschwinden. Buck sah sich triumphierend um; seine Cousinen bewegten die Hände wie zum Applaus; aber auch sein Vater war inzwischen eingetreten, und man sah, wie der alte Buck seinem Sohn ein Zeichen der Missbilligung gab. Der Angeklagte seinerseits, zornige Erregung im apoplektischen Gesicht, schüttelte seinem Verteidiger die Hand. Diederich, der allen Blicken ausgesetzt war, gab sich Haltung und hielt Umschau. Aber ach, Guste Daimchen wich ihm aus! Nur der alte Buck winkte wohlwollend: Diederichs Aussage hatte ihm gefallen. Er bemühte sich sogar aus der engen Tribüne heraus, um Diederich seine weiche, weiße Hand zu geben. »Ich danke Ihnen, lieber Freund«, sagte er. »Sie haben die Sache so behandelt, wie sie es verdient.« Und Diederich in seiner Verlassenheit bekam feuchte Augen angesichts der Güte des großen Mannes. Erst nachdem Herr Buck sich wieder auf seinen Platz begeben hatte, fiel es Diederich ein, dass er ihm hier ja die Geschäfte besorgte! Und auch sein Sohn Wolfgang war durchaus nicht so schlapp, wie Diederich gedacht hatte. Die politischen Gespräche hatte er augenscheinlich nur geführt, um sie hier gegen ihn auszunutzen. Treue, wahre deutsche Treue, die gab es in der Welt nicht, auf niemand konnte man sich verlassen. ›Soll ich mich hier noch lange von allen Seiten anöden lassen?‹

Zum Glück kehrte der Gerichtshof zurück. Der alte Kühlemann wechselte mit dem alten Buck einen bedauernden Blick, und Sprezius verlas, mit merklicher Selbstbeherrschung, den Beschluss. Ob der Verteidiger das Recht der direkten Fragestellung habe, blieb unentschieden, denn die Frage selbst: War der Zeuge damals betrunken gewesen? ward als nicht zur Sache gehörig abgelehnt. Darauf fragte der Vorsitzende, ob der Herr Staatsanwalt noch eine Frage

rückwärts im Beratungszimmer zu verschwinden sich ... in das hinter der rückwärtigen Wand des Saales gelegene Beratungszimmer zurückzuziehen

apoplektischen Gesicht Gesichtsausdruck, der einen Schlaganfall anzukündigen schien

ihm (Z. 11) seinem Blick

dass er ihm hier ja die Geschäfte besorgte! dass er sich ja hier unfreiwillig zum Handlanger der Interessen Bucks machte!

anöden eigentlich: langweilen; hier wohl eher: für fremde Zwecke benutzen, für dumm verkaufen

merklicher mühsam gewahrter

an den Zeugen zu richten habe. »Vorläufig nicht«, sagte Jadassohn, mit Geringschätzung, »aber ich beantrage, den Zeugen noch nicht zu entlassen.« Und Diederich durfte sich setzen. Jadassohn erhob die Stimme. »Außerdem beantrage ich die sofortige Vorladung des Untersuchungsrichters Doktor Fritzsche, der darüber aussagen soll, wie die Gesinnung des Zeugen Heßling gegen den Angeklagten früher war.« Diederich erschrak – im Zuschauerraum aber wandte man sich nach Judith Lauer um: Sogar die beiden Assessoren am Richtertisch sahen hin ... Jadassohn bekam bewilligt, was er wollte.

nicht zu entlassen nicht gehen zu lassen (ihn anzuweisen, sich noch weiter zur Verfügung zu halten)

Assessoren (siehe Seite 52)

Dann wurde Pastor Zillich herbeigeholt, vereidigt und sollte seinerseits über die kritische Nacht berichten. Er erklärte, die Eindrücke hätten sich damals überstürzt und sein christliches Gewissen schwer bedrängt, denn just an jenem Abend sei in den Straßen von Netzig Blut geflossen, wenn auch zu einem patriotischen Zweck. »Das gehört nicht hierher!«, entschied Sprezius – und eben jetzt betrat den Saal der Regierungspräsident Herr von Wulckow, im Jagdanzug, mit großen, kotigen Stiefeln. Alles sah sich um, der Vorsitzende machte auf seinem Sitz eine Verbeugung, und Pastor Zillich zitterte. Vorsitzender und Staatsanwalt drangen abwechselnd auf ihn ein. Jadassohn sagte sogar, mit einem Ausdruck von entsetzlicher Hinterhältigkeit: »Herr Pastor, Sie als Geistlichen brauche ich auf die Heiligkeit des Eides, den Sie geleistet haben, nicht besonders aufmerksam zu machen.« Da knickte Zillich ein und gab zu, dass er die dem Angeklagten vorgeworfene Äußerung allerdings gehört habe. Der Angeklagte sprang auf und schlug mit der Faust auf die Bank. »Ich habe den Namen des Kaisers gar nicht genannt! Ich habe mich gehütet!« Sein Verteidiger beruhigte ihn mit einem Wink und sagte: »Wir werden den Beweis erbringen, dass nur die provokatorische Absicht des Zeugen Doktor Heßling

im Jagdanzug in der dunkelgrünen Kleidung des Jägers

kotigen kotbefleckten, vor Schmutz starrenden

besonders eigens

allerdings tatsächlich

den Angeklagten zu seinen hier falsch wiedergegebenen Äußerungen veranlasst hat.« Vorläufig bitte er den Herrn Vorsitzenden, den Zeugen Zillich darüber zu befragen, ob er nicht eine Predigt gehalten habe, die ausdrücklich gegen die Hetzereien des Zeugen Heßling gerichtet gewesen sei. Pastor Zillich stammelte, er habe nur im Allgemeinen zum Frieden geraten und damit seiner Pflicht als Vertreter der Religion genügt. Jetzt wollte Buck etwas anderes wissen. »Hat nicht der Zeuge Zillich neuerdings ein Interesse daran, sich mit dem Hauptbelastungszeugen Doktor Heßling gut zu stellen, weil nämlich seine Tochter –« Schon fuhr Jadassohn dazwischen: Er protestiere gegen die Stellung der Frage. Sprezius rügte sie als unzulässig, und auf der Tribüne entstand ein missbilligendes Gemurmel weiblicher Stimmen. Der Regierungspräsident beugte sich über die Bank zum alten Buck und sagte deutlich: »Ihr Sohn macht ja nette Zicken!«

seiner Pflicht … genügt seine Pflicht … erfüllt

Inzwischen war der Zeuge Kühnchen aufgerufen. Der kleine Greis stürmte in den Saal, seine Brillengläser funkelten; schon von der Tür schrie er seine Personalien herüber, und die Eidesformel sagte er geläufig her, ohne sie sich vorsprechen zu lassen. Dann aber war er zu keiner anderen Aussage zu bewegen, als dass an jenem Abend die Wogen der nationalen Begeisterung hochgegangen seien. Zuerst die glorreiche Tat des Postens! Dann der herrliche Brief Seiner Majestät, mit dem Bekenntnis zum positiven Christentum! »Wie der Krach war mit dem Angeklagten? Ja, meine Herren Richter, davon weeß 'ch Sie nischt. Da hab 'ch grade ä bisschen geschlummert.« – »Aber nachher ist doch von der Sache geredet worden!«, verlangte der Vorsitzende. »Ich nicht!«, rief Kühnchen. »Ich hab eegal von unsern glorreichen Taten im Jahre siebzig geredt. Die Franktiröhrs! hab 'ch gesagt, das war Sie eene Bande! Mein steifer Finger, da hat mich ä Franktiröhr draufgebissen, bloß weil ich ihm mit

verlangte der Vorsitzende sagte der Vorsitzende und verlangte weitere Auskunft

hab eegal habe fortwährend, habe immer nur

meim Säbel ä kleenes bisschen die Kehle abschneiden wollte! So eene Gemeinheit von dem Kerl!« Und Kühnchen wollte den Finger am Richtertisch umherzeigen. »Abtreten!«, krächzte Sprezius; und er drohte wieder einmal mit der Räumung des Saals.

Major Kunze trat auf: steif, wie auf Rädern, und den Eid leistete er in einem Ton, als stieße er gegen Sprezius schwere Beleidigungen aus. Darauf erklärte er kurzweg, dass er mit dem ganzen Geserres nichts zu tun habe; er sei erst später in den Ratskeller gekommen. »Ich kann nur sagen, das Verhalten des Herrn Doktor Heßling riecht mir nach Denunziantentum.«

Geserres Gejammer, überflüssigen Gerede (Variante von ›Geseires‹)

Aber seit einer Weile roch es im Saal nach etwas anderem. Niemand wusste, woher es kam, auf der Tribüne misstraute man einander und rückte, das Taschentuch am Munde, diskret vom Nachbar ab. Der Vorsitzende schnupperte in die Luft, und der alte Kühlemann, dessen Kinn schon längst auf seiner Brust lag, rührte sich im Schlaf.

Wie Sprezius ihm vorhielt, die Herren, die ihm damals die Vorgänge berichtet hätten, seien doch nationale Männer gewesen, erwiderte der Major nur, das sei ihm gleich, den Herrn Doktor Heßling habe er gar nicht gekannt. Da aber trat Jadassohn vor; seine Ohren funkelten; mit einer Stimme wie ein Messer sagte er: »Herr Zeuge, ich richte an Sie die Frage, ob Sie den Angeklagten nicht vielleicht umso besser kennen. Wollen Sie sich darüber äußern, ob er Ihnen nicht noch vor acht Tagen hundert Mark geliehen hat.« Vor Schrecken ward es ganz still im Saal, und alles starrte auf den Major in Uniform, der dastand und an seiner Antwort stammelte. Jadassohns Kühnheit machte Eindruck. Unverweilt nutzte er seinen Erfolg aus und erreichte von Kunze, dass er zugab, die Entrüstung der Nationalgesinnten über Lauers Äußerungen sei echt gewesen, auch seine eigene. Zweifellos habe der An-

nationale national gesinnte

Unverweilt Ohne zu zögern

geklagte Seine Majestät gemeint. – Hier hielt Wolfgang Buck sich nicht mehr. »Da der Herr Vorsitzende unnötig findet, es zu rügen, wenn der Herr Staatsanwalt seine eigenen Zeugen beleidigt, kann es auch uns gleich sein.« Sofort hackte Sprezius nach ihm. »Herr Verteidiger! Das ist meine Sache, was ich rüge und was nicht!« – »Eben das stelle ich fest«, fuhr Buck unbeirrt fort. »Zur Sache selbst behaupten wir nach wie vor und werden durch Zeugen beweisen, dass der Angeklagte den Kaiser gar nicht gemeint hat.« – »Ich habe mich gehütet!«, rief der Angeklagte dazwischen. Buck fuhr fort: »Sollte dies dennoch als wahr unterstellt werden, so beantrage ich, den Herausgeber des Gothaischen Almanachs darüber als Sachverständigen zu vernehmen, welche deutschen Fürsten jüdisches Blut haben.« Damit setzte er sich wieder, befriedigt von dem Rauschen der Sensation, das durch den Saal ging. Ein dröhnender Bass sagte: »Unerhört!« Sprezius wollte schon loshacken, sah aber noch rechtzeitig, wer es gewesen war: Wulckow! Sogar Kühlemann war davon erwacht. Der Gerichtshof steckte die Köpfe zusammen, dann verkündete der Vorsitzende, der Antrag des Verteidigers werde abgelehnt, da ein Wahrheitsbeweis nicht zulässig sei. Kundgebung der Missachtung genüge zum Tatbestand des Delikts. Buck war geschlagen; seine feisten Wangen senkten sich, in kindlicher Traurigkeit. Es ward gekichert, die Schwiegermutter des Bürgermeisters lachte ungeniert. Diederich auf seiner Zeugenbank war ihr dankbar. Er fühlte, angstvoll lauschend, wie die öffentliche Meinung einlenkte und ganz leise denen näherkam, die geschickter waren und die Macht hatten. Er tauschte einen Blick mit Jadassohn.

Der Redakteur Nothgroschen war dran. Grau und unauffällig war er plötzlich da und funktionierte glatt, wie ein Aussagebeamter. Jeder, der ihn kannte, wunderte sich: So sicher hatte er ihn nie gesehen. Er wusste alles, belastete den Ange-

hielt … sich nicht mehr hielt … nicht mehr an sich, hielt sich nicht mehr zurück

unnötig findet es unnötig findet

Gothaischen Almanachs Gemeint ist der »Hofkalender« innerhalb der im Verlag von Julius Perthes in Gotha erscheinenden »Gothaischen Genealogischen Taschenbücher«, der einschlägigen Informationsquelle für die Stammbäume der fürstlichen Häuser Europas

Sensation Erregung

genüge zum Tatbestand des Delikts reiche aus, um den Beschuldigten der in Frage stehenden Straftat (der Majestätsbeleidigung) zu überführen

feisten widerlich dicken

klagten auf das Schwerste und redete fließend, als sage er einen Leitartikel her; höchstens, dass zwischen den Absätzen der Vorsitzende ihm das Stichwort gab, mit Anerkennung, wie einem Musterschüler. Buck, der sich erholt hatte, hielt ihm die Stellungnahme der »Netziger Zeitung« für Lauer vor. Darauf erwiderte der Redakteur: »Wir sind ein liberales, also unparteiisches Blatt. Wir geben die Stimmung wieder. Da aber jetzt und hier die Stimmung dem Angeklagten ungünstig ist – « Er musste sich draußen im Korridor darüber informiert haben! Buck nahm eine ironische Stimme an. »Ich stelle fest, dass der Zeuge eine etwas sonderbare Auffassung seiner Eidespflicht bekundet.« Aber Nothgroschen war nicht einzuschüchtern. »Ich bin Journalist«, erklärte er, und er setzte hinzu: »Ich bitte den Herrn Vorsitzenden, mich vor Beleidigungen des Verteidigers zu schützen.« Sprezius ließ sich nicht bitten; und er entließ den Redakteur in Gnaden.

aufmerksam darauf aufmerksam

Es schlug zwölf; Jadassohn machte den Vorsitzenden aufmerksam, dass der Untersuchungsrichter Doktor Fritzsche sich zur Verfügung des Gerichts halte. Er ward aufgerufen – und kaum dass er sich in der Tür zeigte, gingen alle Augen hin und her zwischen ihm und Judith Lauer. Sie war noch bleicher geworden, der schwarze Blick, der ihn zum Richtertisch begleitete, vergrößerte sich noch, er bekam etwas stumm Eindringliches; aber Fritzsche vermied ihn. Auch ihn fand man schlecht aussehen, sein Schritt dagegen bekundete Entschlossenheit. Diederich stellte fest, dass er von seinen zwei Gesichtern für diese Gelegenheit das trockene gewählt hatte.

noch bewegten Auseinandersetzung noch lebhaften und emotional gefärbten Darlegung des Vorgefallenen

Welche Eindrücke er während der Voruntersuchung von dem Zeugen Heßling gewonnen habe? Der Zeuge hatte seine Aussage durchaus freiwillig und selbstständig gemacht, in Form einer durch das frische Erlebnis noch bewegten Auseinandersetzung. Die Zuverlässigkeit des Zeugen, die

Fritzsche an der Hand seiner ferneren Ermittelungen hatte nachprüfen können, stand außer allem Zweifel. Dass der Zeuge heute kein deutliches Erinnerungsbild mehr hatte, war nur durch die Erregung des Augenblicks zu erklären ... Und der Angeklagte? – Hier hörte man den Saal aufhorchen. Fritzsche schluckte hinunter. Auch der Angeklagte hatte persönlich einen eher günstigen Eindruck auf ihn gemacht, trotz der vielen belastenden Momente.

»Halten Sie, bei widerstreitenden Zeugenaussagen, den Angeklagten des ihm zur Last gelegten Delikts fähig?«, fragte Sprezius.

Fritzsche erwiderte: »Der Angeklagte ist ein gebildeter Mann; ausdrücklich beleidigende Worte zu gebrauchen, wird er sich gehütet haben.«

»Das sagt der Angeklagte selbst«, bemerkte der Vorsitzende streng. Fritzsche sprach schneller. Der Angeklagte war durch seine bürgerliche Wirksamkeit gewöhnt, Autorität mit fortschrittlichen Neigungen zu verbinden. Er hielt sich offenbar für einsichtsvoller und zur Kritik berechtigter als die meisten andern Menschen. Es war also denkbar, dass er in gereiztem Zustand – und durch die Erschießung des Arbeiters vonseiten des Wachtpostens hatte er sich gereizt gefühlt – seinen politischen Anschauungen einen Ausdruck gab, der, ob äußerlich vielleicht auch einwandfrei, die beleidigende Absicht hindurchschimmern ließ.

Hier sah man den Vorsitzenden und den Staatsanwalt aufatmen. Die Landgerichtsräte Harnisch und Kühlemann warfen Blicke auf das Publikum, durch das eine lebhafte Bewegung ging. Der Assessor links besah auch jetzt noch seine Nägel; der rechts aber, ein junger Mann mit nachdenklichem Gesicht, beobachtete den Angeklagten, den er gleich vor sich hatte. Die Hände des Angeklagten waren krampfig um die Brüstung seiner Bank gespannt, und die Augen, hervortre-

ferneren weiteren, nachfolgenden

fähig für fähig

seine bürgerliche Wirksamkeit sein langjähriges öffentliches Wirken

ob wenn

die Brüstung seiner Bank das Geländer vor der Anklagebank, auf der er saß,

tende braune Augen, richtete er auf seine Frau. Sie aber sah unverwandt auf Fritzsche, halbgeöffneten Mundes, wie abwesend, mit einem Ausdruck von Leiden, Scham und Schwäche. Die Schwiegermutter des Bürgermeisters äußerte deutlich: »Und zwei Kinder hat sie zu Hause.« Plötzlich schien Lauer das Geflüster um ihn her zu bemerken, alle diese Blicke, die wegsahen, wenn er sie streifte. Er sank zusammen, sein stark gerötetes Gesicht entleerte sich so jäh vom Blut, dass der junge Assessor erschreckt auf seinem Stuhl rückte.

sank zusammen sank in sich zusammen

Diederich, dem es immer wohler ward, war wahrscheinlich der Einzige, der dem Dialog zwischen dem Vorsitzenden und dem Untersuchungsrichter noch folgte. Dieser Fritzsche! Niemandem, auch Diederich selbst nicht, war die Sache aus guten Gründen anfangs peinlicher gewesen. Hatte er nicht auf Diederich als Zeugen eine nahezu pflichtwidrige Einwirkung geübt? Und das protokollierte Ergebnis von Diederichs Aussage war nun dennoch schwer belastend, und Fritzsches eigenes Zeugnis erst recht. Er war nicht weniger rücksichtslos vorgegangen als Jadassohn. Seine engen und besonderen Beziehungen zum Hause Lauer hatten keineswegs vermocht, ihn der Aufgabe zu entfremden, die ihm oblag, dem Schutze der Macht. Nichts Menschliches hielt stand vor der Macht. Welche Lehre für Diederich! Auch Wolfgang Buck empfing sie, auf seine Art. Von unten betrachtete er Fritzsche, mit einer Miene, als müsste er sich erbrechen.

eigenes Zeugnis eigene Aussage

ihn der Aufgabe zu entfremden, die ihm oblag ihn davon abzuhalten, die ihm übertragene Aufgabe zu erfüllen

Nichts Menschliches hielt stand vor der Macht. Menschliche Beziehungen waren angesichts der Verpflichtung, der Macht zu dienen, bedeutungslos.

Wie der Untersuchungsrichter mit Drehungen des Körpers, die nicht unbefangen wirkten, auf den Ausgang zusteuerte, ward lauter geflüstert. Die Schwiegermutter des Bürgermeisters sagte, mit dem Lorgnon nach der Frau des Angeklagten zielend: »Eine nette Gesellschaft!« Man widersprach ihr nicht; man hatte angefangen, die Lauers ihrem Schicksal zu überlassen. Guste Daimchen biss sich auf die Lippe, Käthchen Zillich schickte einen raschen Senkblick zu Diederich.

Lorgnon Einglas mit Stiel, eine damals bereits sehr altmodische Form der Sehhilfe

raschen Senkblick schnellen heimlichen Blick bei gesenktem Kopf

Doktor Scheffelweis beugte sich hinüber zu dem Haupt der Familie Buck, drückte ihm die Hand und sagte süß: »Ich hoffe, lieber Freund und Gönner, alles wird noch gut.«

Der Vorsitzende befahl dem Gerichtsdiener: »Lassen Sie mal den Zeugen Cohn rein!« Die Reihe war an den Entlastungszeugen! Der Vorsitzende schnupperte in die Luft. »Hier riecht es aber schlecht«, bemerkte er. »Krecke, machen Sie hinten ein Fenster auf!« Und er suchte mit den Augen unter dem minder guten Publikum, das dort oben enggedrängt saß. Dagegen war auf den unteren Bänken freier Raum, und der freieste um den Regierungspräsidenten von Wulckow in seiner verschwitzten Jagdjoppe ... Das geöffnete Fenster, durch das es eisig hereinblies, bewirkte Murren unter den auswärtigen Journalisten, die dort hinten verstaut saßen. Aber Sprezius richtete nur den Schnabel gegen sie: Da duckten sie sich in ihre Rockkragen.

Jadassohn sah siegesgewiss dem Zeugen entgegen. Sprezius ließ ihn eine Weile reden, dann räusperte Jadassohn sich; er hielt einen Akt in der Hand. »Zeuge Cohn«, begann er, »Sie sind Inhaber des unter Ihrem Namen bestehenden Warenhauses seit 1889?« Und unvermittelt: »Geben Sie zu, dass gleich damals einer Ihrer Lieferanten, ein gewisser Lehmann, sich in Ihren Lokalitäten durch Erschießen das Leben genommen hat?« Und mit dämonischer Befriedigung blickte er auf Cohn, denn die Wirkung seiner Worte war außerordentlich. Cohn begann zu zappeln und nach Luft zu schnappen. »Die alte Verleumdung!«, kreischte er. »Er hat es doch gar nicht meinetwegen getan! Er war unglücklich verheiratet! Mit der Geschichte haben die Leute mich schon einmal kaputtgemacht, und nun fängt der Mann wieder an!« Auch der Verteidiger protestierte. Sprezius hackte auf Cohn zu. Der Herr Staatsanwalt sei kein Mann! Und wegen des Ausdrucks Verleumdung nehme das Gericht den Zeugen in eine

Haupt (siehe Seite 103)

Krecke (wohl der Name des Gerichtsdieners)

auswärtigen von weiter weg angereisten

verstaut dicht gedrängt

einen Akt eine Akte mit Unterlagen

in Ihren Lokalitäten in den Räumlichkeiten Ihrer Fabrik

nehme das Gericht den Zeugen in eine Ordnungsstrafe verhänge das Gericht gegen den Zeugen eine Strafe wegen Fehlverhaltens im Gerichtssaal

notorisch bekanntermaßen

als gerichtsnotorisch als den Strafverfolgungsbehörden sehr wohl bekannt

Ordnungsstrafe von fünfzig Mark. Damit war Cohn erledigt. Der Bruder des Herrn Buck ward vernommen. Ihn fragte Jadassohn geradeheraus: »Zeuge Buck, Sie haben ein notorisch schlechtgehendes Geschäft, wovon leben Sie?« Hier entstand ein solches Gemurmel, dass Sprezius schnell eingriff: »Herr Staatsanwalt, gehört das wirklich zur Sache?« Aber Jadassohn war allem gewachsen. »Herr Vorsitzender, die Anklagebehörde hat ein Interesse, den Nachweis zu erbringen, dass der Zeuge sich in wirtschaftlicher Abhängigkeit von seinen Verwandten, besonders aber von seinem Schwager, dem Angeklagten, befindet. Die Glaubwürdigkeit des Zeugen ist danach zu bemessen.« Der lange, elegante Herr Buck stand mit gesenktem Kopf da. »Das genügt«, erklärte Jadassohn; und Sprezius entließ diesen Zeugen. Seine fünf Töchter rückten unter den Blicken der Menge auf ihren Bänken zusammen wie eine Lämmerherde im Unwetter. Das minder gute Publikum der oberen Reihen lachte feindselig. Sprezius bat wohlwollend um Ruhe und ließ sich den Zeugen Heuteufel kommen.

Wie nun Heuteufel die Hand zum Schwur hob, schleuderte Jadassohn ihm die seine mit einem dramatischen Wurf entgegen.

»Ich möchte zunächst an den Zeugen die Frage richten, ob er zugibt, die das Delikt der Majestätsbeleidigung darstellenden Äußerungen des Angeklagten durch seine Zustimmung begünstigt und noch verschärft zu haben.« Heuteufel erwiderte: »Ich gebe gar nichts zu« – worauf Jadassohn ihm seine Aussage im Vorverhör entgegenhielt. Mit erhobener Stimme: »Ich beantrage Gerichtsbeschluss darüber, dass die Beeidigung dieses Zeugen unterbleiben soll, weil er der Teilnahme am Delikt verdächtig ist.« Noch schneidender: »Die Gesinnung des Zeugen darf als gerichtsnotorisch gelten. Der Zeuge gehört zu den von Seiner Majestät dem Kaiser mit

Recht so genannten vaterlandslosen Gesellen. Überdies befleißigt er sich in regelmäßigen Versammlungen, die er als Sonntagsfeiern für freie Menschen bezeichnet, der Verbreitung des krassesten Atheismus, wodurch seine Tendenzen gegenüber einem christlichen Monarchen ohne Weiteres charakterisiert sind.« Und Jadassohns Ohren strahlten Feuer aus, wie ein ganzes Glaubensbekenntnis. Wolfgang Buck stand auf, lächelte skeptisch und meinte, die religiösen Überzeugungen des Herrn Staatsanwalts seien offenbar von mönchischer Strenge, es könne ihm nicht zugemutet werden, dass er einen Nichtchristen für glaubwürdig halte. Das Gericht aber werde wohl anderer Meinung sein und den Antrag des Staatsanwalts ablehnen. Da wuchs Jadassohn furchtbar empor. Wegen der Verhöhnung seiner Person beantragte er gegen den Verteidiger eine Ordnungsstrafe von hundert Mark! Der Gerichtshof zog sich zur Beratung zurück. Sofort brach im Saal ein aufgeregtes Durcheinander von Meinungen aus. Doktor Heuteufel schob die Hände in die Taschen und maß mit langen Blicken Jadassohn, der, dem Schutze des Gerichts entzogen, von Panik ergriffen ward und gegen die Wand wich. Diederich war es, der ihm zu Hilfe kam, denn er hatte dem Herrn Staatsanwalt leise eine wichtige Mitteilung zu machen ... Schon kehrten die Richter zurück. Die Beeidigung des Zeugen Heuteufel ward vorerst ausgesetzt. Der Verteidiger war wegen Verhöhnung des Herrn Staatsanwalts in eine Ordnungsstrafe von achtzig Mark genommen.

In das weitere Verhör Heuteufels griff der Verteidiger ein, der vom Zeugen wissen wollte, wie er, als intimer Bekannter des Angeklagten, sein Familienleben beurteile. Heuteufel machte eine Bewegung, durch den Saal rauschte es: Man hatte verstanden. Aber ob Sprezius die Frage zuließ? Er hatte schon den Mund geöffnet, um sie abzulehnen, begriff aber noch rechtzeitig, dass man einer Sensation nicht ausweichen

vaterlandslosen Gesellen um 1900 ein weitverbreitetes Schimpfwort für alle Sozialdemokraten oder Oppositionellen, die der Sozialdemokratie nahestanden; ursprünglich wohl von Bismarck geprägt, führte besonders Wilhelm II. den Ausdruck bei zahllosen Gelegenheiten im Munde.

Atheismus Verleugnung der Existenz Gottes

gegen die Wand wich an die Wand zurückwich

war ... in ... genommen erhielt

dürfe – worauf Heuteufel den mustergültigen Zuständen im Hause Lauer hohes Lob spendete. Jadassohn trank die Worte des Zeugen, bebend vor Ungeduld. Endlich konnte er, mit namenlosem Triumph in der Stimme, seine Frage stellen. »Will der Zeuge sich auch darüber äußern, welcher Art die Weiber sind, aus deren Bekanntschaft er persönlich die Kenntnis des Familienlebens schöpft, und ob er nicht in einem gewissen Hause verkehrt, das im Volksmund Klein-Berlin heißt?« Und noch im Sprechen vergewisserte er sich, dass die Damen im Publikum, und gleich ihnen die Richter, tief verletzte Gesichter bekamen. Der Hauptentlastungszeuge war vernichtet! Heuteufel versuchte noch zu antworten: »Der Herr Staatsanwalt wird es wissen. Wir sind uns dort wohl begegnet.« Aber das diente nur dazu, dass Sprezius ihm eine Ordnungsstrafe von fünfzig Mark auferlegen konnte. »Der Zeuge hat im Saal zu bleiben«, entschied der Vorsitzende schließlich. »Das Gericht braucht ihn noch zur weiteren Aufklärung des Tatbestandes.« Heuteufel äußerte: »Ich meinerseits bin aufgeklärt über den Betrieb hier und würde es vorziehen, das Lokal zu verlassen.« Sofort wurden aus den fünfzig Mark hundert.

namenlosem ungeheurem, über alles Maß hinausgehendem

gleich ihnen ebenso

Wolfgang Buck sah sich unruhig um. Seine Lippen schienen die Stimmung im Saal zu schmecken, sie verzogen sich, als äußerte sich die Stimmung in diesem merkwürdigen Geruch, der, seit das Fenster geschlossen war, sich wieder gelagert hatte. Buck sah die Sympathien, die ihn hereinbegleitet hatten, zersprengt und abgestumpft, seine Kampfmittel unnütz verbraucht; und das Gähnen der vom Hunger in die Länge gezogenen Gesichter, die Ungeduld der Richter, die nach der Uhr schielten, verhieß ihm nichts Gutes. Er sprang auf; retten, was zu retten war! Und er machte seine Stimme energisch, um die Vorladung weiterer Zeugen für die Nachmittagssitzung zu beantragen. »Da der Herr Staatsanwalt es

gelagert verbreitet

zum System erhebt, die Glaubwürdigkeit unserer Zeugen zu bezweifeln, sind wir bereit, den guten Leumund des Angeklagten zu beweisen durch die Aussagen der ersten Männer von Netzig. Kein Geringerer als Herr Bürgermeister Doktor Scheffelweis wird dem Gericht die bürgerlichen Verdienste des Angeklagten bezeugen. Der Herr Regierungspräsident von Wulckow wird nicht umhinkönnen, ihm seine staatsfreundliche und kaisertreue Gesinnung zu bestätigen.«

»Nanu«, sagte da hinten aus dem freien Raum der dröhnende Bass. Buck strengte seine Stimme an.

»Für die sozialen Tugenden des Angeklagten aber werden seine sämtlichen Arbeiter eintreten.«

Und Buck setzte sich, hörbar keuchend. Jadassohn bemerkte kalt: »Der Herr Verteidiger beantragt eine Volksabstimmung.« Die Richter berieten flüsternd; und Sprezius verkündete: Das Gericht gebe nur dem Antrage des Verteidigers statt, der sich auf die Vernehmung des Bürgermeisters Doktor Scheffelweis beziehe. Da der Bürgermeister im Saal war, wurde er sogleich aufgerufen.

Er arbeitete sich aus seiner Bank heraus. Frau und Schwiegermutter hielten ihn von beiden Seiten fest und gaben ihm hastig Forderungen mit, die einander widersprechen mussten, denn der Bürgermeister langte sichtlich verstört am Richtertisch an. Welche Gesinnung der Angeklagte in der bürgerlichen Öffentlichkeit betätigte? Doktor Scheffelweis wusste Gutes darüber zu bekunden. So hatte der Angeklagte sich in den städtischen Kollegien eingesetzt für die Wiederherstellung des altberühmten Pfaffenhauses, wo die Haare aufbewahrt wurden, die bekanntlich Doktor Martin Luther dem Teufel aus dem Schwanz gerissen hatte. Freilich, auch den Saalbau der Freien Gemeinde hatte er unterstützt und dadurch unleugbar viel Anstoß erregt. Im Geschäftsleben sodann genoss der Angeklagte die allgemeine Achtung; die

Leumund Ruf

wird nicht umhinkönnen wird nicht anders können, als

Für die … eintreten. Die … bezeugen.

Kollegien Gremien, beschlussfassenden Körperschaften

des altberühmten Pfaffenhauses … gerissen hatte (eine lokale Attraktion, offenbar eine aufgrund der erwähnten ›Reliquie‹ berühmte und nun baufällig gewordene Amtswohnung eines Pfarrers)

Saalbau der Freien Gemeinde Bau eines Versammlungsortes der Freien Gemeinde; in den 1840-Jahren war es zu Abspaltungen von »freien Gemeinden« von der preußischen (protestantischen) Landeskirche gekommen; diese wurden zunächst von Kirche und Staat bekämpft, später dann geduldet.

sozialen Reformen, die er in seiner Fabrik eingeführt hatte, wurden vielfach bewundert – wenn freilich auch dagegen eingewendet ward, dass sie die Ansprüche der Arbeiter ins Ungemessene steigerten und so den Umsturz vielleicht doch zu befördern geeignet waren. »Würde der Herr Zeuge«, fragte der Verteidiger, »den Angeklagten des ihm zur Last gelegten Delikts für fähig halten?« – »Einerseits«, erwiderte Scheffelweis, »gewiss nicht.« – »Aber andererseits?«, fragte der Staatsanwalt. Der Zeuge erwiderte: »Andererseits gewiss.«

befördern begünstigen

Nach dieser Antwort durfte der Bürgermeister sich zurückziehen; seine zwei Damen empfingen ihn, eine so unzufrieden wie die andere; und der Vorsitzende schickte sich an, die Sitzung aufzuheben, da räusperte Jadassohn sich. Er beantragte, nochmals den Zeugen Doktor Heßling zu vernehmen, der seine Aussage zu ergänzen wünsche. Sprezius klappte missgelaunt mit den Lidern, das Publikum, das soeben aus den Bänken herausrutschte, murrte laut – aber Diederich war schon vorgetreten, festen Schrittes, und hatte schon mit klarer Stimme zu sprechen begonnen. Nach reiflicher Überlegung sei er zu der Einsicht gelangt, dass er seine im Vorverhör gemachte Aussage vollinhaltlich aufrechterhalten könne; und er wiederholte sie, aber verschärft und erweitert. Er fing mit der Erschießung des Arbeiters an und gab die kritischen Bemerkungen der Herren Lauer und Heuteufel wieder. Die Zuhörer, die das Fortgehen vergessen hatten, verfolgten die Schlacht der Gesinnungen über die blutbetropfte Kaiser-Wilhelm-Straße bis in den Ratskeller, sahen die feindlichen Reihen sich bis zum Entscheidungskampf ordnen, Diederich wie mit geschwungenem Degen unter den gotischen Kronleuchter vorrücken und den Angeklagten herausfordern auf Leben und Tod.

aufzuheben zu schließen, zu beenden

klappte … mit den Lidern blinzelte

»Denn, meine Herren Richter, ich leugne es nicht länger, ich habe ihn herausgefordert! Wird er das Wort sprechen, an dem ich ihn packen kann? Er sprach es, und, meine Herren Richter, ich habe ihn gepackt und habe damit nur meine Pflicht erfüllt und würde sie auch heute wieder erfüllen, mögen mir daraus in gesellschaftlicher und geschäftlicher Beziehung selbst noch mehr Nachteile erwachsen, als ich in der letzten Zeit zu ertragen gehabt habe! Der uneigennützige Idealismus, meine Herren Richter, ist ein Vorrecht des Deutschen, er wird ihn unentwegt betätigen, mag ihm angesichts der Menge der Feinde gelegentlich auch der Mut sinken. Als ich vorhin mit meiner Aussage noch zögerte, war es nicht nur, wie der Herr Untersuchungsrichter mir gütigst zubilligte, eine Verwirrung des Gedächtnisses: Es war, ich gestehe es, ein vielleicht begreifliches Zurückweichen vor der Schwere des Kampfes, den ich auf mich nehmen sollte. Aber ich nehme ihn auf mich, denn kein Geringerer als Seine Majestät unser erhabener Kaiser verlangt es von mir ... « Diederich sprach fließend weiter, mit einem Schwung in den Sätzen, der einem den Atem nahm. Jadassohn fand, dass der Zeuge anfange, die Wirkungen seines Plädoyers vorwegzunehmen, und blickte unruhig auf den Vorsitzenden. Sprezius aber dachte offenbar nicht daran, Diederich zu unterbrechen. Mit unbewegtem Geierschnabel und ohne die Lider zu klappen, sah er auf Diederichs eiserne Miene, worin es drohend blitzte. Der alte Kühlemann sogar ließ die Lippe hängen und hörte zu. Wolfgang Buck aber: vorgebeugt auf seinem Stuhl, spähte er zu Diederich hinauf, gespannt, sachkundig und die Augen voll eines feindlichen Entzückens. Das war eine Volksrede! Ein Auftritt von bombensicherer Wirkung! Ein Schlager! »Mögen unsere Bürger«, rief Diederich, »endlich aus dem Schlummer erwachen, in dem sie sich so lange gewiegt haben, und nicht bloß dem Staat und seinen Organen die Bekämpfung der umwälzenden Elemente überlassen, sondern selbst mit Hand anlegen! Das ist

Der uneigennützige Idealismus Der Impuls, sich für höhere Zwecke aufzuopfern

seines Plädoyers seiner bilanzierenden Rede nach Abschluss der Beweisaufnahme

Organen der Ausübung der Staatsgewalt dienenden Institutionen (Werkzeugen)

der umwälzenden Elemente derjenigen Oppositionellen, die es auf einen Umsturz der bestehenden Verhältnisse abgesehen hätten

Befehl Seiner Majestät, und meine Herren Richter, da sollte ich zögern? Der Umsturz erhebt das Haupt, eine Rotte von Menschen, nicht wert, den Namen Deutsche zu tragen, wagt es, die geheiligte Person des Monarchen in den Staub zu ziehen ... «

Im minder guten Publikum lachte jemand. Sprezius hackte zu und drohte, den Lacher in Strafe zu nehmen. Jadassohn seufzte. Jetzt war es Sprezius freilich nicht mehr möglich, den Zeugen zu unterbrechen.

In Netzig hatte der kaiserliche Kampfruf bisher leider nur zu wenig Widerhall gefunden! Hier verschloss man Augen und Ohren vor der Gefahr, man verharrte in den veralteten Anschauungen einer spießbürgerlichen Demokratie und Humanität, die den vaterlandslosen Feinden der göttlichen Weltordnung den Weg ebneten. Eine forsche nationale Gesinnung, einen großzügigen Imperialismus begriff man hier noch nicht. »Die Aufgabe der modern gesinnten Männer ist es, auch Netzig dem neuen Geist zu erobern, im Sinne unseres herrlichen jungen Kaisers, der jeden Treugesinnten, er sei edel oder unfrei, zum Handlanger seines erhabenen Wollens bestellt hat!« Und Diederich schloss: »Daher, meine Herren Richter, war ich berechtigt, dem Angeklagten, als er nörgeln wollte, mit aller Entschiedenheit entgegenzutreten. Ich habe ohne persönlichen Groll gehandelt, um der Sache willen. Sachlich sein heißt deutsch sein! Und ich meinerseits« – er blitzte zu Lauer hinüber – »bekenne mich zu meinen Handlungen, denn sie sind der Ausfluss eines tadellosen Lebenswandels, der auch im eigenen Hause auf Ehre hält und weder Lüge noch Sittenlosigkeit kennt!«

Große Bewegung im Saal. Diederich, hingerissen von der edlen Gesinnung, die er ausdrückte, berauscht durch seine Wirkung, fuhr fort, den Angeklagten anzublitzen. Da aber wich er zurück: Der Angeklagte, zitternd und wankend,

eine Rotte von Menschen → Seite 510

in Strafe zu nehmen mit einer (Geld-)Strafe zu belegen

den vaterlandslosen Feinden der göttlichen Weltordnung Zitat aus einem Erlass des Kaisers vom 8. September 1895

großzügigen Imperialismus alles Kleinliche meidenden Expansionsdrang

dem (Z. 18) für den

edel oder unfrei, zum Handlanger ... bestellt leicht verändertes Zitat nach der von vielen Seiten kritisch aufgenommenen sogenannten »Handlanger-Rede« des Kaisers vom 26. Februar 1897

Sachlich sein heißt deutsch sein! (siehe Seite 179)

stemmte sich am Geländer seiner Bank empor; er hatte rollende, blutunterlaufene Augen, und sein Kiefer bewegte sich, als habe ihn der Schlag gerührt. »Oh!«, machten weibliche Stimmen voll erwartungsvollen Schauderns. Aber der Angeklagte hatte nur Zeit, einige raue Laute gegen Diederich auszustoßen: Sein Verteidiger hatte ihn am Arm erfasst und redete auf ihn ein. Inzwischen verkündete der Vorsitzende, dass der Herr Staatsanwalt sein Plädoyer um vier Uhr beginnen werde, und verschwand, samt den Beisitzern. Diederich, halb betäubt, sah sich auf einmal bestürmt von Kühnchen, Zillich, Nothgroschen, die ihn beglückwünschten. Fremde Leute schüttelten ihm die Hand: Die Verurteilung sei todsicher, der Lauer dürfe einpacken. Der Major erinnerte den erfolgreichen Diederich daran, dass zwischen ihnen niemals eine Meinungsverschiedenheit entstanden sei. Auf dem Korridor kam ganz nahe an Diederich, den gerade eine Menge Damen umgaben, der alte Buck vorüber. Er zog sich seine schwarzen Handschuhe an und sah dabei dem jungen Mann ins Gesicht: ohne die Verbeugung zu erwidern, die Diederich wider Willen machte, ihm immer ins Gesicht, mit einem Blick, prüfend und traurig, so traurig, dass auch Diederich, mitten aus seinem Triumph heraus, ihm traurig nachsah.

als habe ihn der Schlag gerührt als habe er einen Schlaganfall erlitten

Plötzlich merkte er, dass die fünf Töchter Buck sich nicht entblödeten, ihm Komplimente zu machen. Sie flatterten, rauschten und fragten, warum er denn zu der spannenden Verhandlung nicht auch seine Schwestern mitgebracht habe. Da maß er diese fünf herausgeputzten Gänse, eine nach der andern, von oben bis unten und erklärte ihnen, streng und abweisend, es gebe Dinge, die denn doch ernster seien als eine Theatervorstellung. Erstaunt ließen sie ihn stehen. Der Korridor leerte sich; zuletzt erschien noch Guste Daimchen. Sie machte eine Bewegung auf Diederich zu. Aber Wolfgang Buck holte sie ein, lächelnd, als sei nichts geschehen; und

sich nicht entblödeten (siehe Seite 135)

Sie flatterten, rauschten Sie flatterten um ihn herum, rauschten mit ihren Kleidern

der sein Zartgefühl anrief der an sein Taktgefühl und an seine Empathie appellierte

mit ihm waren der Angeklagte und seine Frau. Schnell sandte Guste zu Diederich einen Blick hin, der sein Zartgefühl anrief. Er drückte sich hinter einen Pfeiler und ließ, indes ihm das Herz klopfte, die Geschlagenen vorüber.

Wie er gehen wollte, trat aus dem Amtszimmer der Regierungspräsident, Herr von Wulckow. Diederich stellte sich, den Hut in der Hand, am Wege auf, schlug im richtigen Augenblick die Hacken zusammen, und wirklich, Wulckow blieb stehen. »Na also!«, sagte er aus der Tiefe seines Bartes und klopfte Diederich auf die Schulter. »Sie haben das Rennen gemacht. Sehr brauchbare Gesinnung. Wir sprechen uns noch.« Und er ging weiter auf seinen kotigen Stiefeln, schwenkte den Bauch in der verschwitzten Jagdhose und hinterließ, durchdringend wie je, diesen Geruch gewalttätiger Männlichkeit, der bei allem, was geschah, im Gerichtssaal gelagert hatte.

Beim Ausgang drunten hielt sich noch immer der Bürgermeister auf, mit Frau und Schwiegermutter, die von beiden Seiten auf ihn eindrangen und deren Forderungen er, bleich und hoffnungslos, in Einklang zu bringen suchte.

Vestibül Vorhalle, Eingangshalle (etwa eines Hotels oder eines Theaters)

Zu Hause wussten sie schon alles. Sie hatten, alle drei, im Vestibül auf das Ende der Verhandlung gewartet und sich von Meta Harnisch erzählen lassen, was vorging. Frau Heßling umarmte ihren Sohn unter stummen Tränen. Die Schwestern standen etwas betreten dabei, denn noch gestern hatten sie nur Geringschätzung gehabt für Diederichs Rolle im Prozess, die sich nun als so glänzend erwies. Aber Diederich, in der schönen Vergesslichkeit des Siegers, ließ Wein zum Essen auftragen, und er erklärte ihnen, der heutige Tag sichere für alle Zeit ihre gesellschaftliche Stellung in Netzig. »Die fünf Damen Buck werden sich hüten, auf der Straße wegzusehen. Sie können froh sein, wenn ihr sie zurückgrüßt!«

Die Verurteilung des Lauer war, so versicherte Diederich, nur mehr eine Formalität. Sie war entschieden, und mit ihr auch Diederichs unaufhaltsamer Aufstieg! »Freilich« – und er nickte in sein Glas –, »trotz voller Pflichterfüllung hätte es schiefgehen können, und dann, meine Lieben, das wollen wir uns nur gestehen, dann wäre ich wahrscheinlich aufgeflogen und Magdas Heirat mit!« Da Magda erbleichte, klopfte er ihr den Arm. »Jetzt sind wir fein heraus.« Und das Glas erhoben, mit männlicher Festigkeit: »Welch eine Wendung durch Gottes Fügung!« Er ordnete an, dass beide sich schönmachten und mitkamen. Frau Heßling bat um Nachsicht, sie fürchtete zu sehr die Aufregung. Diesmal konnte Diederich warten, die Schwestern durften sich anziehen, so lange sie mochten. Als sie eintrafen, waren schon alle im Saal, aber es waren nicht dieselben. Sämtliche Bucks fehlten, und mit ihnen Guste Daimchen, Heuteufel, Cohn, die ganze Loge, der freisinnige Wahlverein. Sie gaben sich besiegt! Die Stadt wusste es, man drängte sich herbei, ihre Niederlage zu erleben; das minder gute Publikum war vorgerückt bis in die vorderen Bänke. Wer von dem einstigen Klüngel sich noch hier fand, Kühnchen und Kunze trugen Sorge, dass jeder auf ihren Gesichtern die gute Gesinnung lese. Auch einige verdächtige Gestalten freilich saßen dazwischen: junge Leute mit müden, aber ausdrucksvollen Mienen, samt mehreren auffallenden Mädchen, die unheimlich schöne Farben im Gesicht hatten; und alle tauschten Grüße mit Wolfgang Buck. Das Stadttheater! Buck hatte sich nicht entblödet, sie zu seinem Plädoyer einzuladen!

Der Angeklagte wandte hastig den Kopf, sooft jemand eintrat. Er wartete auf seine Frau! ›Wenn er meint, dass sie noch kommt!‹, dachte Diederich. Aber da kam sie: Noch bleicher als heute früh, begrüßte ihren Gatten mit einem Blick, der flehend war; setzte sich still an das Ende einer Bank und

aufgeflogen am Ende gewesen

»Welch eine Wendung durch Gottes Fügung!« Mit diesen Worten wurden 1871 die siegreichen deutschen Truppen am Brandenburger Tor empfangen.

Klüngel (siehe Seite 196)

trugen Sorge gaben sich alle Mühe, sicherzustellen

richtete die Augen gradaus nach dem Richtertisch, stumm und stolz, wie ins Schicksal ... Der Gerichtshof hatte den Saal betreten. Der Vorsitzende eröffnete die Sitzung und erteilte das Wort dem Herrn Staatsanwalt.

Jadassohn begann sofort mit äußerster Heftigkeit; nach einigen Sätzen fand er schon keine Steigerung mehr und wirkte matt; die Mitglieder des Stadttheaters lächelten einander geringschätzig zu. Jadassohn bemerkte es, er fing an, die Arme zu schwenken, dass die Robe flog; seine Stimme überschlug sich, und die Ohren loderten. Die geschminkten Mädchen fielen auf die Brüstung ihrer Bank, so ausgelassen kicherten sie. »Merkt denn Sprezius nichts?«, fragte die Schwiegermutter des Bürgermeisters. Aber das Gericht schlief. Diederich in seinem Herzen frohlockte; er hatte seine Rache an Jadassohn! Jadassohn konnte nichts vorbringen, als womit er selbst schon das Rennen gemacht hatte! Es war gemacht, das wusste Wulckow, und auch Sprezius wusste es, darum schlief er, mit offenen Augen. Jadassohn selbst fühlte es am besten; er nahm sich immer unsicherer aus, je geräuschvoller er ward. Als er schließlich zwei Jahre Gefängnis beantragte, gaben alle, die er gelangweilt hatte, ihm unrecht: wie es schien, auch die Richter. Der alte Kühlemann schrak auf, mit einem Schnarcher. Sprezius klappte mehrmals die Lider, um sich zu ermuntern, und dann sagte er: »Der Herr Verteidiger hat das Wort.«

klappte mehrmals die Lider blinzelte mehrmals

Wolfgang Buck erhob sich langsam. Seine sonderbaren Freunde auf der Tribüne murmelten beifällig, was Buck, trotz Sprezius' geschärftem Schnabel, in Ruhe abwartete. Dann erklärte er leichthin, als werde er mit allem in zwei Minuten fertig werden, dass die Beweisaufnahme ein dem Angeklagten durchaus günstiges Bild ergeben habe. Der Herr Staatsanwalt vertrete mit Unrecht die Anschauung, dass die Aussage von Zeugen, die erst infolge drohender Eingriffe in ihre eigene Existenz schlecht ausgesagt hätten, irgendeinen Wert habe. Vielmehr, sie habe den Wert, dass sie auf geradezu glänzende Weise die Unschuld des Angeklagten belege, da so viele als wahrheitsliebend bekannte Männer nur durch eine Erpressung – Weiter kam er natürlich nicht. Als der Vorsitzende sich beruhigt hatte, fuhr Buck gelassen fort. Wolle man aber als erwiesen annehmen, dass der Angeklagte die ihm zur Last gelegte Äußerung wirklich getan habe, so entfalle hier doch der Begriff der Strafbarkeit; denn der Zeuge Doktor Heßling habe offen eingestanden, dass er den Angeklagten mit Absicht und Vorbedacht provoziert habe. Es frage sich vielmehr, ob nicht eben der Zeuge Heßling, durch seine provokatorische Absicht, der eigentliche geistige Urheber einer strafbaren Handlung sei, die er mit der unwillkürlichen Hilfe eines andern und unter bewusster Ausnutzung seiner Erregung vollführt habe. Der Verteidiger empfahl dem Herrn Staatsanwalt die nähere Beschäftigung mit dem Zeugen Heßling. Hier wandten viele sich nach Diederich um, und ihm ward schwül. Aber die wegwerfende Miene des Vorsitzenden ermutigte ihn wieder.

Buck machte sein Organ milde und warm. Nein, er wolle nicht das Unglück des Zeugen Heßling, den er als das Opfer eines weit Höheren betrachte. »Warum häufen sich in diesen Zeiten die Anklagen wegen Majestätsbeleidigung? Man wird sagen: infolge solcher Vorgänge wie die Erschießung des Arbeiters. Ich erwidere: nein; sondern dank den Reden, die diese Vorgänge begleiten.« Sprezius rückte den Kopf, wetzte schon den Schnabel, zog sich aber noch zurück. Buck ließ sich nicht stören; er machte sein Organ männlich und stark.

»Drohungen und überspannte Ansprüche auf der einen Seite zeitigen Zurückweisungen auf der andern. Der Grundsatz: Wer nicht für mich ist, ist wider mich, zieht eine grelle Grenze zwischen Byzantinern und Majestätsbeleidigern.«

sein Organ seine Stimme

zeitigen provozieren, rufen … hervor

zwischen Byzantinern und Majestätsbeleidigern Das oft kriecherische und schmeichlerische Verhalten der Personen, mit denen sich Wilhelm II. vorzugsweise umgab, wurde – nach den Hofritualen des Byzantinischen Reiches – als Byzantinismus bezeichnet. Heinrich Mann selbst schrieb am 31. Oktober 1906 an Ludwig Ewers, der Held seines Romans solle »vor allem ein Byzantiner bis ins allerletzte Stadium« sein; und in einem Brief an Ewers vom 24. März 1909 nannte er den »Untertan« seinen »Byzantiner-Roman« (zitiert nach: Fredrick Betz [vgl. S. 485], S. 42).

Da hackte Sprezius zu. »Herr Verteidiger, ich kann nicht dulden, dass Sie an Worten des Kaisers hier Kritik üben. Wenn Sie damit fortfahren, wird das Gericht Sie in Ordnungsstrafe nehmen.«

»Ich füge mich der Anordnung des Herrn Vorsitzenden«, sagte Buck, und die Worte wurden in seinem Munde immer runder und gewichtiger. »Ich werde also nicht vom Fürsten sprechen, sondern vom Untertan, den er sich formt; nicht von Wilhelm II., sondern vom Zeugen Heßling. Sie haben ihn gesehen! Ein Durchschnittsmensch mit gewöhnlichem Verstand, abhängig von Umgebung und Gelegenheit, mutlos, solange hier die Dinge schlecht für ihn standen, und von großem Selbstbewusstsein, sobald sie sich gewendet hatten.«

Diederich auf seinem Platz schnaufte. Warum schützte Sprezius ihn nicht? Es wäre seine Pflicht gewesen! Einen national gesinnten Mann ließ er in öffentlicher Sitzung verächtlich machen – von wem? Vom Verteidiger, dem berufsmäßigen Vertreter der subversiven Tendenzen! Da war etwas faul im Staat! ... Es begann in ihm zu kochen, wenn er Buck ansah. Das war der Feind, der Antipode; da gab es nur eins: zerschmettern! Diese beleidigende Menschlichkeit in Bucks dickem Profil! Man fühlte seine herablassende Liebe zu den Worten, die er bildete, um Diederich zu kennzeichnen!

»Wie er«, sagte Buck, »waren zu jeder Zeit viele Tausende, die ihr Geschäft versahen und eine politische Meinung hatten. Was hinzukommt und ihn zu einem neuen Typus macht, ist einzig die Geste: das Prahlerische des Auftretens, die Kampfstimmung einer vorgeblichen Persönlichkeit, das Wirkenwollen um jeden Preis, wäre er auch von anderen zu bezahlen. Die Andersdenkenden sollen Feinde der Nation heißen, und wären sie zwei Drittel der Nation. Klasseninteressen, mag sein, aber umgelogen durch Romantik. Eine ro-

etwas faul im Staat berühmtes Zitat aus Shakespeares Tragödie »Hamlet« (um 1600): »Something is rotten in the state of Denmark« (I, 4)

Antipode Gegner, in seiner Grundhaltung fundamental gegensätzlicher Mensch

zu kennzeichnen zu charakterisieren

die ihr Geschäft versahen die ihren Geschäften nachgingen

Klasseninteressen Eigennützige Bestrebungen bestimmter gesellschaftlicher Schichten

mantische Prostration vor einem Herrn, der seinem Untertan von seiner Macht das Nötige leihen soll, um die noch Kleineren niederzuhalten. Und da es in Wirklichkeit und im Gesetz weder den Herrn noch den Untertan gibt, erhält das öffentliche Leben einen Anstrich schlechten Komödiantentums. Die Gesinnung trägt Kostüm, Reden fallen, wie von Kreuzrittern, indes man Blech erzeugt oder Papier; und das Pappschwert wird gezogen für einen Begriff wie den der Majestät, den doch kein Mensch mehr, außer in Märchenbüchern, ernsthaft erlebt. Majestät ...«, wiederholte Buck, das Wort durchschmeckend, und einige Hörer schmeckten es mit. Die Leute vom Theater, denen es offenbar mehr auf die Worte als auf den Sinn ankam, legten die Hand an die Ohren und murmelten beifällig. Den andern sprach Buck zu gewählt, und dass er an keinen Dialekt anklang, befremdete. Aber Sprezius war im Sessel emporgestiegen, er kreischte beutegierig: »Herr Verteidiger, zum letzten Male fordere ich Sie auf, die Person des Monarchen nicht in die Debatte zu ziehen.« Durch das Publikum lief eine Bewegung. Wie Buck den Mund wieder öffnete, versuchte jemand zu klatschen, Sprezius hackte noch rechtzeitig zu. Es war eins der auffallenden Mädchen gewesen.

»Erst der Herr Vorsitzende«, sagte Buck, »hat die Person des Monarchen genannt. Aber, da sie nun genannt ist, darf ich, ohne Verlegenheit für das Gericht, feststellen, dass diese Person durch die Vollständigkeit, mit der sie im heute gegebenen Moment die Tendenzen des Landes ausdrückt und darstellt, etwas fast Verehrungswürdiges bekommt. Ich will den Kaiser – und der Herr Vorsitzende wird es nicht auf sich nehmen, mich zu unterbrechen – einen großen Künstler nennen. Kann ich mehr tun? Wir alle kennen nichts Höheres ... Ebendarum sollte es nicht erlaubt sein, dass jeder mittelmäßige Zeitgenosse ihm nachäfft. Im Glanz des Thrones

Prostration auch ›Proskynese‹: »Fußfall, bei dem der Boden mit der Stirn berührt wird« (aus der Praxis der katholischen Kirche) (Duden)

schlechten Komödiantentums schlechter Schauspielerei

dass er an keinen Dialekt anklang dass seine Sprechweise nicht dialektal (mundartlich) gefärbt war

mag einer seine zweifellos einzige Persönlichkeit spielen lassen, mag reden, ohne dass wir mehr von ihm erwarten als Reden, mag blitzen, blenden, den Hass imaginärer Rebellen herausfordern und den Beifall eines Parterres, das seine bürgerliche Wirklichkeit darüber nicht vergisst ... «

Diederich erbebte; und alle hatten die Münder offen und gespannte Augen, als bewegte Buck sich auf einem Seil zwischen zwei Türmen. Ob er stürzte? Sprezius hielt den Schnabel gezückt. Aber kein Zug von Ironie zeichnete die Miene des Verteidigers: Es schwang sich etwas darin auf, wie eine erbitterte Begeisterung. Plötzlich ließ er die Mundwinkel fallen, grau schien es um ihn her zu werden.

»Aber ein Netziger Papierfabrikant?«, fragte er. Er war nicht gestürzt, er hatte wieder Boden unter den Füßen! Nun sah alles sich nach Diederich um, und man lächelte sogar. Auch Emmi und Magda lächelten. Buck hatte seine Wirkung, und Diederich musste sich leider sagen, dass ihr gestriges Gespräch auf der Straße hierfür die Generalprobe gewesen sei. Er duckte sich unter dem offenen Hohn des Redners.

»Die Papierfabrikanten neigen heute dazu, sich eine Rolle anzumaßen, für die sie nicht fabriziert sind. Zischen wir sie aus! Sie haben kein Talent! Das ästhetische Niveau unseres öffentlichen Lebens, das vom Auftreten Wilhelms II. eine so ruhmreiche Erhöhung erfahren hat, kann durch Kräfte wie den Zeugen Heßling nur verlieren ... Und mit dem Ästhetischen, meine Herren Richter, sinkt oder steigt das Moralische. Erlogene Ideale ziehen unlautere Sitten nach sich, dem politischen Schwindel folgt der bürgerliche.«

Buck hatte sein Organ streng gemacht. Zum ersten Male erhob er es nun bis zum Pathos.

»Denn, meine Herren Richter, ich beschränke mich nicht auf die mechanistische Doktrin, die der Partei des sogenannten Umsturzes so teuer ist. Mehr Veränderung als alle Wirt-

einzige einzigartige

imaginärer nur in der Fantasie existierender

den Beifall eines Parterres, das ... nicht vergisst → Seite 510

seine Wirkung den von ihm erwünschten Effekt erzielt

Zischen wir sie aus! → Seite 510

ästhetisch das Schöne, das Stilvolle, den guten Geschmack betreffend

unlautere unfaire, unehrliche, illegitime

zum Pathos zu feierlich-leidenschaftlicher Bewegtheit

die mechanistische Doktrin, die der Partei des sogenannten Umsturzes so teuer ist Umschreibung für: die starre marxistische Lehre, die die Sozialdemokratie zur ideologischen Grundlage ihrer Politik gemacht hat

schaftsgesetze erzeugt in der Welt das Beispiel eines großen Mannes. Und wehe, wenn es ein falsch verstandenes Beispiel war! Dann kann es geschehen, dass über das Land sich ein neuer Typus verbreitet, der in Härte und Unterdrückung nicht den traurigen Durchgang zu menschlicheren Zuständen sieht, sondern den Sinn des Lebens selbst. Schwach und friedfertig von Natur, übt er sich, eisern zu scheinen, weil in seiner Vorstellung Bismarck es war. Und mit unberechtigter Berufung auf einen noch Höheren wird er lärmend und unsolide. Kein Zweifel: die Siege seiner Eitelkeit werden geschäftlichen Zwecken dienen. Zuerst bringt die Komödie seiner Gesinnung einen Majestätsbeleidiger ins Gefängnis. Später findet sich, was daran zu verdienen ist. Meine Herren Richter!«

Buck breitete die Arme aus, als solle seine Toga die Welt umfassen, er trug die gesammelte Miene eines Führers. Und er legte los, mit allem, was er hatte.

»Sie sind souverän; und Ihre Souveränität ist die erste und stärkste. In Ihrer Hand ist das Schicksal des Einzelnen. Sie können ihn in das Leben schicken oder ihn sittlich töten – was kein Fürst kann. Die Norm aber der Individuen, die Sie gutheißen oder verwerfen, bildet ein Geschlecht. Und so haben Sie Macht über unsere Zukunft. Bei Ihnen liegt die unermessliche Verantwortung, ob künftig Männer wie der Angeklagte die Gefängnisse füllen und Wesen wie der Zeuge Heßling der herrschende Teil der Nation sein sollen. Entscheiden Sie sich zwischen den beiden! Entscheiden Sie sich zwischen Streberei und mutiger Arbeit, zwischen Komödie und Wahrheit! Zwischen einem, der, um selbst emporzukommen, Opfer verlangt, und dem andern, der Opfer darbringt, damit Menschen es besser haben! Der Angeklagte hat getan, was erst wenige vermochten: Er hat sich seines Herrentums begeben, hat denen, die unter ihm standen, gleiches Recht zuge-

verbreitet ausbreitet

Toga eigentlich: weites Obergewand vornehmer Personen im antiken Rom

er trug die gesammelte Miene eines Führers er präsentierte sich in der entschlossenen Haltung eines vom Schicksal auserkorenen Anführers (trug zur Schau)

souverän unabhängig

sittlich töten seine persönliche Ehre und seine gesellschaftliche Stellung vernichten

Die Norm … bildet ein Geschlecht. Was Sie aber durch Ihr Urteil für normal und was für verwerflich erklären, wird zum Maßstab für künftige Generationen werden.

vermochten über sich gebracht haben

hat sich seines Herrentums begeben → Seite 510

Behagen Lebensgenuss

billigt, Behagen und Hoffnungsfreude. Und jemand, der in seinem Nächsten so sehr sich selbst achtet, sollte fähig sein, von der Person des Kaisers mit Nichtachtung zu sprechen?«

Die Hörer atmeten. Mit neuen Gefühlen blickte man auf den Angeklagten, der die Stirn in die Hand stützte, auf seine Frau, die starr vor sich hinsah. Mehrere schluchzten. Der Vorsitzende sogar hatte eine betretene Miene. Seine Lider klappten nicht mehr; mit runden Augen saß er da, als hätte Buck ihn eingefangen. Der alte Kühlemann nickte achtungsvoll, und an Jadassohn zeigten sich unwillkürliche Zuckungen.

tut mehr dafür trägt mehr dazu bei

hallende von hohlem Pathos erfüllte

Aber Buck missbrauchte seinen Erfolg, er ließ sich berauschen. »Das Erwachen des Bürgers!«, rief er aus. »Die wahrhaft nationale Gesinnung! Die stille Tat eines Lauer tut mehr dafür als hundert hallende Monologe selbst eines gekrönten Künstlers!«

nicht zum zweiten Male auf den Leim zu gehen dem Redner nicht …; sich von der Redekunst des Anwalts nicht noch einmal einfangen zu lassen

Sofort klappte Sprezius wieder; und man sah ihm an, er hatte sich besonnen, wie die Dinge eigentlich lagen, und versprach sich, nicht zum zweiten Male auf den Leim zu gehen. Jadassohn feixte; und im Saal fühlten die meisten, der Verteidiger habe verspielt. Unter allgemeiner Unruhe ließ der Vorsitzende ihn das Lob des Angeklagten beenden.

replizieren antworten

Als Buck sich dann setzte, wollten die Schauspieler klatschen; aber Sprezius hackte nicht einmal mehr zu, er warf nur einen gelangweilten Blick hin und fragte, ob der Herr Staatsanwalt zu replizieren wünsche. Jadassohn verneinte geringschätzig, und der Gerichtshof zog sich rasch zurück. »Das Urteil wird bald gefunden sein«, sagte Diederich mit Achselzucken – obwohl ihm von Bucks Rede noch arg beklommen war. »Gott sei Dank!«, sagte die Schwiegermutter des Bürgermeisters. »Man sollte nicht glauben, dass vor fünf Minuten die Leute noch obenauf waren.« Sie wies auf Lauer, der sich das Gesicht trocknete, und auf Buck, den wahrhaftig die Schauspieler beglückwünschten.

Schon kehrten die Richter zurück, und Sprezius verkündete das Urteil: sechs Monate Gefängnis – was allen die natürlichste Lösung schien. Dazu war noch auf Verlust der vom Angeklagten bekleideten öffentlichen Ämter erkannt worden.

Der Vorsitzende begründete das Urteil damit, dass eine beleidigende Absicht zum Tatbestande des Delikts nicht erforderlich sei. Daher tue auch die Frage, ob eine Provokation stattgefunden habe, nichts zur Sache. Im Gegenteil: dass der Angeklagte es gewagt habe, vor national gesinnten Zeugen so zu sprechen, falle erschwerend ins Gewicht. Die Behauptung des Angeklagten, dass er nicht den Kaiser gemeint habe, sei vom Gericht für hinfällig befunden. »Den Hörern der Rede musste sich – namentlich bei ihrer Parteistellung und der ihnen bekannten antimonarchischen Richtung des Angeklagten – die Ansicht aufdrängen, dass seine Äußerung sich gegen den Kaiser richte. Wenn der Angeklagte vorgibt, dass er sich wohl gehütet habe, eine Majestätsbeleidigung zu begehen, so hat er eben nicht die Beleidigung selbst, sondern nur ihre strafrechtlichen Folgen vermeiden wollen.«

Dies leuchtete allen ein, man fand es von Lauer begreiflich, aber hinterlistig. Der Verurteilte ward sofort verhaftet; als man auch dies noch miterlebt hatte, zerstreute man sich, unter Bemerkungen, die ihm nicht günstig waren. Nun war es wohl aus mit Lauer, denn was sollte in dem halben Jahr, das er absitzen musste, aus seinem Geschäft werden! Infolge des Urteils war er auch nicht mehr Stadtverordneter. Er konnte künftig weder nützen noch schaden! Dem Buck'schen Klüngel, der so dicktat, war der Denkzettel zu gönnen. Man sah sich nach der Frau des Sträflings um; aber sie war verschwunden. »Nicht einmal die Hand hat sie ihm gegeben! Nette Verhältnisse!«

auf Verlust der vom Angeklagten bekleideten öffentlichen Ämter erkannt worden → Seite 510

zum Tatbestande des Delikts nicht erforderlich sei nicht erforderlich sei, um den Tatbestand der Majestätsbeleidigung zu erfüllen (siehe Seite 219)

hinfällig irrelevant, bedeutungslos, gegenstandslos

namentlich besonders, vor allem

Parteistellung ausdrücklichen Identifikation mit einer bestimmten politischen Haltung

Richtung Tendenz

zerstreute man sich ging man auseinander, ging jeder seiner Wege

so dicktat so herausfordernd selbstbewusst auftrat (siehe Seite 73)

Vogtei eigentlich: Amtssitz eines Vogts (eines lokalen Stellvertreters des Herrschers); alte Vogteien dienten oft als Gefängnisse.

die oberen Zehntausend die oberste Gesellschaftsschicht, die Vermögenden und Einflussreichen

Zügellosigkeit eigene Hemmungslosigkeit, Ausschweifungen

Beteiligung Gewinnbeteiligung

noch nicht nicht einmal

Aber in den Tagen, die folgten, geschahen Dinge, die zu noch herberen Urteilen nötigten. Judith Lauer hatte sofort ihre Koffer gepackt und war nach dem Süden gereist. Nach dem Süden! – indes ihr leiblicher Mann dort oben in der Vogtei saß, mit einer Wache unter seinem Gitterfenster. Und – ein auffallendes Zusammentreffen! – Landgerichtsrat Fritzsche nahm plötzlich Urlaub. Eine Karte von ihm aus Genua gelangte an Doktor Heuteufel, der sie umherzeigte: wahrscheinlich, um sein eigenes Benehmen in Vergessenheit zu bringen. Es wäre kaum noch nötig gewesen, die Lauer'schen Dienstboten und die armen verlassenen Kinder auszuforschen: Man wusste Bescheid! Der Skandal war so groß, dass die »Netziger Zeitung« eingriff, mit einer an die oberen Zehntausend gerichteten Warnung, nicht den umstürzlerischen Tendenzen durch Zügellosigkeit entgegenzukommen. In einem zweiten Artikel legte Nothgroschen dar, dass man unrecht tue, Reformen, wie die in Lauers Betrieb eingeführten, besonders zu rühmen. Denn was hatten die Arbeiter von der Beteiligung? Im Durchschnitt, nach Lauers eigenen Aufstellungen, noch nicht achtzig Mark im Jahr. Das konnte man ihnen auch in Form eines Weihnachtsgeschenkes zuwenden! Aber freilich, dann war es keine Demonstration mehr gegen die bestehende Gesellschaftsordnung. Dann hatte auch die vom Gericht festgestellte antimonarchische Gesinnung des Fabrikherrn nichts dabei zu gewinnen! Und wenn Herr Lauer auf den Dank der Arbeiter gezählt hatte, konnte er sich jetzt eines Besseren belehren: vorausgesetzt, so fügte Nothgroschen hinzu, dass er im Gefängnis das sozialdemokratische Blatt zu lesen bekam. Denn das warf ihm vor, dass er durch seine leichtsinnige Majestätsbeleidigung mehrere hundert Arbeiterfamilien in ihrer Existenz gefährdet habe.

Die »Netziger Zeitung« trug der veränderten Lage noch in anderer, sehr bezeichnender Weise Rechnung. Ihr Direktor

Tietz wandte sich an das Heßling'sche Werk, wegen eines Teils der Papierlieferung. Die Auflage sei gestiegen und Gausenfeld zur Zeit überlastet. Diederich sagte sich sofort, dass dahinter der alte Klüsing selbst stecke. Er war beteiligt an der Zeitung, ohne ihn geschah dort nichts. Wenn er etwas aus der Hand ließ, fürchtete er offenbar, sonst noch mehr zu verlieren. Die Kreisblätter! Die Lieferungen für die Regierung! Angst vor Wulckow, das war es. Dass Diederich durch seine Zeugenaussage den Präsidenten auf sich aufmerksam gemacht hatte, musste der Alte wohl erfahren haben – obwohl er kaum mehr in die Stadt kam. Die alte Papierspinne dort hinten in ihrem Netz, das über die Provinz und noch weiter gespannt war, witterte Gefahr und ward unruhig. »Er möchte mich abspeisen mit der ›Netziger Zeitung‹! Aber so billig tun wir's nicht. In dieser harten Zeit! Hat er 'ne Ahnung von meiner Großzügigkeit. Wenn ich erst Wulckow hinter mir habe: – ich beerbe ihn einfach!«, sagte Diederich laut, mit einem Schlag auf das Schreibpult, sodass Sötbier emporschrak. »Hüten Sie sich vor Aufregungen!«, höhnte Diederich. »In Ihren Jahren, Sötbier! Ich gebe zu, früher haben Sie manches geleistet für die Firma. Aber die Geschichte mit dem Holländer war schlimm; da haben Sie mich entmutigt, und jetzt hätte ich ihn nötig für die ›Netziger Zeitung‹. Sie sollten sich ausruhen, es gelingt nichts mehr.«

etwas aus der Hand ließ bereit war, auf einen Teil seiner Aufträge zu verzichten

Zu den Folgen, die der Prozess für Diederich hatte, gehörte auch ein Brief des Majors Kunze. Dieser wünschte ein bedauerliches Missverständnis aufzuklären und teilte mit, dass der Aufnahme des hochverdienten Herrn Doktors in den Kriegerverein nichts mehr im Wege stehe. Diederich, gerührt durch seinen Triumph, hätte am liebsten gleich die beiden Hände des alten Soldaten ergriffen. Glücklicherweise erkundigte er sich und erfuhr, dass der Brief auf Herrn von Wulckow selbst zurückzuführen war! Der Regierungspräsident hatte den Kriegerverein mit seinem Besuch beehrt und sich gewundert, den Doktor Heßling nicht dort zu finden. Da ward Diederich es inne, was für eine Macht er war. Er handelte demgemäß. Er antwortete auf die private Eröffnung des Majors durch ein offizielles Schreiben an den Verein und forderte den persönlichen Besuch von zwei Mitgliedern des Vorstandes, der Herren Major Kunze und Professor Kühnchen. Sie kamen auch; Diederich empfing sie, zwischen Geschäftsbesuchen, die er absichtlich auf diese Stunde gelegt hatte, in seinem Büro und diktierte ihnen die Adresse, von deren Überreichung er die Annahme ihres ehrenvollen Antrags abhängig machte. Darin ließ er sich bestätigen, dass er, mit glänzender Unerschrockenheit allen Verleumdungen trotzend, seine treudeutsche und kaisertreue Gesinnung bewährt habe. Durch sein Eingreifen sei es gelungen, den vaterlandslosen Elementen Netzigs eine empfindliche Schlappe beizubringen. Aus einem unter den größten persönlichen Opfern geführten Kampf sei Diederich als lauterer, echt deutscher Charakter hervorgegangen.

Adresse feierliche Erklärung

bewährt unter Beweis gestellt

lauterer ehrlicher, rechtschaffener (siehe Seite 164)

Bei der Feier seiner Aufnahme verlas Kunze die Adresse, und Diederich, Tränen in der Stimme, bekannte sich unwürdig, so viel Lob entgegenzunehmen. Wenn in Netzig die nationale Sache Fortschritte mache, so sei dies, nächst Gott, einem Höheren zu danken, dessen erhabene Weisungen er seinerseits in freudigem Gehorsam ausführe ... Alle, auch Kunze und Kühnchen, waren bewegt. Es war ein großer Abend. Diederich stiftete einen Pokal – und er hielt eine Rede, worin er die Schwierigkeiten berührte, denen die neue Militärvorlage im Reichstage begegnete. »Einzig unser scharfes Schwert«, rief Diederich aus, »sichert unsere Stellung in der Welt, und es scharf zu erhalten ist der Beruf Seiner Majestät des Kaisers! Wenn der Kaiser ruft, wird es herausfliegen aus der Scheide! Die Gesellschaft im Reichstag,

nächst unmittelbar nach, neben

worin in der

unser scharfes Schwert → Seite 510

der Beruf die Mission, die hohe Aufgabe

Die Gesellschaft im Reichstag verächtlich für: Die Reichstagsabgeordneten

die da was dreinreden will, mag sich hüten, dass es sie nicht zuerst trifft. Mit Seiner Majestät ist nicht zu spaßen, meine Herren, das kann ich Ihnen nur sagen.« Diederich blitzte, und er nickte schwerwiegend, als wüsste er manches. Im selben Augenblick kam ihm wirklich ein Einfall. »Neulich auf dem Brandenburgischen Provinziallandtag hat der Kaiser dem Reichstag den Standpunkt klargemacht. Er hat gesagt: Wenn die Kerls mir meine Soldaten nicht bewilligen, räum ich die ganze Bude aus!« – Das Wort erregte Begeisterung; und als Diederich allen, die ihm zutranken, nachgekommen war, hätte er nicht mehr sagen können, ob es von ihm selbst war oder nicht doch vom Kaiser. Schauer der Macht strömten aus dem Wort auf ihn ein, als wäre es echt gewesen ... Tags darauf stand es in der »Netziger Zeitung« und schon am Abend im »Lokal-Anzeiger«. Schlecht gesinnte Blätter verlangten ein Dementi, aber es blieb aus.

Provinziallandtag
→ Seite 511

Wenn die Kerls ... Bude aus! Ähnlich lautende Äußerungen des Kaisers über den Widerstand von Teilen des Reichstages gegen die Militärvorlage sind überliefert.

Das Wort Dieser (vermeintliche) kaiserliche Ausspruch

als Diederich allen, die ihm zutranken, nachgekommen war als Diederich allen, die ihm zu Ehren ihr Glas erhoben (und geleert) hatten, seinerseits zugeprostet hatte

Schlecht gesinnte Weniger regierungstreue

ein Dementi eine offizielle Berichtigung, einen Widerruf

V

Noch schwellten solche Hochgefühle Diederichs Brust, da bekamen Emmi und Magda eine Einladung von Frau von Wulckow, nachmittags zum Tee. Es konnte nur wegen des Stückes sein, das die Regierungspräsidentin beim nächsten Fest der »Harmonie« aufführen ließ, Emmi und Magda sollten Rollen bekommen. Freudegerötet kehrten sie heim: Frau von Wulckow war überaus gnädig gewesen; eigenhändig hatte sie ihnen immer wieder Kuchen auf den Teller gelegt. Inge Tietz mochte platzen. Offiziere spielten mit! Man brauchte besondere Toiletten; wenn Diederich vielleicht glaubte, dass sie mit ihren fünfzig Mark – Aber Diederich eröffnete ihnen einen unbegrenzten Kredit. Nichts von dem, was sie kauften, fand er schön genug. Das Wohnzimmer lag voll von Bändern und künstlichen Blumen, die Mädchen verloren den Kopf, weil Diederich ihnen dreinredete; da kam Besuch, Guste Daimchen.

»Ich habe doch der glücklichen Braut noch gar nicht richtig gratuliert«, sagte sie und versuchte gönnerhaft zu lächeln; aber ihre Augen gingen besorgt über die Bänder und Blumen. »Das ist wohl auch für das dumme Stück?«, fragte sie. »Wolfgang hat davon gehört, er sagt, es ist unerhört dumm.« Magda erwiderte: »Dir muss er es doch sagen, weil du nicht mitspielst.« Und Diederich erklärte: »Damit entschuldigt er sich dafür, dass Sie seinetwegen bei Wulckows nicht eingeladen werden.« Guste lachte geringschätzig. »Auf Wulckows verzichten wir, aber zum Harmonieball gehen wir gerade.« Diederich fragte: »Wollen Sie den ersten Eindruck des Prozesses nicht lieber vorübergehen lassen?« Er sah sie teilnehmend an. »Liebes Fräulein Guste, wir sind so alte Bekannte, ich darf Sie wohl darauf hinweisen, dass Ihre Verbindung

Regierungspräsidentin (siehe Seite 105 und Seite 118)

mochte platzen sollte ruhig vor Neid platzen

besondere Toiletten für die Theateraufführung geeignete, kostspielige Kleider

eröffnete ihnen einen unbegrenzten Kredit setzte ihnen für die Anschaffung der Kleider keine Obergrenze

gerade (Z. 29) jetzt erst recht

den ersten Eindruck des Prozesses nicht lieber vorübergehen lassen nicht lieber warten, bis die jetzt noch so frische Erinnerung an den Prozess ein wenig verblasst ist

mit den Bucks Ihnen jetzt in der Gesellschaft nicht gerade nützt.« – Guste zuckte mit den Augen, man sah, sie hatte sich das schon selbst gedacht. Magda bemerkte: »Gott sei Dank, mit meinem Kienast ist es nicht so.« Worauf Emmi: »Aber Herr Buck ist interessanter. Neulich bei seiner Rede hab ich geweint, wie im Theater.« – »Und überhaupt!«, rief Guste, ermutigt. »Erst gestern hat er mir diese Tasche geschenkt.« Sie hielt den vergoldeten Sack empor, nach dem Emmi und Magda schon lange schielten. Magda sagte spitz: »Er hat wohl viel verdient mit der Verteidigung. Kienast und ich, wir sind für Sparsamkeit.« Aber Guste hatte ihre Genugtuung gehabt. »Dann will ich euch nicht länger stören«, sagte sie.

Diederich begleitete sie hinunter. »Ich bringe Sie nach Haus, wenn Sie artig sind«, sagte er, »aber vorher muss ich noch einen Blick in die Fabrik tun. Gleich wird Schicht gemacht.« – »Ich kann ja mitgehen«, meinte Guste. Um ihr zu imponieren, führte er sie geradeswegs zu der großen Papiermaschine. »So was haben Sie wohl noch nicht gesehen?« Und mit Wichtigkeit erläuterte er ihr das System von Bassins, Walzen und Zylindern, worüber hin, durch die ganze Länge des Saales, die Masse floss: zuerst wässerig, dann immer trockener – und am Ende der Maschine lief auf großen Rollen das fertige Papier. Guste schüttelte den Kopf. »Nein so was! Und der Krach, den sie macht! Und die Hitze hier!« Diederich, mit seiner Wirkung noch nicht zufrieden, fand einen Grund, um die Arbeiter anzudonnern; und wie Napoleon Fischer dazukam, war nur er schuld! Beide schrien gegen den Lärm der Maschine an, Guste verstand nichts; aber Diederichs geheime Angst sah in dem dünnen Bart des Maschinenmeisters immer das gewisse Grinsen, das an seine Mitwisserschaft in der Angelegenheit des Holländers erinnerte und die offene Verleugnung jeder Autorität war. Je

artig sind sich gut benehmen (scherzhaft und gerade in der Betonung der sittenstrengen Haltung auch anzüglich)

wird Schicht gemacht endet die heutige Arbeitsschicht

Bassins Wasserbecken

heftiger Diederich sich gebärdete, desto ruhiger ward der andere. Diese Ruhe war Aufruhr! Schnaufend und bebend öffnete Diederich die Tür zum Packraum und ließ Guste eintreten. »Der Mann ist Sozialdemokrat!«, erklärte er. »So ein Kerl wäre imstande, hier Feuer zu legen. Aber ich entlass ihn nicht: nun gerade nicht! Wollen sehen, wer der Stärkere ist. Die Sozialdemokraten nehme ich auf mich!« Und da Guste ihn bewundernd ansah: »Das hätten Sie wohl nicht gedacht, auf was für einem gefahrvollen Posten unsereiner steht. Furchtlos und treu, ist mein Wahlspruch. Sehen Sie, ich verteidige hier unsere heiligsten nationalen Güter geradeso gut wie unser Kaiser. Dazu gehört mehr Mut, als wenn einer vor Gericht schöne Reden hält.«

ich verteidige hier unsere heiligsten nationalen Güter → Seite 511

Guste sah es ein, sie hatte eine andächtige Miene. »Hier ist es kühler«, bemerkte sie, »wenn man aus der Hölle nebenan kommt. Die Frauen hier können froh sein.« – »Die?«, erwiderte Diederich. »Die haben es wie im Paradies!« Er führte Guste zu dem Tisch: Eine der Frauen sortierte die Bogen, eine zweite prüfte nach, und die dritte zählte immerfort bis fünfhundert. Alles ging mit unerklärlicher Schnelligkeit; die Bogen flogen ununterbrochen einander nach, wie von selbst und ohne Widerstand gegen die arbeitenden Hände, die im endlos über sie hingehenden Papier sich aufzulösen schienen: Hände und Arme, die Frau selbst, ihre Augen, ihr Gehirn, ihr Herz. Das alles war da und lebte, damit die Bogen flogen ... Guste gähnte indes Diederich erklärte, dass diese Weiber, die im Akkord arbeiteten, sich schändliche Nachlässigkeiten zuschulden kommen ließen. Er wollte schon dazwischenfahren, weil ein Bogen mitflog, woran eine Ecke fehlte. Aber Guste sagte plötzlich mit einer Art von Trotz: »Sie brauchen sich übrigens nicht einzubilden, dass Käthchen Zillich sich für Sie besonders interessiert ... Wenigstens nicht mehr als für gewisse andere Leute«, setzte sie hinzu; und auf seine

sah es ein schien das zuzugestehen

im Akkord arbeiteten nach fertig hergestellten Stückzahlen entlohnt wurden

woran an dem

verwirrte Frage, was sie denn meine, lächelte sie bloß anzüglich. »Ich muss Sie doch bitten«, wiederholte er. Darauf nahm Guste ihre gönnerhafte Miene an. »Ich sage es nur zu Ihrem Besten. Denn Sie scheinen nichts zu merken? Mit Assessor Jadassohn zum Beispiel? Aber Käthchen ist überhaupt so eine.« Jetzt lachte Guste laut, so begossen sah Diederich aus. Sie ging weiter, und er folgte. »Mit Jadassohn?«, forschte er angstvoll. Da hörte der Lärm der Maschine auf, die Glocke ging, die den Schluss der Arbeit anzeigte, und über den Hof entfernten sich schon Arbeiter. Diederich zuckte die Achseln. »Was Fräulein Zillich macht, lässt mich kalt«, erklärte er. »Höchstens um den alten Pastor tut es mir leid, wenn sie wirklich so eine ist. Wissen Sie das denn genauer?« Guste sah weg. »Überzeugen Sie sich doch selbst!« Worauf Diederich geschmeichelt lachte.

so begossen so perplex, so verdattert (›wie ein begossener Pudel‹)

ging ertönte

»Lassen Sie das Gas brennen!«, rief er dem Maschinenmeister zu, der vorbeiging. »Ich drehe selbst ab.« Gerade ward der Lumpensaal weit geöffnet, für die Fortgehenden. »Oh!«, rief Guste, »dort drinnen ist es aber romantisch!« Denn sie erblickte dahinten in der Dämmerung lauter bunte Flecken auf grauen Hügeln und darüber einen Wald von Ästen. »Ach«, sagte sie, im Nähertreten. »Ich dachte, weil es hier schon so dunkel ist ... Das sind ja bloß Lumpensäcke und Heizungsrohre.« Und sie verzog das Gesicht. Diederich jagte die Arbeiterinnen empor, die trotz der Betriebsordnung sich auf den Säcken ausruhten. Mehrere, kaum dass die Arbeit fortgelegt war, strickten schon, andere aßen. »Das könnte euch passen«, schnaubte er. »Wärme schinden auf meine Kosten! Raus!« Sie standen langsam auf, ohne ein Wort, ohne Widerstand in der Miene; und vorbei an der fremden Dame, nach der alle dumpf neugierig den Kopf wandten, trabten sie in ihren Männerschuhen hinaus, schwerfällig wie eine Herde und umgeben von dem Dunst, worin sie lebten.

das Gas brennen die (Gas-) Lampen an, das Licht an

trotz der Betriebsordnung vorschriftswidrig

worin sie lebten in dem sie existierten; der sie immer umgab

Diederich behielt jede scharf im Auge, bis sie draußen war. »Fischer!«, schrie er plötzlich. »Was hat die Dicke da unterm Tuch?« Der Maschinenmeister erklärte mit seinem zweideutigen Grinsen: »Das ist nur, weil sie was erwartet« – worauf Diederich unzufrieden den Rücken wandte. Er belehrte Guste. »Ich glaubte, ich hätte eine erwischt. Sie stehlen nämlich Lumpen. Jawohl. Sie machen Kinderkleider draus.« Und da Guste die Nase rümpfte: »Das ist doch zu gut für die Proletenkinder!«

was (ein Kind)

Mit den Spitzen ihrer Handschuhe hob Guste einen der Fetzen vom Boden. Plötzlich hatte Diederich ihr Handgelenk gefangen und küsste es gierig, im Spalt des Handschuhs. Erschreckt sah sie sich um. »Ach so, alle Leute sind schon fort.« Sie lachte selbstsicher. »Ich hab mir doch gleich gedacht, was Sie jetzt noch in der Fabrik zu tun haben.« Diederich machte ein herausforderndes Gesicht. »Na und Sie? Warum sind Sie überhaupt gekommen heute? Sie haben wohl gemerkt, dass ich doch nicht so ohne bin? Freilich, Ihr Wolfgang – Jeder kann sich nicht so blamieren wie er, neulich vor Gericht.« Darauf sagte Guste entrüstet: »Seien Sie nur ganz still, Sie werden doch nie so ein feiner Mann wie er.« Aber ihre Augen sagten etwas anderes. Diederich sah es; erregt lachte er auf. »Wie der es eilig hat mit Ihnen! Wissen Sie auch, wofür er Sie ansieht? Für einen Kochtopf mit Wurst und Kohl, und ich soll ihn umrühren!« – »Jetzt lügen Sie«, sagte Guste vernichtend; aber Diederich war im Zuge. »Ihm ist nämlich nicht genug Wurst und Kohl drin. – Anfangs hat er natürlich auch gedacht, Sie hätten eine Million geerbt. Aber für fünfzigtausend Mark ist solch ein feiner Mann nicht zu haben.« Da kochte Guste auf. Diederich fuhr zurück, so gefährlich sah es aus. »Fünfzigtausend! Ihnen ist gewiss nicht wohl? Wie komme ich dazu, dass ich mir das muss sagen lassen! Wo ich bare dreihundertfünfzigtausend auf der Bank zu liegen hab, in

wofür er Sie ansieht? für was er Sie hält (wie er über Sie redet)?

zu liegen hab liegen (sicher deponiert) habe

richtiggehenden Papieren! Fünfzigtausend! Wer so etwas Ehrenrühriges von mir herumerzählt, den kann ich überhaupt belangen!« Sie hatte Tränen in den Augen; Diederich stammelte Entschuldigungen. »Lassen Sie nur« – und Guste benutzte ihr Taschentuch. »Wolfgang weiß genau, woran er bei mir ist. Aber Sie selbst, Sie haben den Schwindel geglaubt. Darum waren Sie auch so frech!«, rief sie. Ihre rosigen Fettpolster zitterten vor Zorn, und die kleine eingedrückte Nase war ganz weiß geworden. Er sammelte sich. »Daran sehen Sie doch, dass Sie mir auch ohne Geld gefallen«, gab er zu bedenken. Sie biss sich auf die Lippen. »Wer weiß«, sagte sie mit einem Blick von unten, schmollend und unsicher. »Für Leute wie Sie sind fünfzigtausend auch schon Geld.«

Er hielt es für angezeigt, eine Pause zu machen. Sie zog aus ihrem goldenen Beutel den Puderquast, und sie setzte sich. »Ich bin wirklich ganz echauffiert von Ihrem Betragen!« Aber sie lachte wieder. »Haben Sie mir vielleicht sonst noch etwas zu zeigen in Ihrer sogenannten Fabrik?« Er nickte bedeutsam. »Wissen Sie wohl, wo Sie jetzt sitzen?« – »Na, auf einem Lumpensack.« – »Aber auf was für einem! In dieser Ecke, hinter den Säcken hier hab ich mal einen Arbeiter und ein Mädchen ertappt, wie sie gerade: Sie verstehen. Natürlich sind beide geflogen; und am Abend, jawohl, am selben Abend« – er hob den Zeigefinger, in seinen Augen entstand ein Schauder höherer Dinge – »haben sie den Kerl totgeschossen, und das Mädchen ist verrückt geworden.« Guste sprang auf. »War das –? Ach Gott, das war der Arbeiter, der den Wachtposten gereizt hat ... ? Also hinter den Säcken haben sie –?« Ihre Augen gingen über die Säcke, als suchte sie Blut darauf. Sie hatte sich nahe zu Diederich geflüchtet. Plötzlich sahen sie einander in die Augen; darin bewegten sich die gleichen abgründigen Schauder, des Lasters oder des Übersinnlichen. Sie atmeten hörbar einander an. Guste schloss, eine

richtiggehenden Papieren gemeint ist: soliden Wertpapieren, die verlässliche Erträge abwerfen (sichere Zinsen einbringen)

Ehrenrühriges Ehrverletzendes

überhaupt belangen wegen Rufschädigung verklagen

Er sammelte sich. Er versuchte seine Gedanken zu ordnen und die Situation zu retten.

den Puderquast die Puderquaste: »quasten- oder meist kissenartiger kleiner Gegenstand zum Auftragen von kosmetischem Puder« (Duden); ein Quast ist ein breiter, bürstenartiger Pinsel

echauffiert (frz.) erhitzt, aufgeregt

Sekunde lang, die Lider: Da plumpsten sie auch schon beide auf die Säcke, rollten, ineinander verwickelt, hinab und durch den dunklen Raum dahinter, schlugen um sich, keuchten und prusteten, als seien sie dort unten am Ertrinken.

Als Diederich sich glücklich ihr nachgearbeitet hatte Als es Diederich gelungen war, ihr zu folgen

seinen Missgriff seinen Fehler; die Falschinformation, der er aufgesessen sei

Guste zuerst erreichte wieder das Licht. Den Fuß, an dem er sie festhalten wollte, stieß sie ihm ins Gesicht und sprang heraus, dass es krachte. Als Diederich sich glücklich ihr nachgearbeitet hatte, standen sie da und schnauften. Gustes Busen, Diederichs Bauch gingen beide im Sturm. Sie erlangte vor ihm die Sprache zurück. »Das müssen Sie mit 'ner andern versuchen! Wie komm ich überhaupt dazu!« Immer erbitterter: »Ich hab Ihnen doch gesagt, dass es dreihundertfünfzigtausend sind!« Diederich bewegte die Hand, um auszudrücken, dass er seinen Missgriff zugebe. Aber Guste schrie auf: »Und wie ich aussehe! Soll ich so vielleicht durch die Stadt gehen?« Er erschrak aufs Neue und lachte ratlos. Sie stampfte auf. »Haben Sie denn keine Bürste?« Gehorsam machte er sich auf den Weg; Guste rief ihm nach: »Dass gefälligst Ihre Schwestern nichts merken! Sonst reden morgen die Leute von mir!« Er ging nur bis in das Kontor. Wie er zurückkehrte, saß Guste wieder auf dem Sack, das Gesicht in den Händen, und durch ihre lieben, dicken Finger rannen Tränen. Diederich blieb stehen, hörte ihrem Wimmern zu, und auf einmal begann auch er zu weinen. Mit tröstender Hand bürstete er sie ab. »Es ist doch nichts geschehen«, wiederholte er. Guste stand auf. »Das wäre auch noch schöner« – und sie musterte ihn mit Ironie. Da fasste auch Diederich Mut. »Ihr Herr Bräutigam braucht es ja nicht zu wissen«, bemerkte er. Und Guste: »Wenn schon!« – wobei sie sich auf die Lippen biss.

Betroffen durch dies Wort, bürstete er schweigend weiter, zuerst sie, dann sich, indes Guste ihre Kleider glättete. »Nun los!«, sagte sie. »Eine Papierfabrik seh ich mir so bald nicht wieder an.« Er spähte ihr unter den Hut. »Wer weiß«, sagte er. »Denn dass Sie Ihren Buck lieben, das glaub ich Ihnen seit fünf Minuten nicht mehr.« Schnell rief Guste: »O doch!« Und ohne Pause fragte sie: »Was bedeutet denn das Zeug hier?«

Was bedeutet …? Zu was ist … gut?

Er erklärte: »Das ist der Sandfang, durch die Rinne schwemmen wir die Lumpen; Knöpfe und so weiter bleiben zurück, wie Sie sehen. Die Leute haben natürlich wieder nicht aufgeräumt.« Mit der Schirmspitze stocherte sie in dem Haufen; er setzte hinzu: »Im Jahr behalten wir mehrere Säcke Überbleibsel!« – »Und was ist das da?«, fragte Guste und griff rasch hin, nach etwas, das glänzte. Diederich riss die Augen auf. »Ein Brillantknopf!« Sie ließ ihn funkeln. »Echt sogar! Wenn Sie öfter so was finden, ist Ihr Geschäft nicht so übel!« Diederich sagte zweifelnd: »Den muss ich natürlich abliefern!« Sie lachte. »An wen denn? Die Abfälle gehören doch Ihnen!« Er lachte auch. »Na, nicht gerade die Brillanten. Wir werden schon noch ausfindig machen, wer uns das geliefert hat.« Guste sah ihn von unten an. »Sie sind schön dumm«, sagte sie. Er erwiderte mit Überzeugung: »Nein! Sondern ich bin ein Ehrenmann!« Darauf hob sie nur die Schultern. Langsam zog sie den linken Handschuh aus und legte sich den Brillanten auf den kleinen Finger. »Er muss als Ring gefasst werden!«, rief sie aus, wie erleuchtet, betrachtete versunken ihre Hand und seufzte. »Na, sollen ihn andere Leute finden!« – und unvermutet warf sie den Knopf zurück in die Lumpen. »Sind Sie verrückt?« Diederich bückte sich, sah ihn nicht gleich und ließ sich schnaufend auf die Knie. In der Hast warf er alles durcheinander. »Gott sei Dank!« Er hielt ihr den Brillanten hin; aber Guste nahm ihn nicht. »Ich gönne ihn dem Arbeiter, der ihn morgen zuerst sieht. Der steckt ihn ein, darauf können Sie sich verlassen, der ist nicht so dumm.« – »Ich auch nicht«, erklärte Diederich. »Denn wahrscheinlich wäre der Stein doch

Sandfang »Becken, in dem sich Sand, Kies, Asche o. Ä. absetzt« (Duden)

Brillantknopf mit einem Brillanten (einem geschliffenen Diamanten) verzierter Knopf

weggeworfen worden. Unter solchen Umständen brauche ich es nicht für inkorrekt zu halten – « Er legte den Brillanten wieder auf ihren Finger. »Und wenn es auch inkorrekt wäre, er steht Ihnen so gut.« Guste sagte überrascht: »Wieso? Wollen Sie ihn mir denn schenken?« Er stammelte: »Sie haben ihn ja gefunden, da muss ich wohl.« Da jubelte Guste. »Das wird mein schönster Ring!« – »Warum?«, fragte Diederich, voll banger Hoffnung. Guste sagte ausweichend: »Überhaupt ... « Und mit einem plötzlichen Blick: »Weil er nichts kostet, wissen Sie.« Hierüber errötete Diederich, und sie sahen einander blinzelnd in die Augen.

»Ach Herr Gott!«, rief Guste plötzlich. »Es muss schrecklich spät sein. Schon sieben? Was sag ich nur meiner Mutter ...? Ich weiß, ich sag ihr, ich hab bei einem Trödler den Brillanten entdeckt, und er hat gedacht, er ist unecht, und hat bloß fünfzig Pfennig verlangt!« Sie öffnete ihren goldenen Sack und ließ den Knopf hineinfallen. »Also adieu ... Aber Sie sehen aus! Wenigstens müssen Sie sich die Krawatte binden.« Im Sprechen tat sie es schon selbst. Er fühlte ihre warmen Hände unter seinem Kinn; ihre feuchten, dicken Lippen bewegten sich ganz nahe. Ihm ward heiß, er hielt den Atem zurück. »So«, machte Guste und brach ernstlich auf. »Ich drehe nur das Gas ab«, rief er ihr nach. »Warten Sie doch!« – »Ich warte schon«, antwortete sie von draußen; – aber wie er auf den Hof trat, war sie fort. Verdutzt sperrte er die Fabrik zu und redete laut dabei vor sich hin: »Nun sag mir einer, ist das Instinkt oder Berechnung?« Er schüttelte sorgenvoll den Kopf über das ewige Rätsel der Weiblichkeit, das in Guste verkörpert war.

Trödler jemand, der mit Alt- und Gebrauchtwaren handelt

laut dabei dabei laut

Vielleicht, so sagte sich Diederich, ging es vorwärts mit Guste, freilich ging es langsam. Die Ereignisse, die sich um den Prozess gruppierten, hatten ihr Eindruck gemacht, aber noch nicht genug. Auch hörte er nichts mehr von Wulckow. Nach dem so vielversprechenden Schritt des Regierungspräsidenten beim Kriegerverein wartete Diederich unbestimmt auf Weiteres: eine Heranziehung, eine vertrauliche Verwendung, er wusste nicht, wie und was. Der Harmonieball konnte es bringen, warum hatten sonst die Schwestern Rollen bekommen im Stück der Präsidentin. Nur dauerte alles zu lange für Diederichs Tatenlust. Es war eine Zeit voll Unruhe und Drang. Man quoll über von Hoffnungen, Aussichten, Plänen; in jeden Tag, der anfing, hätte man das alles auf einmal ergießen wollen, und wenn es aus war, war er leer geblieben. Ein Trieb nach Bewegung erfasste Diederich. Mehrmals versäumte er den Stammtisch und ging spazieren, ohne Ziel und ins Freie, was sonst nicht vorkam. Er kehrte dem Mittelpunkt der Stadt den Rücken, stapfte mit dem Schritt eines von Tatkraft schweren Mannes die abendlich leere Meisestraße zu Ende, durchmaß die lange Gäbbelchenstraße, mit den vorstädtischen Gasthäusern, bei denen Fuhrleute ein- oder ausspannten, und kam auch unter der Vogtei vorbei. Dort oben saß, bewacht von einem Gitterfenster und einem Soldaten, der Herr Lauer, der sich dies nicht hatte träumen lassen. ›Hochmut kommt vor dem Fall‹, dachte Diederich. ›Wie man sich bettet, so liegt man.‹ Und obwohl er den Ereignissen, die den Fabrikbesitzer in die Vogtei geführt hatten, nicht ganz fremd war, schien Lauer ihm jetzt ein Wesen mit einem Kainsmal, ein unheimlicher Gesell. Einmal glaubte er, im Hof des Gefängnisses eine Gestalt zu bemerken. Es war schon zu dunkel, aber vielleicht – ? Ein Gruseln überlief Diederich, und er enteilte.

Hinter dem Burgtor führte die Landstraße zu dem Hügel mit der Schweinichenburg, wo einst der kleine Diederich gemeinsam mit Frau Heßling das Grausen vor dem Burggespenst genossen hatte. Solche Kindereien lagen ihm jetzt

konnte es bringen konnte die erhoffte weitere Annäherung mit sich bringen

›Wie man sich bettet, so liegt man.‹ (Sprichwort)

den Ereignissen … nicht ganz fremd an den Ereignissen … nicht ganz unbeteiligt gewesen

ein Wesen mit einem Kainsmal ein gebrandmarkter Mensch

enteilte ging eilig weiter

fern – vielmehr bog er jedes Mal, bald hinter dem Tor, in die Gausenfelder Straße ein. Er hatte es sich nicht vorgenommen und tat es nur zögernd, denn es wäre ihm nicht lieb gewesen, wenn jemand ihn auf diesem Wege überrascht hätte. Aber es ließ ihn nicht: Die große Papierfabrik zog ihn an wie ein verbotenes Paradies, er musste ihr auf einige Schritte nahekommen, sie umkreisen, über ihre Mauer schnüffeln … Eines Abends ward Diederich aus dieser Tätigkeit aufgeschreckt durch Stimmen, die im Dunkeln schon ganz nahe waren. Kaum dass er noch die Zeit behielt, sich in den Graben zu kauern. Und während die Leute, wahrscheinlich Angestellte der Fabrik, die sich verspätet hatten, an seinem Versteck vorüberkamen, drückte Diederich die Augen zu, aus Furcht und auch weil er fühlte, ihr begehrliches Funkeln hätte ihn verraten können.

Als er schon wieder beim Burgtor war, hatte er noch immer Herzklopfen und sah sich nach einem Glas Bier um. Gleich im Winkel des Tores stand der Grüne Engel, eins der niedersten Gasthäuser, krumm vor Alter, schmutzig und übel beleumdet. Soeben verschwand in dem gewölbten Gang eine Frauensperson. Diederich, von jäher Abenteuerlust gepackt, drang hinterdrein. Wie sie das rötliche Licht einer Stalllaterne durchschreiten musste, wollte die Person ihr Gesicht, das verschleiert war, auch noch mit dem Muff bedecken; aber Diederich hatte sie schon erkannt. »Guten Abend, Fräulein Zillich!« – »Guten Abend, Herr Doktor!« Und da standen sie beide mit offenem Munde. Käthchen Zillich war die Erste, die etwas hervorbrachte, von Kindern, die hier im Hause wohnten und die sie in die Sonntagsschule ihres Vaters bringen sollte. Diederich setzte zum Sprechen an, aber sie redete weiter, immer hastiger. Nein, die Kinder wohnten eigentlich nicht hier, aber ihre Eltern verkehrten in der Schenke, und die Eltern durften nichts wissen von der Sonn-

es ließ ihn nicht er konnte nicht anders

Kaum dass er noch die Zeit behielt Es gelang ihm gerade noch

übel beleumdet mit einem schlechten Ruf behaftet

Frauensperson weibliche Person (der Begriff hatte seinerzeit nichts Abwertendes)

drang eilte

Muff »(meist von Frauen getragene) längliche Hülle aus Pelz o. Ä., in die man zum Schutz vor Kälte die Hände von links und rechts hineinsteckt« (Duden)

Sonntagsschule »kirchliche, meist religiöser Unterweisung gewidmete schulische Veranstaltung, die sonntags stattfindet« (Duden)

tagsschule, denn sie waren Sozialdemokraten ... Sie faselte; und Diederich, der zuerst nur an sein eigenes schlechtes Gewissen gedacht hatte, ward darauf hingewiesen, dass Käthchen in einer noch viel verdächtigeren Lage sei. Er ersparte es sich also, seine Anwesenheit im Grünen Engel zu erklären, und schlug einfach vor, dann könne man in der Gaststube auf die Kinder warten. Käthchen weigerte sich angstvoll, irgendetwas zu verzehren, aber Diederich bestellte aus eigener Machtvollkommenheit auch für sie Bier. »Prost!«, sagte er, und in seiner Miene lag die ironische Erinnerung daran, dass sie bei ihrer letzten Zusammenkunft, im traulichen Wohnzimmer des Pfarrhauses, sich beinahe verlobt hätten. Käthchen ward unter ihrem Schleier rot und blass und verschüttete ihr Bier. Immerfort flatterte sie kraftlos vom Stuhl auf und wollte fort; aber Diederich hatte sie hinter den Tisch in die Ecke geschoben und saß breit davor. »Nun müssen die Kinder aber gleich kommen!«, sagte er gutmütig. Statt ihrer kam Jadassohn: Plötzlich stand er da und sah versteinert aus. Auch die beiden anderen regten sich nicht. ›Also doch!‹, dachte Diederich. Jadassohn schien etwas Ähnliches zu denken; keiner der Herren fand Worte. Käthchen begann wieder von Kindern und Sonntagsschulen. Sie sprach flehend und weinte fast. Jadassohn hörte ihr mit Missbilligung zu, er ließ sogar die Bemerkung fallen, gewisse Geschichten seien ihm zu verwickelt – und er blickte inquisitorisch auf Diederich.

»Im Grunde«, versetzte Diederich, »ist es doch einfach. Fräulein Zillich sucht hier nach Kindern, und wir beide helfen ihr.«

»Ob sie eins kriegt, kann man nicht wissen«, ergänzte Jadassohn schneidend; da sagte Käthchen: »Und von wem, auch nicht.«

Die Herren setzten die Gläser hin. Käthchen hatte es aufgegeben zu weinen, sie schob sogar den Schleier hinauf und

Sie faselte Sie log sich irgendetwas zusammen

ward darauf hingewiesen begriff nun erst

gutmütig scheinbar gutgläubig

inquisitorisch in unerbittlich nachforschender Haltung

versetzte Diederich entgegnete Diederich in entschlossenem Ton

sah mit merkwürdig hellen Augen von einem zum andern. Ihre Stimme hatte etwas Offenes, Unverblümtes bekommen. »Na ja, wenn Sie nun doch mal beide da sind«, setzte sie hinzu, indes sie aus Jadassohns Dose eine Zigarette nahm; und dann leerte sie auf einen Zug den Kognak, der vor Diederich stand. Jetzt war es an Diederich, nach Fassung zu ringen. Jadassohn schien nicht unbekannt mit Käthchens anderem Gesicht. Die beiden fuhren fort, Doppelsinnigkeiten auszutauschen, bis Diederich sich gegen Käthchen entrüstete. »Heute lernt man Sie aber gründlich kennen!«, rief er und schlug auf den Tisch. Sofort hatte Käthchen ihr Damengesicht zurück. »Was meinen Sie eigentlich, Herr Doktor?« Jadassohn ergänzte: »Ich nehme an, dass Sie der Ehre der Dame nicht zu nahe treten wollen!« – »Ich meine nur«, stammelte Diederich, »so gefällt Fräulein Zillich mir viel besser.« Er rollte die Augen vor Ratlosigkeit. »Neulich, wie wir uns beinahe verlobt hätten, hat sie mir nicht halb so gefallen.« Da lachte Käthchen los: ein Gelächter, ganz frei aus dem Herzen, wie Diederich es auch noch nicht kannte. Ihm ward warm dabei, er lachte mit, Jadassohn auch, alle drei wälzten sich lachend auf ihren Stühlen umher und riefen nach mehr Kognak.

»Nun muss ich aber gehen«, sagte Käthchen, »sonst kommt Papa vor mir nach Haus. Er hat Krankenbesuche gemacht; dabei verteilt er immer solche Bilder.« Sie zog zwei bunte Bildchen aus ihrer ledernen Tasche. »Da haben Sie auch welche.« Jadassohn bekam die Sünderin Magdalena, Diederich das Lamm mit dem Hirten; er war nicht zufrieden. »Ich will auch eine Sünderin.« Käthchen suchte, fand aber keine mehr. »Also bleibt es bei dem Schaf«, entschied sie, und man zog ab, Käthchen in der Mitte eingehängt. Ruckweise und in weitem Bogen schwenkten alle drei sich durch die schlecht beleuchtete Gäbbelchenstraße dahin, wobei sie

Dose Zigarettenetui

sich gegen Käthchen entrüstete Käthchen gegenüber seine Entrüstung zum Ausdruck brachte

die Sünderin Magdalena … das Lamm mit dem Hirten vgl. Lk. 8,2 (»Maria, genannt Magdalena, von der sieben Dämonen ausgefahren waren«) und Joh. 10,1–18 (das Gleichnis vom guten Hirten)

ein Kirchenlied sangen, das Käthchen angestimmt hatte. An einer Ecke erklärte sie, eilen zu müssen, und verschwand in der Seitengasse. »Adieu Schaf!«, rief sie Diederich zu, der ihr vergeblich nachstrebte. Jadassohn hielt ihn fest, und plötzlich nahm er seine staatserhaltende Stimme an, um Diederich zu überzeugen, dass dies alles nur ein zufälliger Scherz sei. »Es liegt durchaus nichts Missverständliches vor, das möchte ich feststellen.«

»Ich denke nicht daran, hier etwas misszuverstehen«, sagte Diederich.

»Und wenn ich«, fuhr Jadassohn fort, »den Vorzug hatte, von der Familie Zillich für eine nähere Verbindung in Aussicht genommen zu sein, dieser Vorfall würde mich keineswegs abhalten. Ich folge nur einer Ehrenpflicht, wenn ich dies ausspreche.«

Diederich erwiderte: »Ich weiß Ihr korrektes Verhalten voll und ganz zu würdigen.« Darauf schlugen die Herren die Absätze zusammen, schüttelten einander die Hände und trennten sich.

Käthchen und Jadassohn hatten beim Abschied ein Zeichen ausgetauscht; Diederich war überzeugt, sie würden sich gleich jetzt wieder im Grünen Engel zusammenfinden. Er öffnete den Winterrock, ein Hochgefühl schwellte ihn, weil er eine bösartige Falle aufgedeckt und sich streng kommentmäßig aus der Sache gezogen hatte. Er empfand eine gewisse Achtung und Sympathie für Jadassohn. Auch er selbst würde so gehandelt haben! Unter Männern verständigte man sich. Aber so ein Weib! Käthchens anderes Gesicht. Die Pfarrerstochter, der unvermutet das entfesselte Weib ins Gesicht gestiegen war, dies tückische Doppelwesen, so fremd der Biederkeit, die Diederich am Grunde seines eigenen Herzens wusste: Es erschütterte ihn wie ein Blick ins Bodenlose. Er knöpfte den Rock wieder zu. Es gab also noch andere Welten

Winterrock winterfesten und warmen Gehrock (siehe Seite 14)

schwellte ihn schwellte ihm die Brust

der unvermutet das entfesselte Weib ins Gesicht gestiegen war in deren Gesichtszügen plötzlich eine zuvor verborgen gehaltene tiefe Hemmungslosigkeit und sexuelle Freizügigkeit erkennbar geworden war

der Biederkeit, die Diederich am Grunde seines eigenen Herzens wusste der von sittlichen Bedenken gebremsten Leidenschaften von Diederichs eigenem Charakter, über den er sich nicht täuschte

außerhalb der bürgerlichen, als nur die, worin jetzt der Herr Lauer lebte.

Schnaufend setzte er sich zum Abendessen. Seine Stimmung schien so bedrohlich, dass die drei Frauen Schweigen bewahrten. Frau Heßling nahm ihren Mut zusammen. »Schmeckt es dir nicht, mein lieber Sohn?« Anstatt einer Antwort herrschte Diederich die Schwestern an. »Mit Käthchen Zillich verkehrt ihr nicht mehr!« Da sie ihn ansahen, errötete er und stieß drohend aus: »Sie ist eine Verworfene!« Aber sie verzogen nur den Mund; und auch die furchtbaren Andeutungen, in denen er sich polternd erging, schienen sie nicht weiter aufzuregen. »Du sprichst wohl von Jadassohn?«, fragte Magda endlich, ganz gelassen. Diederich fuhr zurück. Sie waren also eingeweiht und mitverschworen: alle Weiber wahrscheinlich. Auch Guste Daimchen! Die hatte schon einmal davon angefangen. Er musste sich die Stirn trocknen. Magda sagte: »Wenn du vielleicht ernste Absichten gehabt hast bei Käthchen, uns hast du ja nicht gefragt«; worauf Diederich, um sein Ansehen zu verteidigen, dem Tisch einen Stoß gab, dass alle aufkreischten. Er verbitte sich derartige Zumutungen, schrie er. Es gebe hoffentlich noch anständige Mädchen. Frau Heßling bat zitternd: »Du brauchst ja nur deine Schwestern anzusehen, mein lieber Sohn.« Und Diederich sah sie wirklich an; er blinzelte, und er überlegte zum ersten Mal, nicht ohne Bangen, was diese beiden weiblichen Wesen, die seine Schwestern waren, bisher wohl mit ihrem Leben angefangen hatten ... »Ach was«, entschied er und richtete sich stramm auf, »euch zieht man einfach die Kandare fester. Wenn ich eine Frau habe, die soll sich wundern!« Da die Mädchen einander zulächelten, erschrak er, denn er hatte an Guste Daimchen gedacht, und vielleicht dachten auch sie mit ihrem Lächeln an Guste? Zu trauen war keiner. Er sah Guste vor sich, weißblond, mit dem dicken, rosigen

eine Verworfene! eine Lasterhafte!, eine verkommene Person!

zieht man einfach die Kandare fester bildhaft für: nimmt man einfach in strengere Disziplin (die ›Kandare‹ ist die Gebissstange des Zaumzeugs für Pferde)

Gesicht. Ihre fleischigen Lippen öffneten sich, sie streckte ihm die Zunge heraus. Das hatte vorhin Käthchen Zillich getan, als sie ihm »Adieu, Schaf!« zurief, und Guste, die ihr im Typus so ähnlich war, würde mit ausgestreckter Zunge und in halb betrunkenem Zustand genauso ausgesehen haben!

Magda sagte eben: »Käthchen ist schön dumm; aber begreiflich ist es ja, wenn man so lange warten muss und keiner kommt.«

Sofort griff Emmi ein. »Wen meinst du, bitte? Wenn Käthchen sich mit irgendeinem Kienast begnügt hätte, würde sie wohl auch nicht mehr warten.«

Magda, im Bewusstsein, die Tatsachen für sich zu haben, blähte einfach ihre Bluse auf und schwieg.

»Überhaupt«, Emmi warf die Serviette hin und erhob sich, »wie kannst du das gleich glauben, was die Männer von Käthchen reden. Das ist abscheulich, sollen wir denn alle wehrlos sein gegen ihren Klatsch?« Empört ließ sie sich in der Ecke nieder und begann zu lesen. Magda hob nur die Schultern – indes Diederich angstvoll und vergeblich nach einem Übergang suchte, um zu fragen, ob vielleicht auch Guste Daimchen –? Bei einer so langen Verlobung–? »Es gibt Situationen«, äußerte er, »wo es nicht mehr Klatsch ist.« Da schleuderte Emmi auch das Buch hin.

»Und wenn schon! Käthchen tut, was sie will! Wir Mädchen haben ebenso gut wie ihr das Recht, unsere Individualität auszuleben! Die Männer sollen froh sein, wenn sie uns dann nachher noch kriegen!«

Diederich stand auf. »Das will ich in meinem Hause nicht hören«, sagte er ernst, und er blitzte Magda so lange an, bis sie nicht mehr lachte.

Frau Heßling brachte ihm die Zigarre. »Von meinem Diedel weiß ich ganz genau, dass er so eine niemals heiraten wird« – sie streichelte ihn tröstend. Er versetzte mit Nachdruck: »Ich kann mir nicht denken, Mutter, dass ein echter deutscher Mann das jemals getan hat.«

Sie schmeichelte. »Oh, alle sind nicht so ideal wie mein lieber Sohn. Manche denken materieller und nehmen mit dem Geld auch mal was in den Kauf, worüber die Leute reden.« Unter seinem gebieterischen Blick schwatzte sie angstvoll weiter. »Zum Beispiel Daimchen. Gott, nun ist er tot, und es kann ihm gleich sein, aber seinerzeit hat man doch viel geredet.« Jetzt sahen alle drei Kinder sie fordernd an. »Na ja«, erklärte sie schüchtern. »Das mit Frau Daimchen und dem Herrn Buck. Guste kam doch zu früh.«

schmeichelte tat ihm schön, versuchte ihn durch Lobsprüche zu bestärken

so ideal so idealistisch gesinnt

in den Kauf in Kauf

Nach diesem Ausspruch musste Frau Heßling sich hinter den Ofenschirm zurückziehen, denn alle drei drangen gleichzeitig auf sie ein. »Das ist das Neueste!«, riefen Emmi und Magda. »Also wie war die Geschichte!« Wogegen Diederich donnernd dem Weiberklatsch Einhalt gebot. »Wenn wir deinen Männerklatsch angehört haben!«, riefen die Schwestern und suchten ihn fortzudrängen von dem Ofenschirm. Die Mutter sah händeringend in das Handgemenge. »Ich habe doch nichts gesagt, Kinder! Nur damals sagten es alle, und der Herr Buck hat der Frau Daimchen doch auch die Mitgift geschenkt.«

Ofenschirm »metallener Wandschirm, der besonders Wände und Tapeten vor zu großer Hitze, die ein Ofen ausstrahlt, schützen soll« (Duden)

»Also daher!«, rief Magda. »So sehen in der Familie Daimchen die Erbonkel aus! Daher die goldenen Taschen!«

Diederich verteidigte Gustes Erbschaft. »Sie kommt aus Magdeburg!«

»Und der Bräutigam?«, fragte Emmi. »Kommt der auch aus Magdeburg?«

Plötzlich verstummten alle und sahen einander an, wie betäubt. Dann kehrte Emmi ganz still auf das Sofa zurück, sie nahm sogar das Buch wieder auf. Magda fing an, den Tisch abzuräumen. Auf den Ofenschirm, hinter dem Frau Heßling sich duckte, schritt Diederich zu. »Siehst du nun, Mutter, wohin es führt, wenn man seine Zunge nicht hütet? Du willst doch wohl nicht behaupten, dass Wolfgang Buck seine eigene Schwester heiratet.« Wimmernd kam es aus der Tiefe: »Ich kann doch nichts dafür, mein lieber Sohn. Ich dachte schon längst nicht mehr an die alte Geschichte, und es ist ja auch nicht sicher. Kein lebender Mensch weiß mehr etwas.« Aus ihrem Buch heraus warf Emmi dazwischen: »Der alte Herr Buck wird wohl wissen, wo er jetzt das Geld für seinen Sohn holt.« Und in das Tischtuch hinein, das sie faltete, sagte Magda: »Es soll manches vorkommen.« Da hob Diederich die Arme, als habe er die Absicht, den Himmel anzurufen. Rechtzeitig unterdrückte er aber das Entsetzen, das ihn übermannen wollte. »Bin ich denn hier unter Räuber und Mörder gefallen?«, fragte er sachlich und ging in strammer Haltung zur Tür. Dort wandte er sich um. »Ich kann euch natürlich nicht hindern, eure feine Wissenschaft in die Stadt hinauszuposaunen. Was mich betrifft, ich werde erklären, dass ich mit euch nichts mehr zu tun habe. In die Zeitung werde ich es setzen!« Und er ging ab.

eure feine Wissenschaft eure schmutzigen Erkenntnisse

Er vermied den Ratskeller und bedachte einsam bei Klappsch eine Welt, in der solche Gräuel umgingen. Dagegen war mit kommentmäßigem Verhalten freilich nicht aufzukommen. Wer den Bucks ihren schändlichen Raub abjagen wollte, durfte auch vor starken Mitteln nicht zurückschrecken. »Mit gepanzerter Faust«, sagte er ernst in sein Bier hinein; und das Deckelklappen, womit er das vierte Glas herbeirief, klang wie Schwertgeklirr ... Nach einer Weile verlor seine Haltung an Härte; Bedenken kamen. Sein Eingreifen würde immerhin bewirken, dass die ganze Stadt mit den Fingern auf Guste Daimchen zeigte. Kein Mann, der halbwegs Komment hatte, heiratete solch ein Mädchen noch. Diederichs eigenstes Empfinden sagte es ihm, seine eingewurzelte Erziehung zur Mannhaftigkeit und zum Idealismus. Schade! Schade um

bedachte sinnierte ... über

solche Gräuel umgingen solche monströsen Dinge geschahen

wie Schwertgeklirr Anklang an die erste Strophe von »Die Wacht am Rhein« (siehe Seite 156 und Seite 507)

Gustes dreihundertfünfzigtausend Mark, die nun herrenlos und ohne Bestimmung waren. Die Gelegenheit wäre günstig gewesen, ihnen eine zu geben ... Diederich schüttelte den Gedanken mit Entrüstung ab. Er erfüllte nur seine Pflicht! Ein Verbrechen galt es zu verhindern. Das Weib mochte dann sehen, wo es blieb im Kampf der Männer. Was lag an einem dieser Geschöpfe, die ihrerseits, Diederich hatte es erfahren, jedes Verrates fähig waren. Nur noch des fünften Glases bedurfte es, und ein Entschluss stand fest.

die Toiletten die festlichen Kleider (siehe Seite 159 und Seite 246)

zweiten Frühstück (siehe Seite 503)

Beim Morgenkaffee bekundete er ein großes Interesse für die Toiletten der Schwestern zum Harmonieball. Zwei Tage nur mehr, und noch nichts fertig! Die Hausschneiderin war so selten zu haben gewesen, sie nähte jetzt bei Bucks, Tietz', Harnischs und überall. Die große Inanspruchnahme dieses Mädchens schien Diederich geradezu mit Bewunderung zu erfüllen. Er erbot sich, selbst hinzugehen und sie, koste es, was es wolle, zur Stelle zu schaffen. Nicht ohne Mühe gelang es ihm. Zum zweiten Frühstück begab er sich alsdann so geräuschlos, dass nebenan im Wohnzimmer das Gespräch nicht gestört ward. Gerade erging sich die Hausschneiderin in Anspielungen auf einen Skandal, der bestimmt sei, alles Dagewesene in den Schatten zu stellen. Die Schwestern schienen ganz ahnungslos, und als endlich Namen fielen, zeigten sie sich entsetzt und ungläubig. Frau Heßling beklagte es am lautesten, dass Fräulein Gehritz so etwas auch nur denken könne. Die Schneiderin beteuerte dagegen, in der ganzen Stadt wisse man es schon. Soeben komme sie von der Bürgermeisterin Scheffelweis, deren Mutter geradezu verlangt habe, dass ihr Schwiegersohn einschreite! Dennoch machte es ihr Mühe, die Damen zu überzeugen. Diederich hatte den Vorgang eher umgekehrt erwartet. Er war zufrieden mit den Seinen. Aber hatten denn die Wände tatsächlich Ohren gehabt? Man war zu glauben versucht, dass ein Gerücht, in einem verschlossenen Zimmer ausgebrochen, mit dem Rauch des Ofens hinaus und über die ganze Stadt zog.

Beruhigt war er trotzdem noch nicht. Er sagte sich, dass das gesunde Empfinden des arbeitenden Volkes unter Umständen ein Faktor sei, den man billigen und sogar benutzen könne. Bis zum Mittagessen ging er um Napoleon Fischer herum: Da, es läutete schon, entstand bei der Satiniermaschine ein gellendes Geschrei, und Diederich und der Maschinenmeister, die gleichzeitig hinstürzten, zogen gemeinsam den Arm einer jungen Arbeiterin heraus, der von einer Stahlwalze ergriffen worden war. Er troff von schwarzem Blut, Diederich ließ sofort nach dem städtischen Krankenhaus telefonieren. Inzwischen, so übel der Anblick des Armes ihm machte, blieb er selbst dabei, während der Person ein Notverband angelegt ward. Sie sah zu, leise wimmernd und mit Augen, weich im Entsetzen, wie ein junges Tier, das getroffen ist. Diederichs menschenfreundliche Fragen nach ihren häuslichen Verhältnissen verstand sie nicht. Napoleon Fischer antwortete für sie. Ihr Vater war durchgegangen, die Mutter bettlägerig; das Mädchen ernährte sich und ihre zwei kleinen Geschwister. Sie war erst vierzehn Jahre alt. – Das sehe man ihr nicht an, meinte Diederich. Übrigens seien die Arbeiterinnen oft genug vor der Maschine gewarnt worden. »Sie hat sich das Unglück selbst zuzuschreiben, ich bin zu nichts verpflichtet. Na«, sagte er milder, »nun kommen Sie mal mit, Fischer!«

Im Kontor schenkte er zwei Kognaks ein. »Das kann man brauchen auf den Schrecken ... Sagen Sie ehrlich, Fischer, glauben Sie, dass ich zahlen muss? Die Schutzvorrichtungen an der Maschine halten Sie doch wohl für genügend?« Und da der Maschinenmeister die Achseln zuckte: »Sie wollen sagen, ich kann es auf einen Prozess ankommen lassen? Das tue ich aber nicht, ich zahle gleich.«

Satiniermaschine auch: ›Kalander (der)‹: »Maschine mit verschiedenen Walzen zum Glätten oder Prägen von Stoff, Papier, Folie o. Ä.« (Duden)

nach dem städtischen Krankenhaus telefonieren das städtische Krankenhaus anrufen

so übel der Anblick des Armes ihm machte so übel ihm auch beim Anblick des Armes wurde

Diederichs menschenfreundliche Fragen nach ihren häuslichen Verhältnissen verstand sie nicht. Auf Diederichs Versuch, ein unverfängliches Gespräch anzuknüpfen, reagierte die Schwerverletzte nicht; sie begriff nicht, was er von ihr wollte.

war durchgegangen hatte die Familie verlassen

Napoleon Fischer zeigte verständnislos sein großes gelbes Gebiss, und Diederich fuhr fort: »Ja, so bin ich. Sie dachten wohl, das könnte bloß der Herr Lauer? Was den betrifft, so sind Sie ja jetzt durch Ihr eigenes Parteiblatt über seine Arbeiterfreundlichkeit aufgeklärt. Ich lasse mich freilich nicht wegen Majestätsbeleidigung einsperren und mache dadurch meine Arbeiter brotlos; ich suche mir praktischere Mittel aus, um meine soziale Gesinnung zu bekunden.« Er machte eine feierliche Pause. »Und darum habe ich mich entschlossen, dem Mädchen die ganze Zeit, die es im Krankenhaus liegt, seinen Lohn weiterzuzahlen. Wie viel ist es denn?«, fragte er rasch.

»Eine Mark fünfzig«, sagte Napoleon Fischer.

»Na ja ... Soll sie acht Wochen liegen. Soll sie zwölf Wochen liegen ... Ewig natürlich geht es nicht.«

von unten wohl: mit gesenktem Kopf und leiser, drohender Stimme

»Sie ist erst vierzehn«, sagte Napoleon Fischer, von unten. »Sie kann Schadenersatz verlangen.« Diederich erschrak, er schnaufte.

Napoleon Fischer hatte schon wieder sein unbestimmbares Grinsen aufgesetzt und sah seinem Arbeitgeber auf die Faust, die angstvoll in der Tasche geballt war. Diederich zog sie hervor. »Nun setzen Sie die Leute von meinem hochherzigen Entschluss in Kenntnis! Das passt Ihnen wohl nicht in den Kram? Die Gemeinheiten der Kapitalisten erzählt ihr euch natürlich lieber. In euren Versammlungen schwingt ihr jetzt wahrscheinlich große Reden über Herrn Buck.«

Napoleon Fischer sah verständnislos aus, was Diederich nicht beachtete. »Ich finde es wohl auch nicht eben schön«, fuhr er fort, »wenn jemand seinen Sohn ausgerechnet das Mädchen heiraten lässt, mit dessen Mutter er selbst was gehabt hat, und zwar vor der Geburt der Tochter ... Aber – «

In Napoleon Fischers Gesicht begann es zu arbeiten.

»Aber!«, wiederholte Diederich stark. »Ich wäre durchaus nicht einverstanden, wenn meine Leute sich deswegen den Mund verrenken und wenn Sie, Fischer, nun vielleicht die Arbeiter gegen die städtischen Behörden aufhetzen, weil ein Magistratsrat etwas getan hat, was ihm keiner beweisen kann.« Seine Faust schlug entrüstet durch die Luft. »Mir hat man schon nachgesagt, dass ich den Prozess gegen Lauer angezettelt habe. Ich will an nichts schuld sein, meine Leute sollen sich ruhig halten.«

sich … den Mund verrenken sich … das Maul zerreißen, lästern

Seine Stimme ward vertraulicher, er neigte sich näher zu dem andern hin. »Na, und weil ich Ihren Einfluss kenne, Fischer …«

Plötzlich war seine Hand offen, und auf ihrer Fläche lagen drei große Goldstücke.

Napoleon Fischer sah sie und verzerrte das Gesicht, als erblickte er den Teufel. »Nein!«, rief er, »und abermals nein! Meine Überzeugung kann ich nicht verraten! Für allen Mammon der Welt nicht!«

Mammon verächtlich für: Reichtum, Geld

Er hatte rote Augen und kreischte. Diederich wich zurück; so nahe hatte er dem Umsturz noch nie ins Gesicht gesehen. »Die Wahrheit muss ans Licht!«, kreischte Napoleon Fischer. »Dafür werden wir Proletarier sorgen: Das können Sie nicht verhindern, Herr Doktor! Die Schandtaten der besitzenden Klasse …«

Diederich hielt ihm schnell noch einen Kognak hin. »Fischer«, sagte er eindringlich, »das Geld biete ich Ihnen dafür, dass mein Name in der Sache nicht genannt wird.« Aber Napoleon Fischer wehrte ab; ein hoher Stolz erschien in seiner Miene.

Zeugniszwang (siehe Seite 168)

üben wir nicht üben wir nicht aus

»Zeugniszwang, Herr Doktor, üben wir nicht. Wir nicht. Wer uns mit Agitationsstoff versorgt, hat nichts zu fürchten.«

Agitationsstoff Material zur politischen Mobilisierung unserer Anhängerschaft

»Dann ist alles in Ordnung«, sagte Diederich erleichtert.

»Ich wusste schon, Fischer, dass Sie ein großer Politiker sind. Und darum, wegen des Mädchens, ich meine die verunglückte Arbeiterin – Ich habe Ihnen soeben mit meiner Mitteilung über die Buck'schen Schweinereien einen Gefallen getan …«

Napoleon Fischer grinste geschmeichelt. »Weil Herr Doktor sagen, dass ich ein großer Politiker bin … Ich will von dem Schadenersatz weiter nicht reden. Intimitäten aus den ersten Kreisen sind für uns doch wichtiger als –«

» – als so ein Mädchen«, ergänzte Diederich. »Sie denken immer als Politiker.«

Mahlzeit »(umgangssprachlich) Gruß in der Mittagszeit, besonders zwischen Arbeitskollegen« (Duden) (siehe auch Seite 19)

»Immer«, bestätigte Napoleon Fischer. »Mahlzeit, Herr Doktor.« Er zog sich zurück – indes Diederich feststellte, dass die proletarische Politik ihre Vorzüge habe. Er schob seine drei Goldstücke wieder in die Tasche.

Am Abend des nächsten Tages waren alle Spiegel des Hauses im Wohnzimmer zusammengetragen. Emmi, Magda und Inge Tietz drehten sich dazwischen umher, bis ihnen die Hälse schmerzten; dann ließen sie sich nervös auf den Rand eines Stuhles nieder. »Mein Gott, es ist doch Zeit!« Aber Diederich war fest entschlossen, nicht wieder zu früh zu kommen, wie beim Prozess Lauer. Die ganze Wirkung der Persönlichkeit ging zum Teufel, wenn man zu früh da war. Als sie endlich gingen, entschuldigte Inge Tietz sich nochmals bei Frau Heßling, dass sie ihr den Platz im Wagen wegnehme. Nochmals sagte Frau Heßling: »Ach Gott, es ist gern geschehen. Ich alte Frau bin zu schwach für so was Großes. Genießt ihr es nur, Kinder!« Und sie umarmte unter Tränen ihre Töchter, die kühl abwehrten. Denn sie wussten, dass die Mutter bloß Angst hatte, weil jetzt überall von nichts weiter gesprochen wurde als von der furchtbaren Klatschgeschichte, an der sie selbst schuld war.

Im Wagen fing Inge gleich wieder davon an. »Na, Bucks und Daimchens! Gespannt bin ich bloß, ob sie heute die edle Dreistigkeit haben und da sind!« Magda sagte ruhig: »Das müssen sie wohl. Sonst geben sie ja zu, dass es wahr ist.« – »Wenn schon«, erklärte Emmi. »Ich finde, dass das ihre Sache ist. Ich rege mich darüber nicht auf.« – »Ich auch nicht«, setzte Diederich hinzu. »Ich habe es eigentlich erst heute Abend von Ihnen gehört, Fräulein Tietz.«

Hierüber geriet Inge Tietz außer sich. So leicht dürfe man den Skandal denn doch nicht nehmen. Ob er glaube, dass sie sich das Ganze ausgedacht habe. »Die Bucks haben schon längst Butter auf dem Kopf wegen der Sache: Das wissen ihre eigenen Dienstboten.« – »Also Dienstbotenklatsch«, sagte Diederich, während er einen kleinen Stoß erwiderte, den Magda ihm mit dem Knie gab. Dann musste man schon aussteigen und die Stufen hinuntergehen, die den neuen Teil der Kaiser-Wilhelm-Straße mit der tief gelegenen alten Riekestraße verbanden. Diederich fluchte; denn es begann zu regnen, die Ballschuhe wurden nass; auch standen vor dem Festlokal Proleten, die feindselig gafften. Hätte man nicht, als der ganze Stadtteil höher gelegt wurde, auch dieses Gerümpel niederreißen können? Das historische Harmoniehaus hatte erhalten werden sollen – als ob die Stadt nicht die Mittel gehabt hätte, in zentraler Lage ein modernes, erstklassiges Gesellschaftsgebäude zu bauen. In dem alten Kasten roch es ja nach Moder! Und gleich beim Eingang kicherten immer die Damen, weil eine Statue der Freundschaft dastand, die zwar eine hohe Perücke, aber sonst nichts anhatte. »Vorsicht«, sagte Diederich auf der Treppe, »sonst brechen wir ein.« Denn die beiden dünnen Bogen der Treppe griffen durch die Luft, wie zwei vom Alter abgemagerte Arme. Das braune Rosa ihres Holzes war blass geworden. Droben aber, wo sie sich vereinigten, lächelte auf dem Geländer aus ei-

haben … Butter auf dem Kopf vgl. die Redensart »Wer Butter auf dem Kopf hat, soll nicht in die Sonne gehen.«

Ballschuhe feinen Schuhe für festliche Anlässe

der bezopfte Bürgermeister der Bürgermeister mit seiner gepuderten Zopfperücke

halb erblindeten Wandspiegel alten Wandspiegel, die stellenweise blinde Flecken aufwiesen

Panneaus bemalten Holzplatten

Reifrock stark ausladender, die Füße freilassender Damenrock, dessen Unterröcke durch Reifenkonstruktionen aus Fischbein oder Federstahl gespreizt sind; der Reifrock steht sinnbildlich für die Damenmode der Rokokoepoche (Mitte des 18. Jahrhunderts).

nem blanken Marmorgesicht noch immer der bezopfte Bürgermeister, der dies alles der Stadt hinterlassen hatte und der ein Buck gewesen war. Diederich sah ungnädig an ihm vorbei.

In der tiefen Spiegelgalerie war es ganz still; eine einzelne Dame nur hielt sich dahinten auf, sie schien durch einen Türspalt in den Festsaal zu spähen – und plötzlich wurden die Mädchen von Entsetzen ergriffen: Die Vorstellung hatte begonnen! Magda stürzte durch die Galerie und brach in Weinen aus. Da drehte die Dame sich um, mit dem Finger an den Lippen. Es war Frau von Wulckow, die Dichterin. Sie lächelte erregt und flüsterte: »Es geht gut, mein Stück gefällt. Sie kommen gerade rechtzeitig, Fräulein Heßling, gehen Sie nur und kleiden sich um.« Ach ja! Emmi und Magda hatten erst im zweiten Akt zu tun. Auch Diederich hatte den Kopf verloren. Indes die Schwestern mit Inge Tietz, die ihnen helfen sollte, durch die Nebenräume nach der Garderobe eilten, stellte er sich der Präsidentin vor und blieb ratlos stehen. »Jetzt dürfen Sie nicht hinein, es würde stören«, sagte sie. Diederich stammelte Entschuldigungen, und dann rollte er die Augen, wobei er zwischen den gemalten Ranken der halb erblindeten Wandspiegel seinem geheimnisvoll blassen Abbild begegnete. Der zartgelbe Lack der Wände zeigte launische Sprünge, und auf den Panneaus starben die Farben der Blumen und Gesichter ... Frau von Wulckow schloss eine kleine Tür, durch die jemand einzutreten schien, eine Schäferin mit ihrem bebänderten Stab. Sie schloss die Tür ganz vorsichtig, damit nur die Vorstellung nicht gestört werde, aber es flog doch ein wenig Staub auf, als sei es Puder aus dem Haar der gemalten Schäferin.

»Dies Haus ist so romantisch«, flüsterte Frau von Wulckow. »Finden Sie nicht auch, Herr Doktor? Wenn man sich hier im Spiegel sieht, glaubt man einen Reifrock anzuhaben« – worauf Diederich, immer ratloser, ihr Hängekleid ansah. Die entblößten Schultern waren hohl und nach vorn gebogen, die Haare von slawischem Weißblond, und Frau von Wulckow trug einen Zwicker.

»Sie passen hier glänzend herein, Frau Präsidentin ... Frau Gräfin«, verbesserte er und sah sich mit einem Lächeln belohnt für seine kühne Schmeichelei. Nicht jeder würde Frau von Wulckow so treffsicher daran erinnert haben, dass sie eine geborene Gräfin Züsewitz war!

»Tatsächlich«, bemerkte sie, »sollte man kaum glauben, dass dies Haus seinerzeit nicht für eine wirklich vornehme Gesellschaft gebaut worden ist, sondern nur für die guten Netziger Bürger.« Sie lächelte nachsichtig.

»Ja, das ist komisch«, bestätigte Diederich, mit einem Kratzfuß. »Aber heute können sich zweifellos nur Frau Gräfin hier ganz zu Hause fühlen.«

»Sie haben gewiss Sinn für das Schöne«, vermutete Frau von Wulckow; und da Diederich es bestätigte, erklärte sie, dann dürfe er den ersten Akt doch nicht ganz versäumen, sondern müsse durch den Türspalt sehen. Sie selbst trat schon längst von einem Fuß auf den andern. Sie wies mit dem Fächer nach der Bühne. »Herr Major Kunze wird gleich abgehen. Er ist ja nicht besonders gut, aber was wollen Sie, er sitzt im Vorstand der ›Harmonie‹ und hat den Leuten die künstlerische Bedeutung meines Werkes erst zum Verständnis gebracht.« Indes Diederich den Major unschwer wiedererkannte, denn er hatte sich gar nicht verändert, erläuterte die Dichterin ihm mit fliegender Geläufigkeit die Vorgänge. Das junge Bauernmädchen, mit dem Kunze sich unterhielt, war seine natürliche Tochter, also eine Grafentochter, weshalb das Stück denn auch »Die heimliche Gräfin« hieß. Gerade klärte Kunze sie, bärbeißig wie immer, über diesen Umstand auf. Auch eröffnete er ihr, er werde sie mit einem ar-

Hängekleid gerade geschnittenes gürtelloses Kleid (›Hänger‹)

Zwicker (siehe Seite 37: Klemmer)

Kratzfuß »Verbeugung (einer männlichen Person), bei der ein Fuß (leicht scharrend) in weitem Bogen hinter den anderen gezogen wird« (Duden)

was wollen Sie was soll man machen

seine natürliche Tochter ... »Die heimliche Gräfin« → Seite 512

bärbeißig wie immer in seiner gewohnten brummig-unwirschen Art

men Vetter verheiraten und ihr die Hälfte seiner Besitztümer vererben. Hierüber herrschte, als er abgegangen war, laute Freude bei dem Mädchen und ihrer Pflegemutter, der braven Pächtersfrau.

»Wer ist denn die schreckliche Person?«, fragte Diederich, bevor er es bedacht hatte. Frau von Wulckow war erstaunt.

»Es ist doch die komische Alte vom Stadttheater. Wir hatten sonst niemand für die Rolle; aber meine Nichte spielt ganz gern mit ihr.«

Und Diederich erschrak; mit der schrecklichen Person hatte er die Nichte gemeint. »Das Fräulein Nichte ist ganz reizend«, beteuerte er schnell und blinzelte entzückt nach dem dicken roten Gesicht, das gleich auf den Schultern saß – und es waren Wulckows Schultern! »Talent hat sie aber auch«, setzte er der Sicherheit wegen hinzu. Frau von Wulckow wisperte: »Passen Sie nur auf« – und da kam aus der Kulisse Assessor Jadassohn. Welch eine Überraschung! Er hatte ganz neue Bügelfalten und trug in seinem imposant geschweiften Cutaway eine riesenhafte Plastronkrawatte mit einem roten Funkelstein von entsprechendem Umfang. Aber so sehr der Stein auch funkelte, Jadassohns Ohren überstrahlten ihn. Da sein Kopf frisch geschoren und sehr platt war, standen die Ohren frei heraus und beleuchteten wie zwei Lampen seine festliche Pracht. Er spreizte die gelb behandschuhten Hände, als plädierte er für viele Jahre Zuchthaus; und tatsächlich sagte er der Nichte, die geradezu konsterniert schien, und der heulenden komischen Alten die peinlichsten Dinge … Frau von Wulckow wisperte: »Er ist ein schlechter Charakter.«

»Und ob«, sagte Diederich mit Überzeugung.

»Kennen Sie denn mein Stück?«

»Ach so. Nein. Aber ich sehe schon, was er will.«

Nämlich Jadassohn, der der Sohn und Erbe des alten Grafen Kunze war, hatte gelauscht und war durchaus nicht ge-

der braven Pächtersfrau der rechtschaffenen Frau eines Landwirts, der das von ihm bewirtschaftete Land nicht besitzt, sondern nur gepachtet hat

die komische Alte vom Stadttheater die zum Ensemble des Stadttheaters gehörende Schauspielerin, die dort das Rollenfach der »komischen Alten« abdeckt

Cutaway → Seite 512

Plastronkrawatte → Seite 513

roten Funkelstein wohl: protzig großen falschen Edelstein

konsterniert fassungslos

peinlichsten unangenehmsten

ist ein schlechter Charakter ist eine böse Figur

sonnen, die Hälfte seiner ihm von Gott verliehenen Besitztümer an die Nichte abzutreten. Er verlangte gebieterisch, dass sie augenblicklich das Feld räume; widrigenfalls er sie als Erbschleicherin verhaften und Kunze entmündigen lassen werde.

»Das ist eine Gemeinheit«, bemerkte Diederich. »Sie ist doch seine Schwester.« Die Dichterin erklärte ihm: »Nun ja. Aber andererseits hat er recht, wenn er ein Fideikommiss aus den Gütern machen will. Er arbeitet eben für das ganze Geschlecht, mag auch der Einzelne zu kurz kommen. Für die heimliche Gräfin ist das natürlich tragisch.«

»Wenn man es recht bedenkt –«, Diederich war hocherfreut. Dieser aristokratische Gesichtspunkt kam auch ihm selbst zustatten, wenn er keine Neigung fühlte, Magda bei ihrer Verheiratung am Geschäft zu beteiligen.

»Frau Gräfin, Ihr Stück ist erstklassig«, sagte er, durchdrungen. Aber da zog Frau von Wulckow ihn angstvoll am Arm: Im Publikum entstanden Geräusche, es scharrte, schnupfte sich aus und kicherte. »Er übertreibt«, stöhnte die Dichterin. »Ich habe es ihm immer gesagt.«

Denn Jadassohn führte sich wirklich unerhört auf. Die Nichte samt der komischen Alten klemmte er hinter den Tisch ein und füllte mit den tobenden Bekundungen seiner gräflichen Persönlichkeit die ganze Bühne. Je mehr das Haus ihn missbilligte, desto herausfordernder lebte er dort oben sich aus. Jetzt zischte man sogar; ja, mehrere wandten sich nach der Tür um, hinter der Frau von Wulckow bebte, und zischten. Vielleicht geschah es nur, weil die Tür kreischte – aber die Dichterin fuhr zurück, sie verlor den Zwicker und tastete in hilflosem Entsetzen durch die Luft, bis Diederich ihn ihr zurückbrachte. Er versuchte, sie zu trösten. »Es hat nichts zu sagen, Jadassohn geht doch hoffentlich bald ab?« Sie horchte durch die geschlossene Tür. »Ja, Gott sei Dank«, plapperte sie, und die Zähne schlugen ihr aufeinander. »Jetzt ist er fer-

gesonnen gewillt, bereit

widrigenfalls er sie … werde andernfalls werde er sie …

Erbschleicherin eine Frau, die versucht, ein Erbe an sich zu bringen, das ihr eigentlich nicht zusteht

ein Fideikommiss (vgl. lat. ›fidei comissum‹: ›zu treuen [Händen] belassen‹) erbrechtliche Regelung, nach der immer nur ein Angehöriger in den Besitz des gesamten Erbes gelangt – um zu verhindern, dass der Besitz zerstückelt wird und die Familie in die Bedeutungslosigkeit herabsinkt.

Geschlecht Adelsgeschlecht, Adelsfamlie

durchdrungen ganz aufrichtig (durchdrungen vom Gefühl der Wahrheit seiner Worte)

kreischte quietschte

tig, jetzt flieht meine Nichte mit der komischen Alten, und dann kommt Kunze wieder mit dem Leutnant, wissen Sie.«

»Ein Leutnant spielt auch mit?«, fragte Diederich achtungsvoll.

»Ja, das heißt, er ist noch auf dem Gymnasium, er ist ein Sohn des Herrn Landgerichtsdirektors Sprezius: der arme Verwandte, wissen Sie, den der alte Graf seiner Tochter zum Mann geben will. Er verspricht dem Alten, dass er die heimliche Gräfin in der ganzen Welt suchen wird.«

»Sehr begreiflich«, sagte Diederich. »Es liegt in seinem eigenen Interesse.«

»Sie werden sehen, er ist ein edler Mensch.«

»Aber Jadassohn, wenn ich mir die Bemerkung erlauben darf, Frau Gräfin, den hätten Sie nicht mitspielen lassen sollen«, sagte Diederich vorwurfsvoll und mit heimlicher Genugtuung. »Schon wegen der Ohren.«

Frau von Wulckow sagte niedergeschlagen: »Ich dachte nicht, dass sie auf der Bühne so wirken würden. Glauben Sie nun, dass es ein Misserfolg wird?«

»Frau Gräfin!« Diederich legte die Hand auf das Herz. »Ein Stück wie die ›Heimliche Gräfin‹ ist nicht so leicht umzubringen!«

»Nicht wahr? Es kommt beim Theater doch wohl auf die künstlerische Bedeutung an.«

»Gewiss. Freilich, so ein Paar Ohren haben auch viel Einfluss« – und Diederich machte ein bedenkliches Gesicht.

Frau von Wulckow rief flehend aus: »Wo doch der zweite Akt noch viel besser ist! Er spielt in einer protzigen Fabrikantenfamilie, und die heimliche Gräfin dient dort als Stubenmädchen. Dann ist da ein Klavierlehrer, kein feiner Mensch, eine der Töchter hat er sogar geküsst, und nun macht er der Gräfin einen Heiratsantrag, den sie natürlich weit von sich weist. Ein Klavierlehrer! Wie könnte sie!«

Diederich bestätigte, es sei ausgeschlossen.

»Aber nun sehen Sie, wie tragisch: die Tochter, die sich von dem Klavierlehrer hat küssen lassen, verlobt sich auf einem Ball mit einem Leutnant, und wie der Leutnant ins Haus kommt, da ist es derselbe Leutnant, der – «

»O Gott, Frau Gräfin!« Diederich streckte schützend die Hände vor, ganz erregt durch so viele Verwicklungen. »Wie kommen Sie nur auf all die Geschichten?«

Die Dichterin lächelte leidenschaftlich.

»Ja, nämlich das ist das Interessanteste: Nachher weiß man es nicht mehr. Es geht so geheimnisvoll zu im Gemüt! Manchmal denke ich mir, ich muss es geerbt haben.«

»Haben Sie denn so viele Dichter in Ihrer werten Familie?«

»Das nicht. Aber wenn nicht mein großer Vorfahre die Schlacht bei Kröchenwerda gewonnen hätte, wer weiß, ob ich die ›Heimliche Gräfin‹ geschrieben haben würde. Es kommt schließlich immer auf das Blut an!«

Bei dem Namen der Schlacht machte Diederich einen Kratzfuß, und er wagte nichts mehr zu fragen.

»Jetzt muss gleich der Vorhang fallen«, sagte Frau von Wulckow. »Hören Sie etwas?«

Er hörte nichts; nur für die Dichterin gab es nicht Tür noch Wände. »Jetzt schwört der Leutnant der fernen Gräfin die ewige Treue«, flüsterte sie. »So«; und alles Blut wich ihr aus dem Gesicht. Gleich darauf schoss es heftig zurück; man klatschte: nicht stürmisch, aber man klatschte. Die Tür ward von drinnen geöffnet. Dort hinten rollte nochmals der Vorhang hinauf, und da der junge Sprezius und die Wulckow'sche Nichte hervorkamen, ward der Beifall lebhafter. Plötzlich schnellte aus der Kulisse Jadassohn, pflanzte sich vor die beiden und machte Miene, den Erfolg einzuheimsen – worauf gezischt wurde. Frau von Wulckow wandte sich entrüstet ab.

die Schlacht bei Kröchenwerda Gemeint ist wohl Kötzschenbroda (heute ein Stadtteil von Radebeul in Sachsen), wo aber auch keine Schlacht stattfand, sondern am 6. September 1645, in der Endphase des Dreißigjährigen Krieges, ein Waffenstillstand zwischen Schweden und Sachsen geschlossen wurde. Die adelsstolze Dichterin erweist sich demnach in der deutschen Kriegsgeschichte als nicht ganz sattelfest.

machte Miene versuchte augenscheinlich

Der Schwiegermutter des Bürgermeisters Scheffelweis und der Landgerichtsrätin Harnisch, die ihr Glück wünschten, erklärte sie: »Herr Assessor Jadassohn ist als Staatsanwalt unmöglich. Ich werde es meinem Mann sagen.«

Die Damen gaben den Ausspruch sofort weiter und hatten viel Erfolg damit. Plötzlich war die Spiegelgalerie voll von Gruppen, die über Jadassohns Ohren herfielen. »Die Präsidentin hat recht wacker gedichtet; nur Jadassohns Ohren – « Als man hörte, dass Jadassohn im zweiten Akt nicht mehr wiederkomme, war man doch enttäuscht. Wolfgang Buck ging mit Guste Daimchen auf Diederich zu. »Haben Sie gehört?«, fragte er. »Jadassohn soll eine Amtshandlung vornehmen und seine Ohren konfiszieren.« Diederich sagte missbilligend: »Ich mache keine Witze, wenn es jemandem schlecht geht.« Und dabei überwachte er eifrig die Blicke, die Buck und seine Begleiterin trafen. Alle Mienen lebten auf, wenn sie die beiden erblickten; Jadassohn war vergessen. Vom Ausgang trug die dünne Schreistimme des Professors Kühnchen etwas durch den Wirrwarr, das klang wie »Affenschande«. Da die Pastorin Zillich ihm beschwichtigend die Hand auf den Arm legte, wandte er sich her, und jetzt verstand man es deutlich: »Eine ausgewachsene Affenschande ist es!«

wacker tüchtig, tapfer

konfiszieren auf einen Gerichtsbeschluss hin beschlagnahmen; aus dem Verkehr ziehen und sicherstellen

Da Als

Guste sah sich um; sie bekam Schlitzaugen. »Dort sprechen sie auch davon«, sagte sie geheimnisvoll.

»Wovon?«, stammelte Diederich.

»Wir wissen schon. Und wer es aufgebracht hat, weiß ich auch.«

aufgebracht in Umlauf gebracht

Hier brach Diederich der Schweiß aus. »Was haben Sie denn?«, fragte Guste. Buck, der durch die Seitentür nach dem Büfett schielte, sagte phlegmatisch: »Heßling ist ein vorsichtiger Politiker, er hört nicht gern mit an, dass der Bürgermeister zwar einerseits ein guter Ehemann ist, aber andererseits auch seiner Schwiegermutter nichts abschlagen kann.«

Büfett zur Selbstbedienung angerichtete Auswahl von Speisen

Sofort ward Diederich dunkelrot.

»Das ist eine Gemeinheit! Wie kann jemand sich solch eine Gemeinheit ausdenken!«

Guste kicherte heftig. Buck blieb unbewegt. »Erstens scheint es Tatsache zu sein, denn die Frau Bürgermeister hat die beiden überrascht und sich einer Freundin anvertraut. Dann aber lag es ja auf der Hand.«

Guste brachte hervor: »Na Sie, Herr Doktor, wären natürlich nie darauf gekommen.« Dabei blinzelte sie verliebt ihrem Verlobten zu. Diederich blitzte. »Aha!«, sagte er stramm. »Jetzt weiß ich freilich genug!« Und er drehte ihnen den Rücken. Sie erfanden also selbst Gemeinheiten, noch dazu über den Bürgermeister! Diederich durfte den Kopf hoch tragen. Er stieß zu der Gruppe Kühnchens, die sich nach dem Büfett hin bewegte und ein Kielwasser von sittlicher Entrüstung hinterließ. Die Schwiegermutter des Bürgermeisters schwur mit rotem Gesicht, »diese Gesellschaft« werde ihr Haus künftig nur noch von außen sehen, und mehrere Damen schlossen sich ihrem Vorsatz an, trotz Abraten des Warenhausbesitzers Herrn Cohn, der bis auf Weiteres alles in Zweifel zog, weil eine derartige sittliche Entgleisung bei einem bewährten alten Liberalen wie dem Herrn Buck ganz ausgeschlossen erscheine. Professor Kühnchen war vielmehr der Meinung, dass ein zu weit gehender Radikalismus auch die Moral gefährde. Selbst Doktor Heuteufel, der doch die Sonntagsfeiern für freie Menschen veranstaltete, machte die Bemerkung, an Familiensinn, man könne auch sagen Nepotismus, habe es dem alten Buck niemals gefehlt. »Beispiele dafür liegen Ihnen allen auf der Zunge. Und dass er jetzt, um das Geld in der Familie zu erhalten, sich anschickt, seine unehelichen Kinder mit seinen ehelichen zu verheiraten, das, meine Herrschaften, würde ich ärztlich als greisenhafte Ausschreitung einer früher noch beherrschten Naturanlage dia-

Nepotismus (siehe Seite 107)

gnostizieren.« Hierbei bekamen die Damen erschreckte Gesichter, und die Pastorin Zillich schickte ihr Käthchen in die Garderobe nach ihrem Schnupftuch.

Auf ihrem Wege kam Käthchen an Guste Daimchen vorbei, aber sie begrüßte sie nicht, sondern schlug die Augen nieder; da machte Guste ein betretenes Gesicht. Am Büfett bemerkte man es und äußerte Missbilligung, vermischt mit Mitleid. Guste musste nun eben erfahren, was es hieß, sich über die öffentliche Moral hinwegzusetzen. Mochte ihr zugebilligt werden, dass sie vielleicht getäuscht und schlecht beeinflusst sei: Frau Oberinspektor Daimchen aber, die wusste doch wohl Bescheid, und sie war gewarnt! Die Schwiegermutter des Bürgermeisters berichtete von ihrem Besuch bei Gustes Mutter und von ihren vergeblichen Anstrengungen, durch Anklopfen ein Geständnis hervorzulocken aus der verhärteten alten Frau, der eine legitime Verbindung mit dem Hause Buck wohl einen Jugendtraum erfüllte! ...

Anklopfen beziehungsreiche Anspielungen, geschicktes Nachfragen

eine legitime Verbindung eine nicht bloß heimliche (wie sie das vermeintliche einstige Verhältnis zwischen Herrn Buck und ihr darstellt), sondern eine ehrbare und offiziell anerkannte Verbindung beider Familien durch die Heirat ihrer Tochter mit Wolfgang Buck

»Na, und der Herr Rechtsanwalt Buck!«, kreischte Kühnchen. Tatsächlich, wen wollte dieser Herr glauben machen, dass er über die neue Schande, die seine Familie traf, nicht genau unterrichtet sei? Waren ihm die Verbrechen im Hause Lauer etwa unbekannt gewesen? Und doch sah man ihn nicht zögern, die schmutzige Wäsche seiner Schwester und seines Schwagers öffentlich vor Gericht auszubreiten, nur um von sich reden zu machen! Doktor Heuteufel, den es noch immer drängte, seine eigene Haltung im Prozess nachträglich zu verbessern, erklärte: »Das ist kein Verteidiger, das ist ein Komödiant!« Und als Diederich zu bedenken gab, Buck habe nun einmal gewisse, wenn auch anfechtbare Überzeugungen in Politik und Moral, da ward ihm erwidert: »Herr Doktor, Sie sind sein Freund. Dass Sie für ihn eintreten, spricht zu Ihren Gunsten, aber Sie machen uns nichts weis« – worauf Diederich sich zurückzog, mit bekümmerter

Miene, aber nicht ohne einen Blick auf den Redakteur Nothgroschen, der bescheiden an einer Schinkensemmel kaute und alles hörte.

Plötzlich entstand eine Stille, denn drinnen, nahe der Bühne, erblickte man den alten Herrn Buck in einem Kreis junger Mädchen. Es schien, er erklärte ihnen die Malereien an den Wänden, das Leben von ehemals, das verblichen und heiter den ganzen Saal umgab, mit dem Umkreis der Stadt, wie sie gewesen war, mit verschwundenen Wiesen und Gärten und den Menschen allen, lärmend einst als Herren hier in diesem Festhaus, nun aber in hingetäuschte Tiefen gebannt vor dem Geschlecht, das eben jetzt lärmte ... Jetzt sah es gar aus, als ahmten sie, die Mädchen und der Alte, den Figuren nach. Gerade über ihnen war das Burgtor abgebildet, und ein Herr in Perücke und Amtskette trat heraus, derselbe, der aus Marmor zu Häupten der Treppe stand. In dem lieblichen Gehölz voller Blumen aber, das damals wohl dort, statt der Papierfabrik Gausenfeld, geblüht hatte, tanzten ihm helle Kinder entgegen, warfen einen Kranz über ihn und wollten ihn damit umherdrehen. Der Widerschein von rosigen kleinen Wolken fiel auf sein glückliches Gesicht. So glücklich lächelte in diesem Augenblick auch der alte Buck, ließ sich von den Mädchen hin und her ziehen und war von ihnen gefangen, wie in einem lebenden Kranz. Seine Sorglosigkeit war unbegreiflich, sie war aufreizend. Hatte er schon sein Gewissen bis zu dem Grade abgestumpft, dass er seine natürliche Tochter – »*Unsere* Töchter sind eben doch keine natürlichen Kinder«, sagte Frau Warenhausbesitzer Cohn. »Meine Sidonie mit Guste Daimchen Arm in Arm!« ... Buck und seine jungen Freundinnen merkten gar nicht, dass sie sich am Ende eines leeren Raumes befanden. Vorn bildete feindliches Publikum eine Mauer; die Augen fingen zu funkeln an, und der Mut wuchs. »Die Familie ist die längste Zeit

ehemals einst

in hingetäuschte Tiefen gebannt vor dem Geschlecht, das eben jetzt lärmte nur noch in scheinbar lebendiger Dreidimensionalität (ein bloßer Effekt der Illusionskunst des Malers) auf den Wandmalereien vorhanden und den Blicken der heutigen Generation ausgesetzt, die sich nicht mehr um sie kümmerte

den (Z. 13) die

Amtskette schwere, um den Hals getragene Kette, die den Träger weithin sichtbar als Inhaber eines wichtigen Amts auswies

zu Häupten der Treppe am Kopfende der Treppe, am obersten Treppenabsatz

Rattenfänger Anspielung auf die bekannte Sage vom Rattenfänger von Hameln; metaphorisch für: Volksverführer

Jäh entrangen sich zwei Damen dem allgemeinen Druck Inmitten der aufgestauten Spannung ergriffen mit einem Mal zwei Damen die Initiative

da (Z. 11) als

sogar fragte sich fragte sich sogar

etwa tatsächlich, womöglich

galt es nicht irgendeinem richtete sich die Attacke nicht auf irgendeinen

obenauf gewesen! Einen haben sie schon in der Vogtei, gleich kommt Nummer zwei!« – »Das ist ja der reinste Rattenfänger!«, murrte es; und drüben: »Ich sehe es nicht noch länger mit an!« Jäh entrangen sich zwei Damen dem allgemeinen Druck, nahmen einen Anlauf und durchkreuzten den leeren Raum. Frau Rat Harnisch, die in ihrer roten Samtschleppe dahinkugelte, traf am Ziel pünktlich auf die gelbe Frau Cohn, mit demselben Griff bemächtigte die eine sich ihrer Sidonie, die andere ihrer Meta, und welch eine Genugtuung, als sie wieder anlangten! »Ich war einer Ohnmacht nahe«, sagte die Pastorin Zillich, da nun gottlob auch Käthchen sich einfand.

Die gute Laune kehrte zurück, man scherzte über den alten Sünder und verglich ihn mit dem Grafen im Stück der Präsidentin. Freilich, Guste war keine heimliche Gräfin; in einer Dichtung konnte man, der Präsidentin zu Gefallen, mit solchen Zuständen sympathisieren. Übrigens waren sie dort noch erträglich, denn die Gräfin sollte nur ihren Vetter heiraten, während Guste –!

Der alte Buck, der niemand mehr um sich sah als seine künftige Schwiegertochter und eine seiner Nichten, bekam eine fragende Miene; ja, unter den Blicken, die ihn in seiner Verlassenheit musterten, ward er sichtlich verlegen. Man machte einander darauf aufmerksam – und Diederich sogar fragte sich, ob Frau Heßlings alte Skandalgeschichte denn etwa wahr sei? Da er das Phantom, das er selbst in die Welt geschickt hatte, hier einen Körper annehmen und immer drohender um sich greifen sah, war ihm sehr bange geworden. Diesmal galt es nicht irgendeinem Lauer, es galt dem alten Herrn Buck, der ehrwürdigsten Figur aus Diederichs Kindertagen, dem großen Mann der Stadt, der Verkörperung ihres Bürgersinnes, dem zum Tode Verurteilten von achtundvierzig! Im eigenen Herzen fühlte Diederich ein Sträuben gegen sein Unterfangen. Auch schien es Wahnwitz; ein Streich wie dieser zerschmetterte den Alten noch längst nicht. Kam es aber heraus, wer der Urheber war, dann musste Diederich darauf gefasst sein, dass alle sich gegen ihn wendeten ... Gleichwohl blieb es ein Streich, und er hatte getroffen. Jetzt war es nicht mehr bloß die Familie, die bröckelte und an dem Alten als Last hing: der Bruder vor dem Bankerott, der Schwiegersohn im Gefängnis, die Tochter auf Reisen mit einem Liebhaber und von den Söhnen einer verbauert, der andere verdächtig durch Gesinnung und Lebensführung – jetzt schwankte er, zum ersten Male, selbst. Herunter mit ihm, damit Diederich hinaufkam! Trotzdem war es Diederich bange bis in den Leib hinein, er machte sich auf, um die Nebenräume zu besuchen.

Er lief, denn es klingelte schon zum zweiten Akt: Da stieß er mit der Schwiegermutter des Bürgermeisters zusammen, die es aus einem anderen Grund ebenso eilig hatte. Sie kam gerade noch rechtzeitig, um zu verhindern, dass ihr Schwiegersohn, gelenkt von seiner Frau, sich auf den alten Buck zubewege und ihn mit seiner Autorität decke. »Mit deiner Autorität als Bürgermeister, einen solchen Skandal!« Sie war heiser vor Aufregung. Die Frau aber mit ihrer grellen kleinen Stimme blieb dabei, die Bucks seien nun einmal die feinsten Leute hier, und noch gestern habe Milli Buck ihr ein fabelhaftes Schnittmuster gegeben. Mit versteckten Püffen trieb jede ihn nach ihrer Seite; er gab ihnen abwechselnd recht, seine blassen Bartkotelettes flohen nach links und nach rechts, und er hatte Augen wie ein Hase. Die Vorübergehenden stießen einander an und wiederholten flüsternd als einen Witz, was Diederich durch Wolfgang Buck wusste. Angesichts so wichtiger Vorgänge vergaß er seine Leibschmerzen, blieb stehen und beschrieb einen herausfordernden Gruß. Der Bürgermeister gab sich Haltung, verließ seine Da-

Streich Hieb, Schlag (die Formulierung evoziert die Assoziation ›Schwertstreich‹ und lässt so einmal mehr die Neigung erkennen, jede Auseinandersetzung ins Mythisch-Heldische hochzustilisieren)

vor dem Bankerott vor der Insolvenz (der Unfähigkeit, seinen Zahlungsverpflichtungen nachzukommen)

beschrieb einen herausfordernden Gruß grüßte mit herausfordernder Geste

men, er streckte Diederich die Hand hin. »Mein lieber Doktor Heßling, es freut mich, das ist einmal ein gelungenes Fest, wie?«

Aber Diederich zeigte sich gar nicht geneigt, auf die nichtssagende Herzlichkeit einzugehen, die Doktor Scheffelweis so sehr liebte. Er richtete sich auf wie das Verhängnis und blitzte.

wie das Verhängnis wie das personifizierte (böse) Schicksal

»Herr Bürgermeister, ich fühle mich nicht berechtigt, Sie im Unklaren zu lassen über gewisse Dinge, die – «

»Die?«, fragte Doktor Scheffeiweis, erbleicht.

»Die vorgehn«, sagte Diederich nicht ohne Härte. Der Bürgermeister bat um Erbarmen. »Ich weiß doch schon. Es ist die fatale Geschichte mit unserem allverehrten – ich wollte sagen, die Schweinerei des alten Buck«, flüsterte er vertraulich. Diederich blieb kalt.

»Es ist mehr. Sie dürfen sich nicht länger täuschen, Herr Bürgermeister: Es betrifft Sie selbst.«

»Junger Mann, ich muss doch bitten ... «

»Ich stehe Ihnen zur Verfügung, Herr Bürgermeister!«

Doktor Scheffelweis irrte, wenn er hoffte, dieser Kelch sei durch Aufbegehren besser abzuwenden als durch Flehen! Er war in Diederichs Hand; die Spiegelgalerie hatte sich geleert, auch die beiden Damen verschwanden dahinten im Gedränge.

»Buck und Genossen führen einen Gegenschlag«, sagte Diederich sachlich. »Sie sind entlarvt und rächen sich.«

»An mir?« Der Bürgermeister hüpfte auf.

»Verleumdungen, ich wiederhole: infame Verleumdungen werden gegen Sie gerichtet. Kein Mensch würde sie glauben, aber in diesen Zeiten der politischen Kämpfe – «

beendete nicht, sondern hob brach seine Rede ab und hob stattdessen

Er beendete nicht, sondern hob die Schultern. Doktor Scheffelweis war sichtlich kleiner geworden. Er wollte Diederich ansehen, irrte aber ab. Da bekam Diederich die Stimme des Gerichts.

»Herr Bürgermeister! Sie erinnern sich an unsere erste Unterredung in Ihrem Hause, mit Herrn Assessor Jadassohn. Ich habe Sie schon damals darauf vorbereitet, dass ein neuer Geist in die Stadt einziehen werde. Die schlappe demokratische Gesinnung hat abgewirtschaftet! Stramm national muss man heut sein! Sie waren gewarnt!«

Doktor Scheffelweis stand Rede.

stand Rede rechtfertigte sich

»Ich war innerlich schon immer auf Ihrer Seite, lieber Freund: umso mehr, als ich ein besonderer Verehrer Seiner Majestät bin. Unser herrlicher junger Kaiser ist ein so origineller Denker ... impulsiv ... und ...«

»Die persönlichste Persönlichkeit«, ergänzte Diederich streng.

Der Bürgermeister sprach nach: »Persönlichkeit ... Aber ich in meiner Stellung, die nach beiden Seiten blickt, kann Ihnen auch heute nur wiederholen: Schaffen Sie neue Tatsachen!«

»Und mein Prozess? Ich habe die Feinde Seiner Majestät glatt zerschmettert!«

»Ich habe Ihnen nichts in den Weg gelegt. Ich habe Sie sogar beglückwünscht.«

»Mir nicht bekannt.«

»Wenigstens im Stillen.«

»Heute muss man sich offen entscheiden, Herr Bürgermeister. Seine Majestät haben es selbst gesagt: Wer nicht für mich ist, ist wider mich! Unsere Bürger sollen endlich aus dem Schlummer erwachen und bei der Bekämpfung der umwälzenden Elemente selbst mit Hand anlegen!«

Hier schlug Doktor Scheffelweis die Augen nieder. Umso gebieterischer reckte sich Diederich.

»Wo aber bleibt der Bürgermeister?«, fragte er, und seine Frage klang in einer drohenden Stille so lange nach, bis Doktor Scheffelweis sich entschloss, ihn anzublinzeln. Zum Sprechen brachte er es nicht; Diederichs Erscheinung, blitzend, gesträubt und blond gedunsen, verschlug ihm die Rede. In fliegender Verwirrung dachte er: ›Einerseits – andererseits‹ – und blinzelte immerfort das Bild der neuen Jugend an, die wusste, was sie wollte, den Vertreter der harten Zeit, die nun kam!

Diederich, mit herabgezogenen Mundwinkeln, nahm die Huldigung entgegen. Er genoss einen der Augenblicke, in denen er mehr bedeutete als sich selbst und im Geiste eines Höheren handelte. Der Bürgermeister war länger als er, aber Diederich sah auf ihn hinunter, als hätte er gethront. »Nächstens haben wir Stadtverordnetenwahlen: Da kommt es nun ganz auf Sie an«, äußerte er gnädig und knapp. »Der Prozess Lauer hat einen Umschwung der öffentlichen Meinung bewirkt. Die Leute haben Angst vor mir. Wer mir behilflich sein will, ist mir willkommen; wer sich mir entgegenstellt – «

mehr bedeutete als sich selbst zum Repräsentanten der Macht wurde

länger größer

Den Nachsatz wartete Doktor Scheffelweis nicht ab. »Ich bin ganz Ihrer Meinung«, flüsterte er beflissen, »Freunde des Herrn Buck dürfen nicht mehr gewählt werden.«

»Das liegt in Ihrem eigensten Interesse. Bei den Schlechtgesinnten untergräbt man Ihren guten Ruf, Herr Bürgermeister! Könnten Sie es heute überleben, dass die Gutgesinnten den abscheulichen Verleumdungen nicht mehr widersprechen?« Eine Pause, in der Doktor Scheffelweis zitterte; dann wiederholte Diederich, ermutigend: »Es kommt nur auf Sie an.« – Der Bürgermeister murmelte: »Ihre Energie und anständige Gesinnung in Ehren – «

»Meine hochanständige Gesinnung!«

»Freilich ... Aber Sie sind ein politischer Heißsporn, mein junger Freund. Die Stadt ist noch nicht reif für Sie. Wie wollen Sie mit ihr fertig werden?«

Statt einer Antwort trat Diederich plötzlich zurück und machte einen Kratzfuß. Im Eingang stand Wulckow.

Er kam herbei unter elastischem Schwenken des Bauches, legte seine schwarze Tatze dem Doktor Scheffelweis auf die Schulter und sagte dröhnend: »Na, Bürgermeisterchen, so solo hier? Ihre Stadtverordneten haben Sie wohl hinausgeworfen?« – worauf Doktor Scheffelweis bleich mitlachte. Aber Diederich sah sich heftig besorgt nach der Saaltür um, die noch offen stand. Er trat vor Wulckow hin, sodass der Präsident von drinnen nicht zu sehen war, und flüsterte ihm einige Worte zu, infolge deren der Präsident sich abwandte und seine Kleider ordnete. Dann sagte er zu Diederich: »Sie sind wirklich sehr brauchbar, Doktorchen.«

Diederich lächelte geschmeichelt. »Ihre Anerkennung, Herr Präsident, macht mich glücklich.«

Wulckow äußerte gnädig: »Sie können gewiss auch sonst noch allerlei. Wir müssen mal drüber reden.« Er streckte den Kopf vor, braunfleckig, mit slawischen Backenknochen, und glotzte Diederich an, aus den Mongolenfalten seiner Augen, die voll einer warmblütigen, schalkhaften Gewaltsamkeit waren: – glotzte, bis Diederich schnaufte. Dieser Erfolg schien Wulckow zu befriedigen. Er bürstete vor dem Spiegel seinen Bart, zerdrückte ihn aber sogleich wieder auf dem Frackhemd, weil er den Kopf wie ein Stier trug, und sagte: »Nu los! Der Klimbim ist wohl schon im Gange?« Und in der Mitte zwischen Diederich und dem Bürgermeister schickte er sich an, mit Wucht die Vorstellung zu stören: Da kam vom Büfett her eine dünne Stimme: »Ach Gott, Ottochen!«

»Na, da ist sie«, brummte Wulckow, und er ging seiner Frau entgegen. »Dachte mir schon, wenn es zum Klappen kommt, scheut sie. Mehr Reitergeist, meine beste Frieda!«

»Ach Gott, Ottochen, ich habe nun mal solche grauenhafte Angst!« Zu den beiden anderen Herren gewandt, plauderte sie geläufig, wenn auch bebend: »Ich weiß wohl, man sollte freudigeren Herzens in die Schlacht gehen.«

seine schwarze Tatze … slawischen Backenknochen … Mongolenfalten (Z. 16 f.) → Seite 513

bleich mitlachte eingeschüchtert und beflissen mitlachte

Frackhemd weißes Hemd mit steifer Brustpartie (gestärkter Piquébrust), wie es gewöhnlich zum Frack getragen wird

Der Klimbim Der nutzlose Kram dort

wenn es zum Klappen kommt wenn es ernst wird, wenn es hart auf hart kommt

Reitergeist Schneid, soldatischer Mut

»Besonders«, sagte Diederich schlagfertig, »wenn sie im Voraus gewonnen ist.« Und er verneigte sich ritterlich. Frau von Wulckow berührte ihn mit dem Fächer.

»Herr Doktor Heßling hat mir nämlich schon während des ersten Aktes hier draußen Gesellschaft geleistet. Er hat Sinn für das Schöne, er gibt einem sogar nützliche Winke.«

Winke Hinweise

»Hab ich gemerkt«, sagte Wulckow; und indes Diederich abwechselnd ihm und seiner Frau dankerfüllte Kratzfüße machte, setzte der Präsident hinzu: »Bleiben wir lieber gleich beim Büfett.«

»Das war auch mein Schlachtplan«, plauderte Frau von Wulckow. »Umso mehr, als ich jetzt festgestellt habe, dass man hier eine kleine Tür nach dem Saal öffnen kann. So erfreut man sich der von den Ereignissen unberührten Isoliertheit, die ich nun einmal brauche, und bleibt dennoch au fait.«

nach dem Saal zum Saal hin

au fait (frz.) auf der Höhe des Geschehens

»Bürgermeisterchen«, sagte Wulckow und schnalzte, »den Hummersalat sollten Sie sich auch kaufen.« Er zog Doktor Scheffelweis am Ohr und setzte hinzu: »In der Sache mit dem städtischen Arbeitsnachweis hat der Magistrat mal wieder eine jammervolle Rolle gespielt.«

dem städtischen Arbeitsnachweis der kommunalen »Erwerbslosenfürsorge«, wie man damals sagte, einer Behörde, die sich um die Verringerung der Arbeitslosigkeit bemühte

Der Bürgermeister aß gehorsam und hörte gehorsam zu – indes Diederich neben Frau von Wulckow nach der Bühne ausspähte. Dort hatte Magda Heßling Klavierstunde, und der Lehrer, ein dunkellockiger Virtuose, küsste sie feurig, was sie nicht übel zu vermerken schien. ›Kienast dürfte das nicht sehen‹, dachte Diederich, aber auch im eigenen Namen fühlte er sich gekränkt. Er äußerte: »Finden Frau Gräfin nicht doch, dass der Klavierlehrer zu naturalistisch spielt?«

Virtuose (siehe Seite 19)

nicht übel zu vermerken schien sich offenkundig recht gern gefallen ließ

Die Dichterin erwiderte befremdet: »Ganz so lag es in meiner Intention.«

zu naturalistisch zu wirklichkeitsgetreu

»Ich meinte auch nur«, sagte Diederich unsicher – und dann erschrak er, denn in der Tür erschien Frau Heßling oder eine Dame, die ihr ähnlich sah. Emmi kam auch, und

Intention Absicht

das Paar war ertappt, man schrie und weinte. Umso lauter sprach Wulckow: »Nee, Bürgermeister. Auf den alten Buck können Sie sich diesmal nicht rausreden. Wenn er damals den städtischen Arbeitsnachweis durchgedrückt hat: Die Anwendung tut es, die ist Ihre Sache.«

Doktor Scheffelweis wollte etwas vorbringen, aber Magda schrie, sie denke nicht daran, den Menschen zu heiraten, dafür sei das Dienstmädchen gut genug. Die Dichterin bemerkte: »Das muss sie noch ordinärer bringen. Es sind doch Parvenüs.«

Und Diederich lächelte zustimmend, obwohl er arg betreten war durch diese Zustände in einem Heim, das dem seinen glich. Immerhin gab er Emmi recht, die erklärte, der Skandal müsse sogleich aus der Welt geschafft werden, und die das Dienstmädchen hereinrief. Aber wie das Mädchen sich zeigte, verdammt, da war es die heimliche Gräfin! In die Stille, die ihr Auftreten bewirkte, tönte Wulckows Bassstimme: »Bleiben Sie mir mal weg mit dem Schwindel von Ihren sozialen Pflichten. Die Landwirtschaft ruinieren soll sozial sein?«

Im Publikum wandten mehrere sich um; die Dichterin wisperte angstvoll: »Ottochen, um Gottes willen!«

»Was ist denn los?« Er trat in die Tür. »Nun sollen sie mal zischen!«

Niemand zischte. Er wandte sich wieder dem Bürgermeister zu: »Mit Ihrem Arbeitsnachweis ziehen Sie unsereinem, der im Osten begütert ist, die Arbeiter fort, das ist mal sicher. Und ferner: Sie haben sogar Vertreter der Arbeiter in Ihrem miserablen Arbeitsnachweis – und dabei vermitteln Sie auch für die Landwirtschaft. Wohin steuern Sie also? Nach der Koalition der Landarbeiter. Sehen Sie wohl, Bürgermeisterchen?« Seine Tatze fiel auf Doktor Scheffelweis' nachgiebige Schulter. »Wir kommen Ihnen hinter die Schliche. Wird nicht geduldet!«

tut es ist das Entscheidende

noch ordinärer noch unfeiner, noch vulgärer

Parvenüs (frz.) Neureiche, Emporkömmlinge, im Grunde unfeine Leute

unsereinem, der im Osten begütert ist meiner gesellschaftlichen Klasse, den ostelbischen Gutsbesitzern (Junkern)

der Koalition der Landarbeiter dem Zusammenschluss der Landarbeiter in einer Art von Gewerkschaft

hinter die Schliche auf die Schliche

Auf der Bühne sprach die Wulckow'sche Nichte ins Publikum, denn die Fabrikantenfamilie durfte nichts hören: »Wie? Ich, ein Grafenkind, einen Klavierlehrer heiraten? Das sei ferne von mir. Wenn die Leute mir auch eine Ausstattung versprechen, für Geld mögen andere sich erniedrigen. Ich aber weiß, was ich meiner edlen Geburt schuldig bin!«

mir auch eine Ausstattung versprechen mich auch mit allem auszustatten versprechen, was ein junges Ehepaar zur Gründung des ersten eigenen Haushalts benötigt

Hier ward applaudiert. Frau Harnisch und Frau Tietz sah man Tränen fortwischen, die der Edelsinn der Gräfin ihnen hatte entquellen lassen. Aber die fortgewischten Tränen kamen wieder, als die Nichte sagte: »Doch ach! Wo finde ich als Dienstmädchen einen ebenso Hochgeborenen.«

Der Bürgermeister musste eine Erwiderung gewagt haben, denn Wulckow grollte: »Dafür, dass es weniger Arbeitslose gibt, will ich nicht bluten. Mein Geld ist mein Geld.« Da konnte Diederich sich nicht länger enthalten, ihm mit einem Kratzfuß zu danken. Aber auch die Dichterin bezog mit Recht seinen Kratzfuß auf sich.

»Ich weiß«, sagte sie, selbst gerührt, »die Stelle ist mir gelungen.«

»Das ist Kunst, die zum Herzen spricht«, stellte Diederich fest. Da Magda und Emmi das Klavier und die Türen zuschlugen, ergänzte er: »Und hochdramatisch.« Hierauf nach der andern Seite: »Nächste Woche werden zwei Stadtverordnete gewählt, für Lauer und Buck junior. Gut, dass der von selbst geht.« Wulckow sagte: »Dann sorgen Sie nur dafür, dass anständige Leute reinkommen. Sie sollen ja mit der ›Netziger Zeitung‹ gutstehen.«

Diederich dämpfte vertraulich die Stimme. »Ich halte mich vorläufig noch zurück, Herr Präsident. Für die nationale Sache ist es besser.«

»Sieh mal an«, sagte Wulckow; und wirklich sah er Diederich durchdringend an. »Sie möchten sich wohl selbst wählen lassen?«, fragte er.

»Ich würde das Opfer bringen. Unsere städtischen Körperschaften haben zu wenig Mitglieder, die in nationaler Beziehung zuverlässig sind.«

Körperschaften Gremien, Institutionen (siehe Seite 122)

»Und was wollen Sie machen, wenn Sie drin sind?«

»Dafür sorgen, dass der Arbeitsnachweis aufhört.«

»Na ja«, sagte Wulckow, »als nationaler Mann.«

»Ich als Offizier«, sagte auf der Bühne der Leutnant, »kann nicht dulden, liebe Magda, dass dieses Mädchen, wenn es auch nur eine arme Dienstmagd ist, irgendwie misshandelt wird.«

Der Leutnant aus dem ersten Akt, der arme Vetter, der die heimliche Gräfin hätte heiraten sollen, er war Magdas Verlobter! Man fühlte die Zuschauer vor Spannung beben. Die Dichterin bemerkte es selbst. »Die Erfindung ist aber auch meine starke Seite«, sagte sie zu Diederich, der tatsächlich verblüfft war. Doktor Scheffelweis hatte keine Zeit, sich den Emotionen der dramatischen Dichtung zu überlassen; er sah sich gefährdet.

»Niemand«, beteuerte er, »würde freudiger einen Geist – « Wulckow unterbrach ihn.

»Kennen wir, Bürgermeisterchen. Freudig begrüßen können Sie, wenn's nichts kostet.«

Diederich setzte hinzu: »Aber einen glatten Strich ziehen zwischen Kaisertreuen und Umsturz!«

Der Bürgermeister hob flehend die Arme. »Meine Herren! Verkennen Sie mich nicht, ich bin zu allem bereit. Aber mit dem Strich ist nicht geholfen, denn bei uns hier bedeutet er bloß, dass fast alle, die nicht freisinnig wählen, sozialdemokratisch wählen.«

ist nicht geholfen wäre wenig erreicht

Wulckow stieß ein wütendes Grunzen aus, worauf er sich eine Wurst vom Büfett langte. Diederich war es, der eiserne Zuversicht bekundete.

»Wenn die guten Wahlen nicht von selbst kommen, müssen sie eben gemacht werden!«

die guten Wahlen die erwünschten Wahlergebnisse

»Aber womit?«, sagte Wulckow.

Die Wulckow'sche Nichte ihrerseits rief ins Publikum: »Er muss doch sehen, dass ich eine Gräfin bin, er, der demselben edlen Stamme entsprossen ist!«

»Oh! Frau Gräfin!«, sagte Diederich. »Jetzt bin ich wirklich neugierig, ob er es sieht.«

»Selbstverständlich«, erwiderte die Dichterin. »Sie erkennen einander doch schon an den besseren Manieren.«

In der Tat warfen der Leutnant und die Nichte sich Blicke zu, weil Emmi und Magda samt Frau Heßling einen Käse mit dem Messer aßen. Diederich behielt den Mund offen. Im Publikum bewirkte das ungebildete Betragen der Fabrikantenfamilie die freudigste Stimmung. Die Töchter Buck, Frau Cohn und Guste Daimchen, alle jubelten. Auch Wulckow ward aufmerksam; er sog sich das Fett von den Fingern und sagte: »Frieda, du bist fein raus, sie lachen.«

wallte wogte

Wirklich blühte die Dichterin erstaunlich auf. Ihre Augen hinter dem Zwicker glänzten wirr, sie seufzte, ihr Busen wallte, es hielt sie nicht länger auf ihrem Stuhl. Sie wagte sich halb heraus aus dem Büfettzimmer; sofort wandten viele sich nach ihr um, mit neugierigen Gesichtern, und die Schwiegermutter des Bürgermeisters gab ihr Zeichen. Frau von Wulckow rief fieberhaft über die Schulter: »Meine Herren, die Schlacht ist gewonnen!«

die Kandare anlegen (siehe Seite 260)

»Wenn es bei uns auch so schnell ginge«, sagte ihr Gatte. »Na also, Doktor, wie wollen Sie den Netzigern die Kandare anlegen?«

»Herr Präsident!« Diederich drückte die Hand aufs Herz. »Netzig wird kaisertreu, dafür bürge ich Ihnen mit allem, was ich bin und habe!«

»Schön«, sagte Wulckow.

Agitator (siehe Seite 149 und und Seite 506)

»Denn«, fuhr Diederich fort, »wir haben einen Agitator, den ich als erstklassig bezeichnen möchte: jawohl, erstklassig«, wiederholte er und umfasste mit dem Wort alles Große; »und das ist Seine Majestät selbst!«

Doktor Scheffelweis sammelte sich eilig. »Die persönlichste Persönlichkeit«, brachte er hervor. »Originell. Impulsiv.«

»Na ja«, sagte Wulckow. Er stemmte die Fäuste auf die Knie und glotzte dazwischen auf den Boden, in der Haltung eines sorgenvollen Menschenfressers. Auf einmal merkten die beiden anderen, dass er sie von unten schief ansah.

»Meine Herren« – er stockte wieder –, »na, ich will Ihnen mal was sagen. Ich glaube, der Reichstag wird aufgelöst.«

Diederich und Doktor Scheffelweis streckten die Köpfe vor, sie wisperten: »Herr Präsident wissen?«

»Der Kriegsminister war neulich mit mir auf der Jagd, bei meinem Vetter, Herrn von Quitzin.«

Diederich machte einen Kratzfuß. Er stammelte, er wusste selbst nicht, was. Er hatte es vorausgesagt! Schon bei seiner Aufnahme in den Kriegerverein hatte er eine Rede Seiner Majestät wiedergegeben – und hatte er sie nur wiedergegeben? Darin kam ausdrücklich vor: »Ich räume die ganze Bude aus!« Und nun sollte es geschehen, ganz so, als handelte er selbst. Es überlief ihn mystisch ... Wulckow sagte inzwischen: »Die Herren Eugen Richter und Konsorten passen uns nicht mehr. Wenn sie die Militärvorlage nicht schlucken, ist Schluss« – und Wulckow strich sich mit der Faust über den Mund, als beginne das Fressen.

Diederich fasste sich. »Das ist – das ist großzügig! Das ist ganz sicher die persönliche Initiative Seiner Majestät!« Doktor Scheffelweis war erbleicht. »Dann sind schon wieder Reichstagswahlen? Und ich war so froh, dass wir unsern bewährten Abgeordneten hatten ...« Er erschrak noch mehr. »Das heißt, natürlich, Kühlemann ist auch ein Freund des Herrn Richter ...«

der Reichstag wird aufgelöst → Seite 513

Es überlief ihn mystisch Er empfand staunend und andächtig einen geheimnisvollen Schauer (siehe Seite 170)

Eugen Richter (siehe Seite 500)

und Konsorten verächtlich: und seine Helfershelfer, und seine Gesinnungsgenossen (der Begriff stammt eigentlich aus der Wirtschaftssprache: Mitglieder eines Konsortiums, eines vorübergehenden Zusammenschlusses größerer Unternehmen zur Realisierung eines großangelegten Geschäfts)

»Ein vaterlandsloser Geselle!« (siehe Seite 225)

»Ein Nörgler!«, schnaubte Diederich. »Ein vaterlandsloser Geselle!« Er rollte die Augen. »Herr Präsident! Diesmal ist es aus in Netzig mit den Leuten. Lassen Sie mich nur erst Stadtverordneter sein, Herr Bürgermeister!«

»Was dann?«, fragte Wulckow. Diederich wusste es nicht. Glücklicherweise entstand im Saal ein Zwischenfall; Stühle wurden gerückt, und jemand ließ sich die große Tür öffnen: Kühlemann selbst war es. Der Greis schleppte seine schwere kranke Masse eilig durch die Spiegelgalerie. Am Büfett fand man, seit dem Prozess sei er noch mehr verfallen.

»Er hätte Lauer lieber freigesprochen, die anderen Richter haben ihn überstimmt«, sagte Diederich. Doktor Scheffelweis meinte: »Nierensteine führen wohl schließlich zur Auflösung.« Worauf Wulckow humoristisch: »Na, und im Reichstag sind wir seine Nierensteine.«

zur Auflösung zur körperlichen Auflösung, zum Tod

gefällig beflissen, liebedienerisch

Der Bürgermeister lachte gefällig. Aber Diederich riss die Augen auf. Er näherte sich dem Ohr des Präsidenten und raunte: »Sein Testament!«

»Was ist damit?«

»Er hat die Stadt zum Erben eingesetzt«, erklärte Doktor Scheffelweis wichtig. »Wahrscheinlich bauen wir von dem Geld ein Säuglingsheim.«

feixte grinste, grimassierte (siehe Seite 109)

»Bauen Sie?« Diederich feixte verachtungsvoll. »Einen nationaleren Zweck können Sie sich wohl nicht denken?«

Pinke umgangssprachlich für: Geld

»Ach so.« Wulckow nickte Diederich anerkennend zu. »Wie viel Pinke hat er denn?«

»Eine halbe Million wenigstens«, sagte der Bürgermeister, und er beteuerte: »Ich wäre glücklich, wenn es zu machen wäre, dass –«

»Es ist glatt zu machen«, behauptete Diederich.

Da hörte man draußen im Saal ein Lachen, das ganz verschieden klang von dem vorigen. Es kam aus ungehemmter Brust und drückte sicherlich Schadenfreude aus. Auch zog die Dichterin sich fluchtartig bis hinter das Büfett zurück; ja, sie schien bereit, hineinzukriechen. »Grundgütiger Gott!«, wimmerte sie. »Alles ist verloren.«

»Nanu?«, machte ihr Gatte und stellte sich drohend in die Tür. Aber selbst dieses konnte die Heiterkeit nicht mehr aufhalten. Magda hatte zu der Gräfin gesagt: »Spute dich, du dumme Landpomeranze, dass der Herr Leutnant den Kaffee kriegt.« Eine andere Stimme verbesserte »Tee«, Magda wiederholte »Kaffee«, die andere blieb bei ihrer Meinung und Magda auch. Das Publikum hatte erfasst, dass ein Missverständnis zwischen ihr und der Souffleuse vorlag. Übrigens griff der Leutnant mit Glück ein, er schlug die Sporen aneinander und sagte: »Ich bitte um beides« – worauf das Lachen einen nachsichtigeren Charakter annahm. Aber die Dichterin war empört. »Das Publikum! Es ist und bleibt eine Bestie!«, knirschte sie.

»Schiefgehen kann es immer«, sagte Wulckow – und blinzelte Diederich an.

Diederich erwiderte ebenso bedeutsam: »Wenn man einander versteht, Herr Präsident, dann nicht.«

Hierauf hielt er es für besser, sich ganz der Dichterin und ihrem Werk zu widmen. Mochte der Bürgermeister inzwischen seine Freunde verraten und sich für die Wahlen auf alle Wünsche Wulckows verpflichten!

»Meine Schwester ist eine Gans«, erklärte Diederich. »Ich werde ihr nachher die Meinung sagen!«

Frau von Wulckow lächelte wegwerfend. »Das arme Ding, sie tut, was sie kann. Vonseiten der Leute aber ist es wahrhaftig eine unerträgliche Arroganz und Undankbarkeit. Noch soeben hat man sie erhoben und für das Ideale begeistert!«

Diederich sagte durchdrungen: »Frau Gräfin, diese bittere Erfahrung machen nicht Sie allein. So ist es überall im öffentlichen Leben.« Denn er dachte an die allgemeinen Hoch-

du dumme Landpomeranze du Einfalt vom Lande mit deinem plumpen Auftreten

Souffleuse für das Theaterpublikum unsichtbare Person, die den Schauspielern über »Texthänger« hinweghilft, indem sie ihnen die Stelle zuflüstert

ist … eine Bestie ist undankbar und gnadenlos; Redensart aus der Theaterwelt

einander versteht sich einig ist und gemeinsam handelt

und sich für die Wahlen auf alle Wünsche Wulckows verpflichten! und sich hinsichtlich der anstehenden Wahlen zum Sklaven Wulckows machen!

erhoben … über den Alltag

durchdrungen ihr aus ganzem Herzen beipflichtend (siehe Seite 273)

gefühle damals nach seinem Zusammenstoß mit dem Majestätsbeleidiger und an die Prüfungen, die dann gefolgt waren. »Schließlich triumphiert doch die gute Sache!«, stellte er fest.

Prüfungen schweren Zeiten, unangenehmen Ereignisse

»Nicht wahr?«, sagte sie mit einem Lächeln, das wie aus Wolken brach. »Das Gute, Wahre, Schöne.«

Das Gute, Wahre, Schöne → Seite 513

Sie reichte ihm die schmale Rechte. »Ich glaube, mein Freund, wir verstehen uns« – und Diederich, des Augenblicks bewusst, drückte kühn die Lippen darauf, mit einem Kratzfuß. Er legte die Hand an das Herz und brachte gepresst aus der Tiefe: »Glauben Sie mir, Frau Gräfin –«

Kratzfuß (siehe Seite 271)

brachte brachte … hervor

Die Nichte und der junge Sprezius waren jetzt allein geblieben, hatten sich als erniedrigte Gräfin und armer Vetter erkannt, wussten nun, dass sie einander bestimmt waren, und schwärmten gemeinsam von künftigem Glanz, wenn sie unter goldener Decke mit anderen Ausgezeichneten, demütig stolz, von der Sonne der Majestät beschienen sein würden … Da hörte Diederich die Dichterin aufseufzen.

»Ihnen kann ich es sagen«, seufzte sie. »Ich entbehre hier doch sehr den Hof. Wenn man, wie ich, von Geburt dem Hofadel angehört – Und nun –«

Hofadel der exklusive Zirkel derjenigen Adelsfamilien, deren Mitglieder wichtige Hofämter innehatten und die daher die höfische Etikette (die bei Hofe herrschenden hochgradig formalisierten Umgangsformen) völlig verinnerlicht hatten

Hinter ihrem Zwicker sah Diederich zwei Tränen perlen. Dieser Blick in die Tragik der Großen erschütterte ihn so sehr, dass er strammstand. »Frau Gräfin!«, sagte er, verhalten und stoßweise. »Die heimliche Gräfin sind also –« Er erschrak und schwieg.

Die bleiche Stimme des Bürgermeisters war eben dabei, dem Präsidenten zu verraten, dass Kühlemann nicht wieder kandidieren werde und dass die Freisinnigen den Doktor Heuteufel aufstellen wollten. Er war mit Wulckow darin einig, dass man Gegenmaßregeln treffen müsse, solange noch niemand die Auflösung des Reichstages erwartete …

wagte wagte … (etwas) zu sagen

Diederich wagte endlich wieder, leise und schonend:

»Frau Gräfin, aber, nicht wahr, es wird alles gut? Sie kriegen sich doch?«

Frau von Wulckow, mit Takt und Selbstbeherrschung, schränkte die Vertraulichkeit des Gefühls schon wieder ein. In leichtem Plauderton erklärte sie: »Mein Gott, lieber Doktor, was wollen Sie, die leidige Geldfrage! Es ist wohl unmöglich, dass die jungen Leute zusammen glücklich werden.«

was wollen Sie (siehe Seite 271)

»Sie können doch prozessieren!«, rief Diederich, in seinem Rechtsgefühl gekränkt. Aber Frau von Wulckow verzog die Nase. »Fi donc! Das würde zur Folge haben, dass der junge Graf, also Jadassohn, seinen Vater entmündigen ließe. Im dritten Akt, den Sie noch sehen werden, droht er dem Leutnant damit in einer Szene, die mir, glaube ich, gelungen ist. Soll der Leutnant das auf sich nehmen? Und die Zerstückelung des Familienbesitzes? In Ihren Kreisen ginge es vielleicht. Aber bei uns ist eben manches nicht möglich.«

Fi donc! (frz.) Pfui! (Ausruf des Abscheus)

Diederich verneigte sich. »Dort oben herrschen natürlich Begriffe, die sich unserm Urteil entziehen. Und dem der Gerichte wohl auch«, setzte er hinzu. Die Dichterin lächelte milde.

Begriffe Vorstellungen von Recht und Ehre

»Sehen Sie, und so verzichtet der Leutnant ganz korrekterweise auf die heimliche Gräfin und heiratet die Fabrikantentochter.«

»Magda?«

»Jawohl. Und die heimliche Gräfin den Klavierlehrer. So wollen es die höheren Mächte, lieber Herr Doktor, denen wir« – ihre Stimme verdunkelte sich ein wenig – »uns nun einmal zu beugen haben.«

Diederich hatte noch einen Zweifel, äußerte ihn aber nicht. Der Leutnant hätte die heimliche Gräfin auch ohne Geld heiraten sollen, es würde Diederich tief befriedigt haben in seinem weichen und idyllischen Herzen. Aber ach!, diese harte Zeit dachte anders.

Der Vorhang fiel, das Publikum entrang sich langsam seiner Ergriffenheit, dann spendete es umso wärmeren Beifall dem Dienstmädchen und dem Leutnant, die, es ließ sich leider voraussehen, das schwere Geschick, nicht hoffähig zu sein, wohl noch länger würden tragen müssen.

»Es ist wirklich ein Elend!«, seufzten Frau Harnisch und Frau Cohn.

Beim Büfett sagte Wulckow, am Ende seiner Beratungen mit dem Bürgermeister: »Wir bringen der Bande noch Gesinnung bei!«

Dann ließ er seine Tatze schwer auf Diederichs Schulter fallen. »Na, Doktorchen, hat meine Frau Sie schon zum Tee geladen?«

»Selbstverständlich, und kommen Sie recht bald!« Die Präsidentin hielt ihm die Hand zum Kuss hin, und Diederich entfernte sich beglückt. Wulckow selbst wollte ihn wiedersehen! Mit Diederich zusammen wollte er Netzig erobern!

Indes die Präsidentin in der Spiegelgalerie Cercle hielt und Glückwünsche entgegennahm, bearbeitete Diederich die Stimmung. Heuteufel, Cohn, Harnisch und noch einige andere Herren erschwerten es ihm, denn sie gaben, wenn auch vorsichtig, zu verstehen, dass sie das Ganze für Quatsch hielten. Diederich war genötigt, ihnen Andeutungen über den durchaus großzügigen dritten Akt zu machen, damit sie verstummten. Dem Redakteur Nothgroschen diktierte er ausführlich, was er von der Dichterin wusste, denn Nothgroschen musste fort, die Zeitung sollte in Druck gehen. »Wenn Sie aber Blödsinn schreiben, Sie Zeilenschinder, schlag ich Ihnen Ihren Wisch um die Ohren!« – worauf Nothgroschen dankte und sich empfahl. Professor Kühnchen seinerseits, der gehorcht hatte, ergriff Diederich bei einem Knopf und kreischte: »Sie, mein Bester! Eens hätten Se nu aber unserm Klatschdirektor ooch noch erzählen können!« Der Redak-

Indes Während (siehe Seite 6)

Cercle hielt einen kleinen Kreis von Leuten um sich geschart hatte, die ihr huldigten

bearbeitete erkundete und beinflusste

Zeilenschinder verächtlich für: Zeitungsschreiber, der nach Zeilen bezahlt wird und seine Artikel daher unnötig in die Länge zieht

sich empfahl sich mit respektvoll gemurmelten Worten zurückzog

teur, der sich nennen hörte, kehrte zurück, und Kühnchen fuhr fort: »Nämlich, dass die herrliche Schöpfung unserer allverehrten Präsidentin schon mal ist vorausgeahnt worden, und zwar von keinem Geringeren als von unserm Altmeister Goethe in seiner ›Natürlichen Tochter‹. Nun, und das ist denn doch wohl das Höchste, was sich zum Ruhm der Dichterin sagen lässt!«

Diederich hatte Bedenken über die Zweckmäßigkeit von Kühnchens Entdeckung, fand es aber unnötig, sie ihm mitzuteilen. Der kleine Greis strebte schon, mit flatternden Haaren, durch das Gedränge; schon sah man, wie er vor Frau von Wulckow den Boden scharrte und ihr das Ergebnis seiner vergleichenden Forschung vortrug. Freilich, ein Fiasko, wie er es erlitt, hatte auch Diederich nicht vorausgesehen. Die Dichterin sagte eiskalt: »Was Sie da bemerken, Herr Professor, kann nur auf Verwechselung beruhen. Ist die ›Natürliche Tochter‹ überhaupt von Goethe?«, fragte sie und rümpfte misstrauisch die Nase. Kühnchen beteuerte es, aber es half ihm nichts.

»Jedenfalls haben Sie in der Zeitschrift ›Das traute Heim‹ einen Roman von mir gelesen, und den habe ich nun dramatisiert. Meine Schöpfungen sind sämtlich Originalarbeiten. Die Herren« – sie musterte den Kreis – »wollen böswilligen Gerüchten entgegentreten.«

Damit war Kühnchen entlassen, trat ab und schnappte nach Luft. Diederich erinnerte ihn, im Ton eines geringschätzigen Erbarmens, an Nothgroschen, der mit seiner gefährlichen Information schon von dannen war; und Kühnchen stürzte hinterdrein, um das Schlimmste zu verhüten.

Wie Diederich den Kopf wandte, hatte im Saal das Bild sich verändert: Nicht nur die Präsidentin, auch der alte Buck hielt Cercle. Es war erstaunlich, aber man lernte die Menschen kennen. Sie ertrugen es nicht, dass sie vorhin ihren

sich nennen seinen Namen nennen

Goethe in seiner ›Natürlichen Tochter‹ (siehe Seite 512)

sie (die Bedenken)

ein Fiasko einen Reinfall, einen vollständigen Fehlschlag

›Das traute Heim‹ erfundener Titel, der an die Titel seinerzeit vielgelesener Familienzeitschriften wie »Die Gartenlaube« (ab 1853) oder »Daheim« (ab 1864) erinnert

wollen wollen hoffentlich, mögen gefälligst

von dannen abgezogen, fortgegangen

Instinkten freien Lauf gelassen hatten; mit beteuerndem Gesicht machte einer nach dem andern sich an den Alten heran und wollte es nicht gewesen sein. So groß war, noch nach schweren Erschütterungen, die Macht des Bestehenden, von alters her Anerkannten! Diederich selbst fand es angezeigt, nicht in auffälliger Weise hinter der Mehrheit zurückzubleiben. Nachdem er sich vergewissert hatte, dass Wulckow schon fort war, machte er seine Aufwartung. Der Alte saß eben allein in dem Polstersessel, der für ihn ganz vorn bei der Bühne stand; er ließ seine weiße Hand merkwürdig zart über die Lehne hängen und blickte zu Diederich hinauf.

»Da sind Sie, mein lieber Heßling. Ich habe es oft bedauert, dass Sie nicht kamen« – ganz schlicht und nachsichtig. Diederich fühlte sofort wieder Tränen heraufsteigen. Er gab ihm die Hand hin, freute sich, dass der Herr Buck sie ein wenig länger in der seinen behielt, und stammelte etwas von Geschäften, Sorgen und »um ehrlich zu sein« – denn ein jähes Bedürfnis nach Ehrlichkeit erfasste ihn – von Bedenken und Hemmungen.

»Es ist schön von Ihnen«, sagte darauf der Alte, »dass Sie mich das nicht nur erraten lassen, sondern es mir eingestehen. Sie sind jung und handeln wohl unter den Antrieben, denen die Geister heute gehorchen. In die Unduldsamkeit des Alters will ich nicht verfallen.«

die Geister heute die heutigen Gemüter, Seelen, Menschen

die Unduldsamkeit die Bitterkeit, die schroff ablehnende Haltung

Da schlug Diederich die Augen nieder. Er hatte verstanden: Dies war die Verzeihung für den Prozess, der den Schwiegersohn des Alten die bürgerliche Ehre gekostet hatte; und ihm ward schwül unter so viel Milde – und so viel Nichtachtung. Der Alte freilich sagte: »Ich achte den Kampf und kenne ihn zu gut, um jemand zu hassen, der gegen die Meinen kämpft.« Worauf Diederich, von Furcht ergriffen, dies möchte zu weit führen, sich aufs Leugnen verlegte. Er wisse selbst nicht – Man komme in Sachen hinein – Der Alte erleichterte es ihm. »Ich weiß: Sie suchen und haben sich selbst noch nicht gefunden.«

Er tauchte seinen weißen Knebelbart in die seidene Halsbinde. Als er ihn wieder hervorholte, begriff Diederich, dass etwas Neues kam.

»Sie haben das Haus hinter dem Ihren nun doch nicht gekauft«, sagte der Herr Buck. »Ihre Pläne haben sich wohl geändert?« Diederich dachte: ›Er weiß alles‹, und sah schon seine heimlichsten Berechnungen enthüllt.

Der Alte lächelte schlau und gütig. »Sollten Sie etwa Ihre Fabrik zunächst verlegen und erst dann erweitern wollen? Ich könnte mir denken, dass Sie Ihr Grundstück zu verkaufen wünschen und nur auf eine gewisse Gelegenheit warten – die auch ich in Betracht ziehe«, setzte er hinzu, und mit einem Blick: »Die Stadt hat vor, ein Säuglingsheim zu errichten!«

›Alter Hund!‹, dachte Diederich. ›Er spekuliert auf den Tod seines besten Freundes!‹ Gleichzeitig aber kam ihm die Erleuchtung, was er Wulckow vorzuschlagen habe, um Netzig zu erobern! ... Er schnaufte.

»Durchaus nicht, Herr Buck. Mein väterliches Erbstück geb ich nicht her!«

Da nahm der Alte nochmals seine Hand. »Ich bin kein Versucher«, sagte er. »Ihre Pietät ehrt Sie.«

›Esel‹, dachte Diederich.

»So werden wir uns eben ein anderes Terrain suchen. Ja, vielleicht werden Sie dabei mitwirken. Uneigennützigen Gemeinsinn, lieber Heßling, lassen wir uns nicht entgehen – auch nicht, wenn er einen Augenblick in falscher Richtung zu wirken scheint.« Er stand auf.

»Wollen Sie Stadtverordneter werden, so haben Sie meine Unterstützung.«

Diederich starrte, ohne zu begreifen. Die Augen des Alten waren blau und tief, und er bot Diederich eben das Ehrenamt

Versucher (teuflischer) Verführer

Ihre Pietät Ihre respektvolle Rücksichtnahme auf die mutmaßlichen Wünsche Ihres verstorbenen Vaters

Terrain Gelände, Grundstück

Gemeinsinn Bereitschaft, sich für das Allgemeinwohl einzusetzen

an, um das Diederich seinen Schwiegersohn gebracht hatte. Sollte man nun ausspucken oder sich verkriechen? Diederich zog es vor, die Absätze zusammenzuschlagen und korrekt seinen Dank abzustatten.

»Sie sehen«, erwiderte der Alte, »der Gemeinsinn schlägt Brücken von Jung zu Alt und sogar bis zu denen, die nicht mehr da sind.«

in Reifröcken (siehe Seite 270)

Er führte die Hand im Halbkreis über die Wände und über das Geschlecht von einst, das verblichen und heiter aus ihrer gemalten Tiefe trat. Er lächelte den jungen Mädchen in Reifröcken zu und zugleich auch einer seiner Nichten und Meta Harnisch, die vorübergingen. Wie er das Gesicht dem alten Bürgermeister zuwendete, der zwischen Blumen und Kindern aus dem Stadttor schritt, bemerkte Diederich die große Ähnlichkeit der beiden. Der alte Buck wies auf den und jenen aus der gemalten Versammlung.

»Von dem da hab ich viel gehört. Diese Dame kannte ich noch. Sieht der Geistliche nicht aus wie Pastor Zillich? Nein, unter uns kann es keine ernstliche Entfremdung geben, wir sind einander seit Langem verpflichtet zum guten Willen und gemeinsamen Fortschritt, schon durch jene da, die uns die ›Harmonie‹ hinterließen.«

›Immer kommt der Literat heraus‹ ›Immer muss er seine schöngeistige Gesinnung zeigen und seine Geringschätzung für die Geschäftswelt demonstrieren‹

›Nette Harmonie‹, dachte Diederich und sah umher, wie er fort gelange. Der Alte hatte sich, nach seiner Gewohnheit, einen Übergang gemacht von den Geschäften zum sentimentalen Schwatz. ›Immer kommt der Literat heraus‹, dachte Diederich.

Gerade gingen Guste Daimchen und Inge Tietz vorbei. Guste hatte sich eingehängt, und Inge prahlte mit dem, was sie hinter den Kulissen erlebt hatte. »Unsere Angst, als sie immer sagten: Tee, Kaffee, Kaffee, Tee.« Guste behauptete: »Das nächste Mal schreibt Wolfgang ein viel schöneres Stück, und ich spiele mit.« Da machte Inge sich los, sie bekam eine scheu ablehnende Miene. »So?«, sagte sie; und Gustes dickes Gesicht verlor plötzlich seinen harmlosen Eifer. »Warum etwa nicht?«, fragte sie, weinerlich empört. »Was hast du nun wieder?«

Diederich, der es ihr hätte sagen können, wandte sich schleunig zum alten Buck zurück. Der schwatzte weiter.

»Dieselben Freunde, damals wie jetzt; und auch die Feinde sind da. Schon recht verwischt, der eiserne Ritter, der Kinderschreck dort in seiner Nische am Tor. Don Antonio Manrique, grausamer Reitergeneral, der du im Dreißigjährigen Krieg unser armes Netzig gebrandschatzt hast: Wenn nun nicht die Riekestraße nach dir hieße, wohin wäre dann selbst der letzte Klang von dir verweht? ... Auch einer, dem unser Freisinn nicht gefiel und der uns zu vertilgen dachte.«

Plötzlich schüttelte den Alten ein stilles Kichern. Er nahm Diederich bei der Hand. »Hat er nicht Ähnlichkeit mit unserem Herrn von Wulckow?«

Diederichs Miene ward hierauf noch korrekter, aber der Alte bemerkte es nicht, er war nun einmal aufgeräumt, ihm fiel noch etwas ein. Er winkte Diederich hinter eine Pflanzengruppe und zeigte ihm an der Wand zwei Figuren, einen jungen Schäfer, der sehnsüchtig die Arme öffnete, und jenseits eines Baches eine Schäferin, die sich anschickte, hinüberzuspringen. Der Alte wisperte: »Was meinen Sie, werden die beiden zueinanderkommen? Das wissen nicht viele mehr. Ich weiß es noch.« Er sah sich um, ob niemand ihn beachte, und plötzlich öffnete er eine kleine Tür, die man nie gefunden haben würde. Die Schäferin auf der Tür bewegte sich dem Liebenden entgegen. Noch ein wenig, und hinter der Tür im Dunkeln musste sie ihm wohl in den Armen liegen ... Der Alte wies in das Zimmer, das er aufgedeckt hatte. »Es heißt das Liebeskabinett.« Laternenschein von irgendeinem Hof fiel durch das Fenster ohne Vorhang; er beglänzte

Don Antonio Manrique Es gab einen Don Antonio Manrique de Velasco, der von 1657 bis 1676 9. Marquis von Cañete war, über den aber sonst nicht viel bekannt ist.

gebrandschatzt in Brand gesetzt und geplündert

aufgeräumt in angeregter Stimmung

wisperte flüsterte vertraulich

das dessen verborgene Existenz

den Spiegel und das dünnbeinige Kanapee. Der Alte zog die dumpfe Luft ein, die nach wer weiß wie langer Zeit herausströmte, er lächelte verloren. Und dann schloss er die kleine Tür.

Aber Diederich, den dies nur mäßig interessierte, sah etwas kommen, das weit mehr Anregung versprach. Es war der Landgerichtsrat Fritzsche: denn er war da. Sein Urlaub war wohl zu Ende, er war zurück aus dem Süden, und er hatte sich eingefunden, wenn auch etwas verspätet und wenn auch ohne Judith Lauer, deren Urlaub ja noch dauerte, solange ihr Gatte in der Vogtei saß. Wo er mit Drehungen des Körpers, die nicht unbefangen wirkten, hindurchkam, ward geflüstert, und jeder, den er begrüßte, lugte verstohlen nach dem alten Herrn Buck. Fritzsche sah wohl, dass er in der Sache etwas tun müsse; er gab sich einen Ruck und ging los. Der Alte, noch eben ahnungslos, fand ihn plötzlich vor sich. Er ward vollkommen weiß; Diederich erschrak und streckte schon die Arme aus. Aber es geschah nichts, der Alte hatte sich zurück. Er stand da, so steif, dass sein Rücken sich aushöhlte, und blickte kühl und unverwandt auf den Mann, der seine Tochter entführt hatte.

»Schon zurück, Herr Landgerichtsrat?«, sagte er laut.

Fritzsche versuchte jovial zu lachen. »Schöneres Wetter war dort unten, Herr Stadtrat. Na und die Kunst!«

»Davon haben wir hier nur einen Widerschein« – und der Alte wies, ohne den andern aus den Augen zu lassen, über die Wände. Seine Haltung machte Eindruck auf die meisten, die von dort hinten seine Schwäche belauerten. Er hielt stand und repräsentierte, in einer Lage, die einige Hemmungslosigkeit immerhin erklärt haben würde. Er repräsentierte das alte Ansehen, er allein für die zerfallende Familie, für das Gefolge, das schon ausblieb. In diesem Augenblick gewann er, statt so vieles Verlorenen, manche Sympathien … Diede-

Kanapee Sofa in altmodischem Stil

noch eben eben noch

hatte sich zurück hatte sich sogleich wieder unter Kontrolle

unverwandt ohne auch nur für einen Moment den Blick abzuwenden

jovial gutmütig (siehe Seite 25)

seine Schwäche belauerten schadenfroh mit ansahen, wie er mit der peinlichen und für ihn demütigenden Situation fertig wurde

rich hörte ihn noch sagen, förmlich und klar: »Ich habe es durchgesetzt, dass unser moderner Straßenzug eine andere Richtung bekam, bloß um dies Haus zu erhalten und diese Malereien. Sie haben nur den Wert von Schilderungen, mag sein. Aber ein Gebilde, das seiner Zeit und ihren Sitten Dauer verleihen möchte, kann hoffen, selbst zu dauern.« Dann drückte Diederich sich, er schämte sich für Fritzsche.

nur den Wert von Schilderungen nur einen dokumentarischen Wert als Zeugnisse der Vergangenheit und keinen künstlerischen Eigenwert

zu dauern die Zeiten zu überdauern, dauerhaft zu bestehen

Die Schwiegermutter des Bürgermeisters fragte ihn, was der Alte über die »Heimliche Gräfin« geäußert habe. Diederich dachte nach und musste gestehen, er habe das Stück gar nicht erwähnt. Beide waren enttäuscht.

Indes bemerkte er, dass Käthchen Zillich spöttisch hersah, und gerade sie hatte sich nichts zu erlauben. »Nun, Fräulein Käthchen«, sagte er recht laut. »Was denken Sie über den Grünen Engel?« Sie erwiderte noch lauter: »Der grüne Engel? Sind Sie das?« Und sie lachte ihm ins Gesicht. »Sie sollten wirklich vorsichtiger sein«, meinte er stirnrunzelnd. »Ich fühle mich geradezu verpflichtet, Ihren Herrn Vater aufmerksam zu machen.«

»Papa!«, rief Käthchen sofort. Diederich erschrak. Glücklicherweise hörte Pastor Zillich nicht.

»Natürlich hab ich meinem Papa gleich neulich von unserm kleinen Ausflug erzählt. Was macht es denn, es waren doch nur Sie.«

Sie ging zu weit. Diederich schnaufte. »Na, und für Liebhaber schöner Ohren war auch noch Jadassohn da.« Da er sah, dass es sie traf, setzte er hinzu: »Das nächste Mal im Grünen Engel streichen wir sie ihm grün an, das macht Stimmung.«

»Wenn Sie meinen, dass es auf die Ohren ankommt.« Dabei drückte Käthchens Blick eine so schrankenlose Verachtung aus, dass Diederich den Entschluss fasste, mit allen Mitteln einzuschreiten. Sie befanden sich bei der Pflanzengruppe. »Was glauben Sie?«, fragte er. »Wird die Schäferin über den Bach springen und den Schäfer glücklich machen?«

»Schaf«, sagte sie. Diederich überhörte es, ging hin und tastete an der Wand umher. Nun hatte er die Tür. »Sehen Sie? Sie springt.«

Käthchen kam näher, neugierig streckte sie ihren Hals in das geheime Zimmer. Da hatte sie einen Stoß und war ganz drinnen. Diederich warf die Tür zu, er fiel stumm über Käthchen her, mit wildem Schnaufen.

»Lassen Sie mich hinaus, ich kratze!«, rief sie und wollte kreischen. Aber sie musste lachen, was sie wehrlos machte und dem Sofa immer näher brachte. Der Kampf mit ihren entblößten Armen und Schultern versetzte ihn vollends außer sich. »Jawohl«, keuchte er, »jetzt kommt was.« Bei jedem Strich Boden, den er gewann, wiederholte er: »Jetzt kommt was. Bin ich noch ein Schaf? Aha, wenn man denkt, ein Mädchen ist anständig, und man hat ehrliche Absichten, ist man ein Schaf. Jetzt kommt was.« Mit einem letzten Ruck schleuderte er sie hin. »Au«, sagte sie; und vor Lachen erstickend: »Was kommt denn jetzt?«

rang sich hervor kämpfte sich empor

Streifen Gaslicht vgl. Seite 301, Zeilen 32 f.

ihre Unordnung ihre in Unordnung geratene Kleidung

Plötzlich ward ihre Verteidigung ernst. Sie rang sich hervor; der Streifen Gaslicht, den das kahle Fenster hereinließ, beschien ihre Unordnung; und ihr Gesicht, von der Anstrengung wie geschwollen, war nach der Tür gerichtet. Er wandte den Kopf: Da stand Guste Daimchen. Sie starrte entgeistert her, Käthchen quollen die Augen heraus, und Diederich, auf dem Sofa kniend, verrenkte sich den Hals ... Endlich zog Guste die Tür an, sie ging entschlossen auf Käthchen zu.

die Tür an die Tür zu

Luder (siehe Seite 29)

»Du gemeines Luder!«, sagte sie, aus tiefem Innern.

»Selber eins!«, sagte Käthchen, schnell gefasst. Da schnappte Guste nur noch nach Luft. Von Käthchen sah sie zu Diederich, ratlos und so empört, dass ihr Blick sich mit feuchtem

Glanz füllte. Er versicherte: »Fräulein Guste, es handelt sich um einen Scherz«; aber er kam schlecht an, Guste brach los: »Sie kenn ich, von Ihnen kann ich es mir denken.«

er kam schlecht an sein Begütigungsversuch kam schlecht an, ging nach hinten los

»So, du kennst ihn«, bemerkte Käthchen höhnisch. Sie stand auf, indes Guste ihr noch näher rückte. Diederich seinerseits ergriff die Gelegenheit, gab seiner Haltung Würde und trat zurück, um die Damen unter sich die Sache erledigen zu lassen.

erledigen austragen

»Dass ich so was muss mit ansehen!«, rief Guste; und Käthchen: »Du hast gar nichts gesehen! Wozu siehst du es dir überhaupt an?«

Diederich begann gleichfalls, dies auffallend zu finden, zumal da Guste schwieg. Käthchen gewann sichtlich die Oberhand. Sie warf den Kopf zurück und sagte: »Von dir finde ich es überhaupt sonderbar. Wer so viel Butter auf dem Kopf hat wie du!«

Wer so viel Butter auf dem Kopf hat (siehe Seite 269)

Sofort zeigte Guste sich tief beunruhigt. »Ich?«, fragte sie gedehnt. »Was tu ich denn?« Käthchen zierte sich plötzlich – indes Diederich vom Schrecken gepackt ward.

»Das wirst du wohl selbst wissen. Mir ist es zu peinlich.«

»Ich weiß gar nichts«, sagte Guste klagend.

»So was hätte man gedacht, dass es gar nicht gibt«, sagte Käthchen und rümpfte die Nase. Guste verlor die Geduld. »Nun bitte ich es mir aber aus! Was habt ihr alle?«

gedacht, dass es gar nicht gibt überhaupt nicht für möglich gehalten

bitte ich es mir aber aus! verlange ich aber Antwort!

Diederich schlug vor: »Es ist doch wohl besser, wenn wir jetzt das Lokal verlassen.« Aber Guste stampfte auf.

das Lokal den Ort des Geschehens

»Keinen Schritt tu ich, bis ich es weiß. Den ganzen Abend merke ich schon, dass sie mich anglotzen, als ob ich einen toten Fisch verschluckt habe.«

Käthchen wandte sich weg. »Na, da siehst du es. Sei froh, dass sie dich nicht hinauswerfen mitsamt deinem Halbbruder Wolfgang.«

»Mit wem? ... Mein Halbbruder ... Wieso Halbbruder?«

In einer tiefen Stille keuchte Guste leise und irrte mit den Augen umher. Auf einmal hatte sie begriffen. »So eine Gemeinheit!«, rief sie entsetzt. Über Käthchens Mienen breitete sich ein Lächeln des Genusses aus. Diederich seinerseits wehrte beteuernd ab. Guste streckte den Finger aus gegen Käthchen. »Das habt ihr Mädchen euch ausgedacht! Ihr seid mir neidisch wegen meinem Geld!«

Mienen Gesicht
mir auf mich

»Pöh«, machte Käthchen. »Dein Geld wollen wir überhaupt nicht, wenn so was dabei ist.«

»Es ist doch nicht wahr!« Guste kreischte auf. Plötzlich fiel sie vornüber auf das Sofa und wimmerte. »Ach Gott, ach Gott, was haben wir da angerichtet.«

»Siehst du wohl«, sagte Käthchen, frei von Mitleid.

Guste schluchzte immer lauter; Diederich berührte ihre Schulter. »Fräulein Guste, Sie wollen doch nicht, dass die Leute kommen.« Er suchte nach einem Trost. »So was kann man nie wissen. Ähnlich sehen Sie sich nicht.«

Aber der Trost wirkte anstachelnd auf Guste. Sie sprang auf und ging zum Angriff über. »Du – du bist überhaupt eine feine Nummer«, zischte sie Käthchen zu. »Von dir sag ich, was ich gesehen habe!«

»Das werden sie dir glauben! So einer glaubt keiner mehr was. Von mir weiß jeder, dass ich anständig bin.«

»Anständig! Streich dir wenigstens das Kleid glatt!«

»So gemein wie du –«

»Bist bloß noch du!«

Hierüber erschraken beide, brachen ab und verharrten einander gegenüber, Hass und Angst in ihren dicken Gesichtern, die sich so sehr glichen; und die Büsten nach vorn, die Schultern hinauf, die Arme in die Hüften gestemmt, sahen sie aus, als sollten ihnen die duftigen Ballkleider vom Leibe platzen. Guste unternahm noch einen Vorstoß: »Ich sag es doch!«

die Büsten die Oberkörper
duftigen leichten

Da sprengte Käthchen die letzte Fessel. »Dann mach aber schnell, sonst komm ich früher und erzähl allen, dass nicht du, sondern ich hier die Tür hab aufgemacht und hab euch beide ertappt.«

Da hierauf Guste nur noch mit den Lidern klappte, setzte Käthchen, plötzlich selbst ernüchtert, hinzu: »Nun ja, das bin ich mir doch schuldig. Bei dir kommt es nicht mehr darauf an.«

mit den Lidern klappte blinzelte (siehe Seite 228)

Aber Diederichs Blick war Gustes begegnet, verständigte sich mit ihr und glitt hinunter, bis er auf ihrem kleinen Finger den Brillanten traf, den sie gemeinsam aus den Lumpen gezogen hatten. Da lächelte Diederich ritterlich, und Guste, tief errötet, trat so nahe zu ihm, als lehnte sie sich an. Käthchen schlich zur Tür. Über Gustes Schulter geneigt, sagte Diederich leise: »Ihr Verlobter lässt Sie aber lange allein.« – »Ach der«, erwiderte sie. Er senkte das Gesicht noch ein wenig und drückte es auf ihre Schulter. Sie hielt ganz still. »Schade«, sagte er und zog sich so unerwartet zurück, dass Guste ausglitt. Sie begriff auf einmal, dass ihre Lage sich wesentlich verändert hatte. Ihr Geld war nicht mehr Trumpf, es war entwertet, ein Mann wie Diederich war mehr wert. Sofort bekam sie einen Blick wie eine Hündin. Diederich sagte gemessen: »An der Stelle Ihres Verlobten würde ich allerdings anders vorgehen.«

traf antraf, entdeckte

Käthchen zog mit äußerster Behutsamkeit die Tür wieder an, sie kehrte zurück, den Finger auf den Lippen.

an zu

»Wisst ihr was? Das Theater hat wieder angefangen – schon lange, glaube ich.«

»O Gott!«, sagte Guste; und Diederich: »Na, dann sitzen wir in der Falle.«

Er suchte die Wände ab nach einem Ausgang, er rückte sogar das Sofa fort. Da keiner zu finden war, entrüstete er sich.

Baracke eigentlich: schnell zu errichtender einfacher (Holz-) Bau zur vorübergehenden Unterbringung von Gegenständen oder Personen; hier verächtlich für: altes Gemäuer, Bruchbude

»Hier ist tatsächlich eine Falle. Und um der alten Baracke willen hat der Herr Buck den ganzen Straßenzug verlegt. Er soll es noch erleben, dass ich sie ihm einreiße! Bloß erst Stadtverordneter sein!«

Käthchen kicherte. »Was schnauben Sie denn so? Hier ist es doch ganz gemütlich. Jetzt können wir machen, was wir wollen.« Und sie sprang über das Sofa. Da gab Guste sich einen Ruck und wollte auch hinüber. Sie blieb aber hängen. Diederich fing sie auf. Auch Käthchen hängte sich an ihn. Er zwinkerte beiden zu. »Also was machen wir?« Käthchen sagte: »Das müssen Sie wissen. Wir drei kennen uns ja nun.« – »Und zu verlieren haben wir auch nichts mehr«, sagte Guste. Dann platzten sie alle aus.

entsetzte sich tat entsetzt (siehe Seite 209)

Aber Käthchen entsetzte sich. »Kinder! In dem Spiegel seh ich aus wie meine tote Großmutter.«

»Er ist ganz schwarz.«

»Und ganz bekritzelt.«

Amoretten Mehrfachdarstellungen des römisch-antiken Liebesgottes Amor als nackter, geflügelter Knabe

Urne Gefäß für die Aufbewahrung der Asche eines Toten

Liebeskabinett kleiner Raum, der einem Liebespaar Privatsphäre und Behaglichkeit bietet

Sie legten die Gesichter darauf, um im fahlen Gaslicht die Ausrufe und Kosenamen zu lesen, die zusammen mit alten Jahreszahlen in den Umrissen verschlungener Herzen standen, auf eingeritzten Vasen, Amoretten und sogar über Gräbern. »Auf der Urne hier unten, nein so was!«, sagte Käthchen. » ›Erst jetzt sollen wir leiden‹ ... Warum? Weil sie hier drinnen waren? Die waren wohl verrückt.«

»Wir sind nicht verrückt«, behauptete Diederich. »Fräulein Guste, Sie haben doch einen Brillanten.« Er zeichnete drei Herzen, versah sie mit einer Inschrift und ließ die Mädchen das Werk enträtseln. Da sie sich kreischend abwandten, sagte er stolz: »Wozu heißt dies das Liebeskabinett.«

Plötzlich stieß Guste einen Schreckensruf aus. »Hier sieht jemand zu!«

Hinter dem Spiegel hervor streckte sich ein geisterbleicher

Kopf! … Käthchen war schon bei der Tür. »Kommen Sie wieder her«, rief Diederich. »Es ist bloß gemalt.«

Der Spiegel hatte sich auf einer Seite von der Wand gelöst. Man konnte ihn noch weiter umwenden: Da trat die ganze Figur heraus.

»Es ist die Schäferin, die draußen über den Bach springt!«

»Jetzt hat sie es hinter sich«, sagte Diederich; denn die Schäferin saß da und weinte. Auf der Rückseite des Spiegels aber entfernte sich der Schäfer.

»Und dort kommt man hinaus!« Diederich wies auf einen erleuchteten Spalt, er tastete, die Tapete öffnete sich.

»Dies ist der Ausgang, wenn man es hinter sich hat«, bemerkte er und ging voraus. Ihm im Rücken sagte Käthchen spöttisch: »Ich habe gar nichts hinter mir.«

Und Guste, wehmütig: »Ich auch nicht.«

Diederich überhörte dies, er stellte fest, dass man sich in einem der kleinen Salons hinter dem Büfett befand. Eilends erreichte er die Spiegelgalerie und verlor sich unauffällig in der Menge, die soeben aus dem Saal quoll. Man war erfüllt von dem tragischen Schicksal der heimlichen Gräfin, die nun also doch den Klavierlehrer geheiratet hatte. Frau Harnisch, Frau Cohn, die Schwiegermutter des Bürgermeisters, alle hatten verweinte Augen; Jadassohn, der, schon abgeschminkt, Lorbeeren einzusammeln kam, ward von den Damen nicht gut aufgenommen. »Sie sind schuld, Herr Assessor, dass es so gekommen ist! Schließlich war sie doch ihre leibliche Schwester.« – »Pardon, meine Damen!« Und Jadassohn verteidigte seinen Standpunkt als legitimer Erbe der gräflichen Besitzungen. Da sagte Meta Harnisch: »Aber so herausfordernd brauchten Sie nicht auszusehen.«

Sofort richteten sich alle Blicke auf seine Ohren; man kicherte; und Jadassohn, der vergeblich krähte, was denn los

brauchten Sie nicht auszusehen hätten Sie nun wirklich nicht aussehen müssen

sei, ward von Diederich unter den Arm genommen. Diederich, das süße Pochen der Rache im Herzen, führte ihn eben dorthin, wo die Regierungspräsidentin, unter lebhafter Anerkennung seiner Verdienste um ihr Werk, sich vom Major Kunze verabschiedete. Kaum aber, dass sie Jadassohn erblickte, drehte sie einfach den Rücken. Jadassohn blieb am Boden haften. Diederich brachte ihn nicht mehr weiter. »Was ist denn?«, fragte er heuchlerisch. »Ach ja, die Präsidentin. Sie haben ihr nicht gefallen. Sie sollen auch nicht Staatsanwalt werden. Man sah Ihre Ohren zu sehr.«

drehte sie einfach den Rücken wandte sie diesem einfach den Rücken zu

blieb am Boden haften blieb wie angewurzelt stehen

Was aber Diederich auch erwartet hatte, diese Spottgeburt einer Grimasse hatte er nicht erwartet! Wo war die hochgemute Schneidigkeit, der Jadassohn sein Leben geweiht hatte? »Ich sage es ja«, äußerte er nur, ganz leise; aber man glaubte einen grauenvollen Aufschrei zu hören … Dann kam er in Bewegung, tanzte am Fleck umher und redete. »Sie können lachen, mein Bester! Sie wissen nicht, was Sie an Ihrem Gesicht haben. Ihr Gesicht, nichts weiter, und in zehn Jahren bin ich Minister.«

hochgemute Schneidigkeit herausfordernd-selbstbewusste Art (siehe Seite 104)

»Na, na«, sagte Diederich. Er setzte hinzu: »Das ganze Gesicht brauchen Sie nicht einmal: bloß die Ohren.«

»Wollen Sie sie mir verkaufen?«, fragte Jadassohn und sah ihn an, dass Diederich erschrak. »Kann man das?«, fragte er unsicher. Jadassohn ging schon, unter zynischem Lachen, auf Heuteufel zu. »Sie sind doch Spezialist für Ohren, Herr Doktor …«

»Wollen Sie sie mir verkaufen?« Anklang an das in der deutschen Literatur durch Goethes »Faust« so präsente Motiv des Teufelspakts, etwa auch in Adalbert von Chamissos Erzählung »Peter Schlemihls wundersame Geschichte« (1813), in der die Titelfigur einem »grauen Herrn« ihren Schatten verkauft (mit schlimmen Folgen).

Heuteufel erklärte ihm, dass tatsächlich, wenn auch bisher nur in Paris, Operationen ausgeführt würden, durch die man Ohren auf die Hälfte ihres Umfanges herunterbringe. »Wozu gleich das Ganze weg?«, sagte Heuteufel. »Die Hälfte können Sie ruhig behalten.« Jadassohn hatte seine Haltung zurück. »Großartiger Witz! Erzähl ich bei Gericht. Sie Gauner!« Und er klopfte Heuteufel auf den Bauch.

Diederich inzwischen wandte sich seinen Schwestern zu, die, zum Ball umgekleidet, aus der Garderobe kamen. Sie wurden allerseits mit Beifall begrüßt und berichteten von ihren Eindrücken auf der Bühne. »Tee – Kaffee: Gott, war das aufregend!«, sagte Magda. Auch Diederich als Bruder nahm Glückwünsche entgegen. Er schritt zwischen ihnen, Magda hatte sich in ihn eingehängt, Emmis Arm dagegen musste er gewaltsam festhalten. Sie zischte: »Lass die Komödie«; und er schnob ihr zu, zwischen Lachen und Grüßen: »Du hast zwar bloß die kleine Rolle gehabt, aber sei froh, wenn du überhaupt mal was vorstellst. Sieh Magda an!« Denn Magda schmiegte sich gefällig an ihn, sie schien bereit, das Glück der einigen Familie so lange spazieren zu führen, als er es irgend wünschte. »Kleine«, sagte er mit zärtlicher Achtung, »du hast Erfolg gehabt. Aber ich kann dir versichern, ich auch.« Er gab ihr sogar Schmeicheleien. »Du siehst heute süß aus. Für Kienast bist du fast zu schade.« Als dann noch die Regierungspräsidentin, schon im Fortgehen, ihnen gnädig zuwinkte, begegneten die Geschwister auf ihrem Weg nur den ergebensten Gesichtern. Der Saal war ausgeräumt; hinter der Palmengruppe ward eine Polonaise angestimmt. Diederich machte seine korrekteste Verbeugung vor Magda und schritt mit ihr zum Tanz, triumphierend, gleich nach dem Major Kunze, der führte. So zogen sie an Guste Daimchen vorüber, die saß. Sie saß neben dem verwachsenen Fräulein Kühnchen und sah ihnen nach, als habe sie Prügel bekommen. Ihr Anblick berührte Diederich fast so unheimlich wie der des Herrn Lauer in der Vogtei.

»Die arme Guste!«, sagte Magda. Diederich runzelte die Brauen. »Ja, ja, das kommt davon.«

»Aber eigentlich« – und Magda blinzelte von unten, »woher kommt es denn?«

Polonaise »polnischer Nationaltanz, bei dem Tanzpaare im Reigen und moderaten Tempo nach bestimmten Figuren würdevoll und majestätisch zu einer Musik im Polonaise-Rhythmus durch den Saal schreiten« (Wikipedia, Artikel »Polonaise«)

»Das ist gleich, mein Kind, jetzt ist es mal so.«

»Diedel, du solltest sie nachher doch zum Walzer bitten.«

»Das darf ich nicht. Man muss wissen, was man sich selbst schuldet.«

holte … von der Wand weg forderte … zum Tanzen auf

Primaner (siehe Seite 12)

Dann verließ er sogleich den Saal. Soeben holte der junge Sprezius, der jetzt nicht mehr Leutnant, sondern wieder Primaner war, das verwachsene Fräulein Kühnchen von der Wand weg. Er nahm wohl Rücksicht auf ihren Vater. Guste Daimchen blieb sitzen … Diederich machte einen Gang durch die Seitenzimmer, wo ältere Herren Karten spielten, bekam eine lange Nase von Käthchen Zillich, die er hinter einer Tür mit einem Schauspieler überraschte, und gelangte zum Büfett. Dort saß an einem Tischchen Wolfgang Buck und zeichnete in sein Notizbuch die Mütter, die um den Saal herum warteten.

»Sehr talentvoll«, sagte Diederich. »Haben Sie auch schon Ihr Fräulein Braut porträtiert?«

phlegmatisch (siehe Seite 202)

»In der Beziehung interessiert sie mich nicht«, erwiderte Buck, so phlegmatisch, dass Diederich Zweifel kamen, ob seine Erlebnisse mit Guste im Liebeskabinett ihren Verlobten interessiert haben würden.

»Mit Ihnen weiß man überhaupt nicht« »Bei Ihnen weiß man nie, woran man ist«

»Mit Ihnen weiß man überhaupt nicht«, sagte er enttäuscht.

»Mit Ihnen weiß man immer«, sagte Buck. »Damals vor Gericht, während Ihres großen Monologes, hätte ich Sie zeichnen mögen.«

»Ihr Plädoyer hat mir genügt; es war ein Versuch, wenn auch glücklicherweise ein misslungener, meine Person und mein Wirken vor der breitesten Öffentlichkeit in Misskredit zu bringen und verächtlich zu machen!«

Diederich blitzte, Buck bemerkte es erstaunt. »Mir scheint, Sie sind beleidigt. Und ich habe es doch so gut gesagt.« Er bewegte den Kopf und lächelte, grüblerisch und entzückt. »Wollen wir nicht 'ne Flasche Sekt zusammen trinken?«, fragte er.

Diederich meinte: »Ob ich nun gerade mit Ihnen – « Aber er gab nach. »Das Gericht hat durch sein Urteil festgestellt, dass Ihre Vorwürfe sich nicht allein gegen mich, sondern gegen alle national gesinnten Männer richteten. Damit sehe ich die Sache als erledigt an.«

»Dann also Heidsieck?«, fragte Buck. Er nötigte Diederich, mit ihm anzustoßen. »Das werden Sie doch zugeben, bester Heßling, so eingehend wie ich hat sich mit Ihnen überhaupt noch niemand beschäftigt ... Jetzt kann ich es Ihnen sagen: Ihre Rolle vor Gericht hat mich mehr interessiert als meine eigene. Später, zu Hause vor meinem Spiegel, habe ich sie Ihnen nachgespielt.«

Heidsieck Piper-Heidsieck, eine traditionsreiche und renommierte Champagnermarke mit Sitz in Reims (Frankreich) (und ab 1881 Hoflieferant des österreichischen Kaiserhauses)

»Meine Rolle? Sie wollen sagen, meine Überzeugung. Freilich, für Sie ist der repräsentative Typus von heute der Schauspieler.«

»Das sagte ich mit Beziehung auf – einen andern. Aber Sie sehen, wie viel näher ich es habe zu der Beobachtung ... Wenn ich morgen nicht die Waschfrau zu verteidigen hätte, die bei Wulckows Unterhosen gestohlen haben soll, vielleicht würde ich den Hamlet spielen. Prost!«

den Hamlet spielen → Seite 514

»Prost. Dazu brauchen Sie allerdings keine Überzeugungen!«

»Gott, ich habe auch welche. Aber immer dieselben? ... Sie würden mir also das Theater anraten?«, fragte Buck. Diederich hatte schon den Mund geöffnet, um es ihm anzuraten, da trat Guste ein, und Diederich errötete, denn er hatte bei Bucks Frage an sie gedacht. Buck sagte träumerisch: »Inzwischen würde mein Topf mit Wurst und Kohl mir überkochen, und es ist doch ein so gutes Gericht.« Aber Guste, auf leisen Sohlen, legte ihm von rückwärts die Hände auf die

würde mein Topf mit Wurst und Kohl mir überkochen Buck knüpft mit dieser Metapher (die nicht auf eine bekannte Redensart zurückzugehen scheint) an ein früheres Gespräch mit Heßling an, siehe Seite 207 unten.

Augen und fragte: »Wer ist das?« – »Da ist er ja«, sagte Buck und gab ihr einen Klaps.

»Die Herren unterhalten sich wohl gut? Soll ich wieder gehen?«, fragte Guste. Diederich beeilte sich, ihr einen Stuhl zu holen; aber in Wirklichkeit wäre er lieber mit Buck allein gewesen; der fiebrige Glanz in Gustes Augen versprach nichts Gutes. Sie redete geläufiger als sonst.

»Ihr passt eigentlich großartig zueinander, bloß dass ihr so förmlich tut.«

Buck sagte: »Das ist die gegenseitige Achtung.« Diederich stutzte, und dann machte er eine Bemerkung, die ihn selbst in Erstaunen setzte. »Eigentlich – sooft ich mich von Ihrem Herrn Bräutigam trenne, hab ich Wut auf ihn; beim nächsten Wiedersehen aber freu ich mich.« Er richtete sich auf. »Wenn ich nämlich noch kein national gesinnter Mann wäre, würde er mich dazu machen.«

»Und wenn ich es wäre«, sagte Buck, weich lächelnd, »würde er es mir abgewöhnen. Das ist der Reiz.«

Aber Guste hatte sichtlich andere Sorgen; sie war erbleicht und schluckte hinunter.

»Jetzt sag ich dir was, Wolfgang. Wetten, dass du umfällst?«

»Herr Rose, Ihren Hennessy!«, rief Buck. Während er Kognak mit Sekt mischte, umklammerte Diederich Gustes Arm, und da die Ballmusik gerade sehr laut war, flüsterte er beschwörend: »Sie werden doch keine Dummheiten machen?« Sie lachte wegwerfend. »Doktor Heßling hat Angst! Er findet die Geschichte zu gemein, ich finde sie bloß ulkig.« Und laut lachend: »Was sagst du? Dein Vater soll mit meiner Mutter: du verstehst. Und infolgedessen sollen wir: du verstehst?«

Buck bewegte langsam den Kopf; und dann verzog er den Mund. »Wenn schon.« Da lachte Guste nicht mehr.

Hennessy die berühmteste Cognac-Marke; gegründet wurde das Unternehmen 1765 von dem aus Irland stammenden Offizier Richard Hennessy in der nahe der französischen Atlantikküste gelegenen Stadt Cognac. Cognac ist ein aus Weißweinen gewonnener Weinbrand.

»Wieso, wenn schon?«

»Nun, wenn die Netziger an so etwas glauben, muss es bei ihnen wohl alle Tage vorkommen, tut also nichts.«

»Redensarten machen den Kohl nicht fett«, entschied Guste. Diederich glaubte sich denn doch verwahren zu müssen.

»Redensarten machen den Kohl nicht fett« selbst redensartlich für: »Redensarten helfen hier auch nicht weiter!«

»Überall können Fehltritte vorkommen. Aber über die Meinung seiner Mitmenschen setzt niemand sich ungestraft hinweg.«

Guste bemerkte: »Er glaubt immer, er ist zu gut für diese Welt.« Und Diederich: »Dies ist eine harte Zeit. Wer sich nicht wehrt, muss dran glauben.« Da rief Guste voll schmerzlicher Begeisterung: »Doktor Heßling ist nicht wie du! Er hat mich verteidigt! Ich hab den Beweis, dass ich es weiß, von Meta Harnisch, weil sie schließlich hat müssen den Mund auftun. Er war überhaupt der Einzige, der mich hat verteidigt. Er an deiner Stelle täte sich die Leute kaufen, die sich unterstehn und verklatschen mich!«

täte sich die Leute kaufen, die sich unterstehn und verklatschen mich! würde sich die Leute energisch vorknöpfen, die es wagten, schlecht über mich zu reden!

Diederich bestätigte es durch Nicken. Buck drehte immerfort sein Glas und spiegelte sich darin. Plötzlich ließ er es los.

»Wer sagt euch denn, dass ich mir nicht auch ganz gern einmal einen kaufen würde – einen herausgreifen, ohne besondere Auswahl, weil doch alle so ziemlich gleich dumm und gemein sind?« Dabei kniff er die Augen zu. Guste hob die nackten Schultern.

»So was sagt man, aber sie sind gar nicht so dumm, sie wissen, was sie wollen … Der Dümmere ist der Klügere«, schloss sie herausfordernd, und Diederich nickte mit Ironie. Da sah Buck ihn an, aus Augen, die auf einmal wie irrsinnig waren. Die Fäuste bewegte er mit krampfigem Zittern um seinen Hals her. »Wenn ich aber« – er war plötzlich ganz heiser –, »wenn ich den einen am Kragen hätte, von dem ich wüsste, er zettelt alles an, er fasst in seiner Person zusammen, was an allen hässlich und schlecht ist: ihn am Kragen hätte, der das Gesamtbild wäre alles Unmenschlichen, alles Untermenschlichen – « Diederich, weiß wie sein Frackhemd, drückte sich seitwärts vom Stuhl herunter und wich schrittweise zurück. Guste schrie auf, sie stob panikartig nach der Wand. »Es ist der Kognak!«, rief Diederich ihr zu ... Aber Bucks Blicke, die zwischen ihnen beiden, voll des grässlichsten Unheils, umherrollten, packten unvermittelt ein. Er zwinkerte, er glänzte heiter.

stob dritte Person Singular Imperfekt von ›stieben‹: ›panikartig davonlaufen‹

Aber Bucks Blicke ... packten unvermittelt ein. Aber Bucks Blicke ... kamen plötzlich wieder zur Ruhe.

»An die Mischung bin ich leider gewöhnt«, erklärte er. »Es ist nur, damit ihr seht, wir können auch das.«

Diederich setzte sich polternd wieder hin. »Sie sind doch nur ein Komödiant«, sagte er entrüstet.

»Finden Sie?«, fragte Buck und glänzte noch heller. Guste rümpfte die Nase. »Na, dann amüsiert euch weiter«, äußerte sie und wollte gehen. Aber der Landgerichtsrat Fritzsche war da, verbeugte sich vor ihr und auch vor Buck. Ob der Herr Rechtsanwalt gestatte, dass er mit dem Fräulein Braut den Kotillon tanze. Er sprach äußerst höflich, beschwichtigend gewissermaßen. Buck antwortete nicht, er faltete die Brauen. Guste indessen hatte schon Fritzsches Arm genommen.

Kotillon auch ›Kontertanz‹ oder (frz.) ›Contredanse‹ (›Gegeneinander-Tanz‹), ein im 16. Jahrhundert in England aufgekommener und bis ins 19. Jahrhundert hinein beliebter Gesellschaftstanz, bei dem die Tänzer einander in der Ausgangsaufstellung paarweise gegenüberstanden

Buck sah ihnen nach, eine Falte zwischen den Brauen, selbstvergessen. ›Ja, ja‹, dachte Diederich, ›erfreulich ist es nicht, wenn man einem Herrn begegnet, der mit Ihrer Schwester, mein Bester, eine Vergnügungsreise gemacht hat, und dann holt er einem die Braut vom Tisch weg, und du kannst nichts machen, weil sonst der Skandal noch größer wird, weil nämlich unsere Verlobung selbst schon ein Skandal ist ... ‹

faltete (Z. 20) zog ... zusammen

Aufschreckend sagte Buck: »Wissen Sie, dass ich erst jetzt rechte Lust bekomme, Fräulein Daimchen zu ehelichen? Ich hielt die Sache für – nicht sehr sensationell; aber die Einwohner von Netzig machen geradezu eine Pikanterie daraus.«

eine Pikanterie eine anzügliche kleine Geschichte von schlüpfrigem Reiz

Diederich war starr über diese Wirkung. »Wenn Sie finden«, brachte er hervor.

»Warum nicht? Sie und ich, wir beiden Gegenpole, führen doch hier die vorgeschrittenen Tendenzen der moralfreien Epoche ein. Wir machen Betrieb. Der Geist der Zeit geht hier noch in Filzschuhen über die Straße.«

»Wir werden ihm Sporen anlegen«, verhieß Diederich.

»Prost!«

»Prost! Aber *meine* Sporen« – Diederich blitzte. »Ihre Skepsis und Ihre schlappe Gesinnung sind nicht zeitgemäß. Mit« – er blies durch die Nase –, »mit Geist ist heute nichts zu machen. Die nationale Tat – «, ein Faustschlag auf den Tisch, »hat die Zukunft!«

Buck darauf mit verzeihendem Lächeln: »Die Zukunft? Das ist eben die Verwechselung. Die nationale Tat hat abgehaust, im Lauf von hundert Jahren. Was wir erleben und noch erleben sollen, sind ihre Zuckungen und ihr Leichengeruch. Es wird keine gute Luft sein.«

»Von Ihnen habe ich nichts anderes erwartet, als dass Sie das Heiligste in den Schmutz ziehen!«

»Heilig! Unantastbar! Sagen wir gleich: ewig! Nicht wahr? Außerhalb der Ideale eures Nationalismus wird nie, nie wieder gelebt werden. Früher, mag sein, in der dunkeln Periode der Geschichte, die euch noch nicht kannte. Jetzt aber seid ihr da, und die Welt ist angelangt. Dünkel und Hass der Nationen, das ist das Ziel, darüber hinaus geht es nicht.«

»Wir leben in einer harten Zeit«, bestätigte Diederich ernst.

»Weniger hart als verkalkt ... Ich bin nicht überzeugt, dass die Menschen, deren Dasein in den Dreißigjährigen Krieg fiel, an die Unabänderlichkeit ihres auch nicht weichen Zustandes geglaubt haben. Und ich bin überzeugt, dass die Rokokowillkür von denen, die ihr unterlagen, für überwindbar

hat abgehaust hat abgewirtschaftet, hat Pleite gemacht

ihre Zuckungen ihre letzten Zuckungen

die Welt ist angelangt wohl: die Welt hat nachgezogen, ist am gleichen Punkt angelangt und spielt von nun an nach euren Regeln

Dünkel demonstrativ hervorgekehrte Überzeugung eigener Überlegenheit

die Rokokowillkür die bedenkenloswillkürliche Machtausübung der Eliten in der (mit der verspielten Rokokokultur zusammenfallenden) Epoche der absolutistischen Herrschaft gehalten worden ist, sonst hätten sie nicht die Revolution gemacht. Wo ist, in den Räumen der Geschichte, die wir seelisch noch betreten hönnen, die Zeit, die sich in Permanenz erklärt und aufgetrumpft hätte vor der Ewigkeit mit ihrer traurigen Beschränktheit. Die jeden nicht ganz in ihr Befangenen abergläubisch bemäkelt hätte. Nicht national gesinnt sein erregt bei euch noch mehr Grauen als Hass! Aber die vaterlandslosen Gesellen sind euch auf den Fersen. Dort im Saal, sehen Sie sie?«

in Permanenz zum Dauerzustand

Diederich verschüttete seinen Sekt, so schnell fuhr er herum. War denn Napoleon Fischer eingedrungen, mit den Genossen? ... Buck lachte stumm und innig. »Bemühen Sie sich nicht, ich meine nur das stille Volk auf den Wänden. Warum scheinen sie so heiter? Was gibt ihnen das Recht auf Blumenwege, leichten Schritt und Harmonie? Ah! Ihr Freunde!« Über die Tanzenden hinweg schwenkte Buck sein Glas. »Ihr Freunde der Menschheit und jeder guten Zukunft, weitherzig und unbekannt mit der düstern Selbstsucht eines nationalen Vetternbundes: Weltseelen ihr, kehrt wieder! Selbst unter uns noch erwarten euch einige!«

Weltseelen ihr Weltbürger ihr

Er trank aus, Diederich bemerkte mit Verachtung, dass er weinte. Übrigens bekam er sogleich eine schlaue Miene. »Ihr aber, Zeitgenossen, wisst wohl nicht, was der alte Bürgermeister, der da hinten zwischen den Amtspersonen und Schäferinnen rosig lächelt, als Schleife über der Brust trägt? Die Farben sind verblichen; ihr denkt wohl, es sind die euren? Es ist aber die französische Trikolore. Sie war neu damals und nicht die eines Landes, sondern der allgemeinen Morgenröte. Sie zu tragen war beste Gesinnung; es war, wie ihr sagen würdet, streng korrekt. Prost!«

die französische Trikolore die 1792 eingeführte blau-weiß-rote Nationalfahne der aus der Revolution hervorgegangenen Französischen Republik

der allgemeinen Morgenröte der Epochenwende, der Menschheitshoffnung auf eine bessere Zukunft

Aber Diederich war verstohlen mit seinem Stuhl davongerückt und spähte umher, ob niemand höre. »Sie sind ja besoffen«, murmelte er; und um die Situation zu retten, rief er:

»Herr Rose! Noch eine Flasche!« Darauf setzte er sich achtunggebietend zurecht. »Sie scheinen nicht daran zu denken, dass seitdem ein Bismarck da war!«

»Nicht nur einer«, sagte Buck. »Von allen Seiten ist Europa in diesen nationalen Durchgang getrieben worden. Nehmen wir an, er war nicht zu vermeiden. Nach ihm werden bessere Gefilde kommen ... Aber seid ihr eurem Bismarck etwa gefolgt, solange er im Recht war? Ihr habt euch zerren lassen, ihr habt mit ihm im Konflikt gelebt. Erst jetzt, da ihr über ihn hinaus sein solltet, hängt ihr euch an seinen kraftlosen Schatten! Denn euer nationaler Stoffwechsel ist entmutigend langsam. Bis ihr begriffen habt, dass ein großer Mann da ist, hat er schon aufgehört, groß zu sein.«

»Sie werden ihn kennenlernen!«, verhieß Diederich. »Blut und Eisen bleibt die wirksamste Kur! Macht geht vor Recht!« Der Kopf schwoll ihm rot an bei diesen Glaubenssätzen. Aber auch Buck regte sich auf.

»Die Macht! Die Macht lässt sich nicht ewig auf Bajonetten davontragen wie eine aufgespießte Wurst. Die einzige reale Macht ist heute der Friede! Spielt euch die Komödie der Gewalt vor! Prahlt gegen eingebildete Feinde draußen und im Innern! Taten, glücklicherweise, sind euch nicht erlaubt!«

»Nicht erlaubt?« Diederich blies, als sollte Feuer kommen. »Seine Majestät hat gesagt: Lieber lassen wir unsere gesamten achtzehn Armeekorps und zweiundvierzig Millionen Einwohner auf der Strecke ...«

»Denn wo der deutsche Aar –!«, rief Buck, mit jähem Schwung; und noch wilder: »Nicht Parlamentsbeschlüsse! Die einzige Säule ist das Heer!«

Diederich gab ihm nichts nach. »Ihr seid berufen, mich in erster Linie vor dem äußeren und inneren Feind zu schützen!«

diesen nationalen Durchgang diese Phase der nationalen Engstirnigkeit

Gefilde → Seite 514

Blut und Eisen Anspielung auf Bismarck und seine Politik (siehe Seite 487)

Prahlt Ereifert euch in prahlerischen Worten

Armeekorps großer Truppenverband

zweiundvierzig Millionen → Seite 514

Lieber lassen wir ... auf der Strecke → Seite 514

Denn wo der deutsche Aar → Seite 515

Nicht Parlamentsbeschlüsse! → Seite 515

Die einzige Säule ist das Heer! → Seite 515

»Ihr seid berufen, mich ... zu schützen!« → Seite 515

»Einer hochverräterischen Schar zu wehren!«, schrie Buck. »Eine Rotte von Menschen – «

Diederich fiel ein: » – nicht wert, den Namen Deutsche zu tragen!«

Und beide einstimmig: »Verwandte und Brüder niederschießen!«

Tänzer, die sich am Büfett erfrischten, wurden aufmerksam auf ihr Geschrei, sie holten auch ihre Damen herbei, um ihnen den Anblick eines heldenhaften Rausches zu verschaffen. Sogar die Kartenspieler streckten die Köpfe herein; und alle bestaunten Diederich und seinen Partner, die, auf ihren Stühlen schwankend und an den Tisch geklammert, mit glasigen Augen und entblößten Gebissen einander starke Worte ins Gesicht schleuderten.

»Einen Feind, und der ist mein Feind!«

»Einer nur ist Herr im Reich, keinen andern dulde ich!«

»Ich kann sehr unangenehm sein!«

Die Stimmen überschlugen sich.

»Falsche Humanität!«

»Vaterlandslose Feinde der göttlichen Weltordnung!«

»Müssen ausgerottet werden bis auf den letzten Stumpf!«

Eine Flasche flog gegen die Wand.

»Zerschmettere ich!«

»Deutschen Staub! ... Pantoffeln! ... Herrliche Tage!« Hier glitt durch die Zuschauer ein Wesen mit verbundenen Augen: Guste Daimchen, die sich auf diese Weise einen Herrn suchen sollte. Von rückwärts betastete sie Diederich und wollte ihn zum Aufstehen bewegen. Er machte sich steif und wiederholte drohend: »Herrliche Tage!« Sie riss das Tuch herunter, starrte ihn angstvoll an und holte seine Schwestern. Auch Buck sah ein, dass es angezeigt sei, aufzubrechen. Unauffällig stützte er den Freund beim Abgang, konnte aber nicht verhindern, dass Diederich in der Tür sich nochmals

zu wehren Einhalt zu gebieten

Rotte (siehe Seite 510)

»Einen Feind, und der ist mein Feind!« Zitat aus einer Kaiserrede vom 23. November 1891

»Ich kann sehr unangenehm sein!« Zitat aus einer Kaiserrede vom 22. September 1894

»Falsche Humanität!« Die Warnung vor falscher Humanität (in der Rechtsprechung) findet sich in einem Schreiben des Kaisers an das Staatsministerium vom 22. Oktober 1891, in dem es um Maßnahmen gegen Zuhälterei ging.

»Müssen ausgerottet werden bis auf den letzten Stumpf!« → Seite 515

einen Herrn einen Tanzpartner

Von rückwärts Von hinten

angezeigt an der Zeit, ratsam

umwandte, der tanzenden, gaffenden Menge zu, gebieterisch aufgereckt, wenn auch verglast und ohne Blitzen.

»Zerschmettere ich!«

Dann ward er hinunter und in den Wagen befördert.

Als er gegen Mittag mit schweren Kopfschmerzen das Familienzimmer betrat, war er sehr erstaunt, dass Emmi es entrüstet verließ. Aber Magda brauchte ihm nur einige vorsichtige Andeutungen zu machen, da wusste er schon wieder, um was es sich handelte. »Hab ich das wirklich gemacht? Na ja, ich gebe zu, es waren Damen dabei. Es gibt verschiedene Arten, sich als deutscher Mann zu zeigen: Bei den Damen ist es wieder eine andere … Natürlich beeilt man sich in solchem Fall, die Sache in der loyalsten und korrektesten Weise beizulegen.«

Obwohl er kaum aus den Augen sehen konnte, war ihm klar, was zu geschehen hatte. Indes ein zweispänniger Paradewagen herbeigeholt ward, bekleidete er sich mit Gehrock, weißer Krawatte und Zylinder; dann überreichte er dem Kutscher die von Magda aufgesetzte Liste und fuhr los. Überall verlangte er nach den Damen; manche schreckte er vom Mittagessen auf – und ohne deutlich zu erkennen, ob er Frau Harnisch, Frau Daimchen oder Frau Tietz vor sich habe, sagte er mit rauer Katerstimme her: »Ich gebe zu … Als deutscher Mann, bei Damen … Loyalste und korrekteste Weise …«

Indes Während

Um halb zwei war er zurück und ließ sich aufseufzend zum Essen nieder. »Die Sache ist beigelegt.«

Der Nachmittag gehörte einer schwierigeren Aufgabe. Diederich ließ Napoleon Fischer hinauf in seine Privatwohnung kommen.

»Herr Fischer«, sagte er und wies ihm einen Stuhl an, »ich empfange Sie hier und nicht in meinem Büro, weil den Herrn Sötbier unsere Angelegenheiten nichts angehen. Es betrifft nämlich die Politik.«

Napoleon Fischer nickte, als habe er sich dies schon gedacht. Er schien an solche vertraulichen Unterredungen nunmehr gewöhnt, auf Diederichs ersten Wink griff er sogleich in die Zigarrenkiste; er schlug sogar das Bein über. Diederich war weit weniger sicher; er schnaufte – und dann entschloss er sich ohne Umschweife, mit brutaler Ehrlichkeit auf sein Ziel loszugehen. Bismarck hatte es auch so gemacht.

das Bein über bequem das eine Bein über das andere

»Ich will nämlich Stadtverordneter werden«, erklärte er, »und dazu brauche ich Sie.«

Der Maschinenmeister warf ihm einen Blick von unten zu. »Ich Sie auch«, sagte er. »Denn ich will auch Stadtverordneter werden.«

»Nanu, na hören Sie mal! Ich war auf manches gefasst ... «

»Sie hatten wohl schon wieder ein paar Doppelkronen in der Hand?« – und der Proletarier fletschte die gelben Zähne. Er versteckte sein Grinsen gar nicht mehr. Diederich begriff, dass in Wahlsachen weniger leicht mit ihm zu reden sein werde als über eine geschundene Arbeiterin. »Nämlich, Herr Doktor«, begann Napoleon, »den einen von den beiden Sitzen hat meine Partei bombensicher. Den anderen kriegen wahrscheinlich die Freisinnigen. Wenn Sie die rausschmeißen wollen, brauchen Sie uns.«

Doppelkrone im Kaiserreich eine gängige Bezeichnung für die goldene 20-Mark-Münze, die bis 1918 in Umlauf war

rausschmeißen überflügeln, aus dem Magistrat drängen

»Soweit seh ich es ein«, sagte Diederich. »Ich habe zwar auch den alten Buck für mich. Aber seine Leute sind vielleicht nicht alle so vertrauensselig, dass sie mich wählen, wenn ich mich als Freisinniger aufstellen lasse. Sicherer ist es, ich vertrage mich auch mit Ihnen.«

für mich auf meiner Seite, hinter mir

ich vertrage mich ich schließe ... ein Bündnis

»Und ich hab auch schon 'ne Ahnung, wieso Sie das machen können«, erklärte Napoleon. »Weil ich nämlich schon längst 'n Auge auf Herrn Doktor habe, ob er nun nicht bald in die politische Arena reinsteigt.«

Napoleon blies Ringe, so sehr war er auf der Höhe!

auf der Höhe obenauf, seiner selbst gewiss

»Ihr Prozess, Herr Doktor, und dann das mit dem Kriegerverein und so, das war alles ganz schön, als Reklame. Aber für einen Politiker heißt es doch immer: wie viele Stimmen krieg ich.«

Napoleon teilte aus dem Schatz seiner Erfahrungen mit! Als er vom »nationalen Rummel« sprach, wollte Diederich protestieren; aber Napoleon fertigte ihn schnell ab.

»Was wollen Sie denn? Wir in unserer Partei haben gewissermaßen allerhand Achtung vor dem nationalen Rummel. Bessere Geschäfte sind allemal damit zu machen als mit dem Freisinn. Die bürgerliche Demokratie fährt bald in einer einzigen Droschke ab.«

»Und die vermöbeln wir auch noch!«, rief Diederich. Die Bundesgenossen lachten vor Vergnügen. Diederich holte eine Flasche Bier.

»A – ber«, machte der Sozialdemokrat; und er rückte mit seiner Bedingung heraus: ein Gewerkschaftshaus, bei dessen Bau die Partei von der Stadt zu unterstützen war! ... Diederich sprang vom Stuhl. »Und das erdreisten Sie sich, von einem nationalen Mann zu verlangen?«

Der andere blieb gelassen und ironisch. »Wenn wir dem nationalen Mann nicht helfen, dass er gewählt wird, wo bleibt dann der nationale Mann?« – Und Diederich mochte sich empören oder um Gnade flehen, er musste auf ein Blatt Papier schreiben, dass er für das Gewerkschaftshaus nicht nur selbst stimmen, sondern auch die ihm nahestehenden Stadtverordneten bearbeiten werde. Darauf erklärte er barsch die Unterredung für beendet und nahm dem Maschinenmeister die Bierflasche aus der Hand. Aber Napoleon Fischer zwinkerte. Überhaupt dürfe der Herr Doktor froh sein, dass er mit ihm und nicht mit dem Parteibudiker Rille verhandele. Denn Rille, der für seine eigene Wahl agitiere, wäre zu dem Kompromiss nicht zu haben gewesen. Und in der Partei seien die Meinungen geteilt; Diederich habe also allen Grund,

fährt bald in einer einzigen Droschke ab bildhaft für: hat bald ausgespielt, ist bald am Ende

Parteibudiker ›Budike‹ ist, vor allem im Berliner Raum, eine Bezeichnung für eine kleine Kneipe; also der Wirt einer Kneipe, die sich die Netziger Sozialdemokraten zum Treffpunkt erkoren haben

agitiere werbe

in der ihm nahestehenden Presse etwas für die Kandidatur Fischer zu tun. »Wenn fremde Leute, zum Beispiel Rille, sollten die Nasen in Ihre Geschichten stecken, Herr Doktor, dafür werden Sie sich wohl bedanken. Bei uns beiden ist es was anderes. Wir haben schon mehr Dreck zusammen verscharrt.«

Damit ging er und überließ Diederich seinen Gefühlen. ›Schon mehr Dreck zusammen verscharrt!‹, dachte Diederich, und Angstschauer kreuzten sich in ihm mit Wallungen des Zorns. Das durfte der Hund ihm sagen, sein eigener Kuli, den er jeden Augenblick auf die Straße werfen konnte! Vielmehr, leider ging das nicht, denn es war wahr, sie hatten Dreck verscharrt. Der Holländer! Die geschundene Arbeiterin! Eine Vertraulichkeit zog die andere nach sich: Jetzt waren Diederich und sein Prolet nicht nur im Betrieb aufeinander angewiesen, sondern auch politisch. Am liebsten hätte Diederich mit dem Parteibudiker Rille angebunden; aber dann war zu fürchten, dass Napoleon Fischer in seiner Rachsucht auspackte, was er wusste. Diederich sah sich genötigt, ihm auch noch gegen Rille zu helfen. ›Aber‹ – er schüttelte die Faust gegen die Zimmerdecke – ›wir sprechen uns wieder. Und wenn es zehn Jahre dauert, die Abrechnung kommt!‹

Kuli Tagelöhner, ungelernter Arbeiter für einfache Tätigkeiten, »den man bedenkenlos ausnutzen kann«

angebunden verhandelt, Kontakt geknüpft

Hiernach oblag es ihm, dem alten Herrn Buck einen Besuch zu machen und sein biedermännisches und schöngeistiges Gerede mit Ergebenheit anzuhören. Dafür ward er Kandidat der freisinnigen Partei ... In der »Netziger Zeitung«, die in einem warmen Artikel Herrn Doktor Heßling als Mensch, Bürger und Politiker den Wählern empfahl, ward gleich darunter, wenn auch in kleinerem Druck, die Aufstellung des Arbeiters Fischer scharf beanstandet. Die sozialdemokratische Partei verfügte, man musste es leider zugeben, über genug selbstständige Gewerbetreibende, sie brauchte den bürgerlichen Stadtverordneten nicht den kolle-

oblag es ihm musste er es auf sich nehmen

warmen wohlwollend-herzlichen

gialen Verkehr mit einem gewöhnlichen Arbeiter zuzumuten. Sollte insbesondere Herr Doktor Heßling im Schoße der städtischen Körperschaft seinem eigenen Maschinenmeister begegnen?

Dieser Ausfall des bürgerlichen Blattes stellte unter den Sozialdemokraten volle Einmütigkeit her; sogar Rille musste sich für Napoleon erklären – der mit Glanz durch das Ziel ging. Diederich bekam von der Partei, die ihn aufstellte, nur die Hälfte der Stimmen, aber ihn retteten die Genossen. Die beiden Gewählten wurden gemeinsam in die Versammlung eingeführt. Bürgermeister Doktor Scheffelweis beglückwünschte sie, mit dem Hinweis, dass einerseits der tätige Bürger, andererseits der emporstrebende Arbeiter – Und schon in der nächsten Sitzung griff Diederich in die Verhandlungen ein.

Zur Debatte stand die Kanalisation der Gäbbelchenstraße. Eine beträchtliche Anzahl jener alten Vorstadthäuser befand sich noch heute, am Ende des neunzehnten Jahrhunderts, im wenig rühmlichen Besitz von Abortgruben, deren Ausdünstungen zuzeiten die ganze Gegend überschwemmten. Bei seinem Besuch im Grünen Engel hatte Diederich die Wahrnehmung gemacht. So wandte er sich denn mit Nachdruck gegen die finanztechnischen Bedenken des Magistratsvertreters. Eine Forderung der Kulturehre dürfe kleinlichen Rücksichten nicht weichen. »Deutschtum heißt Kultur!«, rief Diederich aus. »Meine Herren! Das hat kein Geringerer gesagt als Seine Majestät der Kaiser. Und bei anderer Gelegenheit hat Seine Majestät das Wort gesprochen: Die Schweinerei muss ein Ende nehmen. Wo nur immer großzügig vorgegangen wird, da leuchtet uns das erhabene Beispiel Seiner Majestät voran, und darum, meine Herren – «

»Hurra!«, rief eine Stimme links, und Diederich begegnete dem Grinsen Napoleon Fischers. Da reckte er sich auf, er

kollegialen Verkehr Umgang von gleich zu gleich

Abortgruben Gruben beim Haus zur Aufnahme menschlicher Fäkalien

überschwemmten verpesteten

»Deutschtum heißt Kultur!« Am Ende einer Rede vor Ostsiedlern verkündete der Kaiser am 9. August 1905: »Deutschtum heißt Kultur, Freiheit für jeden, in Religion sowohl wie in Gesinnung und Betätigung« (zitiert nach: Fredrick Betz [vgl. S. 485], S. 50).

Die Schweinerei muss ein Ende nehmen. Öffentlich kolportierter (von Mund zu Mund verbreiteter, aber in seiner Richtigkeit unbestätigter) Ausspruch des über den Widerstand liberaler Kreise gegen das Volksschulgesetz erzürnten Kaisers in einer Kronratssitzung blitzte. »Sehr richtig!«, versetzte er schneidend. »Ich kann nicht besser schließen. Seine Majestät der Kaiser hurra, hurra, hurra!«

Verblüfftes Schweigen – aber da die Sozialdemokraten lachten, riefen rechts einige hurra. Doktor Heuteufel warf die Frage dazwischen, ob der merkwürdige Zusammenhang, in den Herr Doktor Heßling die Person des Kaisers gebracht habe, nicht eigentlich eine Majestätsbeleidigung darstelle. Aber der Vorsitzende klingelte schnell. In der Presse jedoch ward weiter debattiert. Die »Volksstimme« behauptete, Herr Heßling trage in die Stadtverordnetenversammlung den Geist des übelsten Byzantinismus, wohingegen die »Netziger Zeitung« seine Rede als die erfrischende Tat eines unbefangenen Patrioten bezeichnete. Dass es sich aber um einen wahrhaft bedeutsamen Vorgang handelte, ward erst klar, als es im »Berliner Lokal-Anzeiger« stand. Das Blatt Seiner Majestät war über das mutige Auftreten des Netziger Stadtverordneten Doktor Heßling des Lobes voll. Es stellte mit Genugtuung fest, dass der neue, entschlossen nationale Geist, für den der Kaiser eintrete, nunmehr auch im Lande Fortschritte mache. Die kaiserliche Mahnung werde befolgt, der Bürger erwache aus dem Schlummer, die Scheidung zwischen denen für ihn und denen wider ihn vollziehe sich. »Möchten viele wackere Vertreter unserer Städte dem Beispiel des Doktor Heßling folgen!«

den Geist des übelsten Byzantinismus (siehe Seite 235)

Möchten Mögen

Diese Nummer des »Lokal-Anzeigers« trug Diederich schon acht Tage lang auf dem Herzen, da schlich er sich um die stillste Vormittagsstunde, unter Vermeidung der Kaiser-Wilhelm-Straße, von rückwärts in die Bierstube von Klappsch, wo er Gesellschaft fand: Napoleon Fischer und den Parteiwirt Rille. Obwohl das Lokal ganz leer war, zogen die drei sich in den äußersten Winkel zurück; Fräulein Klappsch ward, kaum dass sie das Bier gebracht hatte, hinausgeschickt;

Parteiwirt (siehe Seite 323: Parteibudiker)

und Klappsch selbst, der an der Tür horchte, hörte nur tuscheln. Er versuchte die Klappe zu Hilfe zu nehmen, durch die er bei stärkerem Besuch die Gläser hineinreichte; aber Rille, der damit Bescheid wusste, schlug sie ihm vor der Nase zu. Immerhin hatte der Wirt bemerkt, dass Doktor Heßling aufgesprungen war und im Begriff schien, wegzugehen. Dazu werde er als nationaler Mann niemals die Hand bieten! ... Später aber wollte Fräulein Klappsch, die zum Zahlen gerufen ward, doch ein Papier gesehen haben, das von allen drei unterschrieben war.

Denselben Tag nachmittags hatten Emmi und Magda eine Einladung zum Tee bei Frau von Wulckow, und Diederich begleitete sie. Erhobenen Hauptes schritten die Geschwister über die Kaiser-Wilhelm-Straße. Diederich lüftete kühl den Zylinder vor den Herren, die von den Stufen der Freimaurerloge erstaunt zusahen, wie er das Gebäude der Regierung betrat. Den Wachtposten begrüßte er mit einer jovialen Handbewegung. Droben in der Garderobe stieß man auf Offiziere und ihre Damen, denen die beiden Fräulein Heßling schon bekannt waren. Die Sporen zusammenschlagend, zog der Leutnant von Brietzen Emmi den Mantel aus, und sie dankte ihm über die Schulter, wie eine Gräfin. Sodann trat sie Diederich auf den Fuß, damit er merke, auf welchen heißen Boden er versetzt sei. Und wirklich, als man nun Herrn von Brietzen den Vortritt in den Salon aufgenötigt, vor der Präsidentin entzückte Kratzfüße ausgeführt hatte und mit allen bekannt geworden war: welche Aufgabe, so ehrenvoll wie gefährlich, auf einem Stühlchen zwischen Damenkleider eingeengt, die Teetasse im Gleichgewicht zu erhalten, während man Kuchenteller weitergab, und mit den Kuchen ein huldigendes Lächeln zu spenden und beim Essen ein schmelzendes Wort über die so gelungene Aufführung der »Heimlichen Gräfin«

zu liefern, ein männlich anerkennendes für die großzügige Verwaltungstätigkeit des Präsidenten, ein gewichtiges über Umsturz und Kaisertreue – und dabei noch den Wulckow'schen Hund zu füttern, der bettelte! An die anspruchslose Gesellschaft des Ratskellers oder des Kriegervereins durfte man hier nicht denken; es hieß mit aufreibendem Lächeln in die wasserhellen Augen des Hauptmanns von Köckeritz starren, dessen Glatze weiß, dessen Gesicht von der Mitte der Stirn abwärts feuerrot war und der vom Exerzierplatz erzählte. Und wenn einem vor Gespanntheit auf die Frage, ob man gedient habe, schon der Schweiß ausbrach, erlebte man es unversehens, dass die Dame neben einem, die ihr weißblondes Haar glatt über den Kopf hinaufkämmte und eine sonnenverbrannte Nase hatte, von Pferden zu sprechen anfing ... Diesmal ward Diederich durch Emmi gerettet, denn Emmi, unterstützt von Herrn von Brietzen, mit dem sie geradezu auf vertrautem Fuß zu stehen schien, griff gewandt in das Pferdegespräch ein, gebrauchte fachmännische Ausdrücke, ja, schreckte nicht davor zurück, von Ritten ins Gelände zu fantasieren, die sie auf dem Gut einer Tante unternommen haben wollte. Als der Leutnant sich dann erbot, mit ihr auszureiten, schützte sie die arme Frau Heßling vor, die es nicht erlaube. Diederich erkannte Emmi nicht wieder. Ihre unheimlichen Talente ließen Magda, der es doch gelungen war, sich zu verloben, hier ganz im Schatten. Nicht ohne Bangen ward Diederich, wie nach seiner Rückkehr aus dem Grünen Engel, sich der unberechenbaren Wege bewusst, die ein Mädchen, wenn man es nicht sah – Da bemerkte er, dass er eine Frage der Präsidentin überhört hatte und dass man schwieg, weil er antworten sollte. Er suchte in der Luft nach Hilfe, stieß aber nur auf den unerbittlichen Blick eines großen Bildnisses, bleich und steinern, in roter Husarenuniform, eine Hand auf der Hüfte, der Schnurrbart an den Au-

aufreibendem mühsam aufrechterhaltenem

Gut Rittergut mit landwirtschaftlichem Großbetrieb (siehe Seite 54)

im Schatten ... stehen (stellten Magda ... hier ganz in den Schatten)

Blick eines großen Bildnisses ... in roter Husarenuniform ... kalt blitzend! → Seite 516

genwinkeln und der Blick über die Schulter hinweg kalt blitzend! Diederich erbebte, er verschluckte sich mit Tee, Herr von Brietzen klopfte ihm den Rücken.

Eine Dame, die bisher nur immer gegessen hatte, sollte jetzt singen. Im Musikzimmer hatte man sich gruppiert. Diederich, an der Tür, zog verstohlen die Uhr, da hüstelte hinter ihm die Präsidentin. »Ich weiß wohl, lieber Doktor, dass Sie nicht uns und unserer leichten, ich möchte sagen allzu leichten Konversation Ihre Zeit opfern, die so ernsten Pflichten gehört. Mein Mann erwartet Sie, kommen Sie nur.« Den Finger an den Lippen, ging sie voran, über einen Gang, durch ein leeres Vorzimmer ... Ganz leise klopfte sie. Da keine Antwort kam, sah sie ängstlich auf Diederich, dem auch nicht wohl war. »Ottochen«, versuchte sie, zärtlich an die verschlossene Tür geschmiegt. Nach einer Weile des Lauschens erhob sich drinnen die fürchterliche Bassstimme: »Hier ist kein Ottochen! Sag den Schafsköpfen, sie sollen ihren Tee allein saufen!« – »Er ist so sehr beschäftigt«, flüsterte Frau von Wulckow, ein wenig bleicher. »Die Schlechtgesinnten untergraben seine Gesundheit ... Leider muss ich mich jetzt meinen Gästen widmen, der Diener soll Sie anmelden.« Und sie entschwebte.

zog verstohlen die Uhr ... aus der Westentasche

leichten Konversation zwanglosen, nicht zweckgebundenen Unterhaltung (Gespräch)

Diederich wartete vergeblich auf den Diener, lange Minuten. Dann aber trat der Wulckow'sche Hund ein, schritt riesenhaft und voll Verachtung an Diederich vorbei und kratzte an der Tür. Sofort ertönte es drinnen: »Schnaps! Komm herein!« – worauf die Dogge die Tür aufklinkte. Da sie vergaß, sie wieder zu schließen, erlaubte Diederich sich, mit hineinzuschlüpfen. Herr von Wulckow saß in einer Rauchwolke am Schreibtisch, er wendete den ungeheuren Rücken her.

»Guten Tag, Herr Präsident«, sagte Diederich, mit einem Kratzfuß. »Nanu, quatschst du auch schon, Schnaps?«, fragte Wulckow, ohne sich umzusehen. Er faltete ein Papier, zündete langsam eine neue Zigarre an ... ›Jetzt kommt es‹, dachte Diederich. Aber dann begann Wulckow etwas anderes zu schreiben. Interesse an Diederich nahm nur der Hund. Offenbar fand er den Gast hier noch weniger am Platz, seine Verachtung ging in Feindseligkeit über; mit gefletschten Zähnen beschnupperte er Diederichs Hose, fast war es kein Schnuppern mehr. Diederich tanzte, so geräuschlos wie möglich, von einem Fuß auf den andern, und die Dogge knurrte drohend, aber leise, wohl wissend, ihr Herr könne es sonst nicht weiterkommen lassen. Endlich gelang es Diederich, zwischen sich und seinen Feind einen Stuhl zu bringen, an den geklammert er sich umherdrehte, bald langsamer, bald schneller, und immer auf der Hut vor Schnaps' Seitensprüngen. Einmal sah er Wulckow den Kopf ein wenig wenden und glaubte ihn schmunzeln zu sehen. Dann hatte der Hund genug von dem Spiel, er ging zum Herrn und ließ sich streicheln; und neben Wulckows Stuhl hingelagert, maß er mit kühnen Jägerblicken Diederich, der sich den Schweiß wischte.

›Gemeines Vieh!‹, dachte Diederich – und plötzlich wallte es auf in ihm. Empörung und der dicke Qualm verschlugen ihm den Atem, er dachte, mit unterdrücktem Keuchen: ›Wer bin ich, dass ich mir das muss bieten lassen? Mein letzter Maschinenschmierer lässt sich das von mir nicht bieten. Ich bin Doktor. Ich bin Stadtverordneter! Dieser ungebildete Flegel hat mich nötiger als ich ihn!‹ Alles, was er heute Nachmittag erlebt hatte, nahm den übelsten Sinn an. Man hatte ihn verhöhnt, der Bengel von Leutnant hatte ihm den Rücken geklopft! Diese Kommissknöpfe und adeligen Puten hatten die ganze Zeit von ihren albernen Angelegenheiten geredet und ihn wie dumm dabeisitzen lassen! ›Und wer bezahlt die frechen Hungerleider? Wir!‹ Gesinnung und Gefühle, alles stürzte in Diederichs Brust auf einmal zusammen, und aus den Trümmern schlug wild die Lohe des Hasses. ›Men-

könne es sonst nicht weiterkommen lassen werde sonst einschreiten (den Hund zurückpfeifen) müssen

bald ... bald mal ... mal

wallte es auf in ihm fühlte er zornig das Ausmaß seiner Demütigung; ›begann sein Blut zu kochen‹

Kommissknöpfe im Soldatenjargon: engstirnige Offiziere oder Unteroffiziere, die kleinlich auf Disziplin achten und Unterordnung einfordern

die Lohe (veraltet, poetisch) die Flamme

schenskinder! Säbelrassler! Hochnäsiges Pack! ... Wenn wir mal Schluss machen mit der ganzen Bande –!‹ Die Fäuste ballten sich ihm von selbst, in einem Anfall stummer Raserei sah er alles niedergeworfen, zerstoben: die Herren des Staates, Heer, Beamtentum, alle Machtverbände und sie selbst, die Macht! Die Macht, die über uns hingeht und deren Hufe wir küssen! Gegen die wir nichts können, weil wir alle sie lieben! Die wir im Blut haben, weil wir die Unterwerfung darin haben! Ein Atom sind wir von ihr, ein verschwindendes Molekül von etwas, das sie ausgespuckt hat! ... Von der Wand dort, hinter blauen Wolken, sah eisern hernieder ihr bleiches Gesicht, eisern, gesträubt, blitzend: Diederich aber, in wüster Selbstvergessenheit, hob die Faust.

Säbelrassler in der zweiten Hälfte des 19. Jahrhunderts aufgekommener Ausdruck für militärisch gesinnte Leute, die bei allen (politischen) Krisen immer gleich nach den Waffen riefen und auf Konfrontationskurs zu gehen wünschten

Da knurrte der Wulckow'sche Hund, unter dem Präsidenten hervor aber kam ein donnerndes Geräusch, ein lang hinrollendes Geknatter – und Diederich erschrak tief. Er verstand nicht, was dies für ein Anfall gewesen war. Das Gebäude der Ordnung, wieder aufgerichtet in seiner Brust, zitterte nur noch leise. Der Herr Regierungspräsident hatte wichtige Staatsgeschäfte. Man wartete eben, bis er einen bemerkte; dann bekundete man gute Gesinnung und sorgte für gute Geschäfte ...

»Na, Doktorchen?«, sagte Herr von Wulckow und drehte seinen Sessel herum. »Was ist mit Ihnen los? Sie werden ja der reine Staatsmann. Setzen Sie sich mal auf diesen Ehrenplatz.«

»Ich darf mir schmeicheln«, stammelte Diederich. »Einiges habe ich schon erreicht für die nationale Sache.«

Wulckow blies ihm einen mächtigen Rauchkegel ins Gesicht, dann kam er ihm ganz nahe mit seinen warmblütigen, zynischen Augen und ihrer Mongolenfalte. »Sie haben erstens erreicht, Doktorchen, dass Sie Stadtverordneter geworden sind. Wie, das wollen wir auf sich beruhen lassen. Jeden-

Mongolenfalte (siehe Seite 513)

falls konnten Sie es brauchen, denn Ihr Geschäft soll ja 'ne ziemlich faule Karre sein.« Da Diederich zusammenzuckte, lachte Wulckow dröhnend. »Lassen Sie nur, Sie sind mein Mann. Was meinen Sie, das ich da geschrieben habe?« Das große Blatt Papier verschwand unter der Pranke, die er darauf legte. »Da verlange ich vom Minister einen kleinen Piepmatz für einen gewissen Doktor Heßling, in Anerkennung seiner Verdienste um die gute Gesinnung in Netzig ... Für so nett haben Sie mich wohl gar nicht gehalten?«, setzte er hinzu, denn Diederich, mit einer Miene, geblendet und wie mit Blödheit geschlagen, machte von seinem Stuhl herab immerfort Verbeugungen. »Ich weiß tatsächlich nicht«, brachte er hervor. »Meine bescheidenen Verdienste –«

'ne ziemlich faule Karre verächtlich im Sinne von: ein ziemlich mieses kleines Unternehmen

einen kleinen Piepmatz wegwerfend-schnodderig (lässig respektlos) für: einen Orden

wie mit Blödheit geschlagen völlig überrumpelt, starr und besinnungslos vor Freude

»Aller Anfang ist schwer«, sagte Wulckow. »Es soll auch nur eine Aufmunterung sein. Ihre Haltung im Prozess Lauer war nicht übel. Na, und Ihr Kaiserhoch in der Kanalisationsdebatte hat die antimonarchische Presse ganz aus dem Häuschen gebracht. Schon an drei Orten im Lande ist deshalb Anklage wegen Majestätsbeleidigung erhoben. Da müssen wir uns Ihnen wohl erkenntlich zeigen.«

Diederich rief aus: »Mein schönster Lohn ist es, dass der ›Lokal-Anzeiger‹ meinen schlicht bürgerlichen Namen vor die Allerhöchsten Augen selbst gebracht hat!«

»Na, nu nehmen Sie sich mal 'ne Zigarre«, schloss Wulckow; und Diederich begriff, dass jetzt die Geschäfte kamen. Schon inmitten der Hochgefühle waren ihm Zweifel aufgestiegen, ob Wulckows Gnade vor allem andern nicht eine ganz besondere Ursache habe. Er sagte versuchsweise: »Für die Bahn nach Ratzenhausen wird die Stadt nun doch wohl den Beitrag bewilligen.«

Wulckow streckte den Kopf vor. »Ihr Glück. Wir haben sonst ein billigeres Projekt, darauf wird Netzig überhaupt nicht berührt. Also sorgen Sie dafür, dass die Leute Vernunft

Wir haben sonst ein billigeres Projekt, darauf wird Wir könnten uns sonst sehr wohl auch für eine andere, noch dazu kostengünstigere Streckenführung entscheiden, in der ... wird annehmen. Unter der Bedingung dürft ihr dann dem Rittergut Quitzin euer Licht liefern.«

»Das will der Magistrat auch nicht.« Diederich bat mit den Händen um Nachsicht. »Die Stadt hat Schaden dabei, und Herr von Quitzin zahlt uns keine Steuern ... Aber jetzt bin ich Stadtverordneter, und als nationaler Mann – «

Schaden einen finanziellen Verlust

»Das möchte ich mir ausbitten. Mein Vetter, Herr von Quitzin, baut sich sonst einfach ein Elektrizitätswerk, das hat er billig, was glauben Sie, zwei Minister kommen bei ihm zur Jagd – und dann unterbietet er euch, hier in Netzig selbst.«

Diederich richtete sich auf. »Ich bin entschlossen, Herr Präsident, allen Anfeindungen zum Trotz in Netzig das nationale Banner hochzuhalten.« Hierauf, mit gedämpfter Stimme: »Einen Feind können wir übrigens loswerden: einen besonders schlimmen, jawohl, den alten Klüsing in Gausenfeld.«

Banner Fahne, Feldzeichen (siehe Seite 35: Panier)

»Der?« Wulckow feixte verächtlich. »Der frisst mir aus der Hand. Er liefert Papier für die Kreisblätter.«

»Wissen Sie, ob er für schlechte Blätter nicht noch mehr liefert? Darüber, Herr Präsident verzeihen, bin ich doch wohl besser informiert.«

»Die ›Netziger Zeitung‹ ist jetzt in nationaler Beziehung zuverlässiger geworden.«

»Und zwar –«, Diederich nickte gewichtig, »seit dem Tage, an dem der alte Klüsing mir, Herr Präsident, einen Teil der Papierlieferung hat anbieten lassen. Gausenfeld sei überlastet. Natürlich hatte er Angst, dass ich mich an einem nationalen Konkurrenzblatt beteilige. Und vielleicht hatte er auch Angst« – eine bedeutsame Pause –, »dass der Herr Präsident das Papier für die Kreisblätter lieber bei einem nationalen Werk bestellt.«

»Also – Sie liefern jetzt für die ›Netziger Zeitung‹?«

»Niemals, Herr Präsident, werde ich meine nationale Gesinnung so sehr verleugnen, dass ich an eine Zeitung liefere, solange noch freisinniges Geld drin ist.«

solange noch freisinniges Geld drin ist solange sie noch zum Teil Liberalen gehört

»Na schön.« Wulckow stemmte die Fäuste auf die Schenkel. »Jetzt brauchen Sie nichts mehr zu sagen. Sie wollen bei der ›Netziger Zeitung‹ das Ganze. Die Kreisblätter wollen Sie auch. Wahrscheinlich auch die Papierlieferungen für die Regierung. Sonst noch was?«

Und Diederich, sachlich: »Herr Präsident, ich bin nicht wie Klüsing, mit dem Umsturz mach ich keine Geschäfte. Wenn Sie, Herr Präsident, auch als Vorstand der Bibelgesellschaft mein Unternehmen stützen wollten, ich darf sagen, die nationale Sache würde nur gewinnen.«

»Na schön«, wiederholte Wulckow und zwinkerte. Diederich spielte seinen Trumpf aus.

»Herr Präsident! Unter Klüsing ist Gausenfeld eine Brutstätte des Umsturzes. Bei seinen achthundert Arbeitern ist nicht einer dabei, der anders wählt als sozialdemokratisch.«

»Na und bei Ihnen?«

Diederich schlug sich auf die Brust. »Gott ist mein Zeuge, dass ich lieber noch heute die Bude zumache und mit den Meinen ins Elend hinausziehe, als dass ich einen einzigen Mann bei mir dulde, von dem ich weiß, er ist nicht kaisertreu.«

»Sehr brauchbare Gesinnung«, sagte Wulckow. Diederich sah ihn mit blauen Augen an. »Ich nehme nur gediente Leute, vier haben den Krieg mitgemacht. Jugendliche beschäftige ich gar nicht mehr, seit der Geschichte mit dem Arbeiter, den der Wachtposten auf dem Felde der Ehre, wie Seine Majestät festzustellen geruhten, niedergestreckt hat, nachdem der Kerl mit seiner Braut hinter meinen Lumpen – «

Wulckow winkte ab. »Ihre Sorge, Doktorchen!«

Diederich ließ sich seinen Entwurf nicht verderben. »Unter meinen Lumpen darf kein Umsturz vorkommen. Mit Ih-

seinen Entwurf wohl: seinen Gedanken, sein Wortspiel (mit der doppelten Bedeutung von ›Lumpen‹: ›Rohstoff der Papierherstellung‹ einerseits und ›charakterlose Personen, Schufte‹ andererseits)

ren Lumpen, ich meine in der Politik, ist es anders. Da können wir den Umsturz brauchen, damit aus den freisinnigen Lumpen weißes, kaisertreues Papier wird.« Und er machte eine tief bedeutungsvolle Miene. Wulckow schien nicht verblüfft, er schmunzelte furchtbar.

»Doktorchen, ich bin auch nicht von gestern. Legen Sie los, was haben Sie mit Ihrem Maschinenmeister ausgeknobelt.« Da er Diederich wanken sah, fuhr Wulckow fort: »Das ist auch einer von den Altgedienten, wie, Herr Stadtverordneter?«

Diederich schluckte, er sah, dass es keinen Umweg mehr gab. »Herr Präsident«, sagte er mit einem Entschluss; und dann leise und hastig: »Der Mann will in den Reichstag, und vom nationalen Standpunkt ist er besser als Heuteufel. Denn erstens werden viele Freisinnige vor Schreck national werden, und zweitens kriegen wir, wenn Napoleon Fischer gewählt wird, in Netzig ein Kaiser-Wilhelm-Denkmal. Ich habe es schriftlich.«

Er breitete ein Papier hin vor den Präsidenten. Wulckow las, dann stand er auf, warf den Stuhl mit dem Fuß fort und ging, Rauch ausstoßend, durch das Zimmer. »Also Kühlemann kratzt ab, und von seiner halben Million baut die Stadt kein Säuglingsheim, sondern ein Kaiser-Wilhelm-Denkmal.« Er blieb stehen. »Merken Sie sich das, mein Lieber, in Ihrem eigensten Interesse! Wenn Netzig nachher einen Sozialdemokraten im Reichstag, aber keinen Wilhelm den Großen hat, dann lernen Sie mich kennen. Ich mache Frikassee aus Ihnen! Ich schlag Sie so klein, dass Sie nicht mal mehr im Säuglingsheim Aufnahme finden!«

warf stieß

Frikassee Mahlzeit aus zerkleinerten Fleischstücken

Diederich war mitsamt seinem Stuhl zurückgewichen bis an die Wand. »Herr Präsident! Alles, was ich bin, meine ganze Zukunft setze ich ein für diese große nationale Sache. Auch mir kann etwas Menschliches passieren …«

»Dann gnade Ihnen Gott!«

»Wenn nun Kühlemanns Nierensteine sich doch noch verziehen?«

»Sie haben die Verantwortung! Um meinen Kopf geht es auch!« Wulckow ließ sich krachend auf seinen Sitz fallen. Er rauchte wütend. Als die Wolken zergingen, hatte er sich aufgeheitert. »Was ich Ihnen auf dem Harmoniefest gesagt habe, dabei bleibt es. Dieser Reichstag macht es nicht mehr lange, arbeiten Sie vor in der Stadt. Helfen Sie mir gegen Buck, ich helfe Ihnen gegen Klüsing.«

»Herr Präsident!« Wulckows Lächeln schuf in Diederich einen Überschwang von Hoffnung, er konnte nicht an sich halten. »Wenn Sie es ihn unter der Hand wissen ließen, dass Sie ihm eventuell die Aufträge entziehen! An die große Glocke hängt er es nicht, das brauchen Sie nicht zu fürchten; aber er wird seine Anstalten treffen. Vielleicht verhandelt er –«

»Mit seinem Nachfolger«, schloss Wulckow. Da musste Diederich aufspringen und seinerseits durch das Zimmer laufen. »Wenn Sie wüssten, Herr Präsident ... Gausenfeld ist sozusagen eine Maschine mit Tausendpferdekraft, und die steht da und verrostet, weil der Strom fehlt, ich will sagen, der moderne, großzügige Geist!«

mit Tausendpferdekraft mit tausend Pferdestärken

»Den scheinen Sie zu haben«, meinte Wulckow.

»Im Dienst der nationalen Sache«, beteuerte Diederich. Er kehrte zurück. »Das Kaiser-Wilhelm-Denkmal-Komitee wird sich glücklich schätzen, wenn es uns gelingen würde, dass Sie so gut sind, Herr Präsident, und bekunden der Sache Ihr geschätztes Interesse durch Annahme des Ehrenvorsitzes.«

»Gemacht«, sagte Wulckow.

»Die aufopfernde Tätigkeit seines Herrn Ehrenvorsitzenden wird das Komitee entsprechend zu würdigen wissen.«

»Erklären Sie sich mal näher!« In Wulckows Stimme

grollte es unheilvoll, aber Diederich bei seiner Angeregtheit überhörte es.

bei seiner Angeregtheit in seinem Eifer

»Die Idee hat bereits zu gewissen Erörterungen im Schoße des Komitees geführt. Man wünscht das Denkmal in frequentester Lage zu errichten und mit einem Volkspark zu umgeben, damit nämlich die unlösbare Verbindung von Herrscher und Volk sinnfällig in die Erscheinung tritt. Da haben wir nun im Zentrum der Stadt an ein größeres Grundstück gedacht; auch die Nachbargebäude wären zu haben; es ist in der Meisestraße.«

frequentester möglichst stark frequentierter (von Passanten belebter)

sinnfällig in die Erscheinung tritt sinnfällig wird, jedem sofort ins Auge springt

»Soso. Meisestraße.« Wulckows Brauen hatten sich gewitterhaft zusammengezogen. Diederich erschrak, aber es gab kein Halten mehr.

»Der Gedanke ist aufgetaucht, dass wir uns, noch bevor die Stadt der Sache nähertritt, die betreffenden Grundstücke sichern und unbefugten Spekulationen zuvorkommen sollen. Unser Herr Ehrenvorsitzender hätte natürlich das erste Anrecht ...«

Nach diesem Wort wich Diederich zurück, der Sturm brach los. »Herr! Für wen halten Sie mich? Bin ich Ihr Geschäftsagent? Das ist unerhört, das war noch nicht da! So ein Koofmich mutet dem Königlichen Regierungspräsidenten zu, er soll seine schmutzigen Geschäfte mitmachen!«

Bin ich Ihr Geschäftsagent? Halten Sie mich für Ihr Werkzeug, das Ihre (schmutzigen) Geschäfte für Sie einfädelt?

Koofmich verächtlich für: Kaufmann

Wulckow dröhnte übermenschlich, er drang mit seiner gewaltigen Körperwärme und mit seinem persönlichen Geruch gegen Diederich vor, der sich rückwärts bewegte. Auch der Hund war aufgestanden und ging kläffend zum Angriff über. Das Zimmer war auf einmal erfüllt von Graus und Getöse.

»Sie machen sich einer schweren Beamtenbeleidigung schuldig, Herr!«, schrie Wulckow, und Diederich, der hinter sich nach der Tür tastete, hatte nur Vermutungen darüber, wer ihm früher an der Kehle sitzen werde, der Hund oder der

Präsident. Seine angstvoll irrenden Augen trafen das bleiche Gesicht, das von der Wand herab drohte und blitzte. Nun hatte er sie an der Kehle, die Macht! Vermessen hatte er sich, mit der Macht auf vertrautem Fuß zu verkehren. Das war sein Verderben, sie brach über ihn herein mit dem Entsetzen eines Weltuntergangs ... Die Tür hinter dem Schreibtisch ging auf, jemand in Polizeiuniform trat ein. Den schlotternden Diederich überraschte er nicht mehr. Wulckow ward durch die Gegenwart der Uniform auf einen neuen furchtbaren Gedanken gebracht. »Ich kann Sie augenblicklich verhaften lassen, Sie Jammerprinz, wegen versuchter Beamtenbestechung, wegen Bestechungsversuch an einer Behörde, an der obersten Behörde des Regierungsbezirks! Ich bringe Sie ins Zuchthaus, ich ruiniere Sie für Ihr Leben!«

dieses jüngste Gericht dieser Zornausbruch des Allgewaltigen

Auf den Herrn von der Polizei schien dieses jüngste Gericht nicht entfernt den Eindruck zu machen wie auf Diederich. Er legte das Papier, das er brachte, auf den Schreibtisch nieder und verschwand. Übrigens drehte auch Wulckow sich plötzlich um; er zündete seine Zigarre wieder an. Diederich war nicht mehr da für ihn. Und auch Schnaps ließ von ihm ab, als sei er Luft. Da wagte Diederich es, die Hände zu falten.

»Herr Präsident«, flüsterte er wankend, »Herr Präsident, erlauben Herr Präsident, dass ich feststellen darf, es liegt ein, darf ich feststellen, tief bedauerliches Missverständnis vor. Nie würde ich, bei meiner wohlbekannten nationalen Gesinnung – Wie könnte ich!«

bekümmerte sich um ihn achtete auf ihn

Er wartete, aber niemand bekümmerte sich um ihn.

um etwas vernehmlicher ein klein wenig lauter

»Wenn ich auf meinen Vorteil sähe«, begann er wieder, um etwas vernehmlicher, »anstatt, dass ich immer nur das nationale Interesse im Auge habe, dann wäre ich heute nicht hier, dann wäre ich bei dem Herrn Buck. Denn der Herr Buck, jawohl, der hat mir zugemutet, ich soll mein Grundstück an die Stadt verkaufen, für das freisinnige Säuglingsheim. Aber das Ansinnen hab ich mit Entrüstung zurückgewiesen und habe den graden Weg gefunden zu Ihnen, Herr Präsident. Denn besser, hab ich gesagt, das Denkmal Kaiser Wilhelms des Großen im Herzen als das Säuglingsheim in der Tasche, hab ich gesagt und sag es auch hier, mit lauter Stimme!«

Da Diederich in der Tat die Stimme erhob, wandte Wulckow sich ihm zu. »Sind Sie noch immer da?«, fragte er. Und Diederich, aufs Neue ersterbend: »Herr Präsident – «

»Was wollen Sie noch? Ich kenne Sie überhaupt nicht. Habe nie mit Ihnen verhandelt.«

»Herr Präsident, im nationalen Interesse – «

»Mit Grundstücksspekulanten verhandele ich nicht. Verkaufen Sie Ihr Grundstück, und dalli; nachher können wir reden.«

Diederich, erblasst, mit dem Gefühl, als werde er an der Wand zerquetscht: »In dem Fall bleibt es bei unseren Bedingungen? Der Orden? Der Wink an Klüsing? Der Ehrenvorsitz?«

Wulckow zog eine Grimasse. »Meinetwegen. Aber sofort verkaufen!«

Diederich rang nach Atem. »Ich bringe das Opfer!«, erklärte er. »Denn das Höchste, was der kaisertreue Mann hat, meine kaisertreue Gesinnung, muss über jedem Verdacht stehn.«

»Na ja«, sagte Wulckow, indes Diederich sich zurückzog, stolz auf seinen Abgang, wenn auch beengt durch die Empfindung, dass der Präsident ihn als Bundesgenossen nicht lieber ertrug als er selbst seinen Maschinenmeister.

Im Salon fand er Emmi und Magda ganz allein in einem Prachtwerk blätternd. Die Gäste waren fort, und auch Frau von Wulckow hatte sie verlassen, weil sie sich anziehen

besser … das Denkmal … im Herzen als das Säuglingsheim in der Tasche Abwandlung der volkstümlichen Redensart »Besser einen Spatz in der Hand als eine Taube auf dem Dach«

aufs Neue ersterbend wiederum erschrocken und eingeschüchtert

und dalli; nachher und zwar schnell; anschließend

beengt bestürzt

Prachtwerk kostbar ausgestatteten, großformatigen Buch

Soiree Abendgesellschaft

Frau Oberst von Haffke (siehe Seite 105)

loyale Männer Männer mit aufrechter Gesinnung und der Bereitschaft, einen fairen Interessenausgleich zu finden

verjudeten gehässig für: von Juden beherrschten

der Ordnung wegen um seine Autorität zu wahren

solltest bekannt werden solltest dich mit ihnen bekannt machen

musste, zur Soiree bei der Frau Oberst von Haffke. »Meine Unterredung mit dem Präsidenten ist für beide Teile durchaus befriedigend verlaufen«, stellte Diederich fest; und draußen auf der Straße: »Da sieht man, was es heißt, wenn zwei loyale Männer verhandeln. In dem heutigen verjudeten Geschäftsbetrieb kennt man das gar nicht mehr.«

Emmi, gleichfalls sehr angeregt, erklärte, dass sie Reitstunden nehmen werde. »Wenn ich dir das Geld gebe«, sagte Diederich, aber nur der Ordnung wegen, denn er war stolz auf Emmi. »Hat Leutnant von Brietzen nicht Schwestern?«, bemerkte er. »Du solltest bekannt werden und uns Einladungen verschaffen zur nächsten Soiree der Frau Oberst.« Gerade ging drüben der Oberst vorbei. Diederich sah ihm lange nach. »Ich weiß wohl«, sagte er, »man soll sich nicht umdrehen; aber das ist nun mal das Höchste, es zieht einen hin!«

Dennoch hatte der Vertrag mit Wulckow nur seine Sorgen vergrößert. Der handgreiflichen Verpflichtung, sein Haus zu verkaufen, stand nichts gegenüber als Hoffnungen und Aussichten: nebelhafte Aussichten, allzu kühne Hoffnungen … Es fror; Diederich ging am Sonntag in den Stadtpark, wo es schon dunkelte, und auf einem einsamen Pfad begegnete er Wolfgang Buck.

»Ich habe mich nun doch entschlossen«, erklärte Buck. »Ich gehe zur Bühne.«

»Und Ihre bürgerliche Stellung? Und Ihre Heirat?«

»Ich habe es versucht, aber das Theater ist vorzuziehen. Es wird dort weniger Komödie gespielt, wissen Sie, man ist ehrlicher bei der Sache. Auch sind die Weiber schöner.«

»Das ist kein Standpunkt«, erwiderte Diederich. Aber Buck war es ernst. »Ich muss zugeben, das Gerücht über Guste und mich hat mir Spaß gemacht. Andererseits: so blödsinnig es ist, es ist nun einmal da, das Mädchen leidet darunter, ich kann sie nicht länger kompromittieren.«

kompromittieren dem böswilligen Gerede aussetzen

Diederich widmete ihm einen abschätzigen Seitenblick, denn er hatte den Eindruck, Buck nahm das Gerücht zum Vorwand, um sich zu drücken. »Sie werden wohl wissen«, versetzte er streng, »was Sie da anrichten. Ein anderer nimmt sie jetzt natürlich auch nicht mehr leicht. Es gehört schon verdammt viel ritterliche Gesinnung dazu.«

Buck bestätigte dies. »Für einen wirklich modernen, großzügigen Mann«, sagte er bedeutungsvoll, »müsste es eine besondere Genugtuung sein, ein Mädchen unter solchen Umständen zu sich hinaufzuziehen und für sie einzutreten. Hier, wo auch Geld ist, würde zweifellos der Edelmut zuletzt das Feld behaupten. Denken Sie an das Gottesgericht im ›Lohengrin‹.«

der Edelmut zuletzt das Feld behaupten ironisch (die allgemein beliebten Militärmetaphern aufgreifend): am Ende der Edelmut siegen

Denken Sie an das Gottesgericht im ›Lohengrin‹. → Seite 516

»Wieso ›Lohengrin‹?«

Hierauf antwortete Buck nicht mehr; da sie das Sachsentor erreicht hatten, ward er unruhig. »Kommen Sie mit hinein?«, fragte er. – »Wo denn hinein?« – »Gleich hier, Schweinichenstraße 77. Ich muss es ihr doch sagen, Sie könnten vielleicht – « Da pfiff Diederich durch die Zähne.

»Sie sind wirklich – Sie haben ihr noch nichts gesagt? Vorher erzählen Sie es in der Stadt umher? Ihre Sache, mein Bester, aber mich lassen Sie aus dem Spiel, den Bräuten anderer Leute pflege ich nicht die Verlobung zu kündigen.«

»Machen Sie eine Ausnahme«, bat Buck. »Mir werden Szenen im Leben so schwer.«

»Ich habe Grundsätze«, sagte Diederich. Buck lenkte ein. »Sie brauchen nichts zu sagen; Sie sollen mir nur in einer stummen Rolle als moralische Unterstützung dienen.«

»Moralisch?«, fragte Diederich.

»Als Vertreter sozusagen des verhängnisvollen Gerüchtes.«

»Was wollen Sie damit sagen?«

»Ich scherze. Da sind wir, kommen Sie.«

Wendung Äußerung

Und Diederich, betroffen durch Bucks letzte Wendung, ging wortlos mit.

Frau Daimchen war ausgegangen, und Guste ließ auf sich warten. Buck ging nachzusehen, was sie mache. Endlich kam sie, aber allein. »War nicht auch Wolfgang da?«, fragte sie.

Buck war ausgerissen!

»Das begreife ich nicht«, sagte Diederich. »Er hatte doch etwas ganz Dringendes bei Ihnen vor.«

Hierauf errötete Guste. Diederich wandte sich der Tür zu. »Dann empfehle ich mich auch.«

»Was wollte er denn?«, forschte sie. »Das kommt bei ihm doch nicht oft vor, dass er etwas will. Und wozu bringt er Sie mit?«

sehe ich auch nicht ein kann ich auch nicht verstehen

»Das sehe ich auch nicht ein. Ich darf sogar sagen, dass ich es entschieden missbillige, wenn er sich bei einer solchen Gelegenheit Zeugen nimmt. Meine Schuld ist es nicht, adieu.«

Aber je verlegener er sie ansah, desto dringender ward sie.

durchgeht das Weite sucht

»Ich muss es ablehnen«, verriet er schließlich, »dass ich mir mit den Angelegenheiten Dritter soll den Mund verbrennen, noch dazu, wenn der Dritte durchgeht und entzieht sich seinen nächstliegenden Verpflichtungen.«

Sie sind derjenige welcher wohl: Sie sind der, der hinter allem steckt

Gustes aufgerissene Augen sahen die Worte einzeln aus Diederichs Mund hervorkommen. Als das letzte gefallen war, verharrte sie einen Augenblick reglos, und dann warf sie die Hände vor das Gesicht. Sie schluchzte, man sah ihre Wangen aufquellen und die Tränen ihr durch die Finger rinnen. Sie hatte kein Schnupftuch; Diederich lieh es ihr, betreten durch ihren Schmerz. »Schließlich«, meinte er, »ist ja so viel nicht an ihm verloren.« Da aber empörte sich Guste. »Das sagen Sie! Sie sind derjenige welcher und haben immer gegen ihn gehetzt. Dass er ausgerechnet Sie muss herschicken, das kommt mir mehr wie sonderbar vor.«

»Wie meinen Sie das, bitte!«, verlangte Diederich seinerseits. »Sie mussten wohl reichlich so genau wissen wie ich, geehrtes Fräulein, was Sie von dem betreffenden Herrn zu erwarten hatten. Denn wo die Gesinnung schlapp ist, ist alles schlapp.«

Da sie ihn höhnisch musterte, versetzte er umso strenger: »Ich habe Ihnen alles richtig vorausgesagt.«

»Weil es Ihnen so passte«, erwiderte sie giftig. Und Diederich, mit Ironie: »Er hat mich doch selbst angestellt, dass ich seinen Kochtopf sollte umrühren. Und wenn der Kochtopf nicht in braune Lappen eingewickelt gewesen wäre, hätte er ihn schon längst überkochen lassen.«

wenn der Kochtopf nicht in braune Lappen eingewickelt gewesen wäre Diederich greift zum zweiten Mal in gehässiger Absicht das von Wolfgang Buck gebrauchte Bild für dessen Beziehung zu Guste auf (vgl. die Seiten 207, 250 und 313) und erweitert es um das Element der »braune[n] Lappen«, womit offenbar ›Geldscheine‹ gemeint sind.

Da rang es sich los aus Guste. »Haben Sie 'ne Ahnung! Das ist es ja, das kann und kann ich ihm nicht verzeihen, dass ihm immer *alles* wurscht war, sogar mein Geld!«

Diederich war erschüttert. »Mit so einem soll man sich nicht einlassen«, stellte er fest. »Die haben keinen Halt und laufen einem durch die Finger.« Er nickte gewichtig. »Wem das Geld wurscht ist, der versteht das Leben nicht.«

Guste lächelte blass. »Dann verstehen Sie es glänzend!«

»Das wollen wir hoffen«, sagte er. Sie kam näher zu ihm, durch ihre letzten Tränen blinzelte sie ihn an.

»Recht haben Sie ja nun behalten. Was meinen Sie wohl, das ich mir daraus mache?« Sie verzog den Mund. »Ich hab ihn doch überhaupt nicht geliebt. Bloß auf die Gelegenheit hab ich gewartet, dass ich ihn loswerde. Nun ist er so gemein und geht von selbst ... Dann machen wir es ohne ihn«, setzte sie hinzu, mit einem verlockenden Blick. Aber Diederich nahm nur sein Schnupftuch zurück, für alles andere schien er zu danken. Guste begriff, dass er noch ebenso streng dachte wie damals im Liebeskabinett; umso demütiger verhielt sie sich.

»Sie spielen gewiss auf meine Lage an, wo ich nun drin

bin.« Er lehnte ab. »Ich habe nichts gesagt.« Guste klagte still. »Wenn die Leute Gemeinheiten über mich reden, dafür kann ich doch nicht!«

»Ich auch nicht.«

Guste senkte den Kopf. »Na ja, ich muss es wohl einsehen. So eine wie ich verdient nicht mehr, dass ein wirklich feiner Mann mit ernsten Ansichten vom Leben sie noch nimmt.« Und dabei schielte sie von unten nach der Wirkung.

Diederich schnaufte. »Es kann auch sein –«, begann er und machte eine Pause. Guste atmete nicht. »Nehmen wir einmal an«, sagte er mit schneidender Betonung, »jemand hat im Gegenteil die allerernstesten Ansichten vom Leben, und er empfindet modern und großzügig, und im vollen Gefühl der Verantwortlichkeit gegen sich selbst sowohl als gegen seine künftigen Kinder wie gegen Kaiser und Vaterland übernimmt er den Schutz des wehrlosen Weibes und zieht es zu sich empor.«

Gustes Miene war immer frommer geworden. Sie lehnte die Handflächen aneinander und sah ihn mit schiefem Kopf innig flehend an. Dies schien noch nicht zu genügen, er verlangte offenbar etwas ganz Besonderes: Und so fiel Guste plumps auf die Knie. Da nahte Diederich ihr gnädig. »So soll es sein«, sagte er und blitzte.

plumps lautmalerisch für: abrupt und schwerfällig

Hier trat Frau Daimchen ein. »Nanu«, bemerkte sie, »was ist denn los?« Und Guste mit Geistesgegenwart: »Ach Gott, Mutter, wir suchen meinen Ring« – worauf auch Frau Daimchen sich am Boden niederließ. Diederich wollte nicht zurückstehen. Nach einer Weile stummen Umherkriechens rief Guste: »Hat ihn schon!« Sie stand entschlossen auf.

»Dass du es nur weißt, Mutter, ich habe mich verändert.«

Frau Daimchen, noch außer Atem, begriff nicht sogleich. Guste und Diederich vereinten ihre Anstrengungen, um sie aufzuklären. Schließlich gestand sie, dass sie selbst, weil die

Leute nun einmal redeten, an so etwas schon gedacht habe. »Wolfgang war sowieso 'n bisschen zu miesepeterig, außer er hatte was getrunken. Bloß die Familie, dagegen kommen Heßlings nicht auf.«

Das werde sie sehen, behauptete Diederich; und er kündigte an, dass nichts abgemacht sei, solange das Praktische noch nicht stimmte. Die Ausweise über Gustes Mitgift mussten herbei, dann verlangte er Gütergemeinschaft – und was er nachher mit dem Gelde anfing, da durfte niemand hineinreden! Bei jedem Widerspruch hielt er den Türgriff schon in der Hand, und jedes Mal sprach Guste leise und angstvoll zu ihrer Mutter: »Soll denn morgen die ganze Stadt sich den Mund verrenken, weil ich den einen los bin, und der andere ist auch gleich wieder weg?«

Als alles stimmte, ward Diederich jovial. Er aß zu Abend mit den Damen und wollte schon, ohne lange zu fragen, das Dienstmädchen nach dem Verlobungssekt schicken. Dies kränkte Frau Daimchen, denn natürlich hatte sie welchen im Hause, das verlangten die Herren Offiziere, die bei ihr verkehrten. »Überhaupt haben Sie mehr Glück als Verstand, denn den Herrn Leutnant von Brietzen hätte Guste auch gekriegt.« Darauf lachte Diederich wohlgemut. Alles ging gut. Für ihn das viele Geld, und der Leutnant von Brietzen für Emmi! ... Man ward sehr lustig; bei der zweiten Flasche taumelte das Brautpaar auf seinen Stühlen immer einer gegen den andern, ihre Füße waren umeinandergewickelt bis zum Knie, und Diederichs Hand beschäftigte sich unten. Drüben drehte Frau Daimchen die Daumen. Plötzlich verursachte Diederich ein donnerndes Geräusch und erklärte sofort, er übernehme dafür die volle Verantwortung, es sei in aristokratischen Kreisen üblich, er verkehre bei Wulckows.

miesepeterig verdrießlich, schlecht gelaunt

dagegen kommen Heßlings nicht auf in der Beziehung können Heßlings nicht mithalten

Ausweise Nachweise

Gütergemeinschaft eine rechtlich verbindliche Vereinbarung, dass das von beiden Seiten in die Ehe eingebrachte Vermögen gemeinschaftlicher Besitz ist (wodurch der Ehemann als Vormund seiner Frau die unbeschränkte Verfügungsgewalt auch über ihr Vermögen erhielt)

sich den Mund verrenken über mich lästern (siehe Seite 267)

jovial gemütlich (siehe Seite 25)

das Angezeigte das Sinnvollste, das Empfehlenswerte

diese … Klitsche dieser … ärmliche kleine Betrieb

in meinen Verhältnissen bei meinen jetzigen Vermögensverhältnissen

gab es eitel Sonnenschein herrschte beste Stimmung

wandeln schreiten

Brautvisiten Höflichkeitsbesuchen, die Guste in ihrem neuen Status als Braut ihren Bekannten abzustatten hatte

einen vornehmen Lohndiener auf dem Bock einen gemieteten Diener in vornehmer Haltung und Livree auf dem Kutschbock

Die schöne Laune … »Lohengrin«. → Seite 517

sich dazu verstehen sich bereiterklären, sich damit abfinden

Proszeniumsloge → Seite 517

Welche Überraschung, als Netzig den Umschwung der Dinge erfuhr! Auf die Erkundigungen der Gratulanten erwiderte Diederich, was er mit den anderthalb Millionen seiner Frau beginnen werde, sei ganz ungewiss. Vielleicht ziehe er nach Berlin, für großzügige Unternehmungen sei es das Angezeigte. Seine Fabrik jedenfalls denke er bei Gelegenheit zu verkaufen. »Die Papierindustrie macht überhaupt eine Krise durch; diese mitten in Netzig gelegene Klitsche hat in meinen Verhältnissen keinen Sinn mehr.«

Daheim gab es eitel Sonnenschein. Die Schwestern erhielten ein erhöhtes Taschengeld, und seiner Mutter gestattete Diederich so viele Rührszenen und Umarmungen, als sie sich irgend wünschen konnte; ja, er nahm willig ihren Segen entgegen. Guste, sooft sie kam, trat in der Rolle einer Fee auf, die Arme voll Blumen, Bonbons, silbernen Beuteln. An ihrer Seite schien Diederich über Blumen zu wandeln. Die Tage entschwebten himmlisch leicht, unter Einkäufen, Sektfrühstücken und den Brautvisiten, einen vornehmen Lohndiener auf dem Bock, und drinnen im Wagen die Verlobten anregend miteinander beschäftigt.

Die schöne Laune, die mit ihrem Dasein spielte, führte sie eines Abends in den »Lohengrin«. Die beiden Mütter hatten sich dazu verstehen müssen, zu Hause zu bleiben; es war der feste Wille des Brautpaares, der Schicklichkeit zum Trotz allein in einer Proszeniumsloge zu sitzen. Das breite rote Plüschsofa an der Wand, wo man nicht gesehen werden konnte, war eingedrückt und fleckig, es hatte etwas reizvoll Fragwürdiges. Guste wollte wissen, dass diese Loge eigentlich den Herren Offizieren gehörte und dass sie hier Besuche von Schauspielerinnen empfingen!

»Über die Schauspielerinnen sind wir glücklich hinaus«, erklärte Diederich, und er ließ durchblicken, dass er allerdings bis vor Kurzem mit einer gewissen Dame vom Theater, die er natürlich nicht nennen könne – Gustes fieberhafte Fragen wurden rechtzeitig unterbrochen durch das Klopfen des Kapellmeisters. Sie nahmen ihre Plätze ein.

»Hähnisch ist noch wabbeliger geworden«, bemerkte Guste sogleich, und sie nickte nach dem Dirigenten hinab. Er machte auf Diederich einen hochkünstlerischen, wenn auch ungesunden Eindruck. Schwarze, verwirrte Haarsträhnen wippten, indes er mit allen seinen Gliedmaßen den Takt schlug, über seinem großen grauen Gesicht, dessen Fettsäcke mitwippten; und in Frack und Hose wogte es rhythmisch. Im Orchester war großer Betrieb, dennoch gab Diederich zu verstehen, dass er auf Ouvertüren keinen Wert lege. Überhaupt, meinte Guste, wenn man den »Lohengrin« in Berlin kannte! Der Vorhang ging auf, und schon kicherte sie verachtungsvoll. »Gott, die Ortrud! Sie hat einen Schlafrock und ein Frontkorsett!« Diederich hielt sich mehr an den König unter der Eiche, der sichtlich die prominenteste Persönlichkeit war. Sein Auftreten wirkte nicht besonders schneidig; der Regierungspräsident Wulckow brachte Bass und Vollbart entschieden besser zur Geltung; aber was er äußerte, war vom nationalen Standpunkt aus zu begrüßen. »Des Reiches Ehr zu wahren, ob Ost, ob West.« Bravo! Sooft er das Wort »deutsch« sang, reckte er die Hand hinauf, und die Musik bekräftigte es ihrerseits. Auch sonst unterstrich sie markig, was man hören sollte. Markig, das war das Wort. Diederich wünschte sich, er hätte zu seiner Rede in der Kanalisationsdebatte eine solche Musik gehabt. Der Heerrufer dagegen stimmte ihn wehmütig, denn er glich auf ein Haar seinem einstigen Kommilitonen, dem dicken Delitzsch, in all seiner verflossenen Bierehrlichkeit. Infolgedessen sah Diederich die Gesichter der Mannen näher an und fand überall Neuteutonen. Sie hatten größere Bäuche und Bärte bekommen und sich gegen die harte Zeit mit Blech gerüstet. Auch

das Klopfen des Kapellmeisters … mit dem Taktstock auf sein Notenpult, zum Zeichen für das Orchester, sich bereitzuhalten, und für das Publikum, die Gespräche einzustellen

Ouvertüren Orchestervorspiele

den »Lohengrin« in Berlin die Berliner Inszenierung der Oper

Ortrud (siehe Seite 516: Denken Sie an das Gottesgericht im ›Lohengrin‹.)

Frontkorsett → Seite 517

»Des Reiches Ehr zu wahren, ob Ost, ob West.« → Seite 518

Heerrufer der Herold des Königs, gleichsam der Zeremonienmeister der Zusammenkunft

verflossenen vergangenen

mit Blech gerüstet mit Blechrüstungen gewappnet

schienen nicht alle sich in günstigen Lebensumständen zu befinden; die Edlen sahen aus wie mittlere Beamte des Mittelalters, mit Ledergesichtern und Knickebeinen, die Unedlen noch weniger glänzend; aber der Verkehr mit ihnen wäre unzweifelhaft in tadellosen Formen verlaufen. Überhaupt ward Diederich gewahr, dass man sich in dieser Oper sogleich wie zu Hause fühlte. Schilder und Schwerter, viel rasselndes Blech, kaisertreue Gesinnung, Ha und Heil und hochgehaltene Banner und die deutsche Eiche: Man hätte mitspielen mögen.

die Edlen die Adligen, die Ritter

Verkehr gesellschaftliche Umgang

ward … gewahr erkannte

Was den weiblichen Teil der Brabanter Gesellschaft betraf, der ließ freilich zu wünschen. Guste stellte spöttische Fragen: Welche es denn nun sei, mit der er – »Vielleicht die Ziege in dem Hängekleid? Oder die dicke Kuh mit dem Goldreifen zwischen den Hörnern?« Und Diederich war nicht weit davon entfernt, sich für die schwarze Dame mit dem Frontkorsett zu entscheiden, als er noch rechtzeitig bemerkte, dass eben sie in der ganzen Angelegenheit nicht einwandfrei dastand. Ihr Gatte Telramund schien zunächst noch leidlich Komment zu haben, aber eine höchst üble Klatschgeschichte spielte offenbar auch hier mit. Leider war die deutsche Treue, selbst wo sie ein so glänzendes Bild darbot, bedroht von den jüdischen Machenschaften der dunkelhaarigen Rasse.

zu wünschen … übrig

Ihr Gatte Telramund … eine höchst üble Klatschgeschichte (siehe Seite 516: Denken Sie an das Gottesgericht im ›Lohengrin‹, und Seite 518: »Des Reiches Ehr zu wahren, ob Ost, ob West.«)

Leider war die deutsche Treue … bedroht von den jüdischen Machenschaften der dunkelhaarigen Rasse. → Seite 518

Beim Auftreten Elsas war es ohne Weiteres klar, auf welcher Seite man Klasse voraussetzen durfte. Der biedere König hätte es nicht nötig gehabt, die Sache dermaßen objektiv zu behandeln: Elsas ausgesprochen germanischer Typ, ihr wallendes blondes Haar, ihr gutrassiges Benehmen boten von vornherein gewisse Garantien. Diederich fasste sie ins Auge, sie sah herauf, sie lächelte lieblich. Darauf griff er nach dem Opernglas, aber Guste entriss es ihm. »Also die Merée ist es?«, zischte sie; und da er vielsagend lächelte: »Einen feinen Geschmack hast du, ich kann mich geschmeichelt fühlen. Die ausgemergelte Jüdin!« – »Jüdin?« – »Die Merée, selbstredend, sie heißt doch Meseritz, und vierzig Jahre ist sie alt.« – Betreten nahm er das Glas, das Guste ihm höhnisch anbot, und überzeugte sich. Na ja, die Welt des Scheins. Enttäuscht lehnte Diederich sich zurück. Dennoch konnte er nicht hindern, dass Elsas keusche Vorahnung weiblicher Lustempfindungen ihn geradeso sehr rührte wie den König und die Edlen. Das Gottesgericht schien auch ihm ein hervorragend praktischer Ausweg, auf die Weise ward niemand kompromittiert. Dass die Edlen sich auf die faule Sache nicht einlassen würden, war freilich vorherzusehen. Man musste schon mit etwas Außerordentlichem rechnen; die Musik tat das Ihre, sie machte einen geradezu auf *alles* gefasst. Diederich hatte den Mund offen und so dummselige Augen, dass Guste heimlich einen Lachkrampf bekam. Jetzt war er so weit, alle waren so weit, jetzt konnte Lohengrin kommen. Er kam, funkelte, schickte den Zauberschwan fort, funkelte noch betörender. Mannen, Edle und der König unterlagen alle derselben Verblüffung wie Diederich. Nicht umsonst gab es höhere Mächte ... Ja, die allerhöchste Macht verkörperte sich hier, zauberhaft blitzend. Ob Schwanen- oder Adlerhelm: Elsa wusste wohl, warum sie plumps vor ihm auf die Knie fiel. Diederich seinerseits blitzte Guste an, ihr verging das Lachen. Auch sie hatte erfahren, wie es war, wenn alle einen verklatschten und den Ersten war man los und konnte sich nirgends mehr sehen lassen und hätte überhaupt wegziehen müssen: Und da kam der Held und Retter und machte sich aus der ganzen Geschichte nichts und nahm einen doch! »So soll es sein!«, sagte Diederich und nickte auf die kniefällige Elsa hinab – indes Guste, die Lider gesenkt, in reuevoller Unterwerfung gegen seine Schulter fiel.

Das Weitere konnte man an den Fingern abzählen. Telramund machte sich einfach unmöglich. Gegen die Macht un-

selbstredend wer denn sonst?

hindern vermeiden

Das Gottesgericht (siehe Seite 516: Denken Sie an das Gottesgericht im ›Lohengrin‹.)

kompromittiert öffentlich bloßgestellt (siehe Seite 341)

so weit innerlich bereit

Mannen Gefolgsleute, Kämpfer

Ob Schwanen- oder Adlerhelm Heßling setzt Lohengrin (mit Schwanenhelm) und den Kaiser (mit Adlerhelm, vgl. S. 58, Z. 8, und S. 367, Z. 17–19) gleich; und durch die Austauschbarkeit von Elsa und Guste (vgl. S. 344, Z. 21 f., und S. 349, Z. 22 f.) darüber hinaus auch sich selbst mit dem Sagenhelden und dem verehrten Kaiser.

konnte … abzählen war leicht vorauszusehen

wie ein besserer Bundesfürst → Seite 518

Er sang … mit. → Seite 518

Der Hort der guten Gesinnung Der selbstlose Helfer der bedrängten Unschuld, nämlich Lohengrin

ternahm man eben nichts. Zu ihrem Repräsentanten Lohengrin verhielt sich sogar der König höchstens wie ein besserer Bundesfürst. Er sang seinem Vorgesetzten die Siegeshymne mit. Der Hort der guten Gesinnung ward schwungvoll gefeiert, die Umstürzler mochten den deutschen Staub von ihren Pantoffeln schütteln.

Pralinés Pralinen, Schokoladenkonfektstücke

»Erhebe dich, Genossin meiner Schmach« → Seite 519

»Es gibt ein Glück, das ohne Reu« → Seite 519

Der zweite Akt – Guste aß noch immer, sanft hingegeben, Pralinés – brachte zunächst in erhebender Weise den Gegensatz zur Anschauung zwischen dem glanzvollen, ohne Misston verlaufenden Fest der Gutgesinnten in den vornehm erleuchteten Räumen des Palastes und den beiden dunklen Empörern, die stark heruntergekommen auf dem Pflaster lagen. »Erhebe dich, Genossin meiner Schmach«, meinte Diederich bei passender Gelegenheit selbst schon angewendet zu haben. Er verband Ortrud mit gewissen persönlichen Erinnerungen: ein ganz gemeines Luder, darüber war nichts zu sagen; aber irgendwas regte sich in ihm, wenn sie ihren Kerl einwickelte und unter sich hatte. Er träumte … Vor Elsa, der dummen Gans, mit der sie machte, was sie wollte, hatte Ortrud das gewisse Etwas voraus, das die energischen und strengen Damen haben. Elsa freilich konnte man heiraten. Er schielte nach Guste. »Es gibt ein Glück, das ohne Reu«, bemerkte Elsa; und Diederich zu Guste: »Das wollen wir hoffen.«

Den frisch ausgeschlafenen … treue Untertanen Lohengrins. vgl. die dritte Szene des zweiten Akts

Den frisch ausgeschlafenen Edlen und Mannen wurde sodann durch den dicken Delitzsch eröffnet, dass sie dank Gottes Gnade einen neuen Landesfürsten bekommen hatten. Gestern standen sie noch treu und bieder zu Telramund, heute waren sie biedere, treue Untertanen Lohengrins. Sie erlaubten sich keine Meinung und schluckten jede Vorlage. ›Den Reichstag bringen wir auch noch so weit‹, gelobte Diederich.

Wie aber Ortrud vor Elsa in das Münster treten wollte vgl. die vierte Szene, in der Ortrud schon wieder ihr wahres Gesicht zeigt und Elsa vor aller Augen herausfordert und attackiert

Wie aber Ortrud vor Elsa in das Münster treten wollte, empörte sich Guste. »Das hat sie nun nicht nötig, darüber ärgere ich mich immer. Wo sie doch nichts mehr hat, und überhaupt.« – »Jüdische Frechheit«, murmelte Diederich. Übrigens konnte er nicht umhin, Lohengrin, gelinde gesagt, unvorsichtig zu finden, als er es glatt in Elsas Hand legte, ob er seinen Namen verraten und dadurch das ganze Geschäft in Frage stellen sollte oder nicht. So viel durfte man Weibern nicht zumuten. Und wozu? Den Mannen brauchte er nicht erst zu beweisen, dass er, trotz dem Nörgler Telramund, reine Hände und keinen Fleck auf der Weste habe: Ihre nationale Gesinnung war durchaus unverdächtig.

Guste verhieß ihm, im dritten Akt käme das Allerschönste, aber dafür müsse sie durchaus noch Pralinés haben. Als man sie hatte, stieg der Hochzeitsmarsch, und Diederich sang ihn mit. Die Mannen im Festzuge verloren entschieden ohne Blech und Banner, auch Lohengrin hätte sich besser nicht im Wams gezeigt. Diederich ward bei seinem Anblick wieder einmal von dem Wert der Uniform durchdrungen. Die Damen waren glücklich fort, mit ihren Stimmen wie saure Milch. Aber der König! Er konnte nicht wegfinden von dem Brautpaar, biederte sich an und schien am liebsten als Zuschauer dableiben zu wollen. Diederich, dem der König schon immer zu konziliant gewesen war für diese harte Zeit, nannte ihn jetzt einfach eine Nulpe.

Endlich fand er die Tür, Lohengrin und Elsa machten sich auf dem Sofa an die »Wonnen, die nur Gott verleiht«. Zuerst umschlangen sie sich nur oben, die unteren Körperteile saßen nach Möglichkeit voneinander entfernt. Je mehr sie aber sangen, umso näher rutschten sie heran – wobei ihre Gesichter sich häufig auf Hähnisch richteten. Hähnisch und sein Orchester schienen ihnen einzuheizen: Es war begreiflich, denn auch Diederich und Guste in ihrer stillen Loge schnauften leise und sahen einander an mit erhitzten Augen. Die Gefühle gingen den Weg der Zauberklänge, die Hähnisch

ob er seinen Namen verraten … sollte → Seite 519

der Hochzeitsmarsch → Seite 519

verloren entschieden wirkten eindeutig weniger imposant (eindrucksvoll)

Wams westenartiges Kleidungsstück, Untergewand der Ritter (das sichtbar wird, wenn die Rüstung, der Brustpanzer, abgelegt wird)

ward … von dem Wert der Uniform durchdrungen → Seite 520

schon immer bereits zuvor (in den ersten beiden Akten)

zu konziliant zu nachgiebig, zu kompromissbereit

Nulpe »dummer, langweiliger, unbedeutender Mensch« (Duden)

»Wonnen, die nur Gott verleiht« → Seite 520

mit wogenden Gliedern hervorlockte, und die Hände folgten ihnen. Diederich ließ die seine zwischen Gustes Stuhl und ihrem Rücken hinabgleiten, umspannte sie unten und murmelte betört: »Wie ich das zum ersten Mal gesehen habe, gleich hab ich gesagt, die oder keine!«

Aber da wurden sie aus dem Zauberbann gerissen durch einen Zwischenfall, der bestimmt schien, die Kunstfreunde Netzigs noch lange zu beschäftigen. Lohengrin zeigte sein Jägerhemd! Eben stimmte er an: »Atmest du nicht mit mir die süßen Düfte«, da kam es hinten aus dem Wams hervor, das aufging. Bis Elsa ihn, sichtlich erregt, zugeknöpft hatte, herrschte im Hause lebhafte Unruhe; dann erlag es wieder dem Zauberbann. Guste freilich, die sich mit einem Praliné verschluckt hatte, stieß auf ein Bedenken. »Wie lange trägt er das Hemd schon? Und überhaupt, er hat doch nichts mit, der Schwan ist mit seinem Gepäck abgeschwommen!« Diederich verwies ihr ernstlich das Nachdenken. »Du bist geradeso eine Gans wie Elsa«, stellte er fest. Denn Elsa war im Begriff, sich alles zu verderben, weil sie es nicht lassen konnte, ihren Mann nach seinen politischen Geheimnissen zu fragen. Der Umsturz ward vollends zerschmettert, denn Telramunds feiges Attentat misslang durch Gottes Fügung; aber die Weiber, dies musste Diederich sich sagen, wirkten, wenn man ihnen nicht die Kandare fest anzog, eher noch subversiver.

Nach der Verwandlung ward dies vollends klar. Eiche, Banner, alles nationale Zubehör war wieder da; und »für deutsches Land das deutsche Schwert, so sei des Reiches Kraft bewährt«: bravo! Aber Lohengrin schien nun wirklich entschlossen, sich aus dem öffentlichen Leben zurückzuziehen. »Überall wurde an mir gezweifelt«, durfte auch er sagen. Nacheinander klagte er den toten Telramund und die ohnmächtige Elsa an. Da keiner von beiden ihm widersprach, würde er ohne Weiteres recht behalten haben; dazu kam aber

zeigte sein Jägerhemd! → Seite 520

»Atmest du nicht mit mir die süßen Düfte« → Seite 520

mit (Z. 13) an

stieß auf ein Bedenken brachte einen heiklen Punkt zur Sprache

Telramunds feiges Attentat misslang durch Gottes Fügung → Seite 520

die Kandare fest anzog (siehe Seite 260)

wirkten … eher noch subversiver richteten durch untergründiges Wühlen und ihre Manipulationsversuche fast noch mehr Schaden an

Nach der Verwandlung → Seite 521

»für deutsches Land … bewährt« → Seite 521

»Überall wurde an mir gezweifelt« → Seite 521

noch, dass er tatsächlich in der Rangliste obenan stand. Denn jetzt gab er sich zu erkennen. Die Nennung seines Namens rief bei der ganzen Versammlung, die noch nie von ihm gehört hatte, eine ungeheure Bewegung hervor. Die Mannen konnten sich gar nicht beruhigen; alles andere schienen sie erwartet zu haben, nur nicht, dass er Lohengrin hieß. Umso dringlicher ersuchten sie den geliebten Herrscher, von dem folgenschweren Schritt der Abdankung diesmal noch abzusehen. Aber Lohengrin blieb heiser und unnahbar. Übrigens wartete schon der Schwan. Eine letzte Frechheit Ortruds brach ihr zur allgemeinen Genugtuung den Hals. Leider deckte gleich darauf auch Elsa das Schlachtfeld, das Lohengrin, statt des entzauberten Schwans von einer kräftigen Taube gezogen, hinter sich ließ. Dafür war der junge, soeben eingetroffene Gottfried in drei Tagen der dritte Landesfürst, dem Edle und Mannen, treu und bieder wie immer, ihre Huldigung darbrachten.

»Das kommt davon«, bemerkte Diederich, indes er Guste in den Mantel half. Alle diese Katastrophen, die Wesensäußerungen der Macht waren, hatten ihn erhoben und tief befriedigt. »Wovon kommt es denn«, meinte Guste, zum Widersprechen aufgelegt. »Bloß weil sie wissen will, wer er ist? Das kann sie wohl verlangen, das ist nicht mehr wie anständig.« – »Es hat einen höheren Sinn«, erklärte ihr Diederich streng. »Die Geschichte mit dem Gral, das soll heißen, der Allerhöchste Herr ist nächst Gott nur seinem Gewissen verantwortlich. Na, und wir wieder ihm. Wenn das Interesse Seiner Majestät in Betracht kommt, kannst du machen, was du willst, ich sage nichts, und eventuell – « Eine Handbewegung gab zu verstehen, dass auch er, in einen derartigen Konflikt gestellt, Guste unbedenklich dahinopfern würde. Dies erboste Guste. »Das ist ja Mord! Wie komm ich dazu, dass ich muss draufgehen, weil Lohengrin ein temperamentloser

tatsächlich in der Rangliste obenan stand → Seite 521

Eine letzte Frechheit Ortruds → Seite 522

deckte gleich darauf auch Elsa das Schlachtfeld Elsa, die Lohengrin gramvoll hinterherblickt, »sinkt entseelt in Gottfrieds Armen zu Boden«, wie es am Ende heißt.

Gottfried in drei Tagen der dritte Landesfürst → Seite 522

Die Geschichte mit dem Gral (siehe Seite 521: tatsächlich in der Rangliste obenan stand)

Wenn das Interesse Seiner Majestät in Betracht kommt Wenn es um die Interessen Seiner Majestät geht

gemerkt zu spüren bekommen

die mystischen Spitzen die aus unerreichbarer Ferne kommende und in höherer Sphäre existierende Person des gottgesandten Herrschers

»Ich fühl … den wonniglichen Mann« → Seite 523

Brunst geschlechtlichen Erregtheit, Leidenschaft

»Das Theater ist auch eine meiner Waffen.« wörtliches Zitat aus der Rede des Kaisers vor Mitgliedern der Königlichen Schauspiele Berlin am 16. Juni 1898 aus Anlass seines zehnjährigen Regierungsjubiläums

Zustimmungstelegramm … nicht zu machen Dass Wagner 1883 gestorben war, ist Heßling unbekannt.

Unter den Künsten gab es eine Rangordnung. → Seite 523

Hammel ist. Nicht einmal in der Hochzeitsnacht hat Elsa von ihm was gemerkt!« Und Guste rümpfte die Nase, wie damals beim Verlassen des Liebeskabinetts, wo auch nichts geschehen war.

Auf dem Heimweg versöhnten sich die Verlobten. »Das ist die Kunst, die wir brauchen!«, rief Diederich aus. »Das ist deutsche Kunst!« Denn hier erschienen ihm, in Text und Musik, alle nationalen Forderungen erfüllt. Empörung war hier dasselbe wie Verbrechen, das Bestehende, Legitime ward glanzvoll gefeiert, auf Adel und Gottesgnadentum der höchste Wert gelegt, und das Volk, ein von den Ereignissen ewig überraschter Chor, schlug sich willig gegen die Feinde seiner Herren. Der kriegerische Unterbau und die mystischen Spitzen, beides war gewahrt. Auch wirkte es bekannt und sympathisch, dass in dieser Schöpfung der schönere und geliebtere Teil der Mann war. »Ich fühl das Herze mir vergehn, schau ich den wonniglichen Mann«, sangen auch die Männer samt dem König. So war denn die Musik an ihrem Teil der männlichen Wonne voll, war heldisch, wenn sie üppig war, und kaisertreu noch in der Brunst. Wer widerstand da? Tausend Aufführungen einer solchen Oper, und es gab niemand mehr, der nicht national war! Diederich sprach es aus: »Das Theater ist auch eine meiner Waffen.« Kaum ein Majestätsbeleidigungsprozess konnte die Bürger so gründlich aus dem Schlummer rütteln. »Ich habe den Lauer in die Vogtei gebracht, aber wer den ›Lohengrin‹ geschrieben hat, vor dem nehm ich den Hut ab.« Er schlug ein Zustimmungstelegramm an Wagner vor. Guste musste ihn aufklären, es sei nicht mehr zu machen. Einmal auf so hohem Gedankenflug begriffen, äußerte sich Diederich über die Kunst im Allgemeinen. Unter den Künsten gab es eine Rangordnung. »Die höchste ist die Musik, daher ist es die deutsche Kunst. Dann kommt das Drama.«

»Warum?«, fragte Guste.

»Weil man es manchmal in Musik setzen kann und weil man es nicht zu lesen braucht, und überhaupt.«

»Und was kommt dann?«

»Die Porträtmalerei natürlich, wegen der Kaiserbilder. Das Übrige ist nicht so wichtig.«

»Und der Roman?«

»Der ist keine Kunst. Wenigstens Gott sei Dank keine deutsche: das sagt schon der Name.«

Und dann war der Hochzeitstag da. Denn beide hatten Eile: Guste wegen der Leute, Diederich aus Gründen der Politik. Um mehr Eindruck zu machen, hatte man beschlossen, dass Magda und Kienast am gleichen Tage heiraten sollten. Kienast war eingetroffen, und Diederich betrachtete ihn manchmal mit Unruhe, weil Kienast sich den Bart hatte abnehmen lassen, den Schnurrbart an den Augenwinkeln trug und auch schon blitzte. In den Verhandlungen über Magdas Gewinnanteil zeigte er einen schreckenerregenden Geschäftsgeist. Diederich, nicht ohne Besorgnis wegen des Ausgangs der Sache, wenn auch entschlossen, seine Pflicht gegen sich selbst restlos zu erfüllen, vertiefte sich jetzt öfter in seine Geschäftsbücher ... Sogar am Morgen vor seiner Trauung, und schon im Frack, saß er im Kontor; da ward eine Karte gebracht: »Karnauke, Premierleutnant a. D.« – »Was kann der wollen, Sötbier?« Der alte Buchhalter wusste es auch nicht. »Na egal. Einen Offizier kann ich nicht abweisen.« Und Diederich ging selbst zur Tür.

In der Tür aber erschien ein ungewöhnlich strammer Herr in einem grünlichen Sommermantel, der troff und den er am Halse fest geschlossen trug. Unter seinen spitzen Lackschuhen entstand sofort eine Lache, von seinem grünen Agrarierhütchen, das er merkwürdigerweise aufbehielt, regnete

Bart Kinn- und Backenbart

seine Pflicht gegen sich selbst restlos zu erfüllen seinen eigenen Vorteil energisch zu wahren (zu verteidigen)

Premierleutnant a. D. → Seite 523

Agrarierhütchen → Seite 523

es. »Zunächst wollen wir uns mal trockenlegen«, versetzte der Herr und begab sich, bevor Diederich zustimmte, zum Ofen. Hier sagte er schnarrend: »Verkaufen, was? Klemme, was?« Diederich begriff nicht sogleich; dann warf er einen unruhigen Blick auf Sötbier. Der Alte hatte sich wieder an seinen Brief gemacht. »Herr Premierleutnant haben sich gewiss in der Hausnummer geirrt«, bemerkte Diederich schonend; aber es half nichts. »Quatsch. Weiß Bescheid. Nur keine Fisimatenten. Höherer Befehl. Schnauze halten und verkaufen, sonst gnade Gott.«

Klemme, was? im kurzangebundenen Kasernenhofton des ehemaligen Offiziers: Da stecken Sie schön in der Klemme, nicht wahr?

Fisimatenten Ausflüchte, Tricks, Sperenzchen

Diese Sprache war zu auffallend; Diederich konnte nicht länger übersehen, dass trotz der militärischen Vergangenheit des Herrn seine ungeheure Strammheit nicht echt war und dass seine Augen verglast waren. In dem Augenblick, als Diederich dies feststellte, nahm der Herr sein grünes Agrarierhütchen vom Kopf und entleerte es seines Wassers auf Diederichs Frackhemd. Dies veranlasste Diederich zu einem Protest, aber der Herr nahm ihn sehr übel. »Ich stehe Ihnen zur Verfügung«, schnarrte er. »Die Herren von Quitzin und von Wulckow werden in meinem Auftrag mit Ihnen reden.« Dabei zwinkerte er angestrengt – und Diederich, dem ein schrecklicher Verdacht kam, vergaß seinen Zorn, er war einzig bedacht, den Premierleutnant aus der Tür zu drängen. »Wir sprechen draußen«, raunte er ihm zu, und nach der anderen Seite, für Sötbier: »Der Herr ist sinnlos betrunken, ich muss sehen, wie ich ihn loswerde.« Aber Sötbier hatte die Lippen zusammengepresst, die Stirn gefaltet und kehrte diesmal nicht zu seinem Brief zurück.

»Die Herren von Quitzin und von Wulckow werden in meinem Auftrag mit Ihnen reden.« Karnauke versucht Heßlings Widerstand zu brechen, indem er andeutet, sich mit ihm duellieren zu wollen und die beiden erwähnten Herren als seine Sekundanten zu ihm zu schicken, um die Bedingungen des Duells zu besprechen.

Der Herr ging geradewegs in den Regen hinaus, Diederich folgte ihm. »Deswegen keine Feindschaft, reden kann man doch.« Erst nachdem auch er durchnässt war, gelang es ihm, den Herrn wieder ins Haus zu lotsen. Durch den leeren Maschinenraum schrie der Premierleutnant: »Glas Schnaps!

Kaufe alles, Schnaps mit!« Obwohl die Arbeiter zur Feier seiner Hochzeit freihatten, sah Diederich sich angstvoll um; er öffnete den Verschlag, wo die Chlorsäcke lagen und beförderte mit verzweifeltem Schub den Herrn hinein. Es stank furchtbar; der Herr nieste mehrmals, worauf er sagte: »Karnauke mein Name, warum stinken Sie so?«

»Haben Sie einen Hintermann?«, fragte Diederich. Der Herr nahm auch das übel. »Was wollen Sie damit sagen? ... Ach so, kaufe, was Platz hat.« Diederichs Blick folgend, betrachtete er sein triefendes Sommermäntelchen. »Momentane Verlegenheit«, schnarrte er. »Vermittle Kavalieren. Ehrensache.«

»Was bietet Ihr Auftraggeber?«

»Hundertzwanzig die Kiste.«

Und wie Diederich sich entsetzte oder empörte: zweihunderttausend sei sein Grundstück wert, der Premierleutnant blieb dabei: »Hundertzwanzig die Kiste.«

»Nicht zu machen« – Diederich vollführte eine unvorsichtige Bewegung nach dem Ausgang, worauf der Herr ernstlich gegen ihn vorging. Diederich musste ringen, fiel auf einen Chlorsack und der Herr über ihn. »Stehen Sie auf«, keuchte Diederich, »hier werden wir gebleicht.« Der Premierleutnant heulte auf, als brennte es ihm schon durch die Kleider – und plötzlich hatte er seine stramme Haltung zurück. Er zwinkerte. »Präsident von Wulckow eklig hinterher, dass Sie verkaufen, sonst kein Geschäft mit ihm zu machen. Vetter Quitzin arrondiert Besitz hierherum. Rechnet bestimmt auf Ihr Entgegenkommen. Hundertzwanzig die Kiste.« Diederich, bleicher, als wäre er im Chlor liegengebliehen, versuchte noch: »Hundertfünfzig« – aber die Stimme versagte ihm. Das war mehr, als man loyalerweise fassen konnte! Wulckow, starrend von Beamtenehre, unbestechlich wie das Jüngste Gericht! ... Mit einem trostlosen Blick überflog er

Verschlag kleinen (Abstell-) Raum mit Bretterwänden

Chlorsäcke Säcke mit Chlor zum Bleichen des Papiers

Hintermann Auftraggeber

»Vermittle Kavalieren. Ehrensache.« »Diene vornehmen Herren als Vermittler in geschäftlichen Dingen; das ist für mich eine Frage der Ehre.«

die Kiste wohl: alles zusammen

wie wie ... auch

»Nicht zu machen« »Auf dieser Basis ist keine Einigung möglich«

arrondiert Besitz hierherum ist dabei, seinen Grundbesitz in dieser Gegend abzurunden, zu vervollständigen

versuchte noch: »Hundertfünfzig« wollte zumindest noch »hundertfünfzig« fordern

loyalerweise bei aller Loyalität

nochmals die Gestalt dieses Karnauke, Premierleutnants a. D. Den schickte Wulckow, dem lieferte er sich aus! Hätte man nicht neulich, unter vier Augen, mit aller gebotenen Vorsicht und gegenseitigen Achtung das Geschäft verhandeln können? Aber diese Junker konnten nur den Leuten an die Kehle springen; auf Geschäfte verstanden sie sich noch immer nicht. »Gehen Sie nur voran zum Notar«, raunte Diederich, »ich komme gleich.« Er ließ ihn hinaus. Wie er aber selbst fort wollte, stand da der alte Sötbier, noch immer mit den gekniffenen Lippen. »Was wünschen Sie?« Diederich war ermattet.

»Junger Herr«, begann der Alte hohl, »was Sie jetzt vorhaben, dafür kann ich nicht mehr die Verantwortung tragen.«

»Wird nicht verlangt.« Diederich gab sich Haltung. »Ich weiß allein, was ich tue.« Der Alte hob beschwörend die Hände.

»Sie wissen es nicht, junger Herr! Unsere Lebensarbeit von Ihrem seligen Vater und mir, die verteidige ich! Dass wir das Geschäft aufgebaut haben mit Fleiß und solider Arbeit, dadurch sind Sie groß geworden. Und wenn Sie mal teure Maschinen kaufen und mal die Aufträge ablehnen, das ist ein Zickzackkurs, damit bringen Sie das Geschäft herunter. Und jetzt verkaufen Sie das alte Haus!«

»Sie haben an der Tür gehorcht. Wenn etwas geschieht, ohne dass Sie dabei sind, das vertragen Sie noch immer nicht recht. Erkälten Sie sich hier nur nicht.« Diederich höhnte.

»Sie dürfen es nicht verkaufen!«, jammerte Sötbier. »Ich kann nicht zusehen, wie der Sohn und Erbe meines alten Herrn die solide Grundlage der Firma untergräbt und treibt Großmannspolitik.«

Diederich maß ihn mitleidig. »Großzügigkeit war zu Ihrer Zeit noch nicht erfunden, Sötbier. Heute wagt man was. Be-

Notar Jurist, der gegen Gebühren Urkunden beglaubigt

gekniffenen zusammengekniffenen

hohl mit hohler Stimme

Zickzackkurs politischer Kampfbegriff der 1890-Jahre, der auf sarkastische Weise Kritik am »neuen Kurs« des jungen Kaisers in den Jahren 1890 bis 1894 zum Ausdruck brachte

bringen Sie das Geschäft herunter ruinieren Sie die Firma

und treibt Großmannspolitik Dieser Vorwurf wurde gegen Wilhelm II. erhoben; durch die Wortstellung (besser wäre: »und Großmannspolitik treibt«), die an das jiddische Deutsch anklingt, könnte angedeutet sein, dass Heßling das ›Jammern‹ seines Buchhalters als ›jüdische Pfennigfuchserei‹ betrachtet.

trieb ist die Hauptsache. Später werden Sie sehen, wozu es gut war, dass ich das Haus verkaufe.«

»Ja, das werden Sie auch erst später sehen. Vielleicht wenn Sie bankerott sind oder wenn Ihnen Ihr Schwager, Herr Kienast, einen Prozess anhängt. Sie haben gewisse Manipulationen gemacht zum Schaden Ihrer Schwestern und Ihrer Mutter! Wenn ich dem Herrn Kienast manches sagen wollte –: bloß dass ich Pietät habe, sonst könnte ich Sie ins Unglück bringen!«

Der Alte war außer sich. Er kreischte, Tränen der Wut in den roten Lidern. Diederich trat nahe an ihn hin, er hielt ihm die geballte Hand unter die Nase. »Das versuchen Sie mal! Ich beweise glatt, dass Sie die Firma bestohlen haben, und zwar schon immer. Meinen Sie, ich habe keine Vorkehrungen getroffen?«

Auch der Alte erhob seine zitternde Faust. Sie schnaubten sich an; Sötbier rollte blutige Augäpfel, Diederich blitzte. Dann trat der Alte zurück. »Nein, so soll es nicht kommen. Ich war immer ein treuer Diener meines alten Herrn. Mein Gewissen gebietet mir, seinem Nachfolger meine bewährte Kraft so lange als möglich zu erhalten.«

»Das könnte Ihnen passen«, sagte Diederich hart und kalt. »Seien Sie froh, wenn ich Sie nicht direkt hinauswerfe. Schreiben Sie nur gleich Ihr Entlassungsgesuch, es ist schon bewilligt.« Und er schritt von dannen.

Beim Notar verlangte er, dass in den Kaufvertrag als Käufer »Unbekannt« gesetzt werde. Karnauke feixte. »Unbekannt ist gut. Wir kennen doch Herrn von Quitzin.« Darauf lächelte auch der Notar. »Ich sehe«, sagte er, »Herr von Quitzin arrondiert sich. Bislang gehörte ihm in der Meisestraße nur die kleine Kneipe Zum Huhn. Aber wegen der beiden Grundstücke hinter dem Ihren, Herr Doktor, verhandelt er auch schon. Dann grenzt er an den Stadtpark und hat Platz für riesige Anlagen.«

bankerott zahlungsunfähig (siehe Seite 80 und Seite 281)

gewisse Manipulationen gewisse geschäftliche Manipulationen (Betrügereien)

bloß dass ich Pietät habe nur weil ich in Ihnen trotz allem noch Ihren Vater ehre (siehe Seite 299)

die Firma bestohlen Firmengelder unterschlagen

Sötbier rollte blutige Augäpfel Sötbiers Augen waren blutunterlaufen

Schreiben Sie nur gleich Ihr Entlassungsgesuch Anspielung auf den Sturz Bismarcks im März 1890; der Kanzler schrieb sein Entlassungsgesuch, nachdem der junge Kaiser ihm keine andere Wahl mehr gelassen hatte, in Ehren aus dem Amt zu scheiden

Diederich zitterte schon wieder. Leise bat er den Notar um Diskretion, so lange es gehe. Dann nahm er Abschied, er habe keine Zeit zu verlieren. »Weiß ich«, sagte der Premierleutnant und hielt ihn fest. »Freudentag. Frühstück Hotel Reichshof. Bin gerüstet.« Er öffnete das grüne Mäntelchen und zeigte auf seinen zerknitterten Gesellschaftsanzug. Diederich sah ihn entsetzt an, er versuchte sich zu wehren; aber der Leutnant drohte wieder mit seinen Zeugen.

Die Braut wartete schon längst, die beiden Mütter trockneten ihr die Tränen, unter dem anzüglichen Lächeln der anwesenden Damen. Auch dieser Bräutigam ging durch! Magda und Kienast waren empört; und zwischen Schweinichenstraße und Meisestraße liefen Boten ... Endlich! Diederich war da, wenn auch in seinem alten Frack. Er gab nicht einmal Erklärungen. Am Standesamt und in der Kirche wirkte er verstört. Allerseits bemerkte man, auf einer so zustande gekommenen Verbindung ruhe kein Segen. Auch Pastor Zillich erwähnte in seiner Ansprache, dass der irdische Besitz etwas Vergängliches sei. Man begriff seine Enttäuschung. Käthchen war gar nicht erschienen.

Beim Hochzeitsfrühstück aß Diederich schweigend und sichtlich noch anders beschäftigt. Selbst das Essen vergaß er oft und stierte in die Luft. Einzig der Premierleutnant Karnauke hatte die Gabe, seine Aufmerksamkeit zu wecken. Freilich tat der Leutnant das Seine; schon nach der Suppe brachte er einen Toast auf die Braut aus, mit Anspielungen, denen die Versammlung nach Maßgabe ihres bisherigen Weingenusses noch nicht gewachsen war. Mehr beunruhigt ward Diederich durch gewisse andere Wendungen Karnaukes, die er mit Zwinkern nach seinem Platz begleitete und die leider auch Kienast nachdenklich stimmten. Der Zeitpunkt, den Diederich mit Herzklopfen voraussah, trat ein:

Gesellschaftsanzug Anzug für feierliche Anlässe

Zeugen Sekundanten

bemerkte man flüsterte man sich zu

noch anders beschäftigt nicht recht bei der Sache, mit den Gedanken woanders

der ... hatte die Gabe dem ... gelang es

Anspielungen, denen die Versammlung nach Maßgabe ihres bisherigen Weingenusses noch nicht gewachsen war anzüglichen Bemerkungen, die nicht als peinlich zu empfinden die Festgesellschaft noch nicht betrunken genug war

die er mit Zwinkern nach seinem Platz begleitete die, wie er deutlich zu verstehen gab, Heßling galten

Kienast stand auf und bat ihn um ein Wort unter vier Augen … Da aber klingelte der Premierleutnant heftig ans Glas, stramm schnellte er vom Sitz. Der schon vorgeschrittene Lärm des Festes brach jäh ab; man sah an Karnaukes gespitzten Fingern ein blaues Band hängen und darunter ein Kreuz, dessen Rand golden funkelte … Ah! und Tumult und Glückwünsche. Diederich reichte beide Hände hin, eine Seligkeit, kaum zu ertragen, flutete ihm vom Herzen in den Hals, er redete von selbst und bevor er wusste, was. »Seine Majestät … Unerhörte Gnade … Bescheidene Verdienste, nie wankende Treue …« Er dienerte, er legte, wie Karnauke ihm das Kreuz überreichte, die Hand auf das Herz, schloss die Augen und versank: so als stände vor ihm ein anderer, der Geber selbst. Unter der Gnadensonne fühlte Diederich, dies war die Rettung und der Sieg. Wulckow hielt den Pakt. Die Macht hielt Diederich den Pakt! Der Kronenorden vierter Klasse blitzte, und es ward Ereignis, das Denkmal Wilhelms des Großen und Gausenfeld, Geschäft und Ruhm!

Der Aufbruch drängte. Kienast, immerhin bewegt und eingeschüchtert, bekam einige Worte allgemeinen Inhalts hingeworfen, von herrlichen Tagen, denen er entgegengeführt werden sollte, von großen Dingen, die man mit ihm und der ganzen Familie vorhabe – und fort war Diederich mit Guste.

Sie bestiegen die erste Klasse, er spendete drei Mark und zog die Vorhänge zu. Sein vom Glück beschwingter Tatendrang litt keinen Aufschub, Guste hätte so viel Temperament nie erwartet. »Du bist doch nicht wie Lohengrin«, bemerkte sie. Als sie aber schon hinglitt und die Augen schloss, richtete Diederich sich nochmals auf. Eisern stand er vor ihr, ordenbehangen, eisern und blitzend. »Bevor wir zur Sache selbst schreiten«, sagte er abgehackt, »gedenken wir Seiner Majestät unseres allergnädigsten Kaisers. Denn die Sache

schnellte fuhr … hoch

versank geriet in einen Rausch der Unterordnung

der Geber der verehrte Kaiser

es ward Ereignis alles erfüllte sich wie erhofft

Der Kronenorden vierter Klasse → Seite 523

Der Aufbruch drängte. Es wurde Zeit, aufzubrechen.

Sie bestiegen die erste Klasse Sie bestiegen ein Abteil der ersten Klasse

spendete drei Mark vermutlich: gab dem Schaffner ein großes Trinkgeld, damit er dafür sorgte, dass sie nicht von anderen Fahrgästen behelligt wurden

litt keinen Aufschub ertrug keine weitere Wartezeit

doch ja doch

hat den höheren Zweck, dass wir Seiner Majestät Ehre machen und tüchtig Soldaten liefern.«

»Oh!«, machte Guste, von dem Gefunkel auf seiner Brust entrückt in höheren Glanz. »Bist – du – das – Diederich?«

VI

Herr und Frau Doktor Heßling aus Netzig sahen einander stumm an im Lift des Züricher Hotel, denn man fuhr sie in den vierten Stock. Dies war das Ergebnis des Blickes, den der Geschäftsführer schnell und schonend über sie hingeführt hatte. Diederich füllte gehorsam den Meldezettel aus; erst als der Oberkellner fort war, äußerte er seine Entrüstung über den Betrieb hier und über Zürich. Sie ward immer lauter und verdichtete sich zu dem Vorsatz, an Baedeker zu schreiben. Da diese Vergeltung indes zu wenig greifbar schien, machte er kehrt gegen Guste: Ihr Hut sei schuld. Guste wieder schob es auf Diederichs Hohenzollernmantel. So stürzten sie denn zum Lunch mit hochroten Köpfen. An der Tür machten sie halt und schnauften unter den Blicken der Gäste, Diederich im Smoking, Guste aber mit einem Hut, der Bänder, Federn und Schnalle, alles auf einmal, hatte und der unzweifelhaft in die Beletage gehörte. Ihr Bekannter, der Oberkellner, führte sie im Triumph zu ihren Plätzen.

Mit Zürich und auch mit dem Hotel versöhnten sie sich am Abend. Denn erstens war das Zimmer im vierten Stock nicht ehrenvoll, aber billig; und dann hing gerade gegenüber den Betten des Ehepaares eine fast lebensgroße Odaliske, der bräunliche Leib hinschwellend auf üppigem Polster, mit den Händen unter dem Kopf, feuchtes Schmachten im schwarzen Spalt der Augen. In der Mitte war sie von dem Rahmen zerschnitten, was dem Ehepaar Anlass zu Scherzen gab. Am nächsten Tage gingen sie umher mit Blei in den Lidern, verschlangen riesige Mahlzeiten und fragten sich nur, was erst geschehen wäre, wenn die Odaliske nicht in der Mitte zerschnitten, sondern ganz gewesen wäre. Aus Müdigkeit versäumten sie den Zug und kehrten am Abend, so früh

Meldezettel Formular für die polizeiliche Anmeldung von Reisenden

Baedeker in Leipzig ansässiger Verlag für Reiseführer, seinerzeit der Marktführer im Reisesegment

Da diese Vergeltung indes zu wenig greifbar schien Da durch eine solche schriftliche Beschwerde jedoch nur wenig greifbare Genugtuung zu erlangen war

Hohenzollernmantel (siehe Seite 152)

stürzten eilten

Lunch Mittagessen

Beletage (frz. ›bel étage‹, das ›schöne Geschoss‹) das erste Obergeschoss, wo die vornehmsten Gäste untergebracht wurden

Odaliske (Abbildung einer) hellhäutige(n) Haremssklavin

versäumten verpassten

wie möglich, in ihr billiges und aufreibendes Zimmer zurück. Ein Ende dieser Art zu leben war nicht absehbar; da las Diederich mit seinen schweren Lidern in der Zeitung, dass der Kaiser unterwegs nach Rom sei zum Besuch des Königs von Italien. Ein Schlag, er war aufgewacht. Elastisch bewegte er sich zum Portier, ins Büro, an den Lift; und mochte Guste jammern, dass ihr schwindlig werde, die Koffer waren schon fertig. Diederich schleifte Guste schon hinaus. »Muss es denn sein?«, klagte sie, »wo doch das Bett so gut ist!« Aber Diederich hinterließ nur noch einen höhnischen Blick für die Odaliske. »Amüsieren Sie sich weiter gut, meine Gnädigste!«

Vor Aufregung schlief er lange nicht. Guste schnarchte friedlich an seiner Schulter, indes Diederich, durch die Nacht sausend, bedachte, wie nun auf einer anderen Linie, aber nicht weniger sausend, demselben Ziel der Kaiser selbst entgegenfuhr. Der Kaiser und Diederich machten ein Wettrennen! Und da Diederich schon mehrmals im Leben hatte Gedanken äußern dürfen, die auf mystische Art mit denen des Allerhöchsten Herrn zusammenzufallen schienen, vielleicht wusste Seine Majestät zu dieser Stunde um Diederich: wusste, dass sein treuer Untertan ihm zur Seite über die Alpen zog, um den feigen Welschen mal klarzumachen, was Kaisertreue heißt. Er blitzte die Schläfer auf der anderen Bank an, kleine schwarze Leute, deren Gesichter im Schlaf verfallen aussahen. Germanische Reckenhaftigkeit sollten sie kennenlernen!

Früh in Mailand und mittags in Florenz stiegen Reisende aus, was Diederich nicht begriff. Er versuchte, ohne merklichen Erfolg, den Übriggebliebenen beizubringen, welches Ereignis sie in Rom erwarte. Zwei Amerikaner zeigten sich empfänglicher, worauf Diederich triumphierend: »Na, Sie beneiden uns wohl auch um unsern Kaiser!« Da sahen die Amerikaner einander an, mit einer stummen Frage, die ergebnislos blieb.

dass der Kaiser unterwegs nach Rom sei Der Kaiser reiste viel, was einigen Spott hervorrief; historischer Hintergrund der Romanepisode ist der Besuch des Kaiserpaares in Rom im April 1893 aus Anlass der silbernen Hochzeit (25-jähriges Ehejubiläum) des italienischen Königspaares.

ins Büro wohl: Verwaltungsbüro des Hotels

den feigen Welschen Italien und Frankreich wurden im altertümelnden nationalistischen Jargon der Zeit verächtlich als »Welschland« bezeichnet. → Seite 524

Recken Bezeichnung für die heldenhaften Krieger der germanischen Sagenwelt

»Na, Sie beneiden uns wohl auch um unsern Kaiser!« → Seite 524

an … blieb verständnislos an

Vor Rom ging Diederichs Aufregung in wilden Tätigkeitsdrang über. Den Finger in einem Sprachführer, lief er dem Zugpersonal nach und suchte in Erfahrung zu bringen, wer früher ankommen werde, sein Kaiser oder er. Gustes Leidenschaft hatte sich an der des Gatten entzündet. »Diedel!«, rief sie. »Ich bin imstande und werf ihm meinen Reiseschleier auf den Weg, damit dass er darüber geht, und die Rosen von meinem Hut schmeiß ich auch hin!« – »Wenn er dich aber sieht, und du machst ihm Eindruck?«, fragte Diederich und lächelte fieberhaft. Gustes Busen begann zu wogen, sie senkte die Lider. Diederich, der keuchte, riss sich los aus der furchtbaren Spannung. »Meine Mannesehre ist mir heilig, was ich hiermit feststelle. In diesem Falle aber –« Und er schloss mit einer knappen Geste.

Da kam man an – aber ganz anders, als die Gatten es erträumt hatten. In größter Verwirrung wurden die Reisenden von Beamten aus dem Bahnhof gedrängt, bis an den Rand eines weiten Platzes und in die Straßen dahinter, die sofort wieder abgesperrt wurden. Aber Diederich, in entfesselter Begeisterung, durchbrach die Schranken. Guste, die entsetzt die Arme reckte, ließ er mit allem Handgepäck dastehen und stürzte drauflos. Schon war er inmitten des Platzes; zwei Soldaten mit Federhüten jagten ihm nach, dass ihre bunten Frackschöße flogen. Da schritten die Bahnhofsrampe mehrere Herren herab, und alsbald fuhr ein Wagen auf Diederich zu. Diederich schwenkte den Hut, er brüllte auf, dass die Herren im Wagen ihr Gespräch unterbrachen. Der rechts neigte sich vor – und sie sahen einander an, Diederich und sein Kaiser. Der Kaiser lächelte kalt prüfend mit den Augenfalten, und die Falten am Mund ließ er ein wenig herab. Diederich lief ein Stück mit, die Augen weit aufgerissen, immer schreiend und den Hut schwenkend, und einige Sekunden lang waren sie, indes ringsum dahinten eine fremde Menge

alsbald kurz darauf

dahinten im Hintergrund

ihnen Beifall klatschte, in der Mitte des leeren Platzes und unter einem knallblauen Himmel ganz miteinander allein, der Kaiser und sein Untertan.

Schon verschwand der Wagen drüben in der beflaggten Straße, die Hochrufe schwollen schon ab in der Ferne, und Diederich, der aufseufzte und die Augen schloss, setzte den Hut wieder auf.

Guste winkte ihn krampfhaft herbei, und die Leute, die noch umherstanden, klatschten ihm zu, mit Gesichtern voll heiteren Wohlwollens. Auch die Soldaten, die vorhin ihn verfolgt hatten, lachten nun. Einer von ihnen ging in seiner Teilnahme so weit, dass er einen Kutscher herbeirief. Wie er abfuhr, grüßte Diederich die Menge. »Sie sind wie die Kinder«, erklärte er seiner Gattin. »Na, aber auch entsprechend schlapp«, setzte er hinzu, und er gestand: »In Berlin wäre das denn doch nicht gegangen ... Wenn ich an den Krawall Unter den Linden denke, der Betrieb war 'n bisschen schärfer.« Und er setzte sich zurecht, um am Hotel vorzufahren. Dank seiner Haltung bekamen sie ein Zimmer im zweiten Stock.

Die erste Morgensonne aber sah Diederich schon wieder in den Straßen. »Der Kaiser steht früh auf«, hatte er Guste bedeutet, die nur aus den Kissen grunzte. Übrigens konnte er sie nicht brauchen bei seiner Aufgabe. Den Finger auf dem Plan der Stadt, gelangte er bis vor den Quirinal und stellte sich hin. Der stille Platz war hellgolden von schrägen Strahlen, grell und wuchtig im leeren Himmel stand der Palast – und gegenüber Diederich, der Majestät gewärtig, auf vorgestreckter Brust den Kronenorden vierter Klasse. Die Treppen herauf aus der Stadt trippelte eine Ziegenherde und verschwand hinter dem Brunnen und den riesigen Rossebändigern. Diederich sah sich nicht um. Zwei Stunden vergingen, die Passanten wurden häufiger, eine Schildwache war hinter

vorhin ihn ihn vorhin

schlapp (verächtlicher Hinweis auf die fehlende ›Schneidigkeit‹ der Italiener)

bedeutet mitgeteilt, erklärt

Quirinal einer der sieben Hügel, auf dem das antike Rom erbaut war; gemeint ist hier jedoch der ›Palazzo del Quirinale‹, der ›Quirinalspalast‹, der seit 1870 als Amtssitz des Königs von Italien diente

der Majestät gewärtig in Erwartung Seiner Majestät

den riesigen Rossebändigern → Seite 524

eine Schildwache (siehe Seite 138)

ihrem Haus hervorgekommen, in einem der beiden Portale bewegte sich ein Portier, und mehrere Personen gingen ein oder aus. Diederich ward unruhig. Er machte sich näher an die Fassade heran, strich langsam vorbei, gespannt ins Innere spähend. Bei seinem dritten Erscheinen führte der Portier, ein wenig zögernd, die Hand an den Hut. Als Diederich stehenblieb und zurückgrüßte, ward er vertraulich. »Alles in Ordnung«, sagte er hinter der Hand; und Diederich nahm die Meldung mit einer Miene des Einverständnisses entgegen. Es schien ihm nur natürlich, dass man ihn über das Wohlergehen seines Kaisers unterrichtete. Seine Fragen, wann der Kaiser ausfahren werde und wohin, wurden anstandslos beantwortet. Der Portier verfiel von selbst darauf, dass Diederich, um den Kaiser zu begleiten, einen Wagen brauchen werde, und er schickte danach. Inzwischen hatte ein Häuflein Neugieriger sich gebildet, und dann trat der Portier beiseite; hinter einem Vorreiter, im offenen Wagen, erschien, unter dem Blitzen seines Adlerhelms, der blonde Herr des Nordens. Diederichs Hut flog schon, Diederich schrie, wie aus der Pistole geschossen, auf Italienisch: »Es lebe der Kaiser!« Und gefällig schrie das Häuflein mit ... Diederich aber, ein Sprung in den Einspänner, der bereitstand, und los, hinterdrein, den Kutscher angefeuert mit rauem Schrei und geschwungenem Trinkgeld. Und sieh: schon hielt er, dahinten nahte erst der Allerhöchste Wagen. Als der Kaiser ausstieg, war wieder ein Häuflein da, und wiederum schrie Diederich auf Italienisch ... Wache gehalten vor dem Haus, worin sein Kaiser weilte! Die Brust heraus und angeblitzt, wer sich in die Nähe traute! Nach zehn Minuten war das Häuflein neu vervollständigt, der Wagen entrollte dem Tor, und Diederich: »Es lebe der Kaiser!« – und, im Echo des Häufleins, wildbrausend zurück zum Quirinal. Wache. Der Kaiser im Tschako. Das Häuflein. Ein neues Ziel, eine neue Rückkehr, eine

Portale imposanten, überdimensionierten Eingänge

hinter der Hand hinter vorgehaltener Hand; mit konspirativer Geste

anstandslos bereitwillig

schickte danach sorgte dafür, dass einer kam

gefällig bereitwillig

weilte sich aufhielt

entrollte dem Tor rollte zum Tor hinaus

Tschako seit den napoleonischen Kriegen die gängige Kopfbedeckung (mit Schild und zylinderförmigem Oberteil) von Infanteriesoldaten in den meisten europäischen Armeen; das ungarische Wort ›csákó‹ bedeutet eigentlich ›Husarenhelm‹, bezeichnete also die Kappe leicht bewaffneter, wendiger Reitertruppen.

neue Uniform, und wieder Diederich, und wieder jubelnder Empfang. So ging es weiter, und nie hatte Diederich ein schöneres Leben gekannt. Sein Freund, der Portier, unterrichtete ihn zuverlässig, wohin man fuhr. Auch kam es vor, dass ein salutierender Beamter ihm eine Meldung machte, die er herablassend entgegennahm, oder dass einer Direktiven zu erbitten schien – und dann erteilte Diederich sie in unbestimmter Form, aber gebieterisch. Die Sonne stieg hoch und höher; vor den brennenden Marmorquadern der Fassaden, hinter denen sein Kaiser weltumspannende Unterredungen pflog, litt Diederich, ohne zu wanken, Hitze und Durst. So stramm er sich hielt, war es ihm doch, als sinke sein Bauch unter der Last des Mittags bis auf das Pflaster herab und als schmelze ihm auf der Brust sein Kronenorden vierter Klasse ... Der Kutscher, der immer häufiger die nächste Kneipe betrat, empfand endlich Bewunderung für das heldenhafte Pflichtgefühl des Deutschen und brachte ihm Wein mit. Neues Feuer in den Adern, machten sich beide an das nächste Rennen. Denn die kaiserlichen Renner liefen scharf; um ihnen vorauszukommen, musste man Gassen durchjagen, die aussahen wie Kanäle und deren spärliche Passanten sich schreckensvoll gegen die Mauern drückten; oder es hieß aussteigen und Hals über Kopf eine Treppe nehmen. Dann aber stand Diederich pünktlich an der Spitze seines Häufleins, sah die siebente Uniform aussteigen und schrie. Und dann wandte der Kaiser den Kopf und lächelte. Er erkannte ihn wieder, seinen Untertan! Den, der schrie, den, der immer schon da war, wie Swinegel. Diederich, federnd vor Hochgefühl über die Allerhöchste Aufmerksamkeit, blitzte das Volk an, in dessen Mienen heiteres Wohlwollen stand.

Erst die Versicherung des Portiers, dass Seine Majestät nun frühstücke, erlaubte es Diederich, sich Gustes zu erinnern. »Wie siehst du aus!«, rief sie bei seinem Anblick und zog

Direktiven Anweisungen

brennenden das Sonnenlicht reflektierenden, glühend heißen

pflog, litt hatte, erduldete

Renner Rosse, Pferde

wie Swinegel niederdeutsche Bezeichnung für den Igel im (plattdeutschen) Märchen vom Hasen und Igel (und deren Wettlauf)

nun frühstücke (siehe Seite 503: zweiten Frühstück)

Gustes an Guste

zog sich wich

sich gegen die Wand zurück. Denn er war rot wie eine Tomate, völlig aufgeweicht, und sein Blick war hell und wild wie der eines germanischen Kriegers der Vorzeit auf einem Eroberungszug durch Welschland. »Dies ist ein großer Tag für die nationale Sache!«, versetzte er mit Wucht. »Seine Majestät und ich, wir machen moralische Eroberungen!« Wie er dastand! Guste vergaß ihren Schrecken und den Ärger über das lange Warten; sie kam herbei mit liebevollen Armen, und demütig rankte sie sich an ihm hinauf.

Welschland (siehe Seite 364: den feigen Welschen)

Aber kaum das Stündchen zum Essen gönnte Diederich sich. Er wusste wohl, nach dem Mittagsmahl ruhte der Kaiser; dann hieß es, unter seinen Fenstern Wache stehen und nicht weichen. Er wich nicht; und der Erfolg zeigte, wie recht er tat. Denn noch hielt er seinen Posten, dem Portal gegenüber, nicht achtzig Minuten lang besetzt, als es geschah, dass ein verdächtig aussehendes Individuum unter Benutzung einer kurzen Abwesenheit des Portiers sich einschlich, sich hinter eine Säule drückte und im lauernden Schatten Pläne barg, die nicht anders sein konnten als unheilvoll. Da aber Diederich! Wie den Sturm und mit Kriegsgeschrei sah man ihn über den Platz tosen. Aufgescheuchtes Volk stürzte sofort hinterdrein, die Wache eilte herbei, im Portal lief Dienerschaft zusammen – und alle bewunderten Diederich, wie er einen, der sich versteckt hatte, wild ringend hervorzerrte. Die beiden schlugen dermaßen um sich, dass nicht einmal die bewaffnete Macht an sie herankam. Plötzlich sah man Diederichs Gegner, dem es gelungen war, den rechten Arm zu befreien, eine Büchse schwingen. Atemlose Sekunden – dann tobte die aufheulende Panik dem Ausgang zu. Eine Bombe! Er wirft! ... Er hatte schon geworfen. In der Erwartung des Knalls lagen die nächsten, im Voraus wimmernd, am Boden. Diederich aber: weiß auf Gesicht, Schultern und Brust stand er da und nieste. Es roch stark nach Pfefferminz.

im lauernden Schatten Pläne barg dichterisch-dramatisch für: im bedrohlichen Schatten Unheil schmiedete

die bewaffnete Macht die Wachsoldaten und Polizeikräfte

tobte die aufheulende Panik dem Ausgang zu stürzte die angstvoll aufheulende Menge in Richtung Ausgang

Die Kühnsten kehrten um und untersuchten ihn mit der Nase; ein Soldat unter wallenden Federn betupfte ihn mit dem benetzten Finger und kostete. Diederich verstand wohl, was er hierauf der Menge mitteilte und weshalb sogleich in alle Gesichter das heitere Wohlwollen zurückkehrte, denn seit einem Augenblick blieb ihm selbst kein Zweifel mehr darüber, dass er mit Zahnpulver beworfen war. Dessen ungeachtet behielt er die Gefahr im Auge, der der Kaiser, dank seiner Wachsamkeit, vielleicht entronnen war. Der Attentäter suchte – ganz vergebens – an ihm vorbei das Weite zu gewinnen: Diederichs eiserne Faust überlieferte ihn den Polizeiwächtern. Diese stellten fest, dass es sich um einen Deutschen handelte, und baten Diederich, ihn zu inquirieren. Er unterzog sich der Aufgabe, trotz dem Zahnpulver, das ihn bedeckte, mit höchster Korrektheit. Die Antworten des Menschen, der bezeichnenderweise Künstler war, hatten keine ausgesprochen politische Färbung, verrieten aber durch ihre abgrundtiefe Respektlosigkeit und Unmoral nur zu wohl die Tendenzen des Umsturzes, weshalb Diederich seine Verhaftung dringend empfahl. Die Wächter führten ihn ab, nicht ohne vor Diederich zu salutieren, der nur noch Zeit hatte, sich von seinem Freunde, dem Portier, abbürsten zu lassen. Denn schon war der Kaiser gemeldet; Diederichs persönlicher Dienst begann wieder.

Sein Dienst führte ihn rastlos umher bis in die Nacht und endlich vor das Gebäude der deutschen Botschaft, wo Seine Majestät Empfang hielt. Ein längerer Aufenthalt des Allerhöchsten Herrn gab Diederich Gelegenheit, beim nächsten Wirt seine Stimmung zu erhöhen. Er erklomm vor der Tür einen Stuhl und richtete an das Volk eine Ansprache, die von nationalem Geiste strotzte und der schlappen Bande die Vorzüge eines strammen Regiments klarmachte und eines Kaisers, der kein Schattenkaiser war … Sie sahen ihn, rot über-

benetzten befeuchteten, angeleckten

war worden war

die Gefahr die verdächtige Person

der der Kaiser deren Anschlag der Kaiser

überlieferte übergab

zu inquirieren zu befragen, ins Verhör zu nehmen

war der Kaiser gemeldet wurde gemeldet, der Kaiser breche erneut auf

eines strammen Regiments einer schneidigen Regierungsführung

der kein Schattenkaiser war (siehe Seite 143)
→ Seite 524

strahlt vom Licht der offenen Becken, die vor dem Palaste des Deutschen Reiches loderten, auf seinem Stuhl den eckig behaarten Mund aufreißen, sahen ihn blitzen und wie von Eisen starren – was ihnen offenbar genügte, um ihn zu verstehen, denn sie jubelten, klatschten und ließen den Kaiser leben, sooft Diederich ihn leben ließ. Mit einem Ernst, der nicht ohne Drohung war, nahm Diederich für seinen Herrn und die furchtbare Macht seines Herrn die Huldigungen des Auslandes entgegen, worauf er von dem Stuhl herabkletterte und wieder zum Wein ging. Mehrere Landsleute, kaum weniger angeregt als er, tranken ihm zu und kamen nach in heimischer Weise. Einer entfaltete eine Abendzeitung mit einem riesigen Bild des Kaisers und las den Bericht eines Zwischenfalles vor, den im Portal des Quirinals ein Deutscher hervorgerufen hatte. Nur durch die Geistesgegenwart eines Beamten im persönlichen Dienst des Kaisers war Schlimmeres verhindert worden; und auch das Bildnis dieses Beamten war dabei. Diederich erkannte ihn wohl. Wenn die Ähnlichkeit auch nur allgemeiner Natur und der Name arg entstellt war, der Umfang des Gesichtes und der Schnurrbart stimmten. So sah denn Diederich den Kaiser und sich selbst auf dem gleichen Zeitungsblatt vereinigt, den Kaiser samt seinem Untertan der Welt zur Bewunderung dargeboten. Es war zu viel. Feuchten Auges richtete Diederich sich auf und stimmte die Wacht am Rhein an. Der Wein, der so billig war, und die Begeisterung, die immer neu genährt ward, bewirkten, dass die Kunde, der Kaiser verlasse die Botschaft, Diederich nicht mehr in korrekter Haltung fand. Er tat gleichwohl alles, was er noch vermochte, um seiner Pflicht zu genügen. Er schoss im Zickzack das Kapitol hinab, stolperte und rollte über die Stufen weiter. Drunten in der Gasse holten seine Zechgenossen ihn ein, er stand mit dem Gesicht der Mauer zugekehrt … Fackelschein und Hufschlag: der Kaiser! Die

der offenen Becken, die vor dem Palaste des Deutschen Reiches loderten → Seite 524

furchtbare schreckenerregende, einschüchternde, Ehrfurcht gebietende

tranken ihm zu prosteten ihm zu

die Wacht am Rhein (siehe Seite 156 und Seite 507)

Kunde Nachricht

zu genügen nachzukommen

das Kapitol den Kapitolshügel, auf dem sich die deutsche Botschaft befand (siehe oben: der offenen Becken)

andern schwankten hinterdrein, Diederich aber, kein Komment half ihm mehr, glitt hin, wo er stand. Zwei städtische Wächter fanden ihn, an die Mauer gelehnt, in einer Lache sitzen. Sie erkannten den Beamten im persönlichen Dienst des Deutschen Kaisers, und voll tiefer Besorgnisse beugten sie sich über ihn. Gleich darauf aber sahen sie einander an und brachen in ungeheure Fröhlichkeit aus. Der persönliche Beamte war gottlob nicht tot, denn er schnarchte; und die Lache, in der er saß, war kein Blut.

Am nächsten Abend, bei der Galavorstellung im Theater, sah der Kaiser ungewöhnlich ernst aus. Diederich bemerkte es, er sagte zu Guste: »Jetzt weiß ich doch, wozu ich das viele Geld hab ausgegeben. Pass auf, wir erleben einen historischen Moment!« Und seine Ahnung betrog ihn nicht. Die Abendblätter verbreiteten sich im Theater, und man erfuhr, der Kaiser werde noch nachts abreisen und er habe seinen Reichstag aufgelöst! Diederich, ebenso ernst wie der Kaiser, erklärte allen, die in der Nähe saßen, die Schwere des Ereignisses. Der Umsturz hatte sich nicht entblödet, die Militärvorlage abzulehnen! Die Nationalgesinnten gingen für ihren Kaiser in einen Kampf auf Leben und Tod! Er selbst werde mit dem nächsten Zuge nach Hause fahren, versicherte er, worauf man ihm sofort den Zug nannte ... Wer nicht zufrieden war, war Guste. »Endlich ist man mal woanders, und Gott sei Dank hat man es und kann sich was leisten. Wie komm ich dazu, dass ich mich soll zwei Tage im Hotel mopsen und dann gleich wieder retour, bloß wegen – « Der Blick, den sie nach der kaiserlichen Loge schleuderte, war so voll von Auflehnung, dass Diederich mit äußerster Strenge einschritt. Guste ward ihrerseits laut; ringsum zischte man, und als Diederich den Widersachern blitzend die Stirne bot, sah er sich von ihnen veranlasst, mit Guste aufzubrechen, noch

voll tiefer Besorgnisse bestürzt und besorgt

Galavorstellung Aufführung eines Theaterstücks oder einer Oper als Teil eines größeren Festprogramms

verbreiteten sich wurden herumgereicht

der Kaiser ... habe seinen Reichstag aufgelöst Nachdem die Militärvorlage auch in einer Kompromissfassung von der Parlamentsmehrheit abgelehnt worden war, löste Reichskanzler Caprivi am 6. Mai 1893 den Reichstag auf.

Der Umsturz hatte sich nicht entblödet Die Opposition hatte die Dreistigkeit besessen

hat man es hat man das nötige Geld

mopsen herumdrücken, langweilen

retour zurück

bevor ihr Zug ging. »Komment hat das Pack nun mal nicht«, stellte er draußen fest und schnaufte stark. »Überhaupt, was ist hier los, möcht ich mal wissen. Schönes Wetter, na ja ... Na, nu sieh dir wenigstens noch das alte Zeug an, das da rumsteht!«, heischte er. Guste, wieder gebändigt, sagte klagend: »Ich genieß es ja.« Und dann fuhren sie in gemessenem Abstand hinter dem Zug des Kaisers her. Guste, die in der Eile ihre Schwämme und Bürsten vergessen hatte, wollte immer aussteigen. Damit sie sechsunddreißig Stunden Geduld hatte, musste Diederich ihr unermüdlich die nationale Sache vorhalten. Trotzdem waren, als sie endlich in Netzig Fuß fasste, ihre erste Sorge die Schwämme. Am Sonntag hatte man ankommen müssen! Zum Glück war wenigstens die Löwenapotheke offen. Indes Diederich vor dem Bahnhof auf die Koffer wartete, ging Guste schon hinüber. Da sie aber nicht zurückkam, folgte er ihr.

heischte verlangte

Schwämme Badeschwämme

Fuß fasste wieder Boden unter den Füßen hatte

Die Tür der Apotheke stand halb offen, drei junge Burschen spähten hinein und wälzten sich. Diederich, der über sie wegsah, erstarrte vor Staunen – denn drinnen hinter dem Ladentisch schritt, die Arme gekreuzt und mit düsterem Blick, hin und her sein alter Freund und Kommilitone Gottlieb Hornung. Guste sagte gerade: »Nun bin ich doch gespannt, ob ich bald meine Zahnbürste kriege«, da kam Gottlieb Hornung hinter dem Ladentisch hervor, die Arme immer verschränkt und Guste in seinen düsteren Blick fassend. »Sie werden meiner Miene angesehen haben«, begann er mit Rednerstimme, »dass ich weder in der Lage noch gewillt bin, Ihnen eine Zahnbürste zu verkaufen.« – »Nanu!«, machte Guste und wich zurück. »Aber Sie haben doch das ganze Glas hier voll.« Gottlieb Hornung lächelte wie Luzifer. »Der Onkel dort oben« – er warf den Kopf zurück und zeigte mit dem Kinn nach der Decke, hinter der wohl sein Prinzipal

wälzten sich ... vor Lachen

Kommilitone Studiengenosse (siehe Seite 34)

wie Luzifer diabolisch, teuflisch

Prinzipal Chef (siehe Seite 6)

feilbieten zum Verkauf anbieten

Korporation Verbindung (siehe Seite 27)

versetzte Hornung, majestätisch rollend stellte Hornung unter majestätischem Augenrollen klar

bin für die Rezeptur da stelle Medikamente her, mische die Arzneien zusammen

zurückgeschlagen in ihre Schranken gewiesen

inzwischen in der Zwischenzeit (während dieses Vorgangs)

bekundete Diederich seine Teilnahme an erkundigte sich Diederich nach

die Ziffer die Höhe, den Betrag

hauste –, »der kann hier feilbieten, was ihm beliebt. Ich fühle mich dadurch nicht berührt. Ich habe nicht sechs Semester studiert und einer hochfeinen Korporation angehört, damit ich mich jetzt hier hinstelle und Zahnbürsten verkaufe.« – »Wozu sind Sie denn da?«, fragte Guste, merklich eingeschüchtert. Da versetzte Hornung, majestätisch rollend: »Ich bin für die Rezeptur da!« Und Guste fühlte wohl, sie sei zurückgeschlagen; sie wandte sich zum Gehen. Eins fiel ihr doch noch ein. »Mit den Schwämmen wäre es wohl dasselbe?« – »Ganz dasselbe«, bestätigte Hornung. Hierauf hatte Guste offenbar gewartet, um sich ernstlich zu entrüsten. Sie streckte den Busen vor und wollte loslegen; Diederich hatte eben noch Zeit, dazwischenzutreten. Er gab dem Freunde recht darin, dass die Würde der Neuteutonia zu wahren und ihr Banner hochzuhalten sei. Wenn jemand trotzdem einen Schwamm brauchte, konnte er ihn sich am Ende selbst nehmen und den Betrag hinlegen – was Diederich hiermit tat. Gottlieb Hornung ging inzwischen beiseite und pfiff, als sei er allein. Sodann bekundete Diederich seine Teilnahme an dem bisherigen Ergehen des Freundes. Leider war viel Missgeschick dabei; denn da Hornung niemals Schwämme und Zahnbürsten hatte verkaufen wollen, war er schon aus fünf Apotheken entlassen worden. Dennoch war er entschlossen, weiter für seine Überzeugung einzustehen, auf die Gefahr, dass es ihn auch hier wieder seine Stellung kostete. »Da sieh dir einen echten Neuteutonen an!«, sagte Diederich zu Guste, und sie sah ihn sich an.

Diederich hielt seinerseits nicht länger zurück mit dem, was er erlebt und erreicht hatte. Er machte auf seinen Orden aufmerksam, drehte Guste vor Hornung rundherum und nannte die Ziffer ihres Vermögens. Der Kaiser, dessen Feinde und Beleidiger dank Diederich hinter Schloss und Riegel saßen, war in Rom ganz kürzlich und gleichfalls dank Diederich einer persönlichen Gefahr entronnen. Die Zeitungen sprachen, um eine Panik an den Höfen und an der Börse zu vermeiden, nur von dem Bubenstreich eines Halbwahnsinnigen, »aber im Vertrauen gesagt, ich habe Anlass zu glauben, dass ein weitverzweigtes Komplott bestanden hat. Du wirst verstehen, Hornung, dass das nationale Interesse die größte Zurückhaltung gebietet, denn du bist sicher auch ein national gesinnter Mann.« Hornung war es natürlich, und so konnte Diederich sich über die hochwichtige Aufgabe verbreiten, die ihn genötigt hatte, von seiner Hochzeitsreise plötzlich zurückzukehren. Es galt, in Netzig den nationalen Kandidaten durchzubringen! Die Schwierigkeiten durfte man sich nicht verhehlen. Netzig war eine Hochburg des Freisinns, der Umsturz rüttelte an den Grundlagen ... Hier begann Guste zu drohen, dass sie mit dem Gepäck nach Hause fahren werde. Diederich konnte den Freund nur noch dringend einladen, ihn gleich heute Abend zu besuchen, er habe dringend mit ihm zu reden. Wie er in den Wagen stieg, sah er einen der Schlingel, die draußen gewartet hatten, die Apotheke betreten und eine Zahnbürste verlangen. Diederich bedachte, dass Gottlieb Hornung eben vermöge seiner aristokratischen Richtung, die ihm beim Verkauf von Schwämmen und Zahnbürsten so hinderlich war, im Kampf gegen die Demokratie ein wertvoller Bundesgenosse werden könne. Aber dies war die geringste seiner schleunigen Sorgen. Der alten Frau Heßling wurden nur schnell ein paar Tränen erlaubt, dann musste sie wieder in das obere Stockwerk hinauf, wo früher nur das Dienstmädchen und die nasse Wäsche untergebracht waren und wohin Diederich jetzt seine Mutter und Emmi beseitigt hatte. Den Ruß von der Reise noch im Bart, begab er sich hintenherum zum Präsidenten von Wulckow, ließ darauf, nicht weniger unauffällig, Napoleon Fischer zu sich kommen und hatte inzwischen schon

Höfen europäischen Königshöfen

Komplott Verschwörung

sich über ... verbreiten ausführlich über ... sprechen

Kandidaten Reichstagskandidaten

vermöge seiner aristokratischen Richtung aufgrund seiner aristokratischen Gesinnung

Ruß von der Reise Zu denken ist wohl vor allem an den Rauchfang (Schornstein) der Dampflokomotiven, deren Rauch mit seinen Rußpartikeln Bahnreisenden ins Gesicht wehte, wenn sie sich aus dem Fenster lehnten.

hintenherum durch den Hintereingang des Regierungsgebäudes

inzwischen schon zudem auch schon

Schritte getan, um ohne Verzug eine Zusammenkunft mit Kunze, Kühnchen und Zillich zu bewirken.

Der Sonntagnachmittag erschwerte das Unternehmen; der Major konnte nur mit Mühe seiner Kegelpartie entrissen werden, den Pastor musste man an einem Familienausflug mit Käthchen und Assessor Jadassohn verhindern, und der Professor befand sich in den Händen seiner beiden Pensionäre, die ihn schon halb betrunken gemacht hatten. Schließlich gelang es, alle im Lokal des Kriegervereins zusammenzutreiben, und Diederich eröffnete ihnen ohne weiteren Zeitverlust, dass ein nationaler Kandidat aufgestellt werden müsse und dass nach Lage der Dinge nur einer in Frage komme, nämlich Herr Major Kunze. »Hurra!«, rief Kühnchen ohne Weiteres, aber die Miene des Majors zog sich noch gewitterhafter zusammen. Ob man ihn denn für naiv halte, knirschte er hervor. Ob man glaube, er lechze nach einer Blamage. »Ein nationaler Kandidat in Netzig, was dem passiert, darauf bin ich nicht neugierig. Wenn alles so gewiss wäre wie der nationale Durchfall!« Diederich ließ dies keineswegs gelten. »Wir haben den Kriegerverein, den wollen die Herren in Rechnung stellen. Der Kriegerverein ist eine unschätzbare Operationsbasis. Von ihr aus schlagen wir uns in gerader Linie durch, wenn ich so sagen darf, bis zum Kaiser-Wilhelm-Denkmal, und dort wird die Schlacht gewonnen.« – »Hurra!«, schrie Kühnchen wieder, die beiden andern aber wünschten doch zu wissen, was es mit dem Denkmal sei, und Diederich weihte sie ein in seine Erfindung – wobei er lieber darüber hinwegging, dass das Denkmal der Gegenstand eines Paktes zwischen ihm und Napoleon Fischer sei. Das freisinnige Säuglingsheim, so viel verriet er, war nicht populär, eine Menge Wähler ließen sich zu der nationalen Sache herüberziehen, wenn man ihnen aus dem Nachlass des alten Kühlemann ein Kaiser-Wilhelm-Denkmal versprach. Erstens wur-

ohne Verzug so schnell wie möglich

bewirken bewerkstelligen

Der Sonntagnachmittag erschwerte das Unternehmen Weil es Sonntag war, war das gar nicht so einfach

seiner beiden Pensionäre seiner Kostgänger, der in seinem Haushalt untergebrachten Schüler (oder Studenten)

knirschte er hervor knirschte er zwischen den Zähnen hervor

lechze sehne sich

der nationale Duchfall das Scheitern eines von den Nationalgesinnten nominierten Kandidaten

den wollen die Herren in Rechnung stellen das sollten die Herren nicht vergessen

den dabei mehr Handwerker beschäftigt, und dann kam Betrieb in die Stadt, die Einweihung solch eines Denkmals zog weite Kreise, Netzig hatte Aussicht, seinen schlechten Ruf als demokratischer Sumpf zu verlieren und in die Gnadensonne zu rücken. Dabei dachte Diederich an seinen Pakt mit Wulckow, über den er auch lieber hinging. »Dem Manne aber, der so unendlich viel für uns alle erreicht und errungen hat – «, er zeigte schwungvoll auf Kunze, »dem Manne wird unsere liebe alte Stadt ganz sicher auch dereinst ein Denkmal setzen. Er und Kaiser Wilhelm der Große werden einander anblicken – « – »Und die Zunge zeigen«, schloss der Major, der bei seinem Unglauben verharrte. »Wenn Sie meinen, die Netziger warten nur auf den großen Mann, der sie mit klingendem Spiel in das nationale Lager führt, warum spielen Sie dann nicht selbst den großen Mann?« Und er bohrte sich in Diederichs Augen. Aber Diederich riss sie nur noch ehrlicher auf; er legte die Hand auf das Herz. »Herr Major! Meine wohlbekannte kaisertreue Gesinnung hat mir schon schwerere Prüfungen auferlegt als eine Kandidatur für den Reichstag, und die Prüfungen, das darf ich sagen, hab ich bestanden! Dabei hab ich mich nicht gescheut, als Vorkämpfer der guten Sache, allen Hass der Schlechtgesinnten auf meine Person zu laden, und hab es mir dadurch unmöglich gemacht, die Frucht meiner Opfer selbst einzustecken. Mich würden die Netziger nicht wählen, meine Sache werden sie wählen, und darum trete ich zurück, denn sachlich sein heißt deutsch sein, und lasse Ihnen, Herr Major, neidlos die Ehren und die Freuden!« Allgemeine Bewegung. Kühnchens Bravo klang tränenfeucht, der Pastor nickte weihevoll, und Kunze starrte, sichtlich erschüttert, unter den Tisch. Diederich aber fühlte sich leicht und gut, er hatte sein Herz sprechen lassen, und es hatte Treue, Opfersinn und mannhaften Idealismus ausgedrückt. Diederichs blondbehaarte Hand

über den er auch lieber hinging von dem er auch lieber schwieg

mit klingendem Spiel unter der Marschmusik einer Militärkapelle

bohrte sich bohrte seinen Blick

Frucht … einzustecken Ernte … einzufahren (den Erfolg … einzuheimsen) *hinein* ein

Nach dem Herzen freilich ergriff → Seite 525

Klüngels (siehe Seite 196)

in die Schranken trete → Seite 525

koscher sauber, einwandfrei (den jüdischen Speisegesetzen gemäß)

durchaus rankriegen unbedingt als Kandidaten nominieren

Fisimatenten Winkelzügen, Hintergedanken (siehe Seite 356)

grader geradliniger, ehrlicher

sein Einverständnis mit Wulckow durchblicken ließ → Seite 525

nationalen Wahlkomitees Wahlkomitees der Nationalen

die Zwietracht den politischen Streit

Säumen Zögern (siehe Seite 42)

den Vertrauensstellungen den wichtigen Posten

streckte sich über den Tisch, und die braunbehaarte des Majors schlug zögernd, doch kräftig hinein.

Nach dem Herzen freilich ergriff bei allen vier Männern wieder die Vernunft das Wort. Der Major erkundigte sich, ob Diederich bereit sei, ihn zu entschädigen für die ideellen und materiellen Verluste, von denen er bedroht sei, falls er gegen den Kandidaten des freisinnigen Klüngels in die Schranken trete und ihm unterliege. »Sehen Sie wohl!« – und er reckte den Finger gegen Diederich, der angesichts dieser Gradlinigkeit nicht gleich Worte fand. »So ganz koscher kommt Ihnen die nationale Sache auch nicht vor, und dass Sie mich durchaus rankriegen wollen, wie ich Sie kenne, Herr Doktor, hängt das mit irgendwelchen Fisimatenten Ihrerseits zusammen, von denen ich als grader Soldat gottlob nichts verstehe.« Hierauf beeilte Diederich sich, dem geraden Soldaten einen Orden zu versprechen, und da er sein Einverständnis mit Wulckow durchblicken ließ, war der nationale Kandidat endlich rückhaltlos gewonnen ... Inzwischen aber hatte Pastor Zillich es sich überlegt, ob seine Stellung in der Stadt es ihm erlaube, den Vorsitz des nationalen Wahlkomitees zu übernehmen. Sollte er die Zwietracht in seine Gemeinde tragen? Sein leiblicher Schwager Heuteufel war der Kandidat der Liberalen! Freilich, wenn man statt des Denkmals eine Kirche gebaut hätte! »Denn wahrlich, Gotteshäuser tun mehr denn je not, und meine liebe Kirche von Sankt Marien wird von der Stadt so sehr vernachlässigt, dass sie heute oder morgen mir und meinen Christen auf den Kopf fallen kann.« Ohne Säumen verbürgte Diederich sich für alle gewünschten Reparaturen. Zur Bedingung machte er nur, dass der Pastor von den Vertrauensstellungen der neuen Partei alle diejenigen Elemente fernhalte, die schon durch gewisse Äußerlichkeiten berechtigte Zweifel an der Echtheit ihrer nationalen Gesinnung erregten. »Ohne in Familienverhältnisse eingreifen zu wollen«, setzte Diederich hinzu und sah Käthchens Vater an, der offenbar begriffen hatte, denn er muckte nicht ... Aber auch Kühnchen, der längst nicht mehr hurra schrie, meldete sich. Die beiden andern hatten ihn, während sie selbst sprachen, nur mit Gewalt auf seinem Sitz festgehalten; kaum dass sie ihn losließen, riss er stürmisch die Debatte an sich. Wo musste die nationale Gesinnung vor allem wurzeln? In der Jugend! Wie aber war das möglich, wenn der Rektor des Gymnasiums ein Freund des Herrn Buck war. »Da kann ich mir die Schwindsucht an den Hals reden von unseren glorreichen Taten im Jahre siebzig ...« Genug, Kühnchen wollte Rektor werden, und Diederich bewilligte es ihm großmütig.

Nachdem dermaßen die politische Haltung auf der gesunden Grundlage der Interessen festgelegt war, konnte man sich mit gutem Gewissen der Begeisterung hingeben, die, wie Pastor Zillich erklärte, von Gott kam und auch der besten Sache erst die höhere Weihe lieh, und so begab man sich in den Ratskeller.

In aller Frühe, als die vier Herren heimgingen, klebten an den Mauern zwischen den weißen Wahlaufrufen Heuteufels und den roten des Genossen Fischer die schwarz-weiß-rot geänderten Plakate, die Herrn Major Kunze als Kandidaten der »Partei des Kaisers« empfahlen. Diederich pflanzte sich so fest, als es ihm möglich war, davor auf und las mit schneidiger Tenorstimme: »Vaterlandslose Gesellen des aufgelösten Reichstages haben es gewagt, unserem herrlichen Kaiser die Machtmittel zu versagen, deren er zur Größe des Reiches bedarf ... Wollen uns des großen Monarchen würdig erweisen und seine Feinde zerschmettern! Einziges Programm: Der Kaiser! Die für mich und die wider mich: Umsturz und ›Partei des Kaisers‹!« Kühnchen, Zillich und Kunze bekräf-

muckte nicht protestierte nicht

kann ich mir die Schwindsucht an den Hals reden kann ich mich beim Reden noch so verausgaben, sodass ich mir die Schwindsucht (Lungentuberkulose) zuziehe

lieh verlieh

schwarz-weiß-rot in den Farben der deutschen Nationalflagge seit 1871

Die für mich und die wider mich: Umsturz und ›Partei des Kaisers‹! Meine Anhänger und meine Widersacher: Sozialdemokratische Revolution und ›Partei des Kaisers‹! Eine solche ›Partei des Kaisers‹, der bedingungslosen Gefolgschaft, gab es zu keinem Zeitpunkt; sie ist eine satirische Erfindung Heinrich Manns, die den im Roman geschilderten Byzantinismus auf die Spitze treibt.

tigten alles mit Geschrei; und da einige Arbeiter, die in die Fabrik gingen, erstaunt stehen blieben, drehte Diederich sich um und erläuterte ihnen das nationale Manifest. »Leute!«, rief er. »Ihr wisst gar nicht, was ihr für ein Schwein habt, dass ihr Deutsche seid. Denn um unseren Kaiser beneidet uns die ganze Welt, habe mich soeben im Ausland persönlich davon überzeugt.« Hier schlug Kühnchen mit der Faust auf dem Anschlagbrett einen Tusch, und die vier Herren schrien hurra, indes die Arbeiter ihnen zusahen. »Wollt ihr, dass euer Kaiser euch Kolonien schenkt?«, fragte Diederich sie. »Na also. Dann schärft ihm gefälligst das Schwert! Wählt keinen vaterlandslosen Gesellen, das verbitte ich mir, sondern einzig den Kandidaten des Kaisers, Herrn Major Kunze: Sonst garantiere ich euch keinen Augenblick für unsere Stellung in der Welt, und es kann euch passieren, dass ihr mit zwanzig Mark weniger Lohn alle vierzehn Tage nach Hause geht!« Hier sahen die Arbeiter stumm einander an, und dann setzten sie sich wieder in Bewegung.

»Wollt ihr, dass euer Kaiser euch Kolonien schenkt?« Anspielung auf den ›Hunger‹ der Nation nach überseeischem Kolonialbesitz. Die Machtstellung Deutschlands in der Welt lag allerdings besonders den bürgerlichen Schichten und den sogenannten Spitzen der Gesellschaft am Herzen, nicht so sehr den Arbeitern, die im Zeichen des Marxismus stärker auf internationale Solidarität der Unterprivilegierten setzten.

Aber auch die Herren verloren keine Zeit. Kunze selbst ging auf steifen Beinen an die Aufgabe, den Mitgliedern des Kriegervereins den Standpunkt klarzumachen. »Wenn die Kerls glauben«, erklärte er, »sie können künftig noch den freien Gewerkschaften angehören! Den Freisinn treiben wir ihnen noch aus! Von heute ab greift 'ne schärfere Tonart Platz!« Pastor Zillich verhieß eine verwandte Tätigkeit in den christlichen Vereinen, indes Kühnchen zum Voraus von der frischen Begeisterung seiner Primaner schwärmte, die auf Fahrrädern die Stadt durcheilen und Wähler herbeischleppen sollten. Das rastloseste Pflichtgefühl aber beseelte doch Diederich. Er verschmähte jede Ruhe; seiner Gattin, die im Bett lag und ihn mit Vorwürfen empfing, erwiderte er blitzend: »Mein Kaiser hat ans Schwert geschlage, und wenn mein Kaiser ans Schwert schlägt, dann gibt es keine eheli-

greift … Platz herrscht

verhieß kündigte … an

ans Schwert geschlagen zum Kampf aufgerufen

chen Pflichten mehr. Verstanden?« Worauf Guste sich schroff herumwarf und das mit ihren hinteren Reizen ausgefüllte Federbett wie einen Turm zwischen sich und den Ungefälligen stellte. Diederich unterdrückte das Bedauern, das ihn beschleichen wollte, und schrieb ungesäumt einen Warnruf gegen das freisinnige Säuglingsheim. Die »Netziger Zeitung« brachte ihn auch, obwohl sie vor zwei Tagen aus der Feder des Herrn Doktor Heuteufel eine überaus warme Empfehlung des Säuglingsheims gebracht hatte. Denn, wie der Redakteur Nothgroschen hinzusetzte, das Organ des gebildeten Bürgertums war es seinen Abonnenten schuldig, an jede neu auftauchende Idee vor allem den Prüfstein seines Kulturgewissens zu legen. Und dies tat Diederich in geradezu vernichtender Weise. Für wen war so ein Säuglingsheim naturgemäß in erster Linie bestimmt? Für die unehelichen Kinder. Was begünstigte es also? Das Laster. Hatten wir das nötig? Nicht die Spur; »denn wir sind Gott sei Dank nicht in der traurigen Lage der Franzosen, die durch die Folgen ihrer demokratischen Zuchtlosigkeit schon so gut wie auf den Aussterbeetat gesetzt sind. Die mögen uneheliche Geburten preiskrönen, weil sie sonst keine Soldaten mehr haben. Wir aber sind nicht angefault, wir erfreuen uns eines unerschöpflichen Nachwuchses! Wir sind das Salz der Erde!« Und Diederich rechnete den Abonnenten der »Netziger Zeitung« vor, bis wann sie und ihresgleichen hundert Millionen betragen würden und wie lange es höchstens noch dauern könne, bis die Erde deutsch sei.

Hiermit waren, nach der Meinung des nationalen Komitees, die Vorbereitungen getroffen für die erste Wahlversammlung der »Partei des Kaisers«. Sie sollte bei Klappsch sein, der seinen Saal patriotisch aufgemacht hatte. In Tannenkränzen glühten Transparente: »Der Wille des Königs ist das höchste Gebot«, »Es gibt für euch nur einen Feind, und

auf den Aussterbeetat gesetzt (siehe Seite 193)

Wir sind das Salz der Erde! Bibelzitat (Mt. 5, 13), das der Kaiser in einer Rede vom 23. März 1905 auf die deutsche Nation bezog

aufgemacht hergerichtet, geschmückt

»Der Wille des Königs ist das höchste Gebot« Anklang an eine Formulierung des Kaisers in einer Rede vom 18. Mai 1903

der ist mein Feind«, »Die Sozialdemokratie nehme ich auf mich«, »Mein Kurs ist der richtige«, »Bürger, erwacht aus dem Schlummer!« Für das Erwachen sorgten Klappsch und Fräulein Klappsch, indem sie überall immer frisches Bier hinstellten, ohne so peinlich wie sonst die Bierfilze aufzuhäufen. So ward Kunze, als der Vorsitzende, Pastor Zillich, ihn der Versammlung vorstellte, schon mit Stimmung aufgenommen. Diederich freilich, hinter der Rauchwolke, in der das Büro saß, machte die unliebsame Bemerkung, dass auch Heuteufel, Cohn und einige von ihrem Anhang in den Saal gelangt waren. Er stellte Gottlieb Hornung zur Rede, denn Hornung hatte die Aufsicht. Aber er wollte sich nichts sagen lassen, er war gereizt, es hatte ihn zu große Mühe gekostet, die Leute zusammenzutreiben. So viele Lieferanten, wie das Kaiser-Wilhelm-Denkmal dank seiner Agitation nun schon hatte, konnte die Stadt nie bezahlen, und wenn der alte Kühlemann dreimal starb! Geschwollene Hände hatte Hornung von den Begrüßungen all der neubekehrten Patrioten! Zumutungen hatten sie an ihn gestellt! Dass er sich mit einem Drogisten assoziieren sollte, war noch das Wenigste. Aber Gottlieb Hornung protestierte gegen diesen demokratischen Mangel an Distanz. Der Besitzer der Löwenapotheke hatte ihm soeben gekündigt, und er war entschlossener als je, weder Schwämme noch Zahnbürsten zu verkaufen ... Inzwischen stammelte Kunze an seiner Kandidatenrede. Denn seine finstere Miene täuschte Diederich nicht darüber, dass der Major dessen, was er sagen wollte, durchaus nicht sicher war und dass der Wahlkampf ihn befangener machte, als der Ernstfall es getan haben würde. Er sagte: »Meine Herren, das Heer ist die einzige Säule«, da jedoch einer aus der Gegend Heuteufels dazwischenrief: »Schon faul!«, verwirrte Kunze sich sogleich und setzte hinzu: »Aber wer bezahlt es? Der Bürger.« Worauf die um Heuteufel bravo riefen. Hierdurch

ohne so peinlich wie sonst die Bierfilze aufzuhäufen Bierfilze sind Untersetzer für Biergläser aus Filz, die natürlich auch genutzt werden können, um die Anzahl der konsumierten Biere festzuhalten.

das Büro das Parteipräsidium (vgl. Seite 383, Zeilen 18 f.) bzw. die Versammlungsleitung

machte die unliebsame Bemerkung entdeckte zu seinem Missfallen

Lieferanten Zuliefererbetriebe (etwa von Baumaterial)

Agitation politischen Propaganda (siehe Seite 149)

sich mit einem Drogisten assoziieren mit einem Drogerieartikelhändler gemeinsame Sache machen

der Ernstfall die Mobilmachung, ein Krieg

in eine falsche Richtung gedrängt, erklärte Kunze: »Darum sind wir alle Säulen, das dürfen wir wohl verlangen, und wehe dem Monarchen –« – »Sehr richtig!«, antworteten freisinnige Stimmen, und die gutgläubigen Patrioten schrien mit. Der Major wischte sich den Schweiß; ohne sein Zutun nahm seine Rede einen Verlauf, als hielte er sie im liberalen Verein. Diederich zog ihn von hinten am Rockschoß, er beschwor ihn, Schluss zu machen, aber Kunze versuchte es vergebens: Den Übergang zur Wahlparole der »Partei des Kaisers« fand er nicht. Am Ende verlor er die Geduld, ward jäh dunkelrot und stieß mit unvermittelter Wildheit hervor: »Ausrotten bis auf den letzten Stumpf! Hurra!« Der Kriegerverein donnerte Beifall. Wo nicht mitgeschrien wurde, erschienen auf Diederichs Wink eilends Klappsch oder Fräulein Klappsch.

wischte sich den Schweiß … von der Stirn

Zur Diskussion meldete sich alsbald Doktor Heuteufel, aber Gottlieb Hornung kam ihm zuvor. Diederich für seine Person blieb lieber im Hintergrund, hinter der Rauchwolke des Präsidiums. Er hatte Hornung zehn Mark versprochen, und Hornung war nicht in der Lage, sie auszuschlagen. Knirschend trat er an den Rand der Bühne und erläuterte die Rede des verehrten Herrn Majors dahin, dass das Heer, für das wir alle zu jedem Opfer bereit seien, unser Bollwerk gegen die Schlammflut der Demokratie sei. »Die Demokratie ist die Weltanschauung der Halbgebildeten«, stellte der Apotheker fest. »Die Wissenschaft hat sie überwunden.« – »Sehr richtig!«, rief jemand; es war der Drogist, der sich mit ihm assoziieren wollte. »Herren und Knechte wird es immer geben!«, bestimmte Gottlieb Hornung, »denn in der Natur ist es auch so. Und es ist das einzig Wahre, denn jeder muss über sich einen haben, vor dem er Angst hat, und einen unter sich, der vor ihm Angst hat. Wohin kämen wir sonst! Wenn der erste Beste sich einbildet, er ist ganz für sich selbst

des Präsidiums der Versammlungsleitung (deren Mitglieder starke Raucher waren)

dass das Heer … unser Bollwerk gegen die Schlammflut der Demokratie sei Von Wilhelm II. sind Äußerungen ähnlicher Art überliefert.

bestimmte verkündete

zersetzende die ›gesunde Existenz der Gemeinschaft‹ unterminierende

den freudigen Blutverlust für die Ehre der Farben kenne zum Ruhme dieser Verbindung (bei studentischen Mensuren) freudig mein Blut vergossen habe

was und alle sind gleich! Wehe dem Volk, dessen überkommene, ehrwürdige Formen sich erst in den demokratischen Mischmasch auflösen und wo der zersetzende Standpunkt der Persönlichkeit das Übergewicht bekommt!« Hier verschränkte Gottlieb Hornung die Arme und schob den Nacken vor. »Ich«, rief er, »der ich einer hochfeinen Verbindung angehört habe und den freudigen Blutverlust für die Ehre der Farben kenne, ich bedanke mich dafür, dass ich Zahnbürsten verkaufen soll!«

»Und Schwämme auch nicht?«, fragte jemand.

Jedem das Seine (lat. ›suum cuique‹) → Seite 525

»Auch nicht!«, entschied Hornung. »Ich verbitte mir ganz energisch, dass noch mal einer kommt. Man soll immer wissen, wen man vor sich hat. Jedem das Seine. Und in diesem Sinne geben wir unsere Stimme nur einem Kandidaten, der dem Kaiser so viel Soldaten bewilligt, als er haben will. Denn entweder haben wir einen Kaiser oder nicht!«

vorbeizudefilieren in geschlossener Marschordnung feierlich vorbeizumarschieren

nicht umhin, mit nicht anders, als mit

Gimpel einfältigen Kerle

wo dies hinauswollte wie dies alles enden werde

hinauszustellen zu exponieren, an die vorderste Front zu begeben

Damit trat Gottlieb Hornung zurück und sah, den Unterkiefer vorgeschoben, aus gefalteten Brauen in das Beifallsgebrause. Der Kriegerverein ließ es sich nicht nehmen, mit geschwungenen Biergläsern an ihm und Kunze vorbeizudefilieren. Kunze nahm Händedrücke entgegen, Hornung stand eher da – und Diederich konnte nicht umhin, mit Bitterkeit zu empfinden, dass diese beiden zweitklassigen Persönlichkeiten den Vorteil hatten von einer Gelegenheit, die sein Werk war. Er musste ihnen die Volksgunst des Augenblicks wohl lassen, denn er wusste besser als die beiden Gimpel, wo dies hinauswollte. Da der nationale Kandidat am Ende nur dazu da war, eine Hilfstruppe für Napoleon Fischer anzuwerben, tat man gut daran, sich nicht selbst hinauszustellen. Heuteufel freilich legte es darauf an, Diederich hervorzulocken. Der Vorsitzende, Pastor Zillich, konnte ihm das Wort nicht länger verweigern, sofort begann er vom Säuglingsheim. Das Säuglingsheim sei eine Sache des sozialen Gewissens und der Humanität. Was aber sei das Kaiser-Wilhelm-Denkmal? Eine Spekulation, und die Eitelkeit sei noch der anständigste der Triebe, auf die spekuliert werde ... Die Lieferanten dort unten hörten zu in einer Stille voll peinlicher Gefühle, denen hie und da ein dumpfes Murren entstieg. Diederich bebte. »Es gibt Leute«, behauptete Heuteufel, »denen es auf hundert Millionen mehr für das Militär nicht ankommt, denn sie wissen schon, womit sie es für ihre Person wieder hereinbringen.« Da schnellte Diederich auf: »Ich bitte ums Wort!«, und mit Bravo! Hoho! Abtreten! explodierten die Gefühle der Lieferanten. Sie grölten, bis Heuteufel fort war und Diederich dastand.

in einer Stille voll peinlicher Gefühle, denen hie und da ein dumpfes Murren entstieg mit unterdrücktem Unmut, der sich nur in vereinzeltem leisen Murren bemerkbar machte

Diederich wartete lange, bevor das Meer der nationalen Empörung sich beruhigte. Dann begann er: »Meine Herren!« »Bravo!«, schrien die Lieferanten, und Diederich musste weiter warten in der Atmosphäre gleichgestimmter Gemüter, worin das Atmen ihm leicht war. Als sie ihn reden ließen, gab er der allgemeinen Empörung Worte, dass der Vorredner es habe wagen können, die Versammlung in ihrer nationalen Gesinnung zu verdächtigen. »Unerhört!«, riefen die Lieferanten. »Das beweist uns nur«, rief Diederich, »wie zeitgemäß die Gründung der ›Partei des Kaisers‹ war! Der Kaiser selbst hat befohlen, dass alle diejenigen sich zusammenschließen, die, ob edel oder unfrei, ihn von der Pest des Umsturzes befreien wollen. Das wollen wir, und darum steht unsere nationale und kaisertreue Gesinnung hoch über den Verdächtigungen derer, die selbst bloß eine Vorfrucht des Umsturzes sind!« Noch bevor der Beifall losbrechen konnte, sagte Heuteufel sehr deutlich: »Abwarten! Stichwahl!« Und obwohl die Lieferanten sogleich alles Weitere im Getöse ihrer Hände erstickten, fand Diederich doch schon in diesen zwei Worten so gefährliche Andeutungen versteckt, dass er schnell ablenkte. Das Säuglingsheim war ein weniger ver-

worin in der

ob edel oder unfrei ob sie nun zur höchsten oder zur niedersten Gesellschaftsklasse gehörten (siehe Seite 230, Zeile 20)

von der Pest des Umsturzes befreien Mit ähnlichen Worten attackierte der Kaiser laut einem Bericht der »Berliner Zeitung« in seiner Rede vom 26. Februar 1897 die Sozialdemokratie.

fängliches Gebiet. Wie? Eine Sache des sozialen Gewissens sollte es sein? Ein Ausfluss des Lasters war es! »Wir Deutschen überlassen so was den Franzosen, die ein sterbendes Volk sind!« Diederich brauchte nur seinen Artikel aus der »Netziger Zeitung« herzusagen. Der vom Pastor Zillich geleitete Jünglingsverein sowie die christlichen Handlungsgehilfen klatschten bei jedem Wort. »Der Germane ist keusch!«, rief Diederich, »darum haben wir im Jahre siebzig gesiegt!« Jetzt war die Reihe am Kriegerverein, von Begeisterung zu dröhnen. Hinter dem Tisch des Vorstandes sprang Kühnchen auf, schwenkte seine Zigarre und kreischte: »Nu verklobben wer sie bald noch emal!« Diederich hob sich auf die Zehen. »Meine Herren!«, schrie er angestrengt in die nationalen Wogen, »das Kaiser-Wilhelm-Denkmal soll eine Huldigung für den erhabenen Großvater sein, den wir, ich darf es sagen, alle fast wie einen Heiligen verehren, und zugleich ein Versprechen an den erhabenen Enkel, unsern herrlichen jungen Kaiser, dass wir so bleiben wollen, wie wir sind, nämlich keusch, freiheitsliebend, wahrhaftig, treu und tapfer!«

christlichen Handlungsgehilfen (siehe Seite 505: christlichen Arbeitervereins)

Hier waren wieder die Lieferanten nicht mehr zu halten. Selbstvergessen schwelgten sie im Idealen – und auch Diederich war sich keiner weltlichen Hintergedanken mehr bewusst, nicht seines Paktes mit Wulckow, nicht seiner Verschwörung mit Napoleon Fischer noch seiner dunklen Absichten für die Stichwahl. Reine Begeisterung entführte seine Seele auf einen Flug, von dem ihr schwindelte. Erst nach einer Weile konnte er wieder schreien. »Abzuweisen und mit aller Schärfe hinter die ihnen gebührenden Schranken zurückzudämmen sind daher die Anwürfe derer, die weiter nichts wollen, als uns verweichlichen mit ihrer falschen Humanität!« – »Wo haben Sie Ihre echte sitzen?«, fragte die Stimme Heuteufels und stachelte dadurch die nationale Gesinnung der Versammelten so hoch auf, dass Diederich nur

Anwürfe Vorwürfe, Anschuldigungen

noch stellenweise zu hören war. Man verstand, er wollte keinen ewigen Frieden, denn das war ein Traum, und nicht einmal ein schöner. Dagegen wollte er eine spartanische Zucht der Rasse. Blödsinnige und Sittlichkeitsverbrecher waren durch einen chirurgischen Eingriff an der Fortpflanzung zu verhindern. Bei diesem Punkt verließ Heuteufel mit den Seinen das Lokal. Von der Tür rief er noch her: »Den Umsturz kastrieren Sie auch!« Diederich antwortete: »Machen wir, wenn Sie noch lange nörgeln!« – »Machen wir!«, tönte es zurück von allen Seiten. Alle waren plötzlich auf den Füßen, prosteten, jauchzten und vermischten ihre Hochgefühle. Diederich, umbraust von Huldigungen, wankend unter dem Ansturm treudeutscher Hände, die die seinen schütteln wollten, und nationaler Biergläser, die mit ihm anstießen, sah von seiner Bühne in den Saal hinaus, der seinem durch Rausch getrübten Blick weiter und höher schien. Aus den höchsten Tabakswolken glühten ihn mystisch die Gebote seines Herrn an: »Der Wille des Königs!«, »Mein Feind!«, »Mein Kurs!« Er wollte sie in das brausende Volk hineinschreien – aber er griff sich an die Kehle, kein Ton kam mehr: Diederich war stockheiser. Da sah er sich voll Sorge nach Heuteufel um, der leider fort war. ›Ich hätte ihn nicht so reizen sollen. Jetzt gnade mir Gott, wenn er mich pinselt.‹

Die schlimmste Rache Heuteufels war, dass er Diederich das Ausgehen verbot. Draußen tobte der Kampf täglich wilder, und alle standen in der Zeitung, weil alle redeten: Pastor Zillich sogar und selbst der Redakteur Nothgroschen, zu schweigen von Kühnchen, der überall zugleich redete. Nur Diederich in seinem neu altdeutsch möblierten Salon gurgelte stumm. Von der Estrade beim Fenster sahen drei Bronzefiguren in zweidrittel Lebensgröße ihm zu: der Kaiser, die Kaiserin und der Trompeter von Säckingen. Sie waren ein Gelegenheits-

keinen ewigen Frieden, denn das war ein Traum, und nicht einmal ein schöner → Seite 525

eine spartanische Zucht der Rasse (eine sozialdarwinistische Forderung, die Ende des 19. Jahrhunderts in konservativen Kreisen mehr und mehr Anhänger fand)

Blödsinnige Geisteskranke

wenn er mich pinselt (siehe die Seiten 8, 46, 144, 165 und 175)

zu schweigen von ganz zu schweigen von

neu altdeutsch möblierten Salon (siehe Seite 509)

Estrade »erhöhter Teil des Fußbodens (z. B. vor einem Fenster)« (Duden)

der Trompeter von Säckingen → Seite 525

kauf bei Cohn gewesen; obwohl Cohn das Heßling'sche Papier abbestellt hatte und noch immer nicht national empfand, hatte Diederich sie in seiner Einrichtung nicht missen wollen. Guste warf sie ihm vor, wenn er ihren Hut zu teuer fand.

Guste begann in letzter Zeit launisch zu werden, auch kamen ihr Übelkeiten, während deren sie sich im Schlafzimmer von der alten Frau Heßling pflegen ließ. Sobald es ihr besser ging, erinnerte sie die Alte daran, dass hier eigentlich alles mit ihrem Geld bezahlt war. Frau Heßling verfehlte nicht, die Heirat mit ihrem Diedel als eine wahre Gnade hinzustellen für Guste, in ihrer damaligen Lage. Zum Schluss war Guste rot aufgebläht und schnaufte, Frau Heßling aber vergoss Tränen. Diederich hatte den Nutzen davon, denn beide waren nachher mit ihm die Liebe selbst, in der Absicht, ihn, der nichts ahnte, auf ihre Seite zu bringen.

Was Emmi betraf, so schlug sie, ihrer Gewohnheit folgend, einfach die Tür zu und ging hinauf in ihr Zimmer, das eine schräge Decke hatte. Guste sann darauf, sie auch daraus noch zu vertreiben. Wo sollte man bei Regen die Wäsche trocknen. Wenn Emmi, weil sie nichts hatte, keinen Mann fand, musste man sie eben unter ihrem Stande verheiraten, mit einem braven Handwerker! Aber freilich, Emmi spielte sich auf die Feinste in der Familie hinaus, sie verkehrte mit Brietzens ... Denn dies erbitterte Guste am meisten, Emmi ward zu den Fräulein von Brietzen eingeladen – obwohl diese das Haus nie betreten hatten. Ihr Bruder, der Leutnant, würde Guste, von den Soupers bei ihrer Mutter her, wenigstens einen Besuch geschuldet haben, aber nur der zweite Stock des Heßlingschen Hauses ward von ihm für würdig befunden, es war nachgerade auffallend ... Ihre gesellschaftlichen Erfolge behüteten Emmi freilich nicht vor Tagen großer Niedergeschlagenheit; dann verließ sie ihr Zimmer nicht

kamen ihr Übelkeiten litt sie unter Anfällen von Übelkeit

verfehlte nicht ließ ihrerseits keine Gelegenheit aus

die Liebe selbst so liebevoll wie nur möglich

ihr Zimmer, das eine schräge Decke hatte ihr Dachgeschossstübchen

sann darauf überlegte, wie sie es anstellen könne

nichts kein Geld, kein Vermögen

spielte sich auf die Feinste in der Familie heraus betrug sich so, als sei sie die Feinste in der Familie

nachgerade mit der Zeit, allmählich, geradezu

behüteten bewahrten

einmal zu den Mahlzeiten, die gemeinsam waren. Einmal ging Guste, aus Mitgefühl und Langeweile, hinauf zu ihr, Emmi schloss aber, wie sie sie sah, die Augen, sie lag in ihrer hinfließenden Matinee bleich und starr da. Guste, die keine Antwort bekam, versuchte es ihrerseits mit Vertraulichkeiten über Diederich und über ihren Zustand. Da zog Emmis starres Gesicht sich jäh zusammen, sie wälzte sich auf einen ihrer Arme, und mit dem andern winkte sie heftig nach der Tür. Guste blieb den Ausdruck ihrer Empörung nicht schuldig; Emmi, jäh aufgesprungen, gab ihrem Wunsch, allein zu bleiben, die deutlichsten Worte; und als die alte Frau Heßling hinzukam, war es schon beschlossene Sache, dass die beiden Teile der Familie künftig getrennt essen würden. Diederich, dem Guste vorweinte, war peinlich berührt von den Weibergeschichten. Zum Glück kam ihm ein Gedanke, der geeignet schien, zunächst mal Ruhe zu schaffen. Da er wieder über ein wenig Stimme verfügte, ging er gleich zu Emmi und verkündete ihr seinen Entschluss, sie für einige Zeit nach Eschweiler zu schicken, zu Magda. Erstaunlicherweise lehnte sie ab. Da er nicht nachließ, wollte sie aufbegehren, ward aber plötzlich wie von Angst befallen und begann leise und inständig zu bitten, dass sie dableiben dürfe. Diederich, dem, er wusste nicht was ans Herz griff, ließ ratlos die Augen umhergehn, und dann zog er sich zurück.

Am Tage darauf erschien Emmi, als sei nichts geschehen, beim Mittagessen, frisch gerötet und in bester Laune. Guste, die umso zurückhaltender blieb, warf Diederich Blicke zu. Er glaubte zu verstehen; er erhob sein Glas gegen Emmi und sagte schalkhaft: »Prost, Frau von Brietzen.« Da erblasste Emmi. »Mach dich nicht lächerlich!«, rief sie zornig, warf die Serviette hin und schlug die Tür zu. »Nanu«, knurrte Diederich; aber Guste hob nur die Schultern. Erst als die alte Frau Heßling fort war, sah sie Diederich merkwürdig in die Au-

den Mahlzeiten, die gemeinsam waren den gemeinsam eingenommenen Mahlzeiten

Matinee (siehe Seite 198)

vorweinte eine rührselige Szene machte

gen und fragte: »Glaubst du wirklich?« Er erschrak, machte aber ein fragendes Gesicht. »Ich meine«, erklärte Guste, »dann könnte mich der Herr Leutnant wenigstens auf der Straße grüßen. Aber heute hat er einen Bogen gemacht.« Diederich bezeichnete dies als Unsinn. Guste erwiderte: »Wenn ich es mir bloß einbilde, dann bilde ich mir noch mehr ein, weil ich nämlich in der Nacht schon öfter was durchs Haus schleichen gehört habe, und heute sagte auch Minna –« Weiter kam Guste nicht. »Aha!« Diederich schnob. »Mit den Dienstboten steckst du zusammen! Das tat Mutter auch immer. Aber ich kann dir nur sagen, dass ich das nicht dulde. Über der Ehre meines Hauses wache ich allein, dazu brauche ich weder Minna noch dich, und wenn ihr anderer Meinung seid, dann seht lieber gleich beide zu, dass ihr die Tür wiederfindet, wo ihr hereingekommen seid!« Vor dieser mannhaften Haltung konnte Guste sich freilich nur ducken, aber sie lächelte ihm von unten nach, wie er davonging.

schnob schnaubte empört

wo durch die

Diederich seinerseits war froh, durch sein festes Auftreten die Sache aus der Welt geschafft zu haben. Denn noch verwickelter, als es in diesen Zeiten schon war, durfte das Leben nicht werden. Seine Heiserkeit, die ihn leider nun drei Tage lang dem Kampfe fernhielt, war von den Feinden nicht unbenutzt gelassen. Ja, Napoleon Fischer hatte ihn noch heute Morgen davon unterrichtet, dass die »Partei des Kaisers« ihm zu stark werde und dass sie neuerdings zu viel gegen die Sozialdemokratie hetze. Unter diesen Umständen – Um ihn zu beruhigen, hatte Diederich ihm versprechen müssen, gleich heute werde er die übernommenen Verpflichtungen erfüllen und von den Stadtverordneten das sozialdemokratische Gewerkschaftshaus verlangen ... So begab er sich, durchaus noch nicht hergestellt, in die Versammlung – und hier musste er erleben, dass der Antrag betreffend das Gewerkschaftshaus soeben eingebracht worden war, und zwar von den

hergestellt wiederhergestellt, wieder gesund

eingebracht gestellt, der Versammlung zur Entscheidung vorgelegt

Herren Cohn und Genossen. Die Liberalen stimmten dafür, er ging durch, so glatt, als sei er der erste Beste. Diederich, der den nationalen Verrat der Cohn und Genossen laut geißeln wollte, konnte nur bellen: Der tückische Streich hatte ihn abermals der Stimme beraubt. Kaum heimgekehrt, ließ er sich Napoleon Fischer kommen.

»Sie sind entlassen!«, bellte Diederich. Der Maschinenmeister grinste verdächtig. »Schön«, sagte er und wollte abziehen.

»Halt!«, bellte Diederich. »Wenn Sie meinen, Sie kommen so leicht los. Gehen Sie mit dem Freisinn zusammen, dann verlassen Sie sich darauf, dass ich unsern Vertrag bekanntmache! Sie sollen was erleben!«

Wenn Sie meinen, Sie kommen so leicht los …, haben Sie sich getäuscht.

»Politik ist Politik«, bemerkte Napoleon Fischer achselzuckend. Und da Diederich vor so viel Zynismus nicht einmal mehr bellen konnte, trat Napoleon Fischer vertraulich näher, fast hätte er Diederich auf die Schulter geklopft. »Herr Doktor«, sagte er wohlwollend, »tun Sie doch nur nicht so. Wir beide: – na ja, ich sage bloß, wir beide – « Und sein Grinsen war so voll von Mahnungen, dass Diederich erschauerte. Schnell bot er Napoleon Fischer eine Zigarre an. Fischer rauchte und sagte: »Wenn einer von uns beiden erst anfängt zu reden, wo hört dann der andere auf! Hab ich recht, Herr Doktor? Aber wir sind doch keine alten Seichtbeutel, die immer gleich mit allem herausmüssen, wie zum Beispiel der Herr Buck.«

vor angesichts von

Seichtbeutel umgangssprachlich für: Schwatzköpfe

»Wieso?«, fragte Diederich tonlos und fiel von einer Angst in die andere. Der Maschinenmeister tat erstaunt. »Das wissen Sie nicht? Der Herr Buck erzählt doch überall, dass Sie den nationalen Rummel nicht so schlimm meinen. Sie möchten bloß Gausenfeld billig haben und denken, Sie kriegen es billiger, wenn Klüsing Angst wegen gewisser Aufträge hat, weil er nicht national ist.«

»Das sagt er?«, fragte Diederich, zu Stein geworden.

»Das sagt er«, wiederholte Fischer. »Und er sagt auch, er tut Ihnen den Gefallen und spricht für Sie mit Klüsing. Dann werden Sie sich wohl wieder beruhigen, sagt er.«

Da wich der Bann von Diederich. »Fischer!«, versetzte er mit kurzem Gebell. »Merken Sie sich, was jetzt kommt. Den alten Buck werden Sie noch im Rinnstein stehn und betteln sehn. Jawohl! Dafür werd ich sorgen, Fischer. Adieu.«

im Rinnstein → Seite 526

Napoleon Fischer war hinaus, aber Diederich bellte noch lange, im Zimmer umherstampfend, vor sich hin. Der Schuft, der falsche Biedermann! Hinter allen Widerständen stak der alte Buck, Diederich hatte es immer geahnt. Der Antrag Cohn und Genossen war sein Werk gewesen – und jetzt die infame Verleumdung mit Gausenfeld. Diederichs ganzes Innere bäumte sich auf, in der Unbestechlichkeit seiner kaisertreuen Gesinnung. ›Und woher weiß er es?‹, dachte er mit zornigem Entsetzen. ›Hat Wulckow mich verkauft? Sie glauben wohl alle schon, ich treibe doppeltes Spiel?‹ Denn Kunze und die anderen waren ihm heute merklich abgekühlt erschienen; sie hielten es scheinbar nicht mehr für nötig, ihn einzuweihen in das, was vorging? Diederich gehörte nicht dem Komitee an, er hatte der Sache das Opfer seines persönlichen Ehrgeizes gebracht. War er darum vielleicht nicht der eigentliche Gründer der »Partei des Kaisers«? ... Verrat überall, Intrigen, feindseliger Verdacht – und nirgends schlichte deutsche Treue.

stak steckte (siehe Seite 5)

Genossen (siehe Seite 60)

er hatte der Sache das Opfer seines persönlichen Ehrgeizes gebracht er hatte selbstlos darauf verzichtet

War er darum vielleicht nicht … ? Änderte das etwas daran, dass er … war?

Da er nur bellen konnte, musste er in der nächsten Wahlversammlung hilflos zusehen, wie Zillich, es war klar, aus welchem persönlichen Interesse, Jadassohn reden ließ und wie Jadassohn stürmischen Beifall erntete, als er gegen die Elenden und die vaterlandslosen Gesellen loszog, die Napoleon Fischer wählen würden. Diederich bemitleidete dieses wenig staatsmännische Vorgehen, er wusste sich Jadassohn

die Elenden Wilhelm II. bezeichnete die Sozialdemokraten gerne als »die Elenden«.

er wusste sich er fühlte, dass er … war

hoch überlegen. Andererseits war es nicht zu verkennen, dass Jadassohn, je weiter er sich durch seinen Erfolg hinreißen ließ, desto lautere Zustimmung bei gewissen Zuhörern fand, die keineswegs national anmuteten, sondern sichtlich zu Cohn und Heuteufel gehörten. Sie waren in verdächtiger Menge erschienen – und Diederich, überreizt durch die Fallen ringsum, sah am Ursprung auch dieses Manövers wieder den Erzfeind stehen, ihn, der überall das Böse lenkte, den alten Buck.

Der alte Buck hatte blaue Augen, ein menschenfreundliches Lächeln, und er war der falscheste Hund von allen, die die Gutgesinnten umdrohten. Der Gedanke an den alten Buck hielt Diederich noch im Traum besessen. Am folgenden Abend unter der Familienlampe gab er den Seinen keine Antworten; er führte eingebildete Streiche gegen den alten Buck. Besonders erbitterte es ihn, dass er den Alten für einen schon zahnlosen Schwätzer gehalten hatte, und jetzt zeigte er die Zähne. Nach all seinen humanitären Redensarten wirkte es auf Diederich wie eine Herausforderung, dass er sich nun doch nicht einfach fressen ließ. Die heuchlerische Milde, mit der er getan hatte, als verzeihe er Diederich den Ruin seines Schwiegersohnes! Wozu hatte er ihn protegiert und in die Stadtverordnetenversammlung gebracht? Nur damit Diederich sich Blößen gebe und leichter zu fassen sei. Die Frage des Alten damals, ob Diederich der Stadt sein Grundstück verkaufen wolle, stellte sich jetzt als die gefährlichste Falle heraus. Diederich fühlte sich durchschaut von jeher; ihm war jetzt, als sei bei seiner geheimen Unterredung mit dem Präsidenten von Wulckow der alte Buck, unsichtbar im Tabaksqualm, dabei gewesen; und als Diederich, in einer dunklen Winternacht an Gausenfeld hinangeschlichen, sich in den Graben geduckt und die Augen, die vielleicht funkelten, geschlossen hatte, da war droben der alte Buck vorbeigegan-

umdrohten drohend umgaben, umzingelten

hielt … besessen verfolgte

er führte eingebildete Streiche gegen den alten Buck er focht imaginäre Kämpfe mit dem alten Buck aus

protegiert in seinem Fortkommen gefördert

von jeher von Anfang an

hinangeschlichen herangeschlichen

gen und hatte zu ihm hinabgespäht ... Im Geiste sah Diederich den Alten sich über ihn beugen und die weiße, weiche Hand hinhalten, um ihm aus dem Graben zu helfen. Die Güte in seinen Zügen war krasser Hohn, sie war das Unerträglichste. Er dachte Diederich kirre zu machen und mit seinen Schlichen leise zurückzuleiten, wie einen verlorenen Sohn. Aber man sollte sehen, wer schließlich die Treber fraß!

dachte Diederich kirre zu machen hatte es darauf abgesehen, Diederich weichzuklopfen

Schlichen Tricks

wer schließlich die Treber fraß! Abwandlung eines alten Sprichwortes: »Man soll sich nicht unter die Treber mengen, dass einen nicht die Säue fressen.« Als Treber bezeichnet man Malzrückstände bei der Bierherstellung sowie alle Pressrückstände beim Auspressen von Obst.

»Was hast du, mein lieber Sohn?«, fragte Frau Heßling, denn Diederich hatte vor Hass und Angst schwer aufgestöhnt. Er erschrak; in diesem Augenblick betrat Emmi das Zimmer, sie hatte es, so meinte Diederich, schon mehrmals betreten, ging zum Fenster, streckte den Kopf hinaus, seufzte, als sei sie allein, und begab sich auf den Rückweg. Guste sah ihr nach; wie Emmi an Diederich vorbeikam, umfasste Gustes spöttischer Blick sie beide, und Diederich erschrak noch tiefer: Denn dies war das Lächeln des Umsturzes, das er an Napoleon Fischer kannte. So lächelte Guste. Vor Schrecken runzelte er die Stirn und rief barsch: »Was gibt es!« Schleunigst verkroch sich Guste in ihre Flickerei, Emmi aber blieb stehen und sah ihn mit den entgeisterten Augen an, die sie jetzt manchmal hatte. »Was ist mit dir?«, fragte er, und da sie stumm blieb: »Wen suchst du auf der Straße?« Sie hob nur die Schultern, in ihrer Miene geschah gar nichts. »Nun?«, wiederholte er leiser; denn ihr Blick, ihre Haltung, die merkwürdig unbeteiligt und dadurch überlegen schienen, erschwerten es ihm, laut zu sein. Sie ließ sich endlich herbei, zu sprechen.

ließ sich endlich herbei ließ sich schließlich dazu herab

»Es hätte sein können, dass die beiden Fräulein von Brietzen noch gekommen wären.«

»Am späten Abend?«, fragte Diederich. Da sagte Guste: »Weil wir an die Ehre doch gewöhnt sind. Und überhaupt, sie sind schon gestern mit ihrer Mama abgereist. Wenn sie einem nicht adieu sagen, weil sie einen gar nicht kennen, braucht man bloß an der Villa vorbeizugehen.«

»Wie?«, machte Emmi.

»Na gewiss doch!« Und das Gesicht überglänzt, triumphierend ließ Guste das Ganze los. »Der Leutnant reist auch bald hinterher. Er ist doch versetzt.« Eine Pause, ein Blick. »Er hat sich versetzen lassen.«

überglänzt mit Glanz bedeckt

ließ Guste das Ganze los ließ Guste die Bombe platzen

versetzt in eine andere Garnison (Truppenstandort) versetzt worden

»Du lügst«, sagte Emmi. Sie hatte gewankt, man sah, wie sie sich steif machte. Den Kopf sehr hoch, wandte sie sich ab und ließ hinter sich den Vorhang fallen. Im Zimmer war Stille. Die alte Frau Heßling auf ihrem Sofa faltete die Hände, Guste sah herausfordernd Diederich nach, der schnaufend umherlief. Als er wieder bei der Tür war, gab er sich einen Ruck. Durch den Spalt erblickte er Emmi, die im Esszimmer auf einem Stuhl saß oder hing, zusammengekrümmt, als habe man sie gebunden und dort hingeworfen. Sie zuckte, dann kehrte sie das Gesicht der Lampe zu; vorhin war es ganz weiß gewesen und war jetzt stark gerötet, der Blick sah nichts – und plötzlich sprang sie auf, fuhr los wie gebrannt, und mit zornigen, unsicheren Schritten stürmte sie fort, sich anschlagend, ohne Schmerz zu fühlen, fort, wie in Nebel hinein, wie in Qualm ... Diederich drehte sich in steigender Angst nach Frau und Mutter um. Da Guste zur Respektlosigkeit geneigt schien, raffte er den gewohnten Komment zusammen und stampfte stramm hinter Emmi her.

war jetzt jetzt war es

zur Respektlosigkeit geneigt schien den Eindruck machte, als wolle sie hämische Kommentare von sich geben

Noch hatte er nicht die Treppe erreicht, und droben ward schon heftig die Tür versperrt, mit Schlüssel und Riegel. Da begann Diederichs Herz so stark zu klopfen, dass er anhalten musste. Als er hinaufgelangt war, blieb ihm nur eine schwache, atemlose Stimme, um Einlass zu verlangen. Keine Antwort, aber er hörte etwas klirren auf dem Waschtisch – und plötzlich schwenkte er die Arme, schrie, schlug gegen die Tür und schrie unförmlich. Vor seinem eigenen Lärm hörte er nicht, wie sie öffnete, und schrie noch, als sie schon vor ihm stand. »Was willst du?«, fragte sie zornig, worauf Die-

unförmlich unartikuliert

derich sich sammelte. Von der Treppe spähten mit fragendem Entsetzen Frau Heßling und Guste hinauf. »Unten bleiben!«, befahl er, und er drängte Emmi in das Zimmer zurück. Er schloss die Tür. »Das brauchen die anderen nicht zu riechen«, sagte er knapp, und er nahm aus der Waschschüssel einen kleinen Schwamm, der von Chloroform troff. Er hielt ihn mit gestrecktem Arm von sich fort und heischte: »Woher hast du das?« Sie warf den Kopf zurück und sah ihn an, sagte aber nichts. Je länger dies dauerte, umso weniger wichtig fühlte Diederich die Frage werden, die doch von Rechts wegen die erste war. Schließlich ging er einfach zum Fenster und warf den Schwamm in den dunklen Hof. Es platschte, er war in den Bach gefallen. Diederich seufzte erleichtert.

Jetzt hatte Emmi eine Frage: »Was führst du hier eigentlich auf? Lass mich gefälligst machen, was ich will!«

Dies kam ihm unerwartet: »Ja was – was willst du denn?«

Sie sah weg, sie sagte achselzuckend: »Dir kann es gleich sein.«

»Na höre mal!« Diederich empörte sich. »Wenn du vor deinem himmlischen Richter dich nicht mehr genierst, was ich persönlich durchaus missbillige: Ein bisschen Rücksicht könntest du wohl auch auf uns hier nehmen. Man ist nicht allein auf der Welt.«

Ihre Gleichgültigkeit verletzte ihn ernstlich. »Einen Skandal in meinem Hause verbitte ich mir! Ich bin der Erste, den es trifft.«

Plötzlich sah sie ihn an. »Und ich?«

Er schnappte. »Meine Ehre –!« Aber er hörte gleich wieder auf: Ihre Miene, die er nie so ausdrucksvoll gekannt hatte, klagte und höhnte zugleich. In seiner Verwirrung ging er zur Tür. Hier fiel ihm ein, was das Gegebene sei.

»Im Übrigen werde ich meinerseits als Bruder und Ehrenmann natürlich voll und ganz meine Pflicht tun. Ich darf er-

Waschschüssel größere Schüssel für die Körperwäsche, gleichsam der Vorläufer des Waschbeckens (siehe Seite 493: Waschtisch und Waschgeschirr)

Schwamm, der von Chloroform troff mit Chloroform (Betäubungsmittel) getränkten Badeschwamm

heischte verlangte zu erfahren (siehe Seite 153)

von Rechts wegen die erste die naheliegende

Wenn du vor deinem himmlischen Richter dich nicht mehr genierst Wenn du dich nicht scheust, als Selbstmörderin vor Gott zu treten

schnappte schnappte entrüstet nach Luft

das Gegebene in diesem Fall zu tun

warten, dass du dir inzwischen die äußerste Zurückhaltung auferlegst.« Mit einem Blick nach der Waschschüssel, aus der noch immer der Geruch kam: »Dein Ehrenwort!«

dass du dir inzwischen die äußerste Zurückhaltung auferlegst dass du in der Zwischenzeit nichts Unüberlegtes tust

»Lass mich in Ruhe«, sagte Emmi. Da kehrte Diederich zurück.

»Du scheinst dir des Ernstes der Lage denn doch nicht bewusst zu sein. Du hast, wenn das, was ich fürchten muss, wahr ist – «

»Es ist wahr«, sagte Emmi.

»Es ist wahr« (Emmi gibt zu, die Geliebte des Leutnants gewesen zu sein.)

»Dann hast du nicht nur deine eigene Existenz, zum Mindesten deine gesellschaftliche, infrage gestellt, sondern deine ganze Familie mit Schande bedeckt. Und wenn ich nun im Namen von Pflicht und Ehre vor dich hintrete – «

»Dann ist es auch noch so«, sagte Emmi.

Er erschrak; er setzte an, um seinen Abscheu zu bekunden vor so viel Zynismus, aber in Emmis Gesicht stand zu deutlich, was alles sie durchschaut und abgetan hinter sich ließ. Vor der Überlegenheit ihrer Verzweiflung kam Diederich ein Schaudern an. In ihm zersprang es wie künstliche Federn. Die Beine wurden ihm weich, er setzte sich und brachte hervor; »So sag mir doch nur – Ich will dir auch – « Er sah an Emmis Erscheinung hin, das Wort Verzeihen blieb ihm stecken. »Ich will dir helfen«, sagte er. Sie sagte müde: »Wie willst du das wohl machen«, und sie lehnte sich drüben an die Wand.

abgetan als hohles Geschwätz erkannt

Er sah vor sich nieder. »Du musst mir freilich einige Aufklärungen geben: ich meine, über gewisse Einzelheiten. Ich vermute, dass es schon seit deinen Reitstunden dauert? ... «

Sie ließ ihn weiter vermuten, sie bestätigte nicht, noch widersprach sie – wie er aber zu ihr aufsah, hatte sie weich geöffnete Lippen, und ihr Blick hing an ihm mit Staunen. Er begriff, dass sie staunte, weil er vieles, das sie allein getragen hatte, ihr abnahm, indem er es aussprach. Ein unbekannter

Stolz erfasste sein Herz, er stand auf und sagte vertraulich: »Verlass dich auf mich. Gleich morgen früh gehe ich hin.«

Sie bewegte leise und angstvoll den Kopf.

»Du kennst das nicht. Es ist aus.«

Da machte er seine Stimme wohlgemut. Da sagte er in zuversichtlichem, aufmunterndem Ton.

Da machte er seine Stimme wohlgemut. »Ganz wehrlos sind wir auch nicht! Ich möchte doch sehen!«

Zum Abschied gab er ihr die Hand. Sie rief ihn nochmals zurück.

fordern zum Duell fordern

»Du wirst ihn fordern?« Sie riss die Augen auf und hielt die Hand vor den Mund.

»Wieso?«, machte Diederich, denn hieran hatte er nicht mehr gedacht.

»Schwöre mir, dass du ihn nicht forderst!«

Er versprach es. Zugleich errötete er, denn er hätte gern noch gewusst, für wen sie fürchtete, für ihn oder für den andern. Dem andern würde er es nicht gegönnt haben. Aber er unterdrückte die Frage, weil die Antwort ihr peinlich sein konnte; und er verließ das Zimmer beinahe auf den Fußspitzen.

auf den Fußspitzen auf den Zehenspitzen

Die beiden Frauen, die noch immer drunten warteten, schickte er streng zu Bett. Er selbst legte sich erst dann neben Guste, als sie schon schlief. Er hatte zu bedenken, wie er morgen auftreten würde. Natürlich imponieren! Zweifel am Ausgang der Sache überhaupt nicht zulassen! ... Aber anstatt seiner eigenen, schneidigen Gestalt erschien vor Diederichs Geist immer wieder ein gedrungener Mann mit blanken bekümmerten Augen, der bat, aufbrauste und ganz zusammenbrach: Herr Göppel, Agnes Göppels Vater. Jetzt verstand Diederich in banger Seele, wie damals dem Vater zumute gewesen war. »Du kennst das nicht«, meinte Emmi. Er kannte es – weil er es zugefügt hatte.

Natürlich imponieren! Natürlich schneidig und fordernd auftreten, um den anderen zu beeindrucken und einzuschüchtern!

»Gott bewahre!«, sagte er laut und wälzte sich herum. »Ich lasse mich auf die Sache nicht ein. Emmi hat doch nur geblufft mit dem Chloroform. Die Weiber sind raffiniert genug dafür. Ich werf sie hinaus, wie es sich gehört!« Da stand vor ihm auf regnerischer Straße Agnes und starrte, das Gesicht weiß von Gaslicht, zu seinem Fenster hinauf. Er deckte das Betttuch über seine Augen. ›Ich kann sie nicht auf die Straße jagen!‹ Es ward Morgen, und er sah verwundert, was mit ihm geschehen war.

›Ein Leutnant steht früh auf‹, dachte er und entwischte, bevor Guste wach wurde. Hinter dem Sachsentor die Gärten zwitscherten und dufteten zum Frühlingshimmel. Die Villen, noch verschlossen, sahen frisch gewaschen aus und als seien lauter Neuvermählte hineingezogen. ›Wer weiß‹, dachte Diederich und atmete die gute Luft ein, ›vielleicht ist es gar nicht schwer. Es gibt anständige Menschen. Auch liegen die Dinge doch wesentlich günstiger als –‹ Er ließ den Gedanken lieber fallen. Dort hinten hielt ein Wagen – vor welchem Haus denn? Also doch. Das Gitter stand offen, auch die Tür. Der Bursche kam ihm entgegen. »Lassen Sie nur«, sagte Diederich, »ich sehe den Herrn Leutnant schon.« Denn im Zimmer gradaus packte von Brietzen einen Koffer. »So früh?«, fragte er, ließ den Deckel des Koffers fallen und klemmte sich den Finger ein. »Verdammt.« Diederich dachte entmutigt: ›Er ist auch beim Packen.‹

»Welchem Zufall verdanke ich denn –«, begann Herr von Brietzen, aber Diederich machte, ohne es zu wollen, eine Bewegung, des Sinnes, dass dies unnütz sei. Trotzdem natürlich leugnete Herr von Brietzen. Er leugnete sogar länger als damals Diederich, und Diederich erkannte dies innerlich an, denn wenn es auf die Ehre eines Mädchens ankam, hatte ein Leutnant immerhin noch um einige Grade genauer zu sein als ein Neuteutone. Als man endlich über die Lage der Dinge im Reinen war, stellte Herr von Brietzen sich dem Bruder sofort zur Verfügung, was von ihm gewiss nicht anders zu er-

Bursche »zur Bedienung eines Offiziers abkommandierter Soldat« (Duden)

gradaus am Ende des Flurs

des Sinnes, dass dies unnütz sei um zu signalisieren, solche Reden seien unnütz

erkannte … an hielt ihm … zugute

genauer verantwortungsbewusster

stellte … sich … zur Verfügung erklärte sich bereit, die Angelegenheit in einem Duell beizulegen

warten war. Aber Diederich, trotz seinem tiefen Bangen, erwiderte mit heiterer Stirn, er hoffe, eine Austragung mit den Waffen erübrige sich, wenn nämlich Herr von Brietzen – Und Herr von Brietzen machte eben das Gesicht, das Diederich vorhergesehen hatte, und brauchte eben die Ausreden, die in Diederichs Geist schon erklungen waren. In die Enge getrieben, sagte er den Satz, den Diederich vor allem fürchtete und der, er sah es ein, nicht zu vermeiden war. Ein Mädchen, das ihre Ehre nicht mehr hatte, machte man nicht zur Mutter seiner Kinder! Diederich antwortete darauf, was Herr Göppel geantwortet hatte, niedergeschlagen wie Herr Göppel. Den rechten Zorn fand er erst, als er an seine große Drohung gelangte, die Drohung, von der er sich schon seit gestern den Erfolg versprach.

»Angesichts Ihrer unritterlichen Weigerung, Herr Leutnant, sehe ich mich leider veranlasst, Ihren Oberst von der Sache in Kenntnis zu setzen.«

Wirklich schien Herr von Brietzen peinlich getroffen. Er fragte unsicher: »Was wollen Sie damit erreichen? Dass ich eine Moralpredigt kriege? Na schön. Im Übrigen aber –« Herr von Brietzen festigte sich wieder, »was Ritterlichkeit ist, darüber denkt der Oberst denn doch wohl etwas anders als ein Herr, der sich nicht schlägt.«

Da aber stieg Diederich. Herr von Brietzen möge gefälligst seine Zunge hüten, sonst könnte es ihm passieren, dass er es mit der Neuteutonia zu tun bekomme! Ihm, Diederich, sei der freudige Blutverlust für die Ehre der Farben durch seine Schmisse bescheinigt! Er wolle dem Herrn Leutnant wünschen, dass er einmal in den Fall komme, einen Grafen von Tauern-Bärenheim zu fordern! »Ich hab ihn glatt gefordert!« Und im selben Atem behauptete er, dass er so einem frechen Junker noch lange nicht das Recht einräume, einen bürgerlichen Mann und Familienvater nur so abzuschießen. »Die

trotz seinem tiefen Bangen, erwiderte mit heiterer Stirn überspielte erfolgreich seine Angst und antwortete in leichtem Ton

eine Austragung … des Streites

wenn nämlich Herr von Brietzen – … die Ehre seiner Schwester Emmi wiederherstelle, indem er sie zur Frau nehme

brauchte die bediente sich der

peinlich getroffen unangenehm berührt

stieg wuchs … vor ihm in die Höhe, richtete sich zu seiner vollen Größe auf

sei der freudige Blutverlust … bescheinigt! vgl. Seite 384, Zeilen 7 f.

selben Atem selben Atemzug

frechen Junker unverschämten jungen Adligen

nur so einfach so, nur so zum Spaß

Schwester verführen und den Bruder abschießen, das möchten Sie wohl!«, rief er, außer sich. Herr von Brietzen, in einem ähnlichen Zustand wie Diederich, sprach davon, dem Koofmich von seinem Burschen die Fresse einschlagen zu lassen; und da der Bursche schon bereitstand, räumte Diederich das Feld, aber nicht ohne einen letzten Schuss. »Wenn Sie meinen, für Ihre Frechheiten bewilligen wir Ihnen auch noch die Militärvorlage! Sie sollen sehen, was Umsturz ist!«

Draußen in der einsamen Allee wütete er weiter, zeigte dem unsichtbaren Feinde die Faust und stieß Drohungen aus. »Das kann euch schlecht bekommen! Wenn wir mal Schluss machen!« Plötzlich bemerkte er, dass die Gärten noch immer zum Frühlingshimmel zwitscherten und dufteten, und es ward ihm klar, selbst die Natur, mochte sie schmeicheln oder die Zähne zeigen, war ohne Einfluss auf die Macht, die Macht über uns, die ganz unerschütterlich ist. Mit dem Umsturz war leicht drohen; aber das Kaiser-Wilhelm-Denkmal? Wulckow und Gausenfeld? Wer treten wollte, musste sich treten lassen, das war das eherne Gesetz der Macht. Diederich, nach seinem Anfall von Auflehnung, fühlte schon wieder den heimlichen Schauer dessen, den sie tritt ... Ein Wagen kam von dort hinten: Herr von Brietzen mit seinem Koffer. Diederich, ehe er es bedachte, machte halb Front, bereit zu grüßen. Aber Herr von Brietzen sah weg. Diederich freute sich, trotz allem, des frischen und ritterlichen jungen Offiziers. ›Den macht uns niemand nach‹, stellte er fest.

Freilich, nun er die Meisestraße betrat, ward ihm beklommen. Von Weitem sah er Emmi nach ihm ausspähen. Ihm fiel auf einmal ein, was sie in der vergangenen Stunde, die ihr Schicksal entschied, durchgemacht haben musste. Arme Emmi, nun war es entschieden. Die Macht war wohl erhebend, aber wenn es die eigene Schwester traf – ›Ich habe nicht gewusst, dass es mir so nahegehen würde.‹ Er nickte hinauf, so

Koofmich (siehe Seite 337)

aber nicht ohne einen letzten Schuss nachdem er noch eine letzte Drohung ausgestoßen hatte, um seinen Rückzug zu bemänteln

Wenn wir mal Schluss machen! Gemeint ist: ... Schluss machen mit eurer privilegierten Klasse!

eherne eiserne, unerbittliche

den heimlichen Schauer dessen, den sie tritt die wollüstige Erregung dessen, der von der Macht misshandelt wird

machte halb Front schickte sich an, sich am Straßenrand ehrerbietig aufzustellen

des über den, am Anblick des

Den macht uns niemand nach Solche jungen Offiziere hat kein anderes Volk der Welt

fiel ... ein wurde ... bewusst

ermunternd wie möglich. Sie war viel schmaler geworden, warum sah das niemand? Unter ihrem blass flimmernden Haar hatte sie große schlaflose Augen, ihre Lippe zitterte, als er ihr zuwinkte; auch das fing er auf in seiner scharfsichtigen Angst. Die Treppe hinauf schlich er fast. Im ersten Stock kam sie aus dem Zimmer und ging vor ihm her in den zweiten. Oben drehte sie sich um – und als sie sein Gesicht gesehen hatte, ging sie hinein ohne eine Frage, ging bis zum Fenster und blieb abgewendet stehen. Er raffte sich zusammen; er sagte laut: »Oh! noch ist nichts verloren.« Darauf erschrak er und schloss die Augen. Da er aufstöhnte, wandte sie sich um, kam langsam herbei und legte, um mitzuweinen, den Kopf an seine Schulter.

fing er auf nahm er wahr

Da Als (wie schon öfter)

Nachher hatte er einen Auftritt mit Guste, die hetzen wollte. Diederich sagte ihr auf den Kopf zu, dass sie Emmis Unglück nur missbrauche, um sich zu rächen für die ihr nicht grade günstigen Umstände, unter denen sie selbst geheiratet worden war. »Emmi läuft wenigstens keinem nach.« Guste kreischte auf. »Bin ich dir vielleicht nachgelaufen?« Er schnitt ab. »Überhaupt ist sie meine Schwester!« ... Und da sie nun unter seinem Schutz lebte, fing er an, sie interessant zu finden und ihr eine ungewöhnliche Achtung zu erweisen. Nach dem Essen küsste er ihr die Hand, mochte Guste grinsen. Er verglich die beiden; wie viel gemeiner war Guste! Magda selbst, die er bevorzugt hatte, weil sie Erfolg gehabt hatte, kam in seiner Erinnerung nicht mehr auf gegen die verlassene Emmi. Denn Emmi war durch ihr Unglück feiner und gewissermaßen ungreifbarer geworden. Wenn ihre Hand so bleich und abwesend dalag und Emmi stumm in sich versenkt war wie in einen unbekannten Abgrund, fühlte Diederich sich berührt von der Ahnung einer tieferen Welt. Die Eigenschaft als Gefallene, unheimlich und verächtlich bei jeder anderen, um Emmi, Diederichs Schwester, legte sie ei-

Nachher Später

einen Auftritt eine Auseinandersetzung

auf den Kopf zu mit schonungsloser Direktheit

Er schnitt ab. Er schnitt ihr das Wort ab.

mochte Guste mochte Guste auch noch so

gemeiner gewöhnlicher

Gefallene Frau, die ›ihre weibliche Ehre eingebüßt‹ hatte,

ne Luft von seltsamem Schimmer und fragwürdiger Anziehung. Glänzender zugleich und rührender war nun Emmi.

Der Leutnant, der das alles veranlasst hatte, verlor erheblich gegen sie – und mit ihm die Macht, in deren Namen er triumphiert hatte. Diederich erfuhr, dass sie manchmal einen gemeinen und niedrigen Anblick bieten könne: die Macht und alles, was in ihren Spuren ging, Erfolg, Ehre, Gesinnung. Er sah Emmi an und musste zweifeln an dem Wert dessen, was er erreicht hatte oder noch erstrebte: Gustes und ihres Geldes, des Denkmals, der hohen Gunst, Gausenfelds, der Auszeichnungen und Ämter. Er sah Emmi an und dachte auch an Agnes. Agnes, die Weichheit und Liebe in ihm gepflegt hatte, sie war in seinem Leben das Wahre gewesen, er hätte es festhalten sollen! Wo war sie jetzt? Tot? Er saß manchmal da, den Kopf in den Händen. Was hatte er nun? Was hatte man vom Dienst der Macht? Wieder einmal versagte alles, alle verrieten ihn, missbrauchten seine reinsten Absichten, und der alte Buck beherrschte die Lage. Agnes, die nichts vermochte als leiden, es beschlich ihn, als ob sie gesiegt habe. Er schrieb nach Berlin und erkundigte sich nach ihr. Sie war verheiratet und leidlich gesund. Das erleichterte ihn, aber irgendwie enttäuschte es ihn auch.

das alles veranlasst hatte schuld an alldem war

verlor erheblich gegen sie erschien plötzlich, angesichts von Emmis Leid und Haltung, gar nicht mehr so imposant

erfuhr erkannte

gemeinen gewöhnlichen, vulgären, unfeinen

gepflegt zum Vorschein gebracht und zu schätzen gewusst

vermochte anderes konnte

es beschlich ihn ihm schien es

Aber während er, den Kopf in den Händen, dasaß, kam der Wahltag herbei. Erfüllt von der Eitelkeit der Dinge, hatte Diederich von allem, was vorging, nichts mehr sehen wollen, auch nicht, dass die Miene seines Maschinenmeisters immer feindlicher ward. Am Sonntag der Wahl, frühmorgens, als Diederich noch im Bett lag, trat Napoleon Fischer bei ihm ein. Ohne sich im Geringsten zu entschuldigen, begann er: »Ein ernstes Wort in letzter Stunde, Herr Doktor!« Diesmal war er es, der Verrat witterte und sich auf den Pakt berief. »Ihre Politik, Herr Doktor, hat ein doppeltes Gesicht. Uns

Erfüllt von der Eitelkeit der Dinge Erfüllt vom Gefühl des Unwertes all dessen, was ihm sonst als so erstrebenswert erschienen war

hat ein doppeltes Gesicht ist doppelzüngig

haben Sie Versprechungen gemacht, und loyal, wie wir sind, haben wir gegen Sie nicht agitiert, sondern bloß gegen den Freisinn.«

»Wir auch«, behauptete Diederich.

»Das glauben Sie selbst nicht. Sie haben sich bei Heuteufel angebiedert. Er hat Ihnen Ihr Denkmal schon bewilligt. Wenn Sie nicht gleich heute mit fliegenden Fahnen zu ihm übergehn, dann tun Sie es sicher bei der Stichwahl und treiben schnöden Volksverrat.«

zu ihm übergehn auf seine Seite wechseln

schnöden unwürdigen, verachtenswerten, hässlichen

Napoleon Fischer tat, die Arme verschränkt, noch einen langen Schritt auf das Bett zu. »Sie sollen bloß wissen, Herr Doktor, dass wir die Augen offen halten.«

Diederich sah sich in seinem Bett hilflos dem politischen Gegner ausgeliefert. Er suchte ihn zu besänftigen. »Ich weiß, Fischer, Sie sind ein großer Politiker. Sie sollten in den Reichstag kommen.«

»Stimmt.« Napoleon blinzte von unten. »Denn wenn ich nicht hineinkomme, dann geht in Netzig in mehreren Betrieben ein Streik los. Einen von den Betrieben kennen Sie ziemlich genau, Herr Doktor.« Er machte kehrt. Von der Tür her fasste er Diederich, der vor Schreck ganz in die Federn gerutscht war, nochmals ins Auge. »Und darum hoch die internationale Sozialdemokratie!«, rief er und ging ab.

blinzte veraltet für: blinzelte

Diederich rief aus seinen Federn: »Seine Majestät der Kaiser, hurra!« Dann aber blieb nichts übrig, als der Lage ins Gesicht zu sehen. Sie sah drohend genug aus. Schwer von Ahnungen eilte er auf die Straße, in den Kriegerverein, zu Klappsch, und überall musste er erkennen, dass in den Tagen seiner Mutlosigkeit die tückische Taktik des alten Buck weitere Erfolge zu verzeichnen gehabt hatte. Die »Partei des Kaisers« war verwässert durch Zulauf aus den Reihen des Freisinns und der Abstand Kunzes von Heuteufel unbeträchtlich gegen die Kluft zwischen ihm und Napoleon Fi-

Schwer von Ahnungen Tief beunruhigt von bösen Vorahnungen

scher. Pastor Zillich, der mit seinem Schwager Heuteufel einen verschämten Gruß austauschte, erklärte, dass die »Partei des Kaisers« mit ihrem Erfolg zufrieden sein dürfe, denn sicher habe sie dem Kandidaten des Freisinns, wenn er schließlich siege, das nationale Gewissen gestärkt. Da Professor Kühnchen sich ähnlich äußerte, war der Verdacht nicht von der Hand zu weisen, dass ihnen die von Diederich und Wulckow erpressten Versprechungen noch nicht genügten und dass sie sich durch weitere persönliche Vorteile vom alten Buck hatten gewinnen lassen. Der Korruption des demokratischen Klüngels war alles zuzutrauen! Was Kunze betraf, so wollte er auf jeden Fall selbst gewählt werden, notfalls mithilfe der Freisinnigen. Ihn hatte sein Ehrgeiz korrumpiert, er hatte ihn schon dahin gebracht, zu versprechen, dass er für das Säuglingsheim eintreten werde! Diederich entrüstete sich; Heuteufel sei hundertmal schlimmer als irgendein Prolet; und er spielte auf die düsteren Folgen an, die eine so unpatriotische Haltung haben müsse. Leider durfte er nicht deutlicher werden – und vor sich das Bild des Streiks, im Herzen schon die Trümmer des Kaiser-Wilhelm-Denkmals, Gausenfelds, aller seiner Träume, lief er im Regen umher zwischen den Wahllokalen und schleppte gutgesinnte Wähler herbei, im vollen Bewusstsein, dass ihre Kaisertreue den Weg verfehlte und den schlimmsten Feinden des Kaisers helfe. Abends bei Klappsch, kotbespritzt bis an den Hals und fiebrig entrückt durch den Lärm des langen Tages, durch das viele Bier und das Nahen der Entscheidung, vernahm er das Ergebnis: gegen achttausend Stimmen für Heuteufel, sechstausend und einige für Napoleon Fischer, Kunze aber hatte dreitausendsechshundertzweiundsiebzig. Stichwahl zwischen Heuteufel und Fischer. »Hurra!«, schrie Diederich, denn nichts war verloren, und Zeit war gewonnen.

korrumpiert zu zweifelhaften Manövern verleitet

dass ihre Kaisertreue den Weg verfehlte und den schlimmsten Feinden des Kaisers helfe dass sie durch die Wahl der nationalen Partei dem Kandidaten der oppositionellen Sozialdemokratie zum Sieg verhalfen

kotbespritzt vom Staßenkot verdreckt (siehe auch Seite 216)

gegen annähernd

Mit starkem Schritt ging er von dannen, den Schwur im Herzen, dass er fortan das Äußerste tun werde, um die nationale Sache noch zu retten. Es eilte, denn Pastor Zillich hätte am liebsten sofort alle Mauern mit Zetteln bedeckt, die den Anhängern der »Partei des Kaisers« empfahlen, in der Stichwahl für Heuteufel zu stimmen. Kunze freilich gab sich der eitlen Hoffnung hin, Heuteufel werde ihm zu Gefallen zurücktreten. Welche Verblendung! Gleich am Morgen las man die weißen Zettel, auf denen der Freisinn heuchlerisch erklärte, national sei auch er, die nationale Gesinnung sei nicht das Privileg einer Minderheit, und darum – Der Trick des alten Buck enthüllte sich vollends; wenn nicht die ganze »Partei des Kaisers« in den Schoß des Freisinns zurückkehren sollte, hieß es handeln.

eitlen müßigen, vergeblichen

gleich gleichgültig

Mächtig von Energie gespannt, traf Diederich, von seinen Erkundigungen heimkehrend, im Hausflur auf Emmi, die einen Schleier vor dem Gesicht hatte und sich bewegte, als sei alles gleich. ›Danke‹, dachte er, ›es ist durchaus nicht gleich. Wohin kämen wir.‹ Und er grüßte Emmi verstohlen und mit einer Art von Scheu.

Er zog sich in sein Büro zurück, aus dem der alte Sötbier verschwunden war und wo nun Diederich, sein eigener Prokurist und nur seinem Gott verantwortlich, seine folgenschweren Entschlüsse fasste. Er trat zum Telefon, er verlangte Gausenfeld. Da ging die Tür auf, der Briefträger legte seinen Packen hin, und Diederich sah obenauf: Gausenfeld. Er hängte wieder ein, er betrachtete, nickend wie das Schicksal, den Brief. Schon gemacht. Der Alte hatte ohne Worte begriffen, dass er seinen Freunden Buck und Konsorten kein Geld mehr geben dürfe und dass man nötigenfalls imstande sei, ihn persönlich verantwortlich zu machen. Gelassen zerriss Diederich den Umschlag – aber nach zwei Zeilen las er flie-

Prokurist (siehe Seite 510)

er verlangte Gausenfeld er ließ sich (von der Vermittlungsstelle) mit dem Telefonanschluss in Gausenfeld verbinden

hängte wieder ein hängte den Hörer wieder ein

Schon gemacht. Die Dinge hatten sich offenkundig von allein geregelt.

Konsorten (siehe Seite 291)

zerriss riss … auf, öffnete

gend. Was für eine Überraschung! Klüsing wollte verkaufen! Er war alt, er sah seinen natürlichen Nachfolger in Diederich!

Was hieß dies? Diederich setzte sich in die Ecke und dachte tief. Es hieß vor allem, dass Wulckow schon eingegriffen hatte. Der Alte war in blasser Angst wegen der Regierungsaufträge, und der Streik, mit dem Napoleon Fischer drohte, gab ihm den Rest. Wo war die Zeit, als er sich aus der Klemme zu ziehen glaubte, wenn er Diederich einen Teil des Papiers für die »Netziger Zeitung« anbot. Jetzt bot er ihm ganz Gausenfeld an! ›Man ist eine Macht‹, stellte Diederich fest – und es ging ihm auf, dass Klüsings Zumutung, die Fabrik zu kaufen und richtig nach ihrem Wert zu bezahlen, wie die Dinge lagen, einfach lächerlich sei. Worauf er wirklich laut lachte ... Da nahm er wahr, dass am Schluss des Briefes, nach der Unterschrift, noch etwas stand, ein Zusatz, kleiner geschrieben als das Übrige und so unscheinbar, dass Diederich ihn vorhin übersehen hatte. Er entzifferte – und der Mund ging ihm von selbst auf. Plötzlich tat er einen Sprung. »Na also!«, rief er frohlockend durch sein einsames Büro. »Da haben wir sie!« Hierauf bemerkte er tief ernst: »Es ist schauerlich. Ein Abgrund.« Er las noch einmal, Wort für Wort, den verhängnisvollen Zusatz, legte den Brief in den Geldschrank und schloss mit hartem Griff. Dort innen schlummerte nun das Gift für Buck und die Seinen – geliefert von ihrem Freund. Nicht nur, dass Klüsing sie nicht mehr mit Geld versah, er verriet sie auch. Aber sie hatten es verdient, das konnte man sagen; eine solche Verderbnis hatte wahrscheinlich selbst Klüsing angeekelt. Wer da noch Schonung übte, machte sich mitschuldig. Diederich prüfte sich. ›Schonung wäre geradezu ein Verbrechen. Sehe jeder, wo er bleibe! Hier heißt es rücksichtslos vorgehen. Dem Geschwür die Maske herunterreißen und es mit eisernem Besen auskehren! Ich

las er fliegend las er zunehmend atemlos weiter

dachte tief dachte gründlich nach

richtig angemessen

wie die Dinge lagen angesichts der neu eingetretenen Umstände, der veränderten Lage

Geldschrank und schloss Tresor und schloss diesen

versah versorgte

eine solche Verderbnis ein solcher Abgrund an moralischer Verkommenheit

Geschwür dem Krebsgeschwür, der »krankhaften Entartung«

übernehme es nehme es … auf mich

übernehme es im Interesse des öffentlichen Wohles, meine Pflicht als nationaler Mann schreibt es mir vor. Es ist nun mal eine harte Zeit!‹

Den Abend darauf war eine große öffentliche Volksversammlung, einberufen vom freisinnigen Wahlkomitee in den Riesensaal der »Walhalla«. Mit der regen Hilfe Gottlieb Hornungs hatte Diederich Vorsorge getroffen, dass die Wähler Heuteufels keineswegs unter sich blieben. Er selbst fand es unnütz, die Programmrede des Kandidaten mit anzuhören; er ging hin, als schon die Diskussion begonnen haben musste. Gleich im Vorraum stieß er auf Kunze, der in übler Verfassung war. »Ausrangierter Schlagetot!«, rief er. »Sehen Sie mich an, Herr, und sagen Sie mir, ob so ein Mann aussieht, der sich das sagen lässt!« Da er vor Aufregung sich nicht weiter erklären konnte, löste Kühnchen ihn ab. »Zu mir hätte Heuteufel das sagen sollen!«, schrie er. »Da hätte er nun aber Kühnchen kennengelernt!« Diederich empfahl dem Major dringend, seinen Gegner zu verklagen. Aber Kunze brauchte keinen Ansporn mehr, er vermaß sich, Heuteufel ganz einfach in die Pfanne zu hauen. Auch dies war Diederich recht, und er stimmte lebhaft zu, als Kunze erkennen ließ, dass er unter diesen Umständen lieber mit dem ärgsten Umsturz gehe als mit dem Freisinn. Hiergegen äußerten Kühnchen und auch Pastor Zillich, der hinzukam, ihre Bedenken. Die Reichsfeinde – und die »Partei des Kaisers«! Bestochene Feiglinge!, sagte Diederichs Blick – indes der Major fortfuhr, Rache zu schnauben. Blutige Tränen sollte die Bande weinen! »Und zwar noch heute Abend«, verhieß darauf Diederich mit einer so eisernen Bestimmtheit, dass alle stutzten. Er machte eine Pause und blitzte jeden einzeln an. »Was würden Sie sagen, Herr Pastor, wenn ich Ihren Freunden vom Freisinn gewisse Machenschaften nachwiese …« Pastor Zillich war erbleicht, Diederich ging

»Ausrangierter Schlagetot!« abfällige Bezeichnung Kunzes als ehemaliger Soldat

sich nicht weiter erklären konnte zu keinen weiteren Erklärungen imstande war

vermaß sich kündigte an

gehe paktieren wolle

Rache zu schnauben seine Rachegelüste zum Ausdruck zu bringen

zu Kühnchen über. »Betrügerische Manipulationen mit öffentlichen Geldern ...« Kühnchen hüpfte. »Nu leg sich eener lang hin!«, rief er schreckensvoll. Kunze aber brüllte auf. »An mein Herz!«, und er riss Diederich in seine Arme. »Ich bin ein schlichter Soldat«, versicherte er. »Die Schale mag rau sein, aber der Kern ist echt. Beweisen Sie den Kanaillen ihre Schurkerei, und Major Kunze ist Ihr Freund, als ob Sie mit ihm im Feuer gestanden hätten bei Marslatuhr!«

Der Major hatte Tränen in den Augen, Diederich auch. Und so hochgespannt wie ihre beiden Seelen war die Stimmung im Saal. Der Eintretende sah überall Arme in die Luft fahren, die aus blauem Dunst bestand, und hier und dort schrie eine Brust. »Pfui!«, »Sehr richtig!« oder »Gemeinheit!« Der Wahlkampf war auf der Höhe, Diederich stürzte sich hinein, mit unerhörter Erbitterung, denn vor dem Büro, das der alte Buck in Person leitete, wer stand am Rand der Bühne und redete? Sötbier, Diederichs entlassener Prokurist! Aus Rache hielt Sötbier eine Hetzrede, worin er über die Arbeiterfreundlichkeit gewisser Herren auf das Abfälligste urteilte. Sie sei nichts als ein demagogischer Kniff, womit man, um gewisser persönlicher Vorteile willen, das Bürgertum spalten und dem Umsturz Wähler zutreiben wolle. Früher habe der Betreffende im Gegenteil gesagt: »Wer Knecht ist, soll Knecht bleiben.« – »Pfui!«, riefen die Organisierten. Diederich stieß um sich, bis er unter der Bühne stand. »Gemeine Verleumdung!«, schrie er Sötbier ins Gesicht. »Schämen Sie sich, seit Ihrer Entlassung sind Sie unter die Nörgler gegangen!« Der von Kunze kommandierte Kriegerverein brüllte wie ein Mann: »Gemeinheit!« und »Hört, hört!« – indes die Organisierten pfiffen und Sötbier eine zitterige Faust reckte gegen Diederich, der ihm drohte, er werde ihn einsperren lassen. Da erhob der alte Buck sich und klingelte.

Kanaillen Schuften (siehe Seite 207)

als ob Sie mit ihm im Feuer gestanden hätten bei Marslatuhr! → Seite 526

dem Büro dem Präsidium, der Versammlungsleitung (siehe Seite 382)

in Person höchstpersönlich, selbst

worin in der

ein demagogischer Kniff ein Trick, um das Volk zu betrügen

die Organisierten die gewerkschaftlich organisierten Arbeiter

seit Ihrer Entlassung sind Sie unter die Nörgler gegangen → Seite 526

und klingelte und mahnte mit seiner Klingel zu Ruhe und Ordnung

Als man wieder hören konnte, sagte er mit weicher Stimme, die anschwoll und erwärmte: »Mitbürger! Wollt doch dem persönlichen Ehrgeiz Einzelner nicht Nahrung gewähren, indem ihr ihn ernst nehmt! Was sind hier Personen? Was selbst Klassen? Es geht um das Volk, dazu gehören alle, nur die Herren nicht. Wir müssen zusammenhalten, wir Bürger dürfen nicht immer aufs Neue den Fehler begehen, der schon in meiner Jugend begangen wurde, dass wir unser Heil den Bajonetten anvertrauen, sobald auch die Arbeiter ihr Recht wollen. Dass wir den Arbeitern niemals ihr Recht geben wollten, das hat den Herren die Macht verschafft, auch uns das unsere zu nehmen.«

»Sehr wahr!«

»Das Volk, wir alle haben angesichts der uns abgeforderten Heeresvermehrung die vielleicht letzte Gelegenheit, unsere Freiheit zu behaupten gegen Herren, die uns nur noch rüsten, damit wir unfrei sind. Wer Knecht ist, soll Knecht bleiben, das wird nicht nur euch Arbeitern gesagt: Das sagen die Herren, deren Macht wir immer teurer bezahlen sollen, uns allen!«

»Sehr wahr! Bravo! Keinen Mann und keinen Groschen!« Inmitten bewegter Zustimmung setzte der alte Buck sich. Diederich, dem äußersten Kampf nahe und im Voraus schweißtriefend, sandte noch einen Blick durch den Saal und bemerkte Gottlieb Hornung, der die Lieferanten des Kaiser-Wilhelm-Denkmals befehligte. Pastor Zillich bewegte sich unter den christlichen Jünglingen, der Kriegerverein war um Kunze geschart: Da zog Diederich blank. »Der Erbfeind erhebt wieder mal das Haupt!«, schrie er mit Todesverachtung. »Ein Vaterlandsverräter, wer unserm herrlichen Kaiser versagt, was er –«

»Hu, hu!«, riefen die Vaterlandsverräter; aber Diederich, unter den Beifallssalven der Gutgesinnten, schrie weiter, wenn

erwärmte immer wärmer wurde

Was sind hier Personen? Glaubt ihr, es komme hier auf Einzelne an?

die Herren die Machthaber

unser Heil den Bajonetten anvertrauen mit der Obrigkeit und dem Militär paktieren

zu behaupten erfolgreich zu verteidigen

rüsten bewaffnen, aufrüsten

Keinen Mann Keinen weiteren Soldaten

Groschen → Seite 526

befehligte anführte, in seinem Sinne leitete

Da zog Diederich blank. Da ging Diederich zum Angriff über.

»Der Erbfeind erhebt wieder mal das Haupt!« → Seite 526

versagt verweigert

ihm auch die Stimme überschnappte. »Ein französischer General hat Revanche verlangt!« Vom Büro her fragte jemand: »Wie viel hat er aus Berlin dafür bekommen?« Worauf man lachte – indes Diederich mit den Armen hinaufgriff, als wollte er in die Luft steigen. »Schimmernde Wehr! Blut und Eisen! Mannhafte Ideale! Starkes Kaisertum!« Seine Kraftworte stießen rasselnd aneinander, umlärmt vom Getöse der Gutgesinnten. »Festes Regiment! Bollwerk gegen die Schlammflut der Demokratie!«

Revanche Vergeltung (für eine militärische Niederlage)

»Schimmernde Wehr! … Schlammflut der Demokratie!« (Schlagworte der politischen Rechten um 1900)

»Ihr Bollwerk heißt Wulckow!«, rief wieder die Stimme vom Büro. Diederich fuhr herum, er erkannte Heuteufel. »Wollen Sie sagen, die Regierung Seiner Majestät –?« – »Auch ein Bollwerk!«, sagte Heuteufel. Diederich reckte den Finger nach ihm. »Sie haben den Kaiser beleidigt!«, rief er mit äußerster Schneidigkeit. Aber hinter ihm kreischte jemand: »Spitzel!« Es war Napoleon Fischer, und seine Genossen wiederholten es aus rauen Kehlen. Sie waren aufgesprungen, sie umringten Diederich in unglückverheißender Weise. »Er provoziert schon wieder! Er will noch einen ins Loch bringen! Raus!« Und Diederich ward angepackt. Angstverzerrt wand er den Hals, den schwielige Fäuste beengten, nach dem Vorsitzenden hin und flehte erstickt um Hilfe. Der alte Buck gewährte sie ihm, er klingelte anhaltend, und er schickte sogar einige junge Leute aus, damit sie Diederich von seinen Feinden erretteten. Kaum dass er sich rühren konnte, schwang Diederich den Finger gegen den alten Buck. »Die demokratische Korruption!«, schrie er, tanzend vor Leidenschaft. »Ich will sie ihm beweisen!« – »Bravo! Reden lassen!« – und das Lager der nationalen Männer setzte sich in Bewegung, überrannte die Tische und maß sich Aug in Auge mit dem Umsturz. Ein Handgemenge schien bevorzustehen: Schon fasste der Polizeileutnant dort oben seinen Helm an, um sich damit zu bedecken; es war ein kritischer

Loch Gefängnis

Moment – da hörte man von der Bühne herab befehlen: »Ruhe! Er soll sprechen!« Und es ward fast still, man hatte einen Zorn vernommen, größer als irgendeiner hier. Der alte Buck, heraufgewachsen hinter seinem Tisch dort oben, war kein würdiger Greis mehr, er schien schlanker vor Kraft, vom Hass war er bleich, und einen Blick schnellte er gegen Diederich: Der Atem stockte einem.

»Er soll sprechen!«, wiederholte der Alte. »Auch Verräter haben das Wort, bevor sie abgeurteilt werden. So sehen die Verräter an der Nation aus. Sie haben sich nur äußerlich verändert seit den Zeiten, da mein Geschlecht kämpfte, fiel, ins Gefängnis und auf die Richtstätte ging.«

da mein Geschlecht als meine Generation

»Haha«, machte hier Gottlieb Hornung, voll überlegenen Spottes. Zu seinem Unglück saß er im Armbereich eines starken Arbeiters, der so furchtbar nach ihm ausholte, dass Hornung, noch bevor der Schlag ihn traf, umfiel mitsamt seinem Stuhl.

»Schon damals«, rief der Alte, »gab es solche, die statt der Ehre den Nutzen wählten und denen keine Herrschaft demütigend schien, wenn sie sie bereicherte. Der sklavische Materialismus, Frucht und Mittel jeder Tyrannei, er war es, dem wir unterlagen, und auch ihr, Mitbürger –«

Der sklavische Materialismus Das hemmungslose Gewinnstreben, das uns zu Sklaven unserer Gier gemacht hat

Der Alte breitete die Arme aus, er spannte sich zu dem letzten Schrei seines Gewissens.

»Mitbürger, auch ihr lauft heute Gefahr, von ihm verraten und seine Beute zu werden! Dieser Mensch soll sprechen.«

»Nein!«

»Er soll sprechen. Dann aber fragt ihn, wie viel eine Gesinnung, die national zu nennen er die Stirn hat, in barem Gelde beträgt. Fragt ihn, wem er sein Haus verkauft hat, zu welchem Zweck und mit welchem Nutzen!«

die Stirn hat sich erdreistet

»Wulckow!« Der Ruf kam von der Bühne, aber der Saal nahm ihn auf. Diederich, gebieterische Fäuste hinter sich, gelangte nicht ganz freiwillig die Stufen zur Bühne hinauf. Dort sah er ratsuchend umher: Der alte Buck saß regungslos, die Hand geballt auf dem Knie und ließ ihn nicht aus dem Auge; Heuteufel, Cohn, alle Herren des Büros erwarteten mit kalter Gier im Gesicht seinen Zusammenbruch; und »Wulckow!« rief der Saal ihm zu, »Wulckow!« Er stammelte etwas von Verleumdung, das Herz flog ihm, einen Augenblick schloss er die Augen, in der Hoffnung, er werde umfallen und der Sache überhoben sein. Aber er fiel nicht um – und als nichts anderes mehr möglich war, kam ihm ein ungeheurer Mut. Er griff an seine Brusttasche, seiner Waffe sicher, und er maß kampfesfreudig den Feind, jenen tückischen Alten, der nun endlich die Maske des väterlichen Gönners verloren hatte und seinen Hass bekannte. Diederich blitzte ihn an, er stieß vor ihm beide Fäuste gegen den Boden. Dann trat er kraftvoll vor den Saal her.

»Wollen Sie was verdienen?«, brüllte er, wie ein Ausrufer, in den Tumult – und es ward still, wie auf ein Zauberwort. »Jeder kann bei mir verdienen!«, brüllte Diederich, mit unverminderter Gewalt. »Jedem, der mir nachweist, wie viel ich am Verkauf meines Hauses verdient habe, zahle ich ebenso viel!«

Hierauf schien niemand gefasst. Die Lieferanten zuerst riefen bravo, dann entschlossen sich auch die Christen und die Krieger, aber ohne rechte Zuversicht, denn es ward wieder »Wulckow!« gerufen, noch dazu nach dem Takt von Biergläsern, die man auf die Tische stieß. Diederich erkannte, dass dies ein vorbereiteter Streich war, der nicht nur ihm, sondern weit höheren Mächten galt. Er sah sich unruhig um, und wirklich zückte der Polizeileutnant schon wieder den Helm. Diederich bedeutete ihm mit der Hand, dass er es schon machen werde, und er brüllte: »Nicht Wulckow, ganz andere Leute! Das freisinnige Säuglingsheim! Dafür hätte

das Herz flog ihm sein Herz hämmerte in rasendem Tempo

umfallen und der Sache überhoben sein ohnmächtig werden und so um die drohende große Auseinandersetzung herumkommen

trat er kraftvoll vor den Saal her wandte er sich kraftvoll an die im Saal versammelte Menge

ein vorbereiteter Streich ein sorgfältig geplanter Angriff

ihm … galt ihn … treffen sollte

Diederich bedeutete ihm mit der Hand, dass er es schon machen werde Diederich signalisierte dem Polizeileutnant, dass sein Einschreiten nicht notwendig sei

ich mein Haus hergeben sollen, das ist mir nahegelegt worden, ich kann es beschwören. Ich als nationaler Mann habe mich energisch gewehrt gegen die Zumutung, die Stadt zu betrügen und den Raub zu teilen mit einem gewissenlosen Magistratsrat!«

Magistratsrat Stadtrat (siehe Seite 107)

»Sie lügen!«, rief der alte Buck und stand flammend da. Aber Diederich flammte noch höher, im Vollgefühl seines Rechtes und seiner sittlichen Sendung. Er griff in die Brusttasche, und vor dem tausendköpfigen Drachen dort unten, der ihn anspritzte: »Lügner! Schwindler!«, schwenkte er furchtlos seinen Schein. »Beweis!«, brüllte er und schwenkte so lange, bis sie hörten.

sittlichen Sendung moralischen Mission

»Bei mir ist es nicht geglückt, aber in Gausenfeld. Jawohl, Mitbürger! In Gausenfeld! ... Wieso? Gleich. Zwei Herren von der freisinnigen Partei sind beim Besitzer gewesen und haben das Vorkaufsrecht verlangt auf ein gewisses Terrain, für den Fall, dass das Säuglingsheim dorthin kommt.«

Vorkaufsrecht »Recht, etwas Bestimmtes, wenn es zum Verkauf steht, als Erste[r] angeboten zu bekommen« (Duden)

»Namen! Namen!«

Diederich schlug sich auf die Brust, auch zum Letzten bereit. Klüsing hatte ihm alles verraten, nur nicht die Namen. Blitzend fasste er die Herren des Vorstands ins Auge; einer schien zu erbleichen. ›Wer wagt, gewinnt‹, dachte Diederich, und er brüllte: »Der eine ist Herr Warenhausbesitzer Cohn!«

Terrain Gelände, Grundstück (siehe Seite 299)

Und er trat ab, mit der Miene erfüllter Pflicht. Drunten nahm Kunze ihn entgegen und küsste ihn selbstvergessen rechts und links ins Gesicht, wozu die Nationalgesinnten klatschten. Die anderen schrien: »Beweis!« oder »Schwindel!« Aber »Cohn soll reden!«, das wollten alle, Cohn konnte sich den Anforderungen unmöglich entziehen. Der alte Buck sah ihn an, starr, mit einem sichtbaren Zittern der Wangen; und dann erteilte er ihm von selbst das Wort. Cohn, von Heuteufel mit einem Stoß versehen, kam ohne rechte Überzeugung hinter dem langen Tisch des Komitees hervor,

den Anforderungen dem Verlangen der Menge

schleppte die Füße nach und hatte ungünstig gewirkt, noch bevor er anfing. Er lächelte entschuldigend. »Meine Herren, das werden Sie dem Herrn Vorredner doch nicht glauben«, sagte er so sanft, dass fast niemand es verstand. Dennoch meinte Cohn schon zu weit gegangen zu sein. »Ich will den Herrn Vorredner nicht gradezu dementieren, aber so war es denn doch nicht.«

»Aha! Er gibt es zu!« – und jäh brach ein Aufruhr los, dass Cohn, auf nichts vorbereitet, einen Sprung rückwärts tat. Der Saal war nur noch ein Fuchteln und Schäumen. Schon fielen da und dort Gegner übereinander her. »Hurra!«, kreischte Kühnchen und sauste durch die Reihen mit flatterndem Haar, die Fäuste geschwungen, anfeuernd zur Metzelei ... Auch auf der Bühne war alles auf den Beinen, außer dem Polizeileutnant. Der alte Buck hatte den Platz des Vorsitzenden verlassen, und abgekehrt von dem Volk, über das der letzte Schrei seines Gewissens vergebens hingegangen war, abseits und allein, richtete er die Augen dorthin, wo niemand sah, dass sie weinten. Heuteufel sprach entrüstet auf den Polizeileutnant ein, der sich von seinem Stuhl nicht rührte, ward aber darüber belehrt, dass der Beamte allein entscheide, ob und wann er auflöse. Es brauchte nicht grade in dem Augenblick zu geschehen, wo es für den Freisinn schlecht stand! Worauf Heuteufel zum Tisch ging und die Glocke führte. Dazu schrie er: »Der zweite Name!« Und da alle Herren auf der Bühne mitschrien, hörte man es endlich, und Heuteufel konnte fortfahren.

»Der Zweite, der in Gausenfeld war, ist Herr Landgerichtsrat Kühlemann! Stimmt. Kühlemann selbst. Derselbe Kühlemann, aus dessen Nachlass das Säuglingsheim gebaut werden soll. Will jemand behaupten, Kühlemann bestiehlt seinen eigenen Nachlass? Na also!« – und Heuteufel zuckte die Achseln, worauf beifällig gelacht ward. Nicht lange; die

will den Herrn Vorredner nicht geradezu dementieren will nicht so weit gehen, zu behaupten, mein Vorredner habe die Unwahrheit gesagt

ein Aufruhr los, dass ein solcher Aufruhr los, dass

Metzelei Gemetzel, Massaker

er auflöse er die Versammlung für beendet erkläre

beifällig zustimmend

Leidenschaften fauchten schon wieder. »Beweise! Kühlemann soll selbst reden! Diebe!« Herr Kühlemann sei schwerkrank, erklärte Heuteufel. Man werde hinschicken, man telefoniere schon. »Auweh«, raunte Kunze seinem Freunde Diederich zu. »Wenn Kühlemann es war, sind wir fertig und können einpacken.« – »Noch lange nicht!«, verhieß Diederich, tollkühn. Pastor Zillich seinerseits setzte seine Hoffnung nur mehr auf den Finger Gottes. Diederich in seiner Tollkühnheit sagte: »Brauchen wir gar nicht!« – und er machte sich über einen Zweifler her, dem er zuredete. Die Gutgesinnten reizte er zu entschiedener Stellungnahme, ja, er drückte Sozialdemokraten die Hand, um ihren Hass gegen die bürgerliche Korruption zu verstärken – und überall hielt er den Leuten Klüsings Brief vor die Augen. Er schlug so heftig mit dem Handrücken auf das Papier, dass niemand lesen konnte, und rief: »Steht da Kühlemann? Da steht Buck! Wenn Kühlemann noch japsen kann, wird er zugeben müssen, dass er es nicht war. Buck war es!«

Dabei überwachte er dennoch die Bühne, wo es merkwürdig still geworden war. Die Herren des Komitees liefen durcheinander, aber sie flüsterten nur. Den alten Buck sah man nicht mehr. »Was ist los?« Auch im Saal ward es ruhiger, noch wusste man nicht, warum. Plötzlich hieß es: »Kühlemann soll tot sein.« Diederich fühlte es mehr, als dass er es hörte. Er gab es plötzlich auf, zu reden und sich abzuarbeiten. Vor Spannung schnitt er Gesichter. Wenn jemand ihn fragte, antwortete er nicht, er vernahm ringsum ein wesenloses Gewirr von Lauten und wusste nicht mehr deutlich, wo er war. Dann kam aber Gottlieb Hornung und sagte: »Er ist weiß Gott tot. Ich war oben, sie haben telefoniert. Im Moment ist er gestorben.«

»Im richtigen Moment«, sagte Diederich und sah sich um, erstaunt, als erwachte er. »Der Finger Gottes hat sich wieder

Nicht lange; die Leidenschaften fauchten schon wieder. Doch nach kürzester Zeit kochten die Leidenschaften schon wieder hoch.

hinschicken nach ihm schicken, ihn holen lassen

den Finger Gottes ein plötzliches Eingreifen der himmlischen Macht, das alles zum Guten wende

japsen Luft kriegen

Dabei überwachte er dennoch die Bühne Ungeachtet dieser starken Worte behielt er mit wachsam-besorgten Blicken die Bühne im Auge

weiß Gott tatsächlich

Im Moment Vor wenigen Minuten

mal bewährt«, stellte Pastor Zillich fest, und Diederich ward sich bewusst, dass dieser Finger doch nicht zu verachten war. Wie, wenn er dem Schicksal einen andern Lauf angewiesen hätte? … Die Parteien im Saal lösten sich auf; das Eingreifen des Todes in die Politik machte aus den Parteien Leute; sie sprachen gedämpft und verzogen sich. Als er schon draußen war, erfuhr Diederich noch, der alte Buck habe eine Ohnmacht erlitten.

Die »Netziger Zeitung« berichtete über die »tragisch verlaufene Wahlversammlung« und schloss daran einen ehrenvollen Nachruf für den hochverdienten Mitbürger Kühlemann. Den Verblichenen traf kein Makel, wenn etwa Dinge vorgefallen waren, die der Aufklärung bedurften … Das Weitere geschah, nachdem Diederich und Napoleon Fischer eine Besprechung unter vier Augen gehabt hatten. Noch am Abend vor der Wahl hielt die »Partei des Kaisers« eine Versammlung ab, von der die Gegner nicht ausgeschlossen waren. Diederich trat auf und geißelte mit flammenden Worten die demokratische Korruption und ihr Haupt in Netzig, das mit Namen zu nennen die Pflicht eines kaisertreuen Mannes sei – aber er nannte es doch lieber nicht. »Denn, meine Herren, das Hochgefühl schwellt mir die Brust, dass ich mich verdient mache um unseren herrlichen Kaiser, wenn ich seinem gefährlichsten Feinde die Maske abreiße und Ihnen beweise, dass er auch nur verdienen will.« Hier kam ihm ein Einfall, oder war es eine Erinnerung, er wusste nicht. »Seine Majestät haben das erhabene Wort gesprochen: Mein afrikanisches Kolonialreich für einen Haftbefehl gegen Eugen Richter! Ich aber, meine Herren, liefere Seiner Majestät die nächsten Freunde Richters!« Er ließ die Begeisterung verrauschen; dann, mit verhältnismäßig gedämpfter Stimme: »Und darum, meine Herren, habe ich besondere Gründe, zu vermu-

Verblichenen Verstorbenen

wenn etwa … waren selbst wenn … sein sollten

Mein afrikanisches Kolonialreich für einen Haftbefehl gegen Eugen Richter! (siehe Seite 500) wohl eine satirische Übertreibung; die Forschungsliteratur zu dem Roman konnte kein entsprechendes Zitat des Kaisers nachweisen.

ten, was man an hoher, sehr hoher Stelle von der ›Partei des Kaisers‹ erwartet.« Er griff an seine Brusttasche, als trüge er dort auch diesmal die Entscheidung; und plötzlich aus voller Lunge: »Wer jetzt noch seine Stimme dem Freisinnigen gibt, der ist kein kaisertreuer Mann!« Da die Versammlung dies einsah, machte Napoleon Fischer, der zugegen war, den Versuch, sie auf die gebotenen Konsequenzen ihrer Haltung hinzuweisen. Sofort fuhr Diederich dazwischen. Die nationalen Wähler würden schweren Herzens ihre Pflicht tun und das kleinere Übel wählen. »Aber ich bin der Erste, der jedes Paktieren mit dem Umsturz weit von sich weist!« Er schlug so lange auf das Rednerpult, bis Napoleon in der Versenkung verschwand. Und dass Diederichs Entrüstung echt war, ersah man in der Frühe des Stichwahltages aus der sozialdemokratischen »Volksstimme«, die, unter höhnischen Ausfällen gegen Diederich selbst, alles wiedergab, was er über den alten Buck gesagt hatte, und zwar nannte sie den Namen. »Heßling fällt hinein«, sagten die Wähler, »denn jetzt muss Buck ihn verklagen.« Aber viele antworteten: »Buck fällt hinein, der andere weiß zu viel.« Auch die Freisinnigen, soweit sie der Vernunft zugänglich waren, fanden jetzt, es sei an der Zeit, vorsichtig zu werden. Wenn die Nationalen, mit denen nicht zu spaßen schien, nun einmal meinten, man solle für den Sozialdemokraten stimmen – Und war der Sozialdemokrat erst gewählt, dann war es gut, dass man ihn mit gewählt hatte, sonst ward man noch boykottiert von den Arbeitern ... Die Entscheidung aber fiel nachmittags um drei. In der Kaiser-Wilhelm-Straße erscholl Alarmgeblase, alles stürzte an die Fenster und unter die Ladentüren, um zu sehen, wo es brenne. Es war der Kriegerverein in Uniform, der herbeimarschierte. Seine Fahne zeigte ihm den Weg der Ehre. Kühnchen, der das Kommando führte, hatte die Pickelhaube wild im Nacken sitzen und schwang auf furchterregende Weise

einsah zugestehen musste

Ausfällen beleidigenden Anmerkungen

»Heßling fällt hinein« »Nun fällt Heßling in die Grube, die er selbst gegraben hat«

Pickelhaube amtliche Bezeichnung: »Helm mit Spitze«. 1843 zunächst in der preußischen Armee eingeführte militärische Kopfbedeckung, mit der später auch Polizeibeamte ausgestattet wurden; die Pickelhaube wurde in der Folge zum Symbol des autoritären Obrigkeitsstaates und des (preußischen) Militarismus (siehe auch die Abbildungen auf den Seiten 486 und 536).

seinen Degen. Diederich in Reih und Glied stapfte mit und freute sich der Zuversicht, dass nun in Reih und Glied, nach Kommandos und auf mechanischem Wege alles Weitere sich abwickeln werde. Man brauchte nur zu stapfen, und aus dem alten Buck ward Kompott gemacht unter dem Taktschritt der Macht! ... Am andern Ende der Straße holte man die neue Fahne ab und empfing sie, bei schmetternder Musik, mit stolzem Hurra. Unabsehbar verlängert durch die Werbungen des Patriotismus, erreichte der Zug das Klapp'sche Lokal. Hier ward in Sektionen eingeschwenkt, und Kühnchen befahl »Küren«. Der Wahlvorstand, an seiner Spitze Pastor Zillich, wartete schon, festlich gekleidet, im Hausflur. Kühnchen kommandierte mit Kampfgeschrei: »Auf, Kameraden, zur Wahl! Wir wählen Fischer!« – worauf es vom rechten Flügel ab, unter schmetternder Musik, in das Wahllokal ging. Dem Kriegerverein aber folgte der ganze Zug. Klappsch, der auf so viel Begeisterung nicht vorbereitet war, hatte schon kein Bier mehr. Zuletzt, als die nationale Sache alles abgeworfen zu haben schien, dessen sie fähig war, kam noch, von Hurra empfangen, der Bürgermeister Doktor Scheffelweis. Er ließ sich ganz offenkundig den roten Zettel in die Hand drücken, und bei der Rückkehr von der Urne sah man ihn freudig bewegt. »Endlich!«, sagte er und drückte Diederich die Hand. »Heute haben wir den Drachen besiegt.« Diederich erwiderte schonungslos: »Sie, Herr Bürgermeister? Sie stecken noch halb in seinem Rachen. Dass er Sie nur nicht mitnimmt, jetzt wo er verreckt!« Während Doktor Scheffelweis erbleichte, stieg wieder ein Hurra. Wulckow! ...

Fünftausend und mehr Stimmen für Fischer! Heuteufel mit kaum dreitausend war fortgefegt von der nationalen Woge, und in den Reichstag zog der Sozialdemokrat. Die »Netziger Zeitung« stellte einen Sieg der »Partei des Kaisers« fest, denn ihr verdanke man es, dass eine Hochburg des Freisinns

aus dem alten Buck ward Kompott gemacht im Sinne von: der alte Buck würde zu Brei zerstampft werden

Unabsehbar verlängert durch die Werbungen des Patriotismus Nachdem sich zahllose Menschen der Marschkolonne des Kriegervereins in patriotischer Begeisterung angeschlossen hatten,

Hier ward in Sektionen eingeschwenkt Militärsprache: Hier wurde Abteilung für Abteilung ein Richtungswechsel vollzogen, bis alle vor dem Zielort Aufstellung genommen hatten

»Küren« → Seite 526

stieg wieder ein Hurra wurde wieder ein vielstimmiges »Hurra« ausgebracht (stieg zum Himmel)

Fünftausend und mehr Stimmen für Fischer! → Seite 526

gefallen sei – womit aber Nothgroschen weder große Befriedigung noch lauten Widerspruch weckte. Die eingetretene Tatsache fanden alle natürlich, aber gleichgültig. Nach dem Rummel der Wahlzeit hieß es nun wieder Geld verdienen. Das Kaiser-Wilhelm-Denkmal, noch soeben der Mittelpunkt eines Bürgerkrieges, regte keinen mehr auf. Der alte Kühlemann hatte der Stadt sechshunderttausend Mark für gemeinnützige Zwecke vermacht, sehr anständig. Säuglingsheim oder Kaiser-Wilhelm-Denkmal, es war wie Schwamm oder Zahnbürste, wenn man zu Gottlieb Hornung kam. In der entscheidenden Sitzung der Stadtverordneten zeigte es sich, dass die Sozialdemokraten für das Denkmal waren, also schön. Irgendjemand schlug vor, gleich ein Komitee zu bilden und dem Herrn Regierungspräsidenten von Wulckow den Ehrenvorsitz anzubieten. Hier erhob sich Heuteufel, den seine Niederlage wohl doch geärgert hatte, und äußerte Bedenken, ob der Regierungspräsident, der einem gewissen Grundstücksgeschäft nicht fernstehe, sich selbst für berufen halten werde, das Grundstück mitzubestimmen, auf dem das Denkmal stehen solle. Man schmunzelte und zwinkerte ein wenig; und Diederich, dem es kalt durch den Leib schnitt, wartete, ob jetzt der Skandal kam. Er wartete still, mit einem verstohlenen Kitzel, wie es der Macht ergehen werde, nun jemand rüttelte. Er hätte nicht sagen können, was er sich wünschte. Da nichts kam, erhob er sich stramm und protestierte, ohne übertriebene Anstrengung, gegen eine Unterstellung, die er schon einmal öffentlich widerlegt habe. Die andere Seite dagegen habe die ihr zur Last gelegten Missbräuche bisher nicht im Mindesten entkräftet. »Trösten Sie sich«, erwiderte Heuteufel, »Sie werden es bald erleben. Die Klage ist schon eingereicht.«

Dies bewirkte immerhin eine Bewegung. Der Eindruck ward freilich abgeschwächt, als Heuteufel gestehen musste,

natürlich folgerichtig, wenig verwunderlich

nun jemand rüttelte nun, da jemand an ihren Pforten rüttelte (sie herausforderte)

Missbräuche Vorteilsnahmen

dass sein Freund Buck nicht den Stadtverordneten Doktor Heßling, sondern nur die »Volksstimme« verklagt habe. »Heßling weiß zu viel«, wiederholte man – und neben Wulckow, dem der Ehrenvorsitz zufiel, ward Diederich zum Vorsitzenden des Kaiser-Wilhelm-Denkmal-Komitees ernannt. Im Magistrat fanden diese Beschlüsse in dem Bürgermeister Doktor Scheffelweis einen warmen Fürsprecher, und sie gingen durch, wobei der alte Buck durch Abwesenheit glänzte. Wenn er seine Sache selbst nicht höher einschätzte! Heuteufel sagte: »Soll er sich die Schweinereien, die er nicht verhindern kann, auch noch persönlich ansehen?« Aber damit schadete Heuteufel nur sich selbst. Da der alte Buck nun in kurzer Zeit zwei Niederlagen erlitten hatte, sah man voraus, der Prozess gegen die »Volksstimme« werde seine dritte sein. Die Aussage, die man vor Gericht zu machen haben würde, passte jeder schon im Voraus den gegebenen Umständen an. Heßling war natürlich zu weit gegangen, sagten vernünftig Denkende. Der alte Buck, den alle von jeher kannten, war kein Schwindler und Gauner. Eine Unvorsichtigkeit wäre ihm vielleicht zuzutrauen gewesen, besonders jetzt, wo er die Schulden seines Bruders bezahlte und selbst schon das Wasser an der Kehle hatte. Ob er nun wirklich mit Cohn bei Klüsing gewesen war wegen des Terrains? Ein gutes Geschäft: – es hätte nur nicht herauskommen dürfen! Und warum musste Kühlemann genau in der Minute abkratzen, wo er seinen Freund hätte freischwören sollen. So viel Pech bedeutete etwas. Herr Tietz, der kaufmännische Leiter der »Netziger Zeitung«, der in Gausenfeld ein und aus ging, sagte ausdrücklich, man begehe nur ein Verbrechen gegen sich selbst, wenn man für Leute eintrete, die augenscheinlich ausgespielt hätten. Auch machte Tietz darauf aufmerksam, dass der alte Klüsing, der mit einem Wort die ganze Sache hätte beenden können, sich hütete, zu reden. Er war krank,

Wenn er seine Sache selbst nicht höher einschätzte! Offenbar schien er gar nicht gewillt, alles zu versuchen, um sein Projekt zu retten!

freischwören von dem Vorwurf entlasten

nur seinetwegen musste die Verhandlung auf unbestimmte Zeit vertagt werden.

Was ihn aber nicht abhielt, seine Fabrik zu verkaufen. Dies war das Neueste, dies waren die »einschneidenden Veränderungen in einem großen, für das wirtschaftliche Leben Netzigs hochbedeutsamen Unternehmen«, von denen die »Netziger Zeitung« dunkel meldete. Klüsing war mit einem Berliner Konsortium in Verbindung getreten. Diederich, gefragt, warum er nicht mittue, zeigte den Brief vor, worin Klüsing ihm, früher als jedem andern, den Kauf angeboten hatte. »Und zwar unter Bedingungen, die nie wiederkommen«, setzte er hinzu. »Leider bin ich stark engagiert bei meinem Schwager in Eschweiler, ich weiß nicht einmal, ob ich nicht von Netzig wegziehen muss.« Aber als Sachverständiger erklärte er auf Befragen Nothgroschens, der seine Antwort veröffentlichte, dass der Prospekt eher noch hinter der Wahrheit zurückbleibe. Gausenfeld sei tatsächlich eine Goldgrube; der Ankauf der Aktien, die an der Börse zugelassen seien, könne nur auf das Wärmste empfohlen werden. Tatsächlich wurden die Aktien in Netzig stark gefragt. Wie sachlich und von persönlichem Interesse unbeeinflusst Diederichs Urteil gewesen war, zeigte sich bei einer besonderen Gelegenheit, als nämlich der alte Buck Geld suchte. Denn er war so weit; seine Familie und sein Gemeinsinn hatten ihn glücklich so weit gebracht, dass auch seine Freunde nicht mehr mitgingen. Da griff Diederich ein. Er gab dem Alten zweite Hypothek für sein Haus in der Fleischhauergrube. »Er muss es verzweifelt nötig gehabt haben«, bemerkte Diederich, sooft er davon erzählte. »Wenn er es von mir, seinem entschiedensten politischen Gegner, annimmt! Wer hätte das früher von ihm gedacht.« Und Diederich sah gedankenvoll in das Schicksal ... Er setzte hinzu, das Haus werde ihm teuer zu stehen kommen, wenn es ihm zufalle. Freilich, aus dem sei-

Konsortium (siehe Seite 291: und Konsorten)

mittue → Seite 527

Bedingungen, die nie wiederkommen einmalig günstigen Bedingungen

stark engagiert geschäftlich (mit eigenem Kapital) stark beteiligt

Befragen Anfrage

Prospekt → Seite 527

Ankauf der Aktien, die an der Börse zugelassen seien → Seite 527

gefragt nachgefragt

Gemeinsinn (siehe Seite 299)

glücklich so weit gebracht → Seite 527

mitgingen aushelfen wollten

Er gab dem Alten zweite Hypothek für sein Haus → Seite 528

sah gedankenvoll in das Schicksal → Seite 528

nen müsse er bald heraus. Und auch dies zeigte, dass er auf Gausenfeld nicht rechnete ... »Aber«, erklärte Diederich, »der Alte ist nicht auf Rosen gebettet, wer weiß, wie sein Prozess ausgeht – und grade weil ich ihn politisch bekämpfen muss, wollte ich zeigen – Sie verstehen.« Man verstand, und man beglückwünschte Diederich zu seinem mehr als korrekten Verhalten. Diederich wehrte ab. »Er hat mir Mangel an Idealismus vorgeworfen, das durfte ich nicht auf mir sitzen lassen.« Männliche Rührung zitterte in seiner Stimme.

Die Schicksale nahmen ihren Lauf; und wenn man manche auf Terrainschwierigkeiten stoßen sah, durfte man umso freudiger anerkennen, dass das eigene glattging. Diederich erfuhr dies so recht an dem Tage, als Napoleon Fischer nach Berlin reiste, um die Militärvorlage abzulehnen. Die »Volksstimme« hatte eine Massendemonstration angekündigt, der Bahnhof sollte polizeilich besetzt sein; Pflicht eines nationalen Mannes war es, dabei zu sein. Unterwegs stieß Diederich auf Jadassohn. Man begrüßte einander so förmlich, wie die kühl gewordenen Beziehungen es vorschrieben. »Sie wollen sich auch den Klimbim ansehen?«, fragte Diederich.

»Ich gehe in Urlaub – nach Paris.« Tatsächlich trug Jadassohn Kniehosen. Er setzte hinzu: »Schon um den politischen Dummheiten auszuweichen, die hier begangen worden sind.«

Diederich beschloss, vornehm hinwegzuhören über die Verärgerung eines Menschen, der keinen Erfolg gehabt hatte. »Man dachte eigentlich«, sagte er, »Sie würden jetzt Ernst machen.«

»Ich? Wieso?«

»Fräulein Zillich ist freilich fort zu ihrer Tante.«

»Tante ist gut«, Jadassohn feixte. »Und man dachte, Sie wohl auch?«

ist nicht auf Rosen gebettet redensartlich für: hat nicht mehr viel finanzielle Mittel zur Verfügung

anerkennen zur Kenntnis nehmen

um die Militärvorlage abzulehnen Die Regierungsvorlage erzielte im neu zusammengesetzten Reichstag eine knappe Mehrheit.

Klimbim Unfug; Heßling übernimmt die Wortwahl und den geringschätzigen Ton Wulckows (siehe Seite 285).

Kniehosen Die mit der Französischen Revolution von der Bildfläche verschwundenen Kniehosen erlebten im ausgehenden 19. Jahrhundert als Uniform- und (an den Oberschenkeln weitgeschnittene) Reithosen (›Breeches‹) ein Revival.

»Mich lassen Sie nur aus dem Spiel.« Diederich machte ein Gesicht voll Einverständnis. »Aber wieso ist Tante gut? Wo ist sie denn hin?«

»Durchgegangen«, sagte Jadassohn. Da blieb Diederich denn doch stehn und schnaufte. Käthchen Zillich durchgegangen! In was für Abenteuer hätte man verwickelt werden können! ... Jadassohn sagte weltmännisch: »Nun ja, nach Berlin. Die guten Eltern haben noch keine Ahnung. Ich bin weiter nicht böse mit ihr, Sie verstehen, es musste mal zum Klappen kommen.«

»So oder so«, ergänzte Diederich, der sich gefasst hatte.

»Lieber so als so«, berichtigte Jadassohn; worauf Diederich, vertraulich die Stimme gesenkt: »Jetzt kann ich es Ihnen ja sagen, mir kam das Mädchen schon immer so vor, als ob sie bei Ihnen auch nicht sauer werden würde.«

Aber Jadassohn verwahrte sich, nicht ohne Eigenliebe. »Was glauben Sie denn. Ich selbst habe ihr Empfehlungen mitgegeben. Passen Sie auf, sie macht Karriere in Berlin.«

»Daran zweifle ich nicht.« Diederich zwinkerte. »Ich kenne ihre Qualitäten ... Sie allerdings haben mich für naiv gehalten.« Jadassohns Abwehr ließ er nicht gelten. »Sie haben mich für naiv gehalten. Und zur selben Zeit bin ich Ihnen verdammt ins Gehege gekommen, jetzt kann ich es ja sagen.« Er berichtete dem andern, der immer unruhiger ward, sein Erlebnis mit Käthchen im Liebeskabinett – berichtete es so vollständig, wie es in Wahrheit nicht stattgefunden hatte. Mit einem Lächeln befriedigter Rache sah er auf Jadassohn, der sichtlich im Zweifel war, ob hier der Ehrenpunkt Platz greifen müsse. Schließlich entschied er sich dafür, Diederich auf die Schulter zu klopfen, und man zog in freundschaftlicher Weise die gebotenen Schlüsse. »Die Sache bleibt natürlich streng unter uns ... So ein Mädchen muss man auch gerecht beurteilen, denn woher soll die bessere Lebewelt sich

Durchgegangen Weggelaufen

es musste mal zum Klappen kommen redensartlich für: es musste am Ende ja doch einmal zu einer Entscheidung kommen

bei Ihnen auch nicht sauer werden würde bei Ihnen auch nicht versauern, auch nicht ewig bei Ihnen bleiben würde

verwahrte sich, nicht ohne Eigenliebe wies diese Vermutung mit einiger Selbstgefälligkeit als haltlos zurück

Abwehr abwehrende Reaktion, Versicherung des Gegenteils

ob hier der Ehrenpunkt Platz greifen müsse → Seite 528

zog ... die gebotenen Schlüsse → Seite 528

die bessere Lebewelt → Seite 528

ergänzen … Die Adresse? Aber nur Ihnen. Kommt man dann mal nach Berlin, so weiß man doch, woran man ist.« – »Es hätte sogar einen gewissen Reiz«, bemerkte Diederich, in sich hineinblickend; und da Jadassohn sein Gepäck sah, nahmen sie Abschied. »Die Politik hat uns leider etwas auseinandergebracht, aber im Menschlichen findet man sich, Gott sei Dank, wieder. Viel Vergnügen in Paris.«

»Vergnügen kommt nicht in Frage.« Jadassohn wandte sich um, mit einem Gesicht, als sei er im Begriff, jemand hineinzulegen. Da er Diederichs beunruhigte Miene sah, kam er zurück. »In vier Wochen«, sagte er merkwürdig ernst und gefasst, »werden Sie es selbst sehn. Vielleicht ist es vorzuziehen, wenn Sie die Öffentlichkeit schon jetzt darauf vorbereiten.« Diederich, ergriffen wider Willen, fragte: »Was haben Sie vor?« Und Jadassohn, bedeutungsschwer, mit dem Lächeln eines opfervollen Entschlusses: »Ich stehe im Begriff, meine äußere Erscheinung in Einklang zu bringen mit meinen nationalen Überzeugungen.« … Als Diederich den Sinn dieser Worte erfasst hatte, konnte er nur noch eine achtungsvolle Verbeugung machen; Jadassohn war schon fort. Dahinten flammten, nun er die Halle betrat, seine Ohren noch einmal – das letzte Mal! – auf, wie zwei Kirchenfenster im Abendschein.

Auf den Bahnhof zu rückte eine Gruppe von Männern, in deren Mitte eine Standarte schwebte. Einige Schutzleute kamen nicht eben leichtfüßig die Treppe herab und stellten sich ihnen entgegen. Alsbald stimmte die Gruppe die Internationale an. Gleichwohl ward ihr Ansturm von den Vertretern der Macht erfolgreich zurückgeschlagen. Mehrere kamen freilich durch und scharten sich um Napoleon Fischer, der, langarmig wie er war, seine bestickte Reisetasche beinahe am Boden schleppte. Beim Büfett erfrischte man sich nach diesen in der Julisonne für die Sache des Umsturzes

woran man ist wohin man sich wenden kann

sein Gepäck sah wohl: sah, wie sein zuvor zur separaten Beförderung aufgegebenes großes Gepäck in den Zug geschafft wurde

meine äußere Erscheinung in Einklang zu bringen mit meinen nationalen Überzeugungen pompöse Umschreibung für die geplante operative Verkleinerung der Ohren (Jadassohn will offenbar nicht nur attraktiver, sondern auch ›weniger jüdisch‹ aussehen)

nun er (Z. 21) als er nun

Standarte kleine viereckige Fahne (eigentlich: einer militärischen Einheit)

Schutzleute Schutzmänner, Polizisten

die Internationale → Seite 528

bestandenen Strapazen. Dann versuchte Napoleon Fischer auf dem Bahnsteig, da der Zug ohnedies Verspätung hatte, eine Ansprache zu halten; aber ein Polizist untersagte es dem Abgeordneten. Napoleon setzte die bestickte Tasche hin und fletschte die Zähne. Wie Diederich ihn kannte, war er im Begriff, einen Widerstand gegen die Staatsgewalt zu begehen. Zu seinem Glück fuhr der Zug ein – und erst jetzt ward Diederich auf einen untersetzten Herrn aufmerksam, der sich aber abwandte, wenn man um ihn herumging. Er hielt einen großen Blumenstrauß vor sich hin und sah dem Zug entgegen. Diederich kannte doch diese Schultern ... Das ging mit dem Teufel zu! Aus einem Coupé grüßte Judith Lauer, ihr Mann half ihr herunter, ja er überreichte ihr den Blumenstrauß, und sie nahm ihn mit dem ernsten Lächeln, das sie hatte. Wie die beiden sich nach dem Ausgang wandten, ging Diederich ihnen schleunigst aus dem Weg, und er schnaufte dabei. Mit dem Teufel ging es nicht zu, Lauers Zeit war einfach herum, er war wieder frei. Nicht, dass von ihm etwas zu fürchten stand, immerhin musste man sich erst wieder daran gewöhnen, ihn draußen zu wissen ... Und mit einem Bouquet holte er sie ab! Wusste er denn nichts? Er hatte doch Zeit gehabt, nachzudenken. Und sie, die zu ihm zurückkehrte, nachdem er fertig gesessen hatte! Es gab Verhältnisse, von denen man sich als anständiger Mensch nichts träumen ließ. Übrigens stand Diederich den Dingen nicht näher als jeder andere; er hatte damals nur seine Pflicht getan. ›Alle werden dieselbe peinliche Empfindung haben wie ich. Man wird ihm allerseits zu verstehen geben, dass er am besten zu Hause bleibt ... Denn wie man sich bettet, liegt man.‹ Käthchen Zillich hatte es begriffen und die richtige Folgerung gezogen. Was ihr recht war, konnte gewissen anderen Leuten billig sein, nicht nur dem Herrn Lauer.

untersetzten nicht sehr großen, aber stämmigen

Coupé (siehe Seite 100)

herunter … auf den Bahnsteig

zu fürchten stand zu fürchten war

immerhin musste man sich man musste sich aber doch

Bouquet (siehe Seite 22)

fertig gesessen seine Haftstrafe abgesessen, zu Ende verbüßt

Übrigens stand Diederich … als jeder andere Im Übrigen ging Diederich die Angelegenheit nicht näher an als jeden anderen seiner Mitbürger

Denn wie man sich bettet, so liegt man. (siehe Seite 255)

Was ihr recht war, konnte … billig sein Mancher täte gut daran, sich an ihrem Verhalten ein Beispiel zu nehmen

Diederich selbst, der von achtungsvollen Grüßen geleitet durch die Stadt schritt, nahm jetzt auf die natürlichste Weise den Platz ein, den seine Verdienste ihm bereitet hatten. Durch diese harte Zeit hatte er sich nun so weit hindurchgekämpft, dass bloß noch die Früchte zu pflücken waren. Die anderen hatten angefangen, an ihn zu glauben; alsbald kannte auch er keinen Zweifel mehr ... Über Gausenfeld liefen neuerdings ungünstige Gerüchte um, und die Aktien fielen. Woher wusste man, dass die Regierung der Fabrik ihre Aufträge entzogen und sie dem Heßling'schen Werk übertragen hatte? Diederich hatte nichts verlauten lassen, aber man wusste es, noch bevor die Arbeiterentlassungen kamen, die die »Netziger Zeitung« so sehr bedauerte. Der alte Buck, als Vorsitzender des Aufsichtsrates, musste sie leider persönlich anregen, was ihm allgemein schadete. Die Regierung ging wahrscheinlich nur wegen des alten Buck so scharf vor. Es war ein Fehler gewesen, ihn zum Vorsitzenden zu wählen. Überhaupt hätte er mit dem Geld, das Heßling ihm anständigerweise gegeben hatte, lieber Schulden bezahlen sollen, statt Gausenfelder Aktien zu kaufen. Diederich selbst äußerte überall diese Ansicht. »Wer hätte das früher von ihm gedacht!«, bemerkte er auch hierzu wieder, und wieder tat er einen gedankenvollen Blick in das Schicksal. »Man sieht, wozu einer imstande ist, der den Boden unter den Füßen verliert.« Worauf jeder den beklemmenden Eindruck mitnahm, der alte Buck werde auch ihn selbst, als Aktionär von Gausenfeld, in seinen Ruin hineinreißen. Denn die Aktien fielen. Infolge der Entlassungen drohte ein Streik: Sie fielen noch tiefer ... Hier machte Kienast sich Freunde. Kienast war unvermutet in Netzig eingetroffen, zur Erholung, wie er sagte. Keiner gestand es gern dem andern ein, dass er Gausenfelder hatte und hereingefallen war. Kienast hinterbrachte es dem, dass jener schon verkauft habe. Seine persönliche Meinung war, dass es hohe Zeit sei. Ein

den seine Verdienste ihm bereitet hatten den er sich durch seine Verdienste erworben hatte

Aufsichtsrat Gremium, das die Geschäftsführung eines Unternehmens kontrolliert

allgemein schadete von vielen zur Last gelegt wurde

Gausenfelder hatte Gausenfelder Aktien besaß

hereingefallen war sich verspekuliert hatte

hinterbrachte es dem, dass jener teilte dem einen vertraulich mit, dass ein anderer

es hohe Zeit sei man keinen Augenblick länger warten sollte

Makler Börsenmakler, Aktienhändler

fusioniert verschmolzen, zu einem einzigen Unternehmen vereinigt

mehr ganz andere

»Er wird wohl hineinfliegen« »Es wird wohl übel für ihn ausgehen«

zweifelhaft ungewiss, in der Schwebe

kommissarische Vernehmung richterliche Vernehmung eines Zeugen oder Sachverständigen außerhalb der Hauptverhandlung

ihm (Z. 29) ihm gegenüber

wünschte festgestellt zu sehen beantragte, das Gericht möge offiziell festhalten

Makler, den er übrigens nicht kannte, saß dann und dann im Café und kaufte. Einige Monate später brachte die Zeitung ein tägliches Inserat des Bankhauses Sanft & Co. Wer noch Gausenfelder hatte, konnte sie hier mühelos abstoßen. Tatsächlich besaß zu Anfang des Herbstes kein Mensch mehr die faulen Papiere. Dagegen ging das Gerede, Heßling und Gausenfeld sollten fusioniert werden. Diederich zeigte sich verwundert. »Und der alte Herr Buck?«, fragte er. »Als Vorsitzender des Aufsichtsrates wird er wohl noch mitreden wollen. Oder hat er selbst schon verkauft?« – »Der hat mehr Sorgen«, hieß es dann. Denn in seiner Beleidigungssache gegen die »Volksstimme« war jetzt die Verhandlung anberaumt. »Er wird wohl hineinfliegen«, meinte man; und Diederich, mit vollkommener Sachlichkeit: »Schade um ihn. Dann hat er in seinem letzten Aufsichtsrat gesessen.«

In diesem Vorgefühl gingen alle zu der Verhandlung. Die auftretenden Zeugen erinnerten sich nicht. Klüsing hatte schon längst zu jedem vom Verkauf der Fabrik gesprochen. Hatte er von jenem Terrain besonders gesprochen? Und hatte er als den Unterhändler den alten Buck genannt? Dies alles blieb zweifelhaft. In den Kreisen der Stadtverordneten war bekannt gewesen, dass das Grundstück in Frage komme für das damals in Aussicht genommene Säuglingsheim. War Buck dafür gewesen? Jedenfalls nicht dagegen. Mehreren war es aufgefallen, wie lebhaft er sich für den Platz interessierte. Klüsing selbst, der noch immer krank war, hatte in seiner kommissarischen Vernehmung ausgesagt, sein Freund Buck sei bis vor Kurzem bei ihm ein und aus gegangen. Wenn Buck ihm von dem Vorkaufsrecht auf das Terrain gesprochen haben sollte, so habe er dies keinesfalls in einem für Buck ehrenrührigen Sinne aufgefasst ... Der Kläger Buck wünschte festgestellt zu sehen, dass der verstorbene Kühlemann es gewesen sei, der mit Klüsing verhandelt habe: Kühlemann selbst, der Spender des Geldes. Aber die Feststellung misslang, Klüsings Aussage war unentschieden auch hierin. Dass Cohn es behauptete, war nicht wesentlich, da Cohn ein Interesse hatte, seinen eigenen Besuch in Gausenfeld harmlos erscheinen zu lassen. Als gewichtigster Zeuge blieb Diederich übrig, dem Klüsing geschrieben und der gleich darauf mit ihm eine Unterredung gehabt hatte. War damals ein Name gefallen? Er sagte aus: »Mir lag nicht daran, den oder jenen Namen zu erfahren. Ich stelle fest, dass ich, was alle Zeugen bestätigen, niemals öffentlich den Namen des Herrn Buck genannt habe. Mein Interesse in der Sache war einzig das der Stadt, die nicht durch Einzelne geschädigt werden sollte. Ich bin für die politische Moral eingetreten. Persönliche Gehässigkeit liegt mir fern, und es würde mir leidtun, wenn der Herr Kläger aus dieser Verhandlung nicht ganz vorwurfsfrei hervorgehen sollte.«

war nicht wesentlich reichte als Beweis nicht aus

Seinen Worten folgte ein anerkennendes Gemurmel. Nur Buck schien unzufrieden; er fuhr auf, rot im Gesicht ... Diederich sollte nun angeben, welches seine persönliche Auffassung der Sache sei. Er setzte an: Da trat Buck vor, straff aufgerichtet, und seine Augen flammten wieder, wie in der tragisch verlaufenen Wahlversammlung.

angeben mitteilen, erklären

»Ich erlasse es dem Herrn Zeugen, ein schonendes Gutachten abzugeben über meine Person und mein Leben. Er ist nicht der Mann dazu. Seine Erfolge sind mit anderen Mitteln erreicht als die meinen, und sie haben einen anderen Gegenstand. Mein Haus war immer jedem offen und zugänglich, auch dem Herrn Zeugen. Mein Leben gehört seit mehr als fünfzig Jahren nicht mir, es gehört einem Gedanken, den zu meiner Zeit mehrere hatten, der Gerechtigkeit und dem Wohl aller. Ich war vermögend, als ich in die Öffentlichkeit trat. Wenn ich sie verlasse, werde ich arm sein. Ich brauche keine Verteidigung!«

haben einen anderen Gegenstand dienen einem andersartigen Zweck

sie verlasse mich aus ihr zurückziehe

Er schwieg, sein Gesicht zitterte noch – aber Diederich zuckte nur die Achseln. Auf welche Erfolge berief sich der Alte? Er hatte schon längst keine mehr und brachte nun hohle Worte vor, auf die niemand eine Hypothek gab. Er tat erhaben und befand sich schon unter den Rädern. Konnte ein Mensch seine Lage so sehr verkennen? »Wenn einer von uns den andern von oben herab zu behandeln hat –« Und Diederich blitzte. Er blitzte den Alten, der vergebens flammte, einfach nieder, und diesmal endgültig, mitsamt der Gerechtigkeit und dem Wohl aller. Zuerst das eigene Wohl – und gerecht war die Sache, die Erfolg hatte! ... Er fühlte deutlich, dass dies für alle feststand. Auch der Alte fühlte es, er setzte sich wieder, er bekam runde Schultern, in seine Miene trat etwas wie Scham. Zu den Schöffen gewendet, sagte er: »Ich verlange keine Ausnahmestellung, ich unterwerfe mich dem Urteil meiner Mitbürger.«

Worauf denn Diederich, als sei nichts geschehen, in seiner Aussage fortfuhr. Sie war wirklich sehr schonend und machte den besten Eindruck. Seit dem Prozess Lauer fand man ihn durchaus günstig verändert; er hatte an überlegener Ruhe gewonnen, was freilich kein Kunststück hieß, da er jetzt ein gemachter Mann und fein heraus war. Grade schlug es Mittag, und im Saal verbreitete sich summend das Neueste aus der »Netziger Zeitung«: Es war Tatsache, Heßling, Großaktionär von Gausenfeld, war als Generaldirektor berufen worden ... Neugierig musterte man ihn – und ihm gegenüber den alten Buck, auf dessen Kosten er Seide gesponnen hatte. Die zwanzigtausend, die er dem Alten zuletzt noch geliehen hatte, bekam er nun mit hundert Prozent zurück, und war noch edel. Dass der Alte sich für das Geld grade Gausenfelder gekauft hatte, wirkte wie ein guter Witz von Heßling und tröstete im Augenblick manchen über den eigenen Verlust. Bei Diederichs Abgang schwieg man an seinem Wege.

auf die niemand eine Hypothek gab die niemand als Sicherheit für eine finanzielle Nothilfe akzeptiert hätte

bekam runde Schultern verlor seine straffe Haltung

Schöffen ehrenamtlichen Laienrichtern (in einem Schöffenprozess)

Ausnahmestellung Sonderbehandlung

hieß (Z. 21) war

auf dessen Kosten er Seide gesponnen hatte → Seite 528

bekam er nun mit hundert Prozent zurück, und war noch edel → Seite 528

schwieg man an seinem Wege standen die Leute schweigend Spalier; bildete sich eine respektvoll schweigende Gasse

Die Grüße drückten Achtung in dem Grade aus, wo sie in Unterwürfigkeit übergeht. Die Hereingefallenen grüßten den Erfolg.

Mit dem alten Buck verfuhren sie unwirscher. Als der Vorsitzende das Urteil verkündete, ward geklatscht. Nur fünfzig Mark für den Redakteur der »Volksstimme«! Der Beweis war nicht vollständig erbracht, guter Glaube ward zugebilligt. Vernichtend für den Kläger, sagten die Juristen – und wie Buck das Gerichtsgebäude verließ, wichen auch die Freunde ihm aus. Kleine Leute, die an Gausenfeld ihre Ersparnisse verloren hatten, schüttelten die Fäuste hinter ihm her. Und allen brachte dieser Spruch des Gerichts die Erleuchtung, dass sie mit ihrer Meinung über den alten Buck eigentlich schon längst fertig waren. Ein Geschäft wie das mit dem Terrain für das Säuglingsheim musste wenigstens glücken: Das Wort war von Heßling, und es stimmte. Aber daran lag es: Dem alten Buck war seiner Lebtage kein Geschäft geglückt. Er dünkte sich was Wunder, wenn er als Stadtvater und Parteiführer mit Schulden abschnitt. Faule Kunden gab es noch mehr! Der geschäftlichen Fragwürdigkeit aber entsprach die moralische, dafür zeugte die nie recht aufgeklärte Geschichte mit der Verlobung seines Sohnes, desselben, der sich jetzt beim Theater umhertrieb. Und Bucks Politik? Eine internationale Gesinnung, immer nur Opfer fordern für demagogische Zwecke, aber wie Hund und Katz mit der Regierung, was dann wieder auf die Geschäfte zurückwirkte: das war die Politik eines Menschen, der nichts mehr zu verlieren hat und dem es an gutbürgerlicher Mündelsicherheit gebricht. Entrüstet erkannte man, dass man sich auf Gedeih und Verderb in der Hand eines Abenteurers befunden hatte. Ihn unschädlich zu machen war der allgemeine Herzenswunsch. Da er von selbst aus dem vernichtenden Urteil die Folgerungen nicht zog, mussten andere sie ihm nahelegen.

wo in dem

fünfzig Mark … Geldstrafe

Kleine Leute Menschen mit geringem Vermögen; in bescheidenen Verhältnissen lebende Leute

dieser Spruch dieses Urteil

Er dünkte sich was Wunder, wenn er als Stadtvater und Parteiführer mit Schulden abschnitt. Faule Kunden gab es noch mehr! Er meinte, es beweise seine Redlichkeit, wenn er trotz des großen Einflusses, den er ausübte, verarmte. Geschäftsuntüchtige Leute fanden sich überall!

dem es an gutbürgerlicher Mündelsicherheit gebricht den man besser nicht als Vormund einsetzen, das finanzielle Erbe minderjähriger Waisen verwalten lassen sollte

diese Bestimmung erfüllte? diese Vorschrift erfüllte? diesem Anspruch gerecht wurde?

Das Verwaltungsrecht enthielt doch wohl eine Bestimmung, wonach ein Gemeindebeamter sich durch sein Verhalten in und außer dem Amte der Achtung, die dieses erfordert, würdig zu erweisen hatte. Ob der alte Buck diese Bestimmung erfüllte? Die Frage aufwerfen hieß sie verneinen, wie die »Netziger Zeitung«, ohne natürlich seinen Namen zu nennen, feststellte. Aber es musste erst so weit kommen, dass die Stadtverordnetenversammlung mit der Angelegenheit befasst ward. Da endlich, einen Tag vor der Debatte, nahm der hartgesottene Alte Vernunft an und legte sein Amt als Stadtrat nieder. Seine politischen Freunde konnten ihn hiernach, bei Gefahr, die letzten Anhänger zu verlieren, nicht länger an der Spitze der Partei lassen. Er machte es ihnen nicht leicht, wie es schien; mehrfache Besuche bei ihm und ein sanfter Druck waren nötig, bevor in der Zeitung sein Brief erschien: Das Wohl der Demokratie sei ihm wichtiger als seins. Da ihr, unter der Einwirkung von Leidenschaften, die er für vergänglich halten wolle, jetzt Schaden drohe durch seinen Namen, trete er zurück. »Wenn es dem Ganzen nützen kann, bin ich bereit, den ungerechten Makel, den der getäuschte Volkswille mir auferlegt, zu tragen, im Glauben an die ewige Gerechtigkeit des Volkes, das ihn dereinst wieder von mir nehmen wird.«

Überhebung selbstgerechte Anmaßung

Dies fasste man als Heuchelei und Überhebung auf; die Wohlmeinenden entschuldigten es mit Greisenhaftigkeit. Übrigens hatte, was er schrieb oder nicht schrieb, keinen Belang mehr, denn was war er noch? Leute, die ihm Stellungen oder Gewinn verdankten, sahen ihm plötzlich ins Gesicht, ohne an den Hut zu fassen. Manche lachten und machten laute Bemerkungen: Es waren die, denen er nichts zu befehlen gehabt hatte und die dennoch voll Ergebenheit gewesen waren, solange er das allgemeine Ansehen genoss. Statt der alten Freunde aber, die auf seinem täglichen Spaziergang sich niemals vorfanden, kamen neue, seltsame. Sie begegneten ihm, wenn er heimkehrte und es schon dämmerte, und es war etwa ein kleiner Geschäftsmann mit gehetzten Augen, dem der Bankerott im Nacken saß, oder ein düsterer Trunkenbold, oder irgendein die Häuser entlangstreichender Schatten. Diese sahen ihm, den Schritt verlangsamend, entgegen mit scheuer oder frecher Vertraulichkeit. Sie rückten wohl zögernd ihre Kopfbedeckung, dann winkte der alte Buck ihnen zu, und auch die Hand, die hingehalten ward, nahm er, ganz gleich welche.

Da die Zeit verging, beachtete auch der Hass ihn nicht mehr. Wer mit Absicht weggesehen hatte, ging nun gleichgültig vorbei, und manchmal grüßte er wieder, aus alter Gewohnheit. Ein Vater, der seinen jungen Sohn bei sich hatte, bekam eine nachdenkliche Miene, und waren sie vorüber, erklärte er dem Kinde: »Hast du den alten Herrn gesehen, der da so allein hinschleicht und niemand ansieht? Dann merke dir für dein Leben, was aus einem Menschen die Schande machen kann.« Und das Kind ward fortan beim Anblick des alten Buck von einem geheimnisvollen Grauen überlaufen, gleichwie das erwachsene Geschlecht, als es klein war, bei seinem Anblick einen unerklärten Stolz gefühlt hatte. Junge Leute freilich gab es, die der herrschenden Meinung nicht folgten. Manchmal, wenn der Alte das Haus verließ, war eben die Schule aus. Die Herden der Heranwachsenden trabten davon, ehrfürchtig machten sie ihren Lehrern Platz, und Kühnchen, jetzt rückhaltlos national, oder Pastor Zillich, sittenstrenger als je seit dem Unglück mit Käthchen, eilten hindurch, ohne einen Blick für den Gefallenen. Da blieben am Wege diese wenigen jungen Leute stehen, jeder für sich, wie es schien, und aus eigenem Antrieb. Ihre Stirnen sahen weniger glatt aus als die meisten; sie hatten Ausdruck in den Augen, nun sie Kühnchen und Zillich den Rücken kehrten und

niemals vorfanden niemals einfanden (die ihm nun aus dem Weg gingen)

etwa beispielsweise

kleiner unbedeutender

Da die Zeit verging Nachdem einige Zeit vergangen war

gleichwie das erwachsene Geschlecht, als es klein war, … hatte so wie die nun Erwachsenen in ihrer Kindheit … hatten

nun sie sobald sie, wenn sie nun

vor dem alten Buck den Kopf entblößten. Unwillkürlich hielt er dann den Schritt an und sah in diese zukunftsträchtigen Gesichter, noch einmal voll der Hoffnung, mit der er sein Leben lang in alle Menschengesichter gesehen hatte.

voll der Hoffnung, mit der er … gesehen hatte. An dieser Stelle endete der Vorabdruck des Romans in der Zeitschrift »Zeit im Bild«, der wegen des Ausbruchs des Ersten Weltkriegs nach der 32. Fortsetzung (die am 13. August 1914 erschienen war) abgebrochen wurde.

Diederich inzwischen hatte wahrhaftig keine Zeit, viel Aufmerksamkeit zu wenden an nebensächliche Begleiterscheinungen seines Aufstiegs. Die »Netziger Zeitung«, jetzt unbedingt zu Diederichs Verfügung, stellte fest, dass Herr Buck selbst es gewesen sei, der, noch bevor er den Vorsitz im Aufsichtsrat niederlegte, die Berufung des Herrn Doktor Heßling zum Generaldirektor befürworten musste. An der Tatsache spürte mancher einen eigenartigen Geschmack. Doch gab Nothgroschen zu bedenken, dass Herr Generaldirektor Doktor Heßling sich ein großes und unbestrittenes Verdienst um die Allgemeinheit erworben habe. Ohne ihn, der mehr als die Hälfte der Aktien in aller Stille an sich gebracht hatte, wären sie sicherlich immer tiefer gefallen, und gar manche Familie verdankte es nur Herrn Doktor Heßling, dass sie vor dem Zusammenbruch bewahrt blieb. Der Streik war durch die Energie des neuen Generaldirektors glücklich beschworen. Seine nationale und kaisertreue Gesinnung bürgte dafür, dass die Regierungssonne künftig über Gausenfeld nicht mehr untergehen werde. Kurz, herrliche Zeiten brachen nun an für das wirtschaftliche Leben Netzigs und besonders für die Papierindustrie – zumal das Gerücht von einer Fusion des Heßling'schen Werkes mit Gausenfeld, wie aus sicherer Quelle verlautete, auf Wahrheit beruhte. Nothgroschen konnte verraten, dass Herr Doktor Heßling nur unter dieser Bedingung sich habe bewegen lassen, die Leitung Gausenfelds zu übernehmen.

glücklich beschworen friedlich beendet worden

Tatsächlich hatte Diederich nichts so Eiliges zu tun, als das Aktienkapital erhöhen zu lassen. Für das neue Kapital ward

als das Aktienkapital erhöhen als durch die Ausgabe neuer Aktien frisches Geld beschaffen

das Heßling'sche Werk erworben. Diederich hatte ein glänzendes Geschäft gemacht. Seine erste Regierungshandlung hatte der Erfolg gekrönt, er war Herr der Lage, mit seinem Aufsichtsrat aus gefügigen Männern, und konnte darangehen, der inneren Organisation des Unternehmens seinen Herrscherwillen aufzudrücken. Gleich anfangs versammelte er sein ganzes Volk von Arbeitern und Angestellten. »Einige von euch«, sagte er, »kennen mich schon, vom Heßling'schen Werk her. Na, und ihr andern sollt mich kennenlernen! Wer mir behilflich sein will, ist willkommen, aber Umsturz wird nicht geduldet! Vor noch nicht zwei Jahren hab ich das einem kleinen Teil von euch gesagt, und jetzt seht euch an, wie viele ich jetzt unter meinem Befehl habe. Ihr könnt stolz auf einen solchen Herrn sein! Verlasst euch auf mich, ich werde es mir angelegen sein lassen, euern nationalen Sinn zu wecken und euch zu treuen Anhängern der bestehenden Ordnung zu machen.« Und er verhieß ihnen eigene Wohnhäuser, Krankenunterstützungen, billige Lebensmittel. »Sozialistische Umtriebe aber verbitte ich mir! Wer in Zukunft anders wählt, als ich will, fliegt!« Auch dem Unglauben, sagte Diederich, sei er zu steuern entschlossen; jeden Sonntag werde er sich überzeugen, wer in der Kirche sei und wer nicht. »Solange in der Welt die unerlöste Sünde herrscht, wird es Krieg und Hass, Neid und Zwietracht geben. Und darum: einer muss Herr sein!«

Um diesen obersten Grundsatz zur Geltung zu bringen, wurden alle Räume der Fabrik bedeckt mit Inschriften, die ihn verkündeten. Durchgang verboten! Wasserholen mit den Eimern der Feuerlöschapparate verboten! Flaschenbier holen erst recht verboten, denn Diederich hatte nicht versäumt, mit einer Brauerei einen Vertrag zu schließen, der ihm Vorteile sicherte vom Konsum seiner Leute ... Essen, Schlafen, Rauchen, Kinder mitbringen, »Poussieren, Schäkern, Knut-

es mir angelegen sein lassen dafür sorgen

eigene Wohnhäuser, Krankenunterstützungen, billige Lebensmittel Anspielung auf die fortschrittliche Sozialgesetzgebung im Kaiserreich in den 1880er-Jahren und das Engagement Wilhelms II. für das Wohl der Arbeiterschicht zu Beginn seiner Herrschaft

dem Unglauben ... zu steuern Zitat aus einer Rede des Kaisers vom 8. August 1912

zu steuern entschlossen einen Kurs vorzugeben; hier: entgegenzuwirken

Solange in der Welt ... Zwietracht geben. leicht verändertes Zitat aus einer Rede des Kaisers vom 3. Februar 1899

Poussieren, Schäkern Flirten, jemanden neckend umwerben

Pflegekinder nicht leibliche, in Pflege genommene Kinder

Maximen Leitsätze, Lehren

Zeichen Produktnamen

Da Als (wie schon öfter)

schen, überhaupt jede Unzucht« strengstens verboten! In den Arbeiterhäusern waren, noch bevor sie wirklich dastanden, Pflegekinder verboten. Ein in freier Liebe dahinlebendes Paar, das unter Klüsing zehn Jahre lang sich der Entdeckung zu entziehen gewusst hatte, wurde feierlich entlassen. Dieser Vorfall war für Diederich sogar der Anlass, ein neues Mittel zur sittlichen Hebung des Volkes zu verwenden. An den geeigneten Orten ließ er ein in Gausenfeld selbst erzeugtes Papier aufhängen, bei dessen Benutzung niemand umhinkonnte, die moralischen oder staatserhaltenden Maximen zu beachten, mit denen es bedruckt war. Zuweilen hörte er die Arbeiter einen von hoher Stelle stammenden Ausspruch einander zurufen, von dem sie auf diesem Wege überzeugt worden waren, oder sie sangen ein patriotisches Lied, das sich ihnen bei derselben Gelegenheit eingeprägt hatte. Ermutigt durch diese Erfolge, brachte Diederich seine Erfindung in den Handel. Sie trat unter dem Zeichen »Weltmacht« auf, und wirklich trug sie, wie eine großzügige Reklame es verkündete, deutschen Geist, gestützt auf deutsche Technik, siegreich durch die Welt.

Alle Konfliktsstoffe zwischen Herrn und Arbeitern konnten auch diese erzieherischen Papiere nicht entfernen. Eines Tages sah Diederich sich veranlasst, bekannt zu geben, dass er vom Versicherungsgeld nur Zahnbehandlung, nicht aber auch Zahnersatz bezahlen werde. Ein Mann hatte sich ein ganzes Gebiss verfertigen lassen! Da Diederich sich auf seine, freilich erst nachträglich erlassene Bekanntmachung berief, prozessierte der Mann und bekam abenteuerlicherweise sogar recht. Hierdurch in seinem Glauben an die herrschende Ordnung erschüttert, ward er zum Aufwiegler, verkam sittlich und wäre unter andern Umständen unbedingt entlassen worden. So aber konnte Diederich sich nicht entschließen, das Gebiss, das ihn teuer zu stehen kam, dahinzugeben, und behielt daher auch den Mann ... Die ganze Angelegenheit, er verhehlte es sich nicht, war dem Geiste der Arbeiterschaft nicht zuträglich. Hinzu kam die Einwirkung gefährlicher politischer Ereignisse. Als im neu eröffneten Reichstagsgebäude mehrere sozialdemokratische Abgeordnete beim Kaiserhoch sitzen geblieben waren, da konnte man nicht mehr zweifeln, die Notwendigkeit einer Umsturzvorlage war bewiesen. Diederich machte in der Öffentlichkeit dafür Stimmung; seine Leute bereitete er darauf in einer Ansprache vor, die sie mit düsterem Schweigen aufnahmen. Die Mehrheit des Reichstages war gewissenlos genug, die Vorlage abzulehnen, und der Erfolg ließ nicht warten, ein Industrieller ward ermordet. Ermordet! Ein Industrieller! Der Mörder behauptete, kein Sozialdemokrat zu sein, aber das kannte Diederich von seinen eigenen Leuten her; und der Ermordete sollte arbeiterfreundlich gewesen sein, aber das kannte Diederich an sich selbst. Tage- und wochenlang öffnete er keine Tür ohne Bangen vor einem dahinter schon gezückten Messer. Sein Büro erhielt Selbstschüsse, und gemeinsam mit Guste kroch er jeden Abend durch das Schlafzimmer und suchte. Seine Telegramme an den Kaiser, mochten sie von der Stadtverordnetenversammlung ausgehen, vom Vorstand der »Partei des Kaisers«, vom Unternehmerverband oder vom Kriegerverein: die Telegramme, mit denen Diederich den Allerhöchsten Herrn überschüttete, schrien nach Hilfe gegen die von den Sozialisten angefachte Revolutionsbewegung, der wieder ein Opfer mehr erlegen war; nach Befreiung von dieser Pest, nach schleunigen gesetzlichen Maßnahmen, militärischem Schutz der Autorität und des Eigentums, nach Zuchthausstrafen für Streikende, die jemand abhielten zu arbeiten ... Die »Netziger Zeitung«, die alles dies pünktlich wiedergab, vergaß aber keinesfalls hinzuzufügen, wie sehr gerade Herr Generaldirektor Doktor Heßling sich ver-

er verhehlte es sich nicht, war dem Geiste der Arbeiterschaft nicht zuträglich war, wie er sich eingestehen musste, geeignet, aufsässige Tendenzen innerhalb der Belegschaft zu ermutigen

Kaiserhoch stehender Begriff für dem Kaiser geltende Huldigungsrufe (»Es lebe der Kaiser!«)

die Notwendigkeit einer Umsturzvorlage war bewiesen → Seite 529

Die Mehrheit ... war gewissenlos genug, die Vorlage abzulehnen → Seite 529

ein Industrieller ward ermordet ... wieder ein Opfer mehr (Z. 27) → Seite 529

Selbstschuss → Seite 529

der ... erlegen war die ... gefordert hatte

Zuchthausstrafen für Streikende → Seite 529

dient mache um den sozialen Frieden und die Arbeiterfürsorge. Jedes von Diederich neuerbaute Arbeiterhaus führte Nothgroschen stark geschmeichelt im Bilde vor und schrieb dazu einen hochgestimmten Artikel. Mochten gewisse andere Arbeitgeber, deren Einfluss in Netzig glücklicherweise nicht mehr in Frage kam, unter ihren Angestellten subversive Tendenzen schüren, indem sie sie am Gewinn beteiligten. Die von Herrn Generaldirektor Doktor Heßling vertretenen Grundsätze zeitigten zwischen Arbeitgeber und Arbeitnehmer das denkbar beste Verhältnis, wie Seine Majetät der Kaiser es überall in der deutschen Industrie zu sehen wünschten. Ein kräftiger Widerstand gegen die unberechtigten Forderungen der Arbeiter sowie eine Koalition der Arbeitgeber gehörten bekanntlich gleichfalls zum sozialen Programm des Kaisers, das mit zu verwirklichen ein Ruhmestitel des Herrn Generaldirektor Doktor Heßling war. – Und daneben stand Diederichs Bild.

Solche Anerkennung spornte zu immer eifrigerer Betätigung an – trotz der unerlösten Sünde, die ihre verheerende Wirkung übrigens nicht nur geschäftlich, sondern auch in der Familie äußerte. Hier war es leider Kienast, der Neid und Zwietracht säte. Er behauptete, dass ohne ihn und seine unauffällige Vermittlung beim Ankauf der Aktien Diederich seine glänzende Stellung gar nicht erlangt haben würde. Worauf Diederich erwiderte, dass Kienast durch einen seinen Mitteln entsprechenden Aktienbesitz entschädigt sei. Dies erkannte der Schwager nicht an, vielmehr vermaß er sich, für seine pietätlosen Ansprüche eine rechtliche Grundlage gefunden zu haben. War er nicht als Gatte Magdas der Mitbesitzer, zu einem Achtel ihres Wertes, der alten Heßling'schen Fabrik gewesen? Die Fabrik war verkauft, Diederich hatte bares Geld und Gausenfelder Vorzugsaktien dafür bekommen. Kienast verlangte ein Achtel der Kapitalrente und der jährli-

Jedes von Diederich neuerbaute Arbeiterhaus → Seite 529

geschmeichelt geschönt

in Frage kam von Bedeutung war, ins Gewicht fiel

subversive Tendenzen (siehe Seite 495)

zeitigten bewirkten

eine Koalition ein strategisches Bündnis

ein Ruhmestitel ein bleibendes Verdienst

erkannte … nicht an sah … ganz anders

vermaß er sich ging er so weit, zu behaupten

pietätlosen (siehe Seite 299: Ihre Pietät)

Vorzugsaktien → Seite 530

Kapitalrente monatliche Rentenzahlung aus einem vorhandenen Kapital

chen Dividende der Vorzugsaktien. Auf dieses unerhörte Ansinnen erwiderte Diederich mit aller Energie, dass er weder seinem Schwager noch seiner Schwester irgendetwas mehr schuldig sei. »Ich war nur verpflichtet, euch euren Anteil vom jährlichen Gewinn meiner Fabrik zu zahlen. Meine Fabrik ist verkauft. Gausenfeld gehört nicht mir, sondern einer Aktiengesellschaft. Was das Kapital betrifft, das ist mein Privatvermögen. Ihr habt nichts zu fordern.« – Kienast nannte dies einen offenen Raub, Diederich, durch die eigenen Argumente vollkommen überzeugt, sprach von Erpressung, und dann folgte ein Prozess.

Der Prozess dauerte drei Jahre. Er ward mit immer wachsender Erbitterung geführt, besonders vonseiten Kienasts, der, um sich ihm ganz zu widmen, seine Stellung in Eschweiler aufgab und mit Magda nach Netzig zog. Als Hauptzeugen gegen Diederich hatte er den alten Sötbier aufgestellt, der in seiner Rachsucht nun wirklich beweisen wollte, dass Diederich schon früher an seine Verwandten nicht die ihnen zustehenden Summen abgeführt habe. Auch verfiel Kienast darauf, gewisse Punkte in Diederichs Vergangenheit mithilfe des jetzigen Abgeordneten Napoleon Fischer aufhellen zu wollen: was ihm freilich niemals recht gelang. Immerhin aber ward Diederich durch dieses Vorgehen genötigt, zu verschiedenen Malen größere Beträge für die sozialdemokratische Parteikasse zu erlegen. Und er durfte es sich sagen, sein persönlicher Verlust schmerzte ihn weniger als der Abbruch, den dergestalt die nationale Sache erlitt … Guste, deren Blick so weit nicht reichte, schürte den Streit der Männer mehr aus weiblichen Motiven. Ihr Erstes war ein Mädchen, und sie verzieh Magda ihren Jungen nicht. Magda, die den Geldsachen anfangs nur ein laues Interesse entgegengebracht hatte, leitete den Beginn der Feindseligkeiten von dem Tage her, als Emmi mit einem aus Berlin bezogenen, unerhörten

jährlichen Dividende (siehe Seite 530: Vorzugsaktien)

dieses unerhörte Ansinnen diese freche, maßlose Forderung

aufgestellt benannt

verfiel … darauf ließ … es sich einfallen; scheute … nicht davor zurück

zu erlegen zu spenden

der Abbruch, den dergestalt der (ideelle) Schaden, den durch diese Zahlungen

bezogenen bestellten, angelieferten

Hut erschien. Magda stellte fest, dass Emmi jetzt von Diederich in der empörendsten Weise bevorzugt wurde. Emmi bewohnte in Gausenfeld ein eigenes Appartement, wo sie Tees gab. Die Höhe ihres Toilettegeldes stellte eine Unverschämtheit gegen die verheiratete Schwester dar. Magda musste sehen, dass der Vorrang, den ihre Verheiratung ihr eingetragen hatte, sich in das Gegenteil verkehrte; und sie beschuldigte Diederich, er habe sich ihrer, vor dem Anbruch seiner Glanzzeit, heimtückisch entledigt. Wenn Emmi auch jetzt noch keinen Mann fand, schien dies besondere Gründe zu haben – die man sich in Netzig denn auch ins Ohr sagte. Magda sah kein Hindernis, sie laut auszusprechen. Durch Inge Tietz erfuhr man es in Gausenfeld; aber Inge brachte zugleich eine Waffe gegen die Verleumderin mit, weil sie nämlich bei Kienasts der Hebamme begegnet war, und das erste Kind war kaum ein halbes Jahr Ein furchtbarer Aufruhr trat hierauf ein, telefonische Beschimpfungen von Haus zu Haus, Drohungen mit gerichtlicher Klage, wofür man Stoff sammelte, indem jede der beiden Frauen das Zimmermädchen der andern anwarb.

Tees gab Teegesellschaften veranstaltete

Toilettegeldes (siehe Seite 159)

anwarb als Spionin anwarb

Und bald nachdem Diederich und Kienast mit männlicher Besonnenheit den äußersten Familienskandal für diesmal noch verhütet hatten, brach er dennoch aus. Guste und Diederich bekamen anonyme Briefe, die sie vor jedem Dritten und sogar voreinander verstecken mussten, so grenzenlos frivol war ihr Inhalt. Noch dazu illustrierten ihn Zeichnungen, die jedes erlaubte Maß einer wenn auch realistischen Kunst überschritten. Pünktlich jeden Morgen lagen die harmlos grauen Umschläge auf dem Frühstückstisch, und jeder ließ den seinen verschwinden, wobei man tat, als habe man den des andern nicht bemerkt. Eines Tages freilich war es aus mit dem Versteckenspiel, denn Magda hatte die Kühnheit, in Gausenfeld zu erscheinen, versehen mit einem Packen ganz

bekamen anonyme Briefe → Seite 530

frivol leichtfertig und absichtlich gegen Moralvorstellungen verstoßend (siehe auch Seite 157)

einer wenn auch realistischen Kunst überschritten überschritten, auch wenn sie sich im Rahmen einer naturgetreuen Darstellung hielten

gleichartiger Briefe, die sie selbst erhalten haben wollte. Dies fand Guste zu stark. »Du wirst wohl wissen, wer sie dir schreibt!«, brach sie hervor, erstickt und rot angelaufen. Magda sagte, sie könne es sich denken, und darum sei sie gekommen. »Wenn du es nötig hast«, erwiderte Guste und zischte, »dass du dir selbst musst solche Briefe schreiben, damit du in Stimmung kommst, dann schreib sie wenigstens anderen Leuten nicht, die es nicht nötig haben!« Magda protestierte und stieß ihrerseits, grün im Gesicht, Beschuldigungen aus. Aber Guste war zum Telefon gestürzt, sie rief Diederich aus dem Büro herbei; dann lief sie fort und kehrte mit einem Packen Briefe zurück. Gegenüber trat Diederich ein und hatte seinen auch schon dabei. Als die drei interessanten Sammlungen wirkungsvoll ausgebreitet auf dem Tisch lagen, sahen die drei Verwandten entgeistert einander an. Dann fassten sie sich und schrien alle gleichzeitig dieselben Anklagen. Um nicht an Boden zu verlieren, rief Magda das Zeugnis ihres Mannes an, der gleichfalls heimgesucht sei. Guste behauptete, auch bei Emmi etwas gesehen zu haben. Emmi ward geholt und gestand unschwer in ihrer wegwerfenden Art, dass auch ihr die Post solche Schweinereien gebracht habe. Die meisten habe sie vernichtet. Die alte Frau Heßling sogar war nicht verschont geblieben! Sie leugnete zwar weinend, solange es ging, ward aber überführt ... Da dies alles die Angelegenheit nur erweiterte, aber nicht klärte, trennte man sich beiderseits mit Drohungen, die innerlich haltlos, aber keineswegs ohne Schrecken waren. Um ihre Stellung zu befestigen, hielt jede der Parteien Umschau nach Bundesgenossen, wobei sich zunächst herausstellte, dass auch Inge Tietz zu den Empfängern der unpassenden Darbietungen gehörte. Was hiernach zu vermuten stand, bestätigte sich. Der unheimliche Briefschreiber hatte überall in das Privatleben eingegriffen, sogar bei Pastor Zillich, ja beim

erhalten haben wollte erhalten zu haben behauptete

Gegenüber Von der anderen Seite her

fassten sie sich gewannen sie ihre Fassung zurück

rief Magda das Zeugnis ihres Mannes an berief sich Magda auf die Mitteilungen ihres Mannes

unschwer leichthin, ohne Zögern

innerlich haltlos substanzlos

Stellung zu befestigen Position zu stärken

Bürgermeister und den Seinen. So weit man blickte, hatte er um das Haus Heßling und alle guten Häuser, die ihm nahestanden, eine Atmosphäre der krassesten Obszönität geschaffen. Wochenlang wagte Guste sich nicht hinaus. Ihr und Diederichs Argwohn warf sich entsetzensvoll von dem auf jenen. In ganz Netzig traute keiner mehr dem Vertrautesten. Der Tag kam und die Frühstücksstunde, da im Schoß der Familie Heßling der Verdacht die letzten Grenzen verletzte. Ein Dokument, unbeirrbar wie noch keins, zitterte in Gustes Hand; es hielt Augenblicke fest, die in ihrer Eigentümlichkeit nur ihr und ihrem Gatten, tief verschwiegen, bewusst waren. Kein Dritter ahnte dies, sonst hörte alles auf. Dann aber? … Guste sandte über den Kaffeetisch einen prüfenden Blick zu Diederich: In seiner Hand zitterte das gleiche Papier, und auch sein Blick prüfte. Schnell schlugen beide, schreckengepackt, die Augen nieder.

Der Verräter war überall. Wo niemand sonst war, da war er ein zweites Ich. Durch ihn ward in nie geahnter Weise alle bürgerliche Ehrbarkeit infrage gestellt. Dank seiner Tätigkeit wäre in Netzig jedes moralische Selbstgefühl und alle gegenseitige Achtung zum Untergang verurteilt gewesen, hätte man nicht, wie auf allseitige Verabredung, Gegenmaßregeln getroffen, die sie wiederherstellten. Die tausendfältigen Ängste, unterirdisch fortarbeitend nach einem Ausweg, liefen zusammen von allen Seiten, schufen mit der Kraft der vereinigten Angst den Kanal, der ans Licht führte, und konnten endlich ihre dunklen Fluten ergießen über einen Mann. Gottlieb Hornung wusste nicht, wie ihm geschah. Unter vier Augen mit Diederich hatte er nach seiner Weise großgetan und sich gewisser Briefe gerühmt, die er geschrieben haben wollte. Auf Diederichs strenge Vorhaltungen bemerkte er nur, solche Briefe schreibe doch jetzt jeder, es sei Mode, ein Gesellschaftsspiel – was Diederich sofort gebührend zurück-

alle guten Häuser alle angesehenen Familien

Obszönität jedes Schamgefühl verletzenden Unanständigkeit

warf sich richtete sich … in stürmischem Wechsel

da (Z. 7) in der

unbeirrbar voll unerschütterlich dreister Behauptungen

moralische Selbstgefühl Bewusstsein moralischer Unantastbarkeit

nach seiner Weise großgetan wie es seine Art war, angegeben

bemerkte entgegnete

wies. Er nahm aus der Unterredung den Eindruck mit, sein alter Freund und Kommilitone Gottlieb Hornung, der schon so manche nützlichen Dienste geleistet hatte, sei ganz geeignet, auch hier einen zu leisten, wäre es selbst unfreiwillig; weshalb er ihn pflichtgemäß anzeigte. Und als Hornung erst einmal laut genannt war, zeigte es sich, dass er schon längst überall verdächtig war. Er hatte während der Wahlen zahlreiche Einblicke erhalten, war übrigens aus Netzig und ohne Verwandte, was ihm den Unfug offenbar erleichtert hatte. Hinzu kam sein Verzweiflungskampf um das Recht, weder Schwämme noch Zahnbürsten zu verkaufen; dieser Kampf verbitterte ihn zusehends, er hatte ihm gewisse höhnische Äußerungen entrissen, über Herrschaften, die die Schwämme wohl nicht nur außen nötig hätten und bei denen mit Zähneputzen noch nichts geschehen sei. Er ward angeklagt und gab in mehreren Fällen seine Urheberschaft ohne Weiteres zu. In den meisten freilich leugnete er sie umso kräftiger, aber dafür gab es Schreibsachverständige. Gegenüber der Meinung eines Zeugen wie Heuteufel, der von einer Epidemie sprach und behauptete, ein Einzelner sei zu schwach für diesen ungeheuren Haufen Mist, standen alle übrigen Aussagen, stand der öffentliche Wille. Auf das Glücklichste vertrat ihn Jadassohn, der seit seiner Rückkehr aus Paris kleinere Ohren hatte und zum Staatsanwalt befördert war. Der Erfolg und das Bewusstsein, einwandfrei dazustehen, hatten ihn sogar Mäßigung gelehrt; er sah ein, dass Rücksicht auf das große Ganze es gebiete, den Stimmen Gehör zu schenken, die Hornung für nervös überreizt ausgaben. Am bestimmtesten tat dies Diederich, der für seinen unglücklichen Jugendfreund in jeder Weise eintrat. Hornung kam mit einem Aufenthalt im Sanatorium davon, und als er herausdurfte, versah Diederich ihn, wenn er nur Netzig verließ, mit Mitteln, die ihn gegen die Schwämme und Zahnbürsten für

wäre es selbst unfreiwillig und wäre es auch ohne sein Wollen und Zutun

noch nichts geschehen auch nichts auszurichten

Schreibsachverständige Handschriftenexperten

für nervös überreizt ausgaben → Seite 530

im Sanatorium in einer Nervenheilanstalt (vgl. Seite 444, Zeile 4)

versah … ihn … mit Mitteln, die ihn gegen die Schwämme und Zahnbürsten für einige Zeit wappneten versorgte ihn mit Geldmitteln, die ihn zumindest vorübergehend davor bewahrten, wieder Schwämme und Zahnbürsten verkaufen zu müssen

»Mein Haus ist meine Burg.« → Seite 530

der Ausstattung wohl: der Erstausstattung der Neugeborenen

peinlich schmerzlich

Frivolitäten und Ungehörigkeiten Jede Art von Leichtsinn und Übermut

Erhebung höhere Empfindungen (»Gott«, während »Gafee« / ›Kaffee‹ für »Erholung« steht)

die drei großen G Verballhornung (gleichsam die sächsische Variante) der ›drei großen K‹: ›Kinder, Kirche, Küche‹ (Der jungen Kaiserin wurde nachgesagt, sie widme sich ganz den ›drei großen K‹.)

Gören Berlinerisch für: Kinder

gehalten angewiesen

Teckel Dackel

Männe in manchen Regionen eine Koseform von: Mann

einige Zeit wappneten. Auf die Dauer freilich waren sie wohl die Stärkeren, und ein gutes Ende ließ sich kaum vorhersagen für Gottlieb Hornung ... Natürlich hörten, sobald er wohlverwahrt in der Anstalt saß, die Briefe auf. Oder wenigstens ließ man sich, wenn noch einer kam, nichts mehr merken, die Affäre war abgetan.

Diederich durfte wieder sagen: »Mein Haus ist meine Burg.« Die Familie, nicht länger schmutzigen Eingriffen ausgesetzt, blühte auf das Reinste empor. Nach Gretchen, die 1894 geboren ward, und Horst, von 1895, folgte 1896 Kraft. Diederich, ein gerechter Vater, legte jedem der Kinder, noch bevor es da war, ein Konto an und trug vorerst die Kosten der Ausstattung und der Hebamme ein. Seine Auffassung vom Eheleben war die strengste. Horst kam nicht ohne Mühe zur Welt. Als es vorüber war, erklärte Diederich seiner Gattin, dass er, vor die Wahl gestellt, sie glatt hätte sterben lassen. »So peinlich es mir gewesen wäre«, setzte er hinzu. »Aber die Rasse ist wichtiger, und für meine Söhne bin ich dem Kaiser verantwortlich.« Die Frauen waren der Kinder wegen da, Frivolitäten und Ungehörigkeiten versagte Diederich ihnen, war aber nicht abgeneigt, ihnen Erhebung und Erholung zu gönnen. »Halte dich an die drei großen G«, bedeutete er Guste. »Gott, Gafee und Gören.« Auf dem rotgewürfelten Tischtuch, mit Reichsadler und Kaiserkrone in den Würfeln, lag neben der Kaffeekanne immer die Bibel, und Guste war gehalten, jeden Morgen daraus vorzulesen. Am Sonntag ging man zur Kirche. »Es ist oben erwünscht«, sagte Diederich ernst, wenn Guste sich sträubte. Wie Diederich in der Furcht seines Herrn, hatte Guste in der Furcht des ihren zu leben. Beim Eintritt ins Zimmer war es ihr bewusst, dass dem Gatten der Vortritt gebühre. Die Kinder wieder mussten ihr selbst die Ehre erweisen, und der Teckel Männe hatte alle zu Vorgesetzten. Beim Essen dann oblag es Hund und Kindern, sich schweigend zu verhalten; Gustes Sache war es, aus den Stirnfalten des Gatten zu ersehen, ob es geboten sei, dass man ihn ungestört lasse oder aber ihm durch Geplauder die Sorgen verscheuche. Gewisse Gerichte wurden nur für den Hausherrn aufgetragen, und Diederich warf an guten Tagen ein Stück davon über den Tisch, um herzlich lachend zuzusehn, wer es erwischte, Gretchen, Guste oder Männe. Sein Nachmittagsschlaf war öfters durch eine Verdauungsstörung beschwert; Gustes Pflicht erheischte dann, ihm warme Bauchbinden anzulegen. Diederich verhieß ihr, ächzend und schwer beängstet, dass er sein Testament machen und einen Vormund einsetzen werde. Guste werde kein Geld in die Hand bekommen. »Ich hab für meine Söhne gearbeitet, aber nicht, damit du dich nachher amüsierst!« Guste machte geltend, ihr eigenes Vermögen sei die Grundlage von allem, aber sie kam schön an ... Freilich, wenn Guste den Schnupfen hatte, durfte sie nicht erwarten, dass Diederich nun seinerseits ihre Pflege übernahm. Sie hatte sich dann nach Möglichkeit von ihm fernzuhalten, denn Diederich war entschlossen, keine Bazillen zu dulden. Die Fabrik betrat er nur mit desinfizierenden Tabletten im Munde; und eines Nachts entstand großer Lärm, weil die Köchin an Influenza erkrankt war und vierzig Grad Fieber hatte. »Sofort aus dem Hause mit der Schweinerei!«, befahl Diederich; und als sie fort war, irrte er noch lange, keimtötende Flüssigkeiten verspritzend, durch die Wohnung.

Am Abend bei der Lektüre des »Lokal-Anzeigers« erklärte er seiner Gattin immer wieder, dass leben nicht notwendig sei, wohl aber schifffahren – was Guste schon darum einsah, weil auch sie die Kaiserin Friedrich nicht mochte, die uns bekanntlich an England verriet, ganz abgesehen von gewissen häuslichen Zuständen in Schloss Friedrichskron, die

oblag es ... waren ... verpflichtet

beschwert gestört

erheischte war es

einen Vormund einsetzen werde → Seite 530

aber sie kam schön an ... aber Diederich verbat sich energisch solche Anmerkungen

keine Bazillen zu dulden → Seite 531

Influenza Grippe

bei der Lektüre des »Lokal-Anzeigers« → Seite 531

dass leben nicht notwendig sei, wohl aber schifffahren → Seite 531

die Kaiserin Friedrich → Seite 531

die uns bekanntlich an England verriet → Seite 531

Schloss Friedrichskron → Seite 531

Gegen England … starke Flotte Die deutschen Weltmachtambitionen brachten das Kaiserreich automatisch in eine Konkurrenzsituation zur Seemacht England.

dem Prinzen von Wales … einen freundschaftlichen Schlag versetzt → Seite 532

wie ich England hasse … dies Volk von Dieben und Händlern → Seite 532

in der ersten, stärkeren Form, nicht in der abgeschwächten → Seite 532

lebte und webte Redensart: ging ganz (in ihnen) auf

das Vermischte (siehe Seite 168)

Der Dreizack gehört in unsere Faust → Seite 532

Hubertusstock → Seite 532

gefiel sich … in liebte es … zu tragen

vernichtet zutiefst beschämt

Guste lebhaft missbilligte. Gegen England brauchten wir eine starke Flotte; es musste unbedingt zerschmettert werden, es war der ärgste Feind des Kaisers. Und warum? Man wusste es in Netzig ganz genau: nur weil Seine Majestät einst in angeregter Laune dem Prinzen von Wales dort, wo es am verlockendsten erschien, einen freundschaftlichen Schlag versetzt hatten. Außerdem kamen aus England gewisse feine Papiersorten, deren Einfuhr durch einen siegreichen Krieg am sichersten abgestellt worden wäre. Über die Zeitung hinweg sagte Diederich zu Guste: »So wie ich England hasse, hat nur Friedrich der Große dies Volk von Dieben und Händlern gehasst. Das ist ein Wort Seiner Majestät, und ich unterschreibe es.« Er unterschrieb jedes Wort in jeder Rede des Kaisers, und zwar in der ersten, stärkeren Form, nicht in der abgeschwächten, die sie am Tage darauf annahmen. Alle diese Kernworte deutschen und zeitgemäßen Wesens – Diederich lebte und webte in ihnen, wie in Ausstrahlungen seiner eigenen Natur, sein Gedächtnis bewahrte sie, als habe er sie selbst gesprochen. Manchmal hatte er sie wirklich schon gesprochen. Andere untermischte er bei öffentlichen Gelegenheiten seinen eigenen Erfindungen, und weder er noch ein anderer unterschied, was von ihm kam und was von einem Höheren … »Dies ist süß«, sagte Guste, die das Vermischte las. »Der Dreizack gehört in unsere Faust«, behauptete Diederich unbeirrt, indes Guste ein Erlebnis der Kaiserin zum Besten gab, das sie tief befriedigte. In Hubertusstock gefiel sich die hohe Frau in einfacher, beinahe bürgerlicher Kleidung. Ein Briefträger, dem sie sich auf der Landstraße zu erkennen gab, hatte ihr nicht geglaubt, dass sie es sei, und sie ausgelacht. Nachher war er vernichtet auf die Knie gesunken und hatte eine Mark erhalten. Dies entzückte auch Diederich – wie es ihm andererseits an das Herz griff, dass der Kaiser am Weihnachtsabend auf die Straße ging, um mit siebenundfünfzig Mark neugeprägten Geldes den Armen Berlins ein frohes Fest zu bereiten – und wie es ihn ahnungsvoll erschauern ließ, dass Seine Majestät Ehrenbailli des Malteserordens geworden war. Welten, nie geahnt, erschloss der »Lokal-Anzeiger«, und dann wieder brachte er einem die Allerhöchsten Herrschaften gemütlich nahe. Im Erker dort die dreiviertel lebensgroßen Bronzefiguren der Majestäten schienen lächelnd näher zu rücken, und den Trompeter von Säckingen, der sie begleitete, hörte man traulich blasen. »Himmlisch muss es bei Kaisers sein«, meinte Guste, »wenn große Wäsche ist. Sie haben hundert Leute zum Waschen!« Wohingegen Diederich von tiefem Wohlgefallen erfüllt ward durch die Teckel des Kaisers, die vor den Schleppen der Hofdamen keine Achtung zu haben brauchten. Der Plan reifte in ihm, bei seiner nächsten Soiree seinem Männe volle diesbezügliche Freiheit zu erteilen. Freilich, schon auf der folgenden Spalte machte ein Telegramm ihm ernste Sorge, weil es noch immer nicht feststand, ob der Kaiser und der Zar sich treffen würden. »Wenn es nicht bald kommt«, sagte er gewichtig, »müssen wir uns auf alles gefasst machen. Die Weltgeschichte lässt nicht mit sich spaßen.« Gern hielt er sich länger bei drohenden Katastrophen auf, denn »die deutsche Seele ist ernst, fast tragisch«, stellte er fest.

Aber Guste zeigte keine Teilnahme mehr, sie gähnte immer häufiger. Unter dem strafenden Blick des Gatten schien sie sich an eine Pflicht zu erinnern, sie machte herausfordernde Schlitzaugen und bedrängte ihn sogar mit ihren Knien. Er wollte noch einen nationalen Gedanken äußern, da sagte Guste mit ungewohnt strenger Stimme: »Quatsch«; Diederich aber, weit entfernt, diesen Übergriff zu bestrafen, blinzelte sie an, als erwartete er noch mehr ... Da er sie unten zu umspannen versuchte, verscheuchte sie vollends ihre Müdigkeit, und plötzlich hatte er eine mächtige Ohrfeige – wo-

Ehrenbailli des Malteserordens Auszeichnung des katholischen Malteserordens, die Wilhelm II. im Februar 1907 erhielt; Bailli war ein Amt innerhalb der Ordenshierarchie; der Kaiser lobte den Orden bei dieser Gelegenheit für seinen Kampf gegen den Unglauben und den Umsturz.

Im Erker … Trompeter von Säckingen (siehe Seite 387 unten)

traulich gemütvoll, innig, Heimatgefühle verbreitend

Soiree Abendgesellschaft (siehe Seite 340)

ob der Kaiser und der Zar sich treffen würden → Seite 533

rauf er nichts erwiderte, sondern aufstand und sich schnaufend hinter einen Vorhang drückte. Und als er wieder in das Licht kam, zeigte es sich, dass seine Augen keineswegs blitzten, sondern voll Angst und dunklen Verlangens standen … Dies schien Guste die letzten Bedenken zu nehmen. Sie erhob sich; indes sie in fesselloser Weise mit den Hüften schaukelte, begann sie ihrerseits heftig zu blitzen, und den wurstförmigen Finger gebieterisch gegen den Boden gestreckt, zischte sie: »Auf die Knie, elender Schklafe!« Und Diederich tat, was sie heischte! In einer unerhörten und wahnwitzigen Umkehrung aller Gesetze durfte Guste ihm befehlen: »Du sollst meine herrliche Gestalt anbeten!« – und dann auf den Rücken gelagert, ließ er sich von ihr in den Bauch treten. Freilich unterbrach sie sich inmitten dieser Tätigkeit und fragte plötzlich ohne ihr grausames Pathos und streng sachlich: »Haste genug?« Diederich rührte sich nicht; sofort ward Guste wieder ganz Herrin. »Ich bin die Herrin, du bist der Untertan«, versicherte sie ausdrücklich. »Aufgestanden! Marsch!« – und sie stieß ihn mit ihren Grübchenfäusten vor sich her nach dem ehelichen Schlafgemach. »Freu dich!«, verhieß sie ihm schon, da gelang es Diederich, zu entwischen und das Licht abzudrehen. Im Dunkeln, versagenden Herzens, vernahm er, wie Guste dort hinten ihm die wenigst anständigen Namen gab, wobei sie freilich schon wieder gähnte. Etwas später lag sie vielleicht schon und schlief – Diederich aber, noch immer des Äußersten gewärtig, kroch auf allen vieren die Estrade hinan und versteckte sich hinter dem bronzenen Kaiser …

Regelmäßig nach solchen nächtlichen Fantasien ließ er sich am Morgen das Wirtschaftsbuch vorlegen, und wehe, wenn Gustes Rechnung nicht glatt aufging. Durch ein fürchterliches Strafgericht in Gegenwart aller Dienstboten setzte

des Äußersten gewärtig auf das Äußerste gefasst

Estrade (siehe Seite 387)

Fantasien Ausschweifungen

Rechnung Abrechnung, Dokumentation der Haushaltsausgaben

Diederich ihrem kurzen Machtdünkel, falls sie noch eine Erinnerung daran bewahrte, ein jähes Ende. Autorität und Sitte triumphierten wieder. Auch sonst war dafür gesorgt, dass die ehelichen Beziehungen nicht allzu sehr zum Vorteil Gustes ausschlugen, denn jeden zweiten, dritten Abend, manchmal noch öfter, ging Diederich fort – zum Stammtisch in den Ratskeller, wie er sagte, aber das stimmte nicht immer … Am Stammtisch war Diederichs Platz unter einem gotischen Bogen, in dem zu lesen stand: »Je schöner die Kneip, desto schlimmer das Weib, je schlimmer das Weib, desto schöner die Kneip.« Und auch die kernigen alten Sinnsprüche in den übrigen Bogen rächten einen in wohltuender Weise für die Zugeständnisse, die man, durch die Natur genötigt, der Frau daheim zuweilen machte. »Wer nicht liebt Wein und Gesang, verdient ein Weib sein Leben lang«, oder »Behüt euch Gott vor Schmerz und Wunden, vor bösen Weibern und bösen Hunden«. Dagegen las, wer zwischen Jadassohn und Heuteufel die Augen zur Decke erhob: »Friedliche Rast am traulichen Herd, und an der Wand ein schneidiges Schwert. Nach alter Sitt in deutscher Mitt, kommt trinkt euch aller Sorgen quitt.« Was allerseits geschah, ohne Unterschied der Konfession und Partei. Denn auch Cohn und Heuteufel samt ihren näheren Freunden und Gesinnungsgenossen hatten im Lauf der Zeit sich eingefunden, einer nach dem andern und ohne viel Aufsehn, weil es eben auf die Dauer niemandem möglich war, den Erfolg zu bestreiten oder zu übersehen, der den nationalen Gedanken beflügelte und immer höher trug. Das Verhältnis Heuteufels zu seinem Schwager Zillich litt nach wie vor unter Misshelligkeiten. Zwischen den Weltanschauungen lagen denn doch unübersteigbare Schranken, und »in seine religiösen Überzeugungen lässt sich der Deutsche nicht hineinreden«, wie man auf beiden Seiten feststellte. In der Politik dagegen war bekanntlich je-

einem gotischen Bogen dem »altdeutschen« Deckengewölbe (siehe Seite 149 und Seite 533)

die Kneip die Kneipe; das gemeinschaftliche Trinken und Singen (Studentenjargon; siehe Seite 490: Kommersbuch)

die Natur die menschliche Natur, den Sexualtrieb

am traulichen Herd volkstümliche Wendung für: in häuslicher Geborgenheit

trinkt euch aller Sorgen quitt trinkt und vertreibt so alle Sorgen

ohne Unterschied der Konfession und Partei unabhängig von den jeweiligen religiösen und politischen Überzeugungen

de Ideologie vom Übel. Seinerzeit im Frankfurter Parlament hatten gewiss hochbedeutende Männer gesessen, aber es waren noch keine Realpolitiker gewesen, und darum batten sie nichts als Unsinn gemacht, wie Diederich bemerkte. Übrigens milde gestimmt durch seine Erfolge, gab er zu, dass das Deutschland der Dichter und Denker vielleicht auch seine Berechtigung gehabt habe. »Aber es war doch nur eine Vorstufe, unsere geistigen Leistungen heute liegen auf dem Gebiet der Industrie und Technik. Der Erfolg beweist.« Heuteufel musste es zugeben. Seine Äußerungen über den Kaiser, über Wirksamkeit und Bedeutung Seiner Majestät klangen wesentlich zurückhaltender als ehedem; bei jedem neuen Auftreten des Allerhöchsten Redners stutzte er, versuchte zu nörgeln und ließ doch erkennen, dass er am liebsten sich einfach angeschlossen hätte. Der entschiedene Liberalismus, dies ward nachgerade allgemein anerkannt, konnte nur gewinnen, wenn auch er sich mit der Energie des nationalen Gedankens erfüllte, wenn er positiv mitarbeitete und bei zielbewusstem Hochhalten des freiheitlichen Banners doch den Feinden, die uns den Platz an der Sonne nicht gönnten, ein unerbittliches quos ego zurief. Denn nicht nur unser Erbfeind Frankreich erhob immer aufs Neue das Haupt: Auch die Abrechnung mit den unverschämten Engländern rückte näher! Die Flotte, für deren Ausbau die geniale Propaganda unseres genialen Kaisers unermüdlich wirkte, tat uns bitter not, und unsere Zukunft lag tatsächlich auf dem Wasser, diese Erkenntnis gewann immer mehr an Boden. Rings um den Stammtisch griff die Idee der Flotte Platz und ward zur lodernden Flamme, die, immer neu mit deutschem Wein genährt, ihrem Schöpfer huldigte. Die Flotte, diese Schiffe, verblüffende Maschinen bürgerlicher Erfindung, die, in Betrieb gesetzt, Weltmacht produzierten, genau wie in Gausenfeld gewisse Maschinen ein gewisses »Weltmacht« benann-

vom Übel schädlich

im Frankfurter Parlament → Seite 533

Realpolitiker → Seite 533

das Deutschland der Dichter und Denker → Seite 533

heute … Industrie und Technik → Seite 534

beweist zeigt das

stutzte er, versuchte zu nörgeln → Seite 534

Platz an der Sonne (siehe Seite 500)

quos ego → Seite 534

unser Erbfeind Frankreich (siehe Seite 526)

Die Flotte … tat uns bitter not → Seite 534

Propaganda Fürsprache

wirkte eintrat

unsere Zukunft … dem Wasser → Seite 534

griff die Idee der Flotte Platz → Seite 534

tes Papier produzierten, sie lag Diederich mehr als alles am Herzen, und Cohn wie Heuteufel wurden dem nationalen Gedanken vor allem durch die Flotte gewonnen. Eine Landung in England war der Traum, der unter den gotischen Gewölben des Ratskellers nebelte. Die Augen funkelten, und die Beschießung Londons ward verhandelt. Die Beschießung von Paris war eine Begleiterscheinung und vollendete die Pläne, die Gott mit uns vorhatte. Denn »die christlichen Kanonen tun gute Arbeit«, wie Pastor Zillich sagte. Nur Major Kunze bezweifelte dies, er erging sich in den düstersten Voraussagen. Seit er, Kunze, von dem Genossen Fischer besiegt worden war, hielt er jede Niederlage für möglich. Aber er blieb der einzige Nörgler. Wer am meisten triumphierte, war Kühnchen. Die Taten, die der schreckliche kleine Greis einst im großen Krieg vollführt hatte, jetzt endlich, ein Vierteljahrhundert später, fanden sie ihre wahre Bestätigung in der allgemeinen Gesinnung. »Die Saat«, sagte er, »die wir dunnemals gesät haben, na nu geht se auf. Dass meine alten Augen das noch sehen dürfen!« – und dann schlief er ein bei seiner dritten Flasche.

Im Ganzen erfreulich gestaltete sich auch Diederichs Verhältnis zu Jadassohn. Die ehemaligen Rivalen, beide gereift und in die Sphäre der gesättigten Existenzen vorgerückt, beeinträchtigten einander weder politisch noch am Stammtisch, und auch nicht in jener verschwiegenen Villa, die Diederich an dem Abend der Woche aufsuchte, wo er ohne Gustes Wissen dem Stammtisch fernblieb. Sie lag vor dem Sachsentor, es war die ehemals von Brietzen'sche Villa, und sie ward bewohnt von einer einzelnen Dame, die selten öffentlich gesehen ward und dann niemals zu Fuß. In einer Proszeniumsloge der »Walhalla« saß sie zuweilen in großer Aufmachung, ward allgemein durch die Operngläser betrachtet, aber von niemand gegrüßt; und ihrerseits verhielt

dem für den

nebelte um sich griff, sich ausbreitete, die Gemüter begeisterte und die Sinne vernebelte

verhandelt beraten, diskutiert

dunnemals (siehe Seite 150)

die ehemals von Brietzen'sche Villa die früher von der Familie von Brietzen bewohnte Villa

Proszeniumsloge (siehe Seite 517)

die ihr Inkognito wahrt die sich in der Öffentlichkeit als gewöhnliche Privatperson ausgibt und ihren hohen Rang verleugnet

schweres Ärgernis (biblische Sprache) großen Anstoß

des Konsistoriums der obersten Verwaltungsbehörde der (evangelischen) Landeskirche

die ihm widerfahrene Prüfung die Schmach, die seine Tochter ihm zugefügt hatte,

die an … mit Einlagen beteiligt waren die … gemeinsam finanzierten

lagen … als Hypothek auf dem Unternehmen sicherten ihm innerhalb des Arrangements eine Sonderstellung zu

nahm … keinen Anstand hatte … keine Bedenken

sie sich wie eine Königin, die ihr Inkognito wahrt. Natürlich wusste trotz der Aufmachung alle Welt, das war Käthchen Zillich, die, in Berlin für ihren Beruf vorgebildet, ihn in der von Brietzen'schen Villa nunmehr erfolgreich ausübte. Auch verkannte niemand, dass dieser Tatbestand nicht geeignet schien, das Ansehen des Pastors Zillich zu heben. Die Gemeinde nahm schweres Ärgernis, zu schweigen von den Spöttern, die entzückt waren. Um eine Katastrophe abzuwenden, beantragte der Pastor bei der Polizei die Beseitigung des Übels, stieß aber auf einen Widerstand, der nur erklärlich schien, wenn man gewisse Zusammenhänge annahm zwischen der Villa von Brietzen und den höchsten Stellen der Stadt. An der irdischen Gerechtigkeit nicht weniger als an der göttlichen verzweifelnd, schwor der Vater, das Amt des Richters selbst zu übernehmen, und wirklich sollte er eines Nachmittags, als sie noch im Bette lag, die verlorene Tochter einer Züchtigung unterzogen haben. Nur der Mutter, die ihm, alles ahnend, gefolgt war, verdankte Käthchen ihr nacktes Leben, wie die Gemeinde behauptete. Der Mutter sagte man eine verwerfliche Schwäche nach für die Tochter in ihrem sündigen Glanz. Was Pastor Zillich betraf, so erklärte er von der Kanzel herab Käthchen für tot und verfault, wodurch er sich vor dem Einschreiten des Konsistoriums rettete. Mit der Zeit verstärkte die ihm widerfahrene Prüfung seine Autorität … Diederich seinerseits kannte von den Herren, die an Käthchens Lebenswandel mit Einlagen beteiligt waren, offiziell nur Jadassohn, obwohl Jadassohn von allen die kleinsten Einlagen machte, Diederich vermutete sogar, gar keine. Jadassohns Beziehungen zu Käthchen lagen eben, noch von früher her, als Hypothek auf dem Unternehmen. So nahm Diederich keinen Anstand, die Sorgen, die es ihm machte, mit Jadassohn zu besprechen. Die beiden rückten am Stammtisch in der Nische zusammen, die die Inschrift trug: »Was einem Mann zur Lust ein minnig Weiblein brät, gar wohl gerät«; und mit der gebotenen Rücksicht auf Pastor Zillich, der nicht weit davon über die christlichen Kanonen handelte, besprachen sie die Angelegenheiten der Villa von Brietzen. Diederich beklagte sich über Käthchens unersättliche Ansprüche an seine Kasse, von Jadassohn erwartete er einen günstigen Einfluss auf sie in dieser Beziehung. Aber Jadassohn fragte nur: »Wozu haben Sie sie denn? Sie soll doch Geld kosten?« Und dies war auch wieder richtig. Denn nach seiner ersten kurzen Genugtuung, Käthchen auf diesem Wege doch noch erworben zu haben, betrachtete Diederich sie nachgerade nur mehr als einen Posten, einen stattlichen Posten, auf seinem Reklamekonto. »Meine Stellung«, sagte er zu Jadassohn, »erfordert eine großzügige Repräsentation. Sonst würde ich, offen gestanden, das ganze Geschäft fallen lassen, denn unter uns, Käthchen bietet nicht genug.« Hier lächelte Jadassohn beredsam, sagte aber nichts. »Überhaupt«, fuhr Diederich fort, »ist sie dasselbe Genre wie meine Frau, und meine Frau« – er hielt die Hand vor – »ist leistungsfähiger. Sehen Sie, gegen sein Gemüt kann man nichts machen, nach jedem Abstecher in die Villa von Brietzen kommt es mir vor, als ob ich meiner Frau etwas schulde. Lachen Sie nur, tatsächlich schenke ich ihr dann immer was. Wenn es ihr nur nicht auffällt!« Jadassohn lachte mit noch mehr Grund, als Diederich meinte; denn er hatte es schon längst für seine sittliche Pflicht gehalten, Frau Generaldirektor Heßling aufzuklären über diese Zusammenhänge.

Im Politischen ergab sich für Diederich und Jadassohn ein ähnlich ersprießliches Zusammenwirken wie bei Käthchen; denn gemeinsam beeiferten sie sich, die Stadt von Schlechtgesinnten zu reinigen, besonders von solchen, die die Pest der Majestätsbeleidigungen weiterverbreiteten. Diederich mit seinen vielfachen Beziehungen machte sie ausfindig, worauf

ein minnig Weiblein in mittelhochdeutsch-altertümlichem Ton: eine anmutige Frau

über … handelte sich über … ausließ, seine Zuhörer über … belehrte

nachgerade nur mehr als einen Posten … auf seinem Reklamekonto inzwischen lediglich als eine Position innerhalb der Ausgaben, die er sich zur Steigerung seines geschäftlichen und persönlichen Renommees (Ansehens) leistete

Repräsentation Außendarstellung, öffentliche Wirkung

dasselbe Genre derselbe Frauentyp

beeiferten sie sich machten sie es sich zur dringlichen Aufgabe

die Pest die hassenswerte Unsitte

»Sanges an Ägir« → Seite 534

die mit Guste übte die Guste Unterricht erteilte

Regimen Herrschaftsformen

Degeneration Entartung → Seite 535

War er überhaupt noch satisfaktionsfähig? Hatte er sich durch seinen Lebenswandel nicht schon so stark moralisch beschmutzt, dass man sich mit ihm überhaupt nicht mehr schlagen konnte?

Jadassohn sie ans Messer lieferte. Nach dem Erscheinen des »Sanges an Ägir« gestaltete sich ihre Tätigkeit besonders fruchtbar. In Diederichs eigenem Hause nannte die Klavierlehrerin, die mit Guste übte, den »Sang an Ägir« einen –! In das, was sie gesagt hatte, flog sie selbst ... Wolfgang Buck sogar, der neuerdings wieder in Netzig weilte, erklärte die Verurteilung für durchaus angemessen, denn sie befriedigte das monarchische Gefühl. »Einen Freispruch hätte das Volk nicht verstanden«, sagte er am Stammtisch. »Die Monarchie ist unter den politischen Regimen eben das, was in der Liebe die strengen und energischen Damen sind. Wer dementsprechend veranlagt ist, verlangt, dass etwas geschieht, und mit Milde ist ihm nicht gedient.« Hier errötete Diederich ... Leider bekundete Buck solche Gesinnungen nur, solange er nüchtern war. Späterhin gab er durch seine von früher her sattsam bekannte Art, die heiligsten Güter in den Schmutz zu ziehen, Gelegenheit genug, ihn aus jeder anständigen Gesellschaft auszuschließen. Diederich war es, der ihn vor diesem Schicksal bewahrte. Er verteidigte seinen Freund. »Die Herren müssen bedenken, er ist erblich belastet, denn die Familie weist Anzeichen einer schon ziemlich weit vorgeschrittenen Degeneration auf. Andererseits spricht es für einen gesunden Kern in ihm, dass das Schauspielerdasein ihn denn doch nicht befriedigt hat und dass er zu seinem Beruf als Rechtsanwalt zurückgefunden hat.« Man erwiderte, es sei verdächtig, wenn Buck sich über seine fast dreijährigen Erfahrungen beim Theater so völlig ausschweige. War er überhaupt noch satisfaktionsfähig? Diese Frage konnte Diederich nicht beantworten; es war ein logisch nicht begründeter, aber tief sitzender Drang, der ihn dem Sohn des alten Buck immer wieder näherte. Immer wieder nahm er mit Eifer eine Unterredung auf, die doch jedes Mal schroff abbrach, nachdem sie die schärfsten Gegensätze bloßgelegt hatte. Er führte Buck sogar in sein Heim ein, erlebte dabei aber eine Überraschung. Denn wenn Buck anfangs wohl nur einem besonders guten Kognak zuliebe kam, bald kam er sichtlich wegen Emmi. Die beiden verstanden sich, über Diederich hinweg und in einer Art, die ihn befremdete. Sie führten spitze und scharfe Gespräche, anscheinend ohne das Gemüt oder die anderen Faktoren, die der Verkehr der Geschlechter normalerweise in Betrieb setzte; und senkten sie die Stimmen und wurden vertraulich, fand Diederich sie vollends unheimlich. Er hatte nur die Wahl, ob er dazwischenfahren und korrekte Verhältnisse herstellen oder aber das Zimmer verlassen wollte. Zu seinem eigenen Erstaunen entschied er sich für das Letztere. ›Sie haben beide sozusagen ihre Schicksale gehabt, wenn die Schicksale auch danach waren‹, sagte er sich mit der Überlegenheit, die ihm zukam, und ohne viel darauf zu achten, dass er im Grunde stolz war auf Emmi, stolz, weil Emmi, seine eigene Schwester, fein genug, besonders genug, ja fragwürdig genug schien, um sich mit Wolfgang Buck zu verständigen. ›Wer weiß‹, dachte er zögernd, und dann entschlossen: ›Warum nicht! Bismarck hat es auch so gemacht mit Österreich. Zuerst niedergeworfen, dann ein Bündnis!‹

Aus diesen noch dunklen Überlegungen heraus widmete Diederich auch dem Vater Wolfgangs wieder ein gewisses Interesse. Der alte Buck, von einem Herzleiden befallen, kam nur mehr selten zum Vorschein, und dann stand er die meiste Zeit vor irgendeinem Schaufenster, scheinbar in die Auslage vertieft, in Wirklichkeit aber einzig bemüht, zu verbergen, dass er nicht atmen konnte. Was dachte er? Wie urteilte er über die neue geschäftliche Blüte Netzigs, den nationalen Aufschwung und über die, die jetzt die Macht hatten? War er überzeugt und auch innerlich besiegt? Es kam vor, dass Generaldirektor Doktor Heßling, der mächtigste Mann der Bür-

bald kam er sichtlich wegen Emmi → Seite 535

anscheinend ohne das Gemüt … normalerweise in Betrieb setzte und offenbar ohne all das Gefühlige, das normalerweise mit im Spiel war, wenn ein Mann und eine Frau sich näherkamen

auch danach waren auch für sich sprachen, auch kennzeichnend für ihr befremdliches Wesen waren

die ihm zukam die er für sich in Anspruch nahm

Bismarck hat es auch so gemacht mit Österreich. → Seite 535

gerschaft, sich heimlich in ein Haustor drückte, um dann ungesehen hinterdreinzuschleichen hinter diesem einflusslosen, schon halb vergessenen Alten: er auf seiner Höhe rätselhaft beunruhigt durch einen Sterbenden ... Da der alte Buck seine Hypothekenzinsen nur noch mit Verspätung zahlte, schlug Diederich dem Sohn vor, er wolle das Haus übernehmen. Natürlich dürfe der alte Herr es bewohnen, solange er lebe. Auch die Einrichtung wollte Diederich kaufen und sogleich bezahlen. Wolfgang bestimmte den Vater, anzunehmen.

Inzwischen ging der 22. März 1897 vorüber, Wilhelm der Große war hundert Jahre alt geworden, und sein Denkmal stand noch immer nicht im Volkspark. Die Interpellationen in der Stadtverordnetenversammlung nahmen kein Ende, mehrmals waren unter schweren Kämpfen Nachtragskredite bewilligt und wieder überschritten worden. Der schwerste Schlag hatte die Gemeinde getroffen, als Seine Majestät den höchstseligen Großvater als Fußgänger ablehnten und ein Reiterstandbild befahlen. Diederich, von Ungeduld getrieben, ging des Öfteren am Abend in die Meisestraße, um sich vom Stand der Arbeiten zu überzeugen. Es war Mai und peinlich warm noch in der Dämmerung, aber auf dem leeren, neu angepflanzten Areal des Volksparkes ging ein Luftzug. Diederich sann wieder einmal mit gereizten Gefühlen dem glänzenden Geschäft nach, das der Rittergutsbesitzer Herr von Quitzin hier gemacht hatte. Der hatte es bequem gehabt! Grundstücksgeschäfte waren kein Kunststück, wenn der Vetter Regierungspräsident war. Die Stadt musste ihm einfach das Ganze abnehmen für das Kaiser-Wilhelm-Denkmal und musste zahlen, was er verlangte ... Da tauchten zwei Gestalten auf; Diederich sah rechtzeitig, wer es war, und zog sich ins Gebüsch zurück.

»Hier lässt sich atmen«, sagte der alte Buck. Sein Sohn erwiderte: »Wenn einem hier nicht die Lust dazu vergeht.

Hypothekenzinsen die auf das von Heßling gewährte Hypothekendarlehen (siehe Seite 422, Zeilen 26 f.) anfallenden Zinsen

bestimmte veranlasste, überredete

Interpellationen Forderungen von Abgeordneten nach Auskunft in einer bestimmten Sache

Nachtragskredite zusätzliche Darlehen, um gestiegene Kosten auszugleichen

Reiterstandbild Traditionsgemäß hatten Regierende Fürsten und erfolgreiche Feldherren ›Anspruch‹ auf ein Reiterstandbild.

Sie haben anderthalb Millionen Schulden gemacht, um dieses Mülllager zu schaffen.« Und er zeigte auf den unfertigen Aufbau von steinernen Sockeln, Adlern, Rundbänken, Löwen, Tempeln und Figuren. Die Adler setzten flügelschlagend ihre Krallen in den noch leeren Sockel, andere Exemplare nisteten wieder auf jenen die Rundbänke symmetrisch unterbrechenden Tempeln; dort holten aber auch Löwen zum Sprung aus nach dem Vordergrund, wo ohnehin Aufregung genug herrschte durch flatternde Fahnen und heftig agierende Menschen. Napoleon der Dritte, in der geknickten Haltung von Wilhelmshöhe die Rückwand des Sockels zierend, als Besiegter hinter dem Triumphwagen, war überdies immer in Gefahr, von einem Löwen angefallen zu werden, der gerade hinter ihm, auf der Treppe des Monuments, seinen schlimmsten Buckel machte – wohingegen Bismarck und die anderen Paladine, mitten im Tierkäfig wie zu Hause, vom Fuß des Sockels mit allen Händen hinauflangten, um mit anzugreifen bei den Taten des noch abwesenden Herrschers.

»Wer müsste nun dort oben einhersprengen?«, fragte Wolfgang Buck ... »Der Alte war nur ein Vorläufer. Dies mystisch-heroische Spektakel wird nachher mit Ketten von uns abgesperrt sein, und wir werden zu gaffen haben: was von allem der Endzweck war. Theater, und kein gutes.«

Nach einer Weile, die Dämmerung graute, sagte der Vater: »Und du, mein Sohn? Auch dir schien es einmal der Endzweck, zu spielen.«

»Wie meinem ganzen Geschlecht. Mehr können wir nicht. Wir sollten uns leicht und klein nehmen heute, es ist die sicherste Haltung angesichts der Zukunft; und ich sage nicht, dass es mehr war als Eitelkeit, weshalb ich die Bühne wieder verlassen habe. Lächerlich, Vater, ich bin gegangen, weil einmal, als ich spielte, ein Polizeipräsident geweint hatte. Aber bedenke auch, ob dies erträglich war. Feinheiten letzten Gra-

Napoleon der Dritte … als Besiegter → Seite 536

Paladine vornehmen Gefolgsleute des Herrschers (von lat. ›palatinus‹: ›kaiserlich‹; Kaiser Augustus hatte seine Residenz auf dem ›Palatium‹ / ›Mons Palatinus‹, einem der sieben Hügel, auf denen das antike Rom erbaut war.)

einhersprengen geritten kommen, sich hoch zu Pferde präsentieren

Theater, und kein gutes (siehe Seite 59, Zeile 17)

graute verstärkte sich

Wie meinem ganzen Geschlecht. Wie allen Angehörigen meiner Generation.

bedenke auch überlege einmal wirklich

des, Einsicht in Herzen, hohe Moral, Modernität des Intellektes und der Seele stelle ich für Menschen dar, die meinesgleichen scheinen, weil sie mir zuwinken und betroffene Gesichter haben. Nachher aber liefern sie Revolutionäre aus und schießen auf Streikende. Denn mein Polizeipräsident steht für alle.«

Hier wandte Buck sich genau dem Busch zu, der Diederich barg.

»Kunst bleibt euch Kunst, und alles Ungestüm des Geistes rührt nie an euer Leben. Den Tag, an dem die Meister eurer Kultur dies begriffen hätten wie ich, würden sie euch, wie ich, allein lassen mit euren wilden Tieren.« Und er zeigte nach den Löwen und Adlern. Auch der Alte sah auf das Denkmal; er sagte: »Sie sind sehr mächtig geworden; aber durch ihre Macht ist in die Welt weder mehr Geist noch mehr Güte gekommen. Also war es umsonst. Auch wir waren scheinbar umsonst da.« Er blickte auf den Sohn. »Dennoch dürft ihr ihnen das Feld nicht lassen.«

Wolfgang seufzte schwer. »Worauf hoffen, Vater? Sie hüten sich, die Dinge auf die Spitze zu treiben wie jene Privilegierten vor der Revolution. Aus der Geschichte haben sie leider Mäßigung gelernt. Ihre soziale Gesetzgebung baut vor und korrumpiert. Sie sättigt das Volk gerade so weit, dass es ihm sich nicht mehr verlohnt, ernstlich zu kämpfen, um Brot, geschweige Freiheit. Wer zeugt noch gegen sie?«

Da reckte der Alte sich auf, seine Stimme ward noch einmal klangvoll. »Der Geist der Menschheit«, sagte er, und nach einer Pause, da der Junge den Kopf gesenkt hielt: »Du musst ihm glauben, mein Sohn. Wenn die Katastrophe, der sie auszuweichen denken, vorüber sein wird, sei gewiss, die Menschheit wird das, worauf die erste Revolution folgte, nicht scham- und vernunftloser nennen als die Zustände, die die unseren waren.«

barg vor den Blicken der beiden verbarg

das Feld nicht lassen das Feld nicht überlassen, sie nicht ungehindert schalten und walten lassen

baut vor und korrumpiert nimmt der Revolution den Wind aus den Segeln und schwächt den Widerstandswillen der Unterprivilegierten

dass es ihm sich nicht mehr verlohnt dass es die Dringlichkeit nicht mehr spürt

geschweige geschweige denn um

Wer zeugt noch gegen sie? Wer ist noch bereit, aufzustehen und das Verhalten der Privilegierten anzuprangern?

die erste Revolution die Französische Revolution von 1789, die den Aufbruch in das moderne Europa einleitete

Er sagte leise wie aus der Ferne: »Der würde nicht gelebt haben, der nur in der Gegenwart lebte.«

Plötzlich schien es, als schwankte er. Der Sohn griff rasch hin, und an seinem Arm, zusammengesunken und stockenden Schrittes, verschwand der Alte im Dunkel. Diederich aber, der auf anderen Wegen enteilte, hatte das Gefühl, aus einem bösen, wenn auch größtenteils unbegreiflichen Traum zu kommen, worin an den Grundlagen gerüttelt worden war. Und trotz dem Unwirklichen, das alles Gehörte an sich hatte, schien hier tiefer gerüttelt worden zu sein, als je der ihm bekannte Umsturz rüttelte. Dem einen dieser beiden waren die Tage gezählt, der andere hatte auch nicht viel vor sich, aber Diederich fühlte, es wäre besser gewesen, sie hätten einen gesunden Lärm im Lande geschlagen, als dass sie hier im Dunkeln diese Dinge flüsterten, die doch nur von Geist und Zukunft handelten.

griff rasch hin griff schnell nach ihm

In der Gegenwart gab es freilich greifbarere Angelegenheiten. Gemeinsam mit dem Schöpfer des Denkmals entwarf Diederich das künstlerische Arrangement für die Feier der Enthüllung – wobei der Schöpfer mehr Entgegenkommen bewies, als man von ihm erwartet haben würde. Überhaupt kehrte er bis jetzt nur die guten Seiten seines Berufes hervor, nämlich Genie und vornehme Gesinnung, während er sich im Übrigen durchaus korrekt und geschäftstüchtig zeigte. Der junge Mann, ein Neffe des Bürgermeisters Doktor Scheffelweis, lieferte ein Beispiel dafür, dass es, veralteter Vorurteile ungeachtet, überall Anständigkeit gibt und dass noch kein Grund zum Verzweifeln ist, wenn ein junger Mensch für ein Brotstudium zu faul ist und Künstler wird. Als er das erste Mal von Berlin nach Netzig zurückkehrte, trug er noch eine Samtjacke und zog der Familie nur Unannehmlichkeiten zu; aber bei seinem zweiten Besuch besaß er schon einen

Brotstudium »Studium, das weniger aus Neigung als wegen der Aussicht auf einen auskömmlichen Verdienst gewählt wird« (Duden)

trug er noch eine Samtjacke kleidete er sich noch ganz als Künstler (etwas legerer, als es sonst üblich war)

Zylinder, und nicht lange, so ward er von Seiner Majestät entdeckt und durfte für die Siegesallee das wohlgetroffene Bildnis des Markgrafen Hatto des Gewaltigen schaffen, nebst den Bildnissen seiner beiden bedeutendsten Zeitgenossen, des Mönches Tassilo, der an einem Tage hundert Liter Bier trinken konnte, und des Ritters Klitzenzitz, der die Berliner roboten lehrte, wenn sie ihn dann auch hängten. Auf die Verdienste des Ritters Klitzenzitz hatten Seine Majestät den Oberbürgermeister noch besonders aufmerksam gemacht, was wieder günstig zurückgewirkt hatte auf die Karriere des Bildhauers. Man konnte nicht Zuvorkommenheit genug haben für einen Mann, auf dem ein unmittelbarer Strahl der Gnadensonne lag; Diederich stellte ihm sein Haus zur Verfügung, er mietete ihm auch das Reitpferd, das der Künstler brauchte, um seine Kräfte spielen zu lassen – und welche Aussichten, als der berühmte Gast die ersten Zeichenversuche des kleinen Horst vielversprechend nannte! Diederich bestimmte stehenden Fußes Horst der Kunst, dieser so zeitgemäßen Laufbahn.

Wulckow, der keinen Sinn für die Kunst hatte und sich mit dem Günstling Seiner Majestät nicht zu stellen wusste, bekam vom Denkmalskomitee die Ehrengabe von zweitausend Mark, auf die er als Ehrenvorsitzender das Recht hatte; die bei der Enthüllung zu haltende Festrede aber übertrug das Komitee seinem ordentlichen Vorsitzenden, dem geistigen Schöpfer des Denkmals und Begründer der nationalen Bewegung, die zu seiner Errichtung geführt hatte, Herrn Stadtverordneten Generaldirektor Doktor Heßling, bravo! Diederich, bewegt und geschwellt, sah sich am Fuße neuer Erhöhungen. Der Oberpräsident selbst ward erwartet, vor der hohen Exzellenz sollte Diederich reden, welche Folgen versprach das! Wulckow freilich schickte sich an, sie zu hintertreiben; gereizt, weil ausgeschaltet, weigerte er sich sogar,

die Siegesallee → Seite 536

Bildnis … Klitzenzitz → Seite 537

roboten schwer arbeiten, sich plagen

bestimmte stehenden Fußes Horst der Kunst verfügte prompt, dass Horst Künstler werden solle

der … sich mit … nicht zu stellen wusste dem es nicht gelang, eine persönliche Beziehung zu … aufzubauen

Ehrengabe → Seite 537

Oberpräsident oberster Verwaltungsbeamter einer preußischen Provinz

Exzellenz seinerzeit: Anredetitel für Beamte in höchsten Spitzenpositionen

sie zu hintertreiben Heßlings verheißungsvolle Aussichten, aus dem Verborgenen operierend, nach Möglichkeit zu zerstören

auf der Tribüne der offiziellen Damen auch Guste zuzulassen. Diederich hatte dieserhalb mit ihm einen Auftritt, der erregt verlief, aber ohne Ergebnis blieb. Heftig schnaufend kehrte er zu Guste heim. »Es bleibt dabei, du sollst keine offizielle Dame sein. Man wird ja sehn, wer offizieller ist, du oder er! Er soll dich noch bitten! Ich hab ihn Gott sei Dank nicht mehr nötig, aber er vielleicht mich.« – Und so kam es, denn als das nächste Heft der »Woche« erschien, was brachte es, außer den gewohnten Kaiserbildern? Zwei Porträtaufnahmen, die eine den Schöpfer des Netziger Kaiser-Wilhelm-Denkmals darstellend, wie er gerade an seinem Werk den letzten Hammerschlag tat, die andere aber den Vorsitzenden des Komitees und seine Gattin, Diederich samt Guste. Von Wulckow nichts – was allgemein bemerkt und als Zeichen angesehen ward, dass seine Stellung erschüttert sei. Er selbst musste es fühlen, denn er tat Schritte, um doch noch in die »Woche« zu kommen. Er suchte Diederich auf, aber Diederich ließ sich verleugnen. Der Künstler seinerseits brauchte Ausflüchte. Da geschah es tatsächlich, dass Wulckow auf der Straße an Guste herantrat: Die Geschichte mit dem Platz bei den offiziellen Damen sei ein Missverständnis ... »Schön hat er gemacht wie unser Männe«, berichtete Guste. »Aber nun gerade nicht!«, entschied Diederich, und er nahm keinen Anstand, die Geschichte umherzuerzählen. »Soll man sich Zwang antun«, sagte er zu Wolfgang Buck, »wo der Mann doch geliefert ist. Herr Oberst von Haffke gibt ihn auch schon auf.« Kühn setzte er hinzu: »Jetzt sieht er, es gibt noch andere Mächte. Wulckow hat es zu seinem Schaden nicht verstanden, sich beizeiten den modernen Lebensbedingungen einer großzügigen Öffentlichkeit anzupassen, die dem heutigen Kurs ihren Stempel aufdrücken.« – »Absolutismus, gemildert durch Reklamesucht«, ergänzte Buck.

der Tribüne der offiziellen Damen der Ehrentribüne für die Damen der wichtigen Herrschaften

dieserhalb wegen dieses Punktes

einen Auftritt eine Auseinandersetzung

der »Woche« ab 1899 im Medienimperium von Scherl (siehe Seite 156) wöchentlich erscheinende illustrierte Zeitschrift

Der Künstler seinerseits brauchte Ausflüchte. Auch der Künstler wich den Annäherungsversuchen Wulckows aus und erklärte, nichts tun zu können.

»Schön hat er gemacht wie unser Männe« »Wie unser Dackel Männe hat er Männchen gemacht«

nahm keinen Anstand scheute sich nicht, fand nichts dabei, gönnte sich den Triumph

Angesichts des Wulckow'schen Niederganges fand Diederich jenen Grundstückshandel, der ihn selbst so sehr benachteiligt hatte, immer anstößiger. Seine Entrüstung nahm einen solchen Umfang an, dass der Besuch, den gerade jetzt der Reichstagsabgeordnete Fischer in Netzig machte, für Diederich zur wahrhaft befreienden Gelegenheit ward. Parlamentarismus und Immunität hatten doch ihr Gutes! Denn Napoleon Fischer stellte sich umgehend im Reichstag hin und enthüllte. Er enthüllte, ohne dass ihm das Geringste geschehen konnte, die Schiebungen des Regierungspräsidenten von Wulckow in Netzig, seinen Riesengewinn am Grundstück des Kaiser-Wilhelm-Denkmals, der nach Napoleon Fischers Behauptung von der Stadt erpresst war, und das Ehrengeschenk von angeblich fünftausend Mark, dem er den Titel »Schmiergeld« gab. Der Zeitung zufolge bemächtigte sich hier der Volksvertreter ungeheure Erregung. Freilich galt sie nicht Wulckow, sondern dem Enthüller. Wütend verlangte man Beweise und Zeugen; Diederich zitterte, in der nächsten Zeile konnte sein Name kommen. Zum Glück kam er nicht, Napoleon Fischer blieb sich der Pflicht seines Amtes bewusst. Stattdessen redete der Minister, er überließ den unerhörten, leider unter dem Schutze der Immunität begangenen Angriff auf einen Abwesenden, der sich nicht verteidigen konnte, dem Urteil des Hauses. Das Haus urteilte, indem es dem Herrn Minister Beifall klatschte. Parlamentarisch war der Fall erledigt, es erübrigte nur noch, dass auch die Presse ihren Abscheu äußerte und, soweit sie nicht einwandfrei gesinnt war, ganz leicht dabei mit dem Auge zwinkerte. Mehrere sozialdemokratische Blätter, die die Vorsicht außer Acht gelassen hatten, mussten ihren verantwortlichen Redakteur den Gerichten ausliefern, so auch die Netziger »Volksstimme«. Diederich benutzte diesen Anlass, um zwischen sich und denen, die an dem Herrn Regierungspräsiden-

anstößiger empörender, unsittlicher

Immunität Schutz von Angehörigen des Parlaments vor Strafverfolgung

Schiebungen krummen Geschäfte

Der Zeitung zufolge bemächtigte sich hier der Volksvertreter ungeheure Erregung. Dem Bericht der Zeitung zufolge lösten diese Anschuldigungen im Parlament eine ungeheure Empörung aus.

es erübrigte nur noch die eingespielten Abläufe in der Behandlung öffentlicher Angelegenheiten verlangten nun nur noch

ten hatten zweifeln können, glatt das Tischtuch zu zerschneiden. Er und Guste machten Besuch bei Wulckows. »Ich weiß aus erster Quelle«, sagte er nachher, »dem Mann ist die größte Zukunft gewiss. Er war neulich auf der Jagd mit Majestät und hat einen großartigen Witz gerissen.« Acht Tage später brachte die »Woche« ein ganzseitiges Bildnis, Glatze und Bart auf der einen Hälfte, ein Bauch auf der anderen, und dazu die Unterschrift: »Regierungspräsident von Wulckow, der geistige Schöpfer des Netziger Kaiser-Wilhelm-Denkmals, gegen den kürzlich ein allgemein als empörend empfundener Angriff im Reichstag erfolgte und dessen Ernennung zum Oberpräsidenten bevorsteht ...« Das Bild des Generaldirektors Heßling mit Frau hatte nur eine Viertelseite eingenommen. Diederich überzeugte sich, dass der gebührende Abstand wiederhergestellt war. Die Macht blieb, auch unter den modernen Lebensbedingungen einer großzügigen Öffentlichkeit, unangreifbar wie je – was ihn trotz allem tief befriedigte. Er ward hierdurch innerlich auf das Günstigste vorbereitet für seine Festrede.

Sie war entstanden in den ehrgeizigen Gesichten vom Schlaf gemiedener Nächte und bei regem Gedankenaustausch mit Wolfgang Buck und besonders mit Käthchen Zillich, die für die Größe des kommenden Ereignisses ein merkwürdig klares Verständnis zeigte. Am Schicksalstage, als Diederich, das Herz klopfend gegen die Niederschrift seiner Rede, um halb elf mit seiner Gattin beim Festplatz anfuhr, bot der Platz einen noch wenig belebten, aber umso besser geordneten Anblick. Vor allem, der Militärkordon war schon gezogen! – und gelangte man auch nur nach Gewährung aller Garantien hindurch, so lag doch eben hierin eine feierliche Erhebung angesichts des nicht privilegierten Volkes, das hinter unseren Soldaten und am Fuß einer großen schwarzen Brandmauer in der Sonne die schwitzenden Hälse reck-

Gesichten vom Schlaf gemiedener Nächte Visionen schlafloser Nächte

anfuhr ankam, vorfuhr

Militärkordon »durch Soldaten gebildete Absperrung« (Duden)

te. Die Tribünen, links und rechts von den langen weißen Tüchern, hinter denen man Wilhelm den Großen vermuten durfte, empfingen den Schatten ihrer Zeltdächer sowie zahlreicher Fahnen. Links die Herren Offiziere waren, wie Diederich feststellte, durch ihre ins Blut übergegangene Disziplin befähigt, sich und ihre Damen ohne fremde Hilfe einzurichten; alle Strenge der polizeilichen Überwachung war nach rechts verlegt, wo das Zivil sich um die Sitze balgte. Auch Guste gab sich nicht zufrieden mit dem ihren, einzig das offizielle Festzelt gegenüber dem Denkmal schien ihr würdig, sie aufzunehmen, sie war eine offizielle Dame, Wulckow hatte es anerkannt. Diederich musste hin mit ihr, wenn er kein Feigling war, aber natürlich ward sein tollkühner Angriff so nachdrücklich zurückgewiesen, wie er es vorausgesehen hatte. Der Form wegen und damit Guste nicht an ihm zweifelte, verwahrte er sich gegen den Ton des Polizeileutnants und wäre beinahe verhaftet worden. Sein Kronenorden vierter Klasse, seine schwarz-weiß-rote Schärpe und die Rede, die er vorzeigte, retteten ihn gerade noch, konnten aber keineswegs, weder vor der Welt noch vor ihm selbst, als vollwertiger Ersatz gelten für die Uniform. Sie, die einzige wirkliche Ehre, gebrach ihm nun einmal, und Diederich musste auch hier wieder bemerken, dass man ohne Uniform, trotz sonstiger Erstklassigkeit, doch mit schlechtem Gewissen durchs Leben ging.

Im Zustand der Auflösung trat das Ehepaar Heßling seinen allseitig bemerkten Rückzug an, Guste bläulich geschwollen in ihren Federn, Spitzen und Brillanten, Diederich schnaufend und nach Kräften den Bauch mit der Schärpe vorgestreckt, als breitete er die Nationalfarben über seine Niederlage. So mussten sie hindurch zwischen dem Kriegerverein, der, Eichenkränze um die Zylinderhüte, unterhalb der Militärtribüne stand, an seiner Spitze Kühnchen als

schwarz-weiß-rote (siehe Zeile 30, siehe auch Seite 379)

Schärpe »oft als Bestandteil von Uniformen oder [Amts]trachten oder als modisches Accessoire um die Hüften oder schräg über Schulter und Brust getragenes breites Band« (Duden)

gebrach fehlte

bemerken feststellen, anerkennen

als breitete er die Nationalfarben über seine Niederlage als sollten die Nationalfarben seine Demütigung überdecken, vergessen machen

Eichenkränze → Seite 537

Landwehrleutnant, und den Ehrenjungfrauen drüben, weiß mit schwarz-weiß-roten Schärpen und befehligt von Pastor Zillich im Talar. Nun sie aber anlangten, wer saß, in der Haltung einer Königin, auf Gustes Stuhl? Man war starr: Käthchen Zillich. Hier fühlte Diederich sich denn doch bemüßigt, seinerseits ein Machtwort zu sprechen. »Die Dame hat sich geirrt, der Platz ist nicht für die Dame«, sagte er, keineswegs zu Käthchen Zillich, die er für ebenso fremd wie zweideutig zu halten schien, sondern zu dem Aufsichtsbeamten – und hätten ihm auch nicht die menschlichen Laute ringsum recht gegeben; Diederich stand hier für die stummen Gewalten von Ordnung, Sitte und Gesetz, eher wäre die Tribüne eingestürzt, als dass Käthchen Zillich auf ihr verblieb ... Dennoch geschah das Außerordentliche, dass der Beamte unter Käthchens ironischem Lächeln die Achseln zuckte, und selbst der Schutzmann, den Diederich anrief, gab nur einen weiteren unbegreiflichen Stützpunkt ab für den Übergriff der Unmoral. Diederich, betäubt vor einer Welt, deren Betrieb gestört schien, ließ es geschehen, dass Guste abgeschoben ward nach einer Sitzreihe ganz oben, wobei sie mit Käthchen Zillich einige die Gegensätze betonende Worte wechselte. Der Meinungsaustausch griff schon auf Unbeteiligte über und drohte auszuarten: Da schmetterte Musik los, der Einzugsmarsch der Gäste auf der Wartburg, und wirklich bezogen sie das offizielle Zelt, voran Wulckow, unverkennbar trotz seiner roten Husarenuniform, zwischen einem Herrn in Frack und Ordensstern und einem hohen General. War es möglich? Noch zwei hohe Generale! Und ihre Adjutanten, Uniformen in allen Farben, Sternenblitzen und ein Wuchs! »Wer ist der Gelbe, der Lange?«, forschte Guste innig. »Ist das ein schöner Mann!« – »Wollen Sie mich gefälligst nicht treten!«, verlangte Diederich, denn auch sein Nachbar war aufgesprungen, alle ver-

Landwehrleutnant → Seite 538

Ehrenjungfrauen → Seite 538

Talar schwarzen Pfarrergewand

Nun sie Als sie nun

zweideutig anrüchig schillernd, nicht recht gesellschaftsfähig

gab nur ... Unmoral erwies sich unbegreiflicherweise ebenfalls als Verteidiger der um sich greifenden Unmoral

vor (Z. 18) angesichts

der Einzugsmarsch der Gäste auf der Wartburg Musik aus dem zweiten Akt von Richard Wagners Oper »Tannhäuser und der Sängerkrieg auf der Wartburg« (1845)

roten Husarenuniform (siehe Seite 516)

Adjutanten (siehe Seite 157)

renkten sich, fieberten und schwelgten. »Sieh sie dir an, Guste! Emmi ist eine Gans, dass sie nicht mitwollte. Das ist das einzige, erstklassige Theater, es ist das Höchste, da kann man nichts machen!« – »Aber der mit den gelben Aufschlägen!«, schwärmte Guste. »Der Schlanke! Der muss ein echter Aristokrat sein, das seh ich gleich.« Diederich lachte wollüstig. »Da ist überhaupt keiner dabei, der nicht ein echter Aristokrat ist, darauf kannst du Gift nehmen. Wenn ich dir sage, ein Flügeladjutant Seiner Majestät ist hier!« – »Der Gelbe!« – »Persönlich hier!«

Man suchte sich zurecht. »Der Flügeladjutant! Zwei Divisionsgenerale, Donnerwetter!« Und die schneidige Anmut der Begrüßungen; sogar der Bürgermeister Doktor Scheffelweis ward aus seinem bescheidenen Hintergrund gezogen und durfte in seiner Train-Reserveleutnantsuniform strammstehen vor seinen hohen Vorgesetzten. Herr von Quitzin als Ulan besichtigte durch sein Monokel den Grund und Boden der Veranstaltung, der vorübergehend ihm selbst gehört hatte. Wulckow aber, der rote Husar, brachte die volle Bedeutung eines Regierungspräsidenten erst jetzt zur Geltung, wo er salutierend das gewaltige, von Schnüren umrahmte Profil seiner unteren Körperteile hervorkehrte. »Das sind die Säulen unserer Macht!«, rief Diederich in die wuchtigen Klänge des Einzugsmarsches. »Solange wir solche Herren haben, werden wir der Schrecken der ganzen Welt sein!« Und voll überwältigenden Dranges, in der Meinung, seine Stunde sei da, stürzte er hinunter, nach dem Rednerpodium. Aber der Schutzmann, der es bewachte, trat ihm entgegen: »Nee, nee, Sie komm'n noch nich ran«, sagte der Schutzmann. Jäh in seinem Schwunge gehemmt, stieß Diederich gegen einen Aufsichtsbeamten, der ihm nachgesetzt hatte: derselbe wie vorhin, ein Magistratsdiener, der ihm versicherte, er wisse wohl, der Platz der Dame mit den gelben Haaren gehöre dem

mit den gelben Aufschlägen → Seite 538

lachte wollüstig lachte tief erregt und befriedigt

Flügeladjutant Seiner Majestät (siehe Seite 157)

Man suchte sich zurecht. Man versuchte sich in all dem Glanz zurechtzufinden.

Divisionsgenerale Befehlshaber großer Truppenverbände

Anmut Eleganz

Train-Reserveleutnantsuniform → Seite 538

Ulan → Seite 538

Monokel → Seite 538

Schnüren → Seite 538

werden wir der Schrecken der ganzen Welt sein! → Seite 539

Magistratsdiener Angestellter des Stadtrats in untergeordneter Position

Herrn Stadtverordneten, »aber auf höheren Befehl hat ihn die Dame gekriegt«. Das Weitere verriet der Mann in ersterbendem Flüsterton, und Diederich entließ ihn mit einer Bewegung, die sagte: Dann allerdings. Der Flügeladjutant Seiner Majestät! Dann allerdings! Diederich überlegte, ob es nicht geboten sei, umzukehren und Käthchen Zillich öffentlich seine Huldigung zu entbieten.

Er kam nicht mehr dazu, Oberst von Haffke kommandierte der Fahnenkompanie »Rührt euch!«, und auch Kühnchen ließ seine Krieger sich rühren; hinter dem Festzelt intonierte die Regimentsmusik: »Vortreten zum Beten.« Dies geschah, sowohl vonseiten der Ehrenjungfrauen wie des Kriegervereins. Kühnchen in seiner historischen Landwehruniform, die außer vom Eisernen Kreuz von einem ruhmreichen Flicken geziert ward, denn hier war eine französische Kugel hindurchgegangen, traf inmitten des Geländes auf Pastor Zillich in seinem Talar; auch die Fahnenkompanie fand sich ein, und man gab unter dem Vortritt Zillichs dem alten Alliierten die Ehre. Auf der Ziviltribüne ward das Publikum von den Beamten gehalten, sich zu erheben, die Herren Offiziere taten es von selbst. Überdies stimmte die Kapelle »Ein feste Burg« an. Zillich schien trotzdem noch irgendetwas vorzuhaben, aber der Oberpräsident, offenbar in der Annahme, dass der alte Alliierte nun genug habe, ließ sich, gelblichen Gesichts, auf seinen Sessel nieder, rechts von ihm der blühende Flügeladjutant, links die Divisionsgenerale. Als die ganze Versammlung im offiziellen Zelt nach den ihr innewohnenden Gesetzen gruppiert war, sah man den Regierungspräsidenten von Wulckow einen Wink erteilen, infolgedessen ein Schutzmann sich in Bewegung setzte. Er begab sich zu seinem Kollegen, der das Rednerpodium bewachte, worauf dieser das Wort an Diederich richtete: »Na, nu kommse man ran«, sagte der Schutzmann.

entließ ihn ließ ihn gehen

öffentlich seine Huldigung zu entbieten vor aller Augen durch einen respektvollen Gruß zu huldigen

Fahnenkompanie → Seite 539

»Rührt euch!« »Gelockerte Standhaltung einnehmen!« (siehe Seite 526: »Küren«)

intonierte die Regimentsmusik: stimmte die Militärkapelle das Lied an:

»Vortreten zum Beten.« → Seite 540

man gab … dem alten Alliierten die Ehre → Seite 540

ward … gehalten wurde … dazu angehalten

»Ein feste Burg« → Seite 540

einen Wink erteilen ein Zeichen geben

Diederich gab Acht, dass er beim Hinaufsteigen nicht stolperte, denn die Beine waren ihm plötzlich weich geworden, auch sah er verschwommen. Nach einigem Schnaufen unterschied er im kahlen Umkreis ein Bäumchen, das keine Blätter hatte, aber mit schwarz-weiß-roten Blüten aus Papier übersät war. Der Anblick des Bäumchens gab ihm Gedächtnis und Kraft zurück; er begann:

»Eure Exzellenzen! Höchste, hohe und geehrte Herren! Hundert Jahre sind es, dass der große Kaiser, dessen Denkmal der Enthüllung harrt durch den Vertreter Seiner Majestät, uns und dem Vaterlande geschenkt ward; gleichzeitig aber, das macht diese Stunde noch bedeutsamer, ist fast ein Jahrzehnt vergangen, seit sein großer Enkel den Thron bestiegen hat! Wie sollten wir da nicht vor allem auf die große Zeit, die wir selbst miterleben durften, einen stolzen und dankbaren Rückblick werfen.«

Diederich warf ihn. Er feierte abwechselnd den beispiellosen Aufschwung der Wirtschaft und des nationalen Gedankens. Längere Zeit verweilte er beim Ozean. »Der Ozean ist unentbehrlich für Deutschlands Größe. Der Ozean beweist uns, dass auf ihm und jenseits von ihm ohne Deutschland und ohne den Deutschen Kaiser keine Entscheidung mehr fallen darf, denn das Weltgeschäft ist heute das Hauptgeschäft!« Aber nicht nur vom geschäftlichen Standpunkt, noch mehr geistig und sittlich war der Aufschwung ein beispielloser zu nennen. Wie sah es denn früher aus mit uns? Diederich entwarf ein wenig schmeichelhaftes Bild des älteren Geschlechts, das durch eine einseitige humanitäre Bildung zu zuchtlosen Anschauungen verführt, in nationaler Hinsicht noch keinen Komment gehabt hatte. Wenn das jetzt gründlich anders geworden war, wenn wir, im berechtigten Selbstgefühl, das tüchtigste Volk Europas und der Welt zu sein, von Nörglern und Elenden abgesehen, nur noch eine

Hundert Jahre … geschenkt ward leicht verändertes Zitat aus der Rede des Kaisers zur Hundertjahrfeier für seinen Großvater Wilhelm I. am 22. März 1897

der Enthüllung harrt auf seine Enthüllung wartet

Der Ozean ist unentbehrlich für Deutschlands Größe. leicht verändertes Zitat aus einer Rede des Kaisers am 3. Juli 1900

das Weltgeschäft ist heute das Hauptgeschäft! erfundener Zusatz zu dem Kaiserzitat aus der Rede vom 3. Juli 1900, der auf die egoistischen Eigeninteressen hinter den großen nationalen Ambitionen verweist

des älteren Geschlechts der vorangegangenen Generation

noch keinen Komment (siehe Seite 34 unten und öfter)

einzige nationale Partei bildeten, wem verdankten wir es? Allein Seiner Majestät, antwortete Diederich. »Er hat den Bürger aus dem Schlummer gerüttelt, sein erhabenes Beispiel hat uns zu dem gemacht, was wir sind!« – wobei Diederich sich auf die Brust schlug. »Seine Persönlichkeit, seine einzige, unvergleichliche Persönlichkeit ist stark genug, dass wir allesamt uns efeuartig an ihr emporranken dürfen!«, rief er aus, obwohl es nicht in seinem Entwurf stand. »Was Seine Majestät der Kaiser zum Wohl des deutschen Volkes beschließt, dabei wollen wir ihm jubelnd behilflich sein, ob wir nun edel sind oder unfrei. Auch der einfache Mann aus der Werkstatt ist willkommen!«, fügte er wieder aus dem Stegreif hinzu, jäh inspiriert durch den Geruch des schwitzenden Volkes hinter dem Militärkordon; denn der Wind, der aufkam, trug ihn her.

»In staunender Weise ertüchtigt, voll hoher sittlicher Kraft zu positiver Betätigung, und in unserer furchtbaren Wehr der Schrecken aller Feinde, die uns neidisch umdrohen, so sind wir die Elite unter den Nationen und bezeichnen eine zum ersten Male erreichte Höhe germanischer Herrenkultur, die bestimmt niemals und von niemandem, er sei wer er sei, wird überboten werden können!«

Hier sah man den Oberpräsidenten mit dem Kopf nicken, indes der Flügeladjutant die Hände gegeneinander bewegte: Da brachen die Tribünen in Beifall aus. Bei den Zivilisten wehten Taschentücher, Guste ließ es im Wind flattern und, trotz der Unstimmigkeit von vorhin, auch Käthchen Zillich. Diederich, im Herzen leicht wie die wehenden Taschentücher, nahm seinen hohen Flug wieder auf.

»Eine solche nie dagewesene Blüte aber erreicht ein Herrenvolk nicht in einem schlaffen, faulen Frieden: Nein, sondern unser alter Alliierter hat es für notwendig gehalten, das deutsche Gold im Feuer zu bewähren. Durch den Schmelz-

dass wir allesamt uns efeuartig an ihr emporranken dürfen!
→ Seite 541

Entwurf Redemanuskript

ob wir nun edel sind oder unfrei
→ Seite 541

Auch der einfache Mann aus der Werkstatt ist willkommen!
→ Seite 541

Militärkordon (siehe Seite 463)

ertüchtigt stark, durchtrainiert

furchtbaren Wehr Schrecken verbreitenden Militärmaschinerie

umdrohen drohend umzingeln

bezeichnen repräsentieren, verkörpern

Höhe germanischer Herrenkultur … ein Herrenvolk
→ Seite 541

Flug Gedankenflug

das deutsche Gold im Feuer zu bewähren
→ Seite 541

Schmelzofen von Jena und Tilsit → Seite 541

das prüfungsreiche Leben … Instrument baut leicht verändertes Zitat aus einer Kaiserrede vom 10. Mai 1896; ›Instrument‹ meint hier: ›Werkzeug‹.

woraus wir … erkannten das uns … lehrte

hatte sich … hingegeben war sich dessen immer bewusst gewesen

Augenblick, wo er als König von Gottes Gnaden … Krone nahm → Seite 541

nicht zurückgeschreckt … entbinden können → Seite 541

die Persönlichkeit … vergöttert Zitat aus einer Rede des Kaisers am 1. Juli 1896

Im Mittelalter wäre Wilhelm der Große heiliggesprochen worden. → Seite 542

zerschmetterte vernichtend geschlagene

ofen von Jena und Tilsit haben wir hindurchgemusst, und schließlich ist es uns doch gelungen, siegreich überall unsere Fahnen aufzupflanzen und auf dem Schlachtfelde die deutsche Kaiserkrone zu schmieden!«

Und er erinnerte an das prüfungsreiche Leben Wilhelms des Großen, woraus wir, wie Diederich feststellte, erkannten, dass der Weltenschöpfer das Volk im Auge behält, das er sich erwählt hat, und sich auch das entsprechende Instrument baut. Der große Kaiser seinerseits hatte sich hierüber niemals Irrtümern hingegeben, dies ward besonders deutlich in dem großen historischen Augenblick, wo er als König von Gottes Gnaden, das Zepter in der einen und das Reichsschwert in der andern Hand, nur Gott die Ehre gab und von ihm die Krone nahm. In erhabenem Pflichtgefühl hatte er es weit von sich gewiesen, dem Volk die Ehre zu geben und vom Volk die Krone zu nehmen, und nicht zurückgeschreckt war er vor der furchtbaren Verantwortung gegenüber Gott allein, von der kein Minister, kein Parlament ihn hatte entbinden können! Diederichs Stimme bebte ergriffen. »Dies erkennt das Volk denn auch an, indem es die Persönlichkeit des dahingegangenen Kaisers geradezu vergöttert. Hat er doch Erfolg gehabt; und wo der Erfolg ist, da ist Gott! Im Mittelalter wäre Wilhelm der Große heiliggesprochen worden. Heute setzen wir ihm ein erstklassiges Denkmal!«

Wieder nickte der Oberpräsident und löste damit wieder ungestüme Zustimmung aus. Die Sonne war fort, es wehte kälter; und als sei er angeregt durch den verdüsterten Himmel, ging Diederich zu einer tiefernsten Frage über.

»Wer hat sich ihm nun in den Weg gestellt, vor seinem hohen Ziel? Wer war der Feind des großen Kaisers und seines kaisertreuen Volkes? Der von ihm glücklich zerschmetterte Napoleon hatte seine Krone nicht von Gott, sondern vom Volk, daher! Das gibt dem Richterspruch der Geschichte erst seinen ewigen, überwältigenden Sinn!« Hier unternahm Diederich es, zu malen, wie es in dem demokratisch verseuchten, daher von Gott verlassenen Reich Napoleons des Dritten ausgesehen habe. Der in leerer Religiosität versteckte krasse Materialismus hatte den unbedenklichsten Geschäftssinn großgezogen, Missachtung des Geistes schloss ihr natürliches Bündnis mit niederer Genussgier. Der Nerv der Öffentlichkeit war Reklamesucht, und jeden Augenblick schlug sie um in Verfolgungssucht. Im Äußern nur auf das Prestige gestellt, im Innern nur auf die Polizei, ohne andern Glauben als die Gewalt, trachtete man nach nichts als nach Theaterwirkung, trieb ruhmredigen Pomp mit der vergangenen Heldenepoche, und der einzige Gipfel, den man wirklich erreichte, war der des Chauvinismus ... »Von alldem wissen wir nichts!«, rief Diederich und reckte die Hand gegen den Zeugen dort oben. »Darum kann es mit uns nie und nimmer das Ende mit Schrecken nehmen, das dem Kaiserreich unseres Erbfeindes vorbehalten war!«

An dieser Stelle blitzte es; zwischen dem Militärkordon und der Brandmauer, in der Gegend, wo das Volk zu vermuten war, durchzuckte es grell die schwarze Wolke, und ein Donnerschlag folgte, der entschieden zu weit ging. Die Herren im offiziellen Zelt bekamen missbilligende Mienen, und der Oberpräsident hatte gezuckt. Auf der Offizierstribüne litt selbstverständlich die Haltung nicht im Geringsten, beim Zivil machte sich immerhin eine gewisse Unruhe bemerklich. Diederich brachte das Gekreisch zum Verstummen, denn er rief, gleichfalls donnernd: »Unser alter Alliierter bezeugt es! Wir sind nicht so! Wir sind ernst, treu und wahr! Deutsch sein heißt eine Sache um ihrer selbst willen tun! Wer von uns hätte je aus seiner Gesinnung ein Geschäft gemacht? Wo gar wären die bestechlichen Beamten? Biederkeit des Mannes eint hier sich weiblicher Reine, denn das Weibliche

Napoleon ... vom Volk, daher! (S. 470, Z. 32 f.) → Seite 542

Hier unternahm Diederich es, zu malen → Seite 542

leerer → Seite 542

krasse Materialismus → Seite 543

trachtete man strebte man

das Prestige die Geltungssucht

trieb ruhmredigen Pomp mit der feierte in pompöser, selbstgefälliger Weise die

Chauvinismus → Seite 543

Von alldem wissen wir nichts! All das ist uns wesensfremd!

immerhin aber doch

Deutsch sein heißt eine Sache um ihrer selbst willen tun! → Seite 543

eint hier sich weiblicher Reine → Seite 543

zieht uns hinan, nicht ist es uns Werkzeug unedlen Vergnügens. Das strahlende Bild echt deutschen Wesens aber erhebt sich auf dem Boden des Christentums, und das ist der einzig richtige Boden, denn jede heidnische Kultur, mag sie noch so schön und herrlich sein, wird bei der ersten Katastrophe erliegen; und die Seele deutschen Wesens ist die Verehrung der Macht, der überlieferten und von Gott geweihten Macht, gegen die man nichts machen kann. Darum sollen wir nach wie vor die höchste Pflicht in der Verteidigung des Vaterlandes sehen, die höchste Ehre im Rock des Königs und die höchste Arbeit im Waffenhandwerk!«

Der Donner grollte, wenn auch eingeschüchtert, wie es schien, durch Diederichs immer gewaltigere Stimme; dagegen fielen Tropfen, die man einzeln hörte, so schwer waren sie.

»Aus dem Lande des Erbfeindes«, schrie Diederich, »wälzt sich immer wieder die Schlammflut der Demokratie her, und nur deutsche Mannhaftigkeit und deutscher Idealismus sind der Damm, der sich ihr entgegenstellt. Die vaterlandslosen Feinde der göttlichen Weltordnung aber, die unsere staatliche Ordnung untergraben wollen, die sind auszurotten bis auf den letzten Stumpf, damit, wenn wir dereinst zum himmlischen Appell berufen werden, dass dann ein jeder mit gutem Gewissen vor seinen Gott und seinen alten Kaiser treten kann, und wenn er gefragt wird, ob er aus ganzem Herzen für des Reiches Wohl mitgearbeitet habe, er an seine Brust schlagen und offen sagen darf: Ja!«

Wobei Diederich sich einen solchen Schlag auf die Brust versetzte, dass ihm die Luft ausblieb. Die notgedrungene Pause, die er eintreten ließ, benutzte die Ziviltribüne, um durch Unruhe zu bekunden, dass sie seine Rede für beendet halte; denn das Gewitter stand jetzt genau über den Köpfen der Festversammlung, und im schwefelgelben Licht, einzeln,

das Weibliche zieht uns hinan → Seite 543

auf dem Boden des Christentums … heidnische Kultur … erliegen → Seite 544

erliegen ihre Schwäche, ihre Haltlosigkeit offenbaren, untergehen

nach wie vor … im Waffenhandwerk! Zitat aus einer Rede des Kaisers vom 18. Oktober 1902

Rock des Königs Uniformrock (der königlichen Armee)

die unsere staatliche Ordnung untergraben wollen Zitat aus der Thronrede des jungen Kaisers vom 25. Juni 1888

wenn wir dereinst … sagen darf: Ja! leicht verändertes Zitat aus einer Rede des Kaisers vom 6. Mai 1898

ausblieb wegblieb

schwefelgelben höllisch, apokalyptisch wirkenden

langsam und als warnten sie, klopften immerfort diese eigroßen Regentropfen ... Diederich hatte wieder Luft.

»Wenn jetzt die Hülle fällt«, begann er mit neuem Schwung, »wenn zum Gruß die Fahnen und Standarten sich neigen, die Degen sich senken und Bajonette im Präsentiergriff blitzen – « Da krachte es im Himmel so ungeheuerlich, dass Diederich sich duckte und, bevor er es sich versah, unter seinem Pult hockte. Zum Glück kam er wieder hervor, ohne dass sein Verschwinden bemerkt worden wäre, denn allen war es ähnlich ergangen. Kaum dass noch jemand hörte, wie Diederich Seine Exzellenz den Herrn Oberpräsidenten bat, er möge geruhen zu befehlen, dass die Hülle falle. Immerhin trat der Oberpräsident vor das offizielle Zelt hinaus, er war gelber, als es seine Natur war, das Funkeln seines Sterns war erloschen, und er sagte schwach: »Im Namen Seiner Majestät befehle ich: Die Hülle falle« – worauf sie fiel. Auch ertönte die Wacht am Rhein. Und der Anblick Wilhelms des Großen, wie er durch die Luft ritt, in der Haltung eines Familienvaters, aber umringt von allen Furchtbarkeiten der Macht, stählte die Untertanen noch einmal gegen die Drohungen von oben, das Kaiserhoch des Oberpräsidenten fand lebhaften Widerhall. Freilich, die Klänge von »Heil dir im Siegerkranz« gaben Seiner Exzellenz das Zeichen, dass sie sich nun bis an den Fuß des Denkmals zu begeben, es zu besichtigen und den Schöpfer, der schon wartete, durch eine Anrede auszuzeichnen hatten. Jeder begriff es, dass der hohe Herr zweifelnd den Blick zum Himmel richtete; aber wie nicht anders zu erwarten stand, siegte sein Pflichtgefühl und siegte umso glänzender, als er der einzige Herr im Frack war unter so vielen tapferen Militärs. Er wagte sich kühn hinaus, hin ging er unter den großen, langsamen Tropfen, und mit ihm Ulanen, Kürassiere, Husaren und Train ... Schon war die Inschrift »Wilhelm der Große« zur Kenntnis genommen wor-

Wenn jetzt die Hülle fällt ... im Präsentiergriff blitzen – Zitat aus einer Rede des Kaisers vom 29. Mai 1903

Präsentiergriff »Griff, mit dem bei militärischen Ehrungen das Gewehr senkrecht oder schräg vor dem Körper gehalten wird« (Duden)

bevor er es sich versah, unter seinem Pult hockte ehe er noch wusste, wie ihm geschah, unter seinem Rednerpult Zuflucht gesucht hatte

als es seine Natur war als er es von Natur aus war

Sterns Ordenssterns

»Heil dir im Siegerkranz« → Seite 544

Ulanen, Kürassiere, Husaren und Train → Seite 544

den, der Schöpfer, durch eine Anrede ausgezeichnet, bekam seinen Orden, und gerade sollte auch der geistige Schöpfer Heßling vorgestellt und geschmückt werden, da platzte der Himmel. Er platzte ganz und auf einmal, mit einer Heftigkeit, die einem lange verhaltenen Ausbruch glich. Bevor noch die Herren sich umgedreht hatten, standen sie im Wasser bis an die Knöchel, Seiner Exzellenz lief es aus Ärmeln und Hosen. Die Tribünen verschwanden hinter Stürzen Wassers, wie auf fern wogendem Meer erkannte man, dass die Zeltdächer sich gesenkt hatten unter der Wucht des Wolkenbruches, in ihren nassen Umschlingungen wälzten links und rechts sich schreiende Massen. Die Herren Offiziere machten gegen die Elemente von der blanken Waffe Gebrauch, durch Schnitte in das Segeltuch bahnten sie sich den Ausweg. Das Zivil gelangte nur als graue Wickelschlange hinab, die mit wilden Zuckungen im überschwemmten Gelände badete. Unter solchen Umständen sah der Oberpräsident es ein, dass der weitere Verlauf des Festprogramms aus Zweckmäßigkeitsrücksichten zu unterbleiben habe. Blitzeumlodert und wasserspritzend wie ein Springbrunnen, trat er einen beschleunigten Rückzug an, und ihm nach der Flügeladjutant, die beiden Divisionsgenerale, Dragoner, Husaren, Ulanen und Train. Unterwegs erinnerten Seine Exzellenz sich des noch immer an ihrem Finger hängenden Ordens für den geistigen Schöpfer, und pflichttreu bis zum Äußersten, aber bestrebt, jeden Aufenthalt zu vermeiden, händigten sie ihn, laufend und wasserspritzend, dem Präsidenten von Wulckow aus. Wulckow seinerseits begegnete einem Schutzmann, der den Ereignissen noch standhielt, und betraute ihn mit der Übergabe der Allerhöchsten Auszeichnung, worauf der Schutzmann durch Sturm und Grausen irrte, auf der Suche nach Diederich. Schließlich fand er ihn unter dem Rednerpult im Wasser hockend. »Da hamse 'n Willemsorden«,

verhaltenen zurückgehaltenen

Blitzeumlodert Von flammenartig aufzuckenden Blitzen begleitet

Dragoner Reitersoldaten, Angehörige der »Schlachtenkavallerie«

sagte der Schutzmann und machte, dass er weiterkam, denn gerade schlug ein Blitz ein, so nahe, als sollte er die Verleihung des Ordens verhindern. Diederich hatte nur geseufzt.

Als er es endlich unternahm, mit einer Gesichtshälfte auf die Erde zu spähen, war der Umsturz auf ihr noch immer im Wachsen. Drüben die große schwarze Brandmauer klaffte und ging daran, umzufallen, samt dem Haus dahinter. Über einem Knäul von Geschöpfen in jagendem Geisterlicht, schwefelgelb und blau, bäumten sich die Pferde der Paradekutschen und nahmen Reißaus. Glücklich das nicht privilegierte Volk, das draußen und über alle Berge war; die Besitzenden und Gebildeten dagegen waren in der Lage, dass sie auf ihren Köpfen schon die fliegenden Trümmer des Umsturzes fühlten, samt dem Feuer von oben. Kein Wunder, wenn die Umstände ihr Verhalten bestimmten und manche Damen, in nicht kommentmäßiger Weise vom Ausgang zurückgestoßen, schlankweg übereinanderrollten. Nur ihrer Tapferkeit vertrauend, machten die Herren Offiziere gegen jeden, der sich ihnen entgegenstellte, von ihren Machtmitteln Gebrauch – indes Fahnentücher, losgerissen im Sturm von den Überresten der Tribünen und des offiziellen Zeltes, schwarz-weiß-rot durch die Luft sausten, den Kämpfern um die Ohren. Dazu, hoffnungslos, wie die Dinge standen, spielte die Regimentsmusik immer weiter »Heil dir im Siegerkranz«, spielte selbst nach der Durchbrechung des Militärkordons und der Weltordnung, spielte wie auf einem untergehenden Schiff dem Entsetzen auf und der Auflösung. Ein neuer Anlauf des Orkans warf auch sie auseinander – und Diederich, die Augen zugedrückt und schwindelnd des Endes von allem gewärtig, tauchte zurück in die kühle Tiefe seines Rednerpultes, das er umklammerte wie das Letzte auf Erden. Sein Abschiedsblick aber hatte umfasst, was über alle Begriffe war: das Gehege, das schwarz-weiß-rot behangene

spielte wie auf einem untergehenden Schiff dem Entsetzen auf vermutlich eine Anspielung auf den die damalige Welt erschütternden Untergang der »Titanic« auf ihrer Jungfernfahrt über den Atlantik am 15. April 1912, bei dem die Bordkapelle, während das Schiff sank, immer weiter spielte

des Endes von allem gewärtig das Weltenende, den Weltuntergang erwartend

was über alle Begriffe war was alle Vernunft, jedes menschliche Fassungsvermögen überstieg

das Gehege die auf dem abgesperrten Bereich errichteten Tribünen und Zeltüberdachungen *dies Gefegtwerden von den Peitschen der Höhe* dieses fürchterliche Unwetter, dieses göttliche Strafgericht

diesen Kehraus dieses große Aufräumen, das auf den kollektiven Festtaumel folgte

einer betrunkenen Maskerade eines Maskenzugs sinnlos Betrunkener

gottgesandten Männern → Seite 544

idealen Gütern → Seite 544

die apokalyptischen Reiter → Seite 544

den Jüngsten Tag das abschließende Weltgericht Gottes, das Ende der Zeit (siehe Seite 338)

Dem Blitz erlegen Unter der Gewalt des Blitzes zusammengestürzt

die Versicherung die Versicherungssumme der Gebäudeversicherung

rund um den Volkspark, zusammengebrochen, niedergelegt durch das Gewicht der auf ihm Lastenden, und dann dies Drunter und Drüber, dies Umeinanderkugeln, Sichaufhäufen und Abrutschen, dies Kopfstehen und Dem-andern-sich-ins-Gesicht-Setzen und dies Gefegtwerden von den Peitschen der Höhe, unter Strömen Feuers, diesen Kehraus, wie der einer betrunkenen Maskerade, Kehraus von Edel und Unfrei, vornehmstem Rock und aus dem Schlummer erwachtem Bürger, einzigen Säulen, gottgesandten Männern, idealen Gütern, Husaren, Ulanen, Dragonern und Train!

Aber die apokalyptischen Reiter flogen weiter; Diederich merkte es, sie hatten nur ein Manöver abgehalten für den Jüngsten Tag, der Ernstfall war es nicht. Unter Vorbehalt verließ er seine Zuflucht und stellte fest, dass es nur noch goss und dass Kaiser Wilhelm der Große noch da war, mit allem Zubehör der Macht. Diederich hatte die ganze Zeit das Gefühl gehabt, das Denkmal sei zerschmettert und weggeschwommen. Der Festplatz freilich sah aus wie eine wüste Erinnerung, keine Seele belebte seine Trümmer. Doch, dahinten bewegte sich eine, sie trug sogar Ulanenuniform: Herr von Quitzin, der das eingestürzte Haus besichtigte. Dem Blitz erlegen, rauchte es hinter den Resten seiner großen schwarzen Brandmauer; und in der Flucht aller hatte nur Herr von Quitzin standgehalten, denn ihn stärkte ein Gedanke. Diederich sah ihm ins Herz. ›Das Haus‹, dachte Herr von Quitzin, ›hätten wir auch noch loswerden sollen an das Pack. Aber nicht zu machen gewesen, haben es mit aller Gewalt nicht durchgedrückt. Na, nu kriege ich die Versicherung. Es gibt einen Gott.‹ Und dann ging er der Feuerwehr entgegen, die zum Glück nicht mehr wesentlich eingreifen konnte in das Geschäft.

Auch Diederich, durch das Beispiel ermutigt, machte sich auf den Weg. Er hatte seinen Hut verloren, am Boden seiner

Schuhe schlenkerte Wasser, und in der rückwärtigen Erweiterung der Beinkleider trug er eine Pfütze mit sich herum. Da ein Wagen nicht erreichbar schien, beschloss er, die innere Stadt zu durchqueren. Die Winkel der alten Straßen fingen den Wind ab, ihm ward es wärmer. ›Von einem Katarrh ist nicht die Rede. Guste soll mir aber doch einen Wickel um den Bauch machen. Wenn sie nur gefälligst keine Influenza ins Haus einschleppt!‹ Nach dieser Sorge erinnerte er sich seines Ordens: »Der Wilhelms-Orden, Stiftung Seiner Majestät, wird nur verliehen für hervorragende Verdienste um die Wohlfahrt und Veredelung des Volkes ... Den haben wir!«, sagte Diederich laut in der leeren Gasse. »Und wenn es Dynamit regnet!« Der Umsturz der Macht vonseiten der Natur war ein Versuch mit unzulänglichen Mitteln gewesen. Diederich zeigte dem Himmel seinen Wilhelms-Orden und sagte »Ätsch!« – worauf er ihn sich ansteckte, neben den Kronenorden vierter Klasse.

In der Fleischhauergrube hielten mehrere Fuhrwerke: merkwürdig, vor dem Haus des alten Buck. Eins war noch dazu ein Landwagen. Sollte etwa – ? Diederich spähte in das Haus: Die gläserne Flurtür stand außerordentlicherweise offen, so als würde jemand erwartet, der selten kam. Feierlich still die weite Diele, nur, wie er an der Küche vorbeischlich, ein Wimmern: die alte Magd, mit dem Gesicht auf den Armen. ›Also ist es so weit‹ – und plötzlich ward Diederich von einem Schauer angerührt, er blieb stehen, bereit, den Rückzug anzutreten. ›Dabei habe ich nichts zu tun ... Doch! Dabei habe ich zu tun, denn hier ist jedes Stück mein, ich habe die Pflicht, dafür zu sorgen, dass sie mir nachher nichts forttragen.‹ Aber nicht nur dies drängte ihn vorwärts; Schwierigeres und Tieferes kündigte sich an mit Schnaufen und Bauchklemmen. Gehaltenen Schrittes erstieg er die flachen alten Stufen und dachte: ›Respekt vor einem tapferen Feind, wenn

Katarrh Infektion der oberen Atemwege

Der Wilhelms-Orden ... für hervorragende Verdienste Den Wilhelms-Orden stiftete der Kaiser Anfang 1896 zum 25-jährigen Jahrestag der Reichsgründung.

Landwagen Pferdewagen, der von zwei nebeneinander gehenden Pferden gezogen wird

Dabei habe ich nichts zu tun Das geht mich nichts an

Bauchklemmen Bauchgrimmen, Magenschmerzen

Gehaltenen Verhaltenen, vorsichtig-feierlichen

er das Feld der Ehre deckt! Gott hat gerichtet, ja, ja, so geht es, keiner kann sagen, ob er nicht eines Tages – Na hören Sie, es gibt denn doch Unterschiede, eine Sache ist gut oder nicht gut. Und für den Ruhm der guten Sache soll man nichts versäumen, unser alter Kaiser hat sich wahrscheinlich auch zusammennehmen müssen, als er nach Wilhelmshöhe zu dem gänzlich erledigten Napoleon ging.‹

Hier war er schon im Zwischengeschoss und betrat vorsichtig den langen Gang, an dessen Ende die Tür offen, auch hier wieder offen stand. Sich gegen die Wand drücken, und einen Blick hinein: ein Bett, mit dem Fuß hergewendet, darin lehnte an gehäuften Kissen der alte Buck und schien nicht bei sich. Kein Laut; war er denn allein? Behutsam auf die Gegenseite – nun sah man die verhängten Fenster und davor im Halbkreis die Familie: dem Bett zunächst Judith Lauer, ganz starr, dann Wolfgang mit einem Gesicht, das niemand erwartet hätte; zwischen den Fenstern die zusammengedrängte Herde der fünf Töchter neben dem bankerotten Vater, der nicht einmal mehr elegant war; weiterhin der verbauerte Sohn mit seiner stumpfblickenden Frau, und endlich Lauer, der gesessen hatte. Mit gutem Grund hielten alle sich so still; zu dieser Stunde verloren sie die letzte Aussicht, noch einmal mitzureden! Sie waren obenauf gewesen und hatten sich in Sicherheit gewiegt, solange der Alte standhielt. Er war gefallen, und sie mit, er verschwand, und sie alle mit. Er hatte immer nur auf Flugsand gestanden, da er nicht auf der Macht stand. Nichtig Ziele, die fortführten von der Macht! Fruchtlos Geist, denn nichts hinterließ er als Verfall! Verblendung jeder Ehrgeiz, der nicht Fäuste hatte und Geld in den Fäusten!

Woher aber dies Gesicht, das Wolfgang hatte? Es sah nicht aus wie Trauer, obwohl Tränen aus seinen dort hinüberverlangenden Augen fielen; es sah aus wie Neid, gramvoller

das Feld der Ehre deckt ehrenvoll zu Tode gekommen auf dem Schlachtfeld liegt

nach Wilhelmshöhe zu dem gänzlich erledigten Napoleon (siehe Seite 536)

Zwischengeschoss »im Verhältnis zu den übrigen Geschossen eines Hauses niedrigeres Geschoss; Halbgeschoss« (Duden)

mit dem Fuß hergewendet dessen Fußende zur Tür zeigte

Behutsam auf die Gegenseite Vorsichtig auf die andere Seite des Raumes gespäht

zunächst am nächsten

weiterhin ferner, dahinter

endlich schließlich, ganz hinten

auf Flugsand Wüstensand, der vom Wind verweht wird; also: auf schwankendem Grund, unsicherem Fundament

Neid. Was hatten die andern? Judith Lauer, deren Brauen sich dunkel zusammenzogen, ihr Mann, der aufseufzte – und die Frau des Ältesten sogar faltete vor dem Gesicht ihre Arbeiterinnenhände. Diederich, in entschlossener Haltung, stellte sich mitten vor die Tür. Es war dunkel im Gang, die da sahen nicht, und mochten sie; aber der Alte? Sein Gesicht war genau hierher gerichtet, und wo es hinsah, ahnte man dennoch mehr, als hier war, Erscheinungen, die niemand ihm verstellen konnte. Ihren Widerschein in seinen überraschten Augen, öffnete er auf den Kissen langsam die Arme, versuchte sie zu heben, hob, bewegte sie, winkend und empfangend – wen doch? Wie viele wohl, mit so langem Winken und Empfangen? Ein ganzes Volk, sollte man glauben, und welchen Wesens, dass es durch sein Kommen dies geisterhafte Glück hervorrief in den Zügen des alten Buck?

Da erschrak er, als sei er einem Fremden begegnet, der Grauen mitbrachte: erschrak und rang nach Atem. Diederich, ihm gegenüber, machte sich noch strammer, wölbte die schwarz-weiß-rote Schärpe, streckte die Orden vor, und für alle Fälle blitzte er. Der Alte ließ auf einmal den Kopf fallen, tief vornüber fiel er, ganz wie gebrochen. Die Seinen schrien auf. Vom Entsetzen gedämpft, rief die Frau des Ältesten: »Er hat etwas gesehen! Er hat den Teufel gesehen!« Judith Lauer stand langsam auf und schloss die Tür. Diederich war schon entwichen.

vor die Tür in die Türöffnung

mochten sie sollten sie doch!

die niemand ihm verstellen auf die niemand ihm die Sicht nehmen; aber wohl auch: die niemand ihm verheimlichen und dem Augenschein widersprechend ausdeuten

Heinrich Mann 1920, mit Zigarette im Mund, in einem Buch blätternd.
Fotopostkarte (Fotograf unbekannt), 111 x 80 mm

Zur Textgestalt

Die Idee zum Roman »Der Untertan« scheint aus dem Jahr 1903 zu stammen, denn am 10. April 1904 erinnerte Heinrich Mann seinen Schulfreund Ludwig Ewers brieflich daran, seine »Bitte vom vorigen Jahr« nicht zu vergessen und ihm »Anekdoten über W[ilhelm] II.« mitzuteilen, »besonders solche, die die Zeitungen nicht bringen und die Du privat erfährst!« (Zitiert nach: Michael Grisko: Vom Kaiserreich zum geteilten Deutschland. Der Untertan revisited. Lübeck: Buddenbrookhaus, und Berlin: Bertz + Fischer GbR 2007, S. 22)

Das Notizbuch Heinrich Manns aus den Jahren 1906 und 1907 zeigt, dass zu dieser Zeit die Grundstruktur des Romans schon relativ weit ausgearbeitet war. Allerdings erstreckte sich die geplante Handlung über einen bedeutend längeren Zeitraum. Diejenigen Handlungsteile, die letztlich keinen Platz im »Untertan« fanden, lagerte Heinrich Mann in die Novelle »Gretchen« (geschrieben Anfang 1907, veröffentlicht 1908) und in den Roman »Die Armen« aus (geschrieben Mitte 1916 bis Frühjahr 1917, erschienen 1917).

Im Frühsommer 1907 scheint Heinrich Mann mit der Niederschrift des Romans begonnen zu haben, wie aus seinem Brief an Ewers vom 12. Juni hervorgeht: »In München habe ich eine große Papierfabrik und auch die Bruckmannsche Kunstanstalt eingehend besichtigt: alles für meinen neuen Romanhelden. Er ist ziemlich gut fundiert, und heute habe ich die ersten Sätze niedergeschrieben. Wieder für eine lange Zeit eine große Last auf dem Buckel!« (Zitiert nach: Grisko, S. 22.)

Ab 1911 erschienen Vorabdrucke einzelner Episoden in Zeitschriften: der Anfang unter dem Titel »Lebensfrühling« im »Simplicissimus« (November 1911), die erste Begegnung zwischen Diederich und Agnes unter dem Titel »Jugendliebe« in »Licht und Schatten« (Anfang 1912) und die Episoden »Die Neuteutonen«, »Die Macht« und »Der Krawall. Februar 1892« wiederum im »Simplicissimus« (April, Juli und September 1912). Ende 1912 arbeitete Heinrich Mann an der

Prozess-Episode, Anfang 1913 schrieb er seinem Rechtsanwalt Maximilian Brantl, er sei nun etwas über die Mitte hinaus und übersehe das Ganze. Am 15. Oktober teilte er seiner zukünftigen Frau Maria (Mimi) Kanová mit, die Vorstellung des »Lohengrin«, die er in Augsburg besucht habe, sei »trist u. komisch« gewesen. »Ich habe Beobachtungen im Sinne Diederichs und Gustes gemacht, habe alles notirt u. mache vielleicht einige hübsche Seiten daraus.« (Zitiert nach: Grisko, S. 23.)

Anfang 1914 begann der – offenbar zu diesem Zeitpunkt noch nicht fertiggestellte – Roman in der »Moderne[n] illustrierte[n] Wochenschrift« »Zeit im Bild« in Fortsetzungen zu erscheinen, nachdem Heinrich Mann auf Bitte der Redaktion einige besonders scharfe Attacken auf die Person des Kaisers abgemildert hatte (vgl. die Erläuterung auf Seite 506 dieses Bands). Zeitgleich startete der Vorabdruck einer russischen Übersetzung (von Adele Polotsky-Wolin) unter dem Titel »Wernopoddannyj« in der Monatsschrift »Sowremnnyi Mir« (»Die zeitgenössische Welt«). Am 1. August, dem Tag der Mobilmachung, schrieb Dr. Kühn von der »Zeit im Bild« an den Autor, im »gegenwärtigen Augenblick« könne »ein großes öffentliches Organ nicht in satirischer Form an deutschen Verhältnissen Kritik üben« (zitiert nach: Grisko, S. 23). Der Vorabdruck wurde daraufhin mit der am 13. August erscheinenden Nummer abgebrochen (vgl. die Erläuterung auf Seite 434 dieses Bands), und zwar auf Wunsch Heinrich Manns ohne weitere Erklärung. Die russische Übersetzung erschien dagegen weiter und kam 1915 im Verlag Zuckermann in Petrograd (Sankt Petersburg) auch als zweibändige Buchausgabe heraus.

1916 sicherte sich der junge Verleger Kurt Wolff, der unter anderem Franz Kafkas erste Buchveröffentlichung herausgebracht hatte, die Rechte am »Untertan«. Über seine Lektüreeindrücke berichtete er seinem Verlagsleiter Georg Heinrich Meyer, er sei »hingerissen. Hier ist der Anfang dessen, was ich immer suchte: der deutsche Roman der Nach-Gründer-Zeit. […] Das Deutschland der ersten Regierungsjahre Wilhelms II., gesehen als ein Zustand, der den Krieg von

Heinrich Mann, etwa 1920. Brustbild im Halbprofil eines unbekannten Fotografen. Papierabzug, 64 x 42 mm

1914 heraufbeschwören musste« (zitiert nach: Grisko, S. 23f.). Noch 1916 veranstaltete er einen Privatdruck in kleinster Auflage. Heinrich Mann notierte in seinem Exemplar die entstehungsgeschichtlich interessante Anmerkung »Abgeschlossen Anfang Juli 1914« und versah den Band hier und da mit handschriftlichen Korrekturen.

Gleich nach Kriegsende brachte der Kurt Wolff Verlag (Leipzig) den Roman dann für das allgemeine Publikum heraus. Die Nachfrage war enorm, innerhalb von sechs Wochen erreichte das Buch mit 100000 verkauften Exemplaren die siebte Auflage. 1921 veröffentlichte der New Yorker Verlag Harcourt, Brace & Co. eine amerikanische Ausgabe unter dem Titel »The Patrioteer« (Übersetzung: Ernest Boyd). Deutsche Neuausgaben des Romans erschienen in der Weimarer Republik 1925 im Paul Zsolnay Verlag (Wien) und 1929 im Sieben Stäbe Verlag (Berlin). Eine weitere deutsche Ausgabe kam 1938 in der Sowjetunion heraus (vgl. dazu die Seiten 561f. dieses Bands).

Das 431 Seiten starke, mit Tinte geschriebene Manuskript des Romans hat sich vollständig erhalten. Die vorliegende Ausgabe beruht auf dem von Heinrich Mann durchgesehenen Privatdruck von 1916 und verdankt der Heinrich-Mann-Forschung und früher erschienenen Ausgaben viel; besonders der von Sigrid Anger betreuten Ausgabe innerhalb der in der Akademie der Künste der DDR erschienenen Werkausgabe sowie der von Peter-Paul Schneider im S. Fischer Verlag herausgegebenen Studienausgabe. Die Rechtschreibung ist an den heutigen Stand angepasst und auch die Zeichensetzung ist behutsam modernisiert, da die ursprüngliche Zeichensetzung des Autors ohnehin kaum mehr rekonstruierbar wäre. Der Lautstand bleibt dagegen gewahrt, sodass beispielsweise die folgenden, von der heutigen Schreibung abweichenden Formen beibehalten sind: »darankäme« (S. 28, Z. 12), »Kapitalsanlage« (S. 159, Z. 32f.), »Ermittelungsrichter« (S. 174, Z. 30; S. 178, Z. 5f.) bzw. »Ermittelungen« (S. 221, Z. 1), »Haushaltungsgeld« (S. 208, Z. 25), »geradeswegs« (S. 247, Z. 18), »Bankerott« (S. 281, Z. 8; S. 433, Z. 4), »Verwechselung« (S. 317, Z. 15) oder »Versteckenspiel« (S. 440, Z. 32). Manchmal verwendet Heinrich Mann verschiedene Formen nebeneinander, so das ältere »hie und da« (S. 92, Z. 11; S. 385, Z. 5) neben dem moderneren »hier und da« (S. 207, Z. 28) oder das heute nicht mehr gebräuchliche »dunkeln« (S. 317, Z. 23) neben »dunklen« (S. 393, Z. 30f.). Hier wurde auf eine Vereinheitlichung verzichtet.

Die Hervorhebungen einzelner Wörter im Original wurden übernommen: »Bei *dem* Fuß« (S. 50, Z. 2), »Das waren *wir!*« (S. 60, Z. 8), »*Unsere* Töchter« (S. 279, Z. 27), »Aber *meine* Sporen« (S. 317, Z. 9), »ihm immer *alles* wurscht war« (S. 343, Z. 15), »sie machte einen geradezu auf *alles* gefasst« (S. 349, Z. 13f.). An einer Stelle wird eine Betonung auch durch Großschreibung markiert: »kein Und mehr!« (S. 165, Z. 31)

Erläuterungen

S. 5 Diederich Heßling Heinrich Mann schwankte in der Konzeptionsphase seines Romans hinsichtlich der Namensgebung des ›Titelhelden‹ anfangs zwischen Hänfling, Heßling und Demmling. Am 3. September 1906 schrieb ihm seine damalige Verlobte Inés Schmied zu dieser Frage: »Der Name Untertan für Dein Buch gefällt mir sehr, aber nenne bitte Diederich Heßling nicht Demmling. Demmling klingt gesucht, man muss an dumm denken, aber Heßling klingt, finde ich, so philisterhaft gehässig, muffig« (zitiert nach: Frederick Betz: Heinrich Mann: Der Untertan. Erläuterungen und Dokumente. Stuttgart: Reclam Verlag 1993, S. 6).

S. 6 Büttenschöpfer Der Büttenschöpfer entnimmt Papierbrei mit einem Sieb aus der Bütte – einem großen wannenartigen, meist aus Holz gefertigten Gefäß, wie es bei der Papierherstellung verwendet wurde – und gießt den Brei auf die Formplatte.

alle Kriege mitgemacht Gemeint sind die drei Kriege Preußens auf dem Weg zum deutschen Nationalstaat und Kaiserreich: der Deutsch-Dänische Krieg von 1864, der Deutsche (preußisch-österreichische) Krieg von 1866 und der Deutsch-Französische Krieg von 1870/71

nach dem letzten, als jeder Geld fand Auch aufgrund der Kriegsentschädigungen, die dem besiegten Frankreich auferlegt wurden, kam es nach der Reichsgründung 1871 in Deutschland zu einem vorübergehenden wirtschaftlichen Boom.

Holländer im 17. Jahrhundert in den Niederlanden entwickelte Maschine »zum Mahlen und Mischen von Fasern bei der Papierherstellung; Holländermühle« (Duden)

Bürste seines silberigen Kaiserbartes Zur Barttracht von Kaiser Wilhelm I. (1797–1888), die seine Verehrer nachahmten, vgl. die Abbildung auf Seite 486.

S. 10 steifen Kragen … weißseidene Halsbinde Der steife Hemdkragen, der hier für ein zugeknöpftes, förmliches Wesen und für das mo-

Kaiser Wilhelm I. (Wilhelm Friedrich Ludwig von Preußen, 1797–1888), der 1861 als Nachfolger seines älteren Bruders, Friedrich Wilhelm IV., König von Preußen und ein Jahrzehnt später deutscher Kaiser wurde. Holzstich nach einer Fotografie aus den späten 1870er-Jahren

derne Gewinnstreben steht, löste im Laufe des 19. Jahrhunderts die ältere Mode des offenen Hemdkragens mit seidener Halsbinde ab. Diese legerere Mode hatte eine noch im Geiste der Romantik aufgewachsene Generation bevorzugt, die weltoffener war und sich für persönliche und politische Freiheit einsetzte. Gemäß seiner Lebensgeschichte und seiner politischen Überzeugungen hält Herr Buck senior an der älteren Mode fest.

S. 11 den einzigen Juden seiner Klasse An preußischen Gymnasien lag der Anteil jüdischer Schüler in den 1880er- und 1890er-Jahren (bei abnehmender Tendenz – ein Anzeichen des sich verschärfenden Antisemitismus) bei knapp 10 Prozent, also deutlich über dem Anteil der Juden an der Gesamtbevölkerung.

Netzig Der Name der fiktiven norddeutschen Stadt Netzig klingt nach Meinung der Heinrich-Mann-Forschung an »Nest« (»spießige Provinzstadt«) an, aber auch an »Itzig«, eine Schmähbezeichnung für Juden. Das würde bedeuten, dass der Autor die Zunahme des Antisemitismus in der Gesellschaft des Kaiserreichs auch als wesentliches Merkmal des das große Ganze spiegelnden Mikrokosmus Netzig hervorheben wollte – was aber vielleicht eine Überinterpretation darstellt.

S. 13 Ich hatt einen Kameraden Das Lied auf den Text des im Vorfeld der Befreiungskriege (1813–1815) gegen das napoleonische Frankreich entstandenen patriotischen Gedichts »Der gute Kamerad« des schwäbischen Dichters Ludwig Uhland (1787–1862) wurde im Ersten Weltkrieg zum populärsten deutschen Soldatenlied.

der sechsundsechzig ... eingezogen war Hinweis auf den begeisterten Empfang der siegreichen preußischen Truppen durch die Berliner Bevölkerung am 20. und 21. August 1866 (nach dem Sieg über Österreich und seine deutschen Verbündeten) und am 16. Juni 1871 (nach dem Sieg über Frankreich)

Zellulosefabrikanten Da Zellulose (der Hauptbestandteil pflanzlicher Zellwände) ein wichtiger Rohstoff der Papierherstellung ist, ist Göppels Firma ein Zuliefererbetrieb der Heßling'schen Papierfabrik.

S. 14 gewisse Leute ... Blut und Eisen kurieren wollten Anspielung auf die berühmte »Blut und Eisen«-Rede Otto von Bismarcks (1815 bis 1898, preußischer Ministerpräsident von 1862 bis 1890 und Reichskanzler von 1871 bis 1890) vom 30. September 1862, als in der Budgetkommission des preußischen Abgeordnetenhauses über den Haushalt (mit den von der Regierung geforderten stark ansteigenden Militärausgaben) gestritten wurde: »Nicht auf Preußens Liberalismus sieht Deutschland, sondern auf Preußens Macht; [...]; nicht durch Reden oder Majoritätsbeschlüsse werden die großen Fragen der Zeit entschieden – das ist der große Fehler von 1848 und 1849 gewesen –, sondern durch Eisen und Blut.«

Kürassierstiefeln schwere Militärstiefel mit Sporen, die zur Ausrüstung der Kürassiere, der schwerbewaffneten, mit Brustpanzern (Kürassen) versehenen Kavallerietruppen (Reitereisoldaten) gehörten

freisinnigen Gegner Bismarcks Gemeint ist die 1884 als Zusammenschluss der »Liberalen Vereinigung« und der »Deutschen Fortschrittspartei« ins Leben gerufene »Deutsch-Freisinnige Partei«, die sich 1893 in »Freisinnige Volkspartei« umbenannte. Sie wurde von Eugen Richter (1838–1906) angeführt und war das Sprachrohr des politischen Liberalismus.

den Kanzler Hinweis auf die Datierung der Romanhandlung; Bismarck ist zu diesem Zeitpunkt noch im Amt; er wurde am 20. März 1890 von Wilhelm II. entlassen, der seit Juni 1888 Kaiser war.

jungen Kaiser Die Anhänger von Wilhelm II. (1859–1941, Deutscher Kaiser ab 1888, abgedankt 1918) nannten ihr Idol lange – noch 1912, als er sein 25-jähriges Thronjubiläum feierte – schwärmerisch »unseren jungen Kaiser«. Er verkörperte für sie das ebenfalls noch junge Reich, in dem sie lebten.

S. 16 englisches Pflaster »Auflösung von Hausenblase mit etwas Benzoë oder Storax, auf ein Stück Taffet od. Goldschlägerblättchen gestrichen u. getrocknet, gegen leichte Hautentzündungen u. Verletzungen angewandt« (Herders Conversations-Lexikon. Freiburg im Breisgau 1854, Band 2, S. 566)

Ich werde wohl auch nicht lange leben. einer der vielen Hinweise auf die schwache Gesundheit von Agnes (die für ihre Empfindsamkeit und Verletzlichkeit steht und einen offenkundigen Kontrast zu Diederichs Anbetung von Macht und Stärke bildet)

S. 19 Berliner Zimmer Das »Berliner Zimmer« war eine Besonderheit in Berliner Mietshäusern des 19. und beginnenden 20. Jahrhunderts. Es handelte sich um einen Wohnraum, der Vorderhaus und Seitenflügel oder auch Seitenflügel und Hinterhaus miteinander verband. Dieser große Raum hatte nur ein einziges Eck-Fenster mit Blick auf den Hof und war daher, vor allem in den unteren Stockwerken, recht dunkel. Er diente wohlhabenden Leuten als Empfangs- und Aufenthaltsraum sowie als Esszimmer, aber auch als Musik- oder Bibliothekszimmer, erfüllte also verschiedene gesellige Funktionen und war der Versammlungsort der Familie und ihrer Gäste. Friedrich Engels, der Mitbegründer des Marxismus, der aus großbürgerlichen Verhältnissen stammte, hat abfällig über das

»Berliner Zimmer« geurteilt: »Hier in Berlin hat man das ›Berliner Zimmer‹ erfunden, mit kaum einer Spur von Fenster, und darin verbringen die Berliner den größten Teil ihrer Zeit.« Es sei eine »Herberge der Finsternis, der stickigen Luft & des sich darin behaglich fühlenden Berliner Philistertums. Dank schönstens!« (Brief an Wilhelm Liebknecht aus dem Jahre 1893, zitiert nach: Maritta Tkalec: Schrank, Esstisch, Anrichte. Das steckt hinter dem legendären »Berliner Zimmer«. In: Berliner Zeitung, 18. April 2017)

S. 27 Neuteutonen fiktiver Name einer deutschnationalen Studentenverbindung; die Teutonen waren ein germanischer Volksstamm, der schon bei den Römern im Ruf besonderer mitleidloser Unerbittlichkeit im Kampf stand (»furor teutonicus«: »teutonische Raserei«); später wurde »Teutonen« im Ausland zu einer Furcht und Abneigung ausdrückenden Bezeichnung für die gewaltbereiten Deutschen.

Konkneipant Gast einer Studentenverbindung, ohne die Rechte und Pflichten eines festen Mitglieds; in seiner Kronprinzenzeit war der spätere Kaiser Wilhelm II. 1877 in Bonn Konkneipant bei der Studentenverbindung Korps Borussia gewesen.

Bildpostkarte aus der Zeit um 1900. »Kommers« (offizielle Versammlung) einer Studentenverbindung vor historischer Kulisse

S. 28 Kommersbuch mit runden Nägeln beschlagenes Buch, das die Studentenlieder enthält, die während der regelmäßigen Zusammenkünfte (»Kneipe«) oder der feierlichen Versammlungen (»Kommers«) beim Trinken gesungen werden

Sie wissen den Teufel, was Freiheit heißt Zitat aus der ersten Strophe des Studentenliedes »Stoßt an!«, in der leicht abgewandelten Version des seinerzeit sehr populären niederdeutschen Autors Fritz Reuter (1810–1874), dessen Werke Heinrich Mann und seine Geschwister aus ihrer Kindheit genau kannten. Im Original lautet die Strophe: »Stoßt an! Jena soll leben! Hurra hoch! / Die Philister sind uns gewogen meist / Sie ahnen im Burschen, was Freiheit heißt / Frei ist der Bursch!«

altdeutsch »aus früheren deutschen Kulturepochen (besonders dem 15. und 16. Jahrhundert) stammend oder sie nachahmend« (Duden); bei der altdeutschen Mode ging es um eine Wiederbelebung des angeblichen »kernigen Deutschtums« jener Epoche.

S. 29 ein junger Fuchs Im ersten Jahr der Mitgliedschaft in einer Studentenverbindung hieß man »Fuchs« (in Anlehnung an das scheue und vorsichtige Auftreten dieses Tieres; nicht an dessen ebenso sprichwörtliche Listigkeit); danach stieg man zum »Burschen« auf. Jeder Fuchs hatte einen »Leibburschen«, der als sein Mentor fungierte und dem er als »Leibfuchs« zu dienen hatte (ähnlich wie beim Militär der »Bursche« eines Offiziers, der ein als ›Kammerdiener‹ des Ranghöheren abkommandierter Soldat war).

S. 30 Fabrik von Ansichtskarten oder Toilettenpapier Während der Frühphase der Konzeption seines Romans schrieb Heinrich Mann an den Freund Ludwig Ewers: »Ich habe vor, dass er eine Papierfabrik haben soll, allmählich zum Fabrizieren patriotischer Ansichtskarten gelangt und den Kaiser auf Schlachtenbildern und in Apotheosen [der Verherrlichung dienenden Posen] darstellt.« (Brief vom 31. Oktober 1906)

S. 31 pauken im Jargon der Studentenverbindungen: sich schlagen, mit (stumpfen) Waffen fechten. Das Fechten, im Fachjargon »die

Mensur«– mit »dem Schläger«, einer degenartigen Hiebwaffe –, diente der Erziehung zur Mannhaftigkeit und ahmte das soldatische Ritual des Duells, des Ehrenhandels, nach. Zu ernsthaften Verletzungen kam es dabei nicht, kleine Schnittwunden im Gesicht (»Schmisse«) wurden aber geradezu angestrebt und dienten als sichtbarer Nachweis der eigenen Tapferkeit und Wehrhaftigkeit. Der preußische Kronprinz Wilhelm nahm als Konkneipant des Korps Borussia in Bonn am Fechtunterricht teil, focht aber keine Mensuren aus; das in der Bevölkerung bei aller verbreiteten Militärbegeisterung teilweise auch kritisch gesehene (oder belächelte) Mensurwesen der Studentenverbindungen verteidigte der Kronprinz auf einem Kommers der Borussia am 7. Mai 1891 mit den Worten: »Unsere Mensuren werden im Publikum vielfach nicht verstanden. Das soll uns aber nicht irre machen. Wir, die wir Korpsstudenten gewesen sind, wie ich, wir wissen das besser« (zitiert nach: F. Betz [vgl. S. 485], S. 13).

Bildpostkarte aus der Zeit um 1900. Korpsstudenten in angeheiteter Stimmung

S. 32 »Formen sind kein leerer Wahn.« parodistische Abwandlung der berühmten Gedichtzeile aus Schillers »Die Bürgschaft« (1799), die gleichsam das Fazit der Balladenhandlung zieht: »Und die Treue, sie ist doch kein leerer Wahn«. Schillers Balladen wurden seinerzeit im Unterricht auswendig gelernt; viele ihrer einprägsamen Sentenzen wurden volkstümlich und als Ausweis der literarischen Bildung gerne wörtlich oder parodistisch verfremdet; in Theodor Fontanes Romanen finden sich hierfür zahlreiche Beispiele. So heißt es in Fontanes Roman »Cécile« (1887), den Heinrich Mann 1890 las, im neunten Kapitel: »Luft ist kein leerer Wahn«.

katerhaft Der Hinweis auf das Katerhafte betont (wie noch öfter im Roman) die äußere Ähnlichkeit mit dem Kaiser. Auch Wiebel strebt danach, dem obersten Herrscher zu gleichen.

wohnte er Wiebels Erwachen bei bewusst geziert und pompös für: war er zur Stelle, wenn Wiebel morgens aufstand. (Die Formulierung spielt parodistisch auf das aufwändige höfische Zeremoniell beim morgendlichen Lever des »Sonnenkönigs« Ludwig XIV. an).

S. 33 Zweiten Garde-Grenadierregiment Kaiser Franz Joseph Die Grenadiere (Infanteristen, also Fußsoldaten und Schützen) der königlichen Garde mit ihren besonders prächtigen Uniformen genossen innerhalb der preußischen Armee ein hohes Prestige. Das Garde-Grenadier-Regiment Nr. 2 wurde im Herbst 1814 gebildet. Nomineller Chef wurde, als wichtiger Verbündeter Preußens in den Befreiungskriegen, der österreichische Kaiser Franz I. (1768–1835). Ab 1849 hatte der nunmehrige Kaiser Franz Joseph I. von Österreich (bis zu seinem Tod 1916) die nominelle Leitung des Regiments inne. Das Regiment hieß aber aufgrund einer Kabinettsordre von 1835 weiterhin nach seinem ersten Chef, also eigentlich: Kaiser Franz Garde-Grenadier-Regiment Nr. 2.

seinen Vetter von Klappke Heinrich Manns jüngerer Bruder Viktor berichtet in seinen 1949 erschienenen Lebenserinnerungen »Wir waren fünf« (nämlich fünf Geschwister), die wichtigtuerische Erwähnung des Vetters von Klappke durch Wiebel sei unter Korpo-

»Empfang Sr. Maj. des Kaisers Franz Josef in Berlin im Mai 1900«. Bildpostkarte des Verlags Max Marcus (Berlin). Im Hintergrund des Königliche Schloss (Berlin Mitte)

rationsstudenten zum geflügelten Wort geworden, das jedem entgegenscholl, der sich vor den anderen aufzuspielen versuchte.

Beobachtung der Formen, Korpsgeist peinlich genaue Einhaltung der durch die Normen der Studentenverbindungen vorgegebenen Umgangsformen sowie die Bereitschaft, sich jederzeit in den Dienst der Gemeinschaft zu stellen, der man angehörte

S. 34 In menschlicher Lage hochtrabend für: In einer Verlegenheit, die jedem zustoßen kann (kläglich, aber menschlich)

Waschtisch »tischartiges Möbelstück mit einer [in die Platte eingelassenen und herausnehmbaren] Waschschüssel zum Waschen, Sichwaschen« (Duden)

Waschgeschirr »Waschschüssel mit einem dazugehörenden Krug für Wasser« (Duden)

in streng kommentmäßiger Haltung Der für das Selbstverständnis der Korpsstudenten zentrale Begriff des »Komment« schließt die Gesamtheit der Verhaltensweisen ein, die verlangt wurden, damit man sich als würdiges Mitglied der Verbindung erweise. Das Wort ist eine Eindeutschung des französischen ›comment‹ (›Art und Weise‹) und wird auch wie das französische Wort ausgesprochen.

»Zu dritt [...] waren sie beim Tanz in Halensee.« (S. 36) Stich nach einer Zeichnung von J. G. Akermark im »Illustrierten Familienblatt« »Die Gartenlaube« (Jahrgang 1899)

S. 35 Erste Chargierte der durch Wahl bestimmte Repräsentant der Verbindung gegenüber der Außenwelt, der auch bei Kommersen den Vorsitz führte

S. 37 satisfaktionsfähig nach einem gesellschaftlich breit anerkannten Ehrenkodex vornehm genug, um seine verletzte Ehre im Duell wiederherzustellen (jemanden zu fordern) – oder von jemandem, dessen Ehre man verletzt hat, gefordert werden – zu können

Nur Pistolen kamen hier in Frage! Ein Pistolenduell, bei dem die Gefahr einer schweren oder tödlichen Verletzung besonders groß war, galt bei besonders schweren Beleidigungen als geboten.

S. 39 Alte Herr auch: Philister. Nach Beendigung des Universitätsstudiums blieb man in der Regel ›passives‹ Mitglied seiner Studentenverbindung, nun wieder gewissermaßen als Gast und eventuell als finanzieller Unterstützer – eben als »Alter Herr«.

S. 43 sein Jahr abdienen Für Wehrpflichtige, die über einen höheren Schulabschluss verfügten, reduzierte sich der Wehrdienst im deutschen Kaiserreich, sofern sie sich freiwillig meldeten und selbst für ihre Unterkunft und Verpflegung zahlten, von zwei Jahren (das war der Normalfall) auf ein Jahr. Diese verkürzte, Angehörige des Bildungs- und Wirtschaftsbürgertums begünstigende Form des Wehrdienstes war unter dem Namen »Einjährig-Freiwilliges« bekannt.

S. 45 vor dem Stabsarzt Die Musterungsepisode (auch der Zwischenfall mit dem Schauspieler, der provozierend erklärt, homosexuell zu sein – was nicht nur gesellschaftlich verpönt, sondern seit 1871 ein Straftatbestand war) ist durch Erlebnisse von Thomas Mann angeregt, von denen er dem älteren Bruder Heinrich in einem Brief vom 27. April 1912 berichtete und die er auch in seinem eigenen Roman »Bekenntnisse des Hochstaplers Felix Krull« verwendete.

S. 46 skrofulos ... rachitisch an Skrofulose (von lat. ›scrofula‹: ›Halsdrüsengeschwulst‹) leidend, einer Art Hauttuberkulose (Wilhelm II. hatte angeblich 1898 ein skrofulöses Ohrengeschwür), sowie an Rachitis (im Volksmund auch »Englische Krankheit«), einer auf Vitamin-D-Mangel zurückzuführenden Knochenerkrankung

vierzehn Tage dort wohnen Offenbar rechnet Diederich Heßling trotz der abschlägigen Auskunft Doktor Heuteufels damit, bald wieder vom Militär loszukommen.

Kompanieweise Eine Kompanie ist (damals wie heute) ein Truppenverband mittlerer Größe.

beim Gliederbilden beim Exerzieren; das Glied ist beim Militär die »Reihe einer angetretenen Mannschaft« (Duden; vgl. Exerzierkommandos wie »ins Glied zurücktreten« und so fort)

S. 52 »subversiven Tendenzen« vgl. die Rede des Kaisers vom 28. März 1890, in der er den deutschen Turnvereinen sein Vertrauen aussprach, sich »subversiven Tendenzen« zu verweigern und gefährdete Personen zur Vernunft zu bringen

»christlich-sozialen Gedanken« In einer Rede vom 28. November 1887, also rund ein halbes Jahr vor seiner Thronbesteigung, warb Wilhelm dafür, dem Hofprediger Stoecker für die von ihm geleitete Berliner Stadtmission die finanziellen Mittel zu einer effektiven Linderung des »kirchlichen Notstandes« zur Verfügung zu stellen: »Gegenüber den grundstürzenden Tendenzen einer anarchistischen und glaubenslosen Partei ist der wirksamste Schutz von Thron und Altar in der Zurückführung des glaubenslosen Menschen zum Christentum und zur Kirche und damit zu der Anerkennung der gesetzlichen Autorität und der Liebe zur Monarchie zu suchen. Der christlich-soziale Gedanke ist deshalb mit mehr Nachdruck als bisher zur Geltung zu bringen.« (Zitiert nach: F. Betz [vgl. S. 485], S. 17)

S. 53 der jüdische Liberalismus die Vorfrucht der Sozialdemokratie Schlagworte des politischen Konservatismus im Kaiserreich, hier zurückgehend auf eine Formulierung Bismarcks, der »den Fortschritt« wiederholt als »Vorfrucht der Sozialdemokratie« bezeichnete

Hofprediger Stöcker der protestantische Theologe Adolf Stoecker (1835–1909), der zwischen 1874 und 1890 das Amt des Berliner Hof- und Dompredigers innehatte und 1878 die konservative, aber auch stark antisemitische »Christlich-Soziale Partei« gründete

S. 55 Das Militär … schießen muss. Der »Berliner Lokalanzeiger« zitierte den Kaiser am 8. Dezember 1891 mit folgenden Worten aus einer Ansprache an Rekruten (angehende Soldaten) vom 23. November: »Mehr denn je hebt der Unglaube und Missmut sein Haupt im Vaterlande empor, und es kann vorkommen, dass ihr eure eigenen Verwandten und Brüder niederschießen oder -stechen müsst« (zitiert nach: F. Betz [vgl. S. 485], S. 18 f.).

die Nörgler … Staub von ihren Pantoffeln schütteln leicht verändertes Zitat aus einer Rede des Kaisers vom 14. Februar 1892; er sprach häufig von »Nörglern« und Heßling greift das Wort vielfach auf.

gegen den inneren Feind In der oben erwähnten Rede vor Rekruten vom 23. November 1891 heißt es: »denket daran, dass die deutsche Armee gerüstet sein muss gegen den inneren Feind sowohl als gegen den äußern« (zitiert nach: F. Betz [vgl. S. 485], S. 19).

Auf die Armee … kann der Kaiser sich verlassen. Wilhelm I. hatte über die Armee gesagt: »Das sind die Herren, auf die ich mich verlassen kann.« (Zitiert nach: F. Betz [vgl. S. 485], S. 19) Wilhelm II. zitierte diesen Satz seines Großvaters zustimmend in einer am 18. April 1891 gehaltenen Rede.

Februartagen des Jahres 1892 Zwischen dem 26. Februar und dem 1. März 1892 kam es in Berlin zu Unruhen, als Arbeitslose massenhaft auf die Straße gingen.

S. 57 Friedrichdenkmal das zwischen 1839 und 1851 von Christian Daniel Rauch (1777–1857) geschaffene monumentale Reiterstandbild Friedrichs des Großen (1712–1786) auf dem Forum Fridericianum am Eingang der Prachtstraße Unter den Linden

S. 58 in den Erlassen vor zwei Jahren Um der Sozialdemokratie den Wind aus den Segeln zu nehmen, machte Wilhelm II. den Arbeitern in den Erlassen vom Februar 1890 Zugeständnisse in den Punkten betriebliche Mitbestimmung und Arbeiterschutz.

S. 59 versteinte seine Züge, sein Auge blitzte gleichsam die Verwandlung der irdischen Person des Herrschers in ein Götterstandbild und einen strafenden (wie Zeus, der Göttervater, Blitze schleudernden) Gott; ein Schauspiel, das Diederich in seiner eigenen Sphäre von nun an immer wieder aufführen wird

Parade auf der Prachtstraße Unter den Linden, 1898. Bildpostkarte des Kunstverlags J. Goldiner (Berlin). Links das Reiterstandbild Friedrichs des Großen von Chr. D. Rauch

der von Gott gesetzte Herr vgl. die Kaiserrede vom 21. April 1890: »dass in unserem Hause die Tradition herrscht, dass Wir Uns als von Gott eingesetzt betrachten« (zitiert nach: F. Betz [vgl. S. 485], S. 20)

S. 73 Diejenigen ... zerschmettere ich. leicht verändertes Zitat des Kaisers aus dessen Rede vom 5. März 1890. Die Warnung richtete sich gegen Bismarck, der die der Gewinnung der Arbeiterschaft dienenden Februarerlasse für unklug hielt. Tatsächlich kam es am 15. März zum endgültigen Bruch zwischen dem jungen Kaiser und dem alten Kanzler, der daraufhin am 18. sein Entlassungsgesuch einreichte, das sogleich angenommen wurde.

S. 78 Erinnern Sie sich nicht ... Schutz entziehen? Gemeint ist der Streik von mehr als 100 000 Arbeitern im Ruhrgebiet im Mai 1889; Wilhelm II. erschien damals im Kabinett – als Bismarck gerade mit seinen Ministern darüber beriet, wie man den Widerstandsgeist der Streikenden brechen könne – und forderte, die Unternehmer und Aktionäre müssten einlenken; seien sie dazu nicht bereit, werde er die Truppen zurückziehen, die ihre Fabriken und Privathäuser vorläufig noch schützten.

S. 79 Lassalle Ferdinand Lassalle (1825–1864), die prominenteste Figur der frühen deutschen Arbeiterbewegung und der erste Präsident des 1863 ins Leben gerufenen Allgemeinen Deutschen Arbeitervereins (ADAV), des Vorläufers der 1875 gegründeten Sozialistischen Arbeiterpartei Deutschlands. Lassalle starb mit nur 39 Jahren in einem Pistolenduell mit dem bayerischen Diplomaten Wilhelm von Dönniges, der einer Heirat seiner Tochter Helene mit Lassalle seine Zustimmung verweigert hatte.

Hohenzollern Die preußischen Könige und deutschen Kaiser der Zeit zwischen 1701 und 1918 entstammten der brandenburgisch-preußischen Linie der deutschen Adelsdynastie der Hohenzollern.

S. 99 Hoffriseur Haby François Haby (1861–1938), geboren in Danzig, kam um 1880 nach Berlin und betrieb seinen dortigen Friseursalon mit solchem Erfolg, dass er bald schon – mit Produkten wie der Bartpomade »Donnerwetter – tadellos!« und dem Damenshampoo »Ich kann so nett sein« – auch zum Kosmetikunternehmer wurde. Sein größter Verkaufsschlager war »Es ist erreicht« (Bartwichse und Bartbinde, um den Bart während der Nachtruhe zu schützen). Das Produkt sollte den Kunden zu einem Schnurrbart verhelfen, wie ihn der Kaiser trug (im Volksmund: »Kaiser-Wilhelm-Aufsteiger«). Wilhelm II. war von den Verdiensten, die sich Haby auf diese Weise um seine Popularität erworben hatte, so angetan, dass er ihn um 1890 zu seinem Hoffriseur berief, der ihn jeden Morgen im Schloss rasierte und frisierte und von da an auch auf seinen zahlreichen Reisen an seiner Seite war.

S. 104 Maschinenmeister angestellter Fachmann für die Aufsicht über die Maschinen und deren Wartung in einem Industrieunternehmen

seligen früher verbreiteter Euphemismus (mildernde Umschreibung) für: verstorbenen

Anzeige für die »Es ist erreicht«-Bartwichse von Hoffriseur François Haby im Wochenblatt »Lustige Blätter« (Jahrgang 15, 1900)

Mein Kurs ist der richtige leicht verändertes Zitat aus der Kaiserrede vom 24. Februar 1892

Einer ist hier der Herr … Rechenschaft. leicht verändertes Zitat aus der Kaiserrede vom 4. Mai 1891

mein väterliches Wohlwollen ähnlich Wilhelm II. in seiner Rede vor streikenden Bergleuten am 14. Mai 1889: »[…] eure Wünsche mit Meinem Königlichen Wohlwollen zu erwägen« (zitiert nach: F. Betz [vgl. S. 485], S. 25).

Umsturzgelüste … unbeugsamen Willen. Montage aus zwei Zitaten des Kaisers (einem Telegramm an seinen früheren Erzieher Hinzpeter vom 11. Juli 1897 und einer Rede vom 15. September 1898)

Sollte sich … Tischtuch. Zitat aus der Kaiserrede vom 14. Mai 1889 (bis »herausstellen«) sowie leicht verändertes Zitat aus der Kaiserrede vom 26. November 1902

Denn für mich ist jeder Sozialdemokrat … Vaterlandsfeind leicht abgewandeltes Zitat aus der Kaiserrede vom 14. Mai 1889

So, nun geht wieder leicht veränderte Schlussworte aus der Kaiserrede vom 14. Mai 1889

S. 105 Der Platz an der Sonne! Zum populären Schlagwort wurde diese Wendung durch eine Rede des damals frisch ernannten Staatssekretärs des Auswärtigen Amtes (und späteren Reichskanzlers, 1900–1909) Bernhard von Bülow (1849–1929) am 6. Dezember 1897, in der dieser für den Ausbau der Flotte warb und die weltpolitischen Ambitionen des Kaiserreichs unterstrich: »Wir wollen niemanden in den Schatten stellen, aber wir verlangen auch unseren Platz an der Sonne.«

S. 107 Eugen Richter Der in Düsseldorf geborene linksliberale und wirtschaftsliberale Berufspolitiker Eugen Richter (1838–1906), der in Bonn, Heidelberg und Berlin Jura studiert hatte, war drei Jahrzehnte lang, bis zu seinem Tod, Parlamentarier im preußischen Abgeordnetenhaus und im Reichstag; zwischen 1867 und 1884 als Abgeordneter der »Deutschen Fortschrittspartei«, dann – nach dem Zusammenschluss der »Deutschen Fortschrittspartei« mit der

»Liberalen Vereinigung« – als Abgeordneter der »Deutschen Freisinnigen Partei« (bis 1893) und schließlich als Abgeordneter der von ihm geführten »Freisinnigen Volkspartei«, einer Abspaltung der »Deutschen Freisinnigen Partei«.

S. 111 Napoleon Fischer Der Nachname Fischer deutet nach Auffassung mancher Interpreten des Romans auf den sozialdemokratischen Funktionär und Reichstagsabgeordneten Richard Fischer (1855–1926), einen gelernten Schriftsetzer, hin.

S. 112 Wuchererstraße ... jetzt Kaiser-Wilhelm-Straße Eine der Hauptstraßen von Halle an der Saale hieß seit 1864 Wuchererstraße, nach dem Unternehmer und Stadtkämmerer Ludwig Wucherer (1790 bis 1861). Ob Heinrich Mann bei seiner fiktiven Stadt Netzig an Halle (170 Kilometer südwestlich von Berlin) dachte, kann aber natürlich nur vermutet werden. Immerhin wurde dort im August 1901 ein pompöses Kaiser-Wilhelm-Denkmal eingeweiht (siehe Seite 502).

S. 116 Ihr wähnt euch einig ... verallgemeinert! Georg Herwegh (1817 bis 1875), der bekannteste Verfasser politischer Zeitgedichte in der Phase des deutschen Vormärz, kommentierte die Reichsgründung von 1871 in seinem (aus fünf achtzeiligen Strophen bestehenden) Gedicht »Den Siegestrunkenen. Januar 1872«. Buck zitiert die ersten beiden Verse der dritten Strophe.

werden sie ... die Flotte bauen Anspielung auf die erhitzte zeitgenössische Diskussion, ob Deutschland, um England seine Vormachtstellung auf dem Meer streitig zu machen und sich Kolonien zu erwerben, nicht auch eine führende Seemacht werden und daher ein großes Flottenprogramm auflegen müsse

Und in den Furchen ... Zukunft auf! die beiden Schlussverse aus der zehnten Strophe von Georg Herweghs bereits 1844 entstandenem Gedicht »Die deutsche Flotte«

S. 117 Volk der Denker und Dichter üblicher in der Reihenfolge: Dichter und Denker. Die Zwillingsformel kam im frühen 19. Jahrhundert auf. Sie diente der Selbstvergewisserung der Deutschen, deren Wunsch nach einem Nationalstaat vorläufig noch am Widerstand

Das Kaiser-Wilhelm-Denkmal in Halle, Poststraße (Verlag Hans Luckow, Halle/Saale)

der regierenden Fürsten scheiterte und die daher kompensatorisch das reiche kulturelle Erbe der jüngeren Vergangenheit (der Blütezeit von Literatur und Philosophie in der Zeit um 1800) überhöhten und zur Identitätsstiftung nutzten.

S. 118 ihren junkerlichen Auftraggebern Den ostelbischen Rittergutsbesitzern mit ihren agrarisch geprägten Interessen wurde, nicht ganz zu Unrecht, ein beherrschender Einfluss auf die preußische und später gesamtdeutsche Politik zugeschrieben. Auch Bismarck stammte aus dieser Sphäre des ostdeutschen Landadels.

meine ›Sturmglocken‹ Buck wird als ein typischer Achtundvierziger gezeigt, ein Dichter und Schwärmer, kein handfester Macher; das Paulskirchenparlament scheiterte bekanntlich nicht zuletzt an seiner unendlichen Debattierfreudigkeit.

S. 119 appetitlichen Bildern vermutlich: Malereien, auf denen heiter-freizügige Szenen (Schäferszenen, Faune und Flussnymphen und so fort) dargestellt waren

zweiten Frühstück Zwischenmahlzeit am Vormittag, seinerzeit verbreiteter als heute; häufig als Gelegenheit genutzt, Geselligkeit und Geschäfte auf elegant-beiläufige Weise zu verknüpfen

S. 124 ein festes Regiment eine Ausübung der Herrschaft mit fester Hand; zur Kennzeichnung der ersten zwei Jahrzehnte der Herrschaft von Wilhelm II. (nach der Entlassung Bismarcks) bürgerte sich der von Bernard von Bülow 1896 geprägte Begriff des »persönlichen Regiments« ein. (Gemeint war: Der Kaiser lässt nicht regieren, sondern regiert selbst.)

die persönlichste Persönlichkeit Diese konfuse Tautologie geht auf den Kaiser selbst zurück, der in einer aus Anlass der Konfirmation zweier seiner Söhne am 18. März 1903 gehaltenen Rede von Jesus Christus als von der persönlichsten Persönlichkeit sprach.

S. 127 er ist immer, wie der liebe Gott, mit den stärksten Bataillonen er ist immer auf der Seite der tonangebenden Kräfte; die Wendung geht auf den Ausspruch Friedrichs des Großen zurück, »Gott« sei »bei den starken Eskadronen« (kleinen Kavallerieeinheiten).

S. 128 Thron und Altar »auf die sakrale Wurzel der Monarchie verweisende Formel der französischen Geistlichkeit des Ancien Régime (›le trône et l'autel‹). Im Preußen der Restauration wurde sie zur Losung eines den Staat stützenden antirevolutionären Denkens erhoben. Die Formel wandelte sich seit den 1830er-Jahren (Heinrich Heine) zum polemischen Schlagwort des Liberalismus und Sozialismus gegen das den monarchischen Obrigkeitsstaat charakterisierende Bündnis von Monarchie und Staatskirche.« (Wikipedia, Artikel »Kirche und Staat«)

Ich kenne nur zwei Parteien, die für mich und die wider mich Im Dezember 1889 soll Wilhelm II. bei einem vom Kriegsminister ausgerichteten festlichen Abendessen zu Johannes von Miquel (1828 bis 1901, ab 1890 preußischer Finanzminister) gesagt haben: »Sie sind mein Mann. Was Sie in Ihrer Frankfurter Rede gesagt haben, dass alle bestehenden Parteien nur alter Trödel sind, ist vollkommen meine politische Ansicht. Ich kenne nur zwei politische Parteien, die für mich und die wider [gegen] mich sind.« (Zitiert nach: F. Betz [vgl. S. 485], S. 30) Der Ausspruch greift überdies ein Bibelwort aus dem Lukas-Evangelium (11,23) auf: »Wer nicht mit mir ist, der ist wider mich.«

Kriegervereins Kriegervereine, die es vor allem in Preußen in fast jeder Ortschaft gab, pflegten das Andenken an die Kriege im Vorfeld der Reichsgründung, vor allem natürlich an den siegreichen Deutsch-Französischen Krieg.

S. 129 Turnerlieder Turnerlieder sind im Umkreis der durch die volkstümliche Gestalt des »Turnvater Jahn« (Friedrich Ludwig Jahn, 1778–1852) zu Beginn des 19. Jahrhunderts ins Leben gerufenen Turnbewegung entstandene Lieder, die die deutsche Nation und die politische Freiheit besangen. Die Turnbewegung diente zunächst der körperlichen Ertüchtigung zur Vorbereitung der Befreiungskriege gegen das napoleonische Frankreich und wurde später, während der Restauration, zu einem von der Obrigkeit argwöhnisch beobachteten und teils gewaltsam unterdrückten Sammlungsort junger Oppositioneller mit überwiegend nationalistisch-volkstümelnder Gesinnung.

S. 130 Ronacher Frederick Betz (vgl. S. 485) erläutert, gemeint sei das »Apollo-Theater (früher Theater Unter den Linden) der Gebrüder Ronacher« (S. 31). Das Apollo-Theater wurde jedoch von A. F. Stein geführt und von Adolf Düssel (ab 1884) und später Jacques Glück (ab 1890) geleitet. Das seinerzeit allgemein bekannte »Ronacher« (»Etablissement Ronacher«) war ein vom österreichischen Theaterunternehmer Anton Ronacher (1841–1892) gegründetes Varietétheater im 1. Gemeindebezirk von Wien.

S. 131 Gehrock »Spätform des Herrenrocks, eine doppelreihige Jacke mit knielangem, angesetztem Schoß aus meist dunklem Tuch, die besonders im 19. Jahrhundert zu festlichen Anlässen getragen wurde« (Wikipedia, Artikel »Gehrock«)

Die Rache ist mein! vgl. das Lied des Mose: »Die Rache ist mein, ich will vergelten zur Zeit, da ihr Fuß gleitet; denn die Zeit ihres Unglücks ist nahe, und was über sie kommen soll, eilt herzu.« (5. Mose 32,35) (Die Bibel nach Martin Luthers Übersetzung, revidiert 2017, © 2016 Deutsche Bibelgesellschaft, Stuttgart.)

S. 134 Haus der Loge ... freimaurerischen Unfug Die Freimaurerei kam im 18. Jahrhundert auf. Es handelte sich um Geheimgesellschaften, die sich den Werten der Aufklärung (Freiheit, Gleichheit, Brüderlichkeit, Toleranz, Humanität) verschrieben und die den Regierungen oft verdächtig waren, auch wenn sie deren Autorität selten offen infrage stellten und selbst überproportional viele hochgestellte Persönlichkeiten in ihren Reihen hatten. Freimaurerei wurde meist mit Freidenkertum und herrschaftskritischer Haltung assoziiert. Ihre lokalen Gruppierungen, die oft fantastische Namen hatten, nannten die Freimaurer »Logen«. Wilhelm II. stand der Freimaurerei im Ganzen wohlwollend gegenüber; sein Vater und sein Großvater hatten sogar freimaurerischen Logen angehört.

S. 135 Wucherer Geldverleiher – hier ein antisemitisches Klischee; Juden waren überproportional stark im Geldgeschäft vertreten, weil ihnen die Ausübung vieler anderer Berufe lange nicht erlaubt war.
Bezirkskommando »(früher Landwehrbezirkskommando), dem Generalkommando unterstellte militärische Behörde, die in Verbindung mit bürgerlichen Behörden (Landrat) das Ersatzgeschäft [...], d. h. die Musterung, besorgt. Ferner liegt dem B. ob: die Kontrolle der Offiziere und Mannschaften des Beurlaubtenstandes [...], die Einberufung und Gestellung derselben bei den Übungen und bei der Mobilmachung, die Aufbewahrung der Bekleidungs- und Ausrüstungsstücke der Landwehr und Feldreservebataillone. Der Bezirkskommandeur ist in der Regel ein inaktiver Stabsoffizier (Major, Oberstleutnant)« (Meyers Großes Konversations-Lexikon. Band 2. Leipzig 1905, S. 807).

S. 136 christlichen Arbeitervereins Arbeitervereine kamen in der zweiten Hälfte des 19. Jahrhunderts auf. Sie setzten sich für die Verbesserung der Arbeits- und Lebensbedingungen von Arbeiterfamilien ein und organisierten Freizeitaktivitäten, die sich am bürgerlichen

Kulturleben orientieren. Konfessionell gebundene (katholische und evangelische) Arbeitervereine entstanden verstärkt seit Beginn des Kaiserreichs. Sie verstanden sich in der Regel als weniger politisch als die sozialdemokratisch geführten Arbeitervereine.

S. 141 Fall Lück Der Zusammenhang zwischen der Romanepisode und dem historischen »Fall Lück« (und damit die mittelbare Verantwortlichkeit des Kaisers für den Tod des Arbeiters im Roman) war von Heinrich Mann ursprünglich noch stärker betont worden. Auf Bitte der Redaktion der Zeitschrift »Zeit im Bild«, die den Roman 1914 in Fortsetzungen brachte (vgl. Seite 482), strich er einige Passagen, die er später, als die Buchausgabe vorbereitet wurde, auch nicht wieder einfügte.

S. 149 Agitator Seit dem späten 18. Jahrhundert wurde der Begriff von den Herrschenden und ihren Anhängern meist gleichbedeutend mit »politischer Aufwiegler«, »Volksredner, der zur Revolution aufhetzt« verwendet. Ferdinand Lassalle stand im Ruf, »*der* deutsche Agitator« zu sein. Wilhelm II. bezeichnete im Sommer 1900 in einer Ansprache vor Arbeitern Streikende als »durch vaterlandslose Agitatoren verführte Arbeiter« (zitiert nach: F. Betz [vgl. S. 485], S. 34). Diederich Heßling gebraucht den Begriff allerdings, indem er ihn auf den Kaiser anwendet, in positiver, rühmender Weise.

Wenn die Kirche der Fürsten bedürfen wird Aus einer Rede des Kaisers vom 16. November 1891: »die Reformation ist an der Brust der Fürsten groß geworden; wenn die Kirche wieder der Fürsten bedürfen wird, werden die Fürsten nicht fehlen« (zitiert nach: F. Betz [vgl. S. 485], S. 34).

wir stehen im Zeichen des Verkehrs Aus einem Grußschreiben des Kaisers vom 7. Januar 1891 an Heinrich von Stephan, den Generalpostdirektor des Reichs, zu dessen 60. Geburtstag: »Die Welt am Ende des 19. Jahrhunderts steht unter dem Zeichen des Verkehrs: Er durchbricht die Schranken, welche die Völker trennen, und knüpft zwischen den Nationen neue Beziehungen an« (zitiert nach: F. Betz [vgl. S. 485], S. 34).

S. 152 Hungerkandidat … Gefahr für uns! Zitate aus einer Rede des Kaisers vom 4. Dezember 1890: »Da ist das Wort, das vom Fürsten Bismarck herrührt, richtig, das Wort von dem Abiturientenproletariat, welches wir haben. Die sämtlichen sogenannten Hungerkandidaten, namentlich die Herren Journalisten, das sind vielfach verkommene Gymnasiasten, das ist eine Gefahr für uns« (zitiert nach: F. Betz [vgl. S. 485], S. 35).

S. 153 Brief des Kaisers Gemeint ist ein Brief des Kaisers vom 15. Februar 1903 an Admiral Friedrich Hollmann (1842–1903), den Vorsitzenden der Deutschen Orientgesellschaft, der in der in Leipzig erscheinenden Zeitung »Die Grenzboten« veröffentlicht wurde und den Heinrich Mann im Roman um gut zehn Jahre ›vorverlegt‹.

An die Offenbarungsfrage Wilhelm II. kritisierte in seinem Brief vom 15. Februar 1903, der Assyrologe, Berliner Universitätsprofessor und Direktor der Vorderasiatischen Abteilung der Königlichen Museen Friedrich Delitzsch (1850–1922) habe sich in einem kurz zuvor in der (von ihm mitbegründeten) Orientgesellschaft gehaltenen Vortrag, den auch der Kaiser angehört hatte, »in sehr polemischer Weise […] an die Offenbarungsfrage herangemacht« und »dieselbe mehr oder minder verneint bzw. auf historisch rein menschliche Dinge zurückzuführen zu können vermeint« (zitiert nach: F. Betz [vgl. S. 485], S. 35).

Hammurabi der babylonische König Hammurapi I. (gest. 1750 v. Chr.), dessen Bedeutung für die Herausbildung des jüdisch-christlichen Monotheismus Delitzsch in seinem Vortrag betont hatte. Der Kaiser kommentierte das in seinem Brief an Admiral Hollmann beifällig: Gott offenbare sich »bald in diesem oder jenem großen Weisen oder Priester oder König«; und er nannte als Beispiele: »Hammurabi […], Moses, Abraham, Homer, Karl der Große, Luther, Shakespeare, Goethe, Kant, Kaiser Wilhelm der Große«, also seinen eigenen Großvater (zitiert nach: F. Betz [vgl. S. 485], S. 36).

S. 156 die Wacht am Rhein Die erste Strophe und der Refrain lauten: »Es braust ein Ruf wie Donnerhall, / Wie Schwertgeklirr und Wogenprall: / Zum Rhein, zum Rhein, zum deutschen Rhein! / Wer will des Stromes Hüter sein? // Lieb' Vaterland, magst ruhig sein, / Fest steht und treu die Wacht, die Wacht am Rhein!«

S. 157 Chef des Zivilkabinetts »Das Geheime Zivilkabinett war das persönliche Büro des Königs von Preußen und (ab 1871) des Deutschen Kaisers. [...] Der Chef des Zivilkabinetts hatte den Geschäftsverkehr zwischen der preußischen Regierung und dem König abzuwickeln: Er trug alle Berichte der Minister und des Ministerpräsidenten vor und holte die Unterschriften des Königs ein. Die gleichen Aufgaben übernahm das Zivilkabinett nach 1871 auch für alle Reichsangelegenheiten, in denen der König von Preußen als deutscher Kaiser die letzte Entscheidung hatte.« (Wikipedia, Kapitel »Geheimes Zivilkabinett«). Von 1888 bis 1908 war Hermann von Lucanus (1831–1908) Chef des Geheimen Zivilkabinetts Wilhelms II.

Ich bin sehr stark! Diesen Satz soll Wilhelm II. anlässlich der Berliner Arbeitslosenunruhen vom Februar 1892 geäußert haben; hierauf bezog sich ein Bericht in »L'écho de Paris« (Ausgabe vom 28. Februar 1892): »Celui qui a dit: ›je suis très fort‹ « (zitiert nach: F. Betz [vgl. S. 485], S. 37).

Walhalla-Theater seinerzeit allgemein verbreitete Bezeichnung für nichtstaatliche, von Privatunternehmern betriebene Theater, die ein buntes Unterhaltungsprogramm (Operetten, Singspiele, Varieté) boten. Das älteste und erfolgreichste Berliner Walhalla-Theater war 1869 gegründet worden und befand sich in der Charlottenstraße im Stadtteil Kreuzberg. Ab 1883 hieß es »Walhalla-Operetten-Theater«; 1888, unter neuer Leitung und nach einem Umbau, wurde es zum »Berliner Theater«, das bis 1936 bestand.

S. 160 Eine Weile lasse ich den Alten ... ausgeschifft. Anspielung auf den Bruch des jungen Kaisers mit Bismarck nach dessen Kritik an den Februarerlassen von 1890. Im kleinen Kreis soll Wilhelm II. mit Bezug auf den Kanzler geäußert haben: »Der Alte kriecht zu Kreuze! Noch ein paar Wochen lasse ich ihn verschnaufen, dann

Wilhelm II. (1859–1941). Deutscher Kaiser ab 1888, abgedankt 1918. Eines der zahllosen fotografischen Porträts des Kaisers in typischer Pose, aufgenommen etwa 1890

regiere ich!« Am 22. März, zwei Tage nach der offiziellen Bekanntgabe des Endes von Bismarcks Kanzlerschaft, erklärte Wilhelm II. in einer Rede: »Das Amt des wachhabenden Offiziers auf dem Staatsschiff ist mir zugefallen. Der Kurs bleibt der alte, und nun Volldampf voraus!« (Zitiert nach: F. Betz [vgl. S. 485], S. 37).

S. 168 Der Stil Seiner Majestät ist unverkennbar. Gemeint ist das Superlativische, das Aufschneiderische und Maßlose in den Äußerungen des Kaisers, das schon damals von vielen als peinlich empfunden wurde, wohingegen sich andere davon mitreißen ließen.

S. 171 Hermelin Der aus dem weißen Winterpelz des Hermelins (des Kurzschwanzwiesels) gefertigte Fellkragen des sogenannten Hermelinmantels wurde als besonders kostbar betrachtet und war besonders in der Epoche des Absolutismus nur höchsten weltlichen und geistlichen Würdenträgern vorbehalten.

altdeutsch oder Louis käs Gemeint ist: im ›kernig-einfachen‹ (Renaissance-)Stil des deutschen 16. Jahrhunderts oder im von der französischen Hofkultur geprägten, verspielt-verfeinerten (Rokoko-)Stil der Zeit um 1750, der nach dem damaligen französischen König Ludwig XV. (1710–1774) »Louis-quinze« genannt wird. Das 19. Jahrhundert (in dem auch das Museum aufkam) war insgesamt eine Zeit des Historismus, des Rückgriffs auf frühere Stilepochen.

S. 181 Prokurist leitender kaufmännischer Angestellter eines Unternehmens, der Prokura hat, also die Unternehmensleitung in vielen Bereichen eigenverantwortlich vertreten kann (von ital. ›procura‹: ›Vollmacht‹, und lat. ›procurare‹: ›für etwas Sorge tragen‹)

dem Heßling'schen Stuhl wohl eine Anspielung auf die Tradition, nach der die ›bedeutenderen‹ Familien der Gemeindemitglieder in der Kirche beim Gottesdienst ihren festen Platz hatten

S. 230 eine Rotte von Menschen Bezeichnung der Sozialisten durch den Kaiser in seiner Rede zum Sedantag (2. September) des Jahres 1895; der Begriff ›Rotte‹ (›lose untereinander verbundene Gruppe von Menschen‹) wird auch heute noch stets im abwertenden Sinne gebraucht (»lärmende Rotte«, »Zusammenrottung«).

S. 238 den Beifall eines Parterres, das ... nicht vergisst Metapher aus der Theaterwelt: die lärmende Zustimmung der breiten Masse (der Leute auf den billigen Plätzen im Theater), die sich aber im Alltag um solche hochtrabenden Phrasen wenig schert

Zischen wir sie aus! Geben wir ihnen unsere Missbilligung und Verachtung zu verstehen! (Das Auszischen der Akteure durch das Publikum ist im Theater der heftigste Ausdruck der Ablehnung.)

S. 239 hat sich seines Herrentums begeben hat freiwillig auf die Privilegien verzichtet, die er aufgrund seiner Herkunft und seiner gesellschaftlichen Stellung genoss

S. 241 auf Verlust der vom Angeklagten bekleideten öffentlichen Ämter erkannt worden entschieden worden, dass der Angeklagte die von ihm ausgeübten öffentlichen Ämter aufgeben müsse

S. 244 unser scharfes Schwert Im Kaiserreich berief man sich gerne auf das – in der modernen Kriegswirklichkeit schon lange bedeutungslos gewordene – Schwert, um sich so in eine Traditionslinie germanischer Recken und mythischer Helden (wie Siegfried aus der von Richard Wagner wieder ins kollektive Gedächtnis zurückgeholten Nibelungensage) zu stellen.

S. 245 Provinziallandtag »Provinziallandtage wurden in Preußen aufgrund der Provinzialordnung vom 29. Juni 1875 gebildet. Die Mitglieder wurden durch die Magistrate und Kreistage der Kreise und Städte der Provinz auf sechs Jahre gewählt. Der Provinziallandtag sollte alle zwei Jahre vom König einberufen werden.« (Wikipedia, Artikel »Provinziallandtag (Preußen)«). Angespielt wird hier auf die Eröffnung des Brandenburgischen Landtags am 1. Mai 1893.

S. 248 ich verteidige hier unsere heiligsten nationalen Güter Anspielung auf den handschriftlichen, vom Kaiser unterschriebenen Titel »Völker Europas, wahret eure heiligsten Güter!« unter dem bekannten Gemälde des Hofmalers Hermann Knackfuß (1848–1915),

das Wilhelm II. als Schutzherr Europas gegen die aus Asien drohende »gelbe Gefahr« darstellte. Das in vielen Drucken verbreitete Gemälde entstand 1895.

S. 271 seine natürliche Tochter … »Die heimliche Gräfin« Die Handlung des Stücks von Frau von Wulckow enthält manche Anleihen an Goethes fünfaktiges Trauerspiel »Die natürliche Tochter« (1803), wie später auch Gymnasialprofessor Kühnchen, sehr zum Unwillen der Autorin, bemerkt (vgl. S. 297). In beiden Stücken sorgt ein missgünstiger ehelicher Sohn dafür, dass seine Halbschwester, die ebenfalls leibliche, aber uneheliche (eben »natürliche«, wie man damals sagte) Tochter des Vaters, nicht den Teil des Erbes erhält, der ihr vom Vater zugedacht ist. Beide Stücke beginnen damit, dass die vornehme Abkunft der Titelfigur, die bis dahin ein Geheimnis war, offenbart wird und sich der jungen Frau plötzlich glänzende Aussichten eröffnen. Dann aber wird sie durch die Machenschaften ihres Halbbruders wieder in ihre unbedeutende Existenzsphäre zurückgestoßen und zudem gezwungen (damit ihr Vater ihr nicht beistehen kann), ihre Heimat aufzugeben. (Goethes Eugenie soll außer Landes gebracht werden, um im ungesunden Klima einer überseeischen Kolonie umzukommen). In beiden Stücken lehnt die junge Frau den Heiratsantrag eines Bürgerlichen ab (Eugenie in der Hafenstadt, und auch nur zunächst, weil sie erkennt, dass die Heirat ihre einzige Chance ist, im Land bleiben und so auf eine Wendung ihres Schicksals hoffen zu können), weil sie die damit einhergehende Aufgabe ihres gesellschaftlichen Rangs nicht erträgt. – Auch Goethe hat übrigens den Stoff seines Trauerspiels nicht selbst erfunden, sondern hat sich von den Memoiren der Stéphanie-Louise de Bourbon-Conti (1756–1825) zu seinem Stück inspirieren lassen.

S. 272 Cutaway Der Cutaway ist, im Gegensatz zum Frack, dem großen Gesellschaftanzug des Abends, der große Gesellschaftsanzug für festliche Anlässe, die tagsüber stattfinden. Er besteht im Normalfall aus einer langen grauen oder schwarzen Jacke, unter der ein weißes Hemd, eine hellgraue Weste und eine silbergraue Krawatte getragen werden, sowie einer schwarz und grau gestreiften Hose und wird durch schwarze Schuhe komplettiert.

Plastronkrawatte um 1860 aufgekommene breite weiße Krawatte, die in mehreren übereinander gelegten Knoten gebunden und vor allem bei feierlichen Anlässen (zusammen mit einem Gehrock oder einem Cutaway) getragen wurde und wird

S. 285 seine schwarze Tatze ... slawischen Backenknochen ... Mongolenfalten (Z. 16 f.) Die Bedrohlichkeit von Wulckow wird durch seine äußere Erscheinung (und die stereotype Weise, wie diese wahrgenommen wird) unterstrichen. Alles Slawische und Asiatische rief im Kaiserreich verbreitet Misstrauen und Furcht hervor (die Weite der Territorien, die Zahl der Menschen, ihr östlich-fremdes Wesen, gegen das die westliche Zivilisation verweichlicht und ohnmächtig erschien); auch der Name Wulckow deutet auf slawische Wurzeln hin.

S. 291 der Reichstag wird aufgelöst Während der Herrschaft von Wilhelm II. wurde der Reichstag zweimal aufgelöst (woraufhin nach den Vorgaben der Reichsverfassung innerhalb von 60 Tagen Neuwahlen stattzufinden hatten): einmal am 6. Mai 1893 auf Initiative von Reichskanzler Leo von Caprivi, das andere Mal am 13. Dezember 1906 (Reichskanzler Bernhard von Bülow auf Anweisung des Kaisers). In der Romanhandlung wird die Reichstagsauflösung von 1893 aufgegriffen, die das Resultat der ergebnislosen Auseinandersetzung um die Heeresvorlage der Regierung war.

S. 294 Das Gute, Wahre, Schöne zur Redensart gewordenes Zitat aus Goethes Gedicht »Epilog zu Schillers Glocke« (1805, mehrmals verändert bis 1815), in dem er den toten Freund (in der zweiten Hälfte der vierten Strophe) mit folgenden Zeilen rühmte: »Indessen schritt sein Geist gewaltig fort / Ins Ewige des Wahren, Guten, Schönen, / Und hinter ihm, im wesenlosen Scheine, / Lag, was uns Alle bändigt, das Gemeine [das Gewöhnliche und Zermürbende des Alltags].« (Johann Wolfgang Goethe: Sämtliche Werke nach Epochen seines Schaffens. Münchner Ausgabe. Band 11.1.1: Divan-Jahre. 1814–1819. Hrsg. von Karl Richter und Christoph Michel. München und Wien: Carl Hanser Verlag 1998, S. 296)

S. 313 den Hamlet spielen Shakespeares Hamlet (das gleichnamige Stück entstand um 1600) ist ein Träumer, der sich durch den Tod seines Vaters zum Handeln gezwungen sieht, nachdem der Verstorbene ihm als Geist erschienen ist und mitgeteilt hat, sein Bruder – Hamlets Onkel, der Hamlets Vater inzwischen auf dem Thron gefolgt ist und seine Schwägerin, Hamlets Mutter, geheiratet hat – habe ihn ermordet. Hamlets instinktive Abwehr gegen seine Lage kommt in dem berühmten Satz zum Ausdruck, mit der die Szene I, 5 (die Begegnung mit dem Geist des Vaters) endet: »Die Zeit ist aus den Fugen: Schmach und Gram, / Dass ich zur Welt, sie einzurichten, kam!« (Übersetzung von August Wilhelm Schlegel) Dieses Dilemma beschreibt gut auch Wolfgang Bucks Situation und Gemütslage, weshalb der Hamlet tatsächlich eine passende Rolle für ihn wäre; und Diederichs schlagfertige Antwort verrät, dass auch er, der Verächter großer Literatur, (vielleicht noch von der Schule her) ›seinen Hamlet kennt‹.

S. 319 Gefilde eigentlich: lieblichere Gegenden (in denen ein glücklicheres Dasein möglich ist); hier bildhaft (und freundliche Assoziationen aufrufend) für: Zeiten

zweiundvierzig Millionen 1893 hatte das Deutsche Kaiserreich bereits 50 Millionen Einwohner. Die Zahl von 42 Millionen war 1874, kurz nach der Reichsgründung, erreicht worden.

Lieber lassen wir … auf der Strecke vgl. die anlässlich der Enthüllung eines Denkmals für Prinz Friedrich Karl (1828–1885) – der als Oberkommandierender der zweiten deutschen Armee entscheidenden Anteil am Sieg in der Schlacht von Mars-la-Tour (siehe Seite 526) hatte – gehaltene Rede des Kaisers vom 16. August 1888, in der er erklärte, »dass wir lieber unsere gesamten 18 Armeekorps und 42 Millionen auf der Strecke liegen lassen, als dass wir einen einzigen Stein von dem, was mein Vater und der Prinz Friedrich Karl errungen haben, abtreten« (zitiert nach: F. Betz [vgl. S. 485], S. 48).

Denn wo der deutsche Aar Zitat aus einer Kaiserrede vom 1. März 1888: »Denn wo der deutsche Aar [hochtrabend-poetisch für: Adler] Besitz ergriffen und die Krallen in ein Land hineingesetzt hat, das ist deutsch und wird deutsch bleiben« (zitiert nach: F. Betz [vgl. S. 485], S. 48).

Nicht Parlamentsbeschlüsse! vgl. die Kaiserrede vom 18. April 1891: »Der Soldat und die Armee, nicht Parlamentsmajoritäten und -beschlüsse haben das Deutsche Reich zusammengeschmiedet« (zitiert nach: F. Betz [vgl. S. 485], S. 49).

Die einzige Säule ist das Heer! leicht verändertes Zitat aus einer Kaiserrede vom 18. Oktober 1894

»Ihr seid berufen, mich ... zu schützen!« Zitat aus einer Kaiserrede vom 16. November 1893

S. 320 »Müssen ausgerottet werden bis auf den letzten Stumpf!« Die »Berliner Zeitung« berichtete über eine von Wilhelm II. am 26. Februar 1897 gehaltene Rede: »Die Sozialdemokratie, so erklärte der

Das Nationaldenkmal für Kaiser Wilhelm I. in Berlin Mitte. Bildpostkarte von 1909

Kaiser, müsse ›ausgerottet werden bis auf den letzten Stumpf‹.« (Zitiert nach: F. Betz [vgl. S. 485], S. 49)

S. 328 Blick eines großen Bildnisses ... in roter Husarenuniform ... kalt blitzend! Beschreibung eines typischen Porträts von Wilhelm II., der Uniformen liebte und mit der geschilderten Körperhaltung sowie einer herausfordernden Miene seine Behinderung zu kaschieren versuchte (sein linker Arm war durch Komplikationen bei der Geburt teilweise gelähmt und im Wachstum zurückgeblieben). Die Husarenuniform ist besonders malerisch: Die Uniformjacke (der »Attila«) ist durch parallele Reihen von über die Brust laufenden Schnüren verziert und wird oft noch durch eine mit Pelz besetzte Überjacke (die »Pelisse«) ergänzt, die sich lässig über eine Schulter legen lässt. Husaren sind leicht bewaffnete, wendige Reitersoldaten, deren Ursprünge in Osteuropa (Ungarn, Rumänien, Kroatien, Serbien) liegen.

S. 341 Denken Sie an das Gottesgericht im ›Lohengrin‹. Im ersten Akt von Richard Wagners (1813–1883) 1850 in Weimar, unter der Leitung von Franz Liszt uraufgeführter romantischer Oper in drei Akten »Lohengrin« muss sich die weibliche Hauptfigur, Elsa von Brabant, einem Gottesgericht stellen. Sie wird von Friedrich von Telramund (dem Erzieher Elsas und des vermissten Gottfried) angeklagt, ihren Bruder ermordet zu haben. Telramund, dem Elsa eigentlich als Braut versprochen war, sagt sich nach dem Verschwinden von Gottfried von Elsa los, heiratet die friesische Fürstentochter Ortrud, verklagt Elsa beim deutschen König Heinrich dem Vogler und beansprucht für sich die Herrschaft über Brabant. Elsas Lage scheint verzweifelt, weil niemand bereit ist, als ihr Ritter im Zweikampf, der als Gottesgericht dient, gegen Telramund anzutreten; dann aber erscheint im letzten Moment ein fremder Ritter, Lohengrin, in einem von einem Schwan gezogenen Kahn, tritt gegen Telramund an, besiegt diesen und beweist dadurch nicht nur Elsas Unschuld, sondern gewinnt auch ihre Liebe sowie ihre Hand und damit die Herrschaft über Brabant.

»Lohengrins Ankunft«. Szene (gegen Ende des ersten Akts) aus Richard Wagners (1813–1883) Oper »Lohengrin« (Uraufführung 1850). 1894 veröffentlichte Fotogravüre einer 1876 entstandenen Zeichnung von Theodor Pixis (1831–1907)

S. 346 Die schöne Laune ... »Lohengrin«. In dieser glücklich-unbeschwerten Phase ergab es sich ..., dass sie im Theater eine Vorstellung des »Lohengrin« besuchten.

Proszeniumsloge seitlich vom Proszenium, dem vorderen Teil der Bühne, befindliche Loge. Eine Loge ist ein kleiner balkonartiger Raum an der Wand des Zuschauerraums mit wenigen Sitzplätzen; sie bietet Exklusivität und Privatheit – beim Rückzug ins Innere –, aber auch Sichtbarkeit von den billigen Parterreplätzen aus – wenn man direkt an der Brüstung Platz nimmt.

S. 347 Frontkorsett auch ›Mieder‹ oder ›Schnürbrust‹: Kleidungsstück für Frauen zur Formung einer schlanken Silhouette im Bereich der Taille

»Des Reiches Ehr zu wahren, ob Ost, ob West.« Die Ausgangssituation der Opernhandlung ist die folgende: König Heinrich hat die Edlen von Brabant an einem offenen Platz in der Nähe Antwerpens einbestellt. Er ist angereist, um sie aufzufordern, ihre Loyalitätspflichten gegenüber dem deutschen Reich zu erfüllen, das im Osten von den Ungarn bedroht wird. Sie sollen sich rüsten und sich dem Heer anschließen: »Nun ist es Zeit, des Reiches Ehr zu wahren; / ob Ost, ob West? Das gelte allen gleich! / Was deutsches Land heißt, stelle Kampfes Scharen, / dann schmäht wohl niemand mehr das deutsche Reich.« Telramund nutzt diese Zusammenkunft, um seine Klage gegen Elsa vorzubringen und dem König vorzulegen.

S. 348 Leider war die deutsche Treue … bedroht von den jüdischen Machenschaften der dunkelhaarigen Rasse. Wohl, wie in der germanistischen Forschungsliteratur zu dem Roman herausgearbeitet worden ist, eine Anspielung auf Friedrich Nietzsches (1844–1900) Gleichsetzung von Wagnerverehrung einerseits und Antisemitismus sowie Weltmachtstreben andererseits in seiner Schrift »Ecce homo« (1888). Nietzsche war zunächst einer der glühendsten Anhänger Wagners und Hausfreund des Ehepaars Wagner gewesen, wandte sich aber in den letzten Monaten vor seinem Zusammenbruch Anfang 1889 vehement gegen Wagner (vgl. etwa: »Der Fall Wagner – Ein Musikanten-Problem«, 1888, sowie die Ende 1888 entstandene Schrift »Nietzsche contra Wagner«).

S. 350 wie ein besserer Bundesfürst Wohl eine Anspielung auf die bekannte Neigung von Wilhelm II., die Bundesfürsten des Deutschen Kaiserreichs mit Herablassung zu behandeln; Diederich Heßling betrachtet das Bühnengeschehen durchweg durch die Brille seiner Kaiserverehrung.

Er sang … mit. Vgl. das Ende des ersten Akts, als alle dem Retter Elsas huldigen: »Der König, alle Männer und Frauen. Ertöne, Sieges Weise, / dem Helden laut zum Preise! / Ruhm deiner Fahrt, / Preis deinem Kommen! / Heil deiner Art, / Schützer der Frommen! / Dich nur besingen wir, / dir schallen unsre Lieder! / Nie kehrt ein

Held gleich dir / in diese Lande wieder! / Heil dir! Preis dir! / Heil deiner Fahrt!«

»Erhebe dich, Genossin meiner Schmach« Telramund zu seiner Frau Ortrud zu Beginn des zweiten Akts; sie sitzen am Ende der auf den ersten Akt folgenden Nacht gedemütigt und geächtet auf den Stufen des Münsters, während im Palast bei fröhlicher Musik gefeiert wird.

»Es gibt ein Glück, das ohne Reu« Elsa zu Ortrud am Ende der zweiten Szene des zweiten Akts, nachdem Ortrud sie durch falsche Zerknirschung allzu leicht dazu gebracht hat, ihr zu verzeihen und ihr überdies zu versprechen, bei ihrem Gatten Lohengrin auch für Telramund um Gnade zu bitten.

S. 351 ob er seinen Namen verraten … sollte Schon bei seinem ersten Erscheinen, am Ende des ersten Akts, als Lohengrin nicht nur für Elsa kämpft, sondern auch um ihre Hand anhält, verbindet er seine Werbung mit der Bedingung, sie dürfe ihn nie fragen, woher er komme und wie sein Name laute (er ist ein Gralsritter und als solcher verpflichtet, sein Inkognito zu wahren). Sie geht auf diese Bedingung ein, die sie beide aber, wie sich im zweiten Akt zeigt, angreifbar macht: Ortrud fordert vor dem Münsterportal den Vortritt vor Elsa, weil sie vornehmer sei, denn Elsa habe ja einen Mann von offenkundig unklarer, obskurer Herkunft geheiratet; Telramund bezichtigt Lohengrin in II, 5, mit bösen Mächten im Bunde zu sein, und drängt Elsa, die verbotene Frage zu stellen. Lohengrin weist die beiden Böswilligen in ihre Schranken, wendet sich dann aber an Elsa, *»welche bei seinem ersten Zuruf wie vernichtet ihm zu Füßen gesunken ist«*, mit den mahnenden Worten: »Elsa, erhebe dich! In deiner Hand, / in deiner Treu' liegt alles Glückes Pfand! / Lässt nicht des Zweifels Macht dich ruhn? / Willst du die Frage an mich tun?« Für dieses Mal entscheidet sich Elsa beschämt noch dagegen, aber Diederich Heßling ahnt zurecht, dass das auf Dauer nicht gut gehen kann.

der Hochzeitsmarsch »Treulich geführt ziehet dahin […]«, der Anfang des dritten Akts (Erste Szene: »Das Brautgemach«); es handelt sich um die bekannteste musikalische Passage der Oper, weil der Hochzeitsmarsch aus »Lohengrin« neben (beziehungsweise wohl noch vor) dem Hochzeitsmarsch aus Felix Mendelssohn Bartholdys Bühnenmusik (1843) zu Shakespeares »Ein Sommernachtstraum« seit Generationen fast überall auf der Welt als »Soundtrack« beim Einzug der Braut dient.

ward … von dem Wert der Uniform durchdrungen empfand … lebhaft den Wert der Uniform (die einen unheldischen Körperbau wohltätig zu kaschieren vermochte)

»Wonnen, die nur Gott verleiht« die beiden Liebenden im Zwiegesang zu Beginn von III, 2, nachdem sich das Gefolge diskret aus dem Brautgemach zurückgezogen hat

S. 352 zeigte sein Jägerhemd! Gemeint ist wohl das Unterhemd unter der Weste, das als Teil der Unterwäsche an öffentlicher Stätte nicht sichtbar werden durfte.

»Atmest du nicht mit mir die süßen Düfte« »LOHENGRIN *umfasst Elsa freundlich und deutet durch das offene Fenster auf den Blumengarten.* Atmest du nicht mit mir die süßen Düfte? / O, wie so hold berauschen sie den Sinn!« (III, 2)

Telramunds feiges Attentat misslang durch Gottes Fügung Eben als Elsa in ihrer inneren Not nun doch die verhängnisvolle Frage tut und Lohengrins Reaktion (»Weh uns! Was tatest du?«) sofort zeigt, dass das ein Fehler war, dringt Telramund mit vier Gefolgsleuten in das Brautgemach ein. Sie gehen mit gezückten Schwertern auf Lohengrin los, der Friedrich niederstreckt, woraufhin die anderen ihre Waffen weg- und sich vor Lohengrin auf die Knie werfen. – In der Formulierung »durch Gottes Fügung« könnte eine Anspielung auf die Realität stecken: Nachdem der Kaiser am 6. März 1901 in Bremen durch ein aus der Menge nach ihm geworfenes Eisenstück an der Wange verletzt worden war, überbrachte der Reichstagspräsident den Abgeordneten tags darauf die beruhigende Nachricht: »Es scheint bis jetzt, dass durch Gottes Fügung die Verletzung keine gefährliche ist« (zitiert nach: F. Betz [vgl. S. 485], S. 53).

Nach der Verwandlung Nach den ersten beiden Szenen des Schlussakts, die im Brautgemach spielen, wechselt die Szene zurück zum Schauplatz des ersten Akts: »DRITTE SZENE. *Als der vordere Vorhang wieder aufgezogen wird, stellt die Bühne die / Aue [Wiese] am Ufer der Schelde / dar, wie im ersten Akt*«.

»für deutsches Land ... bewährt« Ende der kurzen Ansprache des Königs Heinrich an die Edlen von Brabant zu Beginn von III, 3

»Überall wurde an mir gezweifelt« kein wörtliches Zitat aus der Oper, sondern die Quintessenz der Vorwürfe, die Lohengrin, der nun als Ankläger vor die Versammelten tritt, gegen die Edlen von Brabant – und, zu seinem Schmerz, auch gegen sein Frau – erhebt

S. 353 tatsächlich in der Rangliste obenan stand wie sich zeigte, von höherer Geburt war als alle anderen. – In der sogenannten Gralserzählung klärt Lohengrin die versammelte Menge über seine Identität auf: »In fernem Land, unnahbar euren Schritten, / liegt eine Burg, die Monsalvat genannt; / ein lichter Tempel stehet dort inmitten, / so kostbar als auf Erden nichts bekannt; / drin ein Gefäß von wundertät'gem Segen / wird dort als höchstes Heiligtum bewacht: / es ward, dass sein der Menschen reinste pflegen, / herab von einer Engelschar gebracht; / alljährlich naht vom Himmel eine Taube, / um neu zu stärken seine Wunderkraft: / Es heißt der Gral, und selig reinster Glaube / erteilt durch ihn sich seiner Ritterschaft. / Wer nun dem Gral zu dienen ist erkoren, / den rüstet er mit überirdischer Macht, – / an dem ist jedes Bösen Trug verloren, / wenn ihn er sieht, weicht dem des Todes Nacht; / selbst wer von ihm in ferne Land' entsendet, / zum Streiter für der Tugend Recht ernannt, / dem wird nicht seine heil'ge Kraft entwendet, / bleibt als sein Ritter dort er unerkannt; / so hehrer Art doch ist des Grales Segen, / enthüllt muss er des Laien Auge fliehn: – / des Ritters drum sollt Zweifel ihr nicht hegen, / erkennt ihr ihn – dann muss er von euch ziehn. – / Nun hört, wie ich verbot'ner Frage lohne: – / vom Gral ward ich zu euch daher gesandt; / Mein Vater Parzival trägt seine Krone, – / Sein Ritter ich – bin Lohengrin genannt.«

Die Opernsängerin Lilli Lehmann (1848–1929) als Ortrud in Richard Wagners »Lohengrin«

Eine letzte Frechheit Ortruds Als erneut der Schwan mit dem Kahn herannaht, um Lohengrin abzuholen, tritt Ortrud aus der Menge hervor und ruft Elsa höhnisch zu, gut sei es, dass der Held nun wieder fortmüsse und der Schwan mit ihm – denn dieser sei, wie sie an seiner Kette wohl erkannt habe, niemand anders als der vermisste Bruder Elsas, Gottfried von Brabant, der rechtmäßige Erbe des Thrones, den Lohengrin, wäre er länger geblieben, sicher auch noch aus seiner Tiergestalt erlöst hätte. Sie verrät auf diese Weise, dass sie selbst den Knaben verhext hat. Während die Edlen ihren Abscheu bekunden, gibt Lohengrin Elsas Bruder die Menschengestalt zurück, woraufhin Ortrud mit einem Schrei zusammenbricht.
Gottfried in drei Tagen der dritte Landesfürst Auch dieser Umstand aus der Oper lässt sich auf das Deutsche Kaiserreich beziehen, nämlich auf das Jahr 1888, das sogenannte Dreikaiserjahr, in dem zunächst Wilhelm I. starb, dann Friedrich III. für 99 Tage regierte (bevor er seinem Kehlkopfkrebsleiden erlag) und schließlich Wilhelm II. den Thron bestieg.

S. 354 »Ich fühl ... den wonniglichen Mann« Zitat aus der Schlussszene des ersten Akts, nachdem Lohengrin erschienen ist: »DIE MÄNNER UND FRAUEN *leise und gerührt.* [...] Ich fühl das Herze mir vergehn, / schau ich den wonnevollen Mann!«

Unter den Künsten gab es eine Rangordnung. Die offizielle Hochschätzung der festlichen Bühnenkunst gegenüber anderen, dem Repräsentationsbedürfnis weniger entgegenkommenden Kunstformen (wie zum Beispiel der erzählenden Literatur) ist für das Kaiserreich (und für Wilhelm II. und seinen Verehrer Heßling) kennzeichnend, hat aber überdies Tradition, welche weit zurückreicht.

S. 355 Premierleutnant a. D. Die Leutnante bildeten im Deutschen Kaiserreich die unterste Klasse der Offiziere (›Subalternoffiziere‹). Der ›Premierleutnant‹ bzw. ›Premier-Lieutenant‹ (ab 1899: ›Oberleutnant‹) war der ranghöchste Dienstgrad innerhalb der ›Subalternoffiziere‹. ›a. D.‹ bedeutet ›außer Dienst‹. Karnauke ist demnach ein verabschiedeter Offizier, der nach Beendigung seiner militärischen Laufbahn als Interessenvertreter der ostelbischen Junker tätig ist (siehe unten: Agrarierhütchen).

Agrarierhütchen »Agrarier« war im Kaiserreich die landläufige Bezeichnung für die Interessenvertreter vor allem der ostelbischen Junker (Großgrundbesitzer und Landwirte). Sie organisierten sich zunächst, 1876, mit Unterstützung Otto von Bismarcks, in der politisch weit rechts stehenden »Vereinigung der Steuer- und Wirtschaftsreformer«. In den 1890er-Jahren erreichte ihr Einfluss den Höhepunkt. 1893 wurde als Nachfolgeorganisation der »Vereinigung« der »Bund der Landwirte« ins Leben gerufen. – Mit »Agrarierhut« ist wohl der graue oder grüne Filzhut gemeint, der, wie zeitgenössische Fotografien und Illustrationen zeigen, zum Erscheinungsbild der ostelbischen Junker gehörte.

S. 361 Der Kronenorden vierter Klasse Der preußische Königliche Kronen-Orden war anlässlich der Krönung von Wilhelm I. im Oktober 1861 gestiftet worden. Die vierte Ordensklasse war die unterste Kategorie.

S. 364 den feigen Welschen Die »tapferen Teutonen« (siehe Seite 489) sahen auf die »feigen Welschen« herab.

»Na, Sie beneiden uns wohl auch um unsern Kaiser!« Diese naive und taktlose Bemerkung wird eigentlich Philipp Graf zu Eulenburg (1847–1921) zugeschrieben, einem engen Freund des Kaisers. Er soll 1896 als Botschafter in Wien im Beisein des österreichischen Kaisers geäußert haben, die Deutschen würden überall um ihren Kaiser beneidet.

S. 366 den riesigen Rossebändigern die gut fünfeinhalb Meter hohen Statuen der beiden Dioskuren, der Zwillingsbrüder Castor und Pollux (Gestalten der griechischen Mythologie), die zwei wilde, sich auf den Hinterbeinen aufbäumende Pferde in Zaum halten. Der ›Dioskurenbrunnen‹ (ital. ›Fontana dei Dioscuri‹) auf der ›Piazza del Quirinale‹ vor dem Quirinalspalast wurde 1585 errichtet; die beiden dabei verwendeten Statuen sind aber viel älter und wohl spätantiken Ursprungs.

S. 370 der kein Schattenkaiser war Wie viel Macht der Kaiser tatsächlich hatte, wurde schon unter den Zeitgenossen kontrovers diskutiert; die Frage lebt bis heute in der Geschichtswissenschaft fort; so betont der britische Historiker John C. G. Röhl (geb. 1938) in seiner monumentalen dreibändigen Biografie Wilhelms II. (1993–2008) dessen Handlungsspielräume, während der deutsche Gesellschaftshistoriker Hans-Ulrich Wehler (1931–2014) argumentiert, Wilhelm II. habe Herrschaft mehr dargestellt als ausgeübt. Der australische Historiker Christopher Clark (geb. 1960) vermittelt in seiner Monografie »Wilhelm II. Die Herrschaft des letzten deutschen Kaisers« (2000, deutsche Ausgabe 2008) zwischen diesen beiden Extrempositionen.

S. 371 der offenen Becken, die vor dem Palaste des Deutschen Reiches loderten Als Botschaft des deutschen Kaiserreichs diente der in der zweiten Hälfte des 16. Jahrhunderts errichtete Palazzo Caffarelli auf dem Kapitolshügel, der zuvor der Sitz der preußischen Gesandtschaft gewesen war. Nachts wurde die Fassade offenbar von

Flammenbecken dramatisch beleuchtet. Heinrich Mann kannte mit Sicherheit die von ihm beschriebenen Örtlichkeiten, da er in den 1890er-Jahren längere Zeit in Italien (auch in Rom) gelebt hatte.

S. 378 Nach dem Herzen freilich ergriff Nachdem das Herz gesprochen hatte, ergriff freilich

in die Schranken trete antrete (die Wortwahl erinnert an einen ritterlichen Lanzenzweikampf zu Pferde)

sein Einverständnis mit Wulckow durchblicken ließ zu verstehen gab, dass er sich hierüber bereits mit Wulckow verständigt habe

S. 384 Jedem das Seine moralphilosophischer Grundsatz aus der Zeit der römischen Antike, den der brandenburgische Kurfürst Friedrich III. 1701 als Wahlspruch des von ihm – am Tag vor seiner Selbstkrönung zum »König in Preußen« – gestifteten »Hohen Ordens vom Schwarzen Adler« (»Schwarzen Adlerorden«) wählte und den sein Enkel Friedrich der Große zu seinem Lebensmotto machte

S. 387 keinen ewigen Frieden, denn das war ein Traum, und nicht einmal ein schöner »Der ewige Friede ist ein Traum, und nicht einmal ein schöner«. Zitat aus einem Brief des General-Feldmarschalls Graf Helmuth von Moltke (1800–1891) vom 11. Dezember 1880 an den Juraprofessor und badischen Politiker Johann Caspar Bluntschli, einen gebürtigen Schweizer (Moltke: Gesammelte Schriften und Denkwürdigkeiten. 5. Band. Berlin: Mittler & Sohn 1892, S. 194)

der Trompeter von Säckingen Titelfigur des 1854 erschienenen Erstlingswerks des badischen Dichters Joseph Viktor Scheffel (1826 bis 1886, ab 1876: von Scheffel). Das Versepos wurde zu einem Lieblingsbuch des deutschen Bürgertums und erreichte 1892 bereits die 200. Auflage. Eine gleichnamige Opernfassung wurde 1884 in Leipzig uraufgeführt. Friedrich Nietzsche bezeichnete Schiller in seiner späten Schrift »Götzen-Dämmerung oder Wie man mit dem Hammer philosophiert« (1889) als »Moraltrompeter von Säckingen«, womit er gleichzeitig den Idealismus und das oft hohe Pathos von Schillers Werken und die selbstzufriedene Moralphilisterei in dem so populären Werk Scheffels ironisch attackierte.

S. 392 im Rinnstein vielleicht eine Anspielung auf das Schimpfwort von der »Rinnsteinkunst«, mit dem Wilhelm II. 1901 die mit neuen künstlerischen Ausdrucksmitteln und zeitgemäßen Sujets experimentierenden Werke der »Berliner Secession«, einer 1898 von Max Liebermann begründeten Künstlervereinigung, belegte

S. 409 als ob Sie mit ihm im Feuer gestanden hätten bei Marslatuhr! als ob Sie mit ihm bei der Schlacht von Mars-la-Tour (einer der entscheidenden Schlachten des Deutsch-Französischen Krieges, die am 16. August 1870 stattfand) Seite an Seite gekämpft hätten

seit Ihrer Entlassung sind Sie unter die Nörgler gegangen erneute Parallelisierung des Verhältnisses von Heßling und Sötbier mit dem von Wilhelm II. und Bismarck; dieser machte nach seiner Entlassung mithilfe von Zeitungsartikeln ihm politisch nahestehender und durch den vertraulichen Umgang mit ihm geschmeichelter Journalisten kontinuierlich Stimmung gegen die von dem jungen Kaiser verfolgte Politik.

S. 410 Groschen gängige Bezeichnung für die 10-Pfennig-Münze (vgl. im Roman auch den Namen ›Nothgroschen‹ des Redakteurs des Netziger Lokalblatts: erstmals Seite 152)

»Der Erbfeind erhebt wieder mal das Haupt!« im seinerzeit verbreiteten pathetischen Ton für: »Die Franzosen fordern uns wieder einmal heraus!« Das Schlagwort vom Erbfeind kam während der Befreiungskriege gegen Napoleon auf und war damals auf die Kriege gemünzt gewesen, die Ludwig XIV. auf deutschem Boden führte; es lebte im und nach dem Deutsch-Französischen Krieg von 1870/1871 – der auf französischer Seite starke Revanchegelüste auslöste, was man in Deutschland natürlich wusste – wieder auf.

S. 419 »Küren« vielleicht ein Wortspiel, in dem der militärische Befehl »Rühren!« (»Regt euch!«, »Nehmt im Stehen eine gelockerte Haltung ein!«) humoristisch mit dem »Küren« eines würdigen Kandidaten vermischt wird

Fünftausend und mehr Stimmen für Fischer! Die Neuwahlen vom 15. Juni 1893 brachten den Sozialdemokraten einen erheblichen

Stimmenzuwachs ein; sie konnten die Zahl ihrer Reichstagsabgeordneten von 35 auf 44 steigern.

S. 422 mittue gemeint ist wohl nicht: sich an dem Berliner Konsortium beteilige; sondern: mitbiete

Prospekt Broschüre, die den gegenwärtigen Wert und die zukünftigen Aussichten des zum Kauf stehenden Unternehmens anpreist

Ankauf der Aktien, die an der Börse zugelassen seien Gausenfeld ist demnach ein börsennotiertes Unternehmen, dem sich infolgedessen vergleichsweise leichte Möglichkeiten bieten, mithilfe einer Kapitalerhöhung (durch die Ausgabe neuer Aktien) vorübergehende Liquiditätsengpässe (Zahlungsschwierigkeiten) zu überstehen.

glücklich so weit gebracht ironischer Seitenhieb; gemeint ist natürlich: selbst schuld!

»Erinnerungskarte an Kaiser Wilhelm den Siegreichen« mit den Porträts der drei Kaiser Wilhelm I., Friedrich III. (unten rechts) und Wilhelm II. Historische Bildpostkarte

Er gab dem Alten zweite Hypothek für sein Haus Er half dem Alten zum zweiten Mal mit Geld aus und erwarb im Gegenzug als finanzielle Sicherheit noch weitergehende Ansprüche auf dessen Haus.
sah gedankenvoll in das Schicksal erwog mit nachdenklicher Miene die Launen des Schicksals (die düstere Zukunft Bucks und seine eigenen glänzenden Aussichten)

S. 424 ob hier der Ehrenpunkt Platz greifen müsse ob er sich angesichts solcher Eröffnungen als in seiner Ehre verletzt zu betrachten (und Heßling zum Duell zu fordern) habe

zog … die gebotenen Schlüsse verständigte sich darauf, dass hier ein Fall vorliege, der mit weltmännischer Großzügigkeit und der Liberalität erfahrener Lebemänner zu behandeln sei

die bessere Lebewelt die exklusive Schicht von wohlhabenden und sittlich freizügigen Personen (»Playboys«, »Bonvivants«, »Salonlöwen«), die sich vom vulgären Rotlichtmilieu mit all seinen tristen und gefährlichen Seiten fernhielten

S. 425 die Internationale das berühmteste Kampflied der sozialistischen Arbeiterbewegung. Der ursprünglich französische Text entstand 1871 und stammt von Eugène Pottier (1816–1887), einem Transportarbeiter, Kommunisten und Mitglied der Pariser Kommune, also des revolutionären Stadtrates, der im Frühjahr 1871, nach der Unterzeichnung des Vorfriedens und dem Abzug der deutschen Truppen aus Paris, vorübergehend die Macht in der französischen Hauptstadt an sich brachte.

S. 430 auf dessen Kosten er Seide gesponnen hatte dessen Unglück er zu seinem Vorteil genutzt hatte; vgl. die Sprichwörter »Wer sich nicht kann in Seide spinnen, der geh' in Wolle und Linnen« (Leinen) oder »Wir können nicht alle und allweg (immerfort nur, alle Tage) Seide spinnen«

bekam er nun mit hundert Prozent zurück, und war noch edel flossen nun vollständig an ihn zurück und brachten ihm nicht nur zusätzlichen hohen Gewinn ein, sondern ließen ihn überdies auch noch selbstlos und edelmütig erscheinen

S. 437 die Notwendigkeit einer Umsturzvorlage war bewiesen Anspielung auf historische Ereignisse im Dezember 1894, als sich einige sozialdemokratische Abgeordnete in der ersten Sitzung des Reichstags an seiner neuen Versammlungsstätte am Königsplatz beim vom Reichstagspräsidenten ausgebrachten Kaiserhoch nicht von ihren Plätzen erhoben. Drei Tage später, am 9. Dezember, empfing der Kaiser das Präsidium des Reichstags und bezeichnete bei dieser Gelegenheit den zurückliegenden Vorfall als sehr bedauerlich. Er beweise in aller Deutlichkeit die Notwendigkeit der sogenannten Umsturzvorlage (zitiert nach: F. Betz [vgl. S. 485], S. 61).

Die Mehrheit ... war gewissenlos genug, die Vorlage abzulehnen Die am 17. Dezember 1894 im Reichstag eingebrachte Umsturzvorlage wurde nach längeren Beratungen am 11. Mai 1895 abgelehnt.

ein Industrieller ward ermordet ... wieder ein Opfer mehr (Z. 27) Anspielung auf die Ermordung eines Fabrikanten im seinerzeit zum Reichsgebiet gehörenden elsässischen Mühlhausen (Mulhouse) im Oktober 1895. Der Kaiser behauptete noch vor Abschluss der polizeilichen Ermittlungen in einem Telegramm an den Statthalter von Elsass-Lothringen, der Tote sei ein neuerliches Opfer der von den Sozialisten angefachten Revolutionsbewegung.

Selbstschuss »Vorrichtung, bei deren Berührung ein Schuss ausgelöst wird« (Duden); auch Wilhelm II. lebte in ständiger Sorge vor Attentätern.

Zuchthausstrafen für Streikende Im gleichen Sinne äußerte sich der Kaiser in seiner »Zuchthaus-Rede« vom 6. September 1898; die entsprechende Regierungsvorlage wurde im Juni 1899 im Reichstag eingebracht, der diese am 20. November ablehnte.

S. 438 Jedes von Diederich neuerbaute Arbeiterhaus Jedes Haus, das Diederich für die bei ihm beschäftigten Arbeiter und ihre Familien errichten ließ. – Die paternalistische (väterlich-bevormundende) Haltung, die viele Unternehmer, nicht zuletzt dem Vorbild des Kaisers folgend, um 1900 gegenüber ihren Arbeitern einnahmen, führte dazu, dass sie sich auch um deren Wohnverhältnisse kümmerten und dabei für manche Verbesserungen in der Lebenssituation der Arbeiterfamilien sorgten.

Vorzugsaktien »Eine Vorzugsaktie ist eine Aktie, bei der der Inhaber in der Regel kein Stimmrecht als Aktionär eingeräumt bekommt. Dafür erhält er aber das Recht auf eine bevorzugte, in der Regel höhere Dividende [jährlicher Reingewinn aus dem Aktienbesitz]. Ihr Gegenstück ist die Stammaktie; sie ist mit einem Stimmrecht ausgestattet.« (Wikipedia, Artikel »Vorzugsaktie«)

S. 440 bekamen anonyme Briefe Diese Romanepisode spielt auf den sogenannten Kotze-Skandal am Berliner Kaiserhof an, bei dem zwischen 1891 und 1894 insgesamt rund 200 anonyme, teils mit Abbildungen versehene Briefe kursierten, die Mitgliedern der kaiserlichen Familie ein ausschweifendes Sexualleben andichteten. Hofmarschall Graf Leberecht von Kotze (1850–1920) wurde 1894 beschuldigt, hinter der Affäre zu stecken. Er wurde festgenommen und angeklagt, im Prozess jedoch entlastet und freigesprochen. Als auch danach manche Mitglieder der Hofgesellschaft keine Ruhe gaben, duellierte er sich mit seinen beiden Hauptverleumdern, wobei der eine, Freiherr Karl von Schrader, 1896 (in einem weiteren, zweiten Duell zwischen Kotze und Schrader) getötet wurde.

S. 443 für nervös überreizt ausgaben als krankhaft nervös bezeichneten. – Nervöse Überreizung war eine Modediagnose der zeitgenössischen Psychiatrie in einer sich in rasantem Tempo wandelnden (schneller, lauter, anonymer werdenden) Welt. Der Fachbegriff lautete ›Neurasthenie‹ (›Nervenschwäche‹); vgl. dazu ausführlich: Joachim Radkau: Das Zeitalter der Nervosität. Deutschland zwischen Bismarck und Hitler. München: Carl Hanser Verlag 1998.

S. 444 »Mein Haus ist meine Burg.« Mein Zuhause ist meine sichere Zuflucht; ursprünglich englische Redewendung (»My home is my castle.«), die auf einen Rechtsspruch in den Schriften des englischen Richters Sir Edward Coke (1552–1634) zurückgeht.

S. 445 einen Vormund einsetzen werde eine Person bestimmen werde, die nach seinem Ableben die Familienausgaben beaufsichtige

keine Bazillen zu dulden Ähnliche Anekdoten kursierten über die Angst des Kaisers vor Ansteckung.
bei der Lektüre des »Lokal-Anzeigers« Auch hier folgt Diederich Heßling dem Vorbild des Kaisers, der, wie man am 31. Mai 1901 in der konservativen »Kreuzzeitung« lesen konnte, zu den regelmäßigen Lesern des »Berliner Lokal-Anzeigers« gehörte (siehe auch Seite 156: komme ich zu Scherl).
dass leben nicht notwendig sei, wohl aber schifffahren Dieses Zitat aus einer Rede des Kaisers vom 18. Oktober 1893 greift den um 1900 insbesondere bei Befürwortern des Flottenprogramms populären lateinischen Ausspruch »Navigare necesse est, vivere non necesse!« auf (»Zur See fahren ist notwendig, leben ist nicht notwendig«), dessen Urheber dem griechischen Autor Plutarch (ca. 45 bis 125 n. Chr.) zufolge der römische Feldherr (und Gegenspieler Cäsars) Gnaeus Pompeius Magnus (106 – 48 v. Chr.) war.
die Kaiserin Friedrich Victoria von Großbritannien und Irland (1840 bis 1901), die Mutter Wilhelms II., die aufgrund der kurzen Herrschaft ihres Mannes im Jahre 1888 den Titel »Kaiserin Friedrich« trug, war die Tochter der englischen Königin Victoria (1819–1901). Sie war eine energische Förderin aller anglophilen und liberalen Tendenzen und bekämpfte mit allen ihr zur Verfügung stehenden Mitteln die Zusammenarbeit zwischen dem deutschen Kaiserreich und dem reaktionären, ihr verhassten russischen Zarenreich. Mit dieser Haltung machte sie sich bei allen russlandfreundlichen Personen (Bismarck, Wilhelm I. und ihrem eigenen Sohn, der ein enges Verhältnis zu seinem Großvater hatte und von seinen Eltern, die sich zur Seite gedrängt fühlten, sehr kritisch gesehen wurde) sowie bei weiten Teilen der deutschen Bevölkerung äußerst unbeliebt.
die uns bekanntlich an England verriet Victoria stand in ständigem brieflichen Austausch mit ihrer Mutter, der englischen Königin, und kommentierte alle Vorgänge in Berlin mit scharfer Zunge.
Schloss Friedrichskron Gemeint ist das »Neue Palais« in Potsdam, ein großes Schloss, das Friedrich II. gegen Ende seiner Regierungs-

zeit in den Jahren 1763 bis 1769 im Park von Sanssouci errichten ließ. Ab 1859 diente es dem preußischen Kronprinzen Friedrich Wilhelm (dem Vater Wilhelms II.) und seiner Frau als Sommersitz. Während der kurzen Herrschaft Friedrich Wilhelms (als Friedrich III.) vom 9. März bis zum 15. Juni 1888 erhielt es den Namen »Schloss Friedrichskron«. Danach war das Schloss bis zum Ende des Kaiserreichs (1918) der Hauptwohnsitz von Wilhelm II. und seiner Familie.

S. 446 dem Prinzen von Wales ... einen freundschaftlichen Schlag versetzt Der englische Thronfolger trägt den Titel des Prinzen von Wales. Albert Edward (1841–1910), der älteste Sohn Queen Victorias und somit ein Onkel Wilhelms II., bestieg 1901 nach dem Tod seiner Mutter den englischen Thron (als Edward VII.). Wilhelm II. war berüchtigt für seinen burschikos-vertraulichen Umgang mit den europäischen Standesgenossen und neigte dazu, die Bedeutung der nahen (oft auch verwandtschaftlichen) Beziehungen zwischen den europäischen Herrschern für die Beilegung von zwischenstaatlichen Konflikten zu überschätzen.

wie ich England hasse ... dies Volk von Dieben und Händlern In ähnlicher Weise soll sich der Kaiser verschiedentlich über die Engländer geäußert haben, auch wenn genaue historische Belege fehlen.

in der ersten, stärkeren Form, nicht in der abgeschwächten wohl eine Anspielung darauf, dass die Zeitungen, die über Reden des Kaisers berichteten, dazu neigten, einzelne allzu drastische – taktlose oder beleidigende – Formulierungen abzumildern, um diplomatische Krisen oder anderes Unheil zu verhindern

Der Dreizack gehört in unsere Faust vgl. die Rede des Kaisers vom 18. Juni 1897; bildlich für: Uns gebührt die Herrschaft über das Meer. Der Dreizack ist das Attribut des Meeresgottes Poseidon/ Neptun der griechisch-römischen Mythologie.

Hubertusstock die offizielle Jagdresidenz von Wilhelm II. am Ufer des Werbellinsees in der Brandenburger Schorfheide, zwischen 1847 und 1849 im Auftrag des damaligen preußischen Königs Friedrich Wilhelm IV. im Schweizer Landhausstil erbaut

Berliner Ratskeller, Weinabteilung, 1914 (Verlag Karl Thomass) – »Am Stammtisch war Diederichs Platz unter einem gotischen Bogen, in dem zu lesen stand: […].« (S. 449)

S. 447 ob der Kaiser und der Zar sich treffen würden wohl eine Anspielung auf das Treffen von Wilhelm II. und Nikolaus II. (1868–1918), die einander vertraulich »Willy« und »Niki« nannten, im Juli 1905 im Finnischen Meerbusen, bei dem der Kaiser ein »Schutz- und Trutzbündnis« mit Russland abschließen wollte, was aber am Widerstand des Reichskanzlers und des Außenministeriums scheiterte

S. 450 im Frankfurter Parlament siehe Seite 117: Souveränität der Nationalversammlung)

Realpolitiker Der Begriff geht auf die Schrift »Grundsätze der Realpolitik« (1853) von Ludwig von Rochau (1810–1873) zurück. Er forderte in Reaktion auf die hochfliegenden politischen Ideen der gescheiterten Volksvertreter in der Frankfurter Paulskirche eine nüchterne Betrachtung der Wirklichkeit als Voraussetzung aller Politik; Bismarck galt in der Folge als Prototyp des Realpolitikers.

das Deutschland der Dichter und Denker (siehe Seite 501: Volk der Denker und Dichter)

heute ... Industrie und Technik vgl. die Rede des Kaisers vom 29. November 1902: »Das neue Jahrhundert wird beherrscht durch die Wissenschaft, inbegriffen die Technik, und nicht, wie das vorige, durch die Philosophie.« (Zitiert nach: F. Betz [vgl. S. 485], S. 65 f.)

stutzte er, versuchte zu nörgeln verfiel er zunächst in seine alten oppositionellen Reflexe beziehungsweise Muster

quos ego Zitat aus der »Aeneis« (Buch I, Vers 135) des römischen Dichters Vergil (70–19 v. Chr.): Dort diszipliniert der dem Aeneas gewogene Meeresgott Neptun die Winde, die das Schiff des Trojaners attackieren, mit dem Zuruf »Quos ego!« (»Euch werd ich!«).

Die Flotte ... tat uns bitter not leicht verändertes Zitat aus einer Rede des Kaisers vom 18. Oktober 1899

unsere Zukunft ... dem Wasser leicht verändertes Zitat aus einer Rede des Kaisers vom 23. September 1898

griff die Idee der Flotte Platz gewann die Überzeugung von der Bedeutung der Flotte immer mehr leidenschaftliche Anhänger

S. 454 »Sanges an Ägir« Der »Sang an Ägir« war ein von Wilhelm II. gemeinsam mit seinem engen Freund Graf Philipp zu Eulenburg verfasstes patriotisches Lied für Singstimme und Klavier, das als Kampflied für die Marine gedacht war (Ägir ist der Meeresgott der nordischen Mythologie). Es erschien – musikalisch »eingerichtet« von dem Komponisten Albert Ernst Anton Becker (1834–1899) –, nachdem es am 9. Juni 1894 bei einem Hofkonzert in Potsdam erstmals erklungen war, im selben Jahr mit dem Hinweis »Herausgegeben zum Besten des Baues der Kaiser Wilhelm-Gedächtnisskirche« (die Einnahmen kamen also dem genannten guten Zweck zugute) im Berliner Musikverlag Bote & Bock. Der Text fand Eingang in Schulbücher und Heinrich Mann äußerte sich in seiner kurzen Phase als Herausgeber der reaktionären Zeitschrift »Das zwanzigste Jahrhundert« begeistert über das Lied, das zu einer »herrlichen Standarte« werden könne (Jahrgang 1896, S. 315, zitiert nach: F. Betz [vgl. S. 485], S. 67). Später war ihm das natürlich peinlich und im »Untertan« ironisiert er sein eigenes früheres Fehlurteil.

Hardenbergstraße und Kaiser-Wilhelm-Gedächtniskirche in Berlin Charlottenburg

Degeneration Entartung. Der Begriff hatte um 1900 Konjunktur und diente entweder dazu, auf den Zusammenhang von moralischem Verfall (etwa: Trunksucht) und biologischer Vorbelastung der Nachkommen hinzuweisen (vgl. etwa den zwischen 1871 und 1893 erschienenen 20-bändigen Romanzyklus »Die Rougon-Macquart« von Émile Zola) oder einen Zusammenhang von geistiger Verfeinerung und kränklicher Konstitution zu behaupten (»Fin de siècle« und »Décadence« vs. »Élan vital« und »Lebensphilosophie«). Kurzgefasst bedeutete das: Geistige Schlichtheit ist gesund und zukunftsweisend, zu große Intellektualität krank und verdächtig.

S. 455 bald kam er sichtlich wegen Emmi Im Roman »Die Armen. Roman des Proletariers« (1917), einer Fortsetzung des »Untertan«, sind Wolfgang Buck und Emmi verheiratet (vgl. Seite 481 dieses Bands).

Bismarck hat es auch so gemacht mit Österreich. Österreich war vor 1866 der große Gegenspieler Preußens in der deutschen Politik gewesen. Hinsichtlich der nationalen Einigung, die nach allgemeiner Überzeugung früher oder später kommen musste, stellte sich lange die Frage: mit Österreich (das war die sogenannte großdeutsche

Lösung) oder ohne Österreich (kleindeutsche Lösung)? Letztlich kam es zur kleindeutschen Lösung, Preußen wurde zur Vormacht, Österreich blieb nach der Niederlage von 1866 außen vor. Danach suchte Bismarck jedoch die Annäherung an und Einbindung von Österreich, was mit dem 1881 zwischen Deutschland, Österreich und Russland geschlossenen »Dreikaiserbund« auch gelang.

S. 457 Napoleon der Dritte … als Besiegter Anspielung auf die sieben Monate der Gefangenschaft (September 1870 bis März 1871), die Louis Napoleon (1808–1873) nach der Niederlage Frankreichs auf Schloss Wilhelmshöhe in Kassel verbrachte. Aufgegriffen wird hier zudem das barbarische Ritual der Antike, besiegte Herrscher (und deren Familien) zu Füßen des Siegers öffentlich zur Schau zu stellen.

S. 460 die Siegesallee Die Siegesallee war ein von Wilhelm II. konzipierter und finanzierter 750 Meter langer Prachtboulevard im östlichen Teil des Berliner Tiergartens, der von 32 Marmordenkmälern mit Statuen der brandenburgischen und preußischen Herrscher seit 1157 gesäumt wurde. Jedes Denkmal bestand aus einer Dreiergruppe, in denen der im Zentrum stehende Fürst jeweils von den Büsten

»Napoleon III. und Bismarck am Morgen nach der Schlacht von Sedan«. Ausschnitt aus einem damals massenhaft verbreiteten Druck nach einem 1878 entstandenen Gemälde von Wilhelm Camphausen (1818–1885)

Reichstagsgebäude, Siegessäule sowie Gruppe in der Siegesallee im Tiergarten. Historische Bildpostkarte des Verlags A. Jandorf & Co. (Berlin) aus dem Jahr 1900

zweier Persönlichkeiten flankiert wurde, die ihm besonders nahegestanden oder die seine Epoche mitgeprägt hatten. Die Siegesallee wurde 1901 nach sechsjähriger Arbeit eingeweiht.

Bildnis des Markgrafen Hatto des Gewaltigen … des Mönches Tassilo … des Ritters Klitzenzitz fiktive Gestalten, Parodie auf die oben erläuterten Dreiergruppen

Ehrengabe (meist von einer Institution gestiftetes) Geschenk, das einer Person um ihrer Verdienste willen gemacht wird

S. 464 Eichenkränze Im Römischen Reich war die »Corona civica« (die »Bürgerkrone«), ein Kranz aus Eichenblättern, eine der höchsten militärischen Auszeichnungen. Die Eiche gilt ferner als deutscher Wappenbaum; nach dem Deutsch-Französischen Krieg wurden in vielen deutschen Städten und Dörfern symbolische »Friedenseichen« gepflanzt. Eichenlaub schmückte die Schulterstücke von Offizieren.

S. 465 Landwehrleutnant Landwehrverbände waren militärische Reservetruppen, die sich aus den Militärpflichtigen älterer Jahrgänge zusammensetzten. Die Reservisten mussten bis zum Ende ihrer Militärpflicht (im 39. Lebensjahr) regelmäßig an militärischen Übungen teilnehmen. Die Offiziere der Landwehr entstammten meist dem Reserve-Offizierkorps, das wiederum mehrheitlich aus Einjährig-Freiwilligen (siehe Seite 494: sein Jahr abdienen) bestand.

Ehrenjungfrauen junge, meist einheitlich gekleidete Frauen, die bei der Begrüßung einer hochrangigen Persönlichkeit mitwirkten oder ein »Ehrengeleit« bildeten (wie heute noch Brautjungfern)

S. 466 mit den gelben Aufschlägen Aufschläge nannte man die großdimensionierten Umschläge am unteren Ende der Ärmel von Uniformröcken, deren Farbe meist mit derjenigen des Kragens korrespondierte (vgl. Seite 465, Zeile 30: »der Gelbe«). Die Farben ließen (den Experten) die jeweilige Regimentszugehörigkeit erkennen.

Train-Reserveleutnantsuniform ›Train‹ war die Bezeichnung für die für den Nachschub zuständigen militärischen Einheiten. Zu Reserveleutnant siehe oben: Landwehrleutnant

Ulan Ulanen waren ursprünglich Lanzenreiter (also ›leichte Kavallerie‹) der polnischen Armee, in Preußen und im Kaiserreich vor dem und im Ersten Weltkrieg jedoch Einheiten der ›schweren [mit schweren Waffen und robusteren Pferden versehenen] Kavallerie‹.

Monokel Einglas; am Auge festzuklemmende Sehhilfe, die trotz ihrer offenkundigen Unbequemlichkeit (oder vielleicht deshalb) lange in aristokratischen Kreisen als Statussymbol gegenüber der (angeblich bürgerlich-plebejischen) Brille bevorzugt wurde. Besonders verbreitet war das Monokel um 1900 unter Offizieren der deutschen und der britischen Armee. Der britische Feldmarschall und Kriegsminister verbot schließlich seinen Offizieren das Tragen von Monokeln, weil es ein »Auswuchs alberner Eitelkeit« und »eines Offiziers unwürdig« sei (zitiert nach: Wikipedia, Artikel »Monokel«).

Schnüren an der Schulterklappe befestigte Achsel- oder Fangschnüre an den Uniformröcken hochrangiger Offiziere

»Zur Erinnerung des Einmarsches der aus China zurückgekehrten tapferen Truppen in Berlin.« Historische Bildpostkarte des Verlags Otto Seifert Nachfl. (Berlin)

werden wir der Schrecken der ganzen Welt sein! Anspielung auf eine skandalträchtigsten Reden des Kaisers, die »Hunnenrede« vom 27. Juli 1900, in der Wilhelm II. das von ihm angeordnete rücksichtslose Vorgehen deutscher Tuppen zur Unterdrückung des sogenannten Boxeraufstands in China folgendermaßen begründete: »Kommt ihr vor den Feind, so wird derselbe geschlagen! Pardon wird nicht gegeben! Gefangene werden nicht gemacht! Wer euch in die Hände fällt, sei euch verfallen! Wie vor tausend Jahren die Hunnen unter ihrem König Etzel sich einen Namen gemacht, der sie noch jetzt in Überlieferung und Märchen gewaltig erscheinen lässt, so möge der Name Deutscher in China auf 1000 Jahre durch euch in einer Weise bestätigt werden, dass es niemals wieder ein Chinese wagt, einen Deutschen scheel anzusehen!«

S. 467 Fahnenkompanie Fahnenkompanien (heute verbreitet vor allem in Schützenvereinen) präsentierten bei festlichen Anlässen die Fahnen und Feldzeichen ihrer militärischen Verbände.

Bildpostkarte aus dem Jahr 1914

»Vortreten zum Beten.« Gemeint ist das sogenannte Altniederländische Dankgebet »Wir treten zum Beten vor Gott, den Gerechten« (1626) von Adrianus Valerius. Wilhelm II. sorgte dafür, dass das Lied, das »sich geradezu zum Inbegriff der Thron-und-Altar-Zivilreligion des Kaiserreiches« entwickelte, »Bestandteil des Großen Zapfenstreichs [feierliche Militärzeremonie mit Musik, etwa zur Verabschiedung eines Kommandeurs in den Ruhestand] und häufig bei Anlässen besonderer Bedeutung gespielt« wurde (Wikipedia, Artikel »Wir treten zum Beten«).

man gab … dem alten Alliierten die Ehre Anspielung auf die Kaiserrede vom 24. Februar 1892, in der Wilhelm II. Gott als »Alliierten« (militärischen Verbündeten) der preußischen Truppen bezeichnete

»Ein feste Burg« »Ein feste Burg ist unser Gott« von Martin Luther und dem Kantor Johann Walter (1496–1570), entstanden vor 1529 und eines der berühmtesten Kirchenlieder aus der Reformationszeit; im 19. Jahrhundert wurde es zu einer Art geistlicher Nationalhymne der Deutschen.

S. 469 dass wir allesamt uns efeuartig an ihr emporranken dürfen! abgewandeltes Zitat aus einer Rede des Kaisers am 6. September 1894, »Wie der Efeu [...] schließt sich der preußische Adel um mein Haus« (zitiert nach: F. Betz [vgl. S. 485], S. 71).

ob wir nun edel sind oder unfrei ganz gleich, welcher gesellschaftlichen Klasse wir angehören (siehe auch Seite 230 und Seite 385)

Auch der einfache Mann aus der Werkstatt ist willkommen! Ganz ähnlich der Kaiser in seiner Rede vom 5. Dezember 1902: »Sendet uns [...] den einfachen schlichten Mann aus der Werkstatt, [...] und freudig werden wir ihn willkommen heißen als Arbeitervertreter des deutschen Arbeiterstandes, nicht als Sozialdemokraten« (zitiert nach: F. Betz [vgl. S. 485], S. 71).

Höhe germanischer Herrenkultur ... ein Herrenvolk zeittypische Schlagworte eines chauvinistischen Nationalismus, der ambivalente Begriffe wie »Herren-Moral« aus Nietzsches späten Schriften (»Jenseits von Gut und Böse«, 1886) in seinem Sinne auslegte

das deutsche Gold im Feuer zu bewähren verändertes Zitat aus einer Rede des Kaisers am 18. Januar 1901

S. 470 Schmelzofen von Jena und Tilsit Hinweis auf die katastrophale preußische Niederlage gegen Napoleon im Oktober 1806 und den durch den russischen Zaren vermittelten Friedensschluss von Tilsit (Juli 1807), der Preußen auf das Maß einer europäischen Mittelmacht zurückstutzte und vorübergehend in ein widerwilliges Bündnis mit Frankreich zwang. In der volkstümlichen Geschichtsdeutung wurde dieser Tiefpunkt der jüngeren preußischen Geschichte beschönigend, wenn auch nicht ganz zu Unrecht, als eine Art Fegefeuer betrachtet (daher das Bild des Schmelzofens), aus dem das moderne, noch stärkere Preußen hervorgegangen sei.

Augenblick, wo er als König von Gottes Gnaden ... Krone nahm leicht verändertes Zitat aus der Rede des Kaisers am 10. Mai 1896 (siehe Seite 470: das prüfungsreiche Leben ... Instrument baut)

nicht zurückgeschreckt ... entbinden können leicht verändertes Zitat aus einer Rede des Kaisers am 31. August 1897

Bildpostkarte der Kunstanstalt Aug. Finkenrath Söhne (Barmen) aus der Zeit um 1900

Im Mittelalter wäre Wilhelm der Große heiliggesprochen worden. leicht verändertes Zitat aus einer Rede des Kaisers am 26. Februar 1897 (zu »Wilhelm der Große« siehe Seite 154)

S. 471 Napoleon … vom Volk, daher! (S. 470, Z. 32 f.) Napoleon III. (1808–1873), ein Neffe Napoleon Bonapartes, war während der Zweiten Republik in den Jahren 1848 bis 1852 französischer Staatspräsident gewesen (also durch Wahlen ins Amt gekommen) und proklamierte sich nach dem Staatsstreich vom Dezember 1851 im Folgejahr zum »Kaiser der Franzosen«. Seine Macht beruhte auf der Zustimmung der Massen, denen er daher in seiner Herrschaftsausübung immer wieder entgegenkommen musste.

Hier unternahm Diederich es, zu malen An diesem Punkt angekommen, zeichnete Diederich ein eindrucksvolles Bild davon

leerer nur noch äußerlicher, nicht mehr mit Überzeugung praktizierter

krasse Materialismus hemmungslose Gier nach Besitz und Gewinn; vgl. dazu die Rede Wilhelms II. am 16. Juni 1898 vor Mitgliedern der Königlichen Schauspiele Berlin: »Ich bitte Sie nun, dass Sie mir fernerhin beistehen, [...] im festen Gottvertrauen dem Geiste des Idealismus zu dienen und den Kampf gegen den Materialismus und das undeutsche Wesen fortzuführen« (zitiert nach: F. Betz [vgl. S. 485], S. 73).

Chauvinismus scharfer Nationalismus, verbunden mit der Geringschätzung aller anderen Nationen

Deutsch sein heißt eine Sache um ihrer selbst willen tun! Der Satz, der oft Richard Wagner zugeschrieben wird, ist kennzeichnend für den hochfahrenden und selbstgerechten Ton, den man im Kaiserreich gerne gegenüber dem Ausland anschlug (siehe auch Seite 179, Zeile 26, Seite 230, Zeile 25, und Seite 377, Zeilen 26f.).

eint hier sich weiblicher Reine pathetisch-dichterisch für: verbindet sich bei uns mit weiblicher Reinheit

S. 472 das Weibliche zieht uns hinan leicht abgewandeltes Zitat der berühmten Erlösungsworte am Ende von Goethes »Faust II«: »Das Ewig-Weibliche / Zieht uns hinan.« (V. 12110f.)

»General Reille überbringt König Wilhelm Napoleons Brief.« (Hügel von Frénois, 1. September 1870, 19 Uhr). 1883 als Teil des »Sedan-Panorama Berlin« entstandenes Gemälde von Anton von Werner (1843–1915)

Das letzte »Ganze Halt« des »Kaisermanövers« in Schlesien 1913. Foto: O. Tellgmann

auf dem Boden des Christentums ... heidnische Kultur ... erliegen leicht verändertes, in der offiziellen Fassung gestrichenes Zitat aus der »Hunnenrede« des Kaisers vom 27. Juli 1900 in Bremerhaven

S. 473 »Heil dir im Siegerkranz« vor 1871 preußische Volkshymne, nach 1871 »Kaiserhymne«, die – ähnlich wie die »Wacht am Rhein« – bei patriotischen Anlässen erklang; die Melodie war mit der englischen Königshymne (»God save the King / Queen«) identisch.

Ulanen, Kürassiere, Husaren und Train Kürassiere sind mit Brustpanzern (vgl. frz. ›cuirasse‹: ›Lederpanzer‹) ausgestattete Reitersoldaten der schweren (stark bewaffneten, weniger wendigen) Kavallerie (siehe Seite 538: Ulan und Train, sowie 516: Husarenuniform)

S. 476 gottgesandten Männern Anspielung auf den Titelhelden von Wagners »Lohengrin«: »Sei gegrüßt, du gottgesandter Mann!« (I, 3)

idealen Gütern vgl. die Rede des Kaisers vor Studenten vom 18. Januar 1895: »Helfen Sie mir die idealen Güter dem Volke zu erhalten, die im Jahre 1813 unser Volk begeisterten und die auch im Jahre 1870 ihre Wirkung taten« (zitiert nach: F. Betz [vgl. S. 485], S. 75).

die apokalyptischen Reiter die Boten des Weltgerichts in der Offenbarung des Johannes (6, 1–8), die Pest, Krieg, Hungersnot und Tod symbolisieren

»Biertrinker«. Bildpostkarte aus der Zeit um 1900

Heinrich Mann stehend, Thomas Mann sitzend. Mit handschriftlicher Notiz von Thomas Mann auf der Rückseite: »Heinrich Mann / München um 1900«. Hof-Atelier Elvira, München. Papierabzug, 143 x 102 mm

Leben und Werk im Überblick

Lübeck, 1871–1889

Luis Heinrich Mann kommt am **27. März 1871**, wenige Wochen nach der Gründung des Deutschen Kaiserreichs, als erstes Kind von Thomas Johann Heinrich Mann (1840–1891) und seiner Frau Julia, geborene da Silva-Bruhns (1851–1923), in Lübeck zur Welt. Der Vater ist Inhaber einer 1790 von seinem Großvater gegründeten Getreidegroßhandlung, die Mutter halb norddeutscher, halb brasilianisch-portugiesischer Herkunft. Ihr Vater, ebenfalls ein Lübecker Kaufmann, war nach Brasilien ausgewandert, wo er als Kaffee- und Zuckerplantagenbesitzer, Großhändler und Gründer einer Dampfschifffahrtsgesellschaft zu Wohlstand kam und die Tochter eines reichen Grundbesitzers geheiratet hatte. Diese starb, als Julia fünf Jahre alt war, bei der Geburt ihres sechsten Kindes. Nach dem Tod seiner Frau entschied Johann Ludwig Bruhns (1821–1893), seine Kinder in Lübeck aufwachsen zu lassen, wo Julia in ein Mädchenpensionat gegeben wurde. 1869 heiratete sie Thomas Johann Heinrich Mann. Aus der Ehe gehen fünf Kinder hervor: Auf Heinrich folgt Thomas (1875–1955), der ein weltberühmter Schriftsteller wird, danach zwei Töchter, Julia (genannt

von links: die Geschwister Heinrich, Carla, Thomas und Julia Mann im Jahre 1887. Atelier Nanon, M. Hinzelmann, Lübeck. Papierabzug, 145 x 100 mm

»Lula«, 1877–1927) und Carla (1881–1910), sowie zuletzt, als Nachzügler, wieder ein Sohn, Viktor (1890–1949).

Die Herkunft der exotischen, musikalisch begabten Mutter »Zwischen den Rassen« (so der Titel eines 1907 erschienenen Romans von Heinrich Mann) bildet im Selbstgefühl sowohl Heinrich wie Thomas Manns eine Art Privatmythologie, die sich auch in ihren Werken vielfach spiegelt: Dem ehrbaren und etwas steifen nordischen Typus steht da die raschere, musischere, sinnenfreudigere, verführerisch leichtlebige südländische Art gegenüber. Während Thomas Mann sich letztlich in seiner soliden Lebensführung und seinem mit großer Arbeitsdisziplin und künstlerischer Selbstkontrolle hervorgebrachten, stilistisch makellosen Werk zum nordischen Teil seiner Herkunft bekennt und das Südländische lediglich als Motiv unerfüllter Sehnsucht literarisch fruchtbar macht, versucht Heinrich Mann zeitlebens, der südländischen Sinnlichkeit in seinem Dasein und seinem Werk den ersten Platz einzuräumen. Er neigt dazu, das Schöne zu verabsolutieren und sich in künstliche Ideenparadiese zu flüchten (die Zeitgenossen sprachen von »Ästhetizismus«), um sich über den Abstand zwischen seiner eigenen, im Grunde kühlen und reservierten, nordeuropäischen Art und der Spontaneität und Tagträumerei eines südlicheren Menschenschlags, der seine Sehnsucht gilt, hinwegzutäuschen. Er schreibt schnell und wenig kontrolliert, gerät leicht in barocken Schwulst und liebt in sexueller Hinsicht – ganz anders als sein homoerotisch veranlagter und das Sexuelle nur diskret-anspielungsreich (dann aber mit wirkungsvoller untergründiger Spannung) ansprechender Bruder – das Explizit-Freizügige. Er bleibt, wenn man so will, gegenüber dem Bruder, der sich von früh an (auch aus Selbstschutz) auf künstlerische Meisterschaft trimmt und diesem Anspruch auch gerecht wird, ein Dilettant, der zu seinem eigenen Vergnügen schreibt. Deshalb haben nur wenige seiner vielen Werke die Zeiten überdauert; und auch zu seinen Lebzeiten hat er lediglich mit einzelnen Werken großen Erfolg. Die meisten seiner Bücher verkaufen sich mäßig, auch wenn er immer wieder begeisterte Leserinnen und Leser findet und nicht wenige jüngere Autoren von seinem Erzählstil tiefe künstlerische Eindrücke empfangen und sich auch später noch zu ihm bekennen. So findet Rainer Maria Rilke (1875–1926) nach der Lektüre von »Zwischen den Rassen« in einem Brief nur rühmende Worte für Heinrich Manns ästhetizistische Erzählprosa: »Die wunderbare Sättigung dieses ganz in die Sprache gelösten Lebens ist wohl nie vorher im Deutschen dagewesen, es muss die jungen Leute, die von der Natur unabhängig werden wollen, hinreißen.« (Zitiert nach: Manfred Flügge: Heinrich Mann. Eine Biographie. Reinbek bei Hamburg: Rowohlt Verlag 2006, S. 126)

1877, als Heinrich sechs Jahre alt ist, wird sein Vater zum Senator der Freien Reichsstadt Lübeck für die Bereiche Wirtschaft und Finanzen gewählt. Nach dem Bürgermeister ist er damit der wichtigste Amtsträger in der Stadt, die ihrem Status nach viel größeren Bundesstaaten des Deutschen Kaiserreichs wie den Königreichen Bayern oder Sachsen gleichgestellt ist. Heinrich besucht ab **1884** das ehrwürdige Katharineum, ein 1531 gegründetes altsprachliches Gymnasium. Die Mütter der Mitschüler preisen ihn ihren Söhnen als »Muster der Gepflegtheit und guten Haltung« an (zitiert nach Flügge, S. 26). Er ist ein kleiner Dandy, der zu einer hochfahrenden Haltung neigt und seit **1885** sein dichterisches Talent erprobt: zunächst mit kleinen Prosaerzählungen, ab **1887** auch mit Gedichten. Überdies zeichnet er gern und gut, aber das nur zum Zeitvertreib. Diese Gewohnheit behält er sein Leben lang bei. Dem schulischen Lernstoff bringt er ein von Jahr zu Jahr abnehmendes Interesse entgegen. Die Obersekunda (die elfte Klasse der im Regelfall dreizehnjährigen Schulzeit) muss er wiederholen. Danach geht er im **September 1889** von der Schule ab. Der Vater weiß zu diesem Zeitpunkt bereits, dass sein Ältester nicht in seine Fußstapfen treten und die Firma übernehmen wird. Das ist für ihn nicht leicht zu akzeptieren; ebenso wie das nach außen gekehrte Selbstbewusstsein seines zu allem praktischen Wirken offenbar unfähigen Sohnes, dem eine ungebundene Künstlerlaufbahn vorschwebt.

Auch in Liebesdingen – die der Künstler kennen muss, um sie schildern zu können – hat er bereits Erfahrungen gesammelt: Mit siebzehn Jahren ist er wohl von seiner älteren Cousine Alice Haag verführt worden. Etwa zur selben Zeit, 1888, sucht er zum ersten Mal eine Prostituierte auf. Sonst aber ist er zu nichts zu gebrauchen. Es kommt zu schweren Spannungen zwischen Vater und Sohn. Am Ende findet sich der vorläufige Kompromiss, dass Heinrich im **Oktober 1889** nach Dresden geht, um dort bei Zahn & Jaensch in der Großen Klostergasse eine Buchhandelslehre zu absolvieren.

Dresden, Berlin, Wiesbaden, Lausanne, 1889–1893

Der Ausbildung zum Buchhändler gewinnt Heinrich Mann wenig Interesse ab. Er liest die Feuilletons (Kulturteile) der großen Zeitungen, erweitert durch ausgiebige Lektüre seine literarischen Kenntnisse, geht ins Theater und in die Oper. Im **Februar 1890** beantwortet er in einem Manifest mit dem Titel »Zweck und Ziel des Realismus« die Frage, wozu »der Dichter eigentlich da« sei, mit der Forderung: »Der Dichter soll unter allen Umständen der Herold seiner Zeit sein.« (Zitiert nach Flügge, S. 31) Noch teilt er die Vorbehalte der meisten Deutschen gegen die angebliche französische Unmoral und verurteilt die »Französiertheit« derjenigen deutschen Autoren, die das oft Dumpfig-Provinzielle und Prüde der zeitgenössischen deutschen Kunstproduktion abzustreifen versuchen und sich dabei an französischen Vorbildern orientieren. Diese Abneigung wird er bald ablegen.

Dabei spielt die Begegnung mit dem Werk Friedrich Nietzsches (1844–1900) eine große Rolle, dem Verächter und Entlarver der zeitgenössischen Moral, dem Kritiker des selbstzufriedenen, in kulturellen Dingen banausenhaften Kaiserreichs, dem Verherrlicher raubtierhaften ›Übermenschentums‹ (in seiner Spätphase, die in Umnachtung und Wahnsinn übergeht). **1891** wird Heinrich Mann zum Leser und Anhänger Nietzsches. Inzwischen hat er hier und da kleinere literarische Arbeiten veröffentlichen können. Im Frühjahr 1891 entscheidet er sich, die Buchhandelslehre abzubrechen. Der Vater, eigentlich ein verständnisvoller und großzügiger Mann, verhehlt seine Enttäuschung über den »Mangel an Willenskraft«, den er an Heinrich wahrzunehmen meint, nicht. Er reist nach Dresden, um zu verhindern, dass sein Sohn die ehrenhafte Firma Zahn & Jaensch »wie ein Flüchtiger« oder, schlimmer, »wie ein Hinausgeworfener« verlässt (zitiert nach Flügge, S. 34).

Immerhin hat Heinrich Mann sich bereits nach einer anderen Stelle umgesehen. Im **August 1891** tritt er in Berlin als Lehrling in den S. Fischer Verlag ein, der sich in dem halben Jahrzehnt seit seiner Gründung durch Samuel Fischer (1859–1934) im Jahre 1886 als einer der wichtigsten deutschen Literaturverlage etabliert hat. Nur wenige Jahre später (1901, mit dem Erscheinen von »Buddenbrooks. Verfall einer Familie«) wird der Verlag zur lebenslangen verlegerischen Heimat von Heinrich Manns jüngerem Bruder Thomas werden, dessen Werk bis heute eine tragende Säule des Verlagsprogramms ist.

Im **Oktober 1891** stirbt der an Blasenkrebs erkrankte Vater mit nur 51 Jahren. Da auch Thomas Mann keine Neigung und keine Veranlagung erkennen ließ, die Firma in die nächste Generation zu führen, hat der Vater vor seinem Tode veranlasst, dass sie liquidiert werden soll. (Von diesem Niedergang eines alten Familienunternehmens, das an der von Generation zu Generation zunehmenden Verfeinerung und einem immer größeren Mangel an Vitalität und Geschäftstüchtigkeit zugrunde geht, handelt dann der auf vielen Familienzeugnissen und Einzelporträts naher Verwandter beruhende Roman »Buddenbrooks«, der Thomas Mann sofort berühmt macht.) Die Mutter zieht auch insofern einen Schlussstrich, als sie **1893** mit den vier jüngeren Kindern nach München übersiedelt. Der finanzielle Erlös aus dem Verkauf der Firma versetzt alle Familienmitglieder in die Lage, bei künftig eingeschränkteren Verhältnissen von den Zinsen des Familienvermögens zu leben.

Der Tod des Vaters und der Verkauf der Firma bedeuten für den inzwischen volljährigen Heinrich die völlige Freiheit, sein Leben nach seinen eigenen Vorstellungen einzurichten. Der Tod des Vaters ist aber auch ein Schock – und so ist es vielleicht kein Zufall, dass Heinrich Mann im **Januar 1892** einen schwere gesundheitliche Krise ereilt: Er erleidet einen Blutsturz; die Lungen sind, wie die Diagnose ergibt, stark angegriffen. Er bricht seine Ausbildung bei S. Fischer ab und begibt sich in Behandlung, zunächst in Berlin, dann in einem Sanatorium in Wiesbaden (**Februar bis Juni 1892**), anschließend in verschiedenen Kurorten im Schwarzwald und von **Oktober 1892 bis März 1893** in Lausanne am Genfer See.

München, Italien, Berlin oder Riva am Gardasee, 1893–1914

Im **April 1893**, nach Beendigung seiner Kur, besucht Heinrich Mann Paris, fühlt sich dort aber, gesundheitlich noch geschwächt, nicht recht wohl. Frankreich und insbesondere Paris wird danach auf lange Zeit für ihn mehr eine Projektionsfläche – als Gegenentwurf zum Deutschen Kaiserreich – als eine gelebte Erfahrung bleiben.

In den folgenden zwei Jahrzehnten bis zum Ersten Weltkrieg wird Heinrich Mann nie wirklich sesshaft. München, wo die Mutter und die Geschwister wohnen, ist ein Anlaufpunkt, mehr nicht. Bereits 1893 bereist er Italien, wo er in den Jahren **1895 bis 1898** überwiegend leben wird (die meiste Zeit in Rom und dem 40 Kilometer östlich von Rom am Fuße der Albaner Berge gelegenen Städtchen Palestrina, wo der Bruder Thomas im Herbst und Winter 1897 monatelang sein Mitbewohner ist). Später, als seine Bekanntheit als Autor zunimmt, lebt er zeitweise in Berlin; noch später wird die Côte d'Azur und dort besonders Nizza zu einem bevorzugten Aufenthalt. Regelmäßig ist er ferner in Riva am Gardasee im Reform-Sanatorium des österreichischen Arztes Christoph Hartung von Hartungen (1849–1917) zu Gast, mit dem ihn bald eine enge Freundschaft verbindet, die auch die Söhne Hartungens einbezieht, die später die lebensreformerische Natur- und Wasserheilanstalt (mit »Lufthütten-Kolonie«) fortführen. Auch Heinrich Manns zehn Jahre jüngere Schwester Carla, die nach 1900 Theaterschauspielerin wird und die ihm unter den Geschwistern besonders nahesteht, gehört bald zu diesem Kreis.

Seine Frauenbekanntschaften bleiben bis **1905** (da ist er immerhin bereits Mitte dreißig) flüchtiger Natur. Erst als Anfang 1905 der Bruder Thomas Katia Pringsheim heiratet, die Tochter eines reichen Mathematikprofessors in München, denkt auch Heinrich – Zufall oder nicht – an die Ehe. Im Frühjahr lernt er in Florenz die zwölf Jahre jüngere Deutsch-Argentinierin Inés Schmied kennen, die sich mit ihrer Mutter auf Europareise befindet und in Florenz Gesangsstunden bei der Opernsängerin Camilla Landi nimmt. Viktor Mann, der jüngste Bruder, hat in seinen Lebenserinnerungen die große Schönheit von Inés betont, die auf ihn fast schockhaft gewirkt habe; und Heinrichs Mutter, die Deutsch-Brasilianerin, beschrieb Inés als »mittelgroß, zierlich, goldblond, goldbraune Augen, Teint wie Milch und Blut, liebenswürdig, wie eine gute Fee« (zitiert nach Flügge, S. 91).

Die beiden verloben sich (was bei Carla eifersüchtige Anwandlungen auslöst), verbringen aber selten längere Zeit miteinander. Sie entloben sich wieder, ohne den Kontakt abzubrechen. Die Beziehung, die nicht ohne melodramatische Posen auskommt, zieht sich **bis 1909**. Im **Spätsommer 1908** macht Inés eine ernüchternde Erfahrung, als sie Thomas Mann und seine Familie in deren Landhaus in Bad Tölz südlich von München besucht: »Immer noch sehe ich das Gesicht Deines Bruders, wie er so kalt, gleichmütig und doch mit einer Art Unbehagen in die Luft guckt. Dazu diese nüchterne poesielose Gegend. [...] Nichts Großes, nichts Schönes, mit einem Wort nüchtern, bürgerlich, kalt. Lieber möchte ich begraben sein, als dort leben.« 1909 wird Inés in der Schauspielschule des großen österreichischen Regisseurs Max Reinhardt (1873–1943) in Berlin angenommen. Von dort schreibt sie ihre letzten Briefe an Heinrich (und schlägt dabei seine Themen an): »Du musst verstehen, Du bist in Lübeck geboren, in Norddeutschland, und ich in Südamerika. Wie geht das zusammen? Ich habe diesen Unterschied immer gefühlt, ein wirkliches Zusammengehörigkeitsgefühl besteht zwischen uns nicht. Verwechsle es nicht mit Zärtlichkeit! Dass Du die für mich fühlst, davon bin ich ganz überzeugt, aber es genügt mir nicht.« (Beide Briefe zitiert nach Flügge, S. 96)

Inés Schmied bringt 1912 eine Tochter zur Welt, bleibt aber ihr Leben lang unverheiratet. Sie hat 1917 ein Engagement in Zürich, wohnt nach dem Ersten Weltkrieg in München und tritt in den Folgejahren auch in einigen Stummfilmen auf, ohne Karriere zu machen. Später lebt sie am Lago Maggiore, wo sie 1976, mit 92 Jahren, stirbt.

Nach einem recht bedenkenlosen und unrühmlichen Auftakt in den Jahren **1895 und 1896** als Herausgeber der chauvinistisch-nationalkonservativen und offen antisemitischen Monatsschrift »Das zwanzigste Jahrhundert. Blätter für deutsche Art und Wohlfahrt« – für die in dieser Zeit auch Thomas bereitwillig Beiträge liefert – macht sich Heinrich Mann als Autor in den beiden Jahrzehnten vor dem Ersten Weltkrieg (im Lebensalter von Mitte zwanzig bis Mitte vierzig) zunächst mit Novellen und Romanen und später als Theaterautor einen Namen. Seine Novellen sind oft in Italien angesiedelt und drehen sich vielfach um die Zentralmotive Künstlertum und Liebe. Unter den Romanen finden sich gesellschaftskritisch-satirische Werke wie das stark an die französischen Gesellschaftsromane von Balzac, Zola und Maupassant erinnernde Buch »Im Schlaraffenland. Ein Roman unter feinen Leuten« (1900) und »Professor Unrat oder Das Ende eines Tyrannen« (1904), ekstatisch-schwelgerische Fantasien über Lebensgenuss, Kunst, Begehren und politischen Kampf (»Die Göttinnen oder Die drei Romane der Herzogin von Assy«, 1902), die hitzige Welt des Theaters und die schlüpfrige Sphäre des Varietés beleuchtende Werke wie »Die Jagd nach Liebe« (1903), erneut »Professor Unrat« (1904) und »Die kleine Stadt« (1909), oder Liebestragödien wie der Erstlingsroman »In einer Familie« (1894) und der oben bereits erwähnte Roman »Zwischen den Rassen« (1907). Da Heinrich Mann als Erzähler zu einem stark szenischen Verfahren neigt, viel Dialog und vergleichsweise wenig Beschreibung bietet, war der Weg zum Drama nicht weit: **Ab 1910** kommt es in Berlin bis zum Ausbruch des Krieges zu jährlichen Premieren von Theaterstücken Heinrich Manns: Den Anfang machen 1910 die Einakter »Der Tyrann« (die Bearbeitung einer eigenen Novelle) und »Die Unschuldige« (ein Psychodrama) sowie die

Farce mit Musik »Variété«. **1911** folgt »Schauspielerin«, ein Stück, das sich stofflich eng an das Schicksal der eigenen Schwester Carla anlehnt, die sich 1910 mit 28 Jahren im Hause ihrer Mutter mit Zyankali vergiftete. Eben hatte sie im Begriff gestanden, sich aus einer insgesamt erfolglos und demütigend verlaufenden Karriere als Schauspielerin an Provinztheatern zu lösen und zu heiraten, als sie sich in eine tragische Liebesgeschichte verstrickte, die sie in solche Not brachte, dass sie für sich keinen anderen Ausweg als den Freitod sah. In der ersten Fassung hieß das Stück »Carla«, was Heinrich Mann, der aufrichtig trauerte und dennoch seinen künstlerischen Verwertungsdrang eines geradezu auf dem Präsentierteller gebotenen Stoffes nicht unterdrücken konnte, aber letztlich dann doch als zu direkt und ungehörig erschienen sein muss.

1912 hat »Die große Liebe« am Deutschen Theater (Berlin) Premiere. **1913** entsteht das historische Stück »Madame Legros«, eine dramatisierte Episode aus der unmittelbaren Vorgeschichte der Französischen Revolution. Dieses wohl überzeugendste Bühnenwerk Heinrich Manns wird erst 1917, gegen Ende des Krieges, an den Münchner Kammerspielen und im Berliner Lessing-Theater uraufgeführt.

Anfang **Februar 1913** lernt Heinrich Mann auf einem Kostümfest (»Großer Revolutionsball«), das die von Franz Pfempfert 1911 ins Leben gerufene Zeitschrift »Die Aktion« (das wichtigste Organ des literarischen Expressionismus) in Berlin-Halensee veranstaltet, die aus Prag stammende angehende Schauspielerin Maria (»Mimi«) Kanová (1886–1947) kennen. Bald darauf sind die beiden ein Paar und gut ein Jahr später, im **April 1914**, beziehen sie in München in der Leopoldstraße eine gemeinsame Wohnung. Am **12. August**, wenige Tage nach Ausbruch des Ersten Weltkrieges, heiratet Heinrich Mann die fünfzehn Jahre Jüngere.

Einen Tag nach der Trauung wird der seit Anfang des Jahres laufende Zeitschriftenvorabdruck des im Wesentlichen **zwischen 1911 und 1914** entstandenen Romans »Der Untertan« aus politischen Rücksichten abgebrochen (siehe die Seiten 481 f.: Zur Textgestalt).

München, Berlin, Nizza, 1914–1933

Bei Ausbruch des Krieges gehört Heinrich Mann zu den wenigen prominenten Personen aus Kunst und Wissenschaft, die sich nicht zu nationalistischen Stellungnahmen und Aufrufen hinreißen lassen. Er sieht den Krieg nicht als Wiedergeburt, sondern als Unglück. Sein Bruder Thomas steht auf der anderen Seite. Er verteidigt den deutschen Einmarsch im neutralen Belgien in verschiedenen Schriften als Notwehr (»Gedanken im Kriege« sowie »Friedrich und die große Koalition«), bricht sein laufendes Romanprojekt »Der Zauberberg« ab und verbringt fast die ganze Kriegszeit mit der Niederschrift eines Riesenessays, »Betrachtungen eines Unpolitischen«, der eine Art von ideologischem Rückzugsgefecht mit den Mitteln der Literatur darstellt, aber auch eine bittere Abrechnung mit dem Bruder (dem »Zivilisationsliteraten«, wie er durchweg verächtlich genannt wird) und seiner profranzösisch-prodemokratischen Haltung ist. Schon in den Jahren seit 1900 hat Thomas Mann die literarische Produktion des Bruders mit zunehmendem Widerwillen beobachtet. Ihn stört das Schnellfertige, die Hemmungslosigkeit in jeder Hinsicht, aber auch die politische Richtung. Als Heinrich **Ende 1915** einen Essay über den französischen Autor Émile Zola veröffentlicht (»Zola«), bezieht Thomas den zweiten Satz (»Sache derer, die früh vertrocknen sollen, ist es, schon zu Anfang ihrer zwanzig Jahre bewusst und weltgerecht hinzutreten«), wohl nicht ganz zu Unrecht, auf sich und ist so verletzt, dass es zum Bruch zwischen den Brüdern kommt. Obwohl nun auch Heinrich in München wohnt, gehen sie einander jahrelang aus dem Weg.

Im **September 1916** kommt die Tochter Carla Henriette Maria *Leonie* (genannt »Goschi«) zur Welt, die Heinrich Manns einziges Kind bleiben wird. Die Ehe mit Mimi, die ihre Bühnenambitionen aufgegeben hat, fortwährend mit Gewichtsproblemen kämpft und in den intellektuellen Zirkeln, in denen sich ihr Mann bewegt, oft etwas deplatziert wirkt, ist nur bedingt glücklich. Heinrich Mann verschafft sich später (in den Zwanzigerjahren) durch längere Zeiten der Abwesenheit von München die aus seiner Sicht notwendigen Freiräume.

1916 und 1917 schreibt Heinrich Mann »Die Armen. Roman des Proletariers«, eine Fortsetzung des »Untertan«. Der Roman erscheint im **August 1917**, noch vor dem »Untertan«, der erst nach Kriegsende, im **Dezember 1918**, herauskommt und schnell ein großer Erfolg wird. Heinrich Mann ist nun, im Augenblick der deutschen Niederlage, mit seiner Abrechnung mit dem Kaiserreich einer der Männer der Stunde, wie sein Bruder verbittert feststellt. Bereits 1917 hat er mit der Arbeit an dem Roman »Der Kopf. Roman der Führer« begonnen, der **1925** erscheint und die dreiteilige Werkreihe »Das Kaiserreich. Die Romane der deutschen Gesellschaft im Zeitalter Wilhelms II.« zum Abschluss bringt. Die Romane »Die Armen« und »Der Kopf« kranken an fehlenden ökonomischen (teils auch politischen und milieuspezifischen) Sachkenntnissen des Autors und können entsprechend auch nicht an den Erfolg des »Untertan« anknüpfen.

In der Weimarer Republik tritt Heinrich Mann nun verstärkt als politischer Essayist in Erscheinung. Die Bände, in denen er seine Artikel gesammelt herausgibt, tragen programmatische Titel: »Macht und Mensch« (1919, gewidmet »Der deutschen Republik«), »Diktatur der Vernunft« (1923), »Sieben Jahre. Chronik der Gedanken und Vorgänge (1921–1928)« (1929), »Geist und Tat. Franzosen 1780–1930« (1931) und »Das öffentliche Leben« (1932). Er ist ein berühmter Autor und gilt als moralische Instanz. Immer wieder werden Stimmen laut, er wäre ein geeigneter Reichspräsident, politisch akzeptabel für die Linken (und selbst die Kommunisten) und dennoch ein Repräsentant des Bürgertums. Dazu kommt es nicht. Aber seine Stimme wird gehört, auch wenn seine politischen Stellungnahmen oft unverbindlich bleiben und sich damit begnügen, Humanität anzumahnen.

Sein literarisches Schaffen dieser Jahre bleibt ohne große Resonanz. Er produziert weiterhin viel, Romane (neben den bereits erwähnten: »Mutter Marie«, 1927, »Eugénie oder Die Bürgerzeit«, 1928, »Die große Sache«, 1929, und »Ein ernstes Leben«, 1932), Novellen und Novellensammlungen (»Die Ehrgeizige«, 1920, »Die Tote und andere Novellen«, 1921, »Abrechnungen« sowie »Der Jüngling«, 1924, »Kobes«,

1925, »Liliane und Paul«, 1926, und »Sie sind jung«, 1929) und ab und zu auch noch Theaterstücke (»Brabach«, 1917, »Der Weg zur Macht«, 1920, und die Komödie »Das gastliche Haus«, 1924). Aber ein großes Publikum und hohe Auflagen erreicht er mit diesen Werken nicht.

Finanziell geht es ihm nach dem Krieg zunächst gut. Das liegt zum einen am »Untertan« und zum anderen an einer großen Summe, die ihm nun aus dem väterlichen Erbe zufließt. Diese legt er in vermeintlich sicheren Aktien an. In der Hyperinflation von **1923** geht dann fast das gesamte Kapital verloren.

Anfang 1922, mit 50 Jahren, erkrankt Heinrich Mann schwer. Eine Erkältung schlägt sich auf die Lungen, eine Blinddarm- und eine Bauchfellentzündung kommen hinzu. Er wird erfolgreich operiert, erholt sich aber nur langsam. In dieser Phase kommt es zur Wiederannäherung und Versöhnung zwischen den Brüdern. Auch Thomas bekennt sich inzwischen zur Republik und verteidigt sie öffentlich gegen ihre Verächter.

Im **März 1923** stirbt die Mutter im Alter von 71 Jahren. Die Schwester Julia, die sich für ein konventionelles Leben entschieden hatte, 1900 den deutlich älteren Bankdirektor Josef Löhr heiratete und an seiner Seite in München unglücklich wurde, sich zunehmend in außereheliche Beziehungen und eine Morphiumabhängigkeit flüchtete und nach dem Tod ihres Mannes 1922 und dem Verlust des Vermögens in der Inflation von 1923 zunehmend allen Halt verlor, begeht **1927**, kurz vor ihrem 50. Geburtstag, in Starnberg Selbstmord. Sie hinterlässt drei Töchter. Thomas, der ihr am nächsten stand, schildert ihre Tragödie später in verdeckter und abgewandelter Form in seinem Roman »Doktor Faustus« (1947).

Zu Beginn des Jahres **1930**, mitten in der Wirtschaftskrise, hat Heinrich Mann noch einmal einen großen Erfolg. Die Stummfilmära ist angebrochen und die UFA verfilmt den »Professor Unrat«, einen seiner populärsten Romane. 25000 Reichsmark erhält er im **Herbst 1929** für die deutschen Filmrechte, 1931 folgen noch einmal 10000 Reichsmark für die (parallel gedrehte) englische Fassung. Der

Regisseur Josef von Sternberg, der Starschauspieler Emil Jannings als Professor Rath und die junge Schauspielerin Marlene Dietrich als Varietésängerin Lola Lola machen den Film »Der blaue Engel« zu einem internationalen Erfolg.

Heinrich Mann ist zu dieser Zeit bereits dauerhaft in Berlin. **1928** hat er sich von Mimi getrennt und ist in die Hauptstadt gezogen. Er verkehrt viel im Theater- und Filmmilieu (seit 1928 ist er auch Vorsitzender des »Volksverbands für Filmkunst«) und geht eine neue Beziehung ein: mit der zu diesem Zeitpunkt sehr erfolgreichen und vielseitigen (Theater, Film, Chanson, Operette, Kabarett, Varieté) Schauspielerin Trude Hesterberg (1892–1967), die den forschen, frechen, selbstbewusst-dominanten Frauentyp verkörpert, der Heinrich Mann sehr anzieht. Beide versuchen die Beziehung, in der dem alternden Autor der werbende, drängende und nach eigenem Zeugnis halb verzweifelte Part zufällt, geheim zu halten, auch, weil Heinrich Mann noch verheiratet ist. **Ende 1928** scheint Mimi nach Berlin gereist zu sein und die Geliebte ihres Mannes zur Rede gestellt zu haben. Die Boulevardzeitungen schlachten die Sache aus. Der »Berliner Herold« plakatiert an Litfaßsäulen: »Wird sich Heinrich Mann scheiden lassen?« (Zitiert nach Flügge, S. 232) Die Scheidung erfolgt dann **1930**, als die Beziehung zu Trude bereits in Freundschaft übergegangen ist.

Das war auch deshalb möglich, weil Heinrich Mann inzwischen eine andere Frau kennen- und lieben gelernt hat, die ähnliche Sehnsüchte stillt, auch wenn sie einem anderen Milieu entstammt. Nelly Kröger, die 1898 in einem etwas nördlich von Lübeck gelegenen Städtchen als uneheliches Kind zur Welt kam, ist keine gefeierte Künstlerin, sondern Animierdame in der »Bajadere«, einer Berliner Nachtbar. Dort macht Heinrich Mann **1929** ihre Bekanntschaft. Sie lebt zu dieser Zeit mit dem 1907 geborenen Feinmechaniker und Kommunisten Rudolf Carius zusammen, den sie später verlässt, als ihr Verhältnis zu Heinrich Mann, der sie pro forma als seine Sekretärin beschäftigt, in eine eheähnliche Beziehung übergegangen ist. Der **1932** erscheinende Roman »Ein ernstes Leben« schildert ihren Lebensweg weitgehend getreu und wurde wohl auch (zumindest in der Rohfassung) von ihr selbst geschrieben. Er bietet, gleichsam als Bericht aus erster Hand, eine genaue Milieustudie, und lässt den »schleppenden Tonfall« und »trockenen Humor« (Flügge, S. 244) Nellys erahnen, der mit zu ihrer Anziehungskraft auf Heinrich Mann beitrug.

Ende der Zwanziger- und Anfang der Dreißigerjahre wird Nizza zu einer Wahlheimat Heinrich Manns. Hierher flüchtet er sich, gerne allein, zum Arbeiten und zum Entspannen. Nelly ist nun aber auch dort öfters an seiner Seite.

1931 wird er zum Präsidenten der 1926 ins Leben gerufenen Sektion (Abteilung) für Dichtkunst innerhalb der altehrwürdigen (1696 gegründeten) Preußischen Akademie der Künste gewählt. Während Thomas Mann als Autor Weltgeltung erlangt (1929 hat er den Literaturnobelpreis erhalten), ist Heinrich Manns Ruhm mehr und mehr symbolischer Natur. Er steht für eine Haltung, für Menschlichkeit und Pazifismus, für den Glauben an die Macht des Wortes und der guten Gesinnung. Zu seinem 60. Geburtstag wird er in dieser ihm zugewachsenen Rolle des Mahners und Versöhners ausgiebig gefeiert.

Jahresversammlung 1929 der Sektion für Dichtkunst bei der Preußischen Akademie der Künste in Berlin (28. oder 29. Oktober). Stehend, von links: Bernhard Kellermann, Alfred Döblin, Thomas Mann, Max Halbe. Sitzend, von links: Alfred Mombert, Eduard Stucken, Wilhelm von Scholz, Oskar Loerke, Walter von Molo, Ludwig Fulda und Heinrich Mann. Fotografie von Erich Salomon (Berlin), 86 x 145 mm

Exil in Frankreich und in den USA, 1933–1950

Gegen das Aufkommen der Nationalsozialisten kann Heinrich Mann aber auch nichts ausrichten. Gleich nach deren Machtübernahme **Anfang 1933** wird er zum Rücktritt von seinem Amt in der (wenig später ›gleichgeschalteten‹) Akademie gedrängt. Er gehört zu den Autoren, deren Bücher bei der Bücherverbrennung vom **10. Mai 1933** in die Flammen geworfen werden. Sein Name steht auch auf der ersten Ausbürgerungsliste des NS-Regimes vom **25. August 1933**. Auf Anraten von Freunden hat er sich bereits am **22. Februar** nach Frankreich begeben. So bleibt er persönlich unbehelligt. Nelly wird mehrmals verhaftet und verhört. **Mitte Juni** gelingt es auch ihr, Deutschland zu verlassen und zu Heinrich zu stoßen.

Im **Frühjahr 1933** wird der kleine Badeort Sanary-sur-Mer an der Côte d'Azur zum Sammelort ins Exil gegangener deutscher Autoren. Thomas und Katia Mann sind hier, Lion und Marta Feuchtwanger, Franz Werfel und seine Frau Alma Mahler-Werfel, eine Zeitlang auch Bertolt Brecht, und viele andere wie eben auch Heinrich Mann mit Nelly. Dann löst sich dieser Kreis auf. Das Provisorium hat ausgedient. Thomas und Katia gehen mit ihren Kindern nach Zürich, Heinrich Mann lässt sich mit Nelly in Nizza nieder, das bis zum Einmarsch der Deutschen in Frankreich 1940 sein Wohnsitz bleibt.

Die Einkünfte, die seine und Nellys Existenz sichern, bezieht er aus der Sowjetunion. Die Funktionäre der KPD (Kommunistischen Partei Deutschlands) wie der expressionistische Dichter und spätere Minister für Kultur der DDR Johannes R. Becher (1891–1958), die nach der Machtübernahme der Nationalsozialisten nach Moskau geflohen sind, erhalten von der sowjetischen Führung den Auftrag, Persönlichkeiten zu gewinnen, die geeignet sind, die international isolierte Sowjetunion in einem besseren Licht erscheinen zu lassen und in den westlichen Demokratien für die Sache der Komintern (Kommunistischen Internationalen) zu werben. Heinrich Mann ist eine ihrer wichtigsten Zielpersonen. Tatsächlich lässt dieser sich ›anwerben‹ – nicht zynisch, denn er sympathisiert schon länger mit kommunistischen Idealen, aber doch allzu gutgläubig, denn er kennt die Verhältnisse in der Sowjetunion nicht (die Dreißigerjahre sind die Zeit der rigorosen »Säuberungen«) und zeigt auch wenig Neugier, sie kennenzulernen. Er macht sich, abgestoßen von »Hitlerdeutschland«, ein freundliches Bild von der Sowjetunion und verbreitet dieses in Reden und Artikeln mit ähnlichem Eifer, wie er sich gegen die Gewaltherrschaft des NS-Regimes in Deutschland wendet (dem er, da er Hitler beharrlich unterschätzt, keine lange Dauer verheißt). Die Gegenleistung erfolgt hauptsächlich indirekt: Der sowjetische Staatsverlag bringt seine Werke heraus, suggeriert, dass diese hohe Auflagen erzielen, und überweist stattliche ›Honorare‹. Das ist für einen Autor, der schon lange keine große Leserschaft mehr hatte, ein unwiderstehlicher Köder.

Nelly geht es nicht gut im Exil. Sie hat keine Aufgabe und tut sich im Ausland schwer. Sie trinkt viel und benimmt sich auffällig. Heinrich Mann leidet unter den Eskapaden seiner Gefährtin, die natürlich auch seinem Bekanntenkreis nicht verborgen bleiben, findet im sinnlichen Begehren aber immer wieder zu ihr zurück.

Nelly Kröger und Heinrich Mann, 1936, wohl in Nizza. Fotografie, 65 x 95 mm

Schriftstellerisch gelingt ihm in diesen Jahren noch einmal etwas Großes, und zwar der zweibändige Roman »Die Jugend des Königs Henri Quatre« (**1935**) und »Die Vollendung des Königs Henri Quatre« (**1938**), in dem er seinem Gastland huldigt und vor dem Hintergrund des zeitgenössischen Faschismus in Deutschland, Italien und Spanien anspielungsreich ein Panorama der guten Herrschaft von Heinrich IV. von Frankreich (1553–1610) malt.

1936 erhält er die tschechoslowakische Staatsbürgerschaft, womit die viele Angelegenheiten des täglichen Lebens erschwerende Zeit der Staatenlosigkeit zu Ende geht. Seine Exfrau Mimi und seine Tochter Leonie, die er weiterhin finanziell unterstützt, leben mittlerweile in Prag. Als Hitler am 1. September 1939 Polen überfällt, geht Heinrich Mann mit Nelly (am **9. September**) seine zweite Ehe ein. Wie schon bei der Heirat mit Mimi fallen der Beginn eines Weltkrieges und der Beginn einer Ehe von Heinrich Mann zusammen. Mimi wird **1940** in das Konzentrationslager Theresienstadt verschleppt. Sie kommt erst **1945** frei und stirbt **1947** an den Folgen der jahrelangen Inhaftierung. Leonie ist inzwischen mit Ludvík Aškenazy (1921–1986) verheiratet, der nach dem Krieg ein erfolgreicher Autor wird. Sie haben zwei (1948 und 1956 geborene) Söhne. Leonie Mann stirbt 1986 in Berlin.

Als Hitler auch gegen Frankreich in den Krieg zieht, werden die in Frankreich lebenden Deutschen in Internierungslager verbracht. Nach der Kapitulation Frankreichs verschärft sich die Lage weiter. Thomas Mann ist mit seiner Frau und den beiden jüngsten Kindern bereits seit Herbst 1938 in den USA, wo er zunächst an der Ostküste in Princeton (mit dem Status eines Gastprofessors) wohnt, bevor die Familie im Frühjahr 1941 nach Pacific Palisades bei Los Angeles übersiedelt. Dort bildet sich im Dunstkreis Hollywoods im Laufe der Zeit eine regelrechte Kolonie deutscher Autoren und Künstler.

Der energische und mutige Amerikaner Varian Fry (1907–1967) vom im Sommer 1940 in New York ins Leben gerufenen Emergency Rescue Committee bringt Heinrich und Nelly Mann, Heinrichs Neffen Golo und das Ehepaar Werfel im **September 1940** in einer abenteu-

Thomas und Heinrich Mann in New York. Aufnahme vom 13. Oktober 1940, bei Heinrichs Ankunft in den USA. Fotografie, 160 x 209 mm

erlichen Flucht über die Pyrenäen aus Frankreich heraus. In Lissabon besteigen sie ein Schiff nach Amerika, das am 13. Oktober in New York anlegt.

Sein letztes Lebensjahrzehnt verbringt Heinrich Mann in Los Angeles im amerikanischen Exil. Am Anfang wird er, wie viele europäische Schriftsteller, in Hollywood als Drehbuchautor angestellt, aber das ist auch bei ihm nur eine Scheinbeschäftigung, eine wohlwollende Geste, für die im Grunde keine Gegenleistung erwartet wird. Nur wenigen Exilautoren gelingt es, als Scriptwriter in Hollywood Fuß zu fassen. Im **Spätherbst 1941** endet Heinrich Manns Kontrakt. Danach hat er so gut wie keine Einkünfte mehr. Er und Nelly leben von seiner Arbeitslosenunterstützung, von gelegentlichen Zahlungen aus sowjetischen Quellen – die nun aber auch mehr und mehr versiegen, da der inzwischen siebzigjährige Autor in den USA so gut wie unbekannt ist und daher keinen propagandistischen Nutzen verspricht – und später hauptsächlich von monatlichen Zuwendungen Thomas Manns, der in den USA als Repräsentant »des besseren Deutschland« und als ›ungekröntes Oberhaupt‹ der Exilanten hohes Ansehen genießt. Längst hat sich Heinrich Mann (der ohnehin nie so obsessiv auf den jüngeren Bruder geschaut hat wie dieser auf ihn) damit abgefunden, dass Thomas der Bedeutendere und Erfolgreichere ist. Belastet wird das Verhältnis der Brüder nur noch durch die Ablehnung, die Nelly von Thomas und Katia entgegenschlägt. Die Geringschätzung seitens des einschüchternden Schwagers und der klug-spitzzüngigen Schwägerin steigert noch die vielen Probleme, die Nelly an der Seite ihres alternden Mannes in der kalifornischen Fremde hat. Nach manchen Krisen und durch unvernünftigen Alkoholgenuss verursachten Zwischenfällen nimmt sie sich am **17. Dezember 1944** mit einer Überdosis Schlaftabletten das Leben.

Heinrich Mann bleibt allein zurück. Er schreibt weiter, aber den in den USA entstehenden Alterswerken – den Romanen »Lidice« (**1943**), »Empfang bei der Welt« (entstanden **1941–1945**, posthum veröffentlicht 1956) und »Der Atem« (**1949**) sowie dem Erinnerungsbuch »Ein Zeitalter wird besichtigt« (**1945**) – fehlt es an Zusammenhang und künstlerischer Durchgestaltung. Er sehnt sich nach weiblicher Gesellschaft und fertigt Aktzeichnungen vollschlanker Frauen an, die nach seinem Tod in großer Zahl in seiner Wohnung gefunden werden.

Als in den Nachkriegsjahren in der sowjetischen Besatzungszone die Deutsche Demokratische Republik entsteht, wirbt der neue Staat intensiv um Heinrich Mann. Er soll Gründungspräsident einer neugeschaffenen Akademie der Künste in (Ost-)Berlin werden. Er fühlt sich geehrt, bleibt aber auch skeptisch, zumal ihm Bekannte vor Ort abraten, sich der auch seelischen Trümmerlandschaft im Nachkriegsdeutschland auszusetzen. Er sagt nicht ab, aber er reist auch nicht. Es fehlt wohl nicht zuletzt einfach an Kraft für einen solchen erneuten Aufbruch. Der Tod nimmt ihm die Entscheidung ab. Heinrich Mann stirbt am **11. März 1950** kurz vor seinem 79. Geburtstag in seinem Wohnort Santa Monica bei Los Angeles. Die Urne gelangt 1961 über Prag nach (Ost-)Berlin, wo seine Asche im Beisein seiner Tochter Leonie auf dem Dorotheenstädtischen Friedhof bestattet wird.

Bildquellenverzeichnis

westermann GRUPPE

Druck A2 / Jahr 2021
Alle Drucke der Serie A sind im Unterricht parallel verwendbar.

Redaktion, Satz, Erläuterungen und ›Leben und Werk im Überblick‹: Dr. Hans-Georg Schede, Freiburg

Layout: Yvonne Behnke, Berlin

Druck und Bindung: Westermann Druck Zwickau GmbH, Crimmitschauer Straße 43, 08058 Zwickau

ISBN 978-3-14-**120030**-0